A crise fiscal e monetária brasileira

Edmar Bacha
(Organizador)

A crise fiscal e monetária brasileira

Ensaios em homenagem a Fabio de Oliveira Barbosa

2ª edição

CIVILIZAÇÃO BRASILEIRA
Rio de Janeiro
2017

Copyright © do organizador Edmar Bacha, 2017

Diagramação: Aline Martins

CIP-BRASIL. CATALOGAÇÃO NA PUBLICAÇÃO
SINDICATO NACIONAL DOS EDITORES DE LIVROS, RJ

C949
2ª ed.

A crise fiscal e monetária brasileira / organização Edmar Bacha. – 2ª ed. – Rio de Janeiro: Civilização Brasileira, 2017
686 p. : il.; 23 cm.

Inclui bibliografia
ISBN 978-85-20-01314-4

1. Administração financeira. 2. Crise econômica. I. Bacha, Edmar

16-35787

CDD: 658.15
CDU: 658.15

Todos os direitos reservados. É proibido reproduzir, armazenar ou transmitir partes deste livro, através de quaisquer meios, sem prévia autorização por escrito.

Texto revisado segundo o novo Acordo Ortográfico da Língua Portuguesa.

Direitos desta edição adquiridos pela
EDITORA CIVILIZAÇÃO BRASILEIRA
Um selo da
EDITORA JOSÉ OLYMPIO LTDA.
Rua Argentina, 171 – Rio de Janeiro, RJ – 20921-380 – Tel.: (21) 2585-2000

Seja um leitor preferencial Record.
Cadastre-se em www.record.com.br e receba informações sobre nossos lançamentos e nossas promoções.

Atendimento e venda direta ao leitor:
mdireto@record.com.br ou (21) 2585-2002

Impresso no Brasil
2017

Para Ligia, Pedro e Virginia, esposa e filhos
de Fabio de Oliveira Barbosa

Sumário

Lista de siglas ... 11

Prefácio: A falta que faz ... 15
   Fernando Henrique Cardoso

Apresentação: Homenagem a Fabio de Oliveira Barbosa ... 17
   Pedro Sampaio Malan e Eduardo Augusto Guimarães

Introdução ... 25
   Edmar Bacha

PARTE I
Conselho Monetário, Banco Central e Tesouro: origens e evolução ... 37

1. O Conselho Monetário Nacional como autoridade monetária: das origens aos dias atuais ... 39
   Gustavo H. B. Franco
2. Banco Central do Brasil: evolução histórica e questões atuais ... 67
   Cláudio Jaloretto
3. Notas sobre a independência operacional e a supervisão bancária do Banco Central ... 87
   Alkimar R. Moura
4. Origens e evolução da Secretaria do Tesouro Nacional ... 99
   Alcides Ferreira

PARTE II
Uma relação delicada: quadro legal e institucional ... 117

5. Relacionamento entre autoridade fiscal e autoridade monetária: a experiência internacional e o caso brasileiro ... 119
   Mauricio Dias Leister e Otavio Ladeira de Medeiros

6. BC e Tesouro: um estudo sobre a Constituição, leis complementares, leis ordinárias e medidas provisórias — 153
   Antonio d'Ávila Carvalho Jr.
7. O que exatamente está vedado pelo art. 164, § 3º, da Constituição? — 187
   Carlos Eduardo da Silva Monteiro
8. Sobre a relação entre os regimes fiscal e monetário no Brasil — 193
   Arminio Fraga Neto

PARTE III
A LEI 11.803/08 E A EXPANSÃO DO BALANÇO DO BANCO CENTRAL — 203

9. A lei 11.803/08 e a relação financeira entre Tesouro Nacional e Banco Central — 205
   Marcos Mendes
10. O jogo do papagaio — 241
    Gustavo H. B. Franco
11. A lei 11.803/08 e a integração entre os balanços do Tesouro e do Banco Central — 245
    Tiago Berriel e Eduardo Zilberman
12. A dinâmica da dívida bruta e a relação Tesouro-Banco Central — 253
    Carlos Kawall Leal Ferreira
13. Banco Central e Tesouro: conjecturas sobre as consequências práticas de um relacionamento íntimo — 271
    Ricardo Augusto Gallo

PARTE IV
USOS E ABUSOS DA CONTA ÚNICA, DAS COMPROMISSADAS E DAS RESERVAS CAMBIAIS — 295

14. Conta Única do Tesouro: flexibilidade necessária e seus bons e maus usos — 297
    Eduardo Refinetti Guardia
15. Relação entre operações compromissadas, reservas cambiais e a Conta Única — 315
    Caio Carbone e Marcelo Gazzano
16. Regras fiscais e volatilidade cambial — 329
    Márcio Garcia e José Roberto Afonso
17. Reservas internacionais: seguro ou ameaça? — 347
    Solange Srour Chachamovitz
18. Comitê de Política Cambial para as reservas do Banco Central: uma proposta — 357
    Ilan Goldfajn

PARTE V
    Mudança de regime fiscal no Plano Real   371

19. Política fiscal na primeira fase do Plano Real, 1993-1997   373
    Murilo Portugal
20. A segunda fase da reforma fiscal pós-real, 1999-2002:
Entrevista com Fabio de Oliveira Barbosa   401
    Alcides Ferreira e Renato Andrade
21. O ajuste fiscal de 1999: antecedentes e desdobramentos   407
    Fabio Giambiagi

PARTE VI
    Desajuste fiscal recente e política monetária   429

22. Desajuste fiscal e inflação: uma perspectiva histórica   431
    Affonso Celso Pastore
23. Efeitos da política fiscal sobre a eficácia da política monetária
em tempos de baixo crescimento   449
    Fernando Roriz e Thomas Wu
24. As duas dimensões do ajuste fiscal   467
    Felipe Salto, José Roberto Afonso, Geraldo Biasoto, Marcos Köhler

PARTE VII
    Política monetária após a crise financeira internacional   481

25. A teoria da política monetária: reflexões sobre um percurso
sinuoso e inconclusivo   483
    André Lara Resende
26. Economias maduras e a prescrição da irresponsabilidade monetária
e fiscal como modo de vida   507
    José Carlos Carvalho
27. Bancos centrais e Tesouros sob políticas monetárias experimentais   525
    Felipe Tâmega Fernandes

Sobre os autores   553

Lista de Siglas

ADI, Ação Direta de Inconstitucionalidade
ARO, Antecipação de Receita Orçamentária
Bandepe, Banco do Estado de Pernambuco
Baneb, Banco do Estado da Bahia
Banerj, Banco do Estado do Rio de Janeiro
Banespa, Banco do Estado de São Paulo
Banrisul, Banco do Estado do Rio Grande do Sul
Banxico, Banco de México
Basa, Banco da Amazônia
BB, Banco do Brasil
BC, Banco Central
BCE, Banco Central Europeu
BCRB, Banco Central da República do Brasil
Beron, Banco do Estado de Rondônia
Bemat, Banco do Estado de Mato Grosso
Bemge, Banco do Estado de Minas Gerais
BM&F, Bolsa Mercantil e de Futuros
BNB, Banco do Nordeste do Brasil
BNDE, Banco Nacional de Desenvolvimento Econômico
BNDES, Banco Nacional de Desenvolvimento Econômico e Social
BNH, Banco Nacional de Habitação
BoJ, Bank of Japan
BoK, Bank of Korea
Bovespa, Bolsa de Valores de São Paulo
Cacex, Carteira de Comércio Exterior do Banco do Brasil
Cadin, Cadastro de Inadimplentes
Camob, Carteira de Mobilização Bancária do Banco do Brasil
Camor, Caixa de Amortização do Tesouro Nacional
Cared, Carteira de Redesconto do Banco do Brasil
CSLL, Contribuição Social sobre o Lucro Líquido
CDB, Certificado de Depósito Bancário
CDE, Conselho de Desenvolvimento Econômico
CDI, Certificado de Depósitos Interfinanceiros
CDS, Credit Default Swap
CEF, Caixa Econômica Federal
CEO, Chief Executive Officer
Cetip, Central de Custódia e de Liquidação Financeira de Títulos, atualmente Cetip S.A. – Mercados Organizados

CF, Constituição Federal
CFG, Crise Financeira Global
CIC, China Investment Corporation
Coff, Consultoria de Orçamento e Fiscalização Financeira da Câmara dos Deputados
Cofins, Contribuição para o Financiamento da Seguridade Social
Comoc, Comissão Técnica da Moeda e do Crédito
Conorf, Consultoria de Orçamentos, Fiscalização e Controle do Senado Federal
Copom, Comitê de Política Monetária
CMN, Conselho Monetário Nacional
Contec, Confederação Nacional dos Trabalhadores nas Empresas de Crédito
Copoc, Comitê de Política Cambial
Coppe, Instituto Alberto Luiz Coimbra de Pós-Graduação e Pesquisa de Engenharia
CPI, Comissão Parlamentar de Inquérito
CPMF, Contribuição Provisória sobre Movimentação Financeira
CUGF, Conta Única do Governo Federal
CUT, Conta Única do Tesouro
DBGG, Dívida bruta do governo geral
Desembanco, Banco de Desenvolvimento do Estado da Bahia
Diesa, Department of International Economic and Social Affairs
Dieese, Departamento Intersindical de Estatística e Estudos Socioeconômicos
Diorf, Diretoria de Organização do Sistema Financeiro
DL, decreto-lei
DLSP, Dívida líquida do setor público
DPMFI, Dívida pública mobiliária federal interna
DRU, Desvinculação das Receitas da União
Eaesp, Escola de Administração de Empresas de São Paulo
EUA, Estados Unidos da América
FAQ, Frequently Asked Questions
FAT, Fundo de Amparo ao Trabalhador
Fasb, Financial Accounting Standards Board
FEA, Faculdade de Economia e Administração
FED, Federal Reserve Bank
FEF, Fundo de Estabilização Fiscal
Fepasa, Ferrovia Paulista S.A.
FGC, Fundo Garantidor de Crédito
FGTS, Fundo de Garantia do Tempo de Serviço
FGV, Fundação Getulio Vargas
Fibep, Fundo de Financiamento para Importação de Bens de Produção
Finep, Financiadora de Estudos e Projetos
Finex, Fundo de Financiamento às Exportações
Fipecafi, Fundação Instituto de Pesquisas Contábeis, Atuariais e Financeiras
FMI, Fundo Monetário Internacional
FNRR, Fundo Nacional de Refinanciamento Rural
FPE, Fundo de Participação dos Estados
FPM, Fundo de Participação dos Municípios
Fundap, Fundação do Desenvolvimento Administrativo
Fundece, Fundo de Democratização do Capital das Empresas

Fundepe, Fundo de Desenvolvimento da Pecuária
Funfertil, Fundo de Estímulo Financeiro ao Produtor Rural
Funinso, Fundo para Investimentos Sociais
GDP, Gratificação de Desempenho e Produtividade
GIC, Fundo Soberano de Cingapura
IBRE, Instituto Brasileiro de Economia
ICMS, Imposto sobre a Circulação de Mercadorias e Serviços
IDP, Instituto Brasiliense de Direito Público
Iepe/CdG, Instituto de Estudos de Política Econômica/Casa das Garças
IFRS, International Financial Reporting Standards
IGP, Índice Geral de Preços
IGP-DI, Índice Geral de Preços – Disponibilidade Interna
IGP-M, Índice Geral de Preços – Mercado
INSS, Instituto Nacional do Seguro Social
Ioer, Interest on Excess Reserves
IOF, Imposto sobre Operações Financeiras
Ipardes, Instituto Paranaense de Desenvolvimento Econômico e Social
IPC, Índice de Preços ao Consumidor
IPCA, Índice de Preços ao Consumidor Ampliado
Ipea, Instituto de Pesquisa Econômica Aplicada
IPI, Imposto sobre Produtos Industrializados
IPMF, Imposto Provisório sobre Movimentações Financeiras
IRB, Instituto de Resseguros do Brasil
IRPF, Imposto de Renda – Pessoa Física
IRPJ, Imposto de Renda – Pessoa Jurídica
ITR, Imposto Territorial Rural
LBC, Letra do Banco Central
LDO, Lei de Diretrizes Orçamentárias
LEG, Leuven Epistemology Group
LFT, Letra Financeira do Tesouro
LRF, Lei de Responsabilidade Fiscal
LTN, Letras do Tesouro Nacional
LTRO, Long Term Refinancing Operations
MBA, Master in Business Administration
MF, Ministério da Fazenda
MIT, Massachusetts Institute of Technology
MP, Medida Provisória
NTN-L, Notas do Tesouro Nacional – Série L
OCDE, Organização para a Cooperação e o Desenvolvimento Econômico
OFC, Sistema Integrado de Controle Orçamentário, Financeiro e Contábil
OGU, Orçamento Geral da União
OMT, Outright Monetary Transactions
ONU, Organização das Nações Unidas
ORTN, Obrigações Reajustáveis do Tesouro Nacional
OSS, Orçamento de Seguridade Social
PAC, Programa de Aceleração do Crescimento
PAI, Programa de Ação Imediata

Pasep, Programa de Formação do Patrimônio do Servidor Público
PBoC, Banco do Povo da China
PEC, Proposta de Emenda Constitucional
Ph.D., Philosophy Doctor
PIB, Produto Interno Bruto
Pigs, Portugal, Irlanda, Grécia e Espanha
PIS, Programa de Integração Social
PL, Projeto de Lei
plc, Public Limited Company
Ploa, Projeto de Lei Orçamentária Anual
Produban, Banco do Estado de Alagoas
Proef, Programa de Fortalecimento das Instituições Financeiras Federais
Proer, Programa de Estímulo à Reestruturação e ao Fortalecimento do Sistema Financeiro
Proes, Programa de Incentivo à Redução da Presença do Estado na Atividade Bancária
PRS, Projeto de Resolução do Senado
PUC-Rio, Pontifícia Universidade Católica do Rio de Janeiro
PTAX, Taxa média de compra de dólar ponderada
QE, Quantitative Easing
QQE, Quantitative and Qualitative Easing
Raet, Regime de Administração Especial Temporária
Reits, Real Estate Investment Trusts
Selic, Sistema Especial de Liquidação e Custódia
SFP, Suplementary Financing Program
Siafi, Sistema Integrado de Administração Financeira do Governo Federal
SMF, Secretária Municipal da Fazenda
SOF, Secretaria de Orçamento Federal
Soma, System Open Market Account
SPB, Sistema de Pagamentos Brasileiro
Sumoc, Superintendência da Moeda e do Crédito
STF, Supremo Tribunal Federal
STN, Secretaria do Tesouro Nacional
Tarp, Troubled Asset Relief Program
TCU, Tribunal de Contas da União
TJLP, Taxa de Juros de Longo Prazo
TN, Tesouro Nacional
TR, Taxa de Referência
U, Universidade
UC, Universidade da Califórnia
UFF, Universidade Federal Fluminense
Ufir, Unidade de Referência Fiscal
UFRJ, Universidade Federal do Rio de Janeiro
URV, Unidade Real de Valor
UnB, Universidade de Brasília
Unicamp, Universidade de Campinas
USP, Universidade de São Paulo
Zirp, Zero Interest Rate Policy

Prefácio
A falta que faz

Fernando Henrique Cardoso

Quantas vezes cada um de nós diante da morte de alguém recorda a falta que a pessoa nos faz. Isso é mais comum quando se trata do desaparecimento de familiares ou de amigos. Eu não posso dizer que fui amigo de Fabio de Oliveira Barbosa, nem sou familiar dele. Mas posso dizer, como seu ex-chefe, se é que o presidente da República foi chefe de alguém em sentido preciso, que ele faz uma falta enorme ao país.

A leitura das páginas que seguem, em especial do evocativo de Pedro Malan e de Eduardo Guimarães, mostra o que significa ser um "servidor público" no sentido denso da expressão. Assim foi Fabio Barbosa. De sua carreira profissional, inclusive de sua formação e de suas atividades na esfera privada, os testemunhos são eloquentes. Quero restringir-me a um aspecto do que significou sua trajetória.

Com frequência há críticas à burocracia, a sua incompetência e mesmo desídia. Os que conhecem mais de perto a máquina pública sabem que nessa matéria qualquer generalização é falaciosa. De fato, se de algo podemos nos envaidecer é de que o país dispõe de quadros de alta qualidade que dão o tom da máquina pública, quando os governos têm virtudes republicanas.

De minha experiência tanto no Legislativo quanto no Executivo cresceu o respeito que tenho pelos muitos funcionários de alta capacitação técnica, sem os quais nada de duradouro se consegue em matéria de políticas públicas. Fabio Barbosa, nesse sentido, é figura paradigmática.

Para os que conhecem de perto, e mesmo para quem apenas observa, o funcionamento dos governos, as páginas que seguem mostram a importância de termos logrado que a Secretaria do Tesouro funcionasse a contento, obra que vem dos antecessores de Fabio e de alguns de seus sucessores, à qual ele deu uma colaboração marcante. Da mesma forma como ajudou a que fossem estabelecidas regras para o relacionamento entre o Tesouro e o Banco Central, tarefa que requer conhecimentos técnicos, probidade e dedicação ao trabalho.

Que dizer então das longas negociações por intermédio do Ministério da Fazenda, e em especial do Tesouro, para pôr em ordem a barafunda das dívidas estaduais e municipais que o decênio inflacionário havia legado? Quem pouco conhece os pormenores de tudo isso pode imaginar que o Plano Real foi fruto de mentes iluminadas e da condução política de um programa de estabilidade. Não deixa de ter sido. Mas também custou longos anos de trabalho, com seriedade e competência, para que as finanças públicas, no seu conjunto, dessem sustentação à aspiração da maioria, que era acabar com os níveis insuportáveis de inflação. Foi a isso que pessoas como Fabio Barbosa se dedicaram, sem talvez colher os louros públicos, mas granjeando certamente o respeito dos que os viram trabalhar.

Figura discreta, homem amável, Fabio tinha sólida formação intelectual e apetite para o trabalho. Se fosse preciso algo mais para consolidar sua reputação, Fabio mudou de âmbito de atuação da esfera pública para a privada. Nesta, como quando atuou na Vale do Rio Doce – no melhor momento da empresa – reafirmou suas qualidades, agora de executivo. Qualidades que mostraram a extensão de sua valia no plano internacional quando foi dirigente de uma grande empresa de âmbito planetário.

Por todos esses motivos é que os que o conhecemos nos juntamos neste livro em homenagem ao que fez na vida quem tão cedo se foi dela.

Apresentação
Homenagem a Fabio de Oliveira Barbosa

Pedro Sampaio Malan
Eduardo Augusto Guimarães

O porquê de uma dupla homenagem

Era uma vez um país relevante que não tinha nem Banco Central nem Tesouro Nacional. Mas tinha, além de um Ministério da Fazenda, um grande Banco Público – que era tanto banco comercial como "instituto emissor" – que cumpria uma variada gama de atividades fiscais e parafiscais, com impacto indireto e/ou defasado na execução orçamentária do governo. Era complexo, pouco transparente, e por vezes tenso, o relacionamento entre o Banco do Brasil e o Ministério da Fazenda.

O embrião do Banco Central foi a Sumoc, criada por decreto de Vargas ainda em 1945, e apenas vinte anos depois, já no governo militar de Castelo Branco (1965), transformada formalmente em Banco Central. Portanto, mal completou cinquenta anos, enquanto o Banco da Inglaterra foi criado em 1694 e o Banco da França em 1800. O Tesouro Nacional, mais ou menos tal como o conhecemos hoje, foi uma criação de 1986, consolidou-se nos anos 1990 e comemora agora, com justificado orgulho, seus primeiros trinta anos.

A história do relacionamento entre o Banco Central (BC) e o Tesouro Nacional (TN) ainda está para ser contada por inteiro – este volume representando importante contribuição para tal. Na verdade, a história desse relacionamento se confunde (como o do Banco do Brasil [BB] e o Ministério da Fazenda [MF] anteriormente) com a história da relação entre política monetária (e cambial) e política fiscal, isto é, com o grau de coerência e/ou consistência intertemporal entre elas. Trata-se de tema absolutamente crucial do debate macroeconômico no Brasil de hoje. Os capítulos deste livro representam inestimável contribuição para a melhoria da qualidade, não só do debate, como da própria condução da política macroeconômica no país.

Essa melhoria depende de pessoas trabalhando em equipes com sentido de direção e de prudência – com propósito. Tivemos algumas pessoas extraordinárias envolvidas nesse processo ao longo das poucas décadas de interação entre BC e Tesouro. Fabio de Oliveira Barbosa foi uma delas. É mais que justo que tanto o seminário realizado no Instituto de Estudos de Política Econômica/Casa das Garças (Iepe/CdG) em dezembro de 2015 como este livro que dele resultou sejam dedicados à sua memória.

Esta apresentação procura lembrar àqueles que não tiveram o privilégio de conhecer pessoalmente e trabalhar com Fabio Barbosa as três fases de sua brilhante e exemplar carreira profissional: (a) os anos de formação no Brasil e no exterior (1984-1992); (b) os anos de maturidade no setor público (Tesouro Nacional, de 1995 a 2002); e (c) os anos de sucesso no setor privado (2002 a 2015). Apesar de aparentemente distintas, cada uma das três fases teve, a nosso ver, um especial significado na construção de sua admirável e vitoriosa trajetória tanto no setor público quanto no setor privado. A seção inclui alguns comentários pessoais dos autores desta apresentação sobre as possíveis razões de seu sucesso profissional, nessas três fases.

A segunda dessas fases, na qual os dois autores desta apresentação trabalhamos muito diretamente com Fabio Barbosa no dia a dia de um período conturbado no Brasil, merece atenção especial, dado o tema do seminário e do livro: as atividades do Tesouro Nacional, aí incluído seu relacionamento com o Banco Central, no período em que Fabio Barbosa esteve pessoalmente envolvido: primeiro como secretário adjunto (1995-1999) e, em sequência, como titular da Secretaria do Tesouro Nacional (1999-2002).

Esta apresentação conclui com uma observação sobre o tema central do seminário e do livro que resultaram da inusitada e exemplar disposição para o diálogo entre economistas do setor público, do setor privado e do mundo acadêmico, como evidenciado no seminário e na rapidez com que os artigos foram concluídos e encaminhados ao organizador deste volume, Edmar Bacha, a cuja dedicação se deve o resultado final: este conjunto de contribuições ao debate e a muito merecida homenagem a Fabio Barbosa, que tão cedo nos deixou quando ainda tinha tanta vida a desfrutar e tantas contribuições a oferecer para o futuro do país.

As três fases de uma carreira exemplar

Os anos de formação profissional

Nascido em Uberaba (MG) em 31 de dezembro de 1960, Fabio de Oliveira Barbosa formou--se em Economia pela Universidade Federal de Minas Gerais (UFMG), fez o mestrado na Universidade de Brasília e ingressou no serviço público brasileiro em 1984, muito antes de completar 24 anos. Entre 1984 e 1992, a partir de quando foi para o exterior, Fabio teve uma grande diversidade de experiências no setor público federal brasileiro, nos ministérios da Indústria e do Comércio, Trabalho, Planejamento e da Fazenda, além de uma passagem pelo Ipardes, conceituada instituição de pesquisa do estado do Paraná.

Para muitos, essa diversidade de experiências poderia refletir apenas uma busca por encontrar seu caminho profissional. Para uma pessoa com as características e o potencial de Fabio, a diversidade constituiu um grande ativo, para além de seu jeito mineiro, habilidade no trato pessoal, bom humor, inteligência emocional, foco e competência profissional. A diversidade fortaleceu qualidades inatas de Fabio com experiências variadas que o ensinaram, desde muito cedo, a fazer as perguntas certas, a buscar soluções pragmáticas para os problemas que identificava, ao foco nas questões mais importantes a serem entendidas – e resolvidas. A inclinação de Fabio para o que os anglo-saxões chamam de *problem solving* ou *trouble shooting* começaram a se evidenciar desde cedo, nessa fase (1984-1992), entre seus 23 e 31 anos.

Em outubro de 1992, um dos autores deste texto (Pedro Malan) retornou à cadeira da diretoria executiva para o Brasil e mais sete outros países no *board* do Banco Mundial em Washington. Fabio Barbosa foi escolhido como *advisor* nessa *Constituency*, que, liderada pelo Brasil, incluía ainda Colômbia, Filipinas, Equador, Trinidad-Tobago, República Dominicana, Haiti e Suriname. O escritório do diretor executivo, que representava estes oito países no *board* do Banco, funcionava em regime de tempo integral em Washington. Fabio Barbosa ocupou uma posição-chave entre os cinco profissionais do escritório, de outubro de 1992 ao início de 1995, quando retornou ao Brasil.

Ao longo desses anos no Banco Mundial, Fabio Barbosa tinha como responsabilidades (juntamente com o diretor executivo e/ou a pedido deste) lidar com representantes dos governos desses oito países, incluindo os respectivos ministros (não só da Fazenda e do Planejamento, como de áreas setoriais); estudar todos os documentos que seriam discutidos no *board* sobre os demais países e sobre temas setoriais e globais; além de contribuir para dar forma aos conceitos e informar os votos da cadeira nas reuniões do *board*. A diversidade, de novo, como experiência de grande riqueza em sua formação.

Fabio Barbosa saiu-se extremamente bem dessas múltiplas tarefas envolvendo múltiplos países, setores e temas de interesse não só para o Brasil, como para muitos países da região e de fora dela, além de temas da economia global. Ainda por cima, conseguiu tempo para fazer um curso de Política e Programação Financeira no FMI. Em resumo, poucos economistas brasileiros tiveram a produtiva diversidade de experiências, domésticas e internacionais, de Fabio Barbosa antes dos 30 e poucos anos.

Os anos de maturidade no serviço público: Tesouro Nacional

Fabio Barbosa exerceu as funções de secretário adjunto responsável pela administração da dívida pública de 1995 a 1999, quando eram secretários Murilo Portugal (1992--1996) e Eduardo Augusto Guimarães (1996-1999). Foi secretário do Tesouro Nacional de julho de 1999 a abril de 2002, quando foi substituído por Eduardo Guardia, seu secretário adjunto. Nessas funções, destacou-se por sua participação na formulação e implementação de políticas de governo e, no plano interno, por sua atuação na estruturação e capacitação da unidade da Secretaria do Tesouro Nacional (STN) dedicada à administração da dívida pública.

A estruturação da administração da dívida pública

Fabio Barbosa foi responsável, como secretário adjunto, pela estruturação e capacitação da unidade da STN responsável pela administração da dívida pública. Sua atuação nessa área, ao lado de iniciativas voltadas para o aperfeiçoamento da estrutura organizacional e dos procedimentos operacionais, deu ênfase à capacitação de seu corpo técnico – constituído por técnicos recém-ingressados na instituição, capacitados mas pouco experientes. Fabio Barbosa exercia uma forte liderança sobre seus funcionários e é indicativo do resultado dessa política que os dois técnicos do Tesouro que vieram a exercer a função de secretário do Tesouro Nacional fizessem parte dessa equipe. Foi também a sua preocupação de capacitar a STN para que assumisse a gestão da dívida pública externa da União, então conduzida pelo Banco Central. Essa transição viria a ocorrer em 2003.

Por outro lado, a atuação de Fabio Barbosa na STN refletiu também preocupação com a redução das incertezas em relação à atuação do Tesouro e à trajetória da dívida pública, tendo em vista, inclusive, o fortalecimento do mercado de títulos públicos. Nesse sentido, promoveu a formulação de políticas e de planejamento de mais longo prazo para a gestão da dívida pública, de que resultaram a divulgação regular do Plano Anual de Financiamento da Dívida Pública e do calendário mensal de leilões, iniciada quando ele era secretário. A atenção ao desenvolvimento do mercado de títulos públicos resultou também na criação do Tesouro Direto, lançado em 2002.

Formulação e implementação de políticas de governo

Como secretário adjunto ou como secretário, Fabio Barbosa participou da estruturação e da negociação de todas as operações financeiras envolvendo o Tesouro Nacional no governo de Fernando Henrique Cardoso. Tais operações estavam associadas ao saneamento financeiro e às privatizações das empresas da União realizadas nesse período; ao refinanciamento das dívidas dos estados e municípios; ao saneamento e privatização dos bancos estaduais, no âmbito do Programa de Incentivo à Redução da Presença do Estado na Atividade Bancária (Proes) e de bancos privados no âmbito do Programa de Estímulo à Reestruturação e ao Fortalecimento do Sistema Financeiro (Proer); e à privatização de empresas estatais estaduais, associadas aos acordos com os estados.

Na estruturação e negociação dessas operações, Fabio Barbosa mostrou-se sempre muito eficaz no equacionamento dos problemas envolvidos e um negociador rigoroso na defesa da visão do Tesouro, mas suficientemente flexível para não inviabilizar a solução desses problemas.

Como secretário do Tesouro, coube a Fabio Barbosa, no âmbito da gestão financeira da administração federal, a implementação da política fiscal estabelecida em acordo com o Fundo Monetário Internacional (FMI); o aperfeiçoamento dos mecanismos de controle interno de modo a adequá-lo à Lei de Responsabilidade Fiscal; e a formulação do Programa de Fortalecimento das Instituições Financeiras Federais (Proef), em 2001, que complementou e preencheu lacunas das medidas de saneamento dos bancos públicos adotadas em 1996.

No âmbito do relacionamento da União com as entidades subnacionais, Fabio Barbosa foi responsável pela complementação do processo de refinanciamento das dívidas dos estados e municípios, com a negociação das pendências ainda existentes antes da sanção da Lei de Responsabilidade Fiscal – que vedaria a concessão de empréstimos ou a renegociação de dívidas entre entidades da Federação –, bem como pela implementação dos mecanismos de acompanhamento dos programas de ajuste fiscal previstos nos acordos de refinanciamento das dívidas dos estados e municípios e, em particular, pelo controle do financiamento dos entes subnacionais.

A sua reconhecida competência profissional já o havia conduzido, cedo na vida, à participação no Conselho de Administração da Cia. Siderúrgica de Tubarão em 1991/1992, quando tinha pouco mais de 30 anos. Como representante da União, Fabio foi vice-presidente e presidente do Conselho de Administração do Banco do Estado de São Paulo (Banespa) entre 1998 e novembro de 2000. Entre abril de 2000 e março de 2002, já como secretário do Tesouro Nacional, participou do Conselho de Administração da Cia. Vale do Rio Doce.

Cabe, para encerrar esta subseção, lembrar a entrevista concedida por Fabio Barbosa a Alcides Ferreira e Renato Andrade sob o título: "A Segunda Fase da Reforma Fiscal pós-real: 1999-2002", publicada neste livro – mais uma confirmação da sua maturidade e de seu profissionalismo, e de sua ampla visão do papel de um secretário do Tesouro em momentos difíceis de vida do país.

Os anos de sucesso no setor privado: Brasil e exterior

Tão marcante impressão causou Fabio Barbosa no Conselho de Administração da Vale que foi convidado, em maio de 2002, a assumir a diretoria executiva de Finanças e Relações com Investidores da Vale, permanecendo nesse cargo até junho de 2010. Foi uma fase de ouro da companhia, como atestam vários de seus indicadores econômico-financeiros. Entre 2003 e maio de 2006, foi presidente do Conselho de Administração da Caemi Mineração. Desde abril de 2009, era membro do Conselho de Administração da BMF/Bovespa.

De novo, a rica diversidade dessas experiências levou Fabio a outros, maiores, desafios. Em março de 2011, aceitou a posição de CFO (Chief Financial Officer) da empresa britânica BG Group, com sede na Inglaterra, para onde se mudou. Permaneceu nesse cargo até fevereiro de 2013. Foi também Chairman do BG Group para a América

Latina, onde esse grupo vinha investindo e programara aumentar sua presença. Sobre sua atuação na Inglaterra são eloquentes as palavras enviadas por Sir Frank Chapman, na ocasião CEO do BG Group, para inclusão nesta homenagem:

> Fabio ingressou com facilidade na vida inglesa, no grupo BG e nos corações e mentes de seus novos colegas de trabalho e novos amigos. Ele lidava bem com as coisas, se dava bem com todos – e todos se davam bem com ele. Era uma grande mente e um grande homem, cuja perda é hoje tristemente lembrada.
>
> Sir Frank Chapman, ex-CEO do BG Group plc UK

No final de 2012, descobriu o mal que o acometeu e contra o qual lutou com a mesma garra e determinação com que se conduziu em toda a sua vida, até o desfecho, tristemente prematuro, em novembro de 2015, pouco antes de completar 55 anos de vida e 31 anos de uma extraordinária carreira profissional, da qual são testemunhas as legiões de amigos, admiradores e todos os que tiveram o privilégio de conhecê-lo e, especialmente, de com ele trabalhar.

Na linha de enfatizar o tema da unidade na diversidade que marcou cada uma das três fases da vida profissional de Fabio Barbosa, não podemos deixar de mencionar os três "Executive Education Programs" de que participou: no MIT (Sloan School of Management), no Institut Européen d'Administration des Affaires (INSEAD) e no International Institute for Management Development (IMD), em Lausanne, Suíça.

O TEMA E O HOMENAGEADO: OBSERVAÇÃO FINAL

No fundo, o tema do seminário organizado pelo Iepe/CdG em homenagem a Fabio Barbosa é a coerência e a consistência intertemporal (ou a falta delas), entre as políticas monetária, fiscal e cambial, o que envolve necessariamente questões teóricas e práticas de condução de política econômica, além de, certamente, aspectos institucionais, legais e contábeis.

Sobre as questões contábeis sempre vale lembrar um velho ditado: a contabilidade é uma linguagem e a linguagem pode ser utilizada para vários propósitos – inclusive para escrever ficção.

Mas, em última análise, o que está subjacente a esse esforço – e explica o enorme grau de interesse que o seminário despertou – é a avaliação do grau de compromisso de um governo e de uma sociedade com a responsabilidade fiscal e o controle da inflação, em uma visão que contemple não só o curto, como também, e de maneira crível, o médio e longo prazos. Este é, no Brasil de hoje e dos próximos anos, o inescapável desafio a ser enfrentado – e com dramático sentido de urgência –, se é que o país realmente deseja voltar a crescer a taxas minimamente razoáveis, de forma sustentada e com baixa inflação.

Afinal, governos e sociedades não comprometidos com a responsabilidade fiscal intertemporal acabam por encontrar meios de expandir seus gastos de formas indiretas, tortuosas e não transparentes, independentemente do estatuto jurídico de seus Bancos Centrais. As consequências – e a conta a ser paga por contribuintes, consumidores, poupadores, investidores e gerações futuras – podem demorar um pouco para serem percebidas pela maioria, mas nunca deixam de aparecer. E, como sabemos, raramente é uma história agradável.

Que falta faz nessas horas mais pessoas como Fabio Barbosa! Com gana, garra, determinação, pragmatismo, vontade e capacidade de resolver problemas, após identificá-los claramente por meio de perguntas apropriadas. Pessoas com espírito público, defesa intransigente da responsabilidade fiscal e disposição para defender seus pontos de vista – "a visão do Tesouro" – na frente de qualquer pessoa. E fazê-lo com o conhecimento de causa, a competência profissional e o fino sentido de humor que eram as marcas registradas de Fabio.

Que bela homenagem prestam a Fabio todos os seus amigos e admiradores que participaram do seminário e contribuíram para este livro. Que venham outros seminários, outros livros e mais discussões sobre a interação entre as políticas fiscal e monetária, e sobre o relacionamento entre Tesouro e Banco Central, porque esse tema, apesar de sua aparente aridez, foi, é – e continuará sendo – absolutamente crucial para o Brasil e seu futuro. Como bem demonstra a experiência dos anos recentes e o aprendizado sobre ela, que, esperamos, possam estar em parte refletidos nos capítulos deste livro.

É mais do que chegada a hora, neste Brasil de 2016, de tentar convencer governos (nos três níveis), políticos e eleitores a aceitarem a existência de restrições à tendência natural do Estado à expansão de suas incumbências, com frequência por pressão da própria sociedade, que não se dá conta de que o Estado não gera recursos. Apenas redistribui recursos que por ele transitam e que lhe vêm de tributação (sobre a geração atual), do endividamento (tributação sobre gerações futuras), da venda de ativos de que dispõe, do imposto inflacionário e/ou do uso sub-reptício de poupanças compulsórias para subsídios a setores específicos.

Há claros limites para esse processo de expansão, quando o Estado já se sobrecarregou de obrigações. Ao dispersar demais suas atividades, o Estado fica mais suscetível a ceder a interesses isolados, a persistir em promessas que não pode cumprir, a criar expectativas de mais direitos por adquirir e a assumir metas e objetivos inalcançáveis – que acabam em retumbantes problemas de dívidas por equacionar. Como está ficando progressivamente mais claro a um número crescente de brasileiros e brasileiras.

Introdução

Edmar Bacha

Em homenagem a Fabio de Oliveira Barbosa, fizemos um seminário na Casa das Garças em dezembro de 2015 para discutir um tema que lhe era particularmente caro, as relações entre o Tesouro Nacional e o Banco Central. Normalmente restrito a especialistas, esse tema ocupava então as páginas econômicas dos jornais. Proliferavam expressões inusitadas como pedaladas fiscais,[1] monetização da dívida pública pelo BC através das compromissadas,[2] perdas com *swaps* cambiais,[3] inchaço da carteira de títulos do BC e da Conta Única do TN.[4] Se não auguravam o fim do mundo (mesmo porque não era claro o que significavam), essas expressões no mínimo sugeriam que algo de muito errado se passava com as políticas fiscais e monetárias do país.

Recebemos respostas entusiasmadas aos convites que enviamos a um grupo de especialistas para debater esses temas. Surpreendente também foi a intensidade dos debates durante o seminário, denotando não somente a gravidade dos temas discutidos, como as diferentes interpretações mesmo entre especialistas no ramo.

Posteriormente ao seminário, os temas nele debatidos ganharam ainda maior atualidade. Primeiro pela forma como o governo resolveu pagar as pedaladas fiscais ao apagar das luzes de 2015, utilizando a Conta Única do TN no BC.[5] E mais importante ainda pelo subsequente processo de impedimento da presidente da República por crimes contra a responsabilidade fiscal.

Concluímos que era mais do que oportuno organizar este livro para tentar ordenar o debate sobre a crise fiscal e monetária brasileira, numa perspectiva histórica e comparada. Além de dar ao público interessado acesso a estudos e reflexões sobre temas críticos para o futuro do país, completamos assim uma merecida homenagem à memória de Fabio de Oliveira Barbosa, que a essas questões dedicou a maior parte de sua vida profissional.

As origens e a evolução

Os quatro capítulos na Parte I historiam as origens e a evolução das três instituições cujas interações são objeto do livro: o Conselho Monetário Nacional, o Banco Central do Brasil e a Secretaria do Tesouro Nacional. Espantará às novas gerações que esses nomes hoje tão familiares tenham uma história tão curta (e tão atribulada): embora formalmente criadas as duas primeiras em 1964 e a terceira em 1986, foi somente após o fim da hiperinflação em 1994 que elas ganharam os contornos institucionais que hoje têm. Até então, eram mais arenas de disputas entre grupos de interesse alojados no setor público do que propriamente instituições independentes voltadas para o ordenamento monetário e fiscal do país. Porque delas não dispúnhamos como hoje estão estruturadas é que a inflação acumulada entre dezembro de 1979 e julho de 1994 pôde chegar a mais de 13 trilhões por cento, uma das maiores da história mundial. Preservar e aperfeiçoar esses guardiões do fisco e da moeda é assim tarefa primordial para manter a estabilidade macroeconômica do país.

No primeiro capítulo, Gustavo Franco mostra que os debates políticos que levaram à constituição, em 1964, do Conselho Monetário Nacional como um órgão de cúpula do sistema monetário – e até 1994 com características claramente corporativas –, tinham uma função pouco nobre, qual seja a de evitar que os poderes de expansão ilimitada do crédito de que dispunha o Banco do Brasil fossem cerceados por um Banco Central independente.

A batalha para eliminar o cheque em branco, chamado conta movimento, de que o Banco do Brasil passou a dispor no Banco Central a partir de 1964 só foi ganha em 1986, no bojo do Plano Cruzado. É o que relata Cláudio Jaloretto no Capítulo 2. Ademais de historiar a evolução do BC, Jaloretto defende que, além da necessária independência, algumas alterações em seu arcabouço institucional devem ser discutidas, mencionando entre outras a criação de um fundo de estabilização cambial, tema elaborado em capítulo posterior por Ilan Goldfajn.

No Capítulo 3, Alkimar Ribeiro Moura complementa a análise de Jaloretto, enfatizando que o BC somente conseguiu dedicar-se ao objetivo de controle da inflação após livrar-se dos inúmeros apêndices corporativos que lhe foram apostos em 1964. Refere-se também à privatização dos bancos estaduais no contexto do Plano Real como passo fundamental para dar ao BC o monopólio da emissão de moeda no país.

No último capítulo da Parte I, Alcides Ferreira usa um feliz termo de Maílson da Nóbrega para quem quase no final do século XX ainda havia um "incesto" entre as finanças públicas e a gestão da moeda. A criação da Secretaria do Tesouro Nacional em 1986, também em meio ao Plano Cruzado, foi assim um divisor de águas na organização das finanças públicas no Brasil. Ferreira apresenta uma obra em três atos, o primeiro sendo a luta pela criação e a organização da instituição, entre 1986 e 1996; o segundo, seu aperfeiçoamento institucional, inclusive com o regramento de seu relacionamento com o BC, entre 1997 e 2008; e finalmente, e não sem certa melancolia, o período das pedaladas fiscais, estendendo-se de 2009 a 2015.

Uma relação delicada

O relacionamento entre o TN e o BC é regido pela Constituição e por leis complementares, mas também – e de forma indevida, segundo a maior parte de nossos autores – por leis ordinárias e medidas provisórias. Dessa temática legal e institucional se ocupam os capítulos da Parte II.

No Capítulo 5, Mauricio Leister e Otavio Ladeira de Medeiros analisam o relacionamento entre o TN e o BC à luz da experiência internacional. Sua avaliação é que esse relacionamento está em linha com as boas práticas internacionais, no que se refere à existência da Conta Única do TN no BC e às regras de transferência ao TN do resultado[6] positivo e compensações por ele do resultado negativo do BC. Creem, entretanto, ser oportuno que se obrigue o uso do resultado positivo do BC exclusivamente para abatimento da dívida pública na carteira da autoridade monetária.[7] Outra mudança que defendem seria permitir que o BC transfira seu resultado ao TN não em dinheiro, mas em títulos, impedindo assim sua monetização.

Antonio d'Ávila Carvalho Jr., no Capítulo 6, critica a prática de regulamentar o relacionamento do TN com o BC através de medidas provisórias e leis ordinárias e não exclusivamente de leis complementares conforme determina a Constituição. Analisa também as consequências da introdução em 2008 do mecanismo de equalização cambial, envolvendo a separação do resultado das operações cambiais do BC do resultado de suas demais atividades. A esse mecanismo se associa a norma que prevê a transferência em dinheiro do resultado positivo e a compensação em títulos do resultado negativo (sendo os dois resultados transferidos separadamente e sem compensação de um pelo outro). O efeito, como mostra d'Ávila, foi que a volatilidade do câmbio provocou desde 2008 uma enorme alternância entre resultados positivos e negativos nas contas cambiais do BC, o que levou a um inchaço simultâneo da Conta Única do TN e da carteira de títulos do BC. As consequências são analisadas em capítulos posteriores.

No capítulo seguinte, Carlos Eduardo da Silva Monteiro sustenta, em nota breve mas incisiva, que a transferência de resultados positivos do BC ao TN em dinheiro não é vedada pela Constituição. E sugere que se edite norma a respeito se se quiser resolver o problema causado pela assimetria da transferência de resultados positivos em dinheiro e da compensação de resultados negativos em títulos.

Contrapondo-se à rigidez adicional sugerida por Mauricio Leister e Otavio Medeiros para o uso do resultado do BC, no Capítulo 8, Arminio Fraga Neto argui que, por ser um imposto "cobrado" de quem usa dinheiro, lhe parece correto que o governo possa gastar como lhe aprouver esse ganho de senhoriagem[8] desde que mantenha a inflação baixa. Fraga também propõe que sejam repassados para o TN os riscos assumidos pelo BC tanto em suas operações cambiais como em seus empréstimos de última instância ao sistema financeiro. Feitos com os devidos cuidados orçamentários, os repasses desses riscos parafiscais – operacionalizados por meio de um mecanismo de *hedge* – tornariam o balanço do BC bem mais previsível. Fraga sugere ainda que, em tempos difíceis, o BC possa aumentar o volume de títulos do TN que carrega em seu balanço, financiando-os através das compromissadas. Essa prática, entretanto, deveria ocorrer de forma mais explícita do que no passado recente, pois representa uma quase monetização da dívida pública. Outros capítulos retornam a esse tema.

O INCHAÇO DO BC

Atualmente, o relacionamento entre o BC e o TN é regrado pela controvertida lei 11.803 de 2008. De acordo com muitos de nossos autores, a controvérsia deriva de as normas contidas nessa lei ordinária enfraquecerem a autonomia do BC face ao TN e contribuírem, no contexto de uma massiva acumulação de reservas internacionais, para o inchaço do balanço do BC. Mais especificamente trata-se da expansão propiciada por aquela lei da Conta Única do TN no BC, que teria facilitado não só as pedaladas fiscais, como a ampliação desmedida do crédito dos bancos públicos desde 2009. O inchaço da carteira de títulos do BC, também propiciado por aquela lei, teria, por outro lado, permitido uma indevida substituição de títulos do TN no mercado por operações compromissadas do BC. É preciso ir devagar para entender as nuances dessas interpretações, por isso boa parte dos dez capítulos das duas próximas seções do livro se debruçam sobre essa temática.

Os cinco capítulos da Parte III ocupam-se especificamente de implicações da lei 11.803/08.

No Capítulo 9, Marcos Mendes sustenta que o sistema de transferência de lucro e compensação de prejuízos entre o BC e o TN contraria as boas práticas contábeis internacionais. Seu principal efeito seria criar um financiamento do Banco Central ao Tesouro, fragilizando a restrição orçamentária do governo federal que teria maior espaço para fazer uma política fiscal expansionista. Também haveria impactos adversos sobre a autonomia do Banco Central por sua dependência da aquiescência do TN para obter títulos necessários para a execução da política monetária. Segundo Mendes, entre 2009 e 2014 o Tesouro usou o resultado do BC para resgatar dívida em mercado e para expandir despesas primárias. O pagamento das pedaladas fiscais ao final de 2015 seria mais um caso de uso desse resultado para expandir despesa primária. Mendes conclui propondo a adoção de um sistema aplicado na Noruega que prevê a constituição de substanciais reservas de capital no banco central, antes da transferência do resultado para o Tesouro. Para ele, um sistema desse tipo reduziria substancialmente as transferências do BC para o TN. Por isso, em consonância com a proposta de Arminio Fraga, não haveria a partir daí a necessidade de impor restrições ao uso dessa verba apenas para pagamento da dívida.

Segue-se uma breve nota de Gustavo Franco que explica de forma didática como o mecanismo de equalização cambial da lei 11.803 gerou uma explosão simultânea do volume de títulos do TN na carteira do BC e da quantidade de depósitos feitos pelo BC na Conta Única do TN, num processo que lhe parece ser inconstitucional.

Tiago Berriel e Eduardo Zilberman, no Capítulo 11, arguem analiticamente que o mecanismo de transferência de lucros e compensação de resultados do BC instituídos pela lei 11.803 não somente leva a uma expansão ilimitada do balanço do BC, como também a um perigoso descasamento de prazos[9] entre seus ativos (títulos do TN) e seus passivos (caixa do TN), o que torna seus resultados muito sensíveis a variações nas taxas de juros. Tanto a expansão como o descasamento do balanço do BC podem ter consequências negativas para a execução da política monetária, e por isso um cancelamento simultâneo de ativos e passivos do BC seria recomendável, segundo esses autores.

No Capítulo 12, Carlos Kawall faz notar a enorme dimensão do balanço do BC, cujo ativo (e também o passivo, claro) chega a quase 50% do PIB, um valor maior do que os dos bancos centrais tanto dos países centrais como dos emergentes com os quais ele faz as comparações. Kawall também nota a peculiaridade de o BC dispor em seu ativo de enormes reservas internacionais, como os bancos centrais dos demais países emergentes, mas também de um volume ainda maior de títulos públicos, como os bancos centrais dos países centrais. Kawall verifica ainda que não só o caixa do TN tem uma magnitude muito expressiva, como a posição de compromissadas é muito elevada. O autor imputa a expansão do volume de compromissadas à decisão de usar esse mecanismo para esterilizar o acúmulo de reservas internacionais. Seguindo a experiência internacional recente, parece-lhe mais adequado que a administração do excesso de liquidez estrutural gerado pelo acúmulo de reservas internacionais seja feita não por compromissadas, mas por um depósito remunerado no BC das reservas excedentes dos bancos. Kawall também acredita que o novo passivo do BC não deveria fazer parte da dívida pública, mas esse ponto gerou algumas dúvidas entre nossos autores.[10]

No Capítulo 13, Ricardo Augusto Gallo faz uma análise, fartamente ilustrada por gráficos, do processo de expansão do balanço do BC, primeiro com o acúmulo de reservas internacionais, depois como consequência do mecanismo de transferência de resultados da lei 11.803, e, finalmente, com a substituição de títulos do Tesouro por operações compromissadas. Gallo caracteriza os riscos envolvidos nesses processos, particularmente o risco de encurtamento de prazos da dívida mobiliária e propõe alternativas para desfazer o que denomina de "relação incestuosa entre o Tesouro e sua controlada, o BC".

Os usos e os abusos

Os cinco capítulos da Parte IV também se ocupam do relacionamento entre o Tesouro e o Banco Central, enfatizando os usos e abusos da Conta Única, das compromissadas, e das reservas internacionais.

Com sua experiência de secretário do Tesouro Nacional durante a transição política de 2002, Eduardo Rafinetti Guardia enfatiza, no Capítulo 14, a importância de o Tesouro dispor de uma ampla reserva de liquidez em sua Conta Única no BC, para poder enfrentar momentos de aversão ao risco dos detentores da dívida pública. Também lhe parece que o Tesouro deva poder usar no abatimento da dívida pública receitas vinculadas não gastas que estiverem depositadas na Conta Única. Entretanto, numa análise minuciosa da chamada "despedalada fiscal" do final de 2015, não lhe parece correto que o Tesouro, através de portarias e medidas provisórias, tenha a flexibilidade para fazer o que então fez, a saber, usar um mecanismo de troca de fontes orçamentárias para saldar despesas primárias aproveitando-se da abundância de recursos na Conta Única (acumulados em grande parte por força dos peculiares mecanismos de transferência dos resultados cambiais do BC da lei 11.803).

Caio Carbone e Marcelo Gazzano, no Capítulo 15, enfatizam a importância de se dar maior transparência à composição por fontes dos recursos depositados na Conta Única. Sua maior preocupação, entretanto, é com o uso desses recursos para o abatimento da dívida pública em mercado, especialmente quando para isso se utilizam os resultados contábeis positivos advindos das contas cambiais do BC. Uma consequência é a substituição de títulos do Tesouro em mercado por operações compromissadas do BC. Essas distorções seriam estancadas caso o Tesouro só pudesse utilizar as transferências de resultado do Banco Central para abater títulos livres na carteira do Banco Central.

No Capítulo 16, Marcio Garcia e José Roberto Afonso preocupam-se em adaptar as regras do relacionamento do TN com o BC ao câmbio flutuante e à elevada acumulação de reservas internacionais. Sustentam que, por lei complementar, o TN deveria poder aplicar somente na amortização da dívida pública na carteira do próprio BC tanto os lucros advindos de operações cambiais como a remuneração das disponibilidades financeiras. Propõem, adicionalmente, a constituição de uma reserva, obrigatória no caso da equalização cambial, que não poderia ser usada livremente. Também lhes parece que a substituição de operações compromissadas por depósitos voluntários no BC deva ser deixada para o futuro, observando que a eventual opção por transformar as operações compromissadas em depósitos remunerados poderá tornar inevitável a imposição de um limite específico para o endividamento pelo BC.

Solange Srour, no Capítulo 17, critica o acúmulo das avantajadas reservas internacionais, por piorar o perfil da dívida, pelo custo de sua manutenção num regime de câmbio flutuante e pela pouca disposição em se utilizar esse seguro nos momentos de volatilidade. Como parte de um processo de ajuste do gasto público, poder-se-ia concomitantemente tentar diminuir os custos financeiros da dívida vendendo reservas e abatendo a dívida pública. Essa venda de ativos, entretanto, para ela só deve ser feita junto a um programa de ajuste fiscal crível e a fim de potencializar seus efeitos positivos no curto prazo.

No Capítulo 18, Ilan Goldfajn sugere que a solução para que as flutuações cambiais não distorçam as contas do BC seria retirar as reservas internacionais de seu balanço, criando um fundo autônomo para acolhê-las, cujo resultado impactaria diretamente o TN. Concomitantemente, ele recomenda que a definição da política cambial passe do BC para um comitê do Conselho Monetário Nacional (composto de representantes do BC e do MF). Isso teria o propósito de deixar claro que a taxa de câmbio não é um instrumento direto de controle da inflação. A definição da política cambial para ele deve levar em consideração também outros aspectos, como o custo e risco de acumulação de reservas e a necessidade de evitar distorções na determinação da taxa de câmbio, que é um preço essencial para incentivar a economia a alocar eficientemente os recursos.

O AJUSTE E O DESAJUSTE

A extraordinária deterioração do deficit do governo a partir de 2011 é um problema ainda maior para a saúde das contas públicas do que as distorções na relação entre o BC e o TN discutidas nos capítulos anteriores. Os seis capítulos das Partes V e VI dedicam-se a análises dessa deterioração, por oportuno contrastando as reformas fiscais que acompanharam o Plano Real com os desajustes fiscais da atualidade.

No Capítulo 19, Murilo Portugal debate uma pergunta frequentemente colocada por economistas: como pôde o Plano Real debelar a inflação sem ter feito de saída um ajuste fiscal convincente? Sua resposta, pertinente ao período 1992-1997, durante a maior parte do qual esteve à frente da Secretaria do Tesouro Nacional, divide-se em três partes. Primeiro, ele aponta para as condições iniciais favoráveis, dadas pelas reformas estruturais (abertura e privatização) do Plano Collor, bem como pela redução da dívida propiciada por aquele plano. Em segundo lugar, ele chama atenção para que em seu primeiro ano, 1994, o Plano Real gerou um superavit primário muito elevado – o que deve ter contribuído para a formação de expectativas favoráveis para o prosseguimento do Plano. Em terceiro lugar, embora esse superavit tenha se evaporado nos anos seguintes, foram impressionantes as ações reformistas do governo, no que se refere, entre outras, à reestruturação da dívida externa, ao equacionamento das dívidas dos estados e municípios com a União, à privatização de empresas estatais e bancos públicos estaduais antes considerados intocáveis, à reforma da previdência do setor público e à desvinculação parcial das receitas da União. Essas ações deram credibilidade ao governo para suportar uma série de crises internacionais e manter a estabilidade de preços, se bem que com o apoio de políticas monetárias e cambiais bastante estritas.

Pela primeira vez aqui publicada na íntegra, a entrevista que Fabio Barbosa concedeu em 2006 a Alcides Ferreira e Renato Andrade dá seguimento à análise de Murilo Portugal. Barbosa pontua a atuação da Secretaria do Tesouro Nacional a partir da crise cambial de 1998 e a introdução do câmbio flutuante em 1999, no que se refere à execução da política fiscal no contexto dos acordos com o FMI, da renegociação das dívidas dos estados e municípios e da construção da Lei de Responsabilidade Fiscal.

No Capítulo 21, Fabio Giambiagi examina em maior detalhe o ajuste fiscal de 1999-2002, caracterizado por um novo arcabouço institucional com a adoção de metas fiscais bastante rígidas, aumento da receita com uma combinação de medidas e ajustamento das contas dos governos subnacionais por meio da renegociação das dívidas estaduais e municipais. Giambiagi também enfatiza outras reformas estruturais do período, principalmente a adoção do chamado "tripé", constituído pela combinação de objetivos de superavit primário, metas de inflação e livre flutuação da taxa de câmbio; a desconstitucionalização de uma série de aspectos normativos da previdência social, abrindo caminho para a chamada lei do fator previdenciário; e um expressivo programa de privatizações. Giambiagi observa que entre 1997 e 2002 o setor público passou de um deficit primário de 0,9% para um superavit de 3,2% do PIB. Para ele o componente-chave desse ajustamento residiu na qualidade do binômio Liderança Política + Equipe.

O ajuste fiscal realizado até 2002 prosseguiu nos dois primeiros anos da administração Lula. Posteriormente, a extraordinária bonança externa de que o país se beneficiou até 2011 permitiu manter as contas públicas equilibradas apesar do abandono das reformas estruturais. A partir de 2011, o impulso externo que garantiu o crescimento das receitas tributárias na administração Lula se dissipou. O governo de Dilma Rousseff, entretanto, ignorou essa nova realidade, iludido pelo aparente êxito das políticas anticíclicas em 2009 e 2010. A consequência foi o desarranjo fiscal acompanhado da estagflação que ainda nos aflige.

No Capítulo 22, Affonso Celso Pastore resume a deterioração fiscal dos últimos anos com a observação de que a relação dívida pública bruta/PIB cresceu 14 pontos de porcentagem do PIB entre dezembro de 2013 e dezembro de 2015, alcançando o valor de 66% do PIB nesta data. Na ausência de reformas estruturais, Pastore estima que a dívida pública bruta deva atingir entre 80% e 90% do PIB em 2018. São valores maiores do que qualquer outro no passado e indicam uma trajetória não sustentável. Pastore contrasta a situação atual com a que o país enfrentou nos anos 1970 e 1980, quando uma inflação crescente gerava o "imposto inflacionário" necessário para cobrir o deficit do governo. Atualmente, o deficit gera um aumento da dívida acompanhado de sua progressiva monetização através das operações compromissadas do BC. Para reverter essa situação, a solução repousa em uma profunda alteração da política fiscal que passa pela imposição de limites claros ao aumento de gastos, indicando um compromisso firme do governo de obedecer sua restrição orçamentária intertemporal.

A natureza do desarranjo fiscal brasileiro é explorada analiticamente por Fernando Roriz e Thomas Wu no Capítulo 23. Eles mostram que há uma interação perversa entre as políticas fiscal e monetária quando se dão três condições: (a) receitas tributárias muito sensíveis ao nível de atividade; (b) despesas do governo rígidas e indexadas; e (c) baixo crescimento potencial do PIB. Nessas condições, que estão presentes no caso brasileiro, um aperto monetário em resposta a um surto inflacionário provoca uma queda do PIB que reduz as receitas do governo; na impossibilidade de redução das despesas, o deficit primário se eleva afetando negativamente as expectativas inflacionárias (por via de preços dos ativos como o prêmio de risco Brasil e a taxa de câmbio), o que reduz o impacto da contração monetária sobre a inflação. A implicação desses achados é que se precisa reduzir a indexação das despesas primárias e elevar a fração dos gastos públicos contingenciáveis. Somente assim haverá margem de manobra no orçamento para neutralizar os efeitos negativos de uma política de aperto monetário sobre o resultado fiscal.

A análise de Roriz e Wu se refere ao deficit primário. No Capítulo 24, Felipe Salto, José Roberto Afonso, Geraldo Biasoto e Marcos Köhler exploram o impacto das políticas monetária, creditícia e cambial sobre o deficit nominal, face à disparidade de rendimentos entre os passivos do governo (títulos públicos) e seus ativos (reservas internacionais e empréstimos ao BNDES). Também criticam a atuação do Banco Central no mercado de derivativos cambiais. Chamam, assim, atenção para a dimensão financeira da política fiscal, ressaltando que a análise do desajuste fiscal recente não pode concentrar-se apenas no resultado primário.

A MOEDA APÓS A CRISE

Enquanto o Brasil se debate com uma taxa de inflação persistentemente acima da meta apesar de o Banco Central praticar uma taxa real de juros muito elevada, os bancos centrais dos países avançados se defrontam com o problema oposto: taxas de inflação persistentemente abaixo das metas acompanhadas de taxas de juros muito baixas, em alguns casos negativas em termos nominais. Diante do esgotamento da política de redução das taxas de juros para estimular a demanda agregada, os bancos centrais desses países embarcaram numa política chamada de expansão quantitativa (*quantitative easing*), que consiste na compra de títulos públicos e privados tendo como contrapartida a expansão de seus passivos monetários (depósitos voluntários de instituições financeiras nesses bancos centrais) para a qual, em princípio, não há limites.

Nesse contexto inusitado, surgem indagações tanto de ordem teórica como prática sobre a natureza da moeda e o poder dos bancos centrais. Os três ensaios da Parte VII consideram algumas delas, tendo como pano de fundo a situação brasileira.

No Capítulo 25, André Lara Resende discute a guinada da teoria da política monetária no começo deste século, com a substituição da teoria quantitativa da moeda pelo modelo neokeynesiano de equilíbrio geral, no qual a oferta de moeda é endógena. Ocorre que sem a oferta exógena de moeda o nível de preços fica indeterminado. As políticas monetárias neokeynesianas baseadas em regras para a taxa de juros deixam a inflação e a deflação desancoradas, ao sabor das expectativas. Para Lara Resende, a determinação do nível de preços e da taxa de inflação continua a ser um enigma para a teoria econômica. A fundamentação teórica dos preços nominais ainda está por ser desenvolvida. Na esperança de que as reflexões de seu capítulo possam contribuir para tal propósito, Lara Resende sugere que os bancos centrais devam adotar metas de inflação explícitas para os preços dos ativos. Pois elas orientariam as expectativas de inflação desses preços, que são o principal determinante da alavancagem e da liquidez que tantos problemas causaram para a economia mundial na recente crise financeira. Para ele, a política monetária poderia reduzir a volatilidade da economia real caso metas de inflação dos preços de ativos fossem adotadas em complemento às atuais metas de inflação dos preços de bens e serviços.

Motivado pelas especulações de Lara Resende sobre a desconexão entre a oferta de moeda e o nível de preços, no capítulo seguinte José Carlos Carvalho analisa as propostas contidas em recente conferência de Giancarlo Corsetti. Baseado na experiência da Zona do Euro, o autor sugere que os bancos centrais podem prover um suporte monetário (*monetary backstop*) para as dívidas dos Tesouros nacionais, reduzindo a taxa de juros dessas dívidas, porque, pelo seu poder ilimitado de emissão de moeda, eles não correm o risco de dar um calote em seus passivos ao contrário do que ocorre com as dívidas dos Tesouros. Em sua crítica, Carvalho faz notar que as compras de títulos do governo pelos bancos centrais podem ser feitas nos países centrais sem impacto inflacionário, porque esses países estão numa situação que Keynes denominou de "armadilha da liquidez": taxas de juros próximas de zero ou mesmo negativas e preferência quase ilimitada dos agentes econômicos por liquidez. Trata-se também de economias operando num contexto de estagnação secular devido ao envelhecimento populacional e ao excesso de capacidade produtiva. Essas condições não se dão no Brasil e ainda assim o BC pratica uma política tupiniquim de suporte monetário ao substituir títulos do Tesouro por operações compromissadas. A consequência dessa quase monetização da dívida pública é um aumento do risco de corridas contra o câmbio, com resultados adversos para o nível de atividade e a taxa de inflação.

No último capítulo, Felipe Tâmega, de certo modo, inverte a formulação de Corsetti, sobre o apoio que os bancos centrais podem dar aos respectivos tesouros, para considerar a necessidade que os bancos centrais têm de dispor de uma base de capital saudável, em princípio garantida pelos respectivos tesouros, para conseguir operar a política monetária sem restrições indevidas. Ele nota que, para atuar na dimensão que tiveram desde a crise de 2008/09, os bancos centrais passaram a correr riscos de enormes perdas, seja pelo tamanho que seus balanços assumiram, seja pelo descasamento de prazos (títulos vs. depósitos) ou de moedas (reservas internacionais vs. títulos locais) entre seus passivos e seus ativos. Tâmega ilustra seu ponto com um exercício empírico em que conclui que o Banco Central do Brasil retém em seu balanço um nível de reservas internacionais muito superior ao que seria desejável da ótica social.

Reformas já!

Os pontos de vista são múltiplos, as análises e recomendações por vezes diferem, mas há uma unidade nos capítulos deste livro: é mesmo grave o estado das contas fiscais e monetárias brasileiras. Uma ampla reforma é necessária. O país já fez um primeiro esforço nessa direção quando dominou a hiperinflação. O abandono posterior desse espírito reformista está por trás do desarranjo fiscal e monetário atual, cuja gravidade levou ao impedimento da presidente da República. A crise política caracteriza, de forma dramática, a urgência de retomar o esforço de aperfeiçoamento das instituições e normas fiscais e monetárias do país. Esperamos que os ensaios reunidos neste livro possam contribuir para esse esforço, cujo êxito permitirá a execução de uma política econômica proba voltada para o crescimento com estabilidade e equidade.

Notas

1. Denomina-se de pedalada fiscal a falta de pagamento por parte do Tesouro Nacional de despesas orçamentárias que os bancos oficiais realizaram por conta do Tesouro. Tais despesas deixaram assim de constar da execução orçamentária do TN, ocultando o verdadeiro tamanho do deficit do governo federal.
2. Operações compromissadas do BC são operações financeiras em que ele vende ao mercado títulos do TN de sua carteira com o compromisso de recompra em uma data futura. O termo "monetização" se refere ao fato de o prazo médio das compromissadas se medir em dias, enquanto que o dos títulos do Tesouro se mede em meses.
3. *Swaps* cambiais são operações financeiras de troca temporária de ativos, feitas pelo BC com as instituições financeiras, em que ele ganha a taxa de juro doméstica, representada pela taxa Selic, e perde a variação cambial (mais uma taxa de juro em dólares) que vigora durante a troca de ativos.
4. A Conta Única do TN mantida no BC acolhe todas as disponibilidades financeiras da União, inclusive fundos, de suas autarquias e fundações.
5. Essa questão é tratada nos Capítulos 9, 14 e 16.

6. Resultado é a diferença contábil entre os ganhos e as perdas financeiras do BC em cada semestre.
7. Atualmente, os resultados positivos do BC podem ser usados pelo TN para o pagamento de sua dívida preferencialmente (mas não exclusivamente) com o BC.
8. Senhoriagem é o ganho do BC com a emissão de moeda.
9. Aqui e em outras passagens da introdução usamos o termo "prazo" para facilitar a leitura. O termo correto é "duração" (*duration*), que é ao mesmo tempo uma média ponderada dos prazos de todos os pagamentos devidos ao longo da vida de um título e uma medida da sensibilidade do preço de mercado de um título a alterações da taxa de juros. Quanto mais o preço de um título cai, quando a taxa de juros sobe, maior é sua duração. A duração dos depósitos à vista do TN no BC, que rendem a taxa de juros diária de mercado, é por definição igual a zero.
10. Veja-se, por exemplo, a discussão da proposta das reservas remuneradas no BC no Capítulo 17, de Marcio Garcia e José Roberto Afonso.

Parte I
Conselho Monetário, Banco Central e Tesouro: origens e evolução

1

O CONSELHO MONETÁRIO NACIONAL COMO AUTORIDADE MONETÁRIA: DAS ORIGENS AOS DIAS ATUAIS

Gustavo H. B. Franco

INTRODUÇÃO

Uma das singularidades da organização das autoridades monetárias brasileiras é a subordinação do Banco Central do Brasil (BC) a um colegiado, o Conselho Monetário Nacional (CMN), que é o efetivo depositário dos mandatos normalmente associados ao banco central. Essa hierarquia remonta à criação da Superintendência da Moeda e do Crédito (Sumoc) pela lei 7.293/45 com o propósito de "preparar a organização do Banco Central", pela qual ficou criado um conselho que "orientava" a atuação da Sumoc e do Banco do Brasil (BB). Não se esperava que cerca de vinte anos se passassem sem que um banco central fosse constituído e que esse "conselho orientador" permanecesse tanto tempo em funcionamento, emitindo "Instruções", e tendo o BB como seu braço operacional. Não deve haver dúvida de que essa configuração criou raízes que foram se tornando mais visíveis durante o período em que se discutiu a formação de um banco central e sobretudo no período posterior a 1964, quando o CMN herdou e consolidou as atribuições, os vícios e o acervo de instruções de um conselho que funcionou durante quase duas décadas. Se o conselho da Sumoc serviu para limitar, embora nem sempre, a atuação do BB como executor da política monetária, o CMN, depois de 1964, e especialmente depois de 1967, pode ter funcionado na direção inversa, embora nem sempre, com respeito ao BC.

A Sumoc foi criada ao final do Estado Novo quando, confessadamente, ainda era possível legislar sobre assuntos monetários por decreto-lei, mas, felizmente, não ficou associada ao regime autoritário. A democratização, logo a seguir, não arrefeceu o impulso na direção da criação de um banco central, mas revelou com muita clareza, através do debate parlamentar, agudas diferenças de opinião sobre o assunto que o levariam para um impasse prolongado e contencioso. Um grupo de trabalho foi constituído para desenhar uma proposta do Executivo e, em 1947, o ministro da Fazenda Pedro Luiz Correa e Castro apresentou ao Congresso um anteprojeto de lei de reforma bancária, criação de diversos bancos de desenvolvimento e também de um banco central. A longa tramitação desse projeto, que se encerra apenas ao final de 1964, com a lei 4.595/64, oferece um rico painel sobre os temas e as diferentes percepções sobre a disciplina da moeda em um país em desenvolvimento.

O projeto Correa e Castro, na partida, previa a existência de um conselho superior ao banco central, com termos de referência que foram variando ao sabor das diferentes revisões e substitutivos ao projeto apresentados ao longo do tempo. As diferentes versões do que seria, no fim das contas, o CMN, foram todas reveladoras e mostravam pontos de vista e possibilidades que, de forma variada, foram experimentadas nos anos posteriores. Este capítulo procura dar conta da evolução da composição do CMN a partir da sua criação, mas também traz uma resenha dos desenhos cogitados durante o período anterior, quando a imaginação parlamentar produziu inúmeras combinações.

Deve ser claro que, em um regime no qual o CMN era a verdadeira autoridade monetária, o debate sobre o que corriqueiramente se designa como a "independência" de um banco central se converte naturalmente, e principalmente, numa discussão sobre a composição e atribuições do CMN. Segue-se que as mudanças na composição do CMN seriam indicativas da natureza da governança da moeda, e, portanto, da orientação não apenas da política monetária, como também das outras políticas formuladas pelo CMN, como a regulação bancária e cambial, e também os inúmeros temas "parafiscais" como o controle dos bancos públicos e relacionamentos com o Tesouro. A composição do CMN, portanto, oferece um privilegiado ponto de observação para a análise dos principais eventos monetários do período posterior a 1964.

Este capítulo trata, em primeiro lugar, da evolução das ideias sobre a composição do CMN que estiveram presentes na tramitação do projeto Correa e Castro, refletindo diferentes filosofias sobre as instituições monetárias que se buscava criar. Na seção seguinte, o capítulo trata das modificações no CMN propriamente dito e o seu significado para a governança da moeda no país.

O PERÍODO FORMATIVO

A criação da Superintendência da Moeda e do Crédito oferecia uma solução muito engenhosa para um impasse já bem estabelecido nos anos anteriores em torno do modelo de banco central a ser adotado no Brasil e que ficaria sobejamente claro nas duas décadas que se seguiram. Não era apenas a dúvida clássica sobre o relacionamento entre o Tesouro e a nova instituição, ou as dificuldades na definição de "independência" e de dispositivos de governança que prevenissem conflitos de interesse, mas também e principalmente o problema de se encontrar uma divisão de trabalho apropriada entre o BC e o BB. Com efeito, o BB já havia desenvolvido diversas "Carteiras" (de redesconto, de mobilização bancária, de crédito agrícola e hipotecário, de comércio exterior) que trabalhavam "por conta e ordem" do Tesouro, numa região onde nem sempre era clara a demarcação dos papéis entre a instituição pública e a privada. Ademais, dentro da função pública, o BB oscilava entre a postura de financiador passivo do Tesouro e de defensor do poder de compra de moeda como seria de se esperar de um banco central.

Em paralelo, havia uma expectativa internacional quanto a uma iniciativa brasileira na direção de um banco central, pois nesse momento, em contraste com o que se passou nos anos 1920, quando a instituição de um banco central era vista como imposição dos interesses estrangeiros, a ideia de um banco central emissor da moeda nacional era parte importante da afirmação da soberania nacional e um passo muito importante para diversas ex-colônias. Era forte também a ideia de que o banco central poderia alavancar o desenvolvimento, seja diretamente com suas próprias emissões, seja através de outros bancos estatais a ele associados.

Nem sempre, e nesse momento em especial, o desejo de se montar um banco central vinha pelas razões corretas. Talvez mesmo diante dessas expectativas e das possibilidades da captura, os principais proponentes de um banco central, como Eugênio Gudin, achavam inoportuno (Bulhões, *apud* Raposo, 2011: 41) criar a instituição num momento fiscal especialmente adverso, na presença de um recrudescimento da inflação e diante das resistências do BB. Daí, segundo relato de Otávio Gouveia de Bulhões, então chefe da Seção de Estudos Econômicos e Financeiros, surgiu a ideia da Sumoc como um "órgão intermediário, etapa provisória [...] mas decisiva no caminho do banco central" (Bulhões, *apud* Correa do Lago, 1983: 16) e também uma fórmula oportuna para "escapar de um Congresso que surgiria com a democratização do país e que, provavelmente, ofereceria muitos obstáculos à sua viabilização" (Raposo, 2011: 41), como efetivamente se verificou. Conforme o relato de Casimiro Ribeiro:

> [dr. Bulhões] estava ciente de que, se tentasse arrancar do Congresso uma lei, não sairia. Havia sempre oposições. [...] De modo que foi um gesto de extrema habilidade; não apenas competência técnica, mas habilidade política do dr. Bulhões (aproveitando que o governo tinha poderes para baixar decretos-lei) para vender o peixe dele, sem depender do Congresso. E fez muito bem, porque, se não tivesse feito aquilo, não teria saído nem a Sumoc (*Apud* Raposo, 2011: 41).

O decreto-lei 7.293 de 2 de fevereiro de 1945, a menos de um ano da deposição de Vargas, introduzia uma configuração inteligente para dar alguma identidade às funções de banco central exercidas no interior do BB e para criar um foro de governança no qual uma autoridade que representava o banco central "em ser", a Sumoc, interagia em pé de igualdade com os chefes das Carteiras do BB e com o Tesouro. Em seu artigo 1º, a Sumoc é constituída "com o objetivo imediato de exercer o controle do mercado monetário e preparar a organização do Banco Central" e o segredo de seu sucesso estava na cuidadosa delimitação de sua governança por meio de um conselho, definido no artigo 2º, que teria todos os poderes relevantes para o controle da política monetária. Era um desenho simples, pelo qual se concedia ao BB a maioria no conselho da Sumoc, pois o importante naquele momento era a criação da instituição e a formalização das instâncias decisórias relativas à política monetária, e não o seu controle imediato. O conselho era presidido pelo ministro da Fazenda, e contava com quatro representantes do BB – seu presidente e os diretores de três carteiras, cujo efetivo controle passava para este colegiado –, além do diretor executivo da Sumoc, conforme pode ser visto na Tabela 1.1.

A próxima etapa na criação do banco central veio em 1947, quando o ministro Correa e Castro enviou um anteprojeto de lei dispondo sobre a criação de um banco central, sobre bancos em geral e sobre a criação de cinco bancos "semiestatais" especializados (indústria, investimento, comércio exterior, agricultura e empréstimos hipotecários). O projeto foi concebido por uma comissão especialmente nomeada para tal em 1946, e seu trabalho buscava uma difícil combinação entre as ideias convencionais sobre banco central e sobre a disciplina do setor bancário, e outras, bem mais ousadas, sobre a criação de novos bancos de desenvolvimento com apoio governamental e conexões privilegiadas com o novo banco central. Essa ambiguidade talvez representasse apenas ecletismo, ou o desejo de transferir para o Parlamento a responsabilidade por uma conciliação talvez impossível entre o desenho de instituições para a estabilidade da moeda e a introdução de instrumentos para fomentar o desenvolvimento econômico. Na verdade, a tensão entre os pendores desenvolvimentistas de diferentes versões do projeto, e as ideias de institucionalização e organização do sistema monetário em torno de um banco central em linha com as melhores práticas internacionais, esteve presente em todos os debates ao longo desses anos até o compromisso de que resultou a redação final do projeto em 1964. Essas tensões são muito claramente perceptíveis na Tabela 1.1, que mostra as diferentes versões para o CMN que foram sugeridas para as diferentes versões e substitutivos do projeto Correa e Castro, até a sua transformação na lei 4.595/64.

Tabela 1.1
Composição do Conselho Monetário Nacional ou equivalente, 1945-1964

	1945	1947	1954		1959	1962		1963	1964
	DL 7.293 Sumoc	Anteprojeto Correa e Castro	Subcomissão mista	Pasqualini	Nogueira da Gama	Daniel Faraco	Lossaco e Gomes	PL 15	Lei 4.595
Ministro da Fazenda	1	1	1	1	1	1	1	1	1
BC – presidente	1	1	1	1	1	1		1	1
BC – diretores com mandato		5	6		6				3
Banco do Brasil	4	1	1	1	1	1	1	1	1
Banco Rural* (ou diretor BB)		1					1		
Banco Hipotecário* (ou diretor BB)		1							
Banco de Comércio Exterior* (ou diretor BB)		1							
Banco Industrial* (ou diretor BB)		1							
Banco de Investimentos* (ou diretor BB)		1							

(continuação)

	1945 DL 7.293 Sumoc	1947 Anteprojeto Correa e Castro	1954 Subcomissão mista	1954 Pasqualini	1959 Nogueira da Gama	1962 Daniel Faraco	1962 Lossaco e Gomes	1963 PL 15	1964 Lei 4.595
Conselho Superior das Caixas Econômicas			1		1				
Representante dos bancos privados			3	1	3				
Confederação Nacional do Comércio			1		1		1		
Confederação Nacional da Indústria			1		1				
Confederação Rural Brasileira			1						
Nomeados *ad hoc* em mandato				2		1		3	2
BNDES				1				1	1
Banco Nacional da Produção*				1					
Banco de Crédito Social[8]				1					

(continuação)

	1945	1947	1954		1959	1962		1963	1964
	DL 7.293 Sumoc	Anteprojeto Correa e Castro	Subcomissão mista	Pasqualini	Nogueira da Gama	Daniel Faraco	Lossaco e Gomes	PL 15	Lei 4.595
Conselho Nacional de Economia				1	1				
Instituto Brasileiro do Café					1				
FGV e faculdades de economia					1				
CNAER Conselho de Empréstimos Rurais					1				
Representante dos bancários							1		
Representante dos bancos estatais							1		
Ministro da Indústria e do Comércio							1		**
Ministro da Agricultura							1		

(continuação)

	1945	1947	1954		1959	1962		1963	1964
	DL 7.293 Sumoc	Anteprojeto Correa e Castro	Subcomissão mista	Pasqualini	Nogueira da Gama	Daniel Faraco	Lossaco e Gomes	PL 15	Lei 4.595
Ministro de Minas e Energia							1		
Ministro do Trabalho e da Previdência							1		
Ministro do Planejamento								1	**
TOTAL	6	13	16	10	20	5	9	8	9

Legenda:
* A ser criado.
** Membros sem direito a voto.

Fonte: Franco, 2015

Não se fará aqui a resenha da tramitação dos diferentes projetos e substitutivos ao projeto Correa e Castro, conforme listados na Tabela 1.1, cada qual trazendo variações em torno da ideia original, valendo registrar, entretanto, a evolução do conceito de um "Conselho Monetário" a que se subordinaria o BC, à semelhança do que já funcionava como Conselho da Sumoc. O projeto Correa e Castro efetivamente propunha a criação de um "Conselho Monetário" que reuniria a direção do BC e também os presidentes dos bancos "semiestatais", quando estivessem constituídos. No entretempo, esses presidentes seriam substituídos por indicações do BB, presumivelmente os diretores das "carteiras" respectivas, tal qual no Conselho da Sumoc, em que o presidente do BB também tinha assento. Esse conselho monetário teria, portanto, 13 membros[1] e a inspiração certamente veio do Conselho da Sumoc, que progressivamente se tornaria um foro importante de formulação de diretrizes de políticas monetária e cambial, reforçando a ideia de um conselho formulador e regulador pairando sobre todo o "sistema", do qual o BB e o agora proposto Banco Central, juntamente com os bancos "semiestatais", seriam os braços operacionais.

Nas diversas propostas e substitutivos posteriores ao projeto Correa e Castro tratando desse conselho são experimentadas as mais diversas composições, que vão se modificando na medida em que vai amadurecendo a ideia de decompor a autoridade monetária em duas entidades: um conselho que formula diretrizes e normas e um banco central que apenas as executa em parceria com o BB e com outros bancos estatais.

Na primeira fase de sua longa tramitação no Congresso, o "Conselho Monetário" do projeto Correa e Castro foi ganhando novos membros, em boa medida como tentativa de conciliação entre ideias díspares sobre a reforma bancária e a criação de um banco central. Em março de 1949, o presidente da República, em sua Mensagem ao Congresso, repisava candidamente o impasse embutido no projeto, cujo "objetivo era realmente o de facilitar o crédito a todas as atividades econômicas, por intermédio de vários bancos especializados, cabendo ao Banco Central o poder de refrear esse mesmo crédito" (*apud* Pacheco, 1979, vol. V: 218). Três meses adiante, o ministro Correa e Castro, patrono da lei, cederia seu lugar a Guilherme da Silveira, até então o presidente do BB, na gestão do qual o substitutivo da Comissão de Finanças chegaria ao plenário. Nesse momento, nem mesmo Eugênio Gudin era favorável ao projeto, e o deputado Mário de Andrade Ramos o descreveria como um "projeto ônibus, pelo excesso de assuntos diversos em seu bojo" (Pacheco, 1979, vol. V: 218), uma fórmula que o tempo mostraria ser infalível para inviabilizar projetos muito ambiciosos e diversificados de reforma, especialmente em assuntos bancários. E assim, como descreveu Claudio Pacheco, "o projeto de reforma bancária acabou mesmo entrando em estado de paralisia na Câmara" (*Ibid.*: 219-220).

A partir daí, os impasses maiores da reforma bancária encontraram na formação do "Conselho Monetário" um de seus temas mais importantes. Os defensores históricos da ideia de banco central buscando um conselho menor e mais identificado com a diretoria do novo Banco Central; enquanto as variadas vertentes de desenvolvimentismo propunham conselhos de natureza assemblear, com composições mais "representativas" de interesses corporativos e da sociedade. Em 1959, um substitutivo, da lavra do deputado Nogueira da Gama, estabelece com mais clareza o papel de "órgão de cúpula" para o CMN – e aqui aparece com a denominação que viria a ter na lei 4.595/64, que atrai para si a competência de "promover a criação e a manutenção de condições favoráveis ao desenvolvimento da economia nacional, no que depender da moeda e do crédito", que anteriormente cabia ao Banco Central, o mesmo valendo para seus seis outros objetivos. O "mandato múltiplo" não soava tão deslocado quando atribuído ao CMN, sobretudo em um contexto no qual este cuidava de diretrizes e o Banco Central, de execução e operações, e parecia ser a única solução para o impasse em torno do andamento do projeto. Admitia-se, portanto, essa divisão de trabalho entre o novo Banco Central e o CMN, mas, ao menos por ora retirava-se da proposta a fundação de novos bancos oficiais.

A partir do momento em que se firma a ideia do CMN como órgão de cúpula do sistema, e do Banco Central como órgão executivo, abriu-se uma Caixa de Pandora em torno dos que teriam assento nessa grande assembleia de interesses associados à moeda e ao crédito. Conforme a narrativa de um estudioso do trâmite do projeto, "o tema da reforma bancária pareceu navegar em águas plácidas até início dos anos 1960, sem possibilidades concretas de aprovação e sem impacto além dos círculos profissionais e públicos especializados. A partir de 1962, contudo, o tema foi levado ao turbilhão de conflitos políticos característico do governo João Goulart, quando então o PTB passou a sustentar posições mais agudas, sobretudo no sentido de colocar a perspectiva de esquerda na discussão" (Braga, 2011: 188-9).

O projeto considerado o mais representativo das propostas de esquerda sobre a reforma bancária que surgem durante os anos turbulentos do governo João Goulart vinha do PTB.[2] Tal como o projeto Correa e Castro, a lei procurava estabelecer um "sistema" no qual havia um conselho encarregado de normas e um banco central incumbido da sua execução, sendo que, neste projeto, caberia ao BB funcionar como banco central. No tocante à composição do conselho, Lossaco não trazia nenhuma inovação especialmente radical: nove membros, dos quais seis ministros, um representante dos bancos coligados (representando bancos estatais, alguns a serem criados, e oito institutos de previdência de trabalhadores do sistema financeiro), um representante indicado pelos trabalhadores e outro, pelos bancos. Esse conselho ficaria formalmente subordinado ao presidente da República. Tudo considerado, inclusive a assunção pelo BB das funções de banco central, o projeto Lossaco não parecia especialmente revolucionário, ao menos na sua configuração institucional, e sobretudo à luz do que se veria anos à frente, durante o regime militar.

Em resposta, o Executivo propôs um novo texto enviado ao Congresso em março de 1963, que ganhou a numeração PL15/63, com a chancela dos ministros Miguel Calmon e Santiago Dantas. Em muitos aspectos esse texto já está muito próximo da versão aprovada da lei 4.595/64. O texto surpreende pela ausência de radicalismo e pela tentativa expressa de aproximar-se dos consensos já alcançados na extensa tramitação do projeto Correa e Castro. A composição do CMN também se aproxima bastante da finalmente aprovada, com certo equilíbrio: afora o ministro da Fazenda e o diretor executivo da

Sumoc, seriam três membros governamentais (BB, BNDE e Ministério do Planejamento) e três membros independentes, de livre nomeação do presidente da República. O ministro da Fazenda detinha o poder de levar ao presidente da República a cassação de qualquer decisão do CMN (art. 9º, § 5º), o que expressava o desejo de colocar o CMN sob controle da presidência da República.

O PL15/63 experimentaria um retrocesso com o parecer de seu relator, ninguém menos que o deputado José Maria Alkmin, cujo texto Roberto Campos qualificaria, entre os vários modelos cogitados de banco central, como "o pior deles" (Campos, 1994: 665),[3] mas este é o último texto anterior ao golpe de 1964, que o encontra na Comissão de Constituição e Justiça da Câmara. Em seguida, um novo substitutivo de autoria do líder do governo, deputado Pedro Aleixo (UDN-MG), recuperava boa parte do PL15/63 no que tinha sido destruído pelo substitutivo Alkmin, em particular no tocante ao difícil assunto do papel do BB. O CMN seria o mesmo do PL15/63, com a inclusão do ministro da Indústria e Comércio e com a determinação de os três membros nomeados pelo presidente da República serem também diretores da Sumoc, com mandatos de cinco anos. A relatoria desse substitutivo coube ao deputado Ulysses Guimarães, cujo parecer foi, segundo Dênio Nogueira, "uma aglomeração exitosa da proposta do governo com as posições parlamentares, sobretudo pela forma de lidar com as pressões do BB" (*apud* Braga, 2011: 207). Guimarães acatou bastante do substitutivo de Pedro Aleixo, mas manteve a composição do CMN do substitutivo Alkmin, apenas introduzindo, como novidade, um membro indicado pelo presidente da República e aprovado pelo Senado "entre brasileiros de reputação ilibada e notória capacidade, pertencente a instituições financeiras privadas, à indústria, ao comércio ou à agropecuária" (art. 9º, VII). A diretoria da Sumoc teria cinco membros, um dos quais o diretor superintendente, todos nomeados pelo presidente e aprovados pelo Senado e com mandatos de cinco anos (art. 13). O parecer seguiu para a Comissão de Constituição e Justiça e em seguida para o plenário, sendo aprovado em 1º de setembro de 1964. De lá, foi ao Senado, e teve aprovadas 42 emendas com as quais o projeto retornou à Câmara no final de novembro, onde a maior parte dessas modificações foi aprovada, inclusive a que substituía o termo Sumoc por "Banco Central da República do Brasil".

O projeto foi sancionado, afinal, em 31 de dezembro de 1964, após sofrer ainda alguns vetos parciais. Estava criado, finalmente, um banco central para o Brasil.

A principal característica do sistema monetário criado ao fim do longo percurso terminado na lei 4.595/64 foi a de se criar um "sistema" no âmbito do qual a entidade na cúpula não era um banco central, mas um conselho com termos de referência bem mais amplos do que costumam ser os de uma autoridade monetária. Essa configuração resultou da mistura, de início apenas circunstancial, entre a lei bancária, a criação de um banco central e a de outros bancos públicos, no seio de uma mesma lei, tudo isso refletindo um complexo de interesses de difícil conciliação. O compromisso entre diferentes intenções com a "reforma bancária" apenas foi possível com a criação do CMN como o órgão depositário dos poderes normalmente concedidos aos bancos centrais, a julgar pela experiência internacional, e muitos outros, com isso descaracterizando o novo conselho como autoridade monetária comprometida com a estabilidade da moeda. Esse "Sistema Financeiro Nacional" construído a partir dessa arquitetura, na qual o novo banco central tinha poderes muito limitados, e as presenças do BB e do BNDE eram muito relevantes, ganhou "objetivos" múltiplos, no seio dos quais a estabilidade da moeda tinha sua importância vastamente diminuída pela prioridade concedida ao desenvolvimento. Era, portanto, um sistema frágil, incapaz de evitar a sua captura, como se verá na próxima seção.

O CMN EM OPERAÇÃO

O desenho do sistema monetário definido pela lei 4.595/64 consagrava o conceito de um colegiado de autoridades, o CMN, como Autoridade Monetária, e de um banco central como executor, juntamente com o BB, BNDE e outros bancos oficiais, das diretrizes emanadas deste conselho. A composição do CMN era o aspecto definidor básico da governança do sistema. O novo Banco Central da República do Brasil tinha uma posição forte mas não dominante no desenho estabelecido pela lei 4.595/64, e o mandato do CMN era múltiplo, compreendendo estabilidade, crescimento, equilíbrio externo, crédito direcionado, supervisão bancária, sistema de pagamentos e coordenação macroeconômica. Os principais dispositivos da nova lei são listados a seguir (grifos meus):

Lei 4.595 de 31 de dezembro de 1964
Dispõe sobre a política e as instituições monetárias, bancárias e creditícias, cria o Conselho Monetário Nacional e dá outras providências.

Art. 1º. O *Sistema Financeiro Nacional*, estruturado e regulado pela presente Lei, será constituído:
    I. do Conselho Monetário Nacional;
    II. do Banco Central da República do Brasil;
    III. do Banco do Brasil S.A.;
    IV. do Banco Nacional do Desenvolvimento Econômico;
    V. das demais instituições financeiras públicas e privadas.

Art. 2º. Fica extinto o Conselho da atual Superintendência da Moeda e do Crédito, e criado, em substituição, o Conselho Monetário Nacional, *com a finalidade de formular a política da moeda e do crédito*, como previsto nesta Lei, objetivando o progresso econômico e social do País.

Art. 3º. A política do Conselho Monetário Nacional *objetivará*:
    I. adaptar o volume dos meios de pagamento às reais necessidades da economia nacional e seu processo de desenvolvimento;
    II. regular o valor interno da moeda, para tanto prevenindo ou corrigindo os surtos inflacionários ou deflacionários de origem interna ou externa, as depressões econômicas e outros desequilíbrios oriundos de fenômenos conjunturais;

III. regular o valor externo da moeda e o equilíbrio no balanço de pagamento do País, tendo em vista a melhor utilização dos recursos em moeda estrangeira;
IV. orientar a aplicação dos recursos das instituições financeiras, quer públicas, quer privadas, tendo em vista propiciar, nas diferentes regiões do País, condições favoráveis ao desenvolvimento harmônico da economia nacional;
V. propiciar o aperfeiçoamento das instituições e dos instrumentos financeiros, com vistas à maior eficiência do sistema de pagamentos e de mobilização de recursos;
VI. zelar pela liquidez e solvência das instituições financeiras;
VII. coordenar as políticas monetária, creditícia, orçamentária, fiscal e da dívida pública, interna e externa.
[...]
Art. 6º. O Conselho Monetário Nacional será integrado pelos seguintes *membros*:
I. Ministro da Fazenda, que será o Presidente;
II. Presidente do Banco do Brasil S.A.;
III. Presidente do Banco Nacional do Desenvolvimento Econômico;
IV. seis (6) membros nomeados pelo Presidente da República, após aprovação do Senado Federal, escolhidos entre brasileiros de ilibada reputação e notória capacidade em assuntos econômico-financeiros, com mandato de seis (6) anos, podendo ser reconduzidos;
§ 1º. O Conselho Monetário Nacional deliberará por maioria de votos, com a presença, no mínimo, de 6 (seis) membros, cabendo ao Presidente também o voto de qualidade.
§ 2º. Poderão participar das reuniões do Conselho Monetário Nacional *(vetado)* o Ministro da Indústria e do Comércio e o Ministro para Assuntos de Planejamento e Economia, cujos pronunciamentos constarão obrigatoriamente da ata das reuniões.
[...]
Art. 14. O Banco Central da República do Brasil será administrado por uma Diretoria de 4 (quatro) membros, um dos quais será o Presidente, *escolhidos pelo Conselho Monetário Nacional dentre seus membros* mencionados no inciso IV, do artigo 6º, desta Lei.

Nesse desenho havia um equilíbrio muito delicado entre os desígnios inflacionistas e as ideias convencionais sobre bancos centrais então estabelecidas, muito dependente da composição do CMN. De nove membros, quatro eram dirigentes do novo Banco Central da República do Brasil *com mandatos fixos*, dois outros membros eram representantes do setor privado escolhidos *ad hoc* pelo presidente da República, dois membros adicionais eram os bancos oficiais (BB e BNDE), cabendo ao ministro da Fazenda a presidência do CMN e o voto de qualidade.

A evolução dessas instituições criadas em 1964 pode ser entendida a partir das inúmeras modificações na composição do CMN, todas elas reveladoras sobre o modo como as engrenagens criadas ao redor dele foram utilizadas em diferentes momentos e circunstâncias. Essas alterações podem ser vistas de forma sistematizada e sequencial na Tabela 1.2:

Tabela 1.2
Composição do Conselho Monetário Nacional, 1964-1994

	1964 Lei 4.595	1967 Lei 5.362	1969 Lei 65.769	1972 Dec. 71.097	1974 Lei 6.045	1976 Lei 6.385	1979 Dec. 83.323	1981 Dec. 85.776	1985 Dec. 91.185	1986 Dec. 93.490	1987 Dec. 94.303	1990 Dec. 99.207	1990 Lei 8.056	1993 Lei 8.646	1994 Lei 9.069
Min. Faz.	1	1	1	1	1	1	1	1	1	1	1	1	1	1	1
BC/Pres.	1	1	1	1	1	1	1	1	1	1	1	1	1	1	1
BC/Dir. c/ mand.	3	4	4	4											
Nom. c/ mand.	2	2	2	2	3	3	8	9	9	9	9	6	6	6	
Min. Plan.	1		1	1	1	1	1	1	1	1	1	1	1	1	1
Min. Ind. Com.			1	1	1	1	1	1	1	1	1	1	1	1	
BNDES	1	1	1	1	1	1	1	1	1	1	1	1	1	1	
BB	1	1	1	1	1	1	1	1	1	1	1	1	1	1	
Min. Agric.				1	1										
Min. Int.			1	1	1		1	1	1	1	1	1	1	1	
CEF				1		1	1	1	1	1	1			1	
BNH			1	1			1	1	1	1	1				
CVM						1	1	1	1	1	1	1	1	1	

(continuação)

	1964 Lei 4.595	1967 Lei 5.362	1969 Lei 65.769	1972 Dec. 71.097	1974 Lei 6.045	1976 Lei 6.385	1979 Dec. 83.323	1981 Dec. 85.776	1985 Dec. 91.185	1986 Dec. 93.490	1987 Dec. 94.303	1990 Dec. 99.207	1990 Lei 8.056	1993 Lei 8.646	1994 Lei 9.069
IRB							1	1	1	1	1				
Cacex-BB							1	1	1	1	1			1	
Basa															
BNB									1	1	1		1		
Min. Des. Urb.									1	1	1				
Min. Trab.										1	1	1	1	1	
Sindical.											1	1	1	1	
Min. Infr.															
Min. Prev.														1	
TOTAL	9	10	14	16	10	11	21	24	25	26	26	16	17	21	3

Fonte: Banco Central do Brasil. "Histórico da composição do Conselho Monetário Nacional (CMN)" disponível em www.bcb.gov.br.

A Tabela 1.2 oferece uma ilustração reveladora da deterioração institucional da qual resultou o descontrole da moeda e do crédito, e mais amplamente de todas as atividades controladas ou supervisionadas pelo CMN, especialmente a partir de 1967. A tabela mostra cada uma das modificações da composição do CMN, mas, curiosamente, a mudança mais importante, a primeira, quando se diz que foi destruída a "independência" do novo Banco Central, não resultou de alteração na lei 4.595/64. A lei 5.362/67, assinalando a primeira mudança na composição original, apenas introduziu um diretor adicional para o Banco Central, por sugestão do próprio ministro da Fazenda, sem alterar nada mais do CMN, que preservava sua mecânica original, como se verá mais adiante. Nesse primeiro desenho, o CMN tinha dois representantes do setor privado de livre nomeação do presidente da República, e os dois primeiros a ocupar a posição foram os banqueiros Gastão Vidigal e Ruy de Castro Magalhães. Os outros três membros ligados ao governo eram Otávio Gouveia de Bulhões (ministro da Fazenda), Luiz de Moraes Barros (presidente do BB) e José Garrido Torres (presidente do BNDES). Os ministros do Planejamento (Roberto Campos) e da Indústria e do Comércio (Daniel Faraco) não tinham direito a voto.

Era muito claro que, nessa configuração, o CMN funcionava como uma "diretoria aumentada" do BC, ou conselho superior, ou mesmo a consciência crítica deste, eis que quatro de nove, e logo em seguida cinco de dez membros, eram dirigentes do BC com mandato. A lei 4.595/64 usava uma curiosa e elegante inversão ao estabelecer, em seu artigo 14, que membros da diretoria do BC seriam "escolhidos pelo CMN dentre seus membros", na verdade dentre os nomeados pelo presidente. É claro que essas nomeações para o CMN já eram feitas tendo em mente a diretoria do BC.

A mudança empreendida em 1967, em consequência da primeira transição política, de Humberto Castelo Branco para Artur da Costa e Silva, foi a renúncia forçada da diretoria original, inclusive a do presidente Dênio Nogueira, e a substituição por nomes escolhidos pelo novo presidente Costa e Silva e por seu ministro da Fazenda, Antônio Delfim Netto. A mudança, conforme a descrição de Casimiro Ribeiro, um dos dirigentes mandatados, foi descrita como "um trauma" (*apud* Raposo e Kasahara, 2010: 935). Tornou-se tristemente célebre o diálogo entre Roberto Campos, o ministro do Planejamento que deixava o cargo, e o presidente Artur da Costa e Silva, no qual, instado a confirmar no cargo o primeiro presidente do BCRB, Dênio Nogueira, "pois a lei lhe dava mandato fixo, precisamente para garantir estabilidade e continuidade na política monetária", já que o BCRB era o "guardião da moeda", o general presidente retrucou: "O guardião da moeda sou eu." (*ibid.*: 669)

Na mesma linha, Bulhões também teria realizado um encontro frustrante com Costa e Silva, e, conforme relata Maria Lucia Werneck Vianna, "no seio do governo que sai existe a convicção de que o novo ministro da Fazenda dificilmente resistiria à força de seus colegas desenvolvimentistas e à pressão de setores do empresariado paulista adversários da política econômico-financeira" (Werneck Vianna, 1987: 115). Assessores de Costa e Silva respondiam às resistências dos dirigentes do BC a desistir de seus mandatos argumentando que não se poderia "pretender amarrar a administração sucessora de Castelo

Branco aos critérios da atual política econômico-financeira, o que não faz sentido, pois qualquer governo precisa de liberdade de movimentos, em todas as áreas" (*id., ibid.*). Por seu turno, Dênio Nogueira, observou:

> Os inspiradores do presidente seguinte, marechal Costa e Silva, perceberam que um Banco Central independente poria fim à política de transferência de recursos da sociedade para a oligarquia através dos subsídios geradores de deficit público (*apud* Raposo e Kasahara, 2010: 935).

Casemiro Ribeiro foi ainda mais explícito sobre o modo como os dirigentes foram abordados pelo novo ministro da Fazenda, Delfim Netto, em nome de Costa e Silva:

> Em relação à nossa atitude, mandamos dizer ao Delfim que não iríamos pedir demissão. E o Delfim, cheio de dedos porque ia ser ministro pela primeira vez, veio falar conosco e disse: 'Estou muito constrangido, porque a decisão política é mudar todo mundo.' Era mudar. Foi o Delfim que me disse, constrangido [...] Num período militar o senhor Costa e Silva entrou com uma gana em cima do governo Castelo Branco, como se fosse governo de oposição, dos velhos tempos, compreendeu? Incrível. [...] Mas havia um aspecto formal, tínhamos de preservar o princípio de que o Banco Central tem uma administração independente, que cumpre seus mandatos. Só interrompe o mandato se for um processo por crime, comprovado. [...] Eles sugeriram, informalmente, que nós pedíssemos demissão. A renúncia do cargo, porque nós não podíamos ser demitidos pela lei [...] Levamos nossa resistência até um certo ponto, temendo poder até prejudicar o Banco Central como instituição (*id., ibid.*).

Conforme resume Roberto Campos, "a independência do BC teve assim fim melancólico, não sobrevivendo ao primeiro teste" (Campos, 1994: 672) e com isso ficaram removidos quaisquer obstáculos à captura do órgão com vistas ao suprimento ilimitado de recursos ao desenvolvimento, à agricultura, aos projetos e operações do Banco do Brasil e de outros projetos apoiados por bancos públicos e amparados por recursos do orçamento monetário. A única limitação era a vontade discricionária dos generais, ou de seus prepostos, através do CMN, prestes a se tornar o órgão coordenador dos instrumentos creditícios do desenvolvimento, em detrimento de qualquer outra função ou atribuição.

É de se notar que a substituição de todos os membros do CMN em 1967 se deu sem modificação formal na mecânica dos mandatos. Na verdade, isso fazia as coisas ainda piores. De acordo com Maria Lucia Werneck Vianna, "entre os planos do novo governo, cogitava-se criar uma espécie de Conselho de Desenvolvimento, integrado pelos ministros da área econômico-financeira e representantes da área privada", mas "a criação desse novo órgão mostrou-se desnecessária, pois o contexto institucional de centralização administrativa em molde colegiado (com toques de corporativismo) estava dado. Pensou-se até em mudar o nome, na época Conselho Monetário, para Conselho Nacional de

Economia" (Werneck Vianna, 1987: 117), o que não foi adiante. Entretanto, a captura resultou mais completa e acabada que a que pudesse ser estabelecida por qualquer outra fórmula institucional, pois os novos membros estavam tão protegidos por mandatos quanto aqueles a quem substituíram, e eram escolhas pessoais da nova administração, imbuídos de outra filosofia. É claro que os mandatos não protegeriam os dirigentes do BC de constrangimento e intimidação praticados por um regime autoritário, sobretudo no contexto de mudança de governo, pois o mandato é algo que, por sua natureza, só possui eficácia no seio dos pesos e contrapesos de um regime democrático. Para interromper o mandato, na ausência de falta grave, o presidente deveria pedir permissão ao Senado, um ritual ocioso quando não há vida parlamentar. As indicações se tornam, nesse contexto, totalmente discricionárias. Como exemplo, menos de um ano depois de sua nomeação para o lugar de Dênio Nogueira, Ruy Aguiar da Silva Leme foi substituído por Ernane Galvêas em razão de atritos com o ministro da Fazenda. As instituições de 1964 iam assumindo personalidade totalmente inusitada, pois não haviam sido concebidas para o ambiente político em que tiveram que viver os seus primeiros anos.

A mudança na composição do CMN que ocorre em 1969, possivelmente em razão das repercussões do AI-5 e das medidas econômicas que o acompanharam, foi a primeira que efetivamente alterou formalmente o colegiado, introduzindo no conselho quatro ministros: Planejamento, Indústria e Comércio, Agricultura e Interior. Os dois primeiros já participavam do CMN sem direito a voto, e os dois últimos vinham com o intuito de ampliar o escopo de atuação do CMN ao trazer para essa esfera a totalidade dos instrumentos de política agrícola e das instituições de crédito setoriais e regionais sob o controle do ministro do Interior (BNH, Basa e BNB). A mudança ocorrida em 1972, pelo decreto 71.097, é um prolongamento desta, ao dar assento no CMN aos presidentes da Caixa Econômica Federal (CEF) e do Banco Nacional da Habitação (BNH), elevando o número de membros a 16. Entretanto, são comuns os relatos de reuniões com mais de cinquenta pessoas, nas quais raramente se observavam votações. Segundo Werneck Vianna (grifos no original) "Uma 'fórmula ideal' de coordenação seria, então, exatamente aquela que conservasse esta fundamental *aparência* de órgão colegiado no qual 'os ministros tinham a mesma voz, o mesmo peso', mas onde se substituíam processos formais de votação por acertos prévios, ocultando a real subordinação de todos os participantes ao 'interesse geral' ditado por um efetivo primeiro-ministro econômico" (Werneck Vianna, 1987: 132).[4]

Amadurece, portanto, um arranjo muito diferente do originalmente pensado para as instituições de 1964, visto que a realidade do funcionamento do regime autoritário se impunha e tornava deslocados os cânones habituais para bancos centrais concebidos e amadurecidos para regimes democráticos. A independência do banco central é um contrassenso em um regime autoritário. Foi uma infelicidade que o Brasil tivesse que estabelecer o seu banco central, depois de tantos anos de espera, e de tantas tentativas frustradas, no começo de uma ditadura, que vai se tornando mais fechada com o tempo, e no âmbito da qual o ministro da Fazenda sabe tirar proveito da imaturidade das instituições de 1964, e em particular da ausência de protocolos para o CMN, para colocá-lo no centro da mobilização econômica do governo autoritário e tornar o BC apenas mais um de diversos bancos provedores de fundos para o orçamento monetário. O ministro Delfim Netto será o artífice desse novo desenho em que o BC está totalmente capturado e o CMN vai se tornar, conforme descreve Celso Lafer, "um centro de controle e absorção das incertezas vitais para o sistema econômico" e um órgão colegiado que tratou praticamente da coordenação de toda a política econômica do governo, acompanhando e quase determinando globalmente os seus efeitos" (Lafer, 1975: 89-91). E nesse organismo destacava-se a figura central do ministro da Fazenda, Delfim Netto, sempre a se esquivar habilmente das definições de "czar econômico" fazendo referência ao coletivo: "Como exercer superpoderes se a política econômica é feita no CMN, onde participam ministros, todos os bancos oficiais e representantes da área privada?" (*Veja*, 7/11/1973. *Apud* Werneck Vianna, 1987:133)

A semelhança entre esse arranjo e os cogitados pelos projetos de reforma bancária pela esquerda, conforme examinado na seção anterior, fornece um curioso e significativo paradoxo, pelo qual parecia demonstrado que o inflacionismo não possuía conotação ideológica.

Uma mudança mais profunda ocorre no governo Geisel. Diante de uma conjuntura econômica mais adversa, do ocaso do outrora todo-poderoso ministro da Fazenda e do desejo do novo presidente da República de centralizar as decisões econômicas em torno de si, promove o esvaziamento do CMN, que percebe como um foco de excesso de poder em torno de um ministro difícil de controlar. Duas leis definem essas mudanças, a primeira, a lei 6.036/74, determinava a criação do CDE (Conselho de Desenvolvimento Econômico), "órgão de assessoramento imediato do Presidente da República", cuja incumbência era "assessorar o Presidente da República na formulação da política econômica e, em especial, na coordenação das atividades dos ministérios interessados, segundo a orientação geral definida no Plano Nacional de Desenvolvimento". O CDE seria presidido pelo presidente da República e integrado pelos ministros da Fazenda, da Indústria e do Comércio, Agricultura e Interior e teria, como seu secretário-geral, o ministro do Planejamento. Dois desses ministros, o da Agricultura e o do Interior, deixariam de fazer parte do CMN, conforme determinado pela lei 6.045/74, como se pode ver (grifos meus):

> **Lei 6.045, de 30 de maio de 1974**
> *Altera a constituição e a competência do Conselho Monetário Nacional e dá outras providências*
>
> O Presidente da República. Faço saber que o Congresso Nacional decreta e eu sanciono a seguinte Lei:
> Art. 1º. O *caput* do artigo 4, da lei 4.595/64, passa a vigorar com a seguinte redação:
> "Art. 4º. Compete ao Conselho Monetário Nacional, *segundo diretrizes estabelecidas pelo Presidente da República.*"

Art. 2º. As atribuições relativas à política nacional do abastecimento, [...] serão exercidas conjuntamente pelo Ministro de Estado Chefe da Secretaria de Planejamento da Presidência da República, e pelos Ministros de Estado da Fazenda, dos Transportes e da Agricultura, sob a coordenação deste último e *de acordo com as diretrizes que forem estabelecidas pelo Presidente da República*.

Art. 3º. O Conselho Monetário Nacional será integrado pelos seguintes membros:

I. Ministro de Estado da Fazenda, como Presidente;
II. Ministro de Estado Chefe da Secretaria de Planejamento da Presidência da República, que será o Vice-Presidente e substituirá o Presidente em seus impedimentos eventuais;
III. Ministro de Estado da Indústria e do Comércio, que substituirá o Vice--Presidente em seus impedimentos eventuais;
IV. Presidente do Banco Central do Brasil;
V. Presidente do Banco do Brasil S.A.;
VI. Presidente do Banco Nacional do Desenvolvimento Econômico;
VII. Presidente do Banco Nacional de Habitação;
VIII. Três membros nomeados pelo Presidente da República entre brasileiros de ilibada reputação e notória capacidade em assuntos econômico-financeiros, com mandato de cinco anos.

[...]

§ 2º. Os demais Diretores do Banco Central do Brasil participarão das reuniões do Conselho Monetário Nacional *sem direito a voto*.

[...]

Art. 5º. O Banco Central do Brasil será administrado por um Presidente e cinco Diretores, nomeados pelo Presidente da República, escolhidos entre brasileiros de ilibada reputação e notória capacidade em assuntos econômico-financeiros, sendo *demissíveis* ad nutum.

O processo decisório da política econômica se vê drasticamente alterado, a começar pelo CDE, que atraía para si a centralidade de que outrora desfrutara o CMN sob a batuta de Delfim Netto, porém, com algumas diferenças fundamentais. Conforme um relato contemporâneo e esclarecedor: "O CDE não é conselho; os membros do CDE não votam. Eles são assessores do presidente da República; o CDE é um órgão que assessora o presidente da República. Onde está o presidente da República não há colegiado" (Werneck Vianna, 1987: 146).[5] O novo ministro da Fazenda, Mario Henrique Simonsen, "mostrava-se ajustado a esta tendência, achando necessário 'baixar o perfil político' de sua pasta". O CMN via-se diminuído pela perda dos dois ministros que iam integrar o CDE (Agricultura e Interior), pela perda da CEF, embora o BNH tenha sido mantido, e, significativamente, deixaria de contar com os quatro diretores do BC entre seus membros. Com isso os dirigentes do BC perdiam os seus mandatos, uma modificação proposta pelo novo ministro Mario Henrique Simonsen, autor da lei, e justificada pelo fato de que depois do AI-5 não havia mais sentido em preservar um instrumento que apenas teria eficácia dentro do delicado equilíbrio de pesos e contrapesos próprio de uma democracia. No entender de Roberto Campos, "sua revogação *de jure* meramente reconhecia uma situação *de facto*" (Campos, 1994: 672), pois não há mesmo que se falar em mandatos ou independência do BC no contexto de uma ditadura.

Relativamente à época em que esteve sob o domínio de Delfim Netto, o CMN ficava menor (algumas atribuições eram expressamente retiradas, conforme a lei 6.045/74) e pior, pois o BC via sua influência ainda mais diminuída diante de ministros e bancos públicos sobre os quais o BC e o CMN deveriam ter ascendência. A influência do presidente da República passava a ser muito mais direta, pois as 31 competências privativas do CMN definidas no artigo 4º da lei 4.595/64 deveriam ser exercidas "de acordo com as diretrizes [...] estabelecidas pelo presidente da República". Não se esperava que o presidente as definisse em bases regulares, mas certamente podia emiti-las a qualquer tempo, o que obrigava o ministro da Fazenda a consultar o Palácio com muito mais frequência do que no período anterior.

Esse desenho ficaria intacto no restante da administração Geisel, exceto pela inclusão da Comissão de Valores Mobiliários (CVM) por força da lei 6.385/76, tratando de mercado de capitais.

Com o início da presidência João Figueiredo, e em face de sua missão declarada de promover a abertura política, verifica-se uma mudança de postura bastante reveladora com relação ao CMN. Como ali residisse um foco de deficit de democracia, o decreto 83.323, de 11 de abril de 1979, ampliou consideravelmente o número de membros do CMN, de 11 para 21. Os membros nomeados passaram de três a oito, trazendo para o conselho nomes de relevo no mundo empresarial como Abilio Diniz, Ângelo Calmon de Sá, Jaime Canet, Luis Eulálio Bueno Vidigal e Nestor Jost. Duas inovações eram as inclusões do diretor da Carteira de Comércio Exterior do BB (Cacex), Benedito Moreira, e do presidente do Instituto de Resseguros do Brasil (IRB), Ernesto Albrecht, que tinha sido diretor do BC e membro do CMN por breve período logo antes da lei 6.045/74 retirar do CMN os diretores do BC. Retornavam ao CMN o presidente da CEF, o ministro do Interior e o ministro da Agricultura, este último trazendo como titular o mesmo Delfim Netto que tivera tanta influência sobre aquele colegiado, e que, cerca de seis meses depois, substituiria Mario Henrique Sımonsen no Ministério do Planejamento. Mais adiante em 1981, pelo decreto 85.776/81, o CMN ganhou mais três integrantes, mais um entre os nomeados *ad hoc*, além dos presidentes do Basa e do BNB, totalizando 24 membros.

Era uma tolice imaginar que o deficit de transparência e de governança, bem como a arbitrariedade e a disfunção do CMN em seu relacionamento com o BC, e a inadequação dessas instituições desfiguradas para a gestão da moeda e do crédito na vigência de democracia, ou no seu limiar, pudessem sem resolvidas ou mesmo diminuídas pela elevação do número de membros do CMN. Ilusão ainda maior era imaginar que a multiplicação de representantes do setor privado, numa configuração corporativista, poderia sanar o que ingênua ou maliciosamente se diagnosticava como um problema de representatividade. Na verdade, a distorção era a de que esse órgão tivesse atribuições que cabiam ao Congresso, problema que obviamente não seria solucionado por meio de outra distorção ainda maior que seria a de empreender uma imitação grotesca do próprio Congresso no interior do CMN.

A tentativa de se conferir "representatividade" ao CMN nada mais era que um corporativismo tosco que podia ter algum sentido no âmbito do governo autoritário, mas que, uma vez iniciada a reconstrução da democracia, adquiria o intuito perverso de garantir um lugar privilegiado para interesses especiais em um orçamento que não estava limitado pela tributação, assim evitando os percalços e limites do Orçamento Geral da União. A transição para a democracia deveria vir acompanhada de uma reforma completa na atuação do CMN em assuntos de natureza fiscal, e uma reconfiguração do Conselho não mais como foro de coordenação de ações de governo na área do crédito, mas como regulador do sistema financeiro. Igualmente importante, sobretudo na ausência do comando autoritário, era reencontrar o espírito das instituições de 1964 e reformular o BC como entidade independente e dotada de uma missão.

Diversas iniciativas surgiram entre os técnicos no sentido de redesenhar o funcionamento das instituições monetárias à luz das melhores práticas dos regimes democráticos, e com algum sucesso. Porém, no que se refere especificamente à governança global do sistema, vale dizer, da composição do CMN, a Nova República não inovou relativamente à herança recebida do general João Batista de Figueiredo, antes pelo contrário, pareceu subscrever as mesmas ilusões e fez aumentar o CMN para incríveis 27 membros, incluindo, em sucessivas alterações, os ministros do Desenvolvimento Urbano e do Trabalho e, pomposamente, e em 1º de maio de 1987, pelo decreto 94.303/87, "um membro representante das classes trabalhadoras".[6] Foi com essa composição que o CMN assistiu, e em boa medida promoveu, à hiperinflação, oficialmente alcançada nos últimos meses da presidência José Sarney.

O presidente Collor não parecia ter uma ideia clara sobre o redesenho do CMN e do BC, embora o presidente do BC na ocasião, Ibrahim Eris, tenha relatado que a autonomia de que desfrutou foi "de 100%".[7] Quanto ao CMN, Collor, pelo decreto 99.207 de 12 de abril de 1990, removeu do conselho os representantes da Cacex, IRB, Basa e BNB (este retornou em 28 de junho do mesmo ano pela lei 8.056), os ministros do Interior, Indústria e Comércio, Desenvolvimento Urbano e também três dos nove membros nomeados. O Ministério do Planejamento deixou de existir momentaneamente com a fusão que criou o Ministério da Economia, Fazenda e do Planejamento, a quem coube presidir o CMN, com a vice-presidência de um outro ministério novo, o de Infraestrutura, que juntava os antigos ministérios de Minas e Energia, Transportes e Comunicações.

O presidente Itamar Franco, logo em seguida, recompôs o desenho ampliado do CMN, retornando a 21 membros, trazendo de volta os ministros do Interior, da Indústria e do Comércio e da Previdência, além do presidente do Basa e do recém-recriado Ministério do Planejamento. Havia pleitos para a inclusão de representantes do Ministério Público, do poder Judiciário, dos bancos estaduais, dos secretários de Fazenda e de presidentes de comissões da Câmara e do Senado. A ideia de reproduzir no CMN um microcosmo de interesses especiais, sob a ilusão de que a configuração tornaria a gestão da moeda e do crédito mais consistente com a reconstrução democrática, conheceu aí o seu apogeu, e felizmente foi interrompida antes de avançar mais pela providência, estranha apenas na aparência, introduzida pelo Plano Real que reduziu o CMN a três membros apenas.

Por curioso que pudesse parecer, o CMN assim minimalista era o que mais o aproximava de um modelo de 'conselho de administração' do BC e o que mais o afastava do paradigma de "câmara setorial da moeda", que vicejou da presidência Figueiredo em diante, com a breve e parcial interrupção durante o governo Collor. Nesse registro, é interessante perguntar sobre se a evolução da composição do CMN resenhada neste ensaio ajuda a responder a um dos grandes paradoxos da história monetária do país, a saber, o modo como se deu o descontrole do sistema monetário e a hiperinflação, justamente quando a democracia se reestabelecia no país.

O trajeto do CMN durante o período coberto pela Tabela 1.2 fornece parte relevante da resposta. É de se notar que o sistema não degringola imediatamente, quando as instituições de 1964 são descaracterizadas pela imposição de funções de fomento ao BC, pela conta movimento, pelo orçamento monetário e pela desmoralização dos mandatos. A organização autoritária do Estado no seio da ditadura militar introduziu controles discricionários que, sobretudo nos primeiros anos, evitaram o abuso dos poderes à disposição do CMN. A transição para a democracia deveria compreender a substituição desses controles por um redesenho completo do sistema, a fim de que fossem adotados os paradigmas de pesos e contrapesos, bem como a distribuição de funções fiscais e monetárias entre o Executivo e o Legislativo, segundo os cânones das democracias ocidentais. Infelizmente, contudo, não foi isso o que se passou. Conforme o relato circunstanciado de Maílson da Nóbrega, "no fim de 1982 e no início de 1983, a crise da dívida externa e o acordo com o FMI escancararam a fragilidade do arranjo institucional que transformava o BB, o BC e o Tesouro em um conjunto confuso e incontrolável", e nesse momento, adicionando insulto à injúria, ocorreu "um fato gravíssimo" (Nóbrega, 2005: 295-6) que foi o descontrole dos bancos estaduais, um enorme pesadelo fiscal e monetário para o país, sem dúvida um dos elementos mais importantes na produção da hiperinflação no Brasil.

No início dos anos 1980 era pouco relevante a discussão sobre as vantagens e desvantagens de bancos estaduais relativamente à concorrência de bancos privados, pois uma questão passou à frente de todas, a possibilidade de emprestar a seu controlador, possivelmente de forma ilimitada. Alguns desses bancos eram mais antigos e com históricos respeitáveis, porém, conforme relata Cleofas Salviano Junior, em sua extensa monografia sobre a experiência de bancos estaduais no Brasil, "o processo de democratização da década de 1980 implicou o afrouxamento dos controles fiscais sobre os estados, o que se reflete também no tratamento dispensado pelo BC aos bancos estaduais" (Salviano Junior,

2004: 55). Os bancos estaduais seguiram crescendo de forma viciosa como instrumentos de financiamento ao deficit dos estados controladores, tal como se reproduzissem na esfera estadual o mecanismo da conta movimento que viam funcionar na esfera federal. Nada poderia parecer mais inconveniente e deslocado, do ângulo político, que o BC tentar impor alguma disciplina aos bancos estaduais, e consequentemente aos novos governadores, quando o governo federal continuava a incidir nas mesmas práticas. O BC se encontrava paralisado e capturado, enquanto o CMN tornava-se uma câmara corporativa de interesses especiais em nada alinhada com outros objetivos que não os das agendas de seus participantes. A liberalidade em assuntos fiscais era completa, e cada estado da federação parecia descobrir que *podia transformar seu banco estadual numa filial do Banco Central*, com privilégios semelhantes aos que o BB e os outros bancos federais desfrutavam, em grau variado, junto ao BC. Como muitos estados haviam criado suas "unidades de conta fiscais" à semelhança da Ufir, não era um exagero conjecturar que a federação monetária brasileira ameaçava se desagregar. O sistema monetário brasileiro havia entrado num estado de absoluto descontrole, e parte essencial da reconstrução da moeda empreendida pelo Plano Real, anos depois, em 1994, foi o Programa de Incentivo à Redução da Presença do Estado na Atividade Bancária (Proes), criado pela medida provisória 1.514/97 e pela resolução CMN 2.365/97, bem como pelas diversas normas do CMN que trouxeram para o Brasil a disciplina de Basileia, equalizando o tratamento regulatório de bancos privados e oficiais, inclusive federais.

É interessante observar que, durante o período em que ocorreu a hiperinflação no Brasil, a Constituição Federal já havia recepcionado a lei 4.595/64 como lei complementar, em associação ao artigo 192, dispondo sobre o sistema financeiro nacional, e já havia sido estabelecido o entendimento segundo o qual a lei 4.595/64 apenas poderia ser modificada por *uma única lei complementar* regulamentando *todos* os temas pertinentes ao artigo 192. Como se sabe, foram frustradas todas as tentativas de regulamentar o artigo 192 por meio de uma só lei, tendo em vista a quantidade de temas envolvidos. Dessa forma, o desafio do Plano Real em meados de 1994 era promover a estabilização da moeda sem nenhuma alteração na lei 4.595/64. Entretanto, em um tópico absolutamente essencial havia uma brecha que ia ao coração do processo de governança da moeda: a composição do CMN. O assunto escapava aos impedimentos que alcançavam alterações na lei 4.595/64, pois, de fato, não pertencia estritamente às definições do artigo 192. De fato, entre a promulgação da Constituição e o Plano Real, diversas alterações na composição do CMN já haviam ocorrido pela via de lei ordinária, de modo que nada impedia, em 1994, que as medidas provisórias introduzindo o Plano Real enfrentassem o tema. Foi graças a esse entendimento que o artigo 8 da medida provisória 542/94, depois lei 9.069/95, determinou a "recaptura" do CMN, mudando a sua composição, como em tantas ocasiões no passado, conforme ilustrado na Tabela 1.2, e criou a Comissão Técnica da Moeda e do Crédito (Comoc), conforme vemos abaixo (grifos meus):

Lei 9.069, de 29 de junho de 1995

Dispõe sobre o Plano Real, o Sistema Monetário Nacional, estabelece as regras e condições de emissão do REAL e os critérios para conversão das obrigações para o REAL, e dá outras providências

O Presidente da República. Faço saber que o Congresso Nacional decreta e eu sanciono a seguinte Lei:
[...]
Art. 8º. O Conselho Monetário Nacional, criado pela Lei 4.595/64, passa a ser integrado pelos seguintes membros:

I. Ministro de Estado da Fazenda, na qualidade de Presidente;

II. Ministro de Estado do Planejamento e Orçamento;[8]

III. Presidente do Banco Central do Brasil.

§ 1º. O Conselho deliberará mediante resoluções, por maioria de votos, cabendo ao Presidente a prerrogativa de deliberar, nos casos de urgência e relevante interesse, *ad referendum* dos demais membros.
[...]
§ 7º. A partir de 30 de junho de 1994, ficam *extintos os mandatos de membros do Conselho Monetário Nacional nomeados até aquela data.*

Art. 9º. É criada junto ao Conselho Monetário Nacional a *Comissão Técnica da Moeda e do Crédito*, composta dos seguintes membros:

I. Presidente e quatro Diretores do Banco Central do Brasil;

II. Presidente da Comissão de Valores Mobiliários;

III. Secretário-Executivo do Ministério do Planejamento, Orçamento e Gestão;

IV. Secretário-Executivo e Secretários do Tesouro Nacional e de Política Econômica do Ministério da Fazenda.

§ 1º. A Comissão será *coordenada pelo Presidente do Banco Central do Brasil.*

§ 2º. O regimento interno da Comissão Técnica da Moeda e do Crédito será aprovado por decreto do Presidente da República.

Art. 10. Compete à Comissão Técnica da Moeda e do Crédito:

I. propor a regulamentação das matérias tratadas na presente Lei, de competência do Conselho Monetário Nacional;

II. manifestar-se, na forma prevista em seu regimento interno, previamente, sobre as matérias de competência do Conselho Monetário Nacional, especialmente aquelas constantes da lei nº 4.595, de 31 de dezembro de 1964;

III. outras atribuições que lhe forem cometidas pelo Conselho Monetário Nacional.

A redução do número de membros do CMN ao mínimo – ministros da Fazenda e do Planejamento e presidente do BC – era uma providência deliberada no sentido de deslocar para o BC o eixo decisório dos assuntos pertinentes ao CMN, descaracterizando-o como "câmara setorial da moeda e do crédito" como vinha sendo desde a época em que nele reinava o ministro Delfim Netto. Faria sentido até mesmo extinguir o CMN (ou que fossem retirados do CMN os poderes relativos à política monetária), com o BC absorvendo suas funções, se isso pudesse ser feito, mas como não era, a primeira opção era um CMN com apenas dois membros, Fazenda e BC, alternativa que foi contestada pela assessoria jurídica do presidente da República, e em lugar da qual se aceitou um CMN de três membros. Era uma mudança de larguíssimo alcance na governança da moeda e dos assuntos fiscais e parafiscais que transitavam pelo CMN, destacadamente os referentes ao funcionamento dos bancos oficiais. As medidas de saneamento dos bancos oficiais, estaduais e federais, dificilmente teriam tido lugar com tanta fluidez numa situação em que a área econômica não tivesse absoluto controle sobre a formulação e aprovação das regras.

A criação da Comoc bem complementava o desenho, pois formalizava uma espécie de "reunião prévia" do CMN coordenada pelo presidente do BC, e estabelecia informalmente um foro de discussão e formulação que eliminava os conflitos de interesse que assombraram o CMN no passado. A Comoc tinha dez membros, cinco dos quais dirigentes do BC; os outros eram três secretários do Ministério da Fazenda, um do Ministério do Planejamento e o presidente da CVM. As reuniões do CMN deixaram de ser longas e cerimoniais, e, progressivamente, ao passo que se tornavam mera ratificação de temas já amplamente discutidos na Comoc, vieram a ser um foro mais técnico e menos formal. Em tempos recentes, diz-se que as reuniões do CMN deixaram de ser presenciais, o que significa que a Comoc assumiu verdadeiramente o papel de órgão de coordenação de ações na área econômica de forma bem menos politizada e solene como era a tradição das reuniões do CMN. Na prática, foi como se o CMN tivesse sido extinto, ou se tornado um órgão decorativo, talvez restrito a um recurso de última instância, ou na forma de homologação às decisões da Comoc. Com esse desenho, ficava consideravelmente elevado o poder discricionário para as autoridades econômicas, sobretudo BC e Ministério da Fazenda, e para níveis jamais desfrutados no regime democrático. Diante da tibieza institucional dos arranjos existentes, não havia alternativa, e ficava evidente a necessidade de reforçar as instituições, a fim de aproximar o Brasil dos paradigmas internacionais.

Anos depois, em 2003, a emenda constitucional 40, a primeira do governo Lula, alterou o artigo 192, eliminando todos os seus incisos e parágrafos, inclusive o relativo à limitação dos juros reais em 12%, e ganhando a possibilidade de regulamentação em múltiplas leis complementares. Perdeu-se tanto tempo com a tola tentativa de se estabelecer limitações à usura, e na década que seguiu, uma vez removido o dispositivo, nenhuma lei complementar tratando de temas pertinentes ao artigo 192 foi aprovada. A lei 4.595/64 continua em pleno vigor, o que, aparentemente, não representou obstáculo relevante a que o Brasil pudesse praticar políticas monetárias alinhadas com os consensos internacionais, ainda que de forma discricionária. No entanto, a disciplina não resulta propriamente de instituições fortes mas de escolhas do presidente da República. O sistema de metas de inflação foi criado por um decreto presidencial (decreto

3.088/99) e os membros do CMN são ministros de Estado, inclusive, até recentemente, o presidente do BC, todos sujeitos às "diretrizes do presidente da República" tal como na época do general Geisel. As boas práticas dos primeiros anos depois da estabilização ainda precisam ser cristalizadas em alterações institucionais de natureza permanente, mas, enquanto isso não ocorre, a boa administração da moeda se vê dependente de decisões discricionárias para as quais o CMN "mínimo" se mostra mais funcional, ao afastar influências externas à área econômica.

Contudo, a grande vulnerabilidade desse sistema reside justamente na influência excessiva do presidente da República. Depois de 1994 parece ter havido de FHC e Lula um certo afastamento dos assuntos da moeda a fim de evitar uma associação aos andamentos nem sempre populares da política monetária. Seria melhor que a saúde da política monetária não dependesse disso, como a triste experiência posterior a 2008 viria a demonstrar. Dilma Rousseff pareceu bem mais interessada em conduzir os assuntos monetários, o que conseguiu fazer exatamente como fazia o general Geisel, instruindo diretamente seus ministros, membros do CMN e dirigentes do BC. Os resultados foram lamentáveis, deixando claras as lacunas ainda a preencher na construção institucional da Autoridade Monetária no Brasil.

Notas

1. O projeto Correa e Castro previa que o Conselho Monetário se organizasse em duas "câmaras", o que parecia atender ao propósito de reservar à segunda, com todos os membros, os assuntos "mais elevados", ao passo que a primeira seria a diretoria apenas com a presença do ministro.
2. O principal autor era Salvador Lossaco, funcionário do BB, dirigente do sindicato dos bancários e da Confederação Nacional dos Trabalhadores de Empresas de Crédito (Contec), e um dos fundadores do Departamento Intersindical de Estatística e Estudos Socioeconômicos (Dieese). Os outros autores desse substitutivo de 1962 eram Mário Gomes, Campos Vergal, Nélson Omegna e Sérgio Magalhães. Para uma análise, ver Minella (1988). Campos a ele se refere como o "Projeto Nei Galvão", uma alusão a Nei Neves Galvão, presidente do Banco do Brasil entre 12/09/1961 e 20/07/1963 e ministro da Fazenda entre 21/12/1963 e 03/04/1964.
3. Segundo Braga (2011:188-9), "Fica claro no substitutivo o uso do financiamento inflacionário para atividades de fomento, algo demonstrado pela prerrogativa de emissor concedida ao BB e sua obrigação de garantir recursos a todo o sistema financeiro estatal a ele ligado. O substitutivo Alkmin aproxima-se bastante das posições defendidas pelo PTB desde 1962, principalmente na defesa do BB e dos trabalhadores, que era mais extremada inclusive do que a versão original do projeto apresentada por João Goulart."
4. As aspas no original indicam o relato de um entrevistado, dentre os partícipes do processo, que o texto propositalmente não identifica.
5. *Ibid.*, p. 146.

6. Teriam sido 28 membros no total, não fora a extinção do BNH, por força do decreto-lei 2.291/86, que reduziu o tamanho do CMN pela insubsistência de uma das instituições a ter ali o seu representante.
7. Segundo Eris: "Eu tenho certeza que agi no Banco Central, posso dizer, com total liberdade. [...] Eu acho que fui o primeiro presidente do Banco Central a agir como tal, isso porque a Zélia confiava em mim, eu acho, e o presidente também" (cf. Raposo e Kasahara, 2010: 941).
8. Posteriormente, pela medida provisória nº 2.216-37, de 2001, a designação passou a ser: ministro de Estado do Planejamento, Orçamento e Gestão.

Referências bibliográficas

BANCO Central do Brasil. "Histórico da composição do Conselho Monetário Nacional (CMN)." Disponível em www.bcb.gov.br.

BRAGA, Ricardo de João (2011). "O processo decisório legislativo na criação e reforma do BC e do CMN em 1964 e 1994: incerteza, cooperação e resultados legislativos." Tese de doutorado. Rio de Janeiro: Programa de Pós-Graduação em Ciência Política, UERJ.

CAMPOS, Roberto (1994). *A lanterna na popa*. Rio de Janeiro: Topbooks.

CORREA DO LAGO, Pedro Aranha (1983). "A SUMOC como embrião do Banco Central: sua influência na condução da política econômica, 1945-65." Dissertação de mestrado. Rio de Janeiro: PUC-Rio, Departamento de Economia.

FRANCO, Gustavo H. B. (2015). "Moeda, bandeira e hino: um ensaio de história monetária do Brasil, 1933-2013." Rio de Janeiro: mimeo.

LAFER, Celso (1975). *O sistema político brasileiro: estrutura e processo*. Coleção Debates. São Paulo: Perspectiva.

MALAN, Pedro Sampaio (1984). "Superintendência da Moeda e Crédito." *In*: BELOCH, Israel e ALVES de ABREU, Alzira (Orgs.) *Dicionário histórico-biográfico brasileiro, 1930-1983*. Rio de Janeiro: FGV--CPDOC/Finep/Forense Universitária.

MINELLA, Ary Cesar (1988). *Banqueiros: organização e poder político no Brasil*. Rio de Janeiro: Espaço Tempo Editora/ANPOCS.

NÓBREGA, Maílson da (2005). *O futuro chegou: instituições e desenvolvimento no Brasil*. Rio de Janeiro: Editora Globo.

PACHECO, Claudio (1979). *História do Banco do Brasil: história financeira do Brasil desde 1808 até 1951*. Vol. V. Rio de Janeiro: Banco do Brasil.

RAPOSO, Eduardo (2011). *Banco Central do Brasil – o Leviatã Ibérico – uma interpretação do Brasil contemporâneo*. Rio de Janeiro: Hucitec/PUC-Rio Editora.

_____ e KASAHARA,Yuri (2010). "Instituições fortes, moeda estável e Banco Central do Brasil autônomo". *Dados* 54 (4). Rio de Janeiro: Instituto de Estudos Sociais e Políticos – Universidade do Estado do Rio de Janeiro.

SALVIANO JUNIOR, Cleofas (2004). *Bancos estaduais: dos problemas crônicos ao Proes*. Brasília: Banco Central do Brasil. Disponível em: http://www.bcb.gov.br/htms/public/BancosEstaduais/livro_bancos_estaduais.pdf.

WERNECK VIANNA, Maria Lucia (1987). *A administração do "Milagre" – o Conselho Monetário Nacional – 1964-1974*. Petrópolis: Vozes.

2
Banco Central do Brasil: evolução histórica e questões atuais

Cláudio Jaloretto

Introdução

Pico Della Mirandola, em seu *Oratio de Hominis Dignitat*, dizia que o homem traz em seu gene duas espécies de vida: a divina e a animal; ele pode evoluir até se tornar um anjo ou degenerar-se até se transformar em uma fera. Tudo depende de sua vontade, de seu próprio arbítrio.

O Banco Central do Brasil padece dessa mesma dualidade ou dupla personalidade. Ele é uma *avis rara*, única, e carrega consigo duas espécies de pessoa jurídica: a de instituição financeira e a de agência governamental. Ele pode também evoluir até se tornar uma instituição financeira plena, independente, autônoma ou degradar-se até se transformar em uma mera e burocrática repartição pública.

A diferença com o homem de Della Mirandola é que a transformação ou evolução não depende apenas dele. Depende de outras forças ou vontades externas, sintetizadas naquilo que convencionamos chamar, genericamente, de sociedade.

Essas forças, próprias de um regime democrático, às vezes antagônicas, por vezes terríveis como na renúncia de Jânio ou ocultas como no bilhete de Getulio, é que tornam árdua a busca de identidade do Banco Central brasileiro.

A própria história de sua criação e evolução, tratada na seção seguinte, ilustra essas dificuldades. O mesmo se pode dizer dos temas de sua maturidade, ainda não apropriadamente resolvidos, que discutiremos nas seções subsequentes.

Evolução histórica do Banco Central do Brasil

O processo de criação de bancos centrais tem uma clara relação com suas funções, assumidas quase sequencialmente. Inicialmente o banco assumia a função de banqueiro do governo, posteriormente a função de banco emissor e, finalmente, a função de centralizador das reservas do sistema bancário e emprestador de última instância. É essa última função que acabou por definir, basicamente, a criação dos primeiros bancos centrais. De fato, a função de emprestador de última instância requer que o banco pratique ações que contrariam a lógica de um banco comercial, pois ele é chamado a agir justamente quando o risco da operação é extremamente alto. Ao mesmo tempo, há o risco moral associado à garantia de socorro em momentos de crise, o que leva o banco a assumir a função de supervisor do sistema financeiro.

As dificuldades de se criar um banco central brasileiro tiveram todas essas nuances, estando intimamente ligadas à evolução do Banco do Brasil.

O primeiro banco brasileiro a operar como banco emissor foi o Banco do Brasil, criado em 1808 por d. João VI, e que era ainda banco comercial e banco do governo, até sua falência em 1829. O segundo BB foi criado em 1851 por d. Pedro II, e recebeu também o monopólio de emissão. No entanto, por conta da crise bancária dos anos 1850/60, esse monopólio foi cassado em 1866, com o Tesouro voltando a assumir a emissão de papel-moeda.

A abertura de bancos de emissão foi novamente autorizada ao final de 1888, pela Lei Bancária conhecida como Lei do Visconde de Ouro Preto, segundo a qual as notas emitidas deveriam ser lastreadas por apólices de dívida pública interna, tendo sido criada em 1889 uma Câmara de Compensação no BB. Dada a ausência de interesse na criação desses bancos, as regras de funcionamento foram sucessivamente flexibilizadas, principalmente durante a gestão de Rui Barbosa como ministro da Fazenda, que adotou a chamada política do encilhamento,[1] o que acabou gerando especulação financeira e consequente surto inflacionário.

O período entre o fim do século XIX e o início do século XX foi gasto na solução dos problemas gerados pela política do encilhamento, a qual resultou na falência de quase a metade dos bancos em funcionamento em 1900. Em 1906 houve a consolidação do novo sistema bancário, com o Banco do Brasil assumindo algumas funções de banco central, paralelamente às suas funções de banco comercial.

Nos anos subsequentes, mais e mais dessas funções foram assumidas pelo banco e o caminho natural parecia ser a transformação do BB em banco central, com a consequente perda das suas funções de banco comercial. A Missão Niemeyer,[2] em 1931, propôs, entre outras medidas, a criação de um banco central independente ou a transformação do Banco do Brasil exclusivamente em banco central, também independente, sem funções comerciais. Não foi o que de fato ocorreu.

No período anterior à criação do Banco Central em 1964, o que se viu foi a materialização, no Congresso e na direção do Banco do Brasil, de interesses de setores econômicos que se opunham à criação de um banco central autêntico, pois estavam habituados a viver à custa da expansão monetária; o combate à inflação nunca tinha sido prioridade dos governos anteriores ao golpe de 1964. Além disso, não havia vontade política do Executivo, pois a criação do banco central iria criar dificuldades para lançar mão da emissão monetária para cobrir o deficit fiscal.

A história da criação da Superintendência da Moeda e do Crédito (Sumoc) em 1945 exemplifica, de forma contundente, a atuação dessas forças políticas contrárias à criação do banco central. Foi preciso recorrer a um instrumento típico de regime de exceção, o decreto-lei, que prescindia de discussão legislativa, para se criar uma autarquia cujo objetivo principal era preparar a criação de um banco central. Até então, o Banco do Brasil era, ao mesmo tempo, banco central, banco de fomento, banqueiro do governo e banco comercial.

Uma das razões para a criação da Sumoc, apesar das resistências, foi a reorganização da arquitetura econômica mundial, com a criação do Fundo Monetário Internacional e do Banco Mundial. Como o representante de cada país deveria ser o banco central, o Banco do Brasil, por não sê-lo, foi recusado como representante, e a Sumoc, assim que criada foi admitida.

O principal argumento do Banco do Brasil e de seus defensores era de que este já vinha desempenhando as funções de banco central e, portanto, não haveria necessidade da criação de mais uma entidade pública, além do temor da classe política com o seu eventual enfraquecimento, pela perda dos privilégios de autoridade monetária. Na época, o BB já era o maior banco brasileiro, respondendo por cerca de 20% dos depósitos e dos empréstimos do sistema financeiro, o que praticamente inviabilizava a sua transformação em um banco central autêntico.

A existência da Sumoc também foi recheada de conflitos com o Banco do Brasil, que, por não ter conseguido impedir a sua criação, procurou meios para controlar suas ações. De fato, a Carteira de Mobilização Bancária (Camob), encarregada dos empréstimos de última instância, a Carteira de Redesconto (Cared) e os depósitos das reservas bancárias continuavam como parte da estrutura do BB, permitindo a este neutralizar os principais objetivos da Sumoc, de controle da moeda e do crédito. Apenas na segunda metade dos anos 1950 é que ocorreu uma melhor divisão das atribuições, mas assim mesmo a política econômica era gerenciada conjuntamente pela Sumoc, pelo BB e pelo Tesouro.

A Sumoc passou a ser responsável pela fixação dos juros do redesconto e o percentual dos depósitos compulsórios, a exercer a fiscalização dos bancos, fazer o registro dos capitais estrangeiros e cuidar da política cambial e de mercado aberto.

O BB operava a carteira de redesconto, para o crédito seletivo e de liquidez, era o emprestador de última instância através da Camob e geria a Carteira de Câmbio e de Comércio Exterior (Cacex).

O Tesouro, por seu turno, era o responsável pela emissão de papel-moeda, por intermédio da Caixa de Amortização (Camor).

No entanto, pelo fato de o BB ser depositário das reservas bancárias e, ao mesmo tempo, banco comercial, o enxugamento da liquidez via depósitos compulsórios era anulado porque essas reservas permitiam a expansão monetária via Banco do Brasil; além disso, por meio de artifícios contábeis de emissão e cancelamento de créditos entre o BB, o Tesouro e a Cared, havia "encampações" periódicas de papel-moeda emitido, sancionando o aumento do meio circulante e anulando qualquer tentativa da Sumoc em reduzir a liquidez do mercado.

Foram precisos mais vinte anos de discussões para que, finalmente, fosse criado o Banco Central, sob a égide de um regime político de exceção, como ocorrido na criação da Sumoc. O curioso é que, antes da criação do BC, em dezembro de 1964, foi fundado o Banco Nacional da Habitação (BNH),[3] que detinha as funções de banco de fomento e de banco central do sistema habitacional e possuía autonomia formal.

O Banco Central do Brasil nasceu com autonomia formal[4] e orçamentária,[5] mas tinha que compartilhar seu poder com o Banco do Brasil, seu irmão mais velho e perdulário. Foram precisos mais vinte anos para que o BC finalmente ocupasse seu devido lugar e tivesse em mãos os instrumentos necessários para gerenciar a política monetária e cambial do país. Nesse entretempo, perdeu sua autonomia formal e orçamentária e ganhou, de quebra, a Conta Única do Tesouro[6] e o tabelamento dos juros reais.[7]

A arquitetura do sistema financeiro estabelecida pela Lei Bancária de 1964, além de, finalmente, criar o Banco Central, manteve o Banco do Brasil como agente financeiro do governo e criou o Conselho Monetário Nacional (CMN) como um colegiado superior, como autoridade formuladora da política da moeda e do crédito.

Esse arranjo institucional conferia independência tanto ao BC quanto ao CMN, pois, originalmente, esse Conselho era composto por 11 membros, dos quais seis eram membros natos e com mandato fixo, dentre os quais quatro eram escolhidos pelo CMN para serem diretores do Banco Central.

No entanto, essa autonomia não sobreviveu ao regime autoritário vigente no país. Apesar dos mandatos estabelecidos em lei, o presidente Costa e Silva, ao suceder o anterior, compeliu os membros da diretoria do BC a renunciarem, o que ocorreu em 31 de março de 1967. Com a promulgação do Ato Institucional nº 5 (AI-5), de 13 de dezembro de 1968, foi sacramentado o fim do mandato fixo da diretoria do BC, a qual passou a ser de livre nomeação do presidente da República.[8]

Em virtude da resistência à criação do Banco Central, manifestada por parlamentares, associações de classe, líderes empresariais e funcionários do Banco do Brasil, que defendiam a transformação desse banco em um banco central sem, porém, perder suas funções de banco comercial, acabou-se por manter no BB algumas funções típicas de autoridade monetária, como depositário das reservas voluntárias dos bancos comerciais e agente do governo para a compra e venda de reservas internacionais. Além disso, como o Banco do Brasil continuava como principal banco de fomento e agente do governo para a execução da política de preços mínimos da agricultura e de aquisição e financiamento de estoques de produção exportável, teve assegurado recursos específicos,[9] a serem providos pelo CMN, para atender a esses encargos.

Essa configuração institucional, aliada ao fato de o Banco Central deter funções também de banco de fomento[10] permitiram o financiamento de operações fiscais por emissão monetária.

Para viabilizar a transferência das atividades então executadas pelo Banco do Brasil para o BC e garantir a integração das duas autoridades monetárias, foi criada a chamada "conta movimento", com o objetivo inicial de registrar os fluxos transitórios entre elas, sendo que o saldo deveria ser encerrado semanalmente.[11]

Com o tempo, a "conta movimento" passou a se tornar uma fonte de suprimento de recursos automática para o Banco do Brasil, uma vez que não havia qualquer norma limitando seu uso. O controle monetário se dava por intermédio do orçamento monetário,[12] instrumento de programação monetária que, por ser estimativo estava sempre sujeito a retificações e suplementações.

Assim, o Banco do Brasil passou a contar com uma fonte automática e barata de financiamento de suas operações, sem qualquer controle efetivo, uma vez que aquela instituição tinha autonomia para efetuar lançamentos naquela conta. Esse procedimento, efetivamente, levou ao retorno das práticas existentes antes da criação do Banco Central, anulando qualquer esforço de modernização das instituições.

Adicionalmente, e para dinamizar o incipiente mercado aberto de títulos públicos, foi editada a lei complementar nº 12, de 8 de novembro de 1971, que transferiu ao BC a função de administrar a dívida mobiliária federal, além de estabelecer que as operações de giro da dívida pública interna poderiam ser realizadas sem trânsito pelo orçamento da União. As despesas com juros, descontos e comissões continuaram a ser incluídas no orçamento. Essa mudança legal não autorizava, entretanto, o financiamento de operações tipicamente fiscais no âmbito do orçamento monetário, o que acabou ocorrendo.[13]

Essas mudanças fortaleceram indevidamente o arcabouço institucional entre o BB e o BC, tornando o orçamento da União submetido ao Congresso Nacional uma peça de ficção, já que o grosso das despesas fiscais era administrado no âmbito do orçamento monetário, sem o devido controle legislativo, sem transparência e financiado por emissão monetária e dívida mobiliária.

As funções e atribuições do Banco Central e do BB permaneceram dessa forma até o início dos anos 1980, quando a crise externa eclodiu, escancarou a fragilidade do arranjo institucional existente e diluiu as bases de sustentação do Banco do Brasil no Congresso Nacional. A única alteração de relevância nesse período foi o desmembramento de parte das funções do Banco Central para a recém-criada Comissão de Valores Mobiliários (CVM), pela lei 6.385 de 7 de dezembro de 1976.[14]

No ocaso do regime militar, em agosto de 1984, o CMN criou quatro grupos de trabalho com o objetivo de propor a reorganização do arcabouço institucional que regia as relações entre o Tesouro Nacional, o Banco Central e o Banco do Brasil. Entre as diretrizes estabelecidas no Voto[15] constava a revisão das funções do Banco Central, restringindo sua atuação aos campos que lhe fossem próprios; a redefinição das funções do Banco do Brasil; e a transferência da administração da dívida pública para o Ministério da Fazenda.

Devido ao enfraquecimento político do governo militar, as sugestões dos grupos de trabalho acabaram não sendo implantadas antes da posse do primeiro governo da Nova República.

No início da Nova República, o então vice-presidente, no exercício da Presidência, em um dos seus primeiros atos,[16] criou a Comissão de Reordenamento Financeiro do Governo Federal, que tinha o objetivo de reavaliar as instituições, instrumentos e mecanismos de finanças públicas e sugerir mudanças.

Como resultado dos estudos, iniciou-se um profundo processo de reordenação financeira do setor público federal, com a transferência das despesas de caráter fiscal embutidas no orçamento monetário para o orçamento fiscal em 1985, com efeitos práticos a partir do exercício de 1986.

No início de 1986, enquanto o governo inaugurava, com o Plano Cruzado I, a série de planos de estabilização heterodoxos, a conta movimento entre o Banco do Brasil e o Banco Central foi congelada e a Secretaria do Tesouro Nacional (STN) foi criada.

O congelamento da conta movimento, efetivado pelo voto CMN 045/86, de 30/1/1986, no entanto, não estancou em definitivo a drenagem de recursos para o Banco do Brasil, pois as operações de crédito de interesse do governo federal poderiam ser realizadas mediante suprimentos específicos na forma do § 1º do art. 19 da lei nº 4.595/64. A conta de suprimentos especiais ao BB figurou no balanço do Banco Central até abril/1988, sendo que em dezembro/87 representava 6,7% do PIB.

Não obstante, esse voto marcou o fato de o BB deixar de ser, finalmente, autoridade monetária, pois estabeleceu, também, que i) deixaria de haver o nivelamento automático das reservas bancárias do BB às suas exigibilidades de recolhimento compulsório; ii) o BB poderia praticar quaisquer operações permitidas às instituições financeiras; iii) o Banco do Brasil passaria a ter acesso ao redesconto de liquidez; e iv) haveria a redefinição do conceito de base monetária.[17]

Apesar desses avanços, o Banco Central ainda foi chamado a assumir o passivo decorrente do empréstimo compulsório sobre veículos e combustíveis, instituído pelo decreto-lei nº 2.288, de 23/7/86, para absorção temporária do "excesso de poder aquisitivo".

Em novembro de 1986, houve a extinção do BNH, com a transferência de suas atividades de banco de fomento para a Caixa Econômica Federal (CEF), as atividades de normatização para o CMN e as atividades de supervisão do Sistema Financeiro Habitacional para o BC, eliminando mais um organismo federal que atuava concorrentemente ao Banco Central.

Em dezembro de 1986, pelo decreto nº 93.872, de 23/12/86, houve a criação da Conta Única do Tesouro no Banco do Brasil, sendo que a posição líquida dos recursos do Tesouro Nacional no BB passaria a ser depositada no BC à ordem do Tesouro. Na prática, a partir dessa data foi criada a Conta Única do Tesouro no Banco Central.

Em junho de 1987, por intermédio de três decretos da mesma data,[18] completou-se o processo de reordenamento financeiro, com a criação do Orçamento das Operações Oficiais de Crédito (3OC), a partir da proposta orçamentária de 1988, a extinção das contas movimento e de suprimentos especiais ao BB, a transferência da administração da dívida mobiliária federal para o Ministério da Fazenda e a transferência dos fundos e programas de crédito para fomento, administrados pelo BC, também para o Ministério da Fazenda.

A novel Constituição Federal, em outubro de 1988, acolheu como dispositivo constitucional a centralização das disponibilidades do Tesouro no Banco Central, além de consagrá-lo como banco emissor e vedar o financiamento do BC via empréstimos ao Tesouro Nacional e a qualquer órgão ou entidade que não instituição financeira. Porém, talvez influenciada pelo entendimento prevalecente à época de que o deficit público tinha origem financeira e não de excesso de gastos em relação à receita, tabelou os juros reais em 12% ao ano. Afortunadamente, esse dispositivo necessitava de regulamentação por lei complementar, que nunca ocorreu, até ser alterado pela emenda constitucional nº 40, de 2003, que revogou esse tabelamento.

O Plano Collor, de 1990, trouxe mais uma vez o Banco Central ao centro da questão fiscal ao incorporar a seu passivo os recursos financeiros em cruzados novos bloqueados temporariamente. Ao mesmo tempo, foi determinada a antecipação e transferência para o Tesouro do resultado do BC, logo após a divulgação do plano, em março de 1990, o que equivaleu a 1,6% do PIB.

A ressaltar que os cruzados novos bloqueados não tiveram impacto no resultado do Banco Central, pois a contrapartida no ativo correspondeu a títulos públicos federais de remuneração equivalente.

Em 1993 houve o início da transferência da dívida externa do Banco Central para o Tesouro Nacional. Como não era possível a transferência antes de ser completada a renegociação da dívida, o Tesouro Nacional trocou os títulos da carteira do BC, em montante equivalente ao passivo externo, por Notas do Tesouro Nacional (NTN-L),[19] cuja remuneração equivalia aos juros da dívida externa.

Entre 1994 e 1997 foram efetuadas transferências parciais da dívida externa para o Tesouro Nacional, com resgate simultâneo de NTN-L. Com essas mudanças, o BC, que apresentava posição líquida devedora externa, passou a apresentar posição credora.

A implementação bem-sucedida do Plano Real permitiu ao Banco Central o resgate dos instrumentos de política monetária que até então era passiva. No entanto, com a queda significativa dos índices inflacionários, houve a redução das transferências inflacionárias para as instituições bancárias do país.

Essa redução da rentabilidade dos bancos obrigou um drástico ajustamento no sistema bancário e expôs aquelas instituições que camuflavam suas ineficiências com a rentabilidade oriunda da aceleração inflacionária. Entre essas instituições estavam alguns bancos privados de grande porte e praticamente todo o sistema financeiro público, tanto federal quanto estadual.

Para evitar o risco sistêmico decorrente da eventual quebra de uma instituição financeira importante, o Banco Central interveio para garantir os ativos depositados nos bancos privados que não conseguiram se ajustar. Para isso, foi criado o Programa de Estímulo à Reestruturação e ao Fortalecimento do Sistema Financeiro (Proer),[20] que consistiu em um financiamento do Banco Central para possibilitar que as instituições em dificuldade fossem divididas em duas partes: i) a parte boa, que consistia dos ativos com boa possibilidade de recuperação e o passivo contra terceiros e que seria transferida para outro banco; e ii) a parte ruim, com os ativos de difícil recuperação e o passivo contra o Banco Central, e que entraria em liquidação.

O saneamento das instituições financeiras federais pela União foi feito por intermédio do Programa de Fortalecimento das Instituições Financeiras Federais (Proef),[21] criado em junho de 2001. Note-se que o BC, por um lado devido à sua falta de autonomia, não efetuava adequadamente a fiscalização dos bancos federais, o que contribuiu para a deterioração da situação financeira destes; por outro lado, devido ao Banco do Brasil também ser uma autoridade monetária, havia resistências de sua burocracia a aceitar uma inspeção do Banco Central. Resistência essa que persistiu mesmo depois de aquele banco deixar de ser autoridade monetária; ademais, pela configuração vigente do CMN até o Plano Real, os bancos federais tinham assento naquele Conselho e conseguiam, por maioria de votos, aprovar excepcionalidades às regras prudenciais então existentes, as quais, evidentemente, contribuíram para as dificuldades financeiras apresentadas após a contenção do processo inflacionário.

O processo de deterioração financeira das instituições estaduais teve início em 1982, quando da realização das eleições estaduais, e foram identificadas três grandes causas para os problemas por elas enfrentados:[22] i) excessiva interferência dos controladores nos negócios; ii) perda de recursos pela gestão deficiente de créditos concedidos tanto ao setor público quanto ao privado; e iii) problemas estruturais que tornavam ineficiente a administração dessas instituições.

Os bancos estaduais se viam compelidos a financiar os governos que os controlavam e havia dúvida, no Banco Central, se as vedações de contratação de operações de crédito com pessoas ligadas se aplicavam a esse tipo de instituição. Essa dúvida foi dirimida em 1993, e, pela resolução nº 1.996 de 30/6/93, foi determinado ao Banco Central que comunicasse ao Ministério Público a ocorrência de quaisquer concessões de empréstimos ou adiantamentos, efetuados por instituições financeiras públicas ou privadas, ao controlador, administradores, membros de conselho ou seus cônjuges e parentes até o 2º grau, conforme estabelece o art. 17 da lei 7.492 de 1986.

O saneamento dessas instituições iniciou-se com a troca em mercado dos títulos estaduais em carteira dos bancos estaduais por Letras do Banco Central (LBC), de forma a reduzir o custo de financiamento daqueles bancos, e, posteriormente, foi criado o Programa de Incentivo à Redução da Participação do Setor Público Estadual na Atividade Bancária (Proes),[23] com os estados controladores assumindo as dívidas e refinanciando-as com a União, e a liquidação ou privatização dessas instituições. Com isso, logrou-se a redução do número dessas instituições e a criação de agências de fomento para o desenvolvimento regionalizado, mas sem comprometer o sistema financeiro. Os bancos restantes permanecem sob supervisão do BC, devendo cumprir as leis e normas como se privados fossem.

Consolidado o Plano Real, o BC cuidou de reforçar sua atuação e buscar instrumentos para garantir sua autonomia. Assim, por decisão da diretoria colegiada em 29/5/96, foi criado o Comitê de Política Monetária (Copom),[24] com o objetivo de dar ao processo decisório sobre a determinação da taxa de juros pelo Banco Central mais transparência e ritual adequado, adotando regras formais de organização, a exemplo das existentes no Federal Reserve System e no Deutsche Bundesbank.

Em junho de 1999, mais um passo foi dado para a consolidação da nova forma de atuação do BC, com a instituição do regime de metas de inflação.[25]

Fechando esse ciclo de aperfeiçoamento dos mecanismos de atuação do Banco Central, em 27/3/2001 foi promulgada a lei nº 10.214 criando o Sistema de Pagamentos Brasileiro, que praticamente eliminou a possibilidade de saldo negativo na conta de reservas bancárias dos bancos no Banco Central, reduzindo a possibilidade de a autoridade monetária arcar com custos significativos de eventual quebra de uma instituição financeira.

Nesse entretempo, foi editada a Lei de Responsabilidade Fiscal,[26] em maio de 2000, que embora tratasse de normas de finanças públicas, acabou por proibir o Banco Central de emitir títulos próprios, praticamente condenando essa instituição a fazer política monetária por intermédio de operações compromissadas.[27]

Esse retrospecto permite concluir que o Banco Central do Brasil tem cinquenta anos, mas apenas vinte de exercício efetivo de sua competência. Por outro lado, o BC desempenhou, ao longo do tempo, papel importante na história econômica do Brasil, participando de todos os planos de ajustamento, tendo aumentado sua capacidade de resistir à acomodação monetária e apresentando desenvolvimentos institucionais significativos, via aperfeiçoamento seja das regras de condução da política monetária, seja dos processos de supervisão bancária e de relacionamento com os demais bancos centrais e instituições financeiras internacionais.

Para atingir sua maioridade, no entanto, o BC precisa enfrentar algumas questões além daquelas tradicionalmente relacionadas à autonomia formal, entre as quais se destacam: a solução ou, pelo menos, um melhor entendimento de sua dualidade como instituição pública; a questão relacionada ao acúmulo de reservas internacionais; a questão de ser depositário das disponibilidades da União; as relações entre emissão de moeda e financiamento do Tesouro; e a carteira de títulos públicos *vis-à-vis* emissão de títulos próprios. São os aspectos que serão abordados nas próximas seções.

O DUPLO ORÇAMENTO

Como agência ou autarquia governamental, o BC atua como regulador do sistema financeiro nacional e formulador da política monetária e, como instituição financeira, é o depositário dos recursos da União, detentor das reservas internacionais do país e negociador no mercado interno de títulos públicos, além de depositário das reservas compulsórias das instituições financeiras. Não há como dissociar as duas funções, posto que, na execução da política monetária, transaciona com os diversos agentes seja na operação com títulos, seja com reservas cambiais, seja como depositário dos recolhimentos compulsórios. Na função de regulador do sistema financeiro, atua na supervisão e fiscalização dos agentes.

Dessa dualidade resultam várias distorções e inconsistências. É obrigado, na prática, a manter duas contabilidades distintas, aquela que submete suas contas (ou parte delas) aos critérios da contabilidade pública e a outra em que se obriga a manter e divulgar balanço contábil elaborado sob critérios contábeis privados, gerando e distribuindo a seu controlador o resultado (lucro ou prejuízo).

Em termos orçamentários, não faz o menor sentido o BC submeter toda a sua atividade aos princípios da contabilidade pública. As ações decorrentes de sua função como instituição financeira não podem se submeter ao rito anual do processo orçamentário. É só imaginar o BC tendo que cumprir todos os passos da burocracia orçamentária para, por exemplo, efetuar uma operação compromissada de compra de títulos públicos. Ao negociar com o vendedor do título, ele teria que verificar a existência de dotação orçamentária, fazer o empenho dos recursos, fazer a liquidação do empenho e, finalmente, efetuar o pagamento.

Antes da Constituição Federal de 1988, o BC não submetia suas contas ao crivo do orçamento público. Suas operações, receitas e despesas obedeciam ao receituário da contabilidade privada e seu orçamento era aprovado pelo CMN. Com a promulgação da Constituição, que consagrou o princípio da unicidade orçamentária, houve o questionamento e a demanda para a inclusão das contas do BC no orçamento.

O entendimento sobre a matéria convergiu para a utilização de dois orçamentos para o BC: o orçamento monetário,[28] usado para a previsão de receitas e despesas relacionadas às operações de autoridade monetária, ou de instituição financeira, e que é aprovado pelo CMN; e o orçamento administrativo, cujas receitas e despesas passaram a integrar a lei orçamentária da União.

Essa dualidade foi reconhecida na LDO de 1989[29] e replicada nas leis dos anos subsequentes. Com a edição da Lei de Responsabilidade Fiscal, houve a fixação explícita de quais despesas deveriam integrar o Orçamento Geral da União (OGU), quais sejam: as despesas com pessoal e encargos sociais, custeio administrativo e investimentos.[30] Por outro lado, o orçamento da autoridade monetária inclui, além das receitas e despesas operacionais do BC, as despesas de braceagem[31] e as decorrentes do sistema de pagamentos e da administração das reservas internacionais. Em termos de relevância, o total do orçamento administrativo do BC corresponde a algo em torno de 1,5% do total das suas despesas.

Na prática, as despesas não financeiras[32] do BC, com as exceções acima citadas, transitam pelo OGU e são pagas pelo Tesouro; contabilmente, o BC registra em seu balanço a totalidade de suas despesas e, como receita, a transferência recebida pelo Tesouro, apurando o resultado final que será transferido a este, ou seja, há apenas o trânsito de recursos entre BC e Tesouro Nacional que diverge no tempo e na fonte orçamentária.

A questão subjacente a esse mecanismo é que o orçamento administrativo do BC faz parte do orçamento do Ministério da Fazenda, responsável pela gestão da política fiscal, tornando a gestão da política monetária dependente da gestão daquela política. Embora em valores não relevantes, o contingenciamento das despesas administrativas do BC pode afetar sua capacidade de cumprir suas funções e, no extremo, torná-lo vulnerável a eventual pressão sobre sua atuação, mesmo que venha a ter sua autonomia formal.

Reservas internacionais

As reservas internacionais do país são administradas pelo Banco Central e fazem parte do seu balanço. Como o Banco Central é uma instituição financeira e, portanto, não gera produto real, ou seja, não produz mercadorias que possam ser vendidas no mercado interno ou exportadas, o acúmulo de reservas tem, necessariamente, uma contrapartida em seu passivo interno líquido, seja pela redução em seu ativo de títulos públicos, seja pelo aumento da base monetária ou dos demais recolhimentos compulsórios, seja com o aumento de suas operações compromissadas.

Dessa equação surgem duas constatações: a primeira, óbvia, de que não é possível a utilização das reservas internacionais para financiar gastos primários do governo ou para prover crédito interno e estimular o crescimento; a segunda, é que, como a taxa de juros nominal interna é superior à taxa de juros nominal externa, há um custo implícito na manutenção das reservas.[33] Esse custo impacta negativamente o resultado do BC transferido ao Tesouro e quanto maior o volume de reservas, maior o impacto.

Além disso, como a taxa de câmbio é importante para a formação de preços, o Banco Central pode se utilizar de operações de derivativos para regular a taxa ou para reduzir a sua volatilidade. O resultado dessas operações, seja positivo ou negativo, também impacta o lucro transferido ao Tesouro.

De outra parte, como a contabilidade do BC utiliza o regime de competência, a correção cambial incidente sobre o ativo externo também impacta o resultado. Nesse caso, embora haja uma valorização ou desvalorização do estoque de reservas na moeda nacional, não há impacto sobre a demanda agregada doméstica. Essa particularidade, por exemplo, é reconhecida no cálculo das Necessidades de Financiamento do Setor Público, no qual os fluxos de dívidas e haveres externos do setor público são contabilizados pelo regime de caixa.

Em um contexto de câmbio fixo ou administrado, o impacto no resultado do BC é previsível e administrável; porém, em uma situação de câmbio flutuante, as oscilações da taxa de câmbio são transmitidas para o resultado, ou seja, a volatilidade da taxa de câmbio provoca volatilidade no resultado. Essa volatilidade é tão maior quanto maior for o estoque de reservas em relação aos ativos totais do BC.

Ao longo do tempo, a forma de contabilização da correção cambial variou. Até 1978, a atualização cambial das reservas não impactava a conta de resultado, embora o saldo das reservas em moeda nacional fosse apropriado por competência. Os valores relativos à correção cambial eram registrados no passivo do Banco como "rendas em suspenso". Na prática, o resultado era apurado pelo regime de caixa enquanto os saldos eram contabilizados pelo regime de competência. Quando de uma venda de reservas, os valores relativos à atualização cambial eram transferidos da conta "rendas em suspenso" para as contas de resultado.

A partir de 1978, 75% das receitas com correção cambial passaram a ser destinadas a compor a reserva monetária e 25% passaram a ser apropriados como receita. Depois de 1988 a contabilização passou a ser totalmente por competência, situação que permanece até os dias atuais.

Antes do Plano Real, essa questão não entrava em pauta ou porque o nível de reservas era baixo, ou porque a taxa de câmbio era administrada, ou porque o Banco Central detinha um passivo em moeda estrangeira significativo que contrabalançava os efeitos sobre o ativo externo.

Depois do Plano Real, com a taxa de câmbio administrada por meio de bandas cambiais, o BC passou a apresentar significativos prejuízos, decorrentes em parte do custo de manutenção das reservas e em parte resultantes da utilização de instrumentos derivativos para regular a taxa de câmbio. Na época, o prejuízo do Banco Central não era coberto pelo Tesouro, e a solução encontrada foi a cobertura dos prejuízos pelo Tesouro Nacional, inicialmente por um acordo entre o BC e o Tesouro, via carta reversal e, em seguida, pela edição da MP nº 1.789, de 29/12/98.

Posteriormente, com a mudança do regime cambial, o problema passou a ser a volatilidade apresentada pela variação cambial. A solução foi a alteração da legislação[34] para separar do resultado do Banco Central o resultado da equalização cambial, que passou a ser apurado separadamente e transferido ou recebido do Tesouro nas mesmas condições ou em condições semelhantes ao resultado das outras contas. Dito de outra forma, o resultado do BC é apurado em duas contas, como se houvesse dois balanços contábeis convivendo em uma só contabilidade. Na prática, pouco ou nada mudou.

Disponibilidades do Tesouro no BC

A unificação dos recursos de caixa do Tesouro foi um grande avanço em termos de gestão orçamentária, tendo o processo se iniciado no ano de 1979, quando o decreto-lei nº 1.755/79 estabeleceu a obrigatoriedade de todas as receitas federais serem recolhidas à conta do Tesouro Nacional no Banco do Brasil.

A criação do caixa único obedece ao princípio de unicidade orçamentária e foi formalmente implantado no bojo do processo de reorganização financeira do governo federal, ocorrido em meados da década de 1980. A Constituição Federal de 1988, finalmente, determinou que as disponibilidades de caixa da União fossem depositadas no Banco Central.

A obrigatoriedade do depósito das disponibilidades da União no BC suscita algumas dúvidas sobre a remuneração desses depósitos e sobre se seria adequada a manutenção desses recursos no Banco Central, do ponto de vista fiscal e monetário.

Os recursos da União depositados no Banco Central são remunerados, o que torna a Conta Única um dos raros casos em que depósitos à vista são remunerados. Do ponto de vista contábil, é indiferente ela ser remunerada ou não, pois como o único acionista do BC é a União, essa despesa significa apenas uma apuração de resultado menor. A diferença é apenas temporal. Porém, do ponto de vista fiscal, essa questão não é trivial. Um dos aspectos se refere à destinação dada a essa receita. Como o resultado do BC deve ser utilizado para resgate de títulos públicos em sua carteira, a remuneração da Conta Única também deveria ser utilizada para o mesmo fim.

Outro aspecto diz respeito ao *hedge* dado às operações com títulos pelo Tesouro Nacional. Este pode administrar a colocação de títulos no mercado primário independentemente da necessidade de recursos *vis-à-vis* as condições de mercado, já que os recursos obtidos estarão sendo remunerados na Conta Única até a sua utilização. O problema é que o Tesouro pode arbitrar, nesse caso, também contra a Autoridade Monetária e, por consequência, contra a política monetária.

Quanto à manutenção das disponibilidades da União no BC ou no sistema financeiro, a primeira questão que se coloca é com relação ao impacto sobre a política monetária e sobre o sistema financeiro. Em termos numéricos, o saldo da Conta Única em dezembro/2014 correspondia a 10,7% do PIB e a aproximadamente 150% do patrimônio líquido dos dez maiores bancos do país, aí incluídos os três maiores bancos federais. Acresce o fato de que a carga tributária da União corresponde a aproximadamente 22% do PIB, o que dá uma ideia do fluxo anual das operações do Tesouro. Sem dúvida, o Tesouro Nacional é um grande cliente, com capacidade de trazer ruídos significativos em suas operações no sistema financeiro, ao buscar, por exemplo, uma melhor remuneração para suas disponibilidades.

Há que se considerar, também, o fato de que a manutenção das disponibilidades da União no sistema financeiro geraria a necessidade de recolhimento de parte desses recursos no BC sob a forma de depósito compulsório não remunerado, se os recursos forem à vista, ou com remuneração, se depositados a prazo. Nesse aspecto, a manutenção das disponibilidades no BC tem o mesmo efeito de um depósito compulsório de 100%.

De outro lado, a Conta Única como passivo do BC também provoca, dada a magnitude, volatilidade na condução diária da política monetária, pois qualquer movimentação financeira do Tesouro repercute em variações líquidas nas reservas bancárias do sistema financeiro. Além disso, há sempre o risco de descoordenação das políticas fiscal e monetária. O saldo da Conta Única dá a dimensão do impacto de políticas divergentes, principalmente em um contexto de um eventual banco central autônomo diante de um governo hostil.

Emissão de moeda

O Banco Central do Brasil detém, desde sua fundação, o monopólio de emissão de moeda e essa foi uma das principais razões para a sua criação. A transferência desse monopólio, do Tesouro Nacional para o BC teve, basicamente, o objetivo de evitar o financiamento inflacionário via emissão de moeda.

O BC tem razoável proteção legal quanto a tentativas desse tipo: é proibido constitucionalmente de financiar o Tesouro, seu resultado não pode ser utilizado para o pagamento de despesas fiscais e há razoável entendimento das forças políticas quanto aos efeitos deletérios sobre a economia de uma emissão monetária sem controle.

A pergunta é se é possível, no arcabouço institucional atual, o financiamento do Tesouro pelo Banco Central. A resposta, no caso de financiamento direto, é não; no caso de financiamento indireto, a resposta é sempre positiva, dado que o resultado do BC é transferido ao Tesouro.

O resultado do BC, derivado, basicamente, dos ganhos com senhoriagem,[35] configura financiamento indireto, pois esses recursos são utilizados para o resgate da dívida pública, o que permite um menor esforço fiscal tanto para esse resgate quanto para o pagamento do fluxo futuro de juros. Comportamento semelhante ocorre com a remuneração das disponibilidades do Tesouro no Banco Central,[36] que, como já mencionado, significa uma antecipação do resultado do BC. O que se deve evitar, no caso, é a emissão monetária se tornar fonte principal[37] ou significativa de financiamento do deficit do governo.

Foi o que ocorreu no recente período hiperinflacionário quando a receita de senhoriagem superou 3% do PIB, entre 1987 e 1993, mesmo com o saldo da base monetária reduzido a apenas 1% do PIB.

Carteira de Títulos e Títulos Próprios

Para conduzir a política monetária, um Banco Central pode se utilizar de títulos públicos, depósitos compulsórios, operações compromissadas, títulos privados, redesconto, empréstimos de liquidez, títulos de emissão própria ou operações de derivativos. A escolha de quais instrumentos utilizar depende do arranjo institucional de cada Banco Central.

Para a regulação da liquidez de médio e longo prazos ou estrutural, são utilizados, usualmente, operações definitivas de títulos (próprios ou do governo) e os depósitos compulsórios; já para a liquidez de curto prazo, a opção é pela realização de operações compromissadas ou utilização de derivativos. Os títulos privados, o redesconto[38] e os empréstimos de liquidez não são usualmente utilizados, por diversas razões, entre as quais o risco e a inexistência de títulos adequados.

O Banco Central brasileiro, além do recolhimento compulsório, usou tanto os títulos federais em carteira quanto títulos de emissão própria. Porém, dois anos após a edição da Lei de Responsabilidade Fiscal, foi proibido de emitir títulos.

Para serem adequados à utilização em política monetária, os títulos devem ter algumas características, dentre as quais se sobressaem: i) ter liquidez; ii) ter um risco de crédito mínimo; e iii) estar disponíveis em montante e maturidades suficientes para o fim a que se destinam.

As duas primeiras características estão presentes tanto nos títulos do governo quanto nos títulos de emissão própria. Porém, a última característica não necessariamente pode estar presente nos títulos federais, dependendo da necessidade da política monetária no momento da utilização. Em geral, o processo de emissão e colocação de títulos federais obedece a uma lógica diferente do processo de negociação utilizado pelo Banco Central para regular a liquidez. No primeiro caso, como a colocação é feita para financiar o governo, busca-se uma taxa menor e uma maturidade maior; no segundo caso, o objetivo é usar títulos com perfil de maturidade menor e taxa de juros não necessariamente menor.

Nesse sentido, a possibilidade de utilização de títulos próprios para o manejo da liquidez é desejável, pois o BC não estaria dependente da emissão de títulos pelo governo, o que lhe dá maior autonomia para operar a política monetária. De outro lado, há o risco de conflitos potenciais, pois os títulos do BC podem concorrer com os títulos do governo em determinado mercado, particularmente em momentos de instabilidade financeira.

De toda sorte, a proibição do Banco Central de emitir títulos pode comprometer sua autonomia na condução da política monetária pela eventual recusa do governo em emitir títulos com as características necessárias.

Finalmente, a utilização crescente das operações compromissadas, que passaram de 3% do PIB em 2006 para 16% do PIB em 2015 demonstra que, aparentemente, os títulos públicos federais em carteira do BC não são adequados à política monetária, pois, se o fossem, seriam objeto de compras e vendas definitivas e não de operações de compra e venda com compromisso de recompra e revenda.

Conclusões

Na busca pela evolução virtuosa, como no caso do homem de Della Mirandola, o Banco Central do Brasil ainda tem um longo trabalho pela frente, seja em termos de convencimento das diversas forças políticas, seja em termos de discussão entre os formuladores de política econômica, na busca de um entendimento mais claro e objetivo do papel e das funções do BC e das mudanças institucionais que assegurem a ele a possibilidade de cumprir sua missão da forma mais adequada e eficiente possível.

Nesse sentido, além da necessária independência,[39] algumas alterações no arcabouço institucional em que o Banco Central está inserido devem ser discutidas e amadurecidas. Os fluxos relacionados à Conta Única e à transferência do resultado do Banco Central, por exemplo, devem estar claramente normatizados, assegurando a transparência necessária para dirimir quaisquer dúvidas quanto a eventual financiamento inflacionário do deficit público.

Ademais, também não faz sentido a remuneração das disponibilidades do Tesouro no BC, seja porque é uma antecipação do resultado do Banco, seja porque dá margem à eventual arbitragem do Tesouro contra a Autoridade Monetária, principalmente em um contexto de descoordenação de políticas num cenário de autonomia do Banco Central.

Quanto à proibição de emissão de títulos próprios, urge rever o mandamento legal, pois é claro que a dependência do Tesouro para emissão de títulos adequados à política monetária reduz o grau de liberdade que o BC deve ter para a persecução de seu objetivo.

Em termos de administração das reservas internacionais, existem outras alternativas à solução hoje utilizada para lidar com a crescente volatilidade do resultado de origem cambial. Uma delas seria a constituição de um Fundo de Estabilização Cambial, administrado pelo BC e com aporte de recursos do Tesouro, via títulos ou disponibilidades de caixa e que "compraria" parte das reservas internacionais do Banco Central. Com isso, toda a volatilidade decorrente da flutuação da taxa de câmbio seria absorvida pelas cotas do fundo e não afetaria o resultado do BC.

Outras possibilidades seriam: i) o retorno à prática anterior a 1978, com a segregação do resultado decorrente da valorização ou desvalorização cambial que seria contabilizada em uma conta do passivo como rendas a apropriar; e ii) o resultado cambial ser acumulado e transferido a cada três anos, por exemplo, ou ser efetuada uma transferência anual correspondente à média dos resultados dos três exercícios anteriores.

Finalmente, para assegurar a necessária autonomia operacional do BC, é preciso assegurar sua autonomia orçamentária. Nesse aspecto, seria importante a discussão e o amadurecimento da ideia de transformar o Banco Central em uma instituição financeira pública que, na prática, ele sempre foi.

Notas

1. Esse termo foi inspirado no ato de encilhar o cavalo antes de uma corrida.
2. A Missão Niemeyer estava relacionada à negociação de empréstimos ao Brasil por Londres e tinha o objetivo de avaliar a capacidade de pagamento do país e recomendar a implementação de políticas para assegurar o serviço regular da dívida externa; foi precedida pela Missão Montagu, em 1923-24, e pela Missão D'Albernon, em 1929; a Missão Montagu recomendou, além do equilíbrio orçamentário do governo, a venda de propriedades públicas, incluindo o Banco do Brasil.
3. O BNH foi criado pela lei 4.380, de 21/8/64, e extinto pelo decreto-lei 2.291, de 21/11/86.
4. Originalmente, a diretoria do BC era formada por 4 membros com mandato fixo de seis anos (lei 4595/64, art. 14, combinado com o inciso VI do art. 6º original).
5. Parágrafo único do art. 8º da lei 4595/64: "Os resultados obtidos pelo Banco Central da República do Brasil serão incorporados ao seu patrimônio." Esse parágrafo foi alterado pelo DL 2376 de 25/11/87, que determinou que os resultados positivos deveriam ser transferidos ao Tesouro Nacional.
6. Parágrafo 3º do art. 164 da Constituição Federal.
7. O parágrafo 3º do art. 192 da CF determinava que os juros reais fossem limitados a 12% a.a., afortunadamente, a regulamentação nunca foi feita, até que a emenda constitucional nº 40, de 2003, revogou esse dispositivo.
8. O mandato fixo para os diretores do BC foi formalmente revogado pela lei nº 6.045, de 15/5/74.
9. Art. 19, § 1º da lei 4.595 de 1964.
10. A lei nº 4.829, de 5 de novembro de 1965, que institucionalizou o crédito rural, definiu o BC como banco de segunda linha para essa modalidade de crédito.
11. A "conta movimento" foi criada por intermédio de cartas reversais trocadas entre as duas instituições no início de 1965.
12. O orçamento monetário, previsto no inciso III do art. 4º da lei 4.595/64, era um instrumento de previsão ou programação das necessidades globais de moeda e crédito e não tinha qualquer correlação ou semelhança com um orçamento fiscal, apesar do nome.
13. O fato de a emissão e resgate de títulos não transitar pelo orçamento da União, ao contrário de críticas feitas, não é a questão fundamental, pois são transações "abaixo da linha"; o grande problema decorre do fato de o Banco do Brasil e o Banco Central, à época, efetuarem gastos fiscais sem o devido registro no orçamento, financiados, em parte, por emissão de títulos.

14. A CVM, pela lei nº 10.411 de 26/2/2002, passou a ser independente, com mandato fixo de seus diretores e autonomia financeira e orçamentária.
15. Voto CMN nº 283 de 28/8/84.
16. Decreto nº 91.156 de 18/3/85
17. Até então o conceito de base monetária incluía os depósitos à vista no Banco do Brasil.
18. Decretos nº 94.442, 94.443 e 94.444, de 12/6/87.
19. Criadas pelo decreto nº 916 de 8/9/93.
20. Medida provisória (MP) nº 1.179 em resolução CMN 2.208, ambas de 3/11/1995.
21. MP nº 2.155 de 22/6/2001.
22. Conforme voto BC nº 390/93 anexo ao voto CMN 78/93.
23. MP nº 1.514-1 de 5/9/96.
24. Voto BC nº 231/96 de 29/5/96 e circular nº 2.698 de 20/6/96.
25. Decreto nº 3.088 de 21/6/99.
26. Lei complementar nº 101 de 4/5/2000.
27. A proibição de emitir títulos não teve fundamentação econômica alguma e não constava da proposta encaminhada pelo governo ao Congresso. Foi inserida pelo relator na Câmara dos Deputados, deputado Pedro Novais, após reunião no Ministério do Orçamento e Gestão, que contou com a participação do deputado e assessores, representantes do Ministério do Orçamento e Gestão, do Ministério da Fazenda e do Banco Central. O deputado insistia em submeter todas as operações do BC ao Orçamento Fiscal, sob o argumento de que a emissão de títulos próprios pelo BC estaria aumentando a dívida pública e, portanto, camuflando despesas. Para superar o impasse, o então diretor do BC, Sérgio Werlang, propôs a proibição do BC de emitir títulos, com uma carência de dois anos.
28. Não deve ser confundido com o antigo orçamento monetário, do período em que o BC dividia suas funções de autoridade monetária com o Banco do Brasil.
29. Lei nº 7.800 de 10/7/89.
30. Essa definição foi estabelecida depois de um longo debate com o relator da LRF na Câmara, que insistia na inclusão no OGU de todas as operações do BC, sob o argumento pífio de que o Banco Central, ao emitir títulos para a execução da política monetária, estaria aumentando a dívida pública e, por consequência, camuflando despesas. Esse debate, além da definição das despesas que integrariam o OGU, resultou na proibição do BC emitir títulos.
31. É resgatado aqui um termo em desuso pelo menos desde que a moeda deixou de ter valor intrínseco ou desde que a cunhagem de moeda, na Idade Média, deixou de ser uma atividade privada; significa custo de emissão de moeda.
32. Não foi utilizado o termo "despesas primárias", pois o conceito de resultado primário para as operações do BC é, ou pelo menos deveria ser, diferente do conceito de resultado primário para o setor público não financeiro.
33. Ressalvada a hipótese de as reservas terem como contrapartida, exclusivamente, a base monetária.
34. MP nº 435, de 26/6/2008, convertida na lei nº 11.803, de 5/11/2008.
35. Existem duas definições de senhoriagem que, embora apresentem resultados muito parecidos, são diferentes em sua essência: uma definição, mais comum e conhecida, é a de senhoriagem monetária, que mede a variação do passivo monetário do Banco Central

e, portanto, mede o financiamento via emissão monetária e não a receita pela emissão de moeda. A outra definição é chamada de senhoriagem custo de oportunidade, e mede a receita do BC pelo fato de emitir uma dívida (ou passivo) que não paga juros. É essa receita que é transferida ao Tesouro via resultado do Banco Central.

36. Atualmente não há restrições ao uso da remuneração das disponibilidades para o pagamento de despesas primárias.
37. A Constituição Federal proíbe o BC de conceder empréstimos ao Tesouro. Financiamento é um termo mais abrangente. Por exemplo, o Banco Central poderia emitir moeda e transferir o resultado da senhoriagem (que inclui o imposto inflacionário) para o Tesouro, que o usaria para despesas primárias; o BC estaria financiando o Tesouro sem lhe conceder empréstimos.
38. O BC utilizou, no passado, operações de redesconto de títulos privados, porém quando atuava como banco de fomento.
39. Há uma discussão, a meu ver apenas semântica, entre os conceitos de independência e autonomia. O conceito aqui é o de Blinder (1998), em tradução livre: "... independência do banco central quer dizer duas coisas: primeiro, que o banco central tem a liberdade de decidir como buscar seus objetivos, e, segundo, que suas decisões são suficientemente fortes para impedir que qualquer outro órgão do governo as reverta."

Referência bibliográfica

BLINDER, Alan S. (1998). *Central Banking in Theory and Practice*, MIT Press, London, England.

3

Notas sobre a Independência Operacional e a Supervisão Bancária do Banco Central

Alkimar R. Moura

Introdução[1]

O objetivo deste capítulo é resumir a experiência da institucionalização do Banco Central do Brasil como autoridade monetária e como autoridade de supervisão do sistema bancário. Realça-se no texto o processo de criação e consolidação de uma instituição crítica para o funcionamento de uma economia moderna, sujeita às normas de mercado e às restrições de um regime político democrático e aberto.

Em geral, o debate sobre a importância dos bancos centrais tende a realçar as questões ligadas à independência e autonomia da autoridade monetária diante das demandas do Executivo e das pressões dos entes regulados e contempla temas como o processo de escolha dos dirigentes do BC; as regras de indicação, aprovação, nomeação e destituição daqueles dirigentes; as condições que garantam a sua independência financeira; e os procedimentos destinados a assegurar que a autoridade monetária possa prestar contas de suas decisões à sociedade.

Discutem-se neste capítulo dois aspectos pouco mencionados na literatura acadêmica e profissional, quais sejam, a independência operacional do Banco Central e sua capacidade de supervisão sobre o sistema de bancos comerciais. Argumenta-se que, ao impor em sua origem vários objetivos de política pública àquele instituto, diluiu-se a sua principal tarefa que é, de acordo com a legislação que o criou, a manutenção da estabilidade do poder de compra da moeda. A superação dessa multiplicidade de objetivos foi um processo que se arrastou por várias décadas, até ser alcançada com as reformas implantadas a partir do Plano Real.

No caso da supervisão bancária dos bancos públicos, a redução do tamanho do setor bancário controlado pelo setor governamental contribuiu para reduzir o risco e custo das intervenções destinadas a proteger bancos estaduais insolventes. Quanto à supervisão dos bancos privados, a experiência com as crises bancárias recentes fortaleceu a capacidade reguladora e supervisora do Banco Central, dotando-o de instrumentos mais ágeis para lidar com eventuais crises bancárias.

O capítulo tem quatro seções, além da introdução. Na próxima seção, argui-se que, desde sua criação, o Banco Central partilhou funções com outras instituições e a ele foram atribuídos muitos objetivos que extravasavam seu mandato original de ser o guardião da moeda. A seção subsequente faz menção ao novo relacionamento do Banco Central com o Tesouro Nacional, depois das mudanças organizacionais que deram origem à Secretaria do Tesouro Nacional (STN). A seção seguinte centra-se nos desafios enfrentados pelo BC na regulação de um sistema bancário composto majoritariamente por bancos privados, mas que também detinha um segmento importante de bancos estaduais, os maiores deles com capacidade de competir com a autoridade monetária no privilégio de emitir moeda para girar a dívida mobiliária de seus respectivos estados. Ainda nessa seção, analisa-se a reação do BC às dificuldades enfrentadas pelos maiores bancos privados no período seguinte ao Plano Real e durante a crise financeira de 2007/2008. A última seção sintetiza a principal conclusão do texto, registrando um processo gradual de depuração de funções atípicas de banco central.

Esse processo representou uma consolidação da independência da autoridade reguladora em relação a importantes grupos de interesses: acionistas privados e funcionários do Banco do Brasil; governadores e executivos de bancos estaduais; executivos de bancos privados insolventes; representantes de vários setores com acesso a crédito subsidiado. No entanto, o perímetro de regulação/supervisão do BC ainda contempla atividades que, embora utilizem recursos escassos de fiscalização, são pouco relevantes ou mesmo inócuas para assegurar a estabilidade do sistema bancário.

A ATUAÇÃO DO BC COMO ENTIDADE DE OBJETIVOS MÚLTIPLOS

O BC foi criado em 1965, no bojo de significativas transformações institucionais, entre as quais se destaca a Lei de Reforma Bancária (lei 4.595/64), que deu origem ao BC e provocou um profundo reordenamento do sistema financeiro nacional. Registre-se que essa lei combinou em uma única instituição as funções típicas de banco central com as responsabilidades pela regulação e pela supervisão do sistema financeiro.

De início, o BC não foi dotado das funções de uma autoridade monetária clássica, pois alguns dos seus poderes foram divididos com o Tesouro Nacional (TN) e com o Banco do Brasil (BB), este último um misto de banco comercial típico e de agente financeiro do Tesouro para operações de crédito específicas. Vale registrar que o Banco do Brasil detinha e ainda detém uma parcela significativa de acionistas privados e suas ações eram e ainda são negociadas em bolsa de valores.

Alguns exemplos ilustram essa ambiguidade de funcionamento da autoridade monetária:

a) A própria emissão de papel-moeda – uma função clássica de banco central – era uma atividade cuja execução era dividida entre três órgãos: o Tesouro Nacional, a antiga Carteira de Redesconto do Banco do Brasil e o Banco Central. Assim os ganhos de senhoriagem propiciados pela emissão de papel-moeda eram compartilhados com os acionistas privados do Banco do Brasil. Além disso, o recolhimento compulsório não incidia sobre os depósitos do setor público registrados nos balancetes do Banco do Brasil. Nesse contexto, não é de surpreender que as ações daquele banco federal fossem consideradas, por muito tempo, como uma das chamadas *blue chips* do mercado de capitais.

Os recolhimentos compulsórios incidentes sobre os depósitos do público captados pela rede bancária eram inicialmente depositados no Banco do Brasil à ordem do BC. Assim, uma eventual elevação da taxa de reserva compulsória sobre os recursos captados pela rede bancária privada conduzia a uma transferência de reservas bancárias dos bancos comerciais para o BB, dando a este a capacidade de expandir o crédito. Restringia-se a expansão de crédito pela rede privada e se permitia o aumento dos empréstimos pelo BB. Essa possibilidade terminou quando o BC se tornou o único depositário dos recolhimentos compulsórios do sistema bancário.

b) Os depósitos voluntários dos bancos também eram efetuados com o BB, até porque ele era responsável pela gestão do serviço de compensação de cheques da rede bancária. Essa concentração de reservas bancárias no BB deu origem ao chamado "mercado de cheques BB", um instrumento pelo qual bancos credores e devedores negociavam diariamente disponibilidades naquela conta, para ajustes de caixa. Esse mercado foi o precursor das operações de troca interbancária de reservas, atualmente representado pelo mercado de Certificados de Depósitos Interfinanceiros (CDIs), hoje um canal importante para transmissão dos impactos de mudanças na política monetária para o mercado de crédito e para o setor real da economia. Os depósitos voluntários foram também transferidos do BB para o BC, registrados na conta reservas bancárias, que se tornou a variável estratégica na gestão de tesouraria do sistema bancário, sobretudo a partir de implantação do Sistema de Pagamentos Brasileiro (SPB) em 2002.

c) Outra peculiaridade do sistema monetário, que resistiu às transformações decorrentes da Reforma Bancária de 1965, foi a manutenção da conta movimento, ou seja, uma conta-corrente mantida pelo BB com o BC, por meio da qual o BB poderia sacar para o nivelamento automático das suas reservas bancárias, quando estas estivessem em níveis mínimos, em decorrência de operações de crédito de interesse do Tesouro ou, no limite, para financiar qualquer expansão de empréstimos do banco oficial. Em outras palavras, o Banco do Brasil não se sujeitava às restrições de liquidez que limitavam o aumento de crédito dos bancos privados, pois, em última análise, o acréscimo dos empréstimos do BB poderia ser financiado por expansão da base monetária. Essa conclusão vale não apenas para as operações de créditos seletivos, mas para qualquer expansão de ativos do Banco do Brasil que não pudesse ser financiada com captação junto aos seus depositantes, no mercado interbancário ou com recursos próprios. O custo para o BB de saques sobre a conta movimento foi fixado em 1% ao ano. A conta movimento foi congelada em 1985, após as mudanças institucionais propiciadas pelo sucesso efêmero do Plano Cruzado, sendo substituída pela conta suprimentos especiais. Para detalhes, ver "Banco Central do Brasil: evolução histórica e questões atuais", de Cláudio Jaloretto, capítulo 2 deste volume.

d) Além disso, o Banco Central também operava como banco de fomento, ao administrar programas de crédito seletivo derivados de decisões de políticas públicas do poder Executivo. Destacava-se principalmente o programa de crédito rural, o qual, pela sua importância, implicava a existência de uma Diretoria de Crédito Rural e Industrial no Banco Central.[2] Ainda hoje, a Diretoria de Organização do Sistema Financeiro (Diorf) tem formalmente a seguinte designação: Diretoria de Organização do Sistema Financeiro e de Controle das Operações de Crédito Rural, significando que o BC continua mantendo, sob sua responsabilidade, a administração de uma parte significativa das operações de crédito seletivo.

Foi longo e penoso o processo de simplificação do balancete do Banco Central, com a transferência de todos os programas de crédito seletivo para o Tesouro e com a absorção pelo Banco Central das funções monetárias até então ainda executadas pelo Banco do Brasil. Nesse período, de 1965 até 1987, o Banco Central desempenhou funções pouco condizentes com as de um banco central "puro", tais como: banco comercial, banco de fomento para o setor rural (agricultura e pecuária) e para o comércio exterior, e banco para estimular a abertura de capital das empresas.

Em 1987, através do decreto 94.444, a administração dos fundos e programas de fomento foi transferida do BC para o Ministério da Fazenda, valendo a partir de janeiro de 1988.

À medida que o balanço do BC era depurado das operações de fomento e que se processou o congelamento da conta movimento, a autoridade monetária passou a concentrar sua atenção, ainda que de maneira implícita, no objetivo macroeconômico de alcançar a estabilidade de preços, abandonando a multiplicidade de objetivos acrescidos ao longo de sua trajetória. Entretanto, permaneceu a questão de tentar atingir vários objetivos com apenas dois instrumentos de política monetária à disposição do Banco Central: mudanças na taxa básica de juros (taxa Selic) e variação nas exigências de depósitos compulsórios. E, por fim, ficou em aberto a questão dos *trade-offs* entre os vários objetivos que podem ser eventualmente conflitantes. A arbitragem entre objetivos conflitantes passou a ser efetuada de maneira *ad hoc* pela diretoria do BC, a qual parece não deter legitimidade política para tomar esse tipo de decisão.

Sob o efeito da crise cambial de 1999, o Conselho Monetário Nacional (CMN) decidiu pela escolha explícita do regime monetário de metas da inflação, pela qual se atribui à política monetária um único objetivo: o de fazer convergir a inflação observada para a meta de inflação determinada pelo Executivo, com a utilização da fixação da taxa básica de juros como o instrumento mais adequado para atingir aquele objetivo. A institucionalização daquele regime incluiu também a criação de um comitê de política monetária (Copom), com procedimentos para a tomada de decisão e sua comunicação ao mercado, assim como a divulgação das atas das reuniões e a elaboração de um relatório trimestral de inflação. A criação de um comitê para decisões de política monetária em substituição a decisões monocráticas individuais encontra respaldo na literatura acadêmica sobre o tema e pode ser considerada uma melhoria no processo decisório do BC[3] (ver, p. ex., Lombardelli, Proudman e Talbot, 2005: 181).

Essas medidas contribuíram para fortalecer o papel do Banco Central, conferindo-lhe de novo o mandato único – já instituído na Lei de Reforma Bancária – de perseguir a estabilidade de preços, agora com uma roupagem mais elaborada, pois cercada de rituais e procedimentos para formalizar a execução e o acompanhamento da política monetária no novo regime. Assim, o Banco Central do Brasil pratica hoje um regime de política monetária já adotado por um grande número de bancos centrais, desde que a Nova Zelândia o colocou em prática em 1990. Nesse sentido, podem-se considerar essas decisões como um avanço, em face da miríade de objetivos com que ele foi agraciado desde seu nascedouro.

Banco Central e Tesouro Nacional

Esta seção trata do relacionamento entre o BC e o TN, envolvendo as seguintes questões: financiamento dos deficit fiscais, gestão das dívidas mobiliárias interna e externa e a distribuição dos resultados contábeis do BC.

A função de banqueiro do governo tem sido tradicionalmente reconhecida como uma das incumbências típicas de um banco central. Isso significa que excedentes de caixa do Tesouro são depositados na autoridade monetária e, em situações em que ocorram desequilíbrios transitórios entre receitas e gastos públicos, o Tesouro pode recorrer a empréstimos do Banco Central. Em geral, esse relacionamento se dá de forma rotineira e pressupõe uma troca de informações contínuas entre as duas instituições, seja para permitir que o Banco Central possa neutralizar os efeitos monetários de uma expansão não prevista dos gastos públicos, seja para que o Tesouro possa se endividar temporariamente com o BC, para ajuste de seu fluxo de caixa. Em economias desenvolvidas e com instituições já consolidadas, esse relacionamento ocorre de maneira *business as usual*. Nem sempre foi assim, mesmo nos Estados Unidos ocorreram algumas escaramuças entre as duas entidades quanto ao custo da dívida interna, como, por exemplo, a rejeição ao compromisso de 1951, estabelecendo que o Federal Reserve System deveria conduzir a política monetária de maneira a reduzir o custo de rolagem da dívida mobiliária do Tesouro. No entanto, registre-se que inexistem restrições estatutárias à concessão de crédito do Federal Reserve Bank ao Tesouro.

No Brasil, no período pré-1964, o financiamento dos continuados deficit públicos por intermédio de emissão de papel-moeda explicou boa parte da aceleração inflacionária ocorrida naqueles anos. Após essa experiência malsucedida, o legislador, em 1964, condicionou a permissão para emissão monetária pelo BC para o financiamento dos deficit fiscais do TN, desde que previstos na lei orçamentária e autorizados pelo CMN. No mesmo período, o lançamento dos títulos públicos com cláusula de correção monetária fez renascer o mercado voluntário para obrigações da dívida pública, reduzindo a pressão para que o Banco Central financiasse os deficit fiscais via expansão da base monetária. O próximo passo para cortar o cordão umbilical entre TN e autoridade monetária foi a vedação constitucional de financiamento direto de deficit do TN pelo BC. Embora louvável, a implementação dessa diretriz encontra dificuldades operacionais, se o BC tiver o compromisso de absorver o resíduo da colocação de títulos em leilão primário, mesmo a preços competitivos. Em outras palavras, há que se esclarecer se essa compra não intencional de obrigações do TN pode ou não ser enquadrada como financiamento do BC ao erário público.

No caso brasileiro, além dos pontos mencionados no item anterior, o BC compartilhava com o TN algumas de suas funções típicas, como as da gestão das dívidas mobiliárias públicas, interna e externa. A gestão da dívida pública mobiliária federal interna também foi atribuída inicialmente ao Banco Central, que cuidava de todo o processo de emissão, colocação, pagamento dos serviços e resgate dos títulos públicos federais, mesmo quando tais papéis eram denominados de Letras do Tesouro Nacional (LTN) ou Obrigações Reajustáveis do Tesouro Nacional (ORTN). Vale relembrar que a capacidade de emissão e colocação voluntária no mercado de títulos públicos federais foi também uma decorrência das mudanças institucionais no período pós-1964, entre as quais a possibilidade de emissão de títulos públicos com correção monetária e/ou cambial.

A criação da STN em 1986 possibilitou que a gestão da dívida mobiliária pública interna fosse transferida do BC para aquele órgão, conferindo maior transparência às contas públicas, sobretudo na questão do tamanho, composição e custo do endividamento público. A mesma conclusão aplica-se à gestão da dívida pública mobiliária externa, que gradualmente migrou do BC para a STN. Em ambos os casos, restou ao BC apenas as funções acessórias de prestar os serviços associados à troca de informações referentes às demandas prováveis do mercado, à formatação e realização dos leilões de títulos por conta e ordem do Tesouro e aos procedimentos de liquidação financeira das operações.

A separação BC/STN também permitiu maior transparência na avaliação do funcionamento das duas instituições. Pôde ser constatado, por exemplo, que no período desde o Plano Real, de 1994 até 2015, ou seja, em 22 exercícios, o Banco Central apresentou 11 anos com resultados positivos e 11 com resultados negativos. Os primeiros foram transferidos para o Tesouro, que também se encarregou de dar a devida cobertura para os resultados negativos da autoridade monetária. Para uma análise desses resultados contábeis, ver o capítulo 9, "A lei 11.803/08 e as relações financeiras entre Tesouro Nacional e Banco Central", da autoria de Marcos Mendes, neste volume.[4]

Os resultados contábeis constituem uma métrica pouco adequada para medir o desempenho de uma agência como o BC cuja importância macroeconômica é difícil de subestimar. No critério de cumprimento de seu objetivo de atingir a meta de inflação determinada para cada exercício, verifica-se que no período de 16 anos entre 1999 e 2015 o BC manteve a inflação abaixo da meta em apenas quatro anos: 2000, 2006, 2007 e 2009, o que não representa um resultado particularmente auspicioso.

O EXERCÍCIO DA REGULAÇÃO NO SETOR BANCÁRIO: BANCOS ESTADUAIS E PRIVADOS

Esta seção discute a evolução do papel do BC na regulação do setor bancário. Inicialmente, analisa-se a relação do BC com os bancos e tesouros estaduais. Segue-se uma descrição das etapas críticas do desenvolvimento da regulação do setor bancário privado. Em ambos os casos, trata-se de rever a atuação do BC de modo a garantir a estabilidade do sistema bancário.

Em dezembro de 2014, o Banco Central tinha sob sua responsabilidade a supervisão de 1.943 instituições, tais como bancos múltiplos, bancos comerciais, bancos de desenvolvimento, de investimento e de câmbio, a Caixa Econômica Federal, as sociedades de arrendamento mercantil, as financeiras, as sociedades de crédito ao microempreendedor, as sociedades de crédito imobiliário, as associações de empréstimos e poupança, as corretoras de títulos e valores imobiliários, as corretoras de câmbio, as distribuidoras de títulos e valores mobiliários, as agências de fomento, as companhias hipotecárias, as cooperativas de crédito e as administradoras de consórcios.

Apesar do número e da variedade de instituições sob a supervisão do BC, os riscos para a estabilidade do sistema bancário ocorreram em eventos críticos que afetaram a solvência e a liquidez de algumas instituições financeiras de grande porte, controladas pelos governos estaduais ou pelo setor privado. Cada uma dessas quase rupturas exigiu a intervenção da autoridade monetária para evitar o risco sistêmico de insolvência do sistema bancário, como se explicará a seguir.

Banco Central e o sistema de bancos comerciais estaduais

O relacionamento do Banco Central com os maiores bancos estaduais merece uma menção específica, pois ilustra algumas das restrições que a agência encontrava para implantar diretrizes de política monetária ou de supervisão bancária. Em alguns casos, as exigências de política monetária impostas pelo regulador eram simplesmente ignoradas pelo regulado, amparado na força política do governador do estado.

Esse relacionamento pode ser analisado de duas formas: na questão de concessão de créditos do banco ao seu controlador e no tema do financiamento da dívida mobiliária estadual. Quanto ao primeiro aspecto, pode-se afirmar que, nos casos mais significativos, os bancos estaduais funcionaram como agentes quase fiscais dos respectivos tesouros estaduais, uma vez que empréstimos obtidos com bancos complementaram receitas que os tesouros não puderam ou não quiseram captar por meio de receitas orçamentárias próprias. Isso, por sua vez, além de caracterizar um óbvio desvio das boas técnicas de gestão bancária, constituía um grave descumprimento da lei 4.595/64, que proibia empréstimos da instituição bancária aos seus executivos e membros de seus conselhos. Tal vedação inscrita naquela lei complementar foi reafirmada em resolução do CMN.

Além disso, parte desses empréstimos a estatais e aos tesouros estaduais era de prazos mais longos, pois se destinava a financiamento de projetos de infraestrutura. Produzia-se então um potencial descasamento de prazo na gestão bancária, já que recursos captados à vista ou em prazos curtos eram aplicados em projetos de longo prazo de maturação. Finalmente, o banco estadual poderia também enfrentar problemas de liquidez relacionados a tais créditos, na medida em que, nos seus vencimentos, aquelas operações eram roladas escrituralmente, sem aporte de caixa pelos tomadores, ao passo que seu *funding* se constituía de recursos à vista ou em prazos curtos, o que poderia originar despesas com juros e perda de liquidez.

Na questão do financiamento da dívida estadual, vale lembrar que os maiores estados da Federação captavam recursos voluntários com os investidores do mercado financeiro mediante a venda de títulos públicos estaduais em leilões primários, os quais eram administrados pelas distribuidoras de valores de propriedade dos estados. Na eventualidade de uma colocação apenas parcial de um lote no mercado, o resíduo era transferido à carteira própria da distribuidora estadual, que mantinha suas disponibilidades financeiras depositadas no banco controlado pelo estado. Se o caixa da distribuidora fosse insuficiente para acomodar as necessidades de financiamento, o próprio banco estadual cobria aquele desequilíbrio mediante a utilização de suas reservas, o que novamente configurava a situação de empréstimos ao controlador.

Em situações limite, se o banco estadual tivesse que recorrer à assistência financeira de liquidez com o Banco Central, poderia ocorrer uma expansão de base monetária para acomodar o financiamento da dívida pública estadual. Verifica-se, portanto, que alguns bancos estaduais funcionavam como emissores de base monetária, ou seja, de fato operavam como bancos centrais regionais, competindo com o monopólio institucionalmente atribuído ao Banco Central do Brasil.

Além disso, muitos bancos estaduais aproximaram-se da insolvência por uma gestão pouco ortodoxa na sua política de empréstimos, e o BC foi instado a estabelecer vários programas de saneamento financeiro para evitar a liquidação de alguns deles. Em casos reincidentes, o Banco Central promovia os ajustes necessários para restaurar a viabilidade econômica e financeira do banco, devolvendo-o a seguir para a gestão do controlador até que, após certo período, a instituição novamente enfrentasse os riscos de insolvência e de iliquidez, o que demandava nova intervenção. Observou-se também que havia uma associação entre anos de eleições estaduais e dificuldades financeiras dos bancos controlados pelos governadores, indicando a existência de uma relação entre ciclo político e saúde financeira dos bancos públicos.

Essas anomalias somente foram eliminadas com as reformas implantadas após o Plano Real, quando os maiores bancos comerciais estaduais, ou foram privatizados, ou transformados em agências de fomento, ou transferidos ao governo federal para posterior privatização, ou, por último, liquidados.[5] Nesse mesmo período, as dívidas públicas estaduais foram federalizadas e eliminou-se a capacidade de emissão de títulos públicos pelos entes federativos subnacionais. Essas modificações institucionais representaram a restituição ao Banco Central de seu monopólio de emissão monetária.

O Programa de Incentivo à Redução da Presença do Estado na Atividade Bancária (Proes) foi a resposta de política pública direcionada a reduzir a ameaça representada pelos bancos estaduais para a política monetária e para a estabilidade do sistema bancário. Ele teve, pelo menos, dois impactos significativos: em primeiro lugar, restabeleceu para o BC a unicidade do monopólio de emissão de meios de pagamentos; e, em segundo lugar, diminuiu a pressão política sobre a autoridade monetária para o financiamento dos desequilíbrios de caixa dos bancos estaduais, os quais resultavam de deficit parafiscais dos estados mais importantes. Do ponto de vista da Federação, isso representava um benefício não trivial conferido àquelas unidades federativas, em detrimento dos demais que não dispunham de bancos comerciais estaduais.

Banco Central e o sistema bancário privado

Períodos de crise bancária são episódios críticos ou *turning points* que servem para testar a capacidade de resposta da autoridade monetária a riscos sistêmicos, tanto do ponto de vista técnico quanto político. Após anos e anos de convivência com inflação alta e instável, o sistema bancário brasileiro teve que se ajustar à estabilidade macroeconômica propiciada pelo Plano Real em 1994. Inúmeros bancos, pequenos e médios, faliram e foram liquidados pelo Banco Central. No caso de instituições bancárias sistemicamente relevantes, a resposta oficial veio sob a forma de um programa de reestruturação da atividade bancária, o Programa de Estímulo à Reestruturação e ao Fortalecimento do Sistema Financeiro Nacional, o Proer (MP 1.179/1995), destinado a assegurar liquidez e solvência aos bancos e a resguardar os interesses de depositantes e investidores. O grau de intervenção oficial no sistema bancário aprofundou-se ao admitir a possibilidade de serem adotadas medidas de reorganização administrativa, operacionais e societárias, previamente autorizadas pelo Banco Central.

Os bancos privados que representavam maiores riscos sistêmicos potenciais passaram por processos de reestruturação e/ou fusão com entidades bancárias financeiramente sólidas, sem a participação de recursos públicos subsidiados. Para conferir maior amplitude às medidas de fortalecimento dos bancos privados, foi utilizado o dispositivo constitucional que permitia, caso a caso, a entrada de bancos comerciais estrangeiros para competir no mercado financeiro doméstico, sobretudo no mercado de bancos de varejo, um nicho praticamente reservado aos bancos nacionais. Foram conferidas autorizações, caso a caso, pelo chefe do Executivo, para a entrada de bancos privados estrangeiros, desde que assumissem a gestão de instituições sob estresse.

A crise financeira internacional de 2007/2008 propiciou outro exemplo de resolução de uma incipiente crise bancária, por intermédio da atuação do Banco Central. O país experimentou uma parada súbita no fluxo de recursos externos, em razão da contração generalizada de crédito no mundo. Isso provocou uma rápida desvalorização da taxa de câmbio e dificuldades para o *funding* dos bancos pequenos e médios, com a concentração de liquidez no mercado interbancário em favor dos grandes bancos públicos e privados. Essa crise foi contida pela atuação conjunta das autoridades monetárias e do Executivo. O Banco Central usou dois instrumentos de política monetária: flexibilização das operações de assistência financeira de liquidez (redesconto) em reais e criação de uma linha em dólares, além de mudanças nos recolhimentos e encaixes compulsórios, com a redução das alíquotas e permissão para cumprir tal exigibilidade com antecipação da contribuição dos bancos ao Fundo Garantidor de Crédito (FGC). Além disso, foram aprovadas mudanças no estatuto e no regimento do FGC, para que ele pudesse dispor de mais recursos a fim de atuar como uma rede de segurança para o sistema bancário. O governo também permitiu que o BB e a CEF tivessem maior flexibilidade contratual para negociar a compra de participações acionárias em instituições financeiras com dificuldades de liquidez.

As medidas mencionadas caracterizam a atuação do Banco Central como agência reguladora/supervisora com capacidade técnica, embasamento jurídico, respaldo político e independência para lidar com crises no setor bancário privado. Essa atuação foi eficaz no sentido de sanear o sistema de bancos comerciais privados sem o aporte de recursos públicos subsidiados.

Conclusões

Agências reguladoras correm sempre o risco de serem capturadas pelos interesses dos entes regulados. Esse risco torna-se mais evidente no caso de uma agência como o Banco Central, dada sua capacidade de criar meios de pagamento simplesmente pela expansão de seus ativos. As mudanças discutidas neste capítulo devem ser entendidas como a gradual liberação da agência reguladora Banco Central dos grupos de interesses representados pelo Banco do Brasil, seus acionistas e funcionários; pelos maiores bancos comerciais estaduais e respectivos tesouros e políticos; e pelos tomadores de empréstimos de programas de crédito subsidiado.

Nesse sentido, ao reduzirem o escopo de suas funções, as mudanças aqui discutidas também permitiram que o BC passasse a funcionar como um banco central clássico, com a diminuição das atividades que lhe foram atribuídas desde a sua origem, para centrar-se na estabilidade monetária com a adoção do regime de metas para a inflação.

Ao mesmo tempo, a privatização de quase todos os bancos estaduais e a criação de novos instrumentos de intervenção para solucionar crises bancárias fortaleceram a capacidade reguladora e supervisora do Banco Central, contribuindo para que se alcance o objetivo de garantir a estabilidade do sistema bancário.

Reconhece-se que o BC ainda não dispõe de independência e autonomia no que concerne ao estabelecimento de metas de política monetária, definição de mandatos fixos para seus diretores, existência de orçamento próprio. Na questão da regulação e supervisão, ainda permanecem com o BC responsabilidades pela fiscalização de instituições, como os consórcios, que não têm qualquer poder de gerar uma crise sistêmica, embora possam produzir um ruído popular de proporções preocupantes. Uma depuração também seria recomendável nesse caso, transferindo tais atividades de fiscalização para outras agências federais.

Ao longo da trajetória do BC houve uma simplificação na definição dos objetivos de política monetária e um aperfeiçoamento nos instrumentos de supervisão e regulação do sistema bancário. Trata-se de ganhos não triviais que contribuem para consolidar o papel institucional do BC.

Notas

1. Agradeço os comentários de Edmar Bacha e Luis Gustavo da Matta Machado a uma versão inicial do texto. Os erros remanescentes são de responsabilidade do autor.
2. No início da década de 1970, o BC administrava os seguintes fundos: Fundo Nacional de Refinanciamento Rural (FNRR), Fundo de Democratização do Capital das Empresas (Fundece), Fundo de Desenvolvimento da Pecuária (Fundepe), Fundo de Financiamento para Importação de Bens de Produção (Fibep), Fundo para Investimentos Sociais (Funinso), Fundo de Financiamento às Exportações (Finex) e Fundo de Estímulo Financeiro ao Produtor Rural (Funfertil). Os recursos para esses fundos se originavam de repasses de organismos internacionais, de recursos próprios e da extinta conta café.
3. Ver, por exemplo, Lombardelli. Proudman e Talbot (2005), p.181.
4. Mendes (2016b) conclui que grande parte daqueles resultados decorreu de ganhos contábeis derivados da contabilização em reais do estoque da dívida externa, em um pe-

ríodo de desvalorizações da moeda nacional. O autor questiona a transferência desses ganhos para o Tesouro.
5. Para mais detalhes, consultar o capítulo "Política fiscal na primeira fase do Plano Real (1993-1997)", de Murilo Portugal, neste volume.

Referências bibliográficas

LOMBARDELLI, C., PROUDMAN, J. e TALBOT, J. (2005). "Committees versus individuals: an experimental analysis of monetary policy decision making." *International Journal of Central Banking*, maio, pp. 181-205.

MENDES, M. (2016). "Depósitos remunerados no Banco Central: avanço institucional ou contabilidade criativa?" Mimeo. Disponível em: www.iepecdg.com.br.

4

Origens e evolução da Secretaria do Tesouro Nacional

Alcides Ferreira

Introdução

Em meados dos anos 1980, o país "não tinha noção dos gastos da administração pública, pois se administrava com base na posição do caixa do governo federal controlado em contas bancárias do Banco do Brasil (BB)" (Castro e Garcia, 2008:92-3).[1] Para saber, por exemplo, o gasto com pessoal, o governo "carimbava" determinadas contas e fixava os dias de pagamento. O mesmo era feito com a dívida pública e assim por diante. Não se sabia também ao certo a quantidade de contas e o número de gestores autorizados a movimentar esses recursos.

Portanto, embora já houvesse uma centralização na arrecadação por parte da Receita Federal, a execução dos gastos era descentralizada e sem controle, um resquício ainda dos tempos coloniais.

Diariamente, o Banco do Brasil consolidava o montante de recursos que o governo utilizava, verificava o saldo nas contas-correntes e pedia ao Banco Central (BC) para cobrir a diferença através da chamada "conta movimento". Então, o BC emitia dinheiro ou dívida, sem autorização do Congresso, para fechar o caixa. Para tornar as coisas um pouco mais confusas, o BC ainda possuía uma carteira de "fomento", composta por créditos à agricultura e à indústria, como se fosse uma instituição financeira comum.

A desordem institucional se completava com o irrealismo do orçamento público, que, por sinal, não era único. Um desses orçamentos, chamado de "monetário", envolvia a programação das instituições financeiras ligadas à União. Por essa peça, o governo emprestava recursos subsidiados ao setor agrícola, por exemplo. Mas esses subsídios ao trigo, açúcar e álcool, entre outras atividades, não eram tratados como despesas da União.

Dessa forma, o orçamento brasileiro não atendia a dois sacramentos básicos: não era único, pois havia mais de uma peça orçamentária, e não era universal, já que havia despesas não contabilizadas. Os dois princípios estavam consignados na lei 4.320, de 17 de março de 1964, que estabeleceu as normas para os orçamentos públicos no Brasil após o golpe militar. Mas não eram cumpridos.

A contabilidade do governo federal apresentava enorme defasagem. Portanto, não se prestava para extração de informações gerenciais. O Congresso assistia a esse quadro com apatia. Não era possível alterar o orçamento da União, que chegava ao Congresso sempre com equilíbrio entre receitas e despesas, ao menos no papel. Valia a regra de que, se não fosse votado, era aprovado automaticamente por "decurso de prazo", o que era a rotina todos os anos.

A execução do orçamento da União era feita por um departamento do Banco do Brasil. A gestão da dívida pública, pelo Banco Central. O Conselho Monetário Nacional (CMN) autorizava a expansão da dívida pública e não o Congresso.

Já quase no fim do século XX, portanto, ou trezentos anos depois da Revolução Gloriosa na Inglaterra, que estabeleceu o princípio de que a despesa pública depende de autorização legislativa, havia um "incesto" entre as finanças públicas e a gestão da moeda no Brasil, na definição do ex-ministro da Fazenda Maílson da Nóbrega (2005).

A criação da Secretaria do Tesouro Nacional (STN), em 1986, em meio ao Plano Cruzado, foi um divisor de águas na organização das finanças públicas no Brasil. Desde então, os avanços são inegáveis. Seu principal legado, trinta anos depois, foi organizar e tornar acessíveis as contas públicas. No site www.tesourotransparente. gov.br, qualquer pessoa pode obter com riqueza de detalhes os dados sobre receitas e gastos do governo. Toda a polêmica que ocorre atualmente sobre o tema se dá em cima de informações públicas. Antes da STN, isso era impossível. Não é pouca coisa.

Mas, até hoje, o Brasil ainda não assistiu à consolidação de suas instituições fiscais e, portanto, do direito de seus indivíduos sobre os gastos públicos. Pelo contrário, nos últimos anos, houve um retrocesso. O governo manobrou o orçamento, nas chamadas "pedaladas", expressão típica do humor dos brasileiros diante da sua desgraça, e com a "contabilidade criativa", um eufemismo para a manipulação explícita das contas públicas.

A Revolução Gloriosa (1688) ocorreu em um contexto de afirmação dos direitos individuais, como o Habeas Corpus Act (1679), e da limitação dos poderes do governo. A Secretaria do Tesouro Nacional foi criada por obra de funcionários públicos abnegados no bojo de outras medidas econômicas. Não havia um debate na sociedade que tornasse sua existência como guardiã dos interesses do contribuinte uma consequência da vontade do eleitor. Pelo contrário.

Os temas técnicos, de difícil compreensão mesmo para iniciados, foram levados ao conhecimento público sem o devido amparo político. Não havia na época, como não há hoje, um respaldo consistente vindo do eleitor para o cuidado com o gasto público, uma noção clara de que o governo não cria recursos, apenas os transfere. O resultado foi que, assim como agora, também em meados dos anos 1980, os defensores de privilégios no direcionamento das despesas governamentais travestiram seus interesses nas grandes carências da sociedade brasileira, embaralharam o debate e deixaram os técnicos preocupados com as finanças públicas falando sozinhos.

Há dez anos, fui convidado pela Secretaria do Tesouro Nacional, por meio da Fundação Getulio Vargas (FGV), para traçar uma breve história das finanças públicas no país desde o descobrimento e descrever os primeiros vinte anos da STN (Ferreira, 2006).[2] Este capítulo resume e atualiza, em forma de narrativa, a parte do livro que trata especificamente das origens e da evolução da STN.

Prólogo: A disputa pela opinião pública

A euforia do milagre econômico deixou os problemas das finanças públicas em segundo plano, a despeito da intensa reforma institucional que o país sofreu após o golpe militar de 1964. Na segunda metade dos anos 1970, com o início do esgotamento do modelo de crescimento sustentado pelo farto crédito externo e por gastos públicos descontrolados, as atenções se voltaram novamente à questão. Grupos de técnicos do governo debateram longamente o assunto, o que resultou, em 1986, na criação da STN.

Mas já no segundo semestre de 1984 esses estudos técnicos estavam prontos para sua adoção. Foram inclusive apresentados a uma missão do Fundo Monetário Internacional (FMI). O país estava saindo de uma ditadura militar, tinha feito, sem sucesso, uma campanha por eleições diretas e vivia um cenário econômico extremamente difícil, motivo pelo qual o FMI estava no Brasil.

A missão do FMI fez elogios ao plano de reforma das finanças públicas, mas questionou como seria o trabalho de convencimento da opinião pública. Os técnicos se entreolharam. Ninguém cogitara nem remotamente uma estratégia de divulgação das medidas. Acharam exótica a demanda. Iriam se arrepender por não ter dado ouvidos à advertência.

O motim começou dentro das fileiras do governo, mais especificamente na área de fomento do Banco Central, que fez críticas públicas ao projeto, já que a intenção era extingui-la.

O assunto chegou à imprensa, que falava em "reforma bancária" para tratar do tema. O próprio carimbo de "reforma bancária", dado pelos opositores ao plano, já era uma manobra de relações públicas. Apareceram os "defensores" do Banco do Brasil, que consideravam uma perda para o banco o fim de sua capacidade de emitir moeda sacando da "conta movimento". Os críticos desfecharam um bombardeio de críticas às medidas. A crise de comunicação se instalara. Alegava-se, por exemplo, que a agricultura sairia perdendo porque ficaria sem os recursos do Banco do Brasil.

Maílson da Nóbrega, que coordenou o plano, foi convidado a dar explicações na Câmara dos Deputados no dia 20 de novembro de 1984, pouco antes do prazo dado pelo CMN para a adoção das medidas, em 1985. "O autor do convite, o deputado Élquisson Soares (PMDB-BA), não estava interessado em minhas informações, mas em fazer um discurso veemente contra o projeto. No final, soltou a frase que ecoaria em todos os cantos do BB, por vários anos", relata Maílson da Nóbrega em entrevista ao autor. "Vossa Senhoria é o inimigo público número um do Banco do Brasil", disparou o deputado.

Élquisson Soares conseguiu uma liminar na Justiça, no fim de 1984, que devolveu o plano para a gaveta dos técnicos. Não havia ressonância política para as reformas, em meio ao conturbado ambiente de transição que resultou na posse de José Sarney, após a internação, em 15 de março, e morte de Tancredo Neves, em 21 de abril de 1985.

Primeiro ato: a criação do Tesouro (1986-1996)

Sarney já estava no seu segundo ministro da Fazenda, o empresário Dilson Funaro, indicado pelo PMDB paulista, depois da saída do escolhido por Tancredo para o cargo, Francisco Dornelles, em agosto de 1985.

No começo de 1986, Funaro ficou surpreso ao saber que um volumoso pagamento de Imposto de Renda, por parte do Banco do Brasil, teria efeito nulo sobre o resultado das contas do governo devido à existência da "conta movimento".

João Batista de Abreu, então secretário-geral do Ministério da Fazenda, que chegaria ao cargo de ministro do Planejamento, e que havia feito parte do grupo de técnicos que estudou o assunto juntamente com Maílson da Nóbrega, puxou da gaveta o plano de reformas e, habilmente, vendeu a ideia a Funaro. Do lado do Ministério do Planejamento, o ministro João Sayad, e seu principal assessor, o economista Andrea Sandro Calabi, comungavam das ideias. Calabi foi, inclusive, o primeiro secretário do Tesouro. Rapidamente, as medidas foram adotadas.

A "conta movimento" foi congelada em 20 de fevereiro de 1986. Mas os brasileiros prestaram atenção mesmo em outro congelamento, o de preços, anunciado junto com o Plano Cruzado em 28 de fevereiro.

O plano trouxe enormes dividendos políticos ao presidente Sarney. Fraco politicamente pelas tortuosas alianças que o levaram ao poder, Sarney viu no Cruzado sua bandeira de salvação.

Sarney foi o primeiro presidente da República que efetivamente limitou sua capacidade de gastar, ao adotar uma série de medidas para disciplinar as despesas públicas, inicialmente com o Cruzado e, depois, junto com outros planos que se sucederam na tentativa, sempre frustrada, de conter a inflação. Esses avanços, no entanto, ficaram soterrados pelo noticiário macroeconômico.

No dia 10 de março de 1986, através da Exposição de Motivos 17, os ministros da Fazenda e do Planejamento encaminharam o decreto 92.452 criando a Secretaria do Tesouro Nacional, que finalmente saiu do papel. Houve uma fusão da Secretaria Central de Controle Interno e da Secretaria Executiva da Comissão de Programação Financeira, ambas da Fazenda.

As principais atribuições da nova secretaria eram planejar, normatizar, coordenar e controlar a programação e administração financeira do governo. Ou seja, gerenciar o caixa. Essa administração do caixa deveria gerar a contabilidade do governo. A STN ficou encarregada também de fazer a auditoria dos gastos da União – mais tarde, essa área se tornou a Secretaria Federal de Controle e, depois, a Controladoria-Geral da União (CGU), subordinada à Presidência, de forma a evitar conflitos de interesse entre a gestão e a fiscalização do caixa. Além disso, a STN deveria ser responsável pelo controle dos riscos diretos e indiretos assumidos pelo governo. Outra tarefa prioritária foi avaliar os impactos da execução financeira em todas as entidades do setor público.

Em síntese, a missão definida para a Secretaria do Tesouro Nacional era proteger o contribuinte.

Representantes de cada ministério ou órgão de hierarquia equivalente formaram a equipe da STN. O objetivo foi uma composição política entre os ministérios da Fazenda e do Planejamento, além dos outros órgãos. As tarefas pela frente seriam duras. Era preciso angariar apoio.

Duas outras razões para trabalhar inicialmente com essa elite de funcionários da Fazenda, do Planejamento, do BC e do BB foram, primeiro, a inexistência, naquele momento, de uma carreira funcional do Tesouro e, segundo, a necessidade de quadros com experiência que pudessem desempenhar suas funções no menor prazo possível. Com a STN finalmente em funcionamento, a equipe começou a colocar em prática as ideias e projetos concebidos ao longo de anos de estudos.

A primeira grande tarefa era implantar um novo sistema de execução financeira do orçamento da União, que foi denominado Sistema Integrado de Administração Financeira do Governo Federal (Siafi). Deveria envolver as seguintes características: integrar os sistemas de orçamento, execução financeira e contabilidade; utilizar tecnologia mais avançada, incluindo o processamento on-line de transações; centralizar e padronizar os procedimentos relacionados à execução do orçamento; ser obrigatório para a administração direta, e permitir a implantação de uma conta única do Tesouro.

Da concepção à lógica, o Siafi nasceu pelo engenho daquele pequeno grupo de novos funcionários da STN. O projeto foi coordenado por Pedro Pullen Parente, engenheiro por formação que veio do Banco Central trabalhar na STN e, posteriormente, ocupou o cargo de ministro da Casa Civil e do Planejamento. O contador Domingos Poubel de Castro também desembarcou do Banco Central para ajudar no Siafi. Trouxe na bagagem a experiência de montar nos anos 1970 outros sistemas de contabilidade para o governo.

Surgiu ali a chance de criar um sistema de contabilidade voltado também para aspectos gerenciais, que foi denominado OFC, Sistema Integrado de Controle Orçamentário, Financeiro e Contábil, a semente do Siafi. A concepção do OFC envolvia um plano de contas, que são os itens do balanço, ferramentas gerenciais e uma lógica de controle de orçamento, necessária porque a contabilidade pública segue as diretrizes da lei 4.320.[3]

No Siafi, além de juntar o plano de contas com o gerenciamento, havia também a obrigação de integrar os conceitos da contabilidade pública com a comercial, já que algumas estatais utilizam esta última por serem empresas de capital misto.

Os técnicos queriam que o Siafi tivesse ferramentas gerenciais porque, naquela ocasião, havia defasagem de 120 dias entre um fato gerador e o levantamento de demonstrativos orçamentário, financeiro e patrimonial. Isso tornava inviável o uso das informações com fins gerenciais. Os dados também eram incompatíveis entre si. Não havia um plano de contas único na União.

Como cabia à STN normatizar a contabilidade pública, houve ajustes no plano de contas da União para unificá-lo e viabilizar sua integração aos balanços das estatais. Além disso, foi feita a consolidação de toda a legislação sobre execução orçamentária e financeira do governo, algo que não era realizado desde a edição do Código de Contabilidade Pública em 1922.

Para que os funcionários do governo pudessem colocar as informações dentro do Siafi, foi criada também uma "tabela de eventos". Cada movimentação no sistema representava um tipo de "evento", que o funcionário público digitava diretamente nos terminais do Siafi. Até então, mesmo em órgãos como o Serpro, primeiro se preenchiam formulários em papel para, então, passar as informações para os computadores. Com o Siafi, era tudo on-line.

Outra novidade foi a ideia de uma conta única, como em um banco, coisa que Domingos Poubel trouxe da cultura do BC.

Para cada centavo que se paga a terceiros no governo, três centavos transitam internamente. O dinheiro sai da STN, vai para o ministério responsável e, então, é enviado à unidade que fará o pagamento por meio de uma ordem bancária. A Conta Única serviu para eliminar esse passeio do dinheiro, que acabava dormindo nas contas e dando prejuízo ao Tesouro. Todas as movimentações passaram a ser eletrônicas.

A estimativa existente antes dessa unificação era de que havia 3,7 mil contas bancárias do governo. Verificou-se, na realidade, que eram cerca de 12 mil. Não se sabia ao certo também o número de gestores que movimentava essas contas. O cálculo era da ordem de 1,8 mil. Aferiu-se posteriormente que eram mais de 4 mil.

Embora a implantação tenha sido gradativa, a estratégia para obrigar todos a utilizar o sistema foi encerrar milhares de contas bancárias existentes e centralizá-las em apenas uma, que só poderia ser movimentada a partir do Siafi.

Mesmo nos períodos de alta inflação, mantinham-se elevados saldos médios parados nessas diversas contas, em prejuízo do contribuinte. Pouco antes dessa centralização, o saldo médio diário era da ordem de US$ 4 milhões. A simples eliminação desses saldos médios pagou a instalação do sistema.

A princípio foi usado um computador de grande porte IBM 4341, substituído três meses depois por um supercomputador IBM 3090 devido ao gigantesco número de transações realizadas, cerca de 1,2 milhão por dia na ocasião. O IBM 3090 havia sido lançado dois anos antes. Sua compra necessitou de autorização do governo dos EUA, já que se prestava também ao desenvolvimento de foguetes balísticos.

No curto período de tempo de sete meses, de junho a dezembro de 1986, foram escritos 900 programas de computador, instalados 1 mil terminais e treinados cerca de 5 mil funcionários de diversos órgãos do governo para a operação. O Siafi entrou no ar em 5 de janeiro de 1987.

Em 1991, o Siafi foi transformado no sistema oficial de dados e informações do governo federal, para todos os efeitos legais, por meio do decreto 347, de 21 de novembro. A partir de 1992, houve a integração também da Previdência Social, que funciona como uma espécie de subconta, assim como a movimentação decorrente dos pagamentos da dívida pública.

Uma segunda tarefa monumental iniciada pela secretaria em 1986 e que viria a dar frutos mais tarde foi o levantamento dos haveres e dos riscos a que estava sujeito o fluxo de caixa do Tesouro Nacional. Em relação ao patrimônio imobiliário, havia a Secretaria de Patrimônio da União. Mas em relação aos haveres mobiliários, não existia controle. Isso começou a ser feito pela STN.

Essa pesquisa levou o governo federal a uma atitude mais ativa nas empresas em que possuía participação acionária. Era comum nessas companhias que os dividendos fossem pagos apenas às ações preferenciais, enquanto o Tesouro possuía papéis ordinários, com direito a voto. O governo passou a ter uma receita importante com dividendos, mesmo após a privatização de companhias de porte nos anos 1990.

Com essas atividades sendo colocadas em prática, rapidamente a STN passou a participar intensamente das definições da área econômica do governo, já que dominava áreas vitais, como o controle das finanças, da execução orçamentária, da contabilidade, da dívida interna e externa, dos haveres e riscos, da folha de pagamento e dos estoques públicos.

Mas os resultados dessas medidas relativas à contenção e à disciplina de gastos ficaram submersos em meio ao noticiário, primeiro, do sucesso do Plano Cruzado. Depois, da rápida deterioração da economia.

Em 20 de fevereiro de 1987, Sarney foi à televisão anunciar oficialmente uma moratória da dívida externa. A crise tomou conta do governo. Sayad deixou o Ministério do Planejamento em 25 de março de 1987. Funaro saiu da Fazenda em 29 de abril e foi substituído pelo economista Luiz Carlos Bresser Pereira, uma nova indicação do PMDB de Ulysses, contra a vontade do presidente. Quando da escolha de Bresser, voltou ao Ministério da Fazenda, novamente como secretário-geral, Maílson da Nóbrega, que morava em Londres desde o início de 1985. Aproveitou para tirar da gaveta, de novo, as medidas que ainda não haviam sido adotadas do plano de reformas das contas públicas.

Foram feitos três decretos. O primeiro extinguia as funções de fomento do BC, o segundo transferia a administração da dívida pública para o Ministério da Fazenda e o terceiro determinava a unificação do orçamento da União, o que implicava a extinção do orçamento monetário. Os decretos 94.442, 94.443 e 94.444, com as mudanças, saíram em conjunto com as outras medidas do Plano Bresser, anunciado em 12 de junho de 1987.

A transferência do controle desses programas de fomento do BC para o Tesouro foi uma missão de proporções diluvianas. O orçamento monetário, que englobava essas operações de fomento, chegou a representar em determinado momento a metade do orçamento da União. No Banco Central, esse controle era feito por Brasília e mais dez regionais. Na STN, a equipe era diminuta. O lançamento contábil de todas essas operações se estendeu por meses a fio.

A segunda grande revolução foi a passagem da dívida pública do BC para o Tesouro, apelidada de "Operação Caixa Preta" pelos funcionários da STN. Até então, cabia à Fazenda apenas o registro contábil do estoque da dívida no fim de cada ano. Com as mudanças realizadas em 1987, que entraram em vigor no início de 1988, a colocação de títulos do Tesouro deveria ser efetuada com a finalidade exclusiva de atender ao serviço da dívida mobiliária e ao financiamento do deficit previsto no OGU e autorizado pelo Congresso.

A administração da dívida pelo Tesouro envolveu algumas mudanças de ordem interna na STN, com a criação de novas coordenadorias e treinamento dos seus funcionários no exterior para a absorção das novas tarefas.

Também em 1987, em 25 de novembro, dentro desse processo de transição, o governo criou as Letras Financeiras do Tesouro (LFT). A LFT possuía as mesmas características das Letras do Banco Central (LBCs), instituídas em maio de 1986 e que, a partir daquele momento, só deveriam ser utilizadas para fins de política monetária.

Finalmente, a terceira grande alteração foi a unificação do orçamento. Em agosto de 1987, o OGU para 1988 foi enviado ao Congresso incorporando todas as medidas. Era o primeiro orçamento unificado da história.

Novamente, essas medidas não tiveram qualquer repercussão. Foram solapadas pelo fracasso do Plano Bresser.

A nova Constituição foi promulgada no dia 5 de outubro de 1988. Trouxe avanços nas finanças públicas por ter incorporado algumas teses que a STN e seus técnicos vinham advogando havia alguns anos, como a existência obrigatória de um Plano Plurianual que deveria conter as diretrizes, objetivos e metas da administração pública federal para suas despesas de capital. O Plano deve ser feito no primeiro ano de cada mandato, com duração até seu final. A Lei de Diretrizes Orçamentárias (LDO), de periodicidade anual, passou a ser o elo entre esse Plano Plurianual e o orçamento. A LDO deveria conter as metas e prioridades da administração para o ano seguinte. A nova Carta consignou também a Lei Orçamentária Anual, com o orçamento fiscal (já com todos os órgãos de administração direta e indireta), orçamento de investimento das estatais e o orçamento da Previdência, e restabeleceu a competência do Poder Legislativo para alterar o orçamento.

Mas, no caso tributário e das despesas, a nova Constituição teve consequências negativas. Houve grande ampliação da vinculação de receitas, aumento de gastos, com destaque para a Previdência, e das transferências de recursos para estados e municípios. De lá para cá, a situação fiscal da União se agravou e o governo teve que recorrer a uma série de recursos que agravaram a eficiência da economia, como o aumento das contribuições sociais para financiar os crescentes gastos da Previdência.

No governo Collor, que começou em 1990, o Tesouro participou ativamente da aceleração do processo de privatização. Ficou sob a sua responsabilidade o controle e gerenciamento dos meios de pagamento aceitos no programa, as chamadas moedas de privatização. A STN recebeu também a incumbência de tentar cobrar os haveres de empresas e autarquias extintas, em uma das várias tentativas de enxugar a máquina pública, como a Empresa Brasileira de Filmes (Embrafilme), o Instituto do Açúcar e do Álcool e a Empresa de Portos do Brasil (Portobrás).

O vice de Collor, Itamar Franco, assumiu interinamente a presidência em 2 de outubro de 1992. Mais tarde, com a conclusão do processo de *impeachment* em dezembro, foi empossado em definitivo.

Murilo Portugal tornou-se secretário do Tesouro no dia 22 de outubro, pouco depois do início do processo. Apesar do período complicado, obteve de Itamar o apoio necessário para dar a largada no programa mais profundo de construção institucional da Secretaria do Tesouro desde sua criação em 1986. Isso sem falar no respaldo para as decisões relativas a gastos.

A STN sofria, então, de um grave problema administrativo. Ela foi criada a partir de quadros funcionais e estruturas que já existiam. Portanto, seu contingente inicial era muito heterogêneo. Tinham sido realizados dois concursos para recrutar novos funcionários, sem sucesso. Mesmo as poucas pessoas selecionadas não ficavam na STN por causa da baixa remuneração. Isso levou a uma deterioração do quadro devido à grande rotatividade.

Uma das primeiras preocupações de Murilo Portugal foi preparar a STN para o futuro com base na qualidade e motivação das pessoas que trabalham em suas rotinas, metas e instrumentos de trabalho.

Para a questão da remuneração, a solução encontrada foi inovadora. Ele propôs um sistema de ganho variável para os funcionários com base no cumprimento de metas, algo inusitado e pioneiro no setor público. Foi criada uma Gratificação de Desempenho e Produtividade (GDP), que seria paga conforme o desempenho do servidor, segundo um procedimento de avaliação que levaria em conta sua atuação individual e institucional, ou seja, do time como um todo. Implantou-se também uma metodologia de avaliação do desempenho.

Paralelamente, foi feito um Regimento Interno no qual foram institucionalizadas as várias coordenações. O texto estabelecia claramente quais as funções e atribuições que cada uma delas deveria exercer. Isso, em conjunto com a metodologia de avaliação, permitiu que a STN começasse a trabalhar por metas. Essa estrutura foi se alterando com o tempo. A atual pode ser conhecida no site da STN (tesouro.fazenda.gov.br). Começou também um intenso sistema de treinamento dessas pessoas, com cursos de mestrado e doutorado no Brasil e no exterior.

Nesse período, a STN estabeleceu o Cadastro de Inadimplentes (Cadin), instituído em dezembro de 1993. A ideia era evitar que quem estivesse inadimplente com a União fizesse negócios com o governo. Esse cadastro único impediria que o devedor pegasse empréstimos em bancos públicos ou participasse de concorrências, por exemplo. Logo no primeiro ano de existência, o Cadin permitiu a regularização de 2,5 milhões de pendências que existiam com o governo federal.

O secretário iniciou ainda um programa de aumento da transparência da divulgação de dados, com a criação de publicações destinadas a isso. Os resultados do Tesouro passaram a sair periodicamente a partir de 1995.

Essas mudanças institucionais foram realizadas a despeito da grande conturbação política e econômica do período. Apenas nos primeiros seis meses de Murilo Portugal à frente da STN houve três mudanças de ministro da Fazenda.

Duas questões que se tornariam clássicos enfrentamentos da STN surgiram com força total naquele período: problemas com o setor elétrico e a renegociação das dívidas dos estados.

Havia uma crise de grandes proporções no setor elétrico. A STN tinha inclusive mandado bloquear as contas da Eletrobrás, devido à sua dívida externa com garantia do Tesouro. A Eletrobrás parou de pagar por causa da inadimplência generalizada dos estados. Alguns deles, como São Paulo, não estavam pagando pelo recebimento de energia gerada pela Eletrobrás, causando um sério problema de fluxo de caixa na empresa. Foi uma forma que os estados descobriram para "emitir moeda", já que recebiam dos consumidores pelas contas de energia de suas distribuidoras, mas não pagavam à Eletrobrás pela geração. A lei 8.631, de março de 1993, regularizou o setor e permitiu acabar com esse calote generalizado. Mas os problemas no segmento de energia voltaram em consequência de intervenções na formação de preços.

A renegociação das dívidas com estados e municípios demanda um capítulo à parte pelas várias rodadas, legislações e especificidades de cada acordo. Na origem do colapso financeiro dos estados, naquele momento, estava ainda a crise da dívida externa a partir de 1982. Sem os recursos externos para se financiar, vários estados ficaram em situação difícil. Depois, outras ondas de problemas afetaram os entes da União. Naquela ocasião, os estados já estavam na terceira rodada de negociações com o governo federal para repactuar suas dívidas. A STN procurou estabelecer em 1993 um mecanismo de garantias através do fundo de participação dos estados e municípios. Ou seja, se não recebesse, o Tesouro bloquearia os repasses. Foi preciso alterar a Constituição para fixar esse mecanismo.

Com o Congresso enfraquecido devido à CPI dos "anões do orçamento", o governo retirou a proposta orçamentária original, que não era realista, e apresentou uma nova, em bases mais coerentes, já na trilha das medidas de estabilização que culminariam com o Plano Real no ano seguinte. Além disso, criou o chamado Fundo Social de Emergência. Esse "fundo", na realidade, era uma desvinculação de receitas do orçamento da União.

A execução orçamentária de 1994 ganhou ainda uma ajuda do Imposto Provisório sobre Movimentação Financeira, IPMF, antecessor da CPMF. O que era para ser provisório continuou incorporado por muitos anos à estrutura tributária brasileira, foi extinto e voltou à pauta recentemente. O superavit primário das contas públicas, que vinha de um patamar de 2% do PIB nos anos de 1992 e 1993, pulou para 5% em 1994 com a ajuda da CPMF e do Fundo Social.

No dia 29 de novembro de 1993, o então ministro da Fazenda, Fernando Henrique Cardoso, assinou em Toronto, Canadá, o acordo da dívida externa com os bancos, encerrando uma longa novela. Foi o primeiro acordo com participação ativa da Secretaria do Tesouro Nacional na negociação e execução, e, ao contrário dos anteriores feitos depois da crise da dívida em 1982, cumprido até o fim.

Na virada de 1993 para 1994, os brasileiros conheceram o aspecto mais ousado do plano de estabilização, até aquele momento. Tratava-se da criação de uma moeda virtual indexada. Todos os preços seriam estimulados a seguir essa moeda de valor constante, a Unidade Real de Valor (URV). A URV foi adotada em fevereiro de 1994 e o real, em 1º de julho, com grande sucesso na redução da inflação.

A drástica queda inflacionária gerou também perdedores. Um dos principais foi o próprio governo federal, sem a inflação para lhe corroer as despesas. Este foi um dos fatores que desfez os bons resultados fiscais de 1994 já no ano seguinte, além de fortes aumentos do salário mínimo e do funcionalismo público. Os estados incorreram em erros e problemas semelhantes.

Outro grande perdedor com o fim da inflação, em um primeiro momento, foi o sistema financeiro, que ficou sem as receitas inflacionárias. A primeira grande intervenção bancária feita pelo governo foi em 11 de agosto de 1995, uma sexta-feira, quando o Banco Central fechou o Banco Econômico, então a nona maior instituição financeira do país, com 279 agências, 5,3 mil funcionários e 1,2 milhão de clientes. Essa fase de ajustes chegou às instituições federais em março de 1996, com aportes principalmente no Banco do Brasil, que recebeu R$ 8 bilhões em reforço patrimonial, boa parte do Tesouro.

Em março de 1996, a STN também comemorou dez anos. Realizou um seminário internacional sobre finanças públicas, com secretários do Tesouro ou equivalente de vários países do mundo, a participação do FMI, do presidente da República e do presidente do Senado Federal, que na época era José Sarney.

Outro projeto, decorrente do aniversário de dez anos, mas que acabou tendo continuidade, foi a instituição do Prêmio Tesouro Nacional, que teve como objetivo estimular a pesquisa na área de finanças públicas. A STN desenvolveu também sua identidade visual e seu logotipo, com ampla participação dos funcionários.

Segundo ato: rumo ao grau de investimento (1997-2008)

A obstinação em obter melhoras nas contas públicas do país, inclusive do ponto de vista institucional, culminou com a obtenção do grau de investimento pelo Brasil em 2008. A Secretaria do Tesouro Nacional foi um dos principais protagonistas dessa trajetória, que teve diversos solavancos. Choques externos a partir de crises cambiais na Ásia, em 1997, e na Rússia, em 1998, abalaram a economia brasileira, que se ressentia de uma prolongada utilização da banda cambial adotada junto com o Plano Real em 1995. Na virada de 1998 para 1999, com a posse do presidente Fernando Henrique Cardoso para seu segundo mandato, o mercado financeiro apostava contra o Banco Central, na expectativa de que o regime cambial fosse alterado em razão do esgotamento das reservas internacionais.

Eleito governador de Minas, Itamar Franco começou 1999 com o anúncio, no dia 6 de janeiro, de uma moratória de noventa dias na dívida. Seria mais um capítulo desse romance do endividamento dos estados. Nos anos anteriores, as renegociações envolveram alteração novamente na estrutura da STN para dar conta dos ajustes em vários estados, privatização de bancos estaduais e lances dramáticos, como o assassinato de um servidor público da Fazenda de Alagoas, responsável pelo programa de ajuste local. Mas, dessa vez, o movimento de Itamar pegou os mercados mais sensíveis. No dia seguinte, 7 de janeiro, o Ibovespa despencou 5%.

A sequência de fatos foi avassaladora. Gustavo Franco, que era o símbolo daquela política, deixou o BC. Francisco Lopes assumiu, trocou o regime cambial no dia 13 de janeiro, uma quarta-feira, e não teve sucesso. Liberou o câmbio em seguida, na sexta. A péssima repercussão chacoalhou os mercados dentro e fora do Brasil, que viveu na montanha-russa. Naquele fim de semana, Lopes e o então ministro da Fazenda, Pedro Malan, partiram para os EUA em busca de apoio do FMI. Tiveram uma recepção gélida. Lopes foi substituído por Arminio Fraga pouco depois.

A necessidade de ampliar a disciplina fiscal a partir daquele momento fez com que o controle do gasto público no exercício de 1999 iniciasse um novo marco na história das finanças públicas do país. A Lei Orçamentária Anual, 9.789, de 23 de fevereiro de 1999, estabeleceu meta de resultado fiscal, conceito até então inexistente.

Essa mudança impôs ao Executivo a obrigação de atingir a meta estabelecida. Dessa forma, foram adotados procedimentos ao longo do ano para acompanhar e ajustar a execução, de maneira a evitar o descumprimento.

A programação financeira do Tesouro Nacional foi estabelecida por intermédio do decreto 3.031, de 20 de abril, cujas principais características eram: a execução das despesas de custeio e investimento foi limitada para adequar a despesa do exercício à meta, foram fixados limites para execução orçamentária e os limites englobaram os recursos de todas as fontes, não só do Tesouro, de forma a limitar também os gastos de órgãos que possuíam receitas próprias.

Em julho de 1999, Eduardo Augusto Guimarães, que havia substituído Murilo Portugal, deixou o posto de secretário. Um de seus adjuntos, Fábio de Oliveira Barbosa, assumiu o comando da STN.

A agenda de tarefas a serem coordenadas pela STN dali por diante não era nada simples. Era preciso implementar e garantir um novo patamar de controle de gastos públicos, que exigia um comprometimento total do governo federal, dos estados e municípios. O governo saiu de um deficit primário ao redor de 1% do PIB em 1998 para registrar superavit da ordem de 3%. As metas assumidas com o FMI foram integralmente cumpridas.

Barbosa conseguiu negociar todas as pendências com os estados entre julho de 1999 e 3 de maio de 2000, quando foi sancionada a Lei de Responsabilidade Fiscal (LRF), que, entre outros aspectos, vedaria a concessão de empréstimos ou a renegociação de dívidas entre entidades da Federação.

Pela primeira vez, uma importante matéria fiscal foi submetida pelo governo federal à consulta pública antes do envio ao Congresso. Foram colhidas mais de 5 mil sugestões pela internet e, especialmente, dezenas de pleitos de autoridades estaduais e municipais em reuniões públicas. A votação ocorreu com razoável celeridade no Congresso e a legislação, cujo objetivo era austeridade, foi aprovada com folga.

A partir de 2001, a Secretaria do Tesouro Nacional começou a publicar seu Plano Anual de Financiamento da Dívida Pública. Esse primeiro plano foi atropelado pelos três grandes eventos que tornaram os mercados indóceis ao longo do ano – uma crise de proporções épicas na Argentina, o racionamento de energia (que envolveu novamente a STN) e o ataque às Torres Gêmeas em 11 de setembro. O plano fazia parte de um esforço de relações com investidores do Tesouro para melhorar o perfil do endividamento, mas também envolvia uma preocupação com a imagem da dívida pública. Nas palavras de Fábio Barbosa, a dívida era vista como um "instrumento do mal". Era preciso melhorar a compreensão do público e ampliar o acesso.

Em 6 de novembro de 2001, foi celebrado o acordo de cooperação técnica entre o Tesouro Nacional e a então Bolsa de Valores de São Paulo, mais tarde BM&FBovespa, para promover a oferta de títulos públicos federais na internet, o Tesouro Direto. O objetivo da medida era aumentar a base de investidores diretos na dívida pública. Foram feitos ajustes na legislação, cadastramento dos corretores e, a partir de 26 de dezembro de 2001, o cadastramento de investidores. O Tesouro Direto foi divulgado publicamente em 7 de janeiro de 2002.

O Plano Anual de Financiamento da Dívida Pública foi fruto de um trabalho iniciado cerca de quatro anos antes, quando um grupo de funcionários do Tesouro visitou diversos países para avaliar quais as melhores estruturas existentes para a gestão da dívida pública. Esse trabalho, que contou com a ajuda do Banco Mundial, envolveu também a mudança da estrutura na área de dívida pública, a criação de uma área de gerenciamento de risco e uma série de medidas complementares, como a padronização da forma de cálculo da taxa de rentabilidade dos diversos instrumentos da dívida pública.

Essa estrutura foi complementada em 2004, quando houve o acordo de transição da gestão da dívida externa do Banco Central para o Tesouro. Isso trouxe a centralização, em apenas um órgão do governo, de toda a política de endividamento, planejamento de longo prazo, controle, operações e uma estratégia consolidada.

De acordo com a LRF, o Banco Central estaria impedido de emitir títulos a partir de maio de 2002. Só poderia fazer atuações no mercado com papéis do Tesouro. Para viabilizar essa mudança, a transição começou ainda em meados de 2001.

Essa preparação foi fundamental para enfrentar as turbulências em decorrência do ano eleitoral em 2002.

Desde a desvalorização de 1999, o Banco Central estava impedido de operar no mercado futuro de câmbio da então Bolsa de Mercadorias & Futuros, devido ao acordo com o Fundo Monetário. Portanto, não havia quem pudesse oferecer *hedge* aos que buscavam proteção para a variação cambial. O mercado todo apostava na alta do dólar.

Além disso, os investidores temiam um calote depois das eleições, em caso de vitória de um governo de esquerda. A rejeição à dívida pública se manifestava nos prêmios que os investidores estavam cobrando para ficar com os títulos.

O Banco Central acelerou o projeto de utilizar um instrumento derivativo para oferecer *hedge* ao mercado, que já vinha discutindo havia algum tempo com a área técnica da Bolsa. Ainda em fevereiro de 2002, técnicos do Tesouro, Banco Central e Bolsa montaram um produto financeiro destinado a resolver aquele impasse.

A ideia era substituir a venda de papéis cambiais pela venda de LFT, mais um derivativo que permitisse trocar a rentabilidade do papel de taxa básica de juros para variação cambial, mais um cupom. O problema é que não poderia ser um contrato futuro, a termo ou opção, por causa do acordo com o FMI. Porém, o texto do acordo não dizia nada sobre *swaps*. Consultado, o FMI aprovou a operação.

Por intermédio do *swap* cambial, o Banco Central ficava passivo em variação cambial mais cupom e ativo nos juros de mercado. O *swap* cambial correspondia ao compromisso assumido pelo BC de garantir o risco de variação do dólar em face da taxa de juros, transferindo ou recebendo da contraparte as diferenças. Junto com o *swap*, o Tesouro vendia uma LFT. A combinação dos dois negócios, o *swap* e a LFT, equivalia a um título com variação cambial.

A principal vantagem do *swap* cambial em relação à intervenção direta no mercado de câmbio via venda de dólares era que, com o *swap*, não havia uso de reservas internacionais. A liquidação do *swap* se fazia em reais.

No dia 22 de abril, começou a funcionar o novo Sistema de Pagamentos Brasileiro (SPB). Com o novo SPB, os pagamentos passaram a ser feitos com transferências em tempo real contra a conta de reserva do banco liquidante da operação. Para atender à implantação do SPB, foram alteradas rotinas de execução orçamentária e financeira, o que ocasionou mudanças na conciliação da Conta Única do Tesouro Nacional.

No final de maio, entraram em vigor as regras para marcação dos títulos públicos em carteira dos fundos de investimento. Isso significava que os administradores de recursos deveriam reconhecer de imediato os prêmios existentes nos títulos públicos, ou seja, seus descontos em relação ao valor de face. O resultado foi confusão e informações desencontradas.

Além da rejeição aos papéis públicos devido aos temores políticos, a marcação a mercado causou pesados saques nos fundos de investimento. Para fazer frente a esses saques e pagar os cotistas, os administradores de fundos venderam ainda mais títulos públicos. Os recursos migraram para cadernetas de poupança e CDBs, principalmente. A Bolsa também estava chamando margens de garantia elevadas em seus mercados, diante da volatilidade dos ativos, reduzindo mais a liquidez.

Através de um intrincado mecanismo montado pelo Banco Central, Bolsa e Tesouro, foram realizados novos leilões de *swaps* com características diferentes dos anteriores para liberar garantias junto à Bolsa, ampliando a liquidez do mercado e facilitando a colocação de títulos públicos. O primeiro leilão do Banco Central vinculado a esses novos *swaps* foi feito em 12 de julho. Com a liberação dessas margens, os fundos voltaram a comprar LFTs, facilitando a vida do Tesouro e do Banco Central.

O segundo turno das eleições foi realizado em 27 de outubro de 2002. Luiz Inácio Lula da Silva foi eleito presidente. Seu coordenador de campanha, Antonio Palocci Filho, foi escolhido como ministro da Fazenda. Joaquim Levy, um ex-funcionário do FMI, tornou-se secretário do Tesouro.

Ao contrário da expectativa negativa dos mercados em relação ao seu governo nessa área, Lula manteve e reforçou o tripé disciplina fiscal, câmbio flutuante e metas de inflação. Para conter a inflação, o BC, sob o comando de Henrique Meirelles, apertou os juros. Na área fiscal, logo no dia 7 de fevereiro, o governo anunciou uma meta de superavit primário de 4,25% do PIB para 2003, acima da anterior de 3,75%. Reafirmou também o compromisso com o acordo com o Fundo Monetário. Levy fez as malas e iniciou um périplo de relações com investidores, com exposições sobre a dívida brasileira e um diálogo aberto com as agências de *rating* baseado em dados, estudos e informação. A taxa de câmbio teve expressiva apreciação. Saiu de R$ 3,53 no fim de 2002 para encerrar 2003 em R$ 2,88. O Ibovespa subiu 97,34% em 2003.

A evolução do nível de atividade em 2004 veio por conta, em parte, da recuperação do mercado interno. Mas a manutenção do dinamismo das exportações foi o principal propulsor da economia. O mundo em crescimento, a demanda cada vez maior de *commodities* pela China, com os consequentes efeitos disso sobre as cotações desses insumos levaram a superavit inéditos na balança comercial e a bons resultados em conta-corrente.

Essa entrada de divisas foi engordando as reservas internacionais e permitiu que o Tesouro comprasse dólares para fazer frente aos compromissos do país, o que possibilitou uma melhora sem precedentes no perfil de endividamento externo nos anos seguintes.

Em março de 2005, o governo deu mais um passo de maturidade em relação à gestão da política econômica. Decidiu não renovar o acordo com o FMI, mas manteve as metas fixadas. Em julho, o governo antecipou o pagamento de sua dívida com o Fundo Monetário, no valor de US$ 4,9 bilhões. Em setembro, fez pela primeira vez uma emissão no exterior de um papel da dívida pública brasileira denominado em reais, cujo montante, convertido para dólares, era de US$ 1,5 bilhão. Em 13 de dezembro, houve o pagamento antecipado do restante da dívida com o FMI, de US$ 15,5 bilhões.

Além disso, a proporção da dívida pública mobiliária federal interna indexada ao dólar, incluindo os efeitos dos *swaps* realizados pelo Banco Central, caiu de quase 50% em 2002 para 3% ao final de 2005. A fatia de papéis pré-fixados aumentou de 2% no começo de 2003 para perto de 28% ao fim de 2005. Outra marca foi o lançamento de papéis indexados ao IPCA com prazo de quarenta anos.

Nessa linha de melhora do perfil da dívida externa, o Tesouro Nacional anunciou em 23 de fevereiro de 2006 outro fato histórico, sua intenção de exercer seu direito de resgate antecipado dos bônus que existiam em mercado resultantes da negociação no âmbito do Plano Brady. Com essa medida, o Tesouro Nacional praticamente eliminou todos os títulos associados à reestruturação da dívida externa ocorrida em 1994. Os recursos para essa operação saíram integralmente das reservas internacionais.

O ministro Palocci saiu da Fazenda, abatido por um escândalo. Foi substituído por Guido Mantega, que estava no BNDES, depois de ter ocupado o Ministério do Planejamento. Mantega tomou posse em 28 de março de 2006.

A obtenção do grau de investimento, a princípio pela agência S&P, veio em abril de 2008.

Epílogo: as pedaladas (2009-2015)

Nesse período, como registra o site da STN, sua agenda de desenvolvimento institucional ficou mais enxuta. Em 2009, foi implantado um mecanismo para monitorar e controlar a movimentação financeira da Conta Única do Tesouro. Dois anos depois, um sistema de custos para o governo federal. E, em 2012, foi lançado o novo Siafi, em versão web, reforçando a vocação da STN em proporcionar informações e dados com volume e qualidade para o público.

Para conter os efeitos da crise financeira mundial em 2008, o governo lançou mão de uma série de iniciativas para expandir a demanda interna. Os bons resultados fizeram com que a aposta fosse dobrada em 2012, após o agravamento da crise na Zona do Euro. Anunciou-se a chamada nova matriz econômica. Os juros foram reduzidos, as taxas de câmbio puxadas para cima e o governo fez diversos movimentos no que chamou de redução da carga tributária, além de intervenções no mercado de energia. Os resultados negativos que se seguiram são de todos conhecidos.

Em julho de 2013, cerca de um ano e meio depois do anúncio da nova matriz, e dois anos e meio antes da polêmica em torno de um eventual impeachment da presidente Dilma Rousseff por causa das pedaladas fiscais, os técnicos do Tesouro elaboraram um diagnóstico de 97 páginas sobre a situação fiscal e econômica do país. O documento e os debates internos que se seguiram foram revelados pela jornalista Leandra Peres (2015: 1-6). A equipe da STN fez um alerta de que, em até dois anos, o país sofreria um possível *downgrade*, o que se confirmou. O trabalho foi concluído em novembro de 2013 e apresentado, em uma versão resumida de 16 páginas, ao então secretário do Tesouro, Arno Augustin, que havia assumido o posto em 2007.

O documento elaborado pelos técnicos do Tesouro mostrava que o deficit das contas do governo não tinha perspectivas de diminuição, citava "esqueletos" que deveriam ser explicitados, utilizando um termo que havia sumido do dicionário após um longo período de melhora na gestão das finanças públicas, e recomendava "interromper imediatamente quaisquer operações que produzam resultado primário sem a contrapartida de contração da demanda agregada ou que gere efeitos negativos sobre o resultado nominal e/ou taxa implícita da dívida líquida", conforme publicado pelo *Valor*. Em outras palavras, pediam que fossem interrompidas as manobras no orçamento chamadas de "contabilidade criativa".

Repetiam-se, quase trinta anos depois, manobras como a que levou o então ministro Funaro a autorizar a criação da STN, no caso, um pagamento de imposto pelo BB que não surtia impacto orçamentário porque era sacado da "conta movimento".

O documento foi tratado pela cúpula do Ministério da Fazenda "apenas como um ato de rebelião dos escalões inferiores", no relato de Leandra Peres. "Como das outras vezes em que fora alertado sobre riscos fiscais, o secretário lembrou que a política econômica é definida por quem tem votos e, ali, naquela sala, nenhum dos técnicos havia sido eleito."

Novamente, como há trinta anos, foi usado o argumento de que as pedaladas serviram para atender as carências dos brasileiros, no caso, o pagamento dos programas sociais do governo.

Notas

1. Castro e Garcia (2008, pp. 92 e 93). O professor Domingos Poubel de Castro é um dos pioneiros da STN e possui um excelente site com informações sobre finanças públicas: www.domingospoubel.com.br.
2. Ferreira (2006). Participaram comigo da pesquisa para o livro os jornalistas Célia Regina Scherdien, Flavio Lobo, Raquel Massote e Renato Andrade.
3. A lei 4.320, de 17 de março de 1964, estabelece as normas para elaboração e controle dos orçamentos da União, estados e municípios.

Referências bibliográficas

CASTRO, Domingos Poubel de e GARCIA, Leice Maria (2008). *Contabilidade pública no governo federal*. São Paulo: Editora Atlas.

FERREIRA, Alcides (2006). *Um marco institucional na história econômica do Brasil*. Secretaria do Tesouro Nacional.

NÓBREGA, Mailson da (2005). *O futuro chegou: instituições e desenvolvimento no Brasil*. Rio de Janeiro: Record.

PERES, Leandra (2015). "O aviso foi dado: pedalar faz mal." *Valor Econômico*, Caderno EU&, 11 de dezembro.

PARTE II
UMA RELAÇÃO DELICADA: QUADRO LEGAL E INSTITUCIONAL

5
Relacionamento entre Autoridade Fiscal e Autoridade Monetária: a Experiência Internacional e o Caso Brasileiro

Mauricio Dias Leister
Otavio Ladeira de Medeiros

Introdução[1]

Este capítulo analisa o relacionamento entre a autoridade fiscal e a autoridade monetária pela abordagem dos seguintes aspectos: (i) o tratamento do resultado contábil do BC; (ii) os custos de financiamento das reservas internacionais; (iii) o tratamento dos depósitos das disponibilidades financeiras da União; e (iv) a utilização de títulos públicos para fins de política monetária. Primeiramente se faz uma resenha da literatura internacional, para em seguida avaliar a experiência brasileira quanto a esses temas. Há duas seções, além desta introdução.

Na seção "Resenha da literatura internacional", abordamos a questão de um ponto de vista analítico. Especificamente, a seção "O resultado do Banco Central" discute o tratamento do resultado contábil do BC, seja positivo ou negativo. Ficará claro que uma boa regra permite que os resultados negativos do BC não criem constrangimentos na condução da política monetária, permitindo que esta possa perseguir plenamente seus principais objetivos.[2] Por outro lado, um tratamento eficiente do resultado positivo da autoridade monetária contribuirá para uma trajetória sustentável das finanças públicas, bem como para minimizar o desperdício de recursos públicos.

A seção "Custos da variação cambial para a entidade MF – BC" mostra que a adoção de regra simétrica periódica para a transferência (cobertura) de resultado positivo (negativo) é capaz de blindar a autoridade monetária no que diz respeito a um patrimônio líquido estruturalmente negativo.

Em "O depósito das disponibilidades financeiras da União", ficam evidentes os custos da desorganização da gestão desses recursos e as vantagens e desvantagens de se manter as custódias desses valores no BC ou em bancos comerciais. A remuneração da conta que recepciona tais disponibilidades financeiras é tratada na seção "A remuneração da conta do Tesouro Nacional".

A discussão sobre qual instrumento de política monetária (se título emitido pelo MF ou pelo BC) deve ser privilegiado pela autoridade monetária é abordada na seção

"Títulos públicos como instrumentos de política monetária". E, sob uma ótica integrada do setor público e do desenvolvimento do mercado de capitais, é possível indicar o título do MF como a melhor escolha.

Finalmente, a seção "Relacionamento entre BC e MF: o caso brasileiro", com suas respectivas subseções, avalia cada um dos temas abordados em "Resenha da literatura internacional" para o contexto da economia brasileira. Ainda naquela seção elencam-se algumas possibilidades de melhoria no desenho institucional brasileiro, fruto da análise comparada com o apregoado pela literatura internacional e o observado na comunidade internacional.

Resenha da literatura internacional

O resultado do Banco Central

Para entender como é composto o resultado de um BC, é importante recorrer às suas principais funções. Em livros-texto de economia usualmente se encontram as seguintes funções: autoridade emissora da moeda, banqueiro do governo, banco dos bancos e executor da política monetária. E ficará evidente nesta seção que o cumprimento de tais funções explicita uma relação direta entre a autoridade monetária e o MF.

Pensando tais funções em termos de um balancete simplificado de um BC hipotético, tem-se que:

- Como *autoridade emissora da moeda*, o BC cumpre um poder de monopólio concedido a ele pelo governo, de forma que o saldo de papel-moeda emitido conste no passivo do balancete do BC;
- Como *banqueiro do governo*, o BC guarda as reservas internacionais (consta no ativo do balancete);
- Como *banco dos bancos*, ele provê empréstimos e mantém depósitos (compulsórios e/ou voluntários) dos bancos comerciais. Tais empréstimos constituem um ativo, item Empréstimos ao setor privado, enquanto os depósitos compõem o passivo, item Reservas Bancárias, do balancete do BC.
- Como *executor da política monetária*, o BC regula a taxa de juros de curto prazo e o volume de moeda em circulação. Para isso ele se utiliza da compra e venda de títulos públicos emitidos pelo MF, os quais constam no ativo do balancete do BC. Tendo em vista o princípio contábil das partidas dobradas (a todo crédito corresponde um débito de igual valor e sinal contrário), será incluída a rubrica Demais Recursos no Passivo.

Tais ações do BC estão reunidas no balancete simplificado apresentado a seguir.

Quadro 5.1
Balancete simplificado do BC

ATIVO (A)	PASSIVO (P)
Reservas Internacionais (RI) Títulos do Tesouro Nacional (tTN) Empréstimos ao setor privado (Esp)	Papel-moeda emitido (PM) Reservas Bancárias (RB) Demais Recursos (DR)
	PATRIMÔNIO LÍQUIDO (PL)

O balancete evidencia que a base monetária,[3] originada a partir da concessão do monopólio da emissão da moeda e sobre o qual não se pagam juros, permite ao BC aplicá-la em ativos que rendem juros (RI, tMF e Esp). Tal receita é conhecida como receita de senhoriagem, de acordo com a abordagem do custo de oportunidade. Assim sendo, é esperado que estruturalmente o BC exiba resultados positivos, e é justo que esse montante, fundado em uma concessão, seja destinado ao ente que a delegou (o governo federal). O resultado positivo também pode se originar na desvalorização cambial, pois o valor das RI (em moeda doméstica) se eleva.

É importante destacar que não deve ser um dos objetivos da autoridade monetária a geração de resultados positivos,[4] mas sim a busca dos objetivos da política monetária. Um resultado positivo é meramente um resultado possível, no âmbito de seu mandato legal de, por exemplo, assegurar o poder de compra da moeda nacional e um sistema financeiro sólido e eficiente.[5]

Segundo Robinson e Stella (1993), são três as possíveis destinações de um resultado positivo: a constituição de reservas com lucros retidos, a transferência para o MF e – se o banco central for de propriedade apenas parcial do governo – o pagamento de dividendo para os acionistas.

Quanto à natureza do resultado, entende-se que os ganhos oriundos do diferencial entre os juros ativos e passivos diferem daqueles que são fruto de oscilação cambial, principalmente porque estes podem ser revertidos no momento seguinte, se o câmbio seguir a direção inversa. Portanto, discutir que uso se fará do resultado positivo, de acordo com sua natureza, pode ser tão importante quanto discutir se esse resultado deve ou não ser transferido ao MF.

Uma análise mais detalhada do relacionamento entre as duas instituições permitirá obter a natureza do resultado positivo do BC. Pelo balancete do BC é possível construir uma equação simples de determinação do resultado

$$R = (i^*.RI + is.tMF + im.Esp) + \Delta e \tag{1}$$

A equação (1) mostra que o resultado do BC é determinado pelos juros (i^*)[6] percebidos com as reservas internacionais (RI), pelos juros (is)[7] recebidos pelos títulos do MF mantidos na carteira do BC (tMF), pelos juros (im)[8] percebidos por meio dos empréstimos ao setor privado (Esp) e pela oscilação cambial na marcação a mercado das reservas internacionais (Δe).

Três dos quatro componentes apresentados estão direta ou indiretamente ligados à emissão de dívida pelo MF. Isso porque as RI usualmente são adquiridas com base em emissão de títulos da dívida pública, dada a estratégia de esterilização que acompanha o processo de compra de divisas estrangeiras.[9] Com isso, é possível relacionar os termos $i^*.RI$ e Δe à emissão de títulos do MF. Mais do que isso, se a Δe gerar perda, a depender do desenho institucional entre BC e MF, pode ser que o MF tenha a obrigação de cobri-lo. E assim, o MF terá de emitir títulos públicos para fazer frente à cobertura desse resultado negativo. Então, é justo relacionar a Δe à emissão de títulos do MF. Obviamente o termo $is.tMF$ está diretamente ligado à dívida pública.

Diante do exposto, é possível dar mais um passo na discussão. Qual seria a destinação mais coerente do resultado positivo no sentido de garantir o equilíbrio da entidade MF-BC? Deve-se atrelar essas receitas ao abatimento da dívida pública ou permitir que sua destinação seja livre? Segundo Meyer (1997), a resposta está na identificação da natureza desse resultado positivo. Assim, o autor afirma que se deve averiguar se "as receitas representam recursos genuínos, isto é, uma redução de renda do setor privado em prol do Tesouro, ou constituem mero artifício de geração de recursos mediante o aumento do endividamento líquido do Tesouro ou da entidade Tesouro-Banco Central".

É possível concluir, intuitivamente, que o resultado positivo do BC, por estar intimamente ligado à emissão de dívida pública, deve ser utilizado para abatimento desta. Até porque, eventuais perdas oriundas de Δe e despesas com o pagamento de is usualmente são cobertas via emissão de dívida pelo MF. Assim, se tais gastos são geradores de dívida, é desejável que, quando essas fontes gerarem resultados positivos, estes sejam direcionados para reduzir o endividamento público. Se assim não ocorrer, passa-se a trilhar um caminho de contínua elevação da dívida pública, bem como promove-se o financiamento inflacionário do deficit público (pois se destina o resultado positivo a outros gastos governamentais que não o abatimento da dívida).

Quadro 5.2
Dívida líquida versus dívida bruta e governo-geral versus setor público

---

O tratamento a ser dado ao resultado do BC pode ser diferente, a depender da forma como é calculado o nível de endividamento público e, em particular, se as operações do BC são incluídas nas demonstrações financeiras do governo.

A maioria dos países e o FMI utilizam o conceito de dívida *bruta* do *governo-geral* (DBGG), enquanto o Brasil considera a dívida *líquida* do *setor público* (DLSP) como o seu principal indicador de endividamento. São, portanto, duas as grandes diferenças entre os conceitos: quanto ao fato de ser dívida bruta ou líquida e quanto à abrangência do indicador (governo-geral ou setor público).

A dívida bruta considera apenas os passivos do governo e a dívida líquida desconta dos passivos os seus ativos junto à sociedade. A dívida do governo-geral abrange as administrações diretas federal, estaduais e municipais, bem como o sistema público de previdência social; já o conceito de setor público considera também o Banco Central e as empresas estatais não financeiras federais, estaduais e municipais. Consequentemente, a métrica de dívida líquida do setor público utilizada no Brasil considera todos os ativos e passivos financeiros da autoridade monetária, incluindo, entre outros itens, as reservas internacionais (ativo) e a base monetária (passivo).

Além do Brasil, outros países consideram o BC em suas demonstrações fiscais. Bolívia, Peru, Uruguai e Austrália são exemplos de práticas de integração das demonstrações contábeis do BC às demonstrações do governo. Muitos Bancos Centrais executam atividades quase fiscais (como troca de ativos ilíquidos por líquidos, aceitação de garantias incomuns, aquisição de reservas internacionais e/ou de títulos de instituições financeiras, entre outras), as quais geram resultados positivos ou negativos que deveriam impactar diretamente as contas governamentais. Sob esse argumento, parece fazer sentido que as demonstrações contábeis da autoridade monetária sejam incorporadas às do governo. Vale lembrar que apesar do uso da DLSP no Brasil, também se calcula no país o indicador de DBGG. E cabe aqui outra qualificação, a metodologia de cálculo da dívida bruta adotada pelo Brasil considera apenas os títulos efetivamente utilizados pelo Banco Central em suas operações de controle de liquidez (operações compromissadas). Nesse caso, a emissão de títulos do Tesouro para o Banco Central não necessariamente eleva a dívida bruta.

Por outro lado, se a decisão for de manutenção do resultado positivo do BC na autoridade monetária, deve-se ter em mente o risco dessa abordagem trazer desequilíbrios estruturais ao BC mais a frente. Para um melhor entendimento desse ponto, deve-se adotar a hipótese de que o tratamento do resultado do BC, tanto positivo quanto negativo, tenha uma abordagem simétrica (ou seja, se há transferência do resultado positivo ao governo, este, por seu turno, cobre eventuais resultados negativos, mas, se não há transferência do resultado positivo do BC, não há também garantia da cobertura de resultado negativo por parte do governo). Dito isso, se o BC exibir durante alguns anos resultado negativo, sem a cobertura pelo governo, constituir-se-á um patrimônio líquido estruturalmente negativo, o que pode impor restrições à atuação da autoridade monetária.

Há significativa variação entre os países no tocante à forma como é determinada a transferência de eventuais resultados positivos do BC ao governo, bem como o percentual de transferência. A Tabela 5.1 lista alguns países para efeito de comparação.[10] Importante frisar que esta tabela não pretende ser exaustiva, até porque é de um estudo relativamente antigo; a intenção é apenas mostrar que são muitas as possibilidades e regras a respeito da transferência do resultado positivo do BC ao governo.

Tabela 5.1
Lucros do Banco Central e governo

País	Como a transferência do lucro do BC ao governo é determinada?
China	Governo decide
Hong Kong	Governo decide
Índia	BC decide, mas o governo pode rejeitar
Indonésia	Pela lei
Coreia	90% do lucro
Filipinas	75% dos lucros distribuídos
Singapura	Frações mínimas para transferir ao governo e constituir reservas mínimas
Tailândia	25% para reservas, 90% do restante para fundo de resgate e 10% para o governo
Argentina	Pela lei
Brasil	Pela lei
Colômbia	Pela lei
México	Lucros transferidos após manter capital real
Peru	25% dos lucros, pela lei
República Tcheca	Legislador decide o orçamento do BC
Hungria	Com base no lucro médio dos anos anteriores
Polônia	<98% dos lucros, pela lei
Rússia	50% dos lucros
África do Sul	90% dos lucros, pela lei
Turquia	20% das reservas, em seguida 6% para dividendos, de acordo com a lei
Austrália	Pelo governo, consulta-se o BC
Canadá	100% do lucro
Euro área	BC decide

Fonte: Hawkins (2001)

Embora a transferência do resultado positivo do BC ao MF seja um princípio bastante difundido, sendo adotado como contrapartida do monopólio conferido à autoridade monetária para a emissão de moeda, o mesmo não se pode dizer da cobertura de resultados negativos.[11] Esse ponto não é consensual porque, ainda que a autoridade monetária não tenha como objetivo a maximização do resultado positivo, uma contínua erosão de seu patrimônio líquido pode trazer dúvidas quanto à credibilidade e à independência do BC, à confiança na moeda doméstica e às condições de rolagem da dívida soberana, criando dificuldades para a condução da política monetária. Dito de outra forma, há a preocupação de que a posição financeira negativa do BC possa tornar-se uma restrição ao cumprimento de seu mandato quanto à inflação e outras responsabilidades.

Não por outro motivo, o FMI usualmente recomenda que, em situações nas quais a autoridade monetária se encontra com patrimônio líquido estruturalmente negativo, o governo realize sua capitalização (ver Dalton e Dziobek, 2005) por injeção de dinheiro ou de títulos públicos. Advoga-se, inclusive, que a recapitalização via títulos ocorra por meio de papéis que rendem juros, pois assim também se assegura um nível de rendimento que possa reequilibrar a rentabilidade dos ativos e passivos, reduzindo as possibilidades de perdas operacionais adicionais.

Segundo esse mesmo documento do FMI, o impacto de perdas em operações do BC e a necessidade de cobri-las adequadamente é reconhecida nas leis de muitos países, através de disposições que garantem o apoio do governo em caso de grandes perdas do BC. Vale lembrar que o contexto de patrimônio líquido negativo de um BC é diferente da insolvência aplicada às empresas comerciais.

No artigo de Stella e Lönnberg (2008) verifica-se que a geração de resultados negativos por vários anos consecutivos não é mero cenário hipotético teórico. Os autores mostram que vários BCs exibiram resultados negativos por mais de dez anos consecutivos. O BC uruguaio experimentou perdas equivalentes a 3% do PIB nos anos 1980 e 14 anos consecutivos de resultados negativos. As autoridades monetárias no Chile e na Guatemala exibiram perdas durante quase duas décadas. O BC da Jamaica também apresentou resultados negativos por nove anos seguidos.

Há pelo menos duas formas de tratamento do resultado negativo da autoridade monetária: (i) ser coberto pelos demais itens do balanço, ou (ii) ser transferido ao governo. Na primeira opção, pode-se fazer uso de uma redução nos ativos, com uma redução equivalente no patrimônio líquido da instituição, ou impressão de moeda. O ponto negativo dessa alternativa é que ela restringe o manejo da política monetária, pois o BC terá que se preocupar em não gerar perdas para que seu patrimônio líquido não se torne negativo. Ou ainda, no caso de emissão monetária, elevar-se-á a base monetária para cobrir o resultado negativo quando a política monetária pode estar pedindo o inverso.

A segunda alternativa garante que a situação patrimonial do BC esteja sempre equilibrada, embora isso ocorra mediante a redução do superavit fiscal do governo e/ou emissão de dívida pública. Por isso, muitas vezes essa opção é malvista porque eleva o grau de endividamento público. Na realidade, quando o MF efetua a cobertura dos resultados negativos do BC, não ocorre, nesse momento, qualquer efeito no endividamento público, mas apenas um lançamento de "acerto" entre duas unidades pertencentes à mesma esfera de governo. Ou seja, o impacto nos níveis de endividamento público federal ocorreu antes, no momento em que o BC honrou as operações deficitárias, financiando-se mediante emissão de moeda e/ou títulos.

Importante destacar que o exposto acima é verdade apenas para os casos em que se utiliza a DLSP como indicador relevante de dívida para fins de análise da sustentabilidade fiscal, como é o caso brasileiro. Se o indicador utilizado for a DBGG nos moldes do FMI, uma emissão de dívida pelo MF para cobrir perdas no BC pode elevar a DBGG, pois, como visto, o BC não faz parte do governo-geral, e a dívida emitida pelo MF e transferida ao BC potencialmente representa um aumento do passivo do governo.[12]

A leitura de Hawkins (2001) auxilia no entendimento de por que a absorção dos resultados negativos do BC pelo governo é uma opção mais acertada. O autor entende que há um aspecto assimétrico na maioria dos países: os resultados positivos são transferidos para os governos, mas as perdas são atendidas por reduções de capital e reservas. Assim sendo, se em determinado ano as oscilações da taxa de câmbio geram perdas de grande magnitude, pode-se comprometer o patrimônio líquido da instituição. Então, fica claro que é importante que se mantenha a simetria, ou seja, se o resultado do BC é transferido ao governo quando é positivo, deve também sê-lo quando negativo.

Mais do que isso, os resultados gerados entre BC e MF, sejam positivos ou negativos, não devem escapar para fora dessa entidade BC-MF, de forma a serem neutros do ponto de vista dos agregados monetários. Isto é, tais resultados devem ser transferidos ao MF se positivos, e cobertos por ele se negativos. O impacto dessa decisão é um potencial aumento do deficit público quando o resultado é negativo porque o MF vai financiá-lo via aumento do endividamento público.[13] Mas esse é um problema menor quando comparado à potencial inconsistência gerada para a política monetária quando se opta pela absorção do resultado negativo pelo BC, principalmente se esses resultados são recorrentes e/ou de elevada magnitude, fazendo com que a autoridade monetária permaneça por longo período com patrimônio líquido negativo.

A leitura de Buiter (2006) permite chegar à mesma conclusão. O autor destaca que o poder de tributar do Estado está por trás do passivo do BC e que, quando a política monetária é institucionalmente delegada, o MF tem que dar suporte à autoridade monetária. Embora se possa argumentar que as regras automatizadas para recapitalização ou cobertura das perdas do BC podem ser consideradas como um substituto para o capital não negativo, na prática a automaticidade muitas vezes não acontece.

O subsídio ao BC pelo governo é uma questão empírica que está circunscrita por tradições jurídico-institucionais. Além disso, muitos BCs não têm disposições jurídicas inequívocas referentes ao tratamento de perdas, mas, invariavelmente, fornecem regras para a distribuição dos lucros. Baseando-se em 135 estatutos de bancos centrais para estabelecer práticas sobre o apoio das tesourarias às finanças dos BCs, sobre as provisões para recapitalização e orientações sobre a distribuição de lucros, Stella e Lönnberg (2008) encontraram práticas divergentes entre os países e observaram uma distribuição bimodal das práticas em questão. Um grupo explicitamente reconhece as responsabilidades do MF para com as finanças do BC, enquanto o outro grupo assume a posição oposta de que nenhuma das duas instituições deve ter responsabilidade financeira com a outra.

Assim, quando a opção é cobrir o resultado negativo com os demais itens do balanço, surge a preocupação de qual deve ser o tamanho ideal das reservas de capital da instituição. E há toda uma literatura que se debruça sobre esse tema: Sullivan (2003), Stella (1997) e Hawkins (2001) são bons exemplos. Idealmente, nesse contexto, um BC deve manter capital suficiente para absorver eventuais perdas e ainda manter uma posição de capital não negativo.

A determinação do nível de capital requer uma avaliação dos riscos que o BC enfrenta, tanto em termos do tamanho dessas perdas quanto da probabilidade de sua ocorrência. Com isso, as questões que envolvem o estabelecimento de um capital de risco para os BCs são complexas e difíceis, pois implicam avaliar suas funções, o nível de desenvolvimento econômico, a estabilidade do sistema financeiro, as perspectivas acerca de eventos adversos que afetam o setor financeiro, a taxa de câmbio e o nível de inflação. Assim, não há resposta definitiva sobre o nível adequado de capital. Também não existem metodologias claras desenvolvidas para determinar tal nível.

Custos da variação cambial para a entidade MF-BC

É importante reforçar os possíveis efeitos da política cambial nos balanços patrimoniais das duas instituições. Isso porque o BC, como visto, sendo o depositário das reservas internacionais, pode ver seu balanço variar substancialmente, dado que há oscilação da taxa de câmbio e diferencial entre os juros que o governo paga sobre os recursos que tomou emprestado para comprar as reservas (juros sobre a dívida interna) e os juros que rendem as reservas internacionais.

A própria estratégia de aquisição de reservas explicita uma das facetas da relação entre BC e MF, pois, quando o BC adquire divisas, o seu ativo é incrementado e, por outro lado, se eleva a quantidade de papel-moeda/liquidez na economia. O enxugamento dessa liquidez adicional, caso o BC deseje retornar o nível dos agregados monetários a seu patamar anterior, exigirá que a autoridade monetária venda títulos do MF.[14] E como discutido, tal estratégia redunda em elevação da DBGG, embora a DLSP permaneça constante (dado que o ativo adquirido, reservas internacionais, anula o passivo emitido – título públicos).[15]

Essa prática de acumulação de reservas internacionais, em um contexto de desvalorização cambial, gera resultados positivos para o BC, e a literatura internacional se divide em relação ao tratamento que deve ser dispensado a esse ganho contábil não realizado (enquanto a alienação das reservas não ocorrer). Robinson e Stella (1993) defendem que as variações, embora não realizadas, sejam marcadas a mercado, sendo seu resultado, positivo ou negativo, absorvido pelo MF. Dessa forma, neutraliza-se o balanço do BC da política cambial, fazendo com que seus resultados contábeis não sejam afetados pela volatilidade do câmbio.

Deve-se ter o cuidado de, sendo positivo o efeito da variação cambial no balancete do BC, garantir que ele seja utilizado para abatimento da dívida pública, com prioridade para aquela que vence na carteira do BC, se houver. Primeiramente porque as reservas foram adquiridas com recursos gerados no âmbito do relacionamento entre MF e BC. Assim, é importante que tais recursos permaneçam nesse mesmo ambiente e não sejam utilizados para outro fim. Isso porque, caso contrário, injeta-se liquidez no sistema, causando distorções nos agregados monetários.

Outro argumento para o uso de tais recursos para o resgate de títulos públicos é a questão da simetria, uma vez que em outros momentos a variação cambial pode gerar perdas, com a consequente transferência desse resultado negativo ao MF, que o cobrirá via emissão de dívida. Ou seja, o equilíbrio e simetria pedem que se abata dívida em momentos de ganhos cambiais, dado que se emite dívida quando há perdas cambiais.

Essa preocupação, inclusive, leva outros autores a defenderem a não distribuição ao MF de ganhos do BC oriundos da variação cambial. Por exemplo, Meyer (1995) defende que tais ganhos "podem transformar-se em perdas amanhã, e vice-versa", de forma que esse tipo de ganho não deve ser transferido ao MF, "e sim retido e lançado em uma conta passiva do Banco Central, da qual se abateriam também eventuais perdas".

Também criticando esse tipo de transferência de ganhos de valorização cambial, Sullivan (2003) entende que tal distribuição é, do ponto de vista econômico, um financiamento do BC ao MF. Nas palavras do autor: "Economicamente, lucros realizados representam a transferência de recursos reais e são um componente legítimo das receitas fiscais. A distribuição de ganhos não realizados equivale a financiamentos não esterilizados para o governo, o que muitas vezes é proibido na legislação do banco central." Uma forma de mitigar esse risco é justamente obrigar que tais ganhos não realizados sejam utilizados para abatimento de títulos da dívida pública na carteira do BC.

Por outro lado, deve-se ter em mente que a não transferência de resultado positivo ao MF implica que este também não fará cobertura de futuros resultados negativos, como visto na seção "O resultado do Banco Central". Assim, a adoção de regra simétrica periódica para a transferência (cobertura) de resultado positivo (negativo) é capaz de blindar a autoridade monetária no que diz respeito a um patrimônio líquido estruturalmente negativo. Evidentemente tal regra deve conter a obrigatoriedade de os resultados positivos do BC transferidos ao MF serem utilizados para abater a dívida pública.

O depósito das disponibilidades financeiras da União

As disponibilidades de caixa da União podem receber dois tratamentos distintos: i) o MF centraliza os depósitos em conta no BC ou ii) o MF centraliza tais recebimentos em instituições financeiras privadas.

Antes de avançar no tema, vale lembrar que em muitos países emergentes ou de baixa renda não há ainda uma centralização das disponibilidades financeiras em uma única conta ou em um pequeno número de contas. Por exemplo, Bajo (2001) afirma que, no início da década passada, o Ministério das Finanças da Croácia não tinha conhecimento de qual era o saldo exato de recursos em moeda doméstica do governo, nem a quantidade de contas em moeda estrangeira mantidos em bancos comerciais. Também eram desconhecidos os montantes nessas contas e as condições de remuneração desses recursos. O diagnóstico era de falta de gestão de recursos e clareza de qual era a autoridade governamental responsável pela gestão da dívida pública.

Os custos dessa desorganização são muitos:

- saldos em caixa ociosos sem remuneração;
- recursos públicos ociosos no setor bancário comercial podem ser utilizados por essas instituições para concessão de crédito ao público em geral, exigindo que a autoridade monetária realize uma drenagem dessa liquidez adicional; e
- contratação de empréstimos desnecessários para cobrir a "falta de dinheiro" percebida (pode haver saldo em favor do governo sem que se saiba).

Por sua vez, as principais vantagens da implantação de uma Conta Única são:

- minimização do volume de depósitos correntes para fins transacionais, muitas vezes sem remuneração, em nome de órgãos governamentais em contas múltiplas;
- eliminação da necessidade de manutenção de depósitos para movimentações entre órgãos governamentais; e
- mitigação do risco de crédito e operacional oriundo de bancos comerciais privados, uma vez que a exposição do governo a essas instituições fica limitada.

Assim, a implantação de uma conta única é um passo importante para que se possa ter uma gestão eficiente dos recursos públicos. Segundo Williams (2010), a conta única é um pré-requisito para uma moderna gestão de caixa governamental, uma vez que sua implantação envolve a consolidação de todos os saldos em caixa do governo em uma única conta, *de preferência no BC* (grifos nossos). Nesse sentido, o autor inclusive afirma que a manutenção da conta fora do BC potencialmente enfraquece a gestão de fluxo de caixa do governo. Essa estrutura também expõe o governo ao risco moral, principalmente em momentos de volatilidade financeira, e possivelmente também ao risco de crédito. O autor ainda afirma que pode haver falta de transparência financeira, seja pela ausência de pagamento de juros sobre os saldos, seja pela cobrança de taxas de serviços, seja pelos subsídios cruzados (associados a defasagens temporais entre o recebimento do pagamento de impostos pelo banco e a transferência desses recursos para a conta do governo).

O Quadro 5.3 exibe um panorama internacional acerca das principais características dos sistemas de Conta Única para alguns países selecionados.[16] A conclusão que se tira do quadro é que a maior parte dos países da amostra criou um sistema de Conta Única, com total centralização e com a utilização de um sistema de informação de gerenciamento financeiro integrado. O BC figura como gestor dessa Conta Única em muitos desses países e a utilização de bancos comerciais para serviços de transações bancárias também é comum.

Quadro 5.3
Exemplos de sistemas de Conta Única – Países selecionados

País	Cobertura	Grau de centralização	Papel dos bancos comerciais	Disponibilidades do IFMS
França	Governo nacional e entes regionais	Completamente centralizados	Não participam	Sim, incluindo uma interface com o BC para operação da Conta Única
Reino Unido	Governo nacional	Completamente centralizados	Participação significativa	Sim
Austrália	Governo nacional	Arquitetura mista (combina elementos de modelos centralizados de Conta Única)	O BC é o gestor da Conta Única; há algum envolvimento dos bancos comerciais	Sim
EUA	Governo nacional	Descentralizado	O BC é o gestor da Conta Única; há algum envolvimento dos bancos comerciais	Sim
Suécia	Governo nacional	Descentralizado	Bancos comerciais proveem serviços de transações bancárias, e as agências governamentais possuem contas bancárias nesses bancos	Sim
Nova Zelândia	Governo nacional	Completamente centralizado	Bancos comerciais proveem serviços de transações bancárias e de varejo	Sim
Brasil	Governo nacional	Completamente centralizado	Algum envolvimento de bancos comerciais	Sim
Peru	Governo nacional	Arquitetura mista (combina elementos de modelos centralizados e descentralizados de Conta Única)	Completamente envolvidos, sendo a Conta Única gerida pelo principal banco comercial público	Sim

(continuação)

País	Cobertura	Grau de centralização	Papel dos bancos comerciais	Disponibilidades do IFMS
Colômbia	Não inclui "estabelecimentos públicos"	Completamente centralizado	O BC é o gestor da Conta Única; há algum envolvimento dos bancos comerciais	IFMIS em processo de estabilização e não possui interface com a Conta Única
Rússia	Governo nacional	Completamente centralizado	Pouco envolvimento dos bancos comerciais	Sim
Índia	Governo nacional e estaduais	Arquitetura mista (combina elementos de modelos centralizados e descentralizados de Conta Única)	A coleta e os pagamentos são realizados através de bancos comerciais	Sim, para nível federal
Indonésia	Governo nacional	Descentralizado	—	Em desenvolvimento

Fonte: Pattanayak e Fainboim (2010)

IFMIS é a sigla para Integrated Financial Management Information System.

Retomando a questão de onde manter as disponibilidades financeiras da União, Keser *apud* Bajo (2001) afirma que é prática generalizada entre as economias desenvolvidas a concentração de recursos em uma única conta do MF no BC. Pattanayak e Fainboim (2010), no mesmo sentido, também afirmam que "como o banco central atua como agente fiscal do governo, a custódia da Conta Única na maioria dos países é com o banco central, embora, em teoria, ela também possa ser realizada em um banco comercial". As razões para a custódia no BC são várias:

- permite maior facilidade de controle dos recursos;
- gera custos menores de manutenção, diferentemente do que ocorre em contas mantidas em instituições privadas;
- garante neutralidade competitiva entre os agentes do setor privado;
- facilita a gestão da liquidez no sistema financeiro; e
- minimiza o risco de crédito oferecido pelos bancos comerciais.

Claro que tanto a questão do controle como a do custo não constituem obstáculos incontornáveis à opção de uso de bancos privados para acolher as disponibilidades do governo, apenas exigem algum gasto de manutenção. Primeiro porque os avanços tecnológicos permitiriam a confecção de softwares que gerenciassem a consolidação de várias contas bancárias em tempo real, e segundo porque é possível barganhar isenção de tarifas bancárias quando se trata de um cliente com tamanha movimentação em sua conta-corrente como é o governo.[17]

Em relação ao controle da liquidez, Meyer (1997) defende a centralização de recursos do MF no BC porque a movimentação de recursos do MF tem efeitos importantes sobre o mercado monetário e de câmbio. E se essa influência pode ser perturbadora a ponto de contrariar a política de crédito do BC, a centralização de tais recursos no BC permite a este julgar a situação financeira geral, a qualquer momento, dando o aconselhamento adequado para o governo, e tomar as medidas corretivas necessárias.

Pelo mesmo motivo, mas com uma leitura distinta, há quem critique a centralização das disponibilidades do MF no BC, haja vista os artigos publicados por Cysne (1990), Ogasavara (1991) e Garcia (1994). Para estes, a custódia da Conta Única fora do BC é preferível porque o fluxo de caixa do MF afeta a condução da política monetária, criando pressões por emissão ou recolhimento de moeda por parte do BC. Dito de outra forma, a execução financeira do MF impacta a liquidez do sistema.

Desse modo, quando, em determinado dia, o MF gasta mais do que arrecada, provoca-se uma expansão da base monetária, ao passo que, no caso da arrecadação ser maior que o gasto, provoca-se contração da base monetária. Assim, o BC tem que realizar operações compensatórias para manter a liquidez do sistema de acordo com a estratégia de controle dos agregados monetários.

A neutralização do efeito diário do fluxo de caixa do MF se dá usualmente pelas operações de mercado aberto. Com isso, segundo Cysne (1990), há "dificuldade de balizamento da evolução diária da base monetária e das oscilações da taxa de juros de mercado daí decorrentes". Assim, "nada disso ocorreria se o Tesouro tivesse conta fora do BC. O crédito em um banco seria o débito em outro banco, facilitando muito o controle do BC sobre a base monetária. O argumento aqui é que a CUT[18] causa muito ruído na política monetária, dificultando sobremaneira o controle monetário", defende Garcia (1994).

Entretanto, é importante frisar que são muitos os fatores que impactam a base monetária e a Conta Única é apenas mais um, embora relevante, e que o BC consegue ajustar o impacto na liquidez sem grandes percalços através de operações compromissadas diárias. Nesse sentido, a autoridade monetária não vai deixar de administrar a liquidez, nem esta vai se tornar tão menos volátil, se a Conta Única for mantida fora do BC.

Como ficou claro, a centralização de depósitos do MF no BC não é uma questão pacificada, sendo adotada em alguns países, como França, Espanha, Japão e Suíça, enquanto outros, como Estados Unidos, permitem que esses depósitos sejam realizados também em bancos comerciais.

No caso de optar-se pelo MF centralizar os depósitos em conta no BC, o balancete simplificado dessas instituições passa a ter a seguinte constituição:

Quadro 5.4
Balancetes simplificados do BC e MF

Balancete BC	
ATIVO (A)	PASSIVO (P)
Reservas Internacionais (RI) Títulos do TN no BC (tTN) Empréstimos ao setor privado (Esp)	Papel-moeda emitido (PM) Reservas Bancárias (RB) Depósitos do TN no BC (dTN)
	PATRIMÔNIO LÍQUIDO (PL)

Balancete MF	
ATIVO (A)	PASSIVO (P)
Depósitos do TN no BC (dTN) Haveres Internos Líquidos	Títulos do TN no BC (tTN) Títulos do TN fora do BC Dívida Externa
	PATRIMÔNIO LÍQUIDO (PL)

A remuneração da conta do Tesouro Nacional

Outra questão importante que permeia a existência de uma conta (única ou não) no Banco Central é a remuneração de suas disponibilidades. Esse tema também não traz um princípio amplamente estabelecido. Em países como Austrália, França e Inglaterra, por exemplo, a conta do MF no banco central é remunerada; já nos Estados Unidos, Índia, Japão e Alemanha não há remuneração da conta do MF no BC.

Segundo Liener (2009), "excessos de caixa temporários são normalmente remunerados pelo banco central ou colocados em instrumentos do mercado financeiro". Para o autor, em reconhecimento ao valor do dinheiro no tempo, a aplicação de excedentes temporários da Conta Única em instrumentos remunerados está entre as melhores práticas na gestão de recursos governamentais.

Williams (2009), por sua vez, afirma que a melhor prática entre os países da OCDE é remunerar os recursos da Conta Única a uma taxa de juros de mercado. Entre os benefícios dessa prática para o autor podem-se citar:

- melhora a transparência contábil e evita subsídios implícitos cruzados associados com as taxas de administração;[19]
- evita a tomada de decisões economicamente inadequadas por parte do MF na aplicação dos depósitos, como direcioná-los para bancos comerciais com baixas classificações de crédito; e
- reduz o risco de que parte extra do "lucro" gerado pelo BC seja despendida com maiores despesas administrativas.

Outra possível justificativa para a remuneração da conta do MF no BC é evitar um questionamento dos órgãos de controle governamental (como os Tribunais de Contas), pois em qualquer banco comercial os recursos públicos depositados na conta seriam remunerados e, quando se tem essa oportunidade, a escolha por uma conta não remunerada no BC pode transformar-se em alvo de críticas da auditoria. Por outro lado, há os que argumentem que, caso não houvesse remuneração da conta do MF, o resultado do BC seria maior e, consequentemente, maior a transferência de ganhos para o MF ao fim do período, em casos em que haja transferência regular de resultados positivos ao MF.

A constituição, dentro do BC, de um caixa exclusivamente destinado ao pagamento da dívida vincenda é oportuna, e a não remuneração da Conta Única do MF no BC dificulta a existência desse "colchão", dado que a justificativa para tal procedimento perante uma auditoria ou as autoridades públicas se torna questionável. O objetivo já deve estar claro: minimizar o risco de refinanciamento, transmitindo segurança em relação à capacidade de o MF honrar pagamentos em momentos nos quais o mercado está instável e reticente quanto a adquirir títulos públicos ou o MF não se sente confortável em corroborar as taxas apresentadas nos leilões. Outra utilidade para a reserva é criar condições para os gestores da dívida pública trabalharem como agentes estabilizadores do mercado secundário em momentos de elevada volatilidade (Pereira, Pedras e Gragnani, 2009).

Apesar da possível interpretação de que a remuneração da conta do MF no BC é nada mais que uma antecipação dos resultados positivos, isso não significa que seja indiferente remunerar ou não a conta do MF. Não há garantia de que o MF receba a mesma quantidade de recursos em ambas as situações. Um maior ganho do BC com o MF, devido à não remuneração da conta, pode redundar em uma redução do resultado positivo do BC com o setor privado, seja porque o aumento do ganho do BC estimula a concessão de subsídios a este setor, seja porque o BC se torna mais leniente no controle de seus próprios gastos. Meyer (1995) conclui que, se com a não remuneração da Conta Única no BC a receita do MF pode cair, então se deve remunerar essa conta. Até porque, como visto, o MF receberia tal remuneração se sua conta ficasse em um banco comercial.[20]

Importante destacar que o mesmo raciocínio adotado para atrelar o uso do resultado positivo do BC para abatimento da dívida pública vale para a destinação dada à remuneração das disponibilidades depositadas no BC. Até porque o direcionamento para o pagamento da dívida pública possui relação direta com a sua origem e a necessidade de não utilização em outra finalidade. Sendo uma receita de capital, é preferível que se destinem tais recursos ao pagamento de despesas de capital, como é o caso de amortização de dívida pública.

Como é uma receita gerada no âmbito do relacionamento entre MF e BC, o pagamento da dívida pública, preferencialmente aquela existente no BC, com tais recursos garante que a política monetária não seja afetada negativamente. Caso contrário, ao direcionar essa receita para pagamento de outros tipos de despesas fora do BC, gera-se um impacto expansionista sobre a base monetária, exigindo atuação compensatória do BC para que a liquidez do sistema financeiro não se altere. Tal evento cria ruídos tanto para a eficiência da política monetária, por exigir atuações constantes do BC para reequilibrar o meio circulante, quanto para a gestão da dívida pública, ao exigir do MF que busque recursos em mercado para pagar as despesas com dívidas que vencem junto à autoridade monetária.

Analogamente, Williams (2009) também defende que, no intuito de garantir transparência e tratar os incentivos financeiros da melhor forma possível, o MF deve pagar taxas relacionadas às transações da Conta Única para compensar o BC pelos custos dos serviços oferecidos.

Títulos públicos como instrumentos de política monetária

Em geral, as autoridades monetárias utilizam títulos públicos para manejo da oferta e demanda de reservas bancárias, garantia de operações compromissadas e suporte a um sistema de pagamentos e liquidação. A questão a ser tratada neste tópico é qual título o BC deve utilizar para executar a política monetária: títulos do MF ou do próprio BC? Empiricamente, verifica-se que os bancos centrais se dividem praticamente de forma igualitária em três grupos: aqueles que somente utilizam títulos do MF, os que fazem uso apenas de títulos próprios e os que utilizam ambos.

Como mostra o gráfico a seguir, Nyawata (2012) chegou a essa conclusão com base em uma amostra de 84 países, sendo 29 pertencentes ao primeiro grupo, 28 ao segundo e 26 ao terceiro. No entanto, percebe-se que tal distribuição deixa de ser uniforme quando se separam os países por grau de desenvolvimento. É de esperar que quanto maior o grau de desenvolvimento, maior a separação entre política fiscal e monetária. Ou seja, espera-se maior uso exclusivo de títulos do MF quanto mais desenvolvido for o país.

Entretanto, Nyawata (*ibid.*) verificou o seguinte comportamento: entre as economias em desenvolvimento analisadas é mais comum o uso exclusivo de títulos do MF, e entre os emergentes é maior a participação de títulos do BC. Em números, 40% dos países em desenvolvimento usam apenas títulos do MF, ao passo que entre as economias emergentes essa estatística cai para 18%. Por sua vez, 41% dos emergentes usam apenas títulos do BC, enquanto apenas 28% das nações em desenvolvimento apresentam tal característica.[21] Apesar de a quantidade de países industrializados considerada na amostra ser pequena (sete), sabe-se que outros países desse grupo não considerados também utilizam apenas títulos do MF, como os EUA e a União Europeia, corroborando a tese de que, em geral, quanto mais desenvolvida uma economia, maior a tendência de uso dos títulos do MF pelo BC para execução da política monetária.

Figura 5.1
Instrumento de política monetária por nível de desenvolvimento

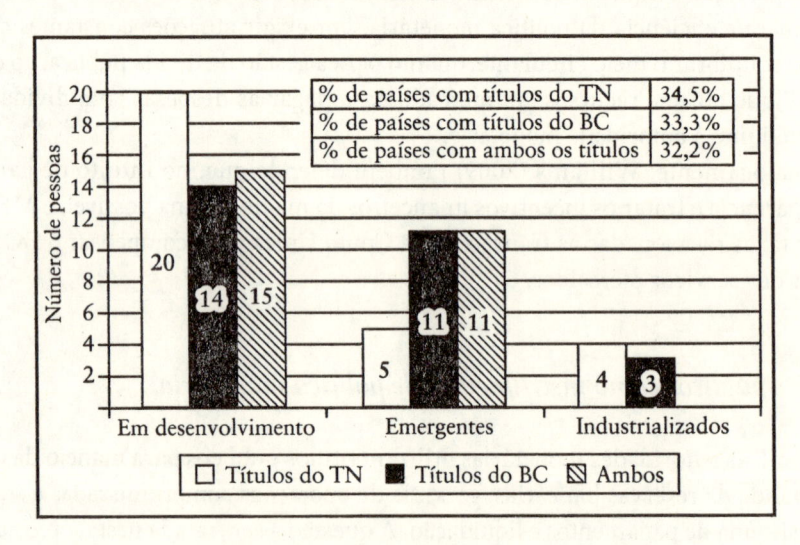

	% de países com títulos do TN	34,5%
	% de países com títulos do BC	33,3%
	% de países com ambos os títulos	32,2%

Em desenvolvimento: 20, 14, 15
Emergentes: 5, 11, 11
Industrializados: 4, 3

☐ Títulos do TN   ■ Títulos do BC   ▨ Ambos

A partir desses dados empíricos, faz-se nesta seção uma resenha dos principais pontos teóricos discutidos por Nyawata (2012), posto que o referido artigo é bastante recente e faz uma interessante cobertura da literatura internacional a respeito do tema.

O primeiro passo para determinar se deve haver uma preferência por um título específico é estipular quais as características desejadas do papel a ser utilizado para execução da política monetária por parte do BC. Assim, Nyawata elenca os seguintes pontos: o valor mobiliário em questão deve estar sob controle do BC, deve estar disponível em montante e maturidades suficientes, fomentar os mecanismos de transmissão da política monetária, ser compatível com a independência operacional do BC, ser líquido e possuir risco de crédito mínimo.

Estas duas últimas características podem estar presentes tanto em títulos do BC quanto do MF, e atuam no sentido de evitar perdas financeiras ao BC. As demais dependem em algum grau dos arranjos institucionais existentes entre MF e BC. Esses aspectos serão discutidos com mais detalhes nos parágrafos seguintes. Nyawata também atribui importância a algumas questões operacionais/institucionais, tais como: formato dos leilões, plataforma de negócios, sistemas de determinação de preços e liquidação, estrutura e funcionamento do sistema de pagamentos, desenho da política monetária, procedimentos das operações dos mercados cambiais e monetários, e administração das reservas internacionais e da dívida pública.

A conclusão de Nyawata é que, em essência, os títulos do BC e do MF possuem características similares, o que os habilitam igualmente a cumprir a função de administração da liquidez. Entretanto, diferenças e conflitos potenciais podem surgir de acordo com os arranjos institucional, legal e administrativo pertinentes às decisões sobre perfis de maturidade, restrições sobre os volumes e a falta de acordo formal entre MF e BC. Ainda mais, quando se consideram três aspectos: (i) visão integrada do financiamento do setor público; (ii) política pública de fomento ao mercado financeiro; e (iii) externalidades positivas que títulos públicos exercem sobre os demais instrumentos financeiros e o restante da economia; o uso exclusivo do título do MF surge como opção mais adequada.

Faremos uma breve análise desses aspectos para melhor esclarecer os motivos da preferência de Nyawata pelos títulos do MF. Assim, apesar do uso de títulos do BC garantir autonomia à autoridade monetária para controle da liquidez, ou seja, não haver dependência de emissões de títulos do MF, o autor enxerga desafios na utilização de tais papéis, em particular: conflito potencial com os objetivos do governo na gestão da dívida pública; externalidades limitadas para o desenvolvimento do mercado monetário, dado que a participação é muitas vezes limitada a bancos; possível enfraquecimento do balanço do BC com consequentes ameaças à credibilidade da instituição;[22] e potencial de segmentação de mercado, especialmente se os vencimentos dos títulos do MF e do BC forem semelhantes.

Vale tecer alguns comentários sobre tais aspectos. Historicamente, os títulos do MF têm sido associados com externalidades positivas para o setor financeiro e o restante da economia. Em geral, podem-se citar como características estilizadas de títulos do MF:

- são considerados virtualmente livres de risco de crédito, servindo como ferramentas de proteção ao risco de juros e como garantia para mercados afins, como compromissadas e derivativos;
- servem como referência de preços para outros ativos financeiros, bem como para extrair informações sobre a inflação e as perspectivas do PIB; e
- permitem concentrar liquidez em poucos vencimentos-chave.

A respeito da fragmentação de mercado, pode-se afirmar que títulos do BC tendem a operar na ponta curta da curva de juros, quase sempre com maturidades inferiores a 12 meses, enquanto os títulos do MF tendem a se concentrar nos vencimentos mais longos. Alguns BCs iniciaram a emissão dos próprios títulos pela indisponibilidade de títulos apropriados do MF. O pressuposto aqui é que, se os títulos do MF são disponibilizados em volume suficiente e não há restrições legais para seu uso em política monetária, o BC não tem necessidade de emitir os próprios títulos. Além disso, com uma apropriada estrutura de vencimentos, o uso do mesmo instrumento tanto para gestão da dívida como para política monetária fortalece o papel dos títulos do MF como uma ferramenta para desenvolvimento do mercado financeiro. Ainda mais, no cenário de emissão de títulos também por parte do BC, acaba-se tendo dois emissores de dívida soberana, o que pode prejudicar a liquidez, bem como induzir potencial corrida para títulos do BC em detrimento dos títulos do MF em momentos de maior instabilidade financeira.

A proposta é que haja apenas um mercado de títulos públicos emitidos pelo MF. De forma que o governo faça emissões além de sua necessidade de financiamento, a fim de destinar parte desses títulos para o BC executar a política monetária. Como lembra Williams (2010), o arranjo exige confiança entre as duas instituições, pois a autoridade monetária depende da disposição do MF sempre aceitar seu pedido de emissão adicional de títulos para fins de política monetária. Segundo o autor, o principal benefício desse mecanismo é o incremento da liquidez no mercado secundário, já que há consolidação de toda a dívida pública. Em países onde os mercados secundários são pouco desenvolvidos, os títulos do MF são usualmente o instrumento preferido por seus maiores volumes, cumprindo assim um papel catalisador na promoção do desenvolvimento desses mercados.

Pelo que foi discutido até aqui fica claro que a escolha entre títulos do MF e papéis do BC deve ser guiada observando-se quais deles: (i) favorecem mais a transmissão da política monetária; (ii) contribuem mais para a expansão de mercados líquidos; e

(iii) asseguram maior autonomia operacional do BC. Para Nyawata (2012), os títulos do MF, em particular, possuem características que os tornam um veículo ideal para o desenvolvimento dos mercados. Eles facilitam o desenvolvimento das curvas de juros, que se constituem elementos cruciais para os sinais da política monetária. E uma bem-sucedida emissão de sinais da política monetária reflete uma melhoria de seus canais de transmissão.

Nyawata conclui que (i) uma perspectiva integrada do setor público,[23] segundo a qual o contribuinte tem a responsabilidade final sobre as perdas sofridas pelo BC; (ii) a preocupação de promoção e desenvolvimento dos mercados monetários; e (iii) a busca por externalidades positivas para toda a economia são fatores que contribuem para a preferência pelos títulos do MF em relação aos papéis do BC.

Supondo um contexto no qual há uso exclusivo dos títulos do MF, resta uma questão pertinente: qual deve ser o tratamento a ser dado aos títulos do MF que vencem na carteira do BC? Teoricamente podem-se listar duas alternativas principais: (i) o título é resgatado e pago em forma pecuniária pelo MF ao BC; (ii) o MF faz a rolagem desse título no BC (ou seja, troca o título vencido por um novo título a vencer).

Vale aqui uma breve explanação sobre a mecânica operacional de cada uma dessas alternativas, para avaliação dos seus prós e contras. Para tanto serão adotadas as seguintes premissas: (i) o MF centraliza os depósitos das disponibilidades financeiras em conta no BC; (ii) não há superavit operacional do governo federal; e (iii) há equilíbrio de liquidez no mercado monetário.

O resgate dos títulos, na prática, consiste dos seguintes passos: (1) o MF paga em dinheiro o valor devido pelo título que venceu; (2) o MF emite novo título em mercado para arrecadar os recursos necessários para cobrir o pagamento do título que venceu; e (3) para reequilibrar a liquidez do mercado monetário, que foi reduzida como reflexo do passo (2), usualmente o BC compra títulos públicos em mercado. Ou seja, na prática o título que venceu foi substituído indiretamente por um novo título na carteira do BC.

A segunda alternativa é justamente fazer a troca direta do título que venceu na carteira do BC, em uma operação de rolagem sem intermediários entre o MF e o BC, e, portanto, sem interferências na liquidez do mercado monetário. Para isso, pode-se realizar um leilão não competitivo exclusivo ao BC, utilizando como referência as taxas médias praticadas no leilão do mercado primário.

Embora possa se argumentar que a questão da flutuação de liquidez ocorrida na primeira opção é facilmente administrada e previsível, há ainda o potencial prejuízo de gerar volatilidade nas taxas dos títulos emitidos, pela influência de emissão de volume adicional no mercado primário com fins de arrecadaçao de recursos para pagamento dos títulos que vencem na carteira do BC. Portanto, a segunda opção, que envolve a emissão direta do MF ao BC, parece ser mais adequada, dado que, além de não causar trabalho adicional na administração de liquidez, garante que as transações entre dois entes governamentais não causem efeitos deletérios sobre o mercado de títulos públicos.

Apesar disso, verifica-se que o desenho institucional desse item em particular é diverso entre as nações. Por exemplo, os países membros da União Europeia optam pela primeira alternativa. Inclusive é proibido, de acordo com o Tratado de Maastricht, o acesso pelo BC ao mercado primário (como forma de evitar que a autoridade monetária financie a autoridade fiscal). Brasil e Estados Unidos permitem que o BC substitua os títulos que estão vencendo em sua carteira diretamente com o MF, como explicitado pela segunda alternativa. Outros países, como Índia e Paquistão, permitem que o BC adquira títulos do MF no mercado primário,[24] competindo em igualdade de condições com os demais participantes do leilão.

Relacionamento entre BC e MF: o caso brasileiro

Nesta seção avalia-se a configuração institucional brasileira, comparando-a com a experiência internacional conforme abordada na seção anterior, no que se refere a: (i) tratamento dado aos resultados positivos e negativos do Banco Central do Brasil; (ii) custódia da Conta Única do MF; (iii) política de remuneração dessa conta; e (iv) natureza do título público usado na condução da política monetária. Na seção seguinte, serão apresentadas possibilidades de melhorias no relacionamento entre BC e MF no contexto brasileiro.

Resultado do Banco Central do Brasil

Houve três movimentos na legislação pautando a questão do resultado do BC. Primeiramente, em 1987, o decreto-lei nº 2.376, em seu artigo 8º, afirmava que "os resultados obtidos pelo Banco Central do Brasil [...] serão [...] transferidos para o Tesouro Nacional, após compensados eventuais prejuízos de exercícios anteriores". Na ocasião, foi instituído um mecanismo de transferência de resultado positivo ao MF, mas os resultados negativos deveriam ser compensados por resultados positivos posteriores gerados no próprio BC.

Entretanto, segundo Nunes (2000), a partir do 2º semestre de 1994 o BC "passou a apresentar contínuos resultados negativos em função, basicamente, da mudança no relacionamento promovida no fim da década de 1980, da política cambial após 1994 e de operações classificadas como quase fiscais, ou seja, aquelas que não estão especificamente vinculadas ao exercício da política monetária". Para contornar tal situação, esses resultados negativos foram reclassificados como "Resultados a Compensar", uma conta do ativo, "assim permanecendo registrados até que pudessem vir a ser compensados com resultados positivos em exercícios futuros" (*ibid.*).

O segundo movimento foi, então, dado pela MP nº 1.789, de 1998, em que se pode verificar maior cuidado no tratamento dos resultados negativos do BC, permitindo que esses passem a ser cobertos pelo MF, não criando mais constrangimentos à autoridade monetária, e introduziu-se um mecanismo simétrico no tratamento dos resultados do BC. A leitura do artigo 3º da referida MP permite compreender melhor esse ponto:

> O resultado apurado no balanço anual do Banco Central do Brasil após computadas eventuais constituições ou reversões de reservas será considerado:
>
> I. se positivo, obrigação do Banco Central do Brasil para com a União, devendo ser objeto de pagamento até o décimo dia útil subsequente ao da aprovação do balanço pelo Conselho Monetário Nacional;
>
> II. se negativo, obrigação da União para com o Banco Central do Brasil, devendo ser objeto de pagamento até o décimo dia útil do exercício subsequente ao da aprovação do balanço pelo Conselho Monetário Nacional.

Além disso, o parágrafo 1º desse mesmo artigo estabelece que os resultados positivos do BC seriam, depois da transferência, destinados à amortização da dívida pública do MF, com prioridade para aquela em poder do BC.[25]

O terceiro movimento consolida a questão, com o artigo 7º da lei complementar[26] nº 101, de 4 de maio de 2000 (Lei de Responsabilidade Fiscal - LRF), assegurando o que já havia sido previsto na MP nº 1.789, de 1998.[27] Ou seja, a LRF incorpora a garantia de que o resultado positivo da autoridade monetária brasileira constitui receita do MF e será destinado exclusivamente ao pagamento da dívida pública mobiliária federal, devendo ser amortizada, prioritariamente, aquela existente junto ao BC. Ao mesmo tempo se garante, no inciso 1º do referido artigo 7º, que "o resultado negativo constituirá obrigação do Tesouro para com o Banco Central do Brasil". Assim, há uma regra clara para o tratamento tanto do resultado positivo quanto do negativo do BC, de forma que sua situação patrimonial permaneça estável.

Tratamento da variação cambial para a entidade MF – Banco Central do Brasil

É importante esclarecer como a legislação brasileira entende a forma de tratar os resultados do BC oriundos de oscilação cambial. A lei nº 11.803, de 5 de novembro de 2008, define que o custo de carregamento das reservas internacionais e o resultado das operações de *swap* cambial efetuadas no mercado interno pelo BC serão repassados para a União. Como alertam Higa e Afonso (2009), "isto já era feito anteriormente, no entanto, a referida lei deu maior transparência aos resultados da administração de reservas e decorridos de variação cambial, pois havia certo desconforto para a autoridade monetária, causado pelos resultados negativos apurados em função do carregamento das reservas internacionais (a apreciação cambial conduzia a constantes prejuízos contábeis, o que enfraquecia a imagem da instituição)".

Assim, desde 2008, os resultados oriundos da gestão das reservas internacionais e de operações com *swap* cambial passaram a ser apropriados em uma conta específica denominada Equalização Cambial. A partir da nova regra, o resultado patrimonial do BC foi separado em dois grupos distintos: (i) resultado de oscilação cambial e (ii) resultado com as outras operações do BC, obrigando que todo resultado atrelado ao câmbio, positivo ou negativo, fosse transferido ao MF, assim como já ocorria com o resultado patrimonial pleno.

Depósito das disponibilidades financeiras da União

As disponibilidades financeiras da União são geridas pelo MF e estão custodiadas em uma Conta Única no BC. Segundo Higa e Afonso (2009), "a implantação da Conta Única do Tesouro fez parte de uma série de modificações institucionais introduzidas no governo federal a partir de 1986, que levaram entre outras coisas à criação da Secretaria do Tesouro Nacional e à separação de atribuições entre as duas instituições". A própria Constituição Federal de 1988, no art. 164 § 3º, consolidou esse entendimento, ao determinar que as disponibilidades de caixa da União sejam depositadas no BC.

Remuneração da conta do MF

Vale lembrar que os recursos mantidos na conta única são remunerados tendo por referência a rentabilidade dos títulos públicos federais mantidos na carteira do BC. A já citada MP nº 1.789, de 1998[28] define, em seu artigo 1º, que "as disponibilidades de caixa da União depositadas no Banco Central do Brasil serão remuneradas, a partir de 18 de janeiro de 1999, pela taxa média aritmética ponderada da rentabilidade intrínseca dos títulos da dívida pública mobiliária federal interna de emissão do Tesouro Nacional em poder do Banco Central do Brasil".

Uso de títulos do MF para fins de política monetária

A já citada LRF, em seu artigo 34, proibiu o Banco Central do Brasil de emitir títulos da dívida pública a partir de maio de 2002 (exatos dois anos depois da publicação da referida lei). Por outro lado, a LRF permite que o BC adquira títulos do MF na data de emissão, a preço de mercado, com o fim exclusivo de refinanciar a dívida mobiliária federal que estiver vencendo em sua carteira.

Deve-se ter em mente que esse tratamento apenas consolidou o entendimento constitucional de que o BC não poderia financiar o MF, e essa prática já era usual desde a Constituição de 1988. Assim, o § 1º do artigo 164 da Constituição Federal estabelece que "É vedado ao Banco Central conceder, direta ou indiretamente, empréstimos ao Tesouro Nacional e a qualquer órgão ou entidade que não seja instituição financeira".

Assim sendo, como se discutiu na seção "Títulos públicos como instrumentos de política monetária", o caso brasileiro se encaixa na segunda alternativa tratada ali, qual seja, há um mecanismo de troca direta do título que venceu na carteira do BC, em uma operação de rolagem sem intermediários entre o MF e o BC. Portanto, não há pressões adicionais desnecessárias na formação das taxas de compra e venda dos títulos públicos nem interferências na liquidez do mercado monetário. É realizada tão somente uma emissão não competitiva para o BC, tendo por referência as taxas médias praticadas em oferta pública para os títulos em questão. Uma particularidade do caso brasileiro é que se permite a rolagem apenas do principal corrigido por um índice de preços, ficando a parcela dos "juros reais" da dívida excluída dessa sistemática.[29]

Voltando a 2002, a partir dali o BC brasileiro passou a utilizar exclusivamente títulos do MF para fins de política monetária.[30] A LRF, entretanto, não detalhou o mecanismo de aportes desses títulos na carteira da autoridade monetária, se necessários, possivelmente por não se vislumbrar, à época, tal necessidade, em função da elevada carteira de títulos do MF no BC.

Todavia, a partir de 2006 o BC iniciou política de acumulação de reservas internacionais em montantes consideráveis, como forma de evitar excessiva valorização da moeda doméstica em relação ao dólar. Para esterilizar o excesso de liquidez gerado por tal política, o BC realizava operações compromissadas, utilizando títulos do MF em sua carteira como garantia. À medida que as operações compromissadas começaram a alcançar patamares elevados, percebeu-se o risco de não haver títulos suficientes na carteira da autoridade monetária para lastrear tais operações.

Em 2008, a lei 11.803/2008 autorizou a União a emitir títulos diretamente ao BC com vistas a assegurar a manutenção de sua carteira de títulos da dívida pública em dimensões adequadas à execução da política monetária. A matéria foi ainda regulamentada pelo Ministério da Fazenda em 2009, determinando que o MF emita títulos em favor do BC sempre que a sua carteira de títulos livres[31] atingir valor inferior a R$ 20 bilhões.[32]

Com tal regra, é possível concluir que a configuração institucional brasileira garante a autonomia operacional do BC sem que esse tenha que emitir seus próprios títulos para condução da política monetária. Ou seja, verificam-se no Brasil os aspectos positivos da utilização exclusiva de títulos do MF conforme apresentado na seção "Títulos públicos como instrumentos de política monetária": não há conflito com a gestão da dívida pública; evitou-se a segmentação do mercado e a competição por investidores entre BC e MF; e garantiu-se que o balanço do BC esteja imune a deteriorações advindas do pagamento de juros sobre títulos em carteira.

Possibilidades de melhorias no relacionamento entre BC e MF

Pela discussão neste capítulo, percebe-se que o desenho institucional da relação entre BC e MF no Brasil está em linha com as boas práticas internacionais, haja vista a existência de conta única que centraliza as disponibilidades financeiras da União, sendo remunerada de forma compatível com o equilíbrio do balanço patrimonial da autoridade monetária, e a garantia de transferência de resultado positivo da autoridade monetária ao MF. Ainda mais, foi visto que o equilíbrio patrimonial do BC é garantido pela existência de regra que obriga o MF a cobrir eventuais resultados negativos daquela autarquia, assegurando autonomia na condução da política monetária.

Do ponto de vista de instrumento de política monetária, observou-se que o uso exclusivo de títulos do MF, atrelado a regras bem definidas de aportes desses papéis quando o BC assim necessita, garante a autonomia operacional da autoridade monetária e preserva as vantagens de haver apenas um emissor de dívida pública. A custódia da Conta Única no BC e sua remuneração também são características do modelo brasileiro, e não há evidências contrárias a este desenho e que demonstrem que a estrutura alternativa (custódia em bancos privados e/ou ausência de remuneração) garanta um resultado superior ao adotado.

Disso não se segue que não haja pontos para melhoria na institucionalidade da relação entre Tesouro e BC no Brasil. Um ponto que merece atenção, refere-se ao uso dos resultados positivos do BC. Como visto, a legislação defende que tais recursos devam ser utilizados para abatimento da dívida pública, *preferencialmente* aquela constante na carteira do BC. Dada a complexidade de se separar a parcela do resultado que foi gerada no âmbito da entidade MF-BC daquela gerada entre o mercado e o BC, é oportuno que *se obrigue o uso do resultado positivo do BC para abatimento da dívida pública constante na carteira da autoridade monetária*. Com isso, evita-se que tais recursos sejam utilizados de outra forma, bem como se minimiza o potencial de ruídos no relacionamento entre MF e BC.

Outra mudança seria permitir que o BC transfira seu resultado ao TN não em dinheiro, mas em títulos, impedindo assim a monetização do resultado positivo do BC. Claro que também nessa opção há inconvenientes, pois, ao transferir títulos ao TN, o BC pode se ver com escassez de títulos em sua carteira para conduzir a política monetária, exigindo do TN novo aporte de títulos mais adiante.

Outro ponto de melhoria na institucionalidade brasileira é avançar no sentido de assegurar que os recursos oriundos da remuneração da Conta Única sejam vinculados ao abatimento de títulos da dívida pública na carteira do BC. Dessa forma, se consolida uma prática usual da administração pública brasileira, baseada em princípios da gestão eficiente dos recursos públicos. Embora atualmente não haja destinação legal para os recursos oriundos da fonte 188 (remuneração das disponibilidades do Tesouro Nacional), o seu regular direcionamento para o pagamento da dívida pública possui relação direta com a sua origem e a necessidade de não utilização em outra finalidade. Sendo uma receita de capital, é preferível que se destinem tais recursos ao pagamento de despesas de capital, como é o caso de amortização de dívida pública. Cabe destacar que esse princípio está cristalizado na Constituição Federal, por meio da regra de ouro segundo a qual as receitas de capital não devem ser superiores às despesas de capital.

Adicionalmente, como a fonte 188 é uma receita gerada no âmbito do relacionamento entre Tesouro Nacional e Banco Central, o pagamento da dívida pública, preferencialmente aquela existente com o Banco Central, com tais recursos garante que a política monetária não seja afetada negativamente. Caso contrário, ao direcionar essa receita para pagamento de outros tipos de despesas fora do Banco Central, gera-se um impacto expansionista sobre a base monetária, exigindo atuação compensatória do Banco Central para que a liquidez do sistema financeiro não se altere. O evento cria ruídos tanto para a eficiência da política monetária, por exigir atuações constantes do Banco Central para reequilibrar o meio circulante, quanto para a gestão da dívida pública, ao exigir do Tesouro Nacional que busque recursos em mercado para pagar as despesas com dívida que vencem junto à autoridade monetária.

Há ainda mais uma sugestão de melhoria. A LRF, em seu artigo 29, inciso V, proíbe que o refinanciamento da dívida pública no BC brasileiro seja superior ao valor do principal corrigido por índice de preços, fazendo com que os "juros reais" sejam pagos com recursos próprios ou emissão de títulos em mercado. Entretanto, ao buscar no mercado primário recursos para rolar parcela do serviço da dívida que vence no BC brasileiro, o MF estaria trazendo um componente de pressão desnecessário sobre as taxas dos leilões do mercado primário.

Conclusões

Este capítulo arguiu que o aspecto institucional do relacionamento entre a autoridade fiscal e a autoridade monetária é importante tanto para o fortalecimento da posição fiscal do governo quanto para contribuir para uma maior autonomia operacional do BC.

Um BC não deve ter a preocupação com o resultado de seu balanço patrimonial, mas sim de pautar sua atuação exclusivamente para perseguir os objetivos da política monetária. Nesse sentido, a institucionalidade do tratamento a ser dado a resultados positivos ou negativos pode garantir que o BC tenha plena liberdade para atuar em suas funções clássicas.

Foi visto que em um contexto de resultado positivo do BC é relevante debruçar-se sobre a natureza do resultado. Ou seja, os ganhos oriundos do diferencial entre os juros ativos e passivos diferem daqueles que são fruto de oscilação cambial. No primeiro caso, o resultado está intimamente ligado a uma decisão anterior de emissão de dívida por parte do MF, o que torna coerente a transferência desse resultado ao MF para abatimento da dívida pública. No segundo caso, é importante que se defenda a transferência ao MF também para abatimento de dívida, porque em períodos futuros de desvalorização das reservas cambiais, com consequente resultado negativo para o BC, poderá este contar com cobertura por parte do MF.

Com esse desenho institucional garante-se que a autoridade monetária não gere patrimônio líquido estruturalmente negativo a ponto de constranger sua atuação na perseguição de seus objetivos primários.

O depósito das disponibilidades financeiras da União foi outro ponto relevante pesquisado no contexto do relacionamento MF-BC. Aqui, há consenso sobre a necessidade de centralização das disponibilidades financeiras em uma única conta ou em um pequeno número de contas, principalmente pelos benefícios em termos de minimização do desperdício de recursos públicos. Por outro lado, não há consenso a respeito do local de custódia dessa conta única, se no BC ou em bancos comerciais.

Outra questão relacionada à existência de uma conta do MF no BC é a remuneração de suas disponibilidades. Muitos teóricos, como Williams (2009), afirmam que a melhor prática, entre os países da OCDE, é remunerar os recursos da conta única a uma taxa de juros de mercado. Dessa forma, contribui-se para uma melhora da transparência contábil, evitam-se subsídios implícitos cruzados associados com as taxas de administração e aplicação dos depósitos em bancos comerciais com baixas classificações de crédito, e reduz-se o risco de que parte extra do "lucro" gerado pelo BC seja comprometida com maiores despesas administrativas.

O último aspecto pesquisado abordou qual o melhor instrumento indireto de política monetária: títulos do MF ou do próprio BC? Apesar de dados empíricos não apresentarem larga predominância de um em detrimento do outro, não seria equivocado afirmar que quanto mais desenvolvida uma economia, maior a tendência de uso dos títulos do MF pelo BC para execução da política monetária. Além disso, Nyawata (2012) fornece arguição teórica favorável a essa opção, pois, segundo o autor, o uso exclusivo do título do MF para fins de política monetária proporciona uma perspectiva integrada do setor público, promove o desenvolvimento dos mercados monetários e gera externalidades positivas para toda a economia.

Por fim constata-se que o desenho institucional brasileiro entre MF e BC está de acordo com os princípios defendidos ao longo da parte teórica. Isso porque por aqui, entre outros aspectos: (1) verifica-se uma regra simétrica, funcional e transparente para o tratamento do resultado do BC (seja ele positivo ou negativo); (2) há existência de um sistema de Conta Única para a centralização das disponibilidades financeiras da União, com custódia no BC e com claras regras de remuneração; e (3) há utilização exclusiva de títulos do MF por parte do BC na condução da política monetária.

Tão importante quanto essas conclusões é ter a consciência de que esta é uma agenda de pesquisa que deve ter perene acompanhamento dado que essas questões contribuem para uma posição fiscal sólida do governo e uma atuação da autoridade monetária com plena autonomia.

Apesar da constatação positiva do arranjo brasileiro, há pontos que podem ser aperfeiçoados. Pode-se citar, por exemplo, a implementação de regra clara, através de lei, para que os resultados positivos oriundos do BC sejam obrigatoriamente destinados para abatimento da dívida pública constante na carteira do BC. Outra melhoria seria assegurar que os recursos oriundos da remuneração da Conta Única fossem vinculados ao abatimento de títulos da dívida.[33] Ou, ainda, permitir o refinanciamento não somente do principal, mas também da parcela dos juros referentes aos títulos do MF que vencem na carteira do BC.

Notas

1. As opiniões expressas neste trabalho são exclusivamente dos autores e não refletem, necessariamente, a visão da Secretaria do Tesouro Nacional ou do Ministério da Fazenda.
2. A discussão sobre quais objetivos a política monetária deve perseguir é bastante controversa e não será tratada neste capítulo. Eles podem variar de acordo com a linha de pensamento econômico: estabilidade do nível de preços, estabilidade financeira e/ou elevado nível de emprego. De qualquer forma, o que se quer dizer é que um eficiente regramento do uso do resultado do BC contribui para que este se sinta livre de amarras institucionais para perseguir plenamente seus objetivos, sejam eles quais forem, de acordo com os objetivos dos formuladores de política econômica.
3. Vale lembrar que base monetária é o somatório de papel-moeda emitido (PM) e reservas bancárias (RB).
4. Tampouco criticada por gerar resultados negativos oriundos de suas atribuições institucionais.
5. Apesar de ter sido dito que maximização de resultado positivo não é o objetivo do Banco Central, deve-se ter o cuidado para que, em tempos de orçamento apertado, órgãos como o Ministério das Finanças não exerçam pressão a fim de que a autoridade monetária adote uma política monetária altamente expansionista/inflacionária com o objetivo de o governo obter receita de curto prazo adicional oriunda do ganho baseado no monopólio de emissão da moeda. Em outros termos, um conflito entre política monetária e política fiscal pode surgir nesse contexto, assunto que será retomado adiante.
6. i^* refere-se à taxa de juros internacional.

7. is refere-se à taxa de juros dos títulos públicos domésticos.
8. im refere-se à taxa de juros do empréstimos ao setor privado.
9. Vale lembrar que a estratégia de aquisição de reservas é tipicamente sucedida de esterilização, como se pode verificar em Dominguez (2011). No entanto, essas reservas podem ser adquiridas sem a contrapartida de elevação de dívida pública, pois elas podem ser financiadas por qualquer venda de ativos ou aumento de passivos do setor público. Por exemplo, a contrapartida pode ser uma venda de títulos (redução do ativo), ou ainda um aumento das operações compromissadas (aumento do passivo).
10. Há uma extensa discussão sobre a necessidade de o BC reter parte dos resultados positivos para assegurar o capital e constituir reservas a fim de minimizar os riscos financeiros da instituição e evitar uma posição de capital negativo. Para maiores detalhes, ver Sullivan (2003).
11. O resultado negativo está ligado a fontes de despesas do BC. As principais despesas referem-se a despesas administrativas, pagamento de juros sobre depósitos de bancos comerciais no BC e variação cambial.
12. Como se vê no Quadro 5.2, mesmo no conceito de DBGG o impacto de emissão de títulos ao BC pode não afetar o nível de endividamento, a depender da metodologia de cálculo adotada. Se for de acordo com a metodologia do FMI o impacto existe; se considerada a metodologia de cálculo adotada pelo Brasil, apenas os títulos emitidos efetivamente utilizados pelo Banco Central em suas operações de controle de liquidez elevam a dívida bruta.
13. Conforme citado anteriormente, o aumento do endividamento público vai depender, entre outros fatores, de qual indicador de endividamento é usado. Se for DLSP o item do ativo do BC intitulado títulos do MF em carteira, anula-se com o passivo do MF intitulado dívida mobiliária interna no BC. Por outro lado, se o indicador escolhido for DBGG, o resultado negativo do BC coberto com emissão de títulos do MF gerará aumento do nível de endividamento.
14. Usualmente, tal operação de esterilização tem por base operações compromissadas com títulos públicos do MF. As operações compromissadas podem ser definidas, de forma geral, como uma operação em que de um lado há uma instituição com sobra de recursos para emprestá-los e remunerá-los por um dia; de outro lado há outra instituição com necessidade de captar recursos para o curtíssimo prazo. Então se estipula uma taxa previamente acordada entre esses agentes (quase sempre próxima à taxa básica da economia), e títulos públicos federais são utilizados como garantia dessa transação. Esse tipo de operação é realizado tanto entre instituições financeiras quanto entre a autoridade monetária e os bancos.
15. Deve estar claro que não se está considerando aqui o diferencial entre a rentabilidade das reservas internacionais e o custo dos títulos emitidos (ou das operações compromissadas realizadas) para sua aquisição.
16. Para maiores detalhes sobre o conteúdo do quadro, ver o trabalho de Sailendra Pattanayak e Israel Fainboim, *Treasury Single Account: Concept, Design, and Implementation Issues*.
17. O sistema norte-americano é um bom exemplo, dado que o Tesouro mantém, além da conta no Federal Reserve, contas em várias instituições financeiras privadas. Ainda mais, há um sistema que controla o fluxo de todas essas contas de forma que nunca faltem recursos no Fed para honrar o pagamento das despesas contratadas, bem como

se instituiu um calendário de "leilões de depósitos" para garantir a melhor remuneração possível aos depósitos que permanecem nas instituições privadas. Para maiores detalhes, ver Garbade *et al.* (2004).
18. CUT é a sigla para Conta Única do Tesouro.
19. Os subsídios cruzados surgem porque as taxas pagas não refletem os custos; as fontes de recursos baratos do BC permitem, tudo o mais constante, que seus lucros sejam incrementados, possibilitando a existência de subsídio a outras atividades (Williams, 2009).
20. Vale lembrar que no caso de não haver previsão de cobertura pelo MF de eventuais perdas do BC, a remuneração da conta do MF no BC faz toda a diferença.
21. Esse resultado, contrário ao que seria esperado pela teoria, pode ter sua explicação no grupamento de países proposto pelo autor. Por exemplo, países emergentes de expressão não foram considerados (como a China), e outros, não tão expressivos internacionalmente, estão listados (Tajiquistão e Quirguistão, por exemplo). Nesse mesmo sentido, observou-se a relevante ausência dos Estados Unidos e da União Europeia.
22. Por exemplo, nesse caso o BC teria que suportar o pagamento de juros de seus títulos, que pode ser bastante volumoso em casos de altos patamares de taxa de juros e elevada liquidez.
23. Uma visão integrada do setor público considera a situação financeira global do BC e do governo como um todo. Os governos podem optar por reconhecer o custo de operações de esterilização explicitamente em seus orçamentos ou indiretamente nos balanços dos bancos centrais, resultando em reduzida distribuição de resultados positivos para o governo e/ou perdas que prejudicam o balanço do banco central, podendo gerar necessidade de recapitalização.
24. Cabe aqui um esclarecimento. A permissão de um BC adquirir títulos do MF diretamente no mercado primário não implica necessariamente que o BC esteja financiando o MF. Porém, ao tornar legal a participação do BC em leilões do mercado primário sem definição de limite máximo, abre-se espaço para que tal financiamento ocorra.
25. Ver parágrafo 1º do artigo 4º da referida lei.
26. É importante ter em mente que uma lei complementar só é aprovada e alterada no Congresso Nacional se houver quórum qualificado, diferentemente de lei ordinária. Dito de outra forma, enquanto esta é aprovada por maioria simples (ou seja, requer-se o voto da maioria dos parlamentares *presentes* à sessão), aquela exige maioria absoluta (metade de todos os membros que *compõem* a casa legislativa, mais um). Assim, entende-se que a maior exigência associada à lei complementar representa um maior seguro contra governantes que não valorizem o equilíbrio da relação entre autoridade fiscal e autoridade monetária.
27. Atual medida provisória 2.179-36, de 2001.
28. Atual medida provisória 2.179-36, de 2001.
29. Ou seja, na prática, exige-se que o MF busque em mercado os recursos necessários para rolar os valores referentes aos "juros reais" da dívida que venceu.
30. Vale lembrar que, a partir de 2002, o BC foi proibido de emitir títulos (conforme LRF), mas parte dos títulos já emitidos ainda continuou em mercado até 2006, quando venceram em sua totalidade.
31. Carteira de títulos do Tesouro no BC menos estoque de operações compromissadas em mercado.

32. A emissão deve ocorrer em até dez dias depois de observado o alcance do limite, em quantidade suficiente para, no mínimo, restabelecê-lo, observando que o valor de cada emissão não poderá ser inferior a R$ 10 bilhões.
33. Lembrando que não há o risco de o abatimento de títulos na carteira do BC deixá-lo com um volume de títulos insuficiente para a execução da política monetária, pois, como visto, a lei 11.803/2008 autorizou a União a emitir títulos diretamente ao BC, com vistas a assegurar a manutenção de sua carteira de títulos da dívida pública em dimensões adequadas à execução da política monetária.

Referências bibliográficas

BAJO, A. (2001). *A National Treasury in Croatia – a Reality or a Possibility?* Institute of Public Finance of Croatia.
BUITER, W. H. (2006). "How Robust is the New Conventional Wisdom in Monetary Policy?" mimeo, European Institute, London School of Economics and Political Science.
CARVALHO JÚNIOR, A. C. (2011). *Coordenação entre políticas fiscal, monetária e cambial: a sistemática de repasse de resultados entre o BACEN e o Tesouro Nacional.* XVI Prêmio Tesouro Nacional de 2011.
CYSNE, R. P. (1990). *Depósitos do Tesouro: no Banco Central ou nos bancos comerciais?* Rio de Janeiro: Fundação Getulio Vargas, Escola de Pós-Graduação em Economia, jul. 1990. 10p. (Ensaios Econômicos da EPGE, n. 155)
DALTON, J. e DZIOBEK, C. (2005). *Central Bank Losses and Experiences in Selected Countries,* IMF Working Paper/05/72.
DOMINGUEZ, K. M. E.; HASHIMOTO, Y. e ITO, T. (2011). *International Reserves and the Global Financial Crisis,* NBER Working Paper No. 17362, Ago.
GARBADE, K. D.; PARTLAN, J. C. e SANTORO, P. J. (2004) *Recent Innovations in Treasury Cash Management.* Current Issues in Economics and Finance, Federal Reserve Bank of New York.
GARCIA, M. (1994). *Política monetária e cambial: algumas lições do período recente para o real.* Texto para discussão nº 330, Departamento de Economia, PUC-RJ.
HAWKINS, J. (2001). *Central Bank Balance Sheets and Fiscal Operations.* BIS Papes nº 20.
HIGA, A. e AFONSO, J. (2009). *Algumas inter-relações da política fiscal com a monetária, cambial e creditícia no Brasil.* Brasília: Centro de Estudos da Consultoria do Senado (Texto para Discussão, n. 66).
LIENERT, I. (2009). *Modernizing Cash Management.* FMI.
McCAULEY, R. N. (2006). *Consolidating the Public Debt Markets of Asia.* BIS Papers nº 30.
MEYER, A. (1997) "Lucro do Banco Central, remuneração da conta do Tesouro e financiamento do deficit do Tesouro Nacional." *In:* MEYER, Arno (Org.) Finanças Públicas: Ensaios Selecionados. Brasília, Ipea/Fundap, p. 151-207.
NUNES, Selene P. P. (2000). "Relacionamento entre Tesouro Nacional e Banco Central: aspectos da coordenação entre as políticas fiscal e monetária no Brasil." *In* Finanças Públicas: IV Prêmio SMF de Monografia. Brasília: Ministério da Fazenda.
NYAWATA, O. (2012). *Treasury Bills and/or Central Bank Bills for Absorbing Surplus Liquidity: The Main Considerations.* IMF Working Paper 12/40, jan.
OGASAVARA, Roberto S. (1991). "Conta do Tesouro no Banco Central." *Revista Brasileira de Economia,* vol. 45, n. 2, abr., pp. 287-304.
PATTANAYAK, S. e FAINBOIM, I. (2010). *Treasury Single Account: Concept, Design and Implementation Issues.* IMF Working Paper WP/10/143.

PEREIRA, F. M., PEDRAS, G. B. V. e GRAGNANI, J. A. (2009). "Mercado secundário da dívida pública." *In:* SILVA, A. C; CARVALHO, L. O. de; MEDEIROS, O. L. de (Orgs.) *Dívida pública: a experiência brasileira.* Brasília: Secretaria do Tesouro Nacional: Banco Mundial, p. 415-442.

RESERVE Bank of India (2004). "Report of the Internal Group on Liquidity Adjustment Facility." *Reserve Bank of India Bulletin*, Jan.

ROBINSON, D. J. e STELLA, P. (1993). *Amalgamating Central Bank and Fiscal Deficit. In:* M. I. Blejer e A. Cheasty (orgs.) *How to Measure the Fiscal Deficit* (Washington: International Monetary Fund).

STELLA, P. (1997). *Do Central Banks Need Capital?*, IMF Working Paper, nº 83.

STELLA, P. e LONNBERG, A. (2008). *Issues in Central Bank Finance and Independence.* IMF Working Paper 08/37.

SULLIVAN, K. (2003). "Profits, dividends and capital - considerations for central banks." *In:* COURTIS, Neil e MANDER, Benedict (orgs.) *Accountancy Standards for Central Banks.* London: Central Banking Publications.

WILLIAMS, M. (2009) *Government Cash Management: International Practice.* Oxford Policy Management Working Paper 01.

WILLIAMS, M. (2010). *Government Cash Management: Its Interaction with Other Financial Policies.* International Monetary Fund, Fiscal Affairs Department, jul.

6

BC E TESOURO: UM ESTUDO SOBRE A CONSTITUIÇÃO, LEIS COMPLEMENTARES, LEIS ORDINÁRIAS E MEDIDAS PROVISÓRIAS

Antonio d'Ávila Carvalho Jr.

INTRODUÇÃO

O relacionamento entre o Banco Central do Brasil e o Tesouro Nacional é um dos temas mais relevantes das finanças públicas. Eles são os principais responsáveis, respectivamente, pela execução das políticas monetária e fiscal. Embora distintas uma da outra, tais políticas não são independentes, o que significa dizer que uma exerce influência sobre a outra. Em outras palavras, decisões tomadas no âmbito da política fiscal produzem efeitos, ainda que de forma indireta, em componentes e variáveis cujo acompanhamento e controle são considerados, pelos gestores da política monetária, de vital importância para o alcance de seus objetivos. Forçoso concluir, assim, que, em razão da interferência recíproca e do efeito que exercem sobre a situação macroeconômica do país, é preciso que exista um mínimo de coordenação entre as políticas monetária e fiscal.

Este capítulo tem por objetivo verificar se as normas atinentes à relação entre a autoridade monetária e a autoridade fiscal demandam a edição de lei complementar ou podem ser dispostas por intermédio de leis ordinárias e medidas provisórias.

Num primeiro giro, apresenta-se como as leis complementares estão posicionadas no ordenamento jurídico pátrio vigente. Para tanto, com base na legislação positivada, na melhor doutrina e na jurisprudência do Supremo Tribunal Federal, serão analisados os conceitos e os dois principais aspectos do instrumento da lei complementar. Essa primeira parte também verificará se existe algum tipo de hierarquia entre tais espécies normativas e as leis ordinárias e de que forma são resolvidos eventuais conflitos entre tais normas.

Numa segunda parte, o capítulo apresenta o conteúdo dos artigos 163, 165, § 9º, e 192 da Constituição da República de 1988 – que listam matérias que devem ser tratadas por intermédio de lei complementar – e procura avaliar se as normas afetas ao tema "relacionamento entre BC e TN" encontram, ou não, assento no campo material determinado por referidos dispositivos constitucionais.

Na parte final, mostra-se como as normas relacionadas, principalmente, à apuração do resultado patrimonial do BC e de sua transferência (ou cobertura) ao Tesouro foram positivadas ao longo do tempo pelas diversas leis complementares, leis ordinárias e medidas provisórias editadas, principalmente, desde a Carta Política de 1988. Especial atenção é dada aos mecanismos para a apuração e transferência dos resultados patrimonial e de equalização cambial estabelecidos em 2008.

As leis complementares

Leis complementares – Conceito

De acordo com Bacha (2004: 20), as Constituições, "ao contrário de serem documentos analíticos, completos ou aptos a esgotar toda a matéria legislativa, são, antes de tudo, [documentos] dotados de caráter sucinto, informes dos princípios norteadores da formação do Estado-sociedade política".

Rui Barbosa, *apud* Celso Bastos (1999: 16), preleciona que:

> As constituições não têm caráter analítico das codificações legislativas. São, como se sabe, largas sínteses, sumas de princípios gerais onde, por via de regra, só se encontra o *substratum* de cada instituição nas suas normas dominantes, a estrutura de cada uma, reduzida, as mais das vezes, a uma característica, a uma indicação, a um traço. Ao legislador, cumpre, ordinariamente, revestir-lhes a ossatura delineada, impor-lhes o organismo adequado e lhes dar capacidade real de ação.

Lato sensu, leis complementares são editadas com o objetivo de completar o texto constitucional. Informa Teixeira (1991: 362) que, em sentido amplo, são "leis complementares à Constituição todas as leis que a complementam, tornando plenamente eficazes os seus dispositivos, ou desenvolvendo os princípios neles contidos".

Num sentido estrito, porém, leis complementares são aquelas que o texto da Constituição da República expressamente exige para o tratamento de determinadas matérias. Em magistral lição, ao tempo em que apresenta o conceito amplo de lei complementar, Silva (1998: 234) reconhece que a atual Carta Magna de 1988 se utiliza da acepção mais restrita da definição de lei complementar:

> Em sentido amplo, como ficou dito, toda vez que uma norma constitucional de eficácia limitada exige, para sua aplicação ou execução, outra lei, esta pode ser considerada complementar, porque integra, completa, a eficácia daquela. Mas a Constituição de 1967 instituiu, a de 1969 reafirmou e a atual manteve a figura das leis complementares em sentido estrito, destinadas a atuar apenas as normas constitucionais que as preveem expressamente.

Esse é o mesmo entendimento de Bacha (2004: 56), quando informa que "a espécie normativa leis complementares em sentido estrito e sob o conceito formal são as leis complementares expressamente previstas e requeridas pelo texto constitucional e submetidas ao ditame do disposto no artigo 69 da Constituição."[1]

Em suma, o ordenamento jurídico pátrio vigente considera que leis complementares são aquelas que têm por objetivo regular os preceitos constitucionais cuja aplicação delas depende expressamente, ou seja, somente serão leis complementares as que a Constituição expressamente se refere, como é o caso do parágrafo único do art. 59, o qual estabelece, *in verbis*: Lei complementar, disporá sobre a elaboração, redação, alteração e consolidação das leis.

Leis Complementares – Campo Material e Maioria Absoluta

As leis complementares revestem-se de dois aspectos principais, quais sejam: campo material expressamente definido pelo texto constitucional e necessidade de aprovação por quórum qualificado de maioria absoluta.

A doutrina é unânime ao tecer comentários sobre tais elementos caracterizadores das leis complementares. Temer (2002: 148) leciona que a lei complementar "se suporta nestes dois pontos: no âmbito material predeterminado pelo constituinte e no quórum especial para sua aprovação, que é diferente do quórum exigido para aprovação da lei ordinária". Por sua vez Borges (1975: 33-34) ensina que a edição de leis complementares somente estará caracterizada "se estivermos em presença não só da matéria que, por força da Constituição, deve ser objeto de tal disciplina, mas também de ato legislativo aprovado pela maioria absoluta dos membros das duas Casas do Congresso Nacional". Bacha (2004: 42) também informa que o âmbito material pertencente às leis complementares é "expressamente previsto na Constituição; o rol dos assuntos que devam ser regulamentados por elas é taxativo e adstrito ao princípio da 'reserva legal complementar'".

Ter matéria ou campo material próprio representa, de acordo com Bastos (2001: 369), receber para tratamento "um campo determinado de atuação da ordem jurídica e só dentro deste ela é validamente exercitável – matéria essa perfeitamente cindível ou separável da versada pelas demais normações, principalmente pela legislação ordinária".

Isso posto, frise-se que o Supremo Tribunal Federal (STF) já se manifestou nos seguintes termos, *in verbis*: "... tem-se firmado a jurisprudência desta Corte no sentido de que, quando a Constituição exige lei complementar para disciplinar determinada matéria, essa disciplina só pode ser feita por essa modalidade normativa".[2] Noutro julgado, a Corte Suprema assim se posicionou, *in verbis*:

A jurisprudência desta Corte, sob o império da EC 1/1969 – e a Constituição atual não alterou esse sistema –, se firmou no sentido de que só se exige lei complementar para as matérias para cuja disciplina a Constituição expressamente faz tal exigência, e, se porventura a matéria, disciplinada por lei cujo processo legislativo observado tenha sido o da lei complementar, não seja daquelas para que a Carta Magna exige essa modalidade legislativa, os dispositivos que tratam dela se têm como dispositivos de lei ordinária.[3]

Quanto ao quórum específico de maioria absoluta, é razoável supor que o legislador constituinte, ao reservar o tratamento de certa matéria ao âmbito das leis complementares, desejou que, para sua aprovação, o Congresso Nacional devesse atuar de maneira mais detida. Ataliba (1967: 34) ensina que as leis complementares

> carecem de quórum especial – específico, peculiar à espécie – e qualificado, porque mais rigoroso que o da regra geral. A votação, pois, de uma lei complementar exige atenção e cuidado maiores, impondo ao Congresso dar mais importância à matéria do que às demais, veiculadas por outros instrumentos.

Frise-se, por oportuno, que, embora peculiar à espécie – como observado por Geraldo Ataliba, acima – o quórum de maioria absoluta não é uma exclusividade das leis complementares. Nessa esteira, vale observar que o texto da Carta Política de 1988 apresenta dispositivos que exigem o quórum de maioria absoluta para a aprovação de lei ordinária[4] e de resolução pelo Senado Federal.[5]

Leis complementares versus leis ordinárias

Ao listar as espécies normativas, o art. 59 da Constituição insere as leis complementares em posição anterior às leis ordinárias. Referida posição topográfica denotaria algum tipo de supremacia, prevalência ou hierarquia das primeiras sobre as segundas? A doutrina dominante responde a tal questionamento de forma clara: Não! A solução do conflito entre lei complementar e lei ordinária se resolve no estudo do campo material tratado pela respectiva espécie normativa. Se esse foi reservado à lei complementar, não haverá como norma de natureza ordinária tratá-lo sem que incorra em inconstitucionalidade.

Silva (1998: 246) entende que a questão é "de reserva legal qualificada, na medida em que certas matérias são reservadas pela Constituição à lei complementar, vedada, assim, sua regulamentação por lei ordinária". Noutro giro, Ferreira Filho (1997: 388) lembra que a lei complementar só pode tratar de assuntos que lhe foram expressamente atribuídos pela Constituição e que, desse modo, "quando a matéria é objeto de lei complementar só pode ser disciplinada por este tipo de lei, razão pela qual a lei complementar não pode ser modificada por lei ordinária".

De forma magistral, Ataliba (1971: 34) conclui nos seguintes termos:

> Daí ser nula, inexistente, de nenhum efeito, a norma ordinária versando sobre matéria para cuja disciplina se requeira lei complementar.
>
> A *fortiori*, toda e qualquer outra norma que tenha a pretensão de invadir esta seara deve ser reputada inexistente. Não tem, efetivamente, condição de ingresso à ordem jurídica ou força para alterar o sistema, as leis ordinárias, delegadas, decretos-leis, decretos legislativos ou resoluções, quando se cuide de ordenar matéria inserida neste campo.

Leis complementares versus medidas provisórias

O mesmo entendimento pode ser extraído quando se trata de analisar a relação entre as leis complementares e as medidas provisórias. Medidas provisórias são atos editados pelo chefe do Poder Executivo e que possuem força de lei; mais especificamente, de lei ordinária.[6] Sua apreciação no Congresso Nacional deve ser feita por intermédio de maioria simples, e não de maioria absoluta.

Em sua dicção original, o art. 62 da Magna Carta de 1988 não vedava expressamente o uso de medidas provisórias para o tratamento de matéria reservada à lei complementar. Isso não impedia que, à época, a ampla doutrina e a jurisprudência do Supremo Tribunal Federal se manifestassem no sentido de que não se admite a utilização de tal espécie normativa em assuntos de lei complementar. Ainda em 1999, o próprio STF já havia se manifestado em relação ao tema, informando, em sede da ADI 1.516-MC,[7] que "embora válido o argumento de que medida provisória não pode tratar de matéria submetida pela CF à lei complementar, é de se considerar que, no caso, a CF não exige lei complementar para alterações no Código Florestal, ao menos as concernentes à Floresta Amazônica".

Com a emenda 32/2001, o art. 62, § 1º, III, da Constituição passou a vedar[8] expressamente a edição de medidas provisórias sobre matéria reservada à lei complementar. Não há dúvida, portanto, quanto à patente inconstitucionalidade de se adotar o instrumento da medida provisória para versar sobre tema que a Carta Política expressamente reservou à espécie normativa lei complementar.

Hierarquia entre leis complementares e leis ordinárias

A quase totalidade da doutrina pátria e a jurisprudência do Supremo Tribunal Federal são claras no sentido de que inexiste hierarquia entre as leis complementares e as leis ordinárias, tampouco entre leis complementares e medidas provisórias.

Conforme lecionam Mendes, Coelho e Branco (2007: 836), "a lei ordinária que destoa da lei complementar é inconstitucional por invadir âmbito normativo que lhe é alheio, e não por ferir o princípio da hierarquia das leis". Continua, ensinando que "não será inconstitucional a lei ordinária que dispuser em sentido diverso do que estatui um dispositivo de lei complementar que não trata de assunto próprio de lei complementar". Isso porque, no caso, o dispositivo da lei complementar vale como lei ordinária e pode-se ver revogado por regra inserida em lei ordinária. Assim, se o assunto tratado pela lei ordinária não é de natureza materialmente complementar, a questão não será de constitucionalidade e se resolverá pelos princípios de interpretação infraconstitucional, particularmente as regras de sucessão de leis no tempo.

Nesse sentido, para solução de antinomias entre normas conflitantes e, por conseguinte, para afastar a incidência de uma delas no caso concreto, a doutrina aponta três critérios clássicos: o critério cronológico (*lex posterior derogat priori*), o critério hierárquico (*lex superior derogat inferiori*) e, por último, o critério da especialidade (*lex specialis derogat generali*).

Em face de nossos objetivos, fixemo-nos apenas no critério hierárquico. Bastos (1999: 62) ensina que a hierarquia é "um dos recursos de que se vale o sistema jurídico para resolver os conflitos lógicos que duas proposições legislativas encerrem". Ocorre que, para que seja possível mensurar a existência de hierarquia entre duas normas, é preciso que se cumpra um requisito básico, qual seja: a existência de um campo material comum. Nas palavras de Bastos (1999: 66),

> existe hierarquia toda vez que o ato subordinante delimita a área material de atuação do subordinado. [...] a norma hierarquicamente inferior materialmente caminha nos limites legais impostos pela norma superior. Isso significa que a lei superior dispõe sobre certas matérias que condicionam a atividade regulamentadora da inferior.

E, como visto acima, lei complementar e leis ordinárias possuem campos materiais distintos.

Frise-se, contudo, que as teses apresentadas, embora aceitas por quase toda a doutrina, são questionadas por juristas de elevado conceito. Silva (1998: 246) assevera que "não se pode recusar razão a essa doutrina, mas isso não exclui uma relação hierárquica também naquelas hipóteses em que a lei complementar seja normativa, ou seja, estabeleça regra limitativa e regulatória de outras normas". Nesse diapasão, citando a classificação das leis complementares adotada por Souto Maior (v. Borges, 1975), Silva (1998: 246) informa que elas se inserem em dois grupos: "1º) leis complementares que fundamentam a validade de atos normativos (leis ordinárias, decretos legislativos e convênios); e 2º) leis complementares que não fundamentam a validade de outros atos normativos"; e conclui no sentido de que "se as do primeiro grupo fundamentam a validade de outros atos normativos, isso indica relação hierárquica, de tal sorte que tais atos hão de conformar-se a seu fundamento de validade, que, por isso, se coloca em nível superior".

Seria o caso, por exemplo, do art. 36 da Lei de Responsabilidade Fiscal – lei complementar 101/2000 – que veda,[9] em regra, a concessão de operações de crédito por uma instituição financeira federal à União (seu ente controlador). Desse modo, como as operações de crédito precisam – todas elas – ser autorizadas por intermédio de lei ordinária ou de medida provisória, a LRF (lei complementar) estaria, ao que parece, delimitando o espaço de atuação da lei inferior (ordinária), a qual estaria proibida de autorizar a realização de tal espécie de operação de crédito.

Os artigos 163, 165, § 9º, e 192 da Constituição da República

O art. 192 – Normas do Sistema Financeiro Nacional

Tanto em sua versão original quanto naquela resultante da emenda constitucional 40/2003, o art. 192 da Carta Magna de 1988 determina que o sistema financeiro nacional seja regulado por intermédio de lei complementar. Quando ela vier a ser aprovada, fará as vezes da lei 4.595/1964, e estará precipuamente dedicada a dispor sobre a organização, o funcionamento e as atribuições do BC e demais instituições financeiras públicas e privadas. Vale transcrever o teor do art. 192, *in verbis*:

> Art. 192. O sistema financeiro nacional, estruturado de forma a promover o desenvolvimento equilibrado do País e a servir aos interesses da coletividade, em todas as partes que o compõem, abrangendo as cooperativas de crédito, será regulado por leis complementares que disporão, inclusive, sobre a participação do capital estrangeiro nas instituições que o integram.

O art. 163 – Normas de Finanças Públicas

O art. 163 é o primeiro dispositivo do "Capítulo II – Das Finanças Públicas" que integra o "Título VI – Da Tributação e do Orçamento", e está disposto nos seguintes termos:

> Art. 163. Lei complementar disporá sobre:
> I. finanças públicas;
> II. dívida pública externa e interna, incluída a das autarquias, fundações e demais entidades controladas pelo poder público;

III. concessão de garantias pelas entidades públicas;
IV. emissão e resgate de títulos da dívida pública;
V. fiscalização financeira da administração pública direta e indireta;
VI. operações de câmbio realizadas por órgãos e entidades da União, dos Estados, do Distrito Federal e dos Municípios;
VII. compatibilização das funções das instituições oficiais de crédito da União, resguardadas as características e condições operacionais plenas das voltadas ao desenvolvimento regional.

Alguns autores tecem críticas em relação à fórmula textual de transcrito dispositivo. Informa Cretella Jr. (1993: 3730/3731) que ela cria dificuldades para o seu intérprete, como segue:

> Mais uma vez, o legislador constituinte decepciona e confunde o leitor, ao infringir as leis da lógica, mesclando gênero e espécie. Sob o título FINANÇAS PÚBLICAS, que é gênero, o inciso tem a mesma denominação. Desse modo, ou o inciso I – finanças públicas –, sobre o qual poderá dispor a lei complementar, esgotará toda a matéria pertinente a essa disciplina, e, nesse caso os demais incisos são desnecessários, porque redundantes, por versarem o mesmo objeto ou o inciso I, sob rubrica abrangente, não esgotará a matéria, e, assim, é incompleto, tratando de uma parte apenas dos assuntos que deveria incluir, deixando para os demais incisos os temas não abordados, o que também revelaria a desorientação do legislador constituinte, ao redigir os incisos do art. 163.

Em sentido semelhante, assim se manifestam Bastos e Martins (1991: 122):

> O que causa espécie é que finanças públicas é gênero e diz respeito a tudo o que pertine às receitas e despesas públicas, razão pela qual não se justifica apareça como gênero no capítulo "Das Finanças Públicas" e como espécie na regulação por lei complementar, compondo o seu inciso I.
>
> Em verdade, os demais itens, como se mostrará, são também matéria pertinente às finanças públicas, razão pela qual o inc. I não deveria ter sido indicado em idêntico nível às demais matérias, também encampadas pelas finanças públicas.

Ainda em relação ao tratamento dado pela Constituição de 1988 à expressão "finanças públicas", Oliveira (2013: 193) apresenta trecho de nota técnica conjunta, de 25 de fevereiro de 1999, elaborada, à época, pela Consultoria de Orçamento e Fiscalização Financeira da Câmara dos Deputados (Coff) e pela Consultoria de Orçamentos, Fiscalização e Controle do Senado Federal (Conorf):

Conforme se pode observar, o elenco de matérias constantes do citado art. 163, a par de quase indefinidamente amplo, caracteriza-se pela combinação, a um só tempo, de assuntos específicos, sendo esse os casos dos incisos II a VII, e de assunto genérico, o do inciso I, que trata de finanças públicas. Naturalmente, essa combinação de gênero e espécie, servindo à ideia de que caberá à norma complementar esgotar toda a temática geral pertinente às finanças públicas, como que codificando-a, presta-se à abordagem dos mais variados assuntos em direito financeiro, inclusive à introdução de novos conceitos, e procedimentos e sistema no que tange à condução das finanças do Estado.

Ainda no mesmo texto, Oliveira (p. 193) traz a seguinte justificativa para o tratamento dado pela Carta Política de 1988 ao termo "finanças públicas", como segue:

> Na verdade, há uma justificativa: se fossem relacionados apenas os demais incisos, somente essas matérias poderiam ser disciplinadas por lei complementar. Ao inserir o inciso I, o constituinte ampliou as possibilidades de o imenso campo das finanças públicas ser regulado por lei complementar. [...].

No entanto, Oliveira (*ibid.*: 193) alerta para o fato de que, ao assim proceder, o legislador constituinte acabou por proporcionar "ampla margem para discussões dificílimas e infindáveis sobre a espécie normativa legitimada pela Constituição para regular matérias suscetíveis de enquadramento no gênero finanças públicas [...]".

O art. 165, § 9º, II – Normas de Gestão Financeira e Patrimonial

Se o art. 163 apresenta problemas em sua redação, o mesmo não pode ser dito em relação ao art. 165, § 9º, II, da Constituição de 1988, o qual está positivado nos seguintes termos:

> Art. 165 [...]
> § 9º Cabe à lei complementar:
> [...]
> II - estabelecer normas de gestão financeira e patrimonial da administração direta e indireta bem como condições para a instituição e funcionamento de fundos.

Para os propósitos deste capítulo, interessa-nos verificar o que são normas de gestão financeira e patrimonial.

Gestão financeira representa um conjunto de ações relacionadas à obtenção, à utilização e ao controle de recursos financeiros, de forma a garantir a estabilidade das operações da organização e a rentabilidade dos recursos nela aplicados. Volta-se para o gerenciamento dos meios financeiros necessários à consecução dos objetivos de uma entidade. No setor público, um dos principais objetivos da gestão financeira é assegurar a existência de capitais financeiros necessários à realização das despesas correntes e de capital.

No setor público, a gestão patrimonial representa os procedimentos que são levados a cabo pela administração pública para avaliar, registrar e preservar os bens, valores, créditos e obrigações de conteúdo econômico utilizados pela Fazenda Pública para o alcance de seus objetivos. O objeto da gestão patrimonial é o patrimônio do Estado, que representa, nas palavras de Kohama (2008: 173), o "conjunto de bens, direitos e obrigações avaliáveis em moeda corrente das entidades que compõem a Administração Pública".

É razoável inferir, em face do exposto acima, que a lei complementar de que trata o art. 165, § 9º, II, da Carta Magna de 1988, deverá, quando aprovada, tratar, entre outros aspectos, de estabelecer as normas relacionadas: à evidenciação das informações patrimoniais; a regimes contábeis a serem empregados para o registro e reconhecimento das receitas e das despesas de natureza orçamentária, patrimonial e fiscal; a conceitos e classificações da receita e da despesa públicas; a critérios e parâmetros para a apuração do resultado patrimonial das entidades que integram a administração direta e indireta; a constituição e reversão de reservas de resultado; e à transferência de ganhos e/ou à cobertura de prejuízos observados pelas entidades em determinado exercício financeiro.

Relacionamento entre BC e TN – Tema de Lei Complementar?

Em razão da clara jurisprudência e do posicionamento da ampla doutrina a respeito de que leis complementares somente podem tratar das matérias que lhe foram expressamente trazidas pela Constituição da República, resta, então, verificar se o tema "relacionamento entre BC e TN" estaria inserido em algum dos campos materiais delineados pelos artigos 163, 165, §9º, II, ou 192 da Carta da República de 1988.

Para tanto, posto que não se pretende esgotar o tema ou limitar o seu alcance, será considerado, para fins de análise, que o tema "relacionamento entre BC e TN" se refere apenas aos aspectos da apuração dos resultados patrimoniais alcançados pela autoridade monetária em determinado período e sua respectiva transferência ao Tesouro, quando positivo, ou sua cobertura pelo Tesouro, quando negativo.

De pronto, o art. 192 da Constituição já pode ser afastado, pois o campo material que ali se encontra – regulação do sistema financeiro nacional – não tem qualquer relação com o tema, objeto do presente estudo. Ou seja, se porventura chegar-se à conclusão de que o "relacionamento entre o BC e o TN" deve ser tratado por intermédio de lei complementar, não será por causa do que estabelece o referido dispositivo constitucional.

Em relação ao teor do art. 192 da Constituição, frise-se que, em sede de ADI 2.238-5, o ministro Ilmar Galvão, do Supremo Tribunal Federal, quando analisou o teor do art. 7º da Lei de Responsabilidade Fiscal,[10] manifestou-se nos seguintes termos:

> 4. Artigo 7º, pelo qual o resultado do Banco Central, apurado após a constituição ou reversão de reservas, constitui receitas do Tesouro Nacional.
> Nos dizeres da inicial, tratando-se de norma reguladora do sistema financeiro nacional, haveria de constar da lei complementar específica, prevista no art. 192 da CF.
> Patente, todavia, que se está diante de norma de natureza fiscal, disciplinadora da realização da receita, e não de norma vinculada ao sistema financeiro nacional.

Superada a discussão acima, vale questionar se o tema em análise encontraria assento nos termos trazidos pelo art. 163 da Carta Política. Com ampla margem de segurança, pode-se afirmar que ele não tem nenhuma relação com o positivado pelos incisos II a VII de referido dispositivo constitucional. As matérias ali listadas – dívida pública, concessão de garantias, emissão e resgate de títulos, fiscalização de entidades da administração direta e indireta, operações de câmbio e funções das instituições oficiais de crédito – não estão diretamente associadas ao assunto "relacionamento entre BC e TN".

No entanto, quando o intérprete da norma se depara com o teor do inciso I do art. 163, o qual estabelece que lei complementar disporá sobre finanças públicas, é levado a concluir sobre a necessidade de se regular o relacionamento entre o BC e o TN por intermédio de tal espécie normativa, posto que a referida temática parece estar claramente inserida no âmbito das finanças públicas

Tal conclusão é reforçada pelo fato de que a aplicação de lei complementar para o tratamento do tema em questão estaria em linha com a doutrina dominante quando esta afirma que a principal função de uma lei complementar é completar o texto constitucional. No caso concreto em análise, a utilização dessa espécie normativa, portanto, teria o condão de trazer as bases para o perfeito entendimento e normatização do art. 164 da Carta Magna, o qual traz os princípios da relação entre a autoridade monetária e o Tesouro Nacional, nos seguintes termos:

> Art. 164. A competência da União para emitir moeda será exercida exclusivamente pelo banco central.
> § 1º É vedado ao banco central conceder, direta ou indiretamente, empréstimos ao Tesouro Nacional e a qualquer órgão ou entidade que não seja instituição financeira.

No entanto, apesar de, a nosso ver, os arts. 163 e 164 da Carta Magna não deixarem dúvida quanto ao tema "relacionamento entre BC e TN" estar no campo material a ser tratado por lei complementar, é razoável adotar conduta conservadora e aceitar, para fins de análise – com base no entendimento doutrinário de que o campo material de uma lei complementar não se presume –, que, em função de sua redação aberta, o art. 163, I, não teria sido claro e expresso o suficiente para se afirmar, inequivocamente, que ele estaria albergando a tese de que a relação entre Tesouro e BC deve ser tratada em lei complementar.

A adoção de referida conduta é compatível com o entendimento esposado por Oliveira (2013: 192-194), que se manifesta no sentido de que "muito embora o disciplinamento de assuntos afetos às finanças públicas por meio de lei complementar não esteja limitado aos incisos II a VII do art. 163, o inciso I não implica a exigência de lei complementar para dispor sobre toda e qualquer matéria abrangível por esse campo".

Nesse diapasão, Oliveira (*ibid.*: 192-194) alerta que a interpretação literal que confere ao inciso essa abrangência "não seria compatível com a competência excepcional dessa espécie normativa, derrogatória da competência comum da lei ordinária em matérias muito bem delimitadas nos demais casos em que a Constituição prescreve a normatização por lei complementar".

Sendo assim, aceitando-se, por mera prudência, a tese de que o art. 163, I, da Constituição não pode ser invocado para se determinar a edição de lei complementar que dispõe sobre o relacionamento entre o BC e o TN, é preciso ir adiante e analisar, a seguir, o conteúdo do art. 165, § 9º, II, para verificar o alcance de referido dispositivo.

De pronto, vale transcrever novamente tal passagem da Constituição, *in verbis*:

> Art. 165 [...]
> § 9º Cabe à lei complementar:
> [...]
> II - estabelecer normas de gestão financeira e patrimonial da administração direta e indireta bem como condições para a instituição e funcionamento de fundos.

Como cediço, o Banco Central do Brasil é autarquia federal, instituída pela lei 4.595/1964. Tem personalidade jurídica própria, distinta daquela da União. Embora seja entidade vinculada ao Ministério da Fazenda, possui direitos e obrigações específicos, bem como autonomia administrativa e financeira, nos limites fixados pela legislação em vigor. O Tesouro Nacional, na acepção orgânica de referida expressão, integra a administração direta como órgão específico singular do Ministério da Fazenda, bem como órgão central dos Sistemas de Administração Financeira Federal e de Contabilidade Federal diretamente subordinado ao ministro de Estado da Fazenda.

É forçoso concluir, desse modo, que a dicção do art. 165, § 9º, II, da Carta Política, não deixa dúvida quanto à necessidade de edição de lei complementar para estabelecer normas sobre o "relacionamento entre o BC e o TN". Isso porque, primeiramente, normas de gestão financeira e patrimonial são aquelas que, entre outros assuntos, determinam como as entidades da administração pública devem: (i) reconhecer e efetuar o registro de suas receitas e despesas; (ii) apurar periodicamente o seu resultado patrimonial; (iii) constituir reservas de resultado; e (iv) assumir obrigações recíprocas em razão do resultado positivo ou negativo do BC. Segundamente, porque o BC e o TN integram, respectivamente, a administração indireta e direta da União.

Resultado do BC – A evolução da Legislação

A lei 4.595/1964

Ainda que grande parte da lei nº 4.595, de 1964, trate do sistema financeiro nacional, alguns de seus dispositivos versam sobre tema inserido no campo material da lei complementar a que se refere o art. 165, § 9º, II, da Constituição de 1988, especialmente no que tange ao estabelecimento de normas de gestão financeira e patrimonial do BC.

A versão original do art. 8º, por exemplo, estabelecia que os resultados patrimoniais apurados pela autoridade monetária deveriam ser incorporados ao seu patrimônio, ou seja, não seriam transferidos ao TN.

> Art. 8º [...]
> Parágrafo único. Os resultados obtidos pelo Banco Central da República do Brasil serão incorporados ao seu patrimônio.

As alterações promovidas pelo decreto-lei nº 2.376, de 1987

Posteriormente, por intermédio do decreto-lei nº 2.376, de 1987, modificou-se o parágrafo único do art. 8º, determinando que os resultados do BC não seriam mais incorporados ao seu patrimônio, mas, sim, repassados ao Tesouro Nacional.

> Art. 8º [...]
> Parágrafo único. Os resultados obtidos pelo Banco Central do Brasil, consideradas as receitas e despesas de todas as suas operações, serão, a partir de 1º de janeiro de 1988, apurados pelo regime de competência e transferidos para o Tesouro Nacional, após compensados eventuais prejuízos de exercícios anteriores.

Frise-se que outras importantes modificações foram promovidas em referido dispositivo, quais sejam: (i) o resultado do BC englobaria as receitas e as despesas de todas as suas operações; (ii) o resultado seria apurado de acordo com o regime de competência; (iii) o resultado negativo não seria coberto pelo TN, mas incorporado ao patrimônio do BC; (iv) apenas o resultado positivo seria transferido ao TN; e (v) a transferência do resultado positivo somente ocorreria após terem sido compensados prejuízos obtidos anteriormente.

Referido decreto-lei também alterou, na oportunidade, o teor do art. 4º, XXVII, da lei nº 4.595, de 1964, atribuindo novas competências ao CMN, a saber: (i) decidir sobre a forma de transferência dos resultados do BC para o Tesouro; e (ii) decidir sobre o prazo de referida transferência. *Verbis*:

> Art. 4º Compete ao Conselho Monetário Nacional, segundo diretrizes estabelecidas pelo Presidente da República:
> [...]
> XXVII - aprovar o regimento interno e as contas do Banco Central do Brasil e decidir sobre seu orçamento e sobre seus sistemas de contabilidade, bem como sobre a forma e prazo de transferência de seus resultados para o Tesouro Nacional, sem prejuízo da competência do Tribunal de Contas da União.

De certo, tal competência foi atribuída ao CMN porque existem efeitos sobre as finanças públicas – expansão e retração monetária, por exemplo – advindos da transferência do resultado positivo do BC ao TN. Efeitos esses que, ao que parece, precisam ser previamente analisados pelo CMN. Nesse sentido, parece ter sido correto atribuir ao CMN a decisão sobre a forma e o prazo de transferência do resultado.

Em que pese a clara redação de dispositivos constitucionais que determinam a edição de lei complementar para o estabelecimento de normas de finanças públicas e, principalmente, de normas de gestão financeira e patrimonial da administração direta e indireta, diversas leis ordinárias e medidas provisórias foram utilizadas ao longo do tempo para dispor sobre a apuração do resultado do BC e sua transferência ao TN.

Logo após a promulgação da Carta de 1988, a lei nº 7.862, de 1989, por exemplo, trouxe alterações significativas no que tange à transferência dos resultados do BC ao TN, ao determinar que os recursos transferidos ao TN somente poderiam ser destinados à amortização da dívida pública federal.

> Art. 4º Os resultados positivos do Banco Central do Brasil, apurados em seus balanços semestrais, serão recolhidos ao Tesouro Nacional, até o último dia do mês subsequente ao da apuração.
> Parágrafo único. Os recursos transferidos ao Tesouro Nacional, a que se refere o *caput*, serão destinados exclusivamente à amortização de dívida pública federal.

Como se vê, a referida lei, no que tange ao "resultado" que poderia ser transferido ao TN, não alterou a sistemática que vinha sendo adotada pelo parágrafo único do art. 8º da lei nº 4.595, de 1964, ou seja, apenas o resultado positivo continuaria a ser transferido. O resultado negativo, entretanto, ainda seria mantido no patrimônio da autoridade monetária. Frise-se, contudo, que o art. 4º da lei nº 7.862, de 1989, não mais trazia a expressão positivada pelo decreto-lei nº 2.376, de 1987, que determinava que a transferência do resultado ao TN somente ocorreria "após compensados eventuais prejuízos de exercícios anteriores".

No que se refere, contudo, ao estabelecimento de prazos e forma de transferência do resultado do BC, as alterações promovidas pelo art. 4º da lei nº 7.862, de 1989, podem ser assim destacadas: (i) estabeleceu que, para fins de transferência, o período de apuração do resultado do BC seria semestral; (ii) estabeleceu data fatal para a transferência do resultado; e (iii) ao informar que o resultado positivo seria "recolhido" ao TN, acabou por estabelecer a forma como o resultado seria transferido, qual seja: mediante depósito de valores na Conta Única do Tesouro.

Nessa esteira, vale observar que o art. 4º da lei nº 7.862, de 1989, tratou de tema até então positivado pelo art. 4º, XXVII, da lei nº 4.595, de 1964. Como visto, a competência para estabelecer o prazo e a forma de transferência do resultado do BC ao TN era do CMN. O teor do contido na lei 4.595, de 1964, por tratar de norma de gestão financeira e patrimonial de entidade da administração indireta, teria sido recepcionado pela Carta Magna de 1988 como de conteúdo materialmente complementar. Nesse sentido, não nos parece compatível com o texto constitucional tais alterações terem sido realizadas por intermédio de lei ordinária.

Ainda em relação à lei nº 7.862, de 1989, frise-se que, pela primeira vez, uma lei estabeleceu uma espécie de vinculação para os recursos recolhidos em razão da transferência do resultado do BC ao TN. O parágrafo único do art. 4º passou a determinar que esses recursos somente poderiam ser utilizados para a amortização de dívida pública federal.

Note-se que o referido parágrafo não estabelecia qualquer restrição em relação: (i) ao tipo da dívida que poderia ser amortizada, ou seja, poderia ser uma dívida contratual ou uma dívida representada por títulos públicos; e (ii) ao detentor dos créditos. Isto é, os recursos poderiam ser utilizados para o pagamento de dívida que estivessem na carteira do BC ou na carteira de qualquer outra entidade no resto do mundo. No entanto, ao usar a palavra "amortização", o referido parágrafo estabelecia que os recursos somente poderiam ser empregados para o pagamento do principal da respectiva dívida, ou seja, não poderiam ser utilizados para o pagamento de juros e encargos.

A lei nº 9.069, de 1994 – Lei do Plano Real

Em 1994, o art. 75 da lei nº 9.069, de 1994 – lei que criou o Plano Real – alterou a redação do art. 4º da lei nº 7.862, de 1989, *in verbis*:

> Art. 4º Os resultados positivos do Banco Central do Brasil, apurados em seus balanços semestrais, serão recolhidos ao Tesouro Nacional, até o dia 10 do mês subsequente ao da apuração.
>
> § 1º Os recursos a que se refere o *caput* deste artigo serão destinados à amortização da dívida pública do Tesouro Nacional, devendo ser amortizado, prioritariamente, o principal atualizado e os respectivos juros da dívida pública mobiliária federal interna de responsabilidade do Tesouro Nacional em poder do Banco Central do Brasil.

De pronto, frise-se que a lei do Plano Real não alterou a regra de apuração semestral do resultado e também não alterou a regra que estabelecia que apenas o resultado positivo seria transferido ao TN. No que tange às modificações promovidas, elas podem ser assim resumidas: (i) alterou o prazo para a transferência do resultado, passando a ser até o dia 10 do mês subsequente; (ii) estabeleceu que, antes de qualquer outro tipo de amortização, seriam pagas, prioritariamente, as dívidas mobiliárias do TN que estivessem na carteira do BC; (iii) permitiu que, em relação a essas últimas, os recursos pudessem ser utilizados para o pagamento do principal e dos encargos financeiros; e (iv) somente após terem sido empregados para honrar as dívidas com o BC, os recursos poderiam ser usados para amortizar (o principal) de qualquer outra dívida do TN.

A medida provisória nº 1.789, de 1998

Ao final de dezembro de 1998, foi editada a medida provisória nº 1.789, de 1998. O art. 13 de referida norma revogou o art. 4º da lei nº 7.862, de 1989, *in verbis*: "Art. 13. Ficam revogados o decreto-lei nº 1.637, de 6 de outubro de 1978, e o art. 4º da lei nº 7.862, de 30 de outubro de 1989." Várias foram as alterações promovidas na sistemática de apuração do resultado do BC e de sua transferência ao TN, como segue:

> Art. 3º O resultado apurado no balanço anual do Banco Central do Brasil após computadas eventuais constituições ou reversões de reservas será considerado:
>> I. se positivo, obrigação do Banco Central do Brasil para com a União, devendo ser objeto de pagamento até o décimo dia útil do exercício subsequente ao da aprovação do balanço pelo Conselho Monetário Nacional;
>> II. se negativo, obrigação da União para com o Banco Central do Brasil, devendo ser objeto de pagamento até o décimo dia útil do exercício subsequente ao da aprovação do balanço pelo Conselho Monetário Nacional.
>
> § 1º Os valores pagos na forma do inciso I serão destinados exclusivamente ao pagamento da dívida pública mobiliária federal, devendo ser amortizada, prioritariamente, aquela existente junto ao Banco Central do Brasil.
> [...]

§ 3º A constituição de reservas de que trata o *caput* não poderá ser superior a vinte e cinco por cento do resultado apurado no balanço do Banco Central do Brasil.

Art. 4º O balanço do Banco Central do Brasil considerará o período de 1º de janeiro a 31 de dezembro.

As alterações promovidas pela medida provisória nº 1.789, de 1998, podem ser assim enumeradas: (i) o período de apuração do resultado voltou a ser anual, e não mais semestral (art. 3º, *caput*); (ii) o período de apuração do balanço coincidiria com o ano civil (art. 3º, § 4º); (iii) antes de se determinar o montante do resultado a ser transferido ao TN ou coberto pelo TN, seria necessário computar a constituição ou a reversão de reservas (art. 3º, *caput*); (iv) não poderiam ser destinados mais do que 25% do resultado patrimonial do BC para a formação de reservas (art. 3º, § 3º); (v) os resultados negativos passariam a ser cobertos pelo TN, ou seja, não seriam mais incorporados integralmente ao patrimônio do BC (art. 3º, I e II); (vi) o início da contagem do prazo para a realização da transferência e da cobertura do resultado não seria mais a partir da data da apuração do resultado, mas da data de aprovação do balanço pelo CMN (art. 3º, I e II); (vii) o prazo para a transferência e para cobertura do resultado passou para o 10º dia útil do exercício subsequente ao da aprovação do balanço pelo CMN (art. 3º, I e II); e (viii) apesar de mantida a prioridade de amortização da dívida mobiliária do TN com o BC, voltou-se a permitir a utilização dos recursos apenas para o pagamento do principal de referida dívida (art. 3º, § 1º).

Vale observar, ainda, que o art. 3º, I e II, da medida provisória nº 1.789, de 1998, não mais usou a expressão "serão recolhidos" que estava presente no art. 4º, *caput*, da lei nº 7.862, de 1989. No lugar, adotou a expressão "devendo ser objeto de pagamento". Ao assim proceder, a referida alteração: a uma, parece ter representado mais uma afronta ao que estava estabelecido pelo art. 4º, XXVII, da lei nº 4.595, de 1964, o qual reservava, ao CMN, a competência para estabelecer a forma como seria efetuada a transferência do resultado do BC; a duas, parece ter estabelecido o mesmo procedimento (forma) de pagamento para os resultados positivos e para os resultados negativos; e, a três, ainda que excluindo do texto a expressão "serão recolhidos", parece ter determinado que o pagamento, tanto da transferência quanto da cobertura do resultado, deveria ser efetuado com recursos financeiros.

Ainda em relação às alterações promovidas pela medida provisória nº 1.789, de 1998, frise-se que a legislação vigente até então – lei nº 4.595, de 1964, e lei nº 7.862, de 1989 – estabelecia que somente o resultado positivo do BC seria transferido ao TN. Significa dizer que, com a edição de referida norma, promoveu-se, efetivamente, alteração na sistemática de apuração do resultado do BC, assunto que, ao que nos parece, somente poderia ter sido regulado por intermédio de lei complementar, posto que o art. 165, § 9º, II, da Constituição da República exige a edição de tal espécie normativa para o estabelecimento de normas de gestão financeira e patrimonial de entidade que integra a administração indireta, como é o caso do Banco Central do Brasil.

O texto do art. 3º da medida provisória nº 1.789, de 1998, foi mantido pelas outras medidas provisórias que a reeditaram ou revogaram, sendo alterado apenas pela medida provisória nº 2.101-32, de 2001, cujo conteúdo será analisado logo adiante neste texto.

A Lei de Responsabilidade Fiscal - lei complementar nº 101, de 2000

Nesse ínterim, foi publicada a Lei de Responsabilidade Fiscal – lei complementar nº 101, de 2000, a qual, de acordo com o art. 1º, *caput*, foi editada com amparo nos artigos 163 a 169 da Constituição da República, de 1988. Frise-se que a LRF foi a primeira lei complementar editada após a lei 4.595/1964 que tratou do tema "relacionamento entre BC e TN".

O art. 1º, § 2º, de referida lei complementar, estabelece que o BC e o TN estão por ela abrangidos.[11] No que tange à sistemática de apuração do resultado do BC e à transferência e cobertura do mesmo, a referida lei complementar, por intermédio de seu art. 7º, trouxe importantes informações, *in verbis*:

> Art. 7º O resultado do Banco Central do Brasil, apurado após a constituição ou reversão de reservas, constitui receita do Tesouro Nacional, e será transferido até o décimo dia útil subsequente à aprovação dos balanços semestrais.
>
> § 1º O resultado negativo constituirá obrigação do Tesouro para com o Banco Central do Brasil e será consignado em dotação específica no orçamento.

Como se pode observar, a LRF referendou a determinação – a medida provisória nº 1.789, de 1998, já havia se manifestado nesse sentido – para que tanto os resultados positivos quanto os negativos fossem, respectivamente, transferidos ao TN e cobertos pelo TN (art. 7º, *caput*). Manteve também a regra de que o resultado somente seria transferido ou coberto depois da constituição ou a reversão de reservas (art. 7º, *caput*). E ainda manteve o evento – aprovação do balanço – a partir do qual se iniciaria a contagem do prazo para a transferência do resultado positivo.

No entanto, a LRF alterou o período de apuração do resultado, deixando de ser anual e passando a ser semestral (art. 7º, *caput*). Alterou também o prazo para que a transferência do resultado positivo fosse realizada, determinando que, em vez de ser realizada até o 10º dia útil do exercício subsequente ao da aprovação do balanço, ela seria efetuada até o 10º dia útil subsequente à aprovação do balanço de cada semestre.

Com relação à cobertura do resultado negativo, não trouxe grandes inovações. Apenas determinou que o montante a ser coberto pelo TN deveria ser pago, ainda que na forma da emissão direta de títulos públicos, por intermédio de dotações consignadas no orçamento.

A medida provisória nº 1.980-18, de 2000, e o conflito com o disposto pela LRF

A publicação da LRF – lei complementar, repita-se –, porém, parece não ter logrado êxito em pacificar ou harmonizar o conteúdo da legislação referente ao resultado do BC. Não porque tenha sido falha em sua dicção, mas porque, apesar de sua existência, inúmeras foram as medidas provisórias que continuaram a tratar de referido tema.

A título de exemplo, vale observar que, no mesmo dia de sua publicação – dia 4 de maio de 2000 –, foi editada a medida provisória nº 1.980-18, de 2000. Os artigos 3º e 4º desta nova norma eram iguais àqueles que vinham sendo positivados pelas inúmeras medidas provisórias que, antes da LRF, reeditaram a medida provisória nº 1.789, de 1998, como já observado pelo presente texto. Isso significa que tais artigos eram divergentes do conteúdo do art. 7º da LRF. Ou seja, no mesmo dia – 4 de maio de 2000 – passaram a "existir" uma lei complementar e uma medida provisória que estabeleciam tratamento distinto para o mesmo tema.

A medida provisória nº 2.101, de 2001

Ocorre que os artigos 3º e 4º citados acima foram sendo continuamente reeditados pelas medidas provisórias subsequentes (1.980-19, 1.980-20, 1.980-21, 1.980-22, 1.980-23, 1.980-24, 1.980-25, 1.980-26, 2.101-27, 2.101-28, 2.101-29, 2.101-30 e 2.101-31), até que, com a edição da medida provisória nº 2.101-32, de maio de 2001, foram procedidas as seguintes modificações: (i) o art. 3º foi renumerado para art. 2º, sem, no entanto, qualquer alteração de conteúdo; (ii) o art. 4º foi renumerado para art. 3º; e (iii) teve seu conteúdo alterado, conforme abaixo. *Verbis*:

> Art. 2º O resultado apurado no balanço anual do Banco Central do Brasil *após computadas eventuais constituições ou reversões de reservas* será considerado: [...].
> Art. 3º O balanço do Banco Central do Brasil será semestral e considerará o período de 1º de janeiro a 30 de junho e 1º de julho a 31 de dezembro.

A modificação trazida pelo art. 3º foi, portanto, no sentido de determinar que os balanços do BC seriam apurados semestralmente, englobando as operações situadas entre as datas expressamente especificadas. Mas, ressalte-se, como já evidenciado no presente texto, o *caput* do art. 7º, da LRF, já estabelecia que os balanços da autoridade monetária seriam semestrais.

Medida provisória nº 2.179-35, de 2001

No que tange ao teor do art. 2º da nova medida provisória, observe-se que ele continuava a determinar que o resultado do BC a ser transferido ou coberto seria o anual, e não o semestral; ainda que o art. 7º, *caput*, da LRF, desde maio de 2000, determinasse que seria o resultado semestral. Vale dizer, referido art. 2º somente veio a ser alterado em julho de 2001 – mais de um ano após a publicação da LRF –, por intermédio da edição da medida provisória nº 2.179-35, a qual passou a estabelecer o seguinte, *in verbis*: "Art. 2º O resultado apurado no balanço semestral do Banco Central do Brasil após computadas eventuais constituições ou reversões de reservas será considerado: [...]".

Outra modificação promovida pela MP nº 2.179-35, de julho de 2001, foi em relação ao prazo para a transferência do resultado positivo do BC ao TN. Como pode ser observado abaixo, o prazo estabelecido pelo art. 2º, I, da medida provisória, tornou-se compatível com aquele que fora positivado pelo art. 7º, *caput*, da LRF, *in verbis*:

> Art. 7º O resultado do Banco Central do Brasil, apurado após a constituição ou reversão de reservas, constitui receita do Tesouro Nacional, e *será transferido até o décimo dia útil subsequente à aprovação dos balanços semestrais.*
>
> Art. 2º O *resultado apurado no balanço semestral* do Banco Central do Brasil após computadas eventuais constituições ou reversões de reservas será considerado:
>
> I. *se positivo*, obrigação do Banco Central do Brasil para com a União, devendo ser objeto de pagamento *até o décimo dia útil subsequente ao da aprovação do balanço* pelo Conselho Monetário Nacional;
>
> II. se negativo, obrigação da União para com o Banco Central do Brasil, devendo ser objeto de pagamento até o décimo dia útil do exercício subsequente ao da aprovação do balanço pelo Conselho Monetário Nacional. (Grifou-se)

Ressalte-se, entretanto, que, ao manter o texto do art. 2º, II, a MP nº 2.179-35, de julho de 2001, manteve a assimetria até então existente entre os prazos estabelecidos para a transferência do resultado do BC ao TN e para a cobertura, pelo TN, do resultado negativo do BC. Como pode ser visto nos incisos transcritos acima, enquanto a transferência do BC ao TN é efetuada em até dez dias úteis após a aprovação dos balanços semestrais, a cobertura, pelo TN, do resultado negativo do BC é efetuada até o décimo dia útil do exercício subsequente ao da aprovação do balanço semestral. Significa dizer que, no caso do balanço referente ao 2º semestre de um determinado exercício – 20X1, por exemplo –, caso sua aprovação seja efetuada logo no início do exercício de 20X2 – final de janeiro, por exemplo – eventual resultado positivo seria transferido logo em fevereiro de 20X2 e eventual resultado negativo somente seria coberto pelo TN em janeiro de 20X3.

A MP nº 2.179-35, de julho de 2001, foi reeditada pela MP nº 2.179-36, de agosto de 2001, a qual não promoveu nenhuma alteração em relação aos dispositivos que tratavam da sistemática de apuração e transferência do resultado do BC. Essa medida provisória continua em vigor até os dias de hoje, em razão do disposto pelo art. 2º da emenda constitucional nº 32, de 11 de setembro de 2001.[12] Apenas em 2008, como será visto adiante, foram promovidas alterações em alguns de seus dispositivos.

Medida provisória nº 435/2008, a lei 11.803/2008 e a Operação de Equalização Cambial

A sistemática de apuração e de transferência do resultado do BC permaneceu sem alterações até o ano de 2008, quando foi editada a MP nº 435, de 2008. Um dos fatores que condicionaram a modificação de referida sistemática está associado, sem sombra de dúvida, à política de acumulação de reservas internacionais, iniciada a partir da segunda metade da primeira década deste milênio, como mostra a Tabela 6.1.

Tabela 6.1
Reservas Internacionais no BC – em US$ milhões

Data	Reservas Internacionais
dez/00	33.011
dez/01	35.866
dez/02	37.823
dez/03	49.296
dez/04	52.935
dez/05	53.799
dez/06	85.839
dez/07	180.334
dez/08	193.783
dez/09	238.520
dez/10	288.575
dez/11	352.012
dez/12	373.147
dez/13	358.808
dez/14	363.551
dez/15	356.464
fev/16	359.368

Fonte: Banco Central do Brasil – Nota de Imprensa – Setor Externo

Mas qual seria a relação entre o acúmulo de reservas internacionais e a sistemática de apuração do resultado do BC? Explica-se. A exposição de motivos da MP nº 435, de 2008, informa que, *in verbis*: "[...] ao adquirir divisas, o Banco Central do Brasil necessita vender títulos de sua carteira, com o objetivo de esterilizar o acréscimo de liquidez resultante das intervenções no mercado de câmbio [...]". Referida troca de ativos internos por ativos externos provoca um descasamento entre as contas da autoridade monetária, cujos ativos são, em grande parte, referenciados a moedas estrangeiras e cujos passivos são, em sua maioria, constituídos por obrigações em moeda local. A própria exposição de motivos reconhece essa característica, informando que, com o acúmulo de reservas, passou a ocorrer, *in verbis*: "[...] um desequilíbrio estrutural nas contas da autoridade monetária, cujo passivo se constitui basicamente de obrigações em moeda nacional com residentes no País [...]".

Aliado a esse fato, ressalte-se que, desde janeiro de 1999, as oscilações da taxa de câmbio no Brasil seguem o regime de câmbio flutuante, no qual a referida taxa é livremente estabelecida em razão das operações realizadas pelos agentes econômicos (sem intervenções sistemáticas da autoridade monetária). A Figura 6.1 mostra, a partir de dezembro/2005 – início da política de acúmulo de reservas internacionais –, o comportamento mensal da taxa de câmbio (final de período – compra).

Figura 6.1
Taxa de Câmbio R$/US$, 12/2005 a 12/2015

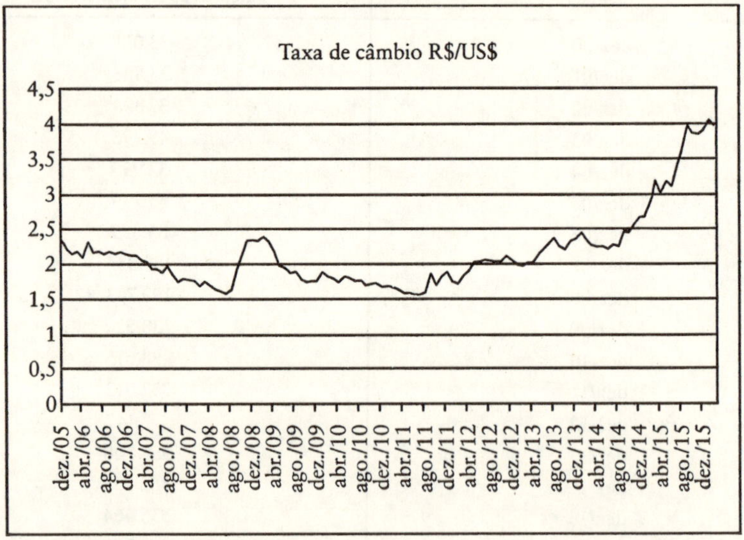

Fonte: Banco Central do Brasil – Séries Temporais – Setor Externo – Dólar Americano (compra) – final de período – mensal

Como os estoques, em reais, das reservas internacionais e dos derivativos cambiais sofrem os efeitos das oscilações na taxa de câmbio – aumentam quando a taxa oscila positivamente e diminuem quando a taxa de câmbio reduz seu valor – e como a lei determina que as demonstrações do BC devem seguir o regime de competência para a apuração de todas as suas receitas e despesas, então, tais variações de saldo são captadas pela autoridade monetária como uma receita ou uma despesa, respectivamente, o que acabava provocando, como bem informa a exposição de motivos, "[...] volatilidade no resultado do Banco Central do Brasil [...]".

Equalização cambial e a redução na volatilidade do resultado do BC

Em razão do cenário apresentado acima, a exposição de motivos propôs, então, que fosse adotado, *in verbis*:

> [...] um *mecanismo destinado a reduzir a volatilidade do resultado* do Banco Central do Brasil, mediante a transferência, para a União, do resultado financeiro das operações realizadas pelo Banco Central do Brasil, desde 2 de janeiro de 2008, com reservas cambiais e, no mercado interno, com derivativos cambiais [...]. (Grifou-se)

Referido mecanismo passou a ser conhecido como "equalização cambial", e restou assim positivado pela MP nº 435, de 2008, posteriormente convertida na lei nº 11.803, de 2008, *in verbis*:

> Art. 6º *O resultado financeiro das operações com reservas cambiais* depositadas no Banco Central do Brasil *e das operações com derivativos cambiais* por ele realizadas no mercado interno, conforme apurado em seu balanço, [...]:
> [...]
> § 1º Para os efeitos desta Lei, considera-se:
> I. *resultado financeiro das operações com reservas cambiais* depositadas no Banco Central do Brasil: o produto entre o estoque de reservas cambiais, apurado em reais, e a diferença entre sua taxa média ponderada de rentabilidade, em reais, e a taxa média ponderada do passivo do Banco Central do Brasil, nele incluído seu patrimônio líquido; e
> II. *resultado financeiro das operações com derivativos cambiais* realizadas pelo Banco Central do Brasil no mercado interno: a soma dos valores referentes aos ajustes periódicos dos contratos de derivativos cambiais firmados pelo Banco Central do Brasil no mercado interno, apurados por câmara ou prestador de serviços de compensação, liquidação e custódia [grifo nosso].

O funcionamento da equalização cambial

Basicamente, conforme estabelecem os dispositivos acima, a equalização cambial consiste no seguinte: (i) apuram-se, diariamente, as oscilações provocadas pela variação da taxa de câmbio sobre os saldos, em reais, das reservas internacionais e dos derivativos cambiais; (ii) caso essa oscilação seja positiva – aumento do saldo dos respectivos ativos, portanto –, registra-se, de imediato, um passivo, de igual monta, para a autoridade monetária; e (iii) caso essa oscilação seja negativa – redução do saldos dos respectivos ativos –, registra-se um outro ativo, de igual monta, para o BC.

A operação de equalização cambial também poderia ser explicada com outras palavras, como segue: (i) se, em determinado dia, a taxa de câmbio aumenta – o real se desvaloriza, portanto –, então ocorre um aumento no saldo, em reais, dos ativos do BC indexados à taxa de câmbio; (ii) de acordo com o regime contábil da competência, referido aumento no saldo de um ativo deve ser registrado como uma receita para o BC; (iii) a operação de equalização cambial, no entanto, determina que se registre, no mesmo dia e em igual monta, um passivo para o BC; (iv) também de acordo com o regime de competência, o aumento de referido passivo deve ser registrado como uma despesa para a autoridade monetária; (iv) no fim do dia, portanto, os ganhos oriundos da oscilação positiva na taxa de câmbio são anulados pelo registro de um passivo no patrimônio do BC.

No que tange à redução da taxa de câmbio, a equalização funciona da seguinte forma: (i) se, em determinado dia, a taxa de câmbio diminui – o real se valoriza, portanto –, então ocorre uma redução no saldo, em reais, dos ativos do BC indexados à taxa de câmbio; (ii) de acordo com o regime contábil da competência, referida redução de saldo de um ativo deve ser registrada como uma despesa para o BC; (iii) a operação de equalização cambial, no entanto, determina que se registre, no mesmo dia e em igual monta, um outro ativo para o BC; (iv) também de acordo com o regime de competência, o aumento de referido ativo deve ser registrado como uma receita para a autoridade monetária; (iv) no fim do dia, as perdas oriundas da oscilação negativa na taxa de câmbio são anuladas, portanto, pelo registro de um ativo no patrimônio do BC.

Desse modo, se não existisse referido mecanismo, os ganhos obtidos com uma desvalorização do real produziriam, ao fim de um semestre, lucros na apuração do resultado patrimonial do BC. De outro lado, as eventuais perdas oriundas de uma valorização do real produziriam prejuízos na apuração semestral do resultado patrimonial do BC. Esse mecanismo é determinado pelo § 2º, do art. 6º, da lei nº 11.803, de 2008, o qual também estabelece que, ao fim do semestre, haja uma compensação entre o saldo dos ativos e dos passivos registrados ao longo do mesmo semestre, como segue, *in verbis*:

Art. 6º [...]

§ 2º *O resultado financeiro* das operações referidas no *caput* deste artigo *será apurado diariamente e acumulado para fins de compensação e liquidação entre as partes*, equivalendo o período de apuração ao definido para o balanço do Banco Central do Brasil [grifo nosso].

Assim, caso o montante dos passivos registrados em função da equalização cambial seja maior que o dos ativos assim registrados, então significa que, ao longo do semestre, as variações na taxa de câmbio provocaram, originalmente – antes de cada equalização diária –, receitas maiores do que despesas, ou seja, um resultado positivo com variações cambiais. No entanto, caso o montante dos ativos registrados em razão da equalização cambial seja maior que o montante dos passivos, então significa que, ao longo do semestre, as variações na taxa de câmbio produziram – antes de cada equalização diária – despesas maiores que receitas, ou seja, um resultado negativo com variações cambiais.

Pelas razões expostas acima, o art. 6º, I e II, da lei nº 11.803, de 2008, restou assim positivado, *in verbis*:

Art. 6º O resultado financeiro [...]:
    I. *se positivo*, obrigação do Banco Central do Brasil com a União, devendo ser objeto de pagamento até o décimo dia útil subsequente ao da aprovação do balanço pelo Conselho Monetário Nacional;
    II. *se negativo*, obrigação da União com o Banco Central do Brasil, devendo ser objeto de pagamento até o décimo dia útil do exercício subsequente ao da aprovação do balanço pelo Conselho Monetário Nacional [grifo nosso].

Ou seja, se a taxa de câmbio aumenta ao longo do semestre, então, no fim desse mesmo semestre, todos os ganhos obtidos pelo BC com a oscilação positiva da taxa de câmbio no respectivo período se transformam em uma obrigação do BC com o TN. Mas, se, em vez de ter subido, a taxa de câmbio diminuiu ao longo do semestre, então, no fim do respectivo semestre, as perdas que o BC teve com a oscilação negativa na taxa de câmbio viram um ativo da autoridade monetária com o TN.

Equalização cambial e a necessidade de edição de lei complementar

Percebe-se, pois, que o referido mecanismo logrou êxito em excluir, da apuração do resultado do BC, a volatilidade do resultado patrimonial da autoridade monetária. Em outras palavras, desde a edição da MP nº 435, de 2008, os ganhos e perdas com variação cambial – em razão da "zeragem" diária e automática produzida pela operação de equalização cambial – não mais são computados na apuração do resultado patrimonial semestral da autoridade monetária. Ou seja, a partir da equalização cambial, apenas as operações que não tenham relação com variação cambial é que integram a apuração do resultado do BC.

Haja vista o teor de referido tema, não nos parece errado concluir que, mais uma vez, utilizou-se, de maneira indevida, a nosso ver, o instrumento da medida provisória para assunto que, de acordo com a Constituição da República, deveria ter sido disciplinado por intermédio de lei complementar, posto que relacionado ao estabelecimento de norma a respeito de gestão financeira e patrimonial de entidade integrante da administração indireta (art. 165, § 9º, II, da CF).

O resultado do BC antes e depois da instituição da operação de equalização cambial

A Tabela 6.2 mostra, desde o 2º semestre de 2000 – logo após a edição da Lei de Responsabilidade Fiscal, portanto –, os resultados patrimoniais semestrais apurados pelo BC, bem como o montante, em cada semestre, do resultado da equalização cambial.

Tabela 6.2
Resultados Patrimoniais e da Equalização Cambial – em R$ mil   (continua)

Período	Patrimonial (A)	Equalização[1,2] (B)	Total (C = A + B)
2000/2ºSem	1.308.473	0	1.308.473
2001/1ºSem	(4.084.749)	0	(4.084.749)
2001/2ºSem	7.158.161	0	7.158.161
2002/1ºSem	(10.910.085)	0	(10.910.085)
2002/2ºSem	(6.283.614)	0	(6.283.614)
2003/1ºSem	24.181.794	0	24.181.794
2003/2ºSem	7.136.558	0	7.136.558
2004/1ºSem	2.795.700	0	2.795.700
2004/2ºSem	258.271	0	258.271
2005/1ºSem	(11.616.553)	0	(11.616.553)
2005/2ºSem	1.161.877	0	1.161.877
2006/1ºSem	(12.523.956)	0	(12.523.956)
2006/2ºSem	(643.092)	0	(643.092)
2007/1ºSem	(30.304.910)	0	(30.304.910)
2007/2ºSem	(17.209.229)	0	(17.209.229)
2008/1ºSem	3.172.740	(44.798.256)	(41.625.516)
2008/2ºSem	10.172.653	171.416.012	181.588.665
2009/1ºSem	(941.601)	(93.787.316)	(94.728.917)
2009/2ºSem	6.550.645	(53.931.576)	(47.380.931)
2010/1ºSem	10.803.195	(1.893.172)	8.910.023

(continuação)

Período	Patrimonial (A)	Equalização[1,2] (B)	Total (C = A + B)
2010/2ºSem	4.926.775	(46.636.548)	(41.709.773)
2011/1ºSem	12.230.706	(46.199.286)	(33.968.580)
2011/2ºSem	11.240.704	90.240.059	101.480.763
2012/1ºSem	12.318.246	32.210.001	44.528.247
2012/2ºSem	12.296.483	(9.900.595)	2.395.888
2013/1ºSem	17.688.071	15.766.502	33.454.573
2013/2ºSem	14.267.811	15.918.931	30.186.742
2014/1ºSem	5.271.503	(51.233.608)	(45.962.105)
2014/2ºSem	25.655.376	65.173.472	90.828.848
2015/1ºSem	35.184.659	46.406.630	81.591.289
2015/2ºSem	41.521.539	110.938.091	152.456.630

Fonte: Banco Central do Brasil – Demonstrações Financeiras

1/ Valores positivos significam que o resultado da equalização cambial foi superavitário. Valores negativos significam que o resultado da equalização cambial foi deficitário.
2/ O resultado positivo da equalização cambial é transferido, em dinheiro, para a Conta Única do TN. O resultado negativo da equalização cambial é coberto pelo TN, com a emissão de títulos públicos.

Como se vê, a tabela está dividida em dois grandes períodos,[13] separados pelo advento da operação de equalização cambial, vigente a partir de janeiro de 2008. Até o 2º semestre de 2007, é possível perceber a volatilidade no valor do resultado patrimonial – coluna "A" – do BC, que alterna entre montantes positivos e negativos. Isso se deve ao fato de que, até então, os ganhos e as perdas ocorridos em razão da oscilação na taxa de câmbio eram considerados na apuração do resultado patrimonial.

A partir do 1º semestre de 2008, já com a equalização cambial, o resultado patrimonial do BC passou a apresentar-se de maneira mais uniforme. A coluna "A" mostra que, com exceção do 1º semestre de 2009, todos os demais apresentaram resultados positivos. Nesse sentido, o objetivo de diminuir a volatilidade dos resultados da autoridade monetária, manifestado pela exposição de motivos que acompanhou a MP nº 435, de 2008, foi alcançado. Ocorre que, como será evidenciado, acabou por promover algumas distorções na sistemática de transferência de resultado do BC ao TN.

A tabela também mostra, de outro lado, que os resultados com a equalização cambial – coluna "B" –, influenciados diretamente pela variação na taxa de câmbio, apresentam valores positivos e negativos, cuja variação, em alguns semestres, apresenta-se muito expressiva, como é o caso, entre outros, do 2º semestre de 2008 e do 1º semestre de 2009. A última coluna – coluna "C" – da tabela, por sua vez, mostra qual seria o resultado patrimonial total do BC caso não houvesse sido implementada a operação de equalização cambial.

Com base nos dados da Tabela 6.2 e considerando o ordenamento jurídico vigente à época da apuração de cada resultado semestral, é possível obter informações importantes. A primeira análise que se pode fazer é em relação à transferência do resultado positivo do BC ao TN. A lei nº 11.803, de 2008, não alterou os dispositivos vigentes até então – art. 7º, da LRF, e art. 2º da MP nº 2.179-36 – que tratavam de referido tema. Nesse sentido, vale observar que, desde o 1º semestre de 2008, todos os resultados patrimoniais positivos indicados pela tabela acima – coluna "A" – foram transferidos pelo BC ao TN, mediante depósito de reais na Conta Única do TN, conforme determina a legislação.

Ocorre que, caso não tivesse sido introduzida a operação de equalização cambial, a transferência de resultado do BC ao TN, em alguns dos semestres listados acima, não teria ocorrido, uma vez que o resultado patrimonial total – coluna "C" – teria sido negativo. É o caso dos seguintes semestres: 1º/2008; 2º/2009; 2º/2010; 1º/2011; e 1º/2014. Nessa hipótese, em vez de ter sido obrigado a transferir resultado ao TN, o BC teria recebido cobertura do resultado pelo TN.

Uma segunda observação a ser feita é a seguinte: a legislação não prevê, antes da transferência ou da cobertura, qualquer forma de compensação prévia entre os valores do resultado patrimonial e o da equalização cambial. Ou seja, ainda que no semestre o resultado patrimonial e o da equalização cambial possuam sinais trocados, haverá a transferência – integral, frise-se – do resultado positivo (seja ele patrimonial ou de equalização) para o TN e a cobertura integral do resultado negativo (patrimonial ou de equalização) pelo TN. Assim, a título de exemplo, no 2º semestre de 2012, em vez de transferir ao TN apenas o montante líquido – coluna "C" – de R$ 2,4 bilhões, o BC foi obrigado a depositar R$ 12,3 bilhões na Conta Única do TN e este foi obrigado a transferir R$ 9,9 bilhões em títulos públicos ao BC.

As regras sobre a formação de reservas de resultado

A terceira análise que se pode fazer está relacionada ao tema "formação de reservas de resultado pelo BC". Como visto, a MP nº 1.789, de 1998, passou a estabelecer uma limitação para a formação de reservas de resultado do BC. A referida limitação foi mantida pelo art. 2º, § 3º, da MP nº 2.179-36, de 2001, *in verbis*:

> Art. 2º O resultado apurado no balanço semestral do Banco Central do Brasil após computadas eventuais constituições ou reversões de reservas será considerado:
> [...]
> § 3º A constituição de reservas de que trata o *caput não poderá ser superior a vinte e cinco por cento do resultado* apurado no balanço do Banco Central do Brasil. (Grifou-se)

Ocorre que tal dispositivo foi expressamente revogado pelo art. 14 da lei nº 11.803, de 2008. Em seu lugar, a referida lei passou a determinar o que segue, *in verbis*:

Art. 4º A constituição de reservas prevista no *caput* do art. 2º da Medida Provisória no 2.179-36, de 2001, não poderá ser superior a vinte e cinco por cento da *soma entre o resultado apurado no balanço do Banco Central do Brasil e o resultado do cálculo definido no art 6º* desta Lei. (Grifou-se)

Como as perdas e os ganhos com variação cambial não mais fariam parte do cálculo do resultado patrimonial do BC, posto que anulados pela operação de equalização cambial, o art. 4º, já citado, parece ter tido o objetivo de recompor a base de cálculo sobre a qual incidiria o percentual, máximo, de 25% para a formação de reservas de resultado. Ocorre que, ao assim estabelecer, o referido dispositivo parece ter provocado algumas distorções na possibilidade de formação de reservas de resultado pela autoridade monetária, como evidenciado abaixo.

Como a base de cálculo passou a ser o somatório do resultado patrimonial – coluna "A" – com o resultado da equalização – coluna "B" –, então, na realidade, a referida base representa os valores que estão sendo mostrados pela coluna "C" da tabela. No entanto, perceba-se que, em determinados semestres, como já observado acima, os valores desta coluna são negativos. Desse modo, ao aplicar-se o percentual máximo de 25% sobre os respectivos montantes, alguns apresentarão valor negativo. Isso significa que, para tais semestres, como a base de cálculo tem o valor negativo, não será possível efetuar a constituição de reservas de resultado, ainda que o resultado patrimonial tenha sido positivo. É o caso, por exemplo, dos seguintes semestres: 1ºsem/2008; 2ºsem/2011; 2ºsem/2010; 1ºsem/2011 e 1ºsem/2014.

Outro aspecto relacionado à formação de reservas precisa ser observado. Os semestres mostrados pela Tabela 6.3 – 2ºsem/2008 e 2º sem/2011 – apresentaram valores positivos tanto para o resultado patrimonial quanto para a equalização cambial.

Tabela 6.3
Diferença entre o potencial de constituição de reservas e o limite máximo – em R$ mil

Período	Patrimonial (A)	Equalização (B)	Total (C = A + B)	Limite (D = C x 0,25)	Insuficiência (E = D − A)
2008/2ºSem	10.172.653	171.416.012	181.588.665	45.397.166	35.224.513
2011/2ºSem	11.240.704	90.240.059	101.480.763	25.370.191	14.129.487

Fonte: Banco Central do Brasil – Demonstrações Financeiras

Ocorre que o resultado da equalização cambial – coluna "B" – é muito superior ao resultado patrimonial – coluna "A". Então, ao se aplicar o percentual de 25% sobre a base de cálculo – coluna "C" –, encontra-se um limite de constituição de reserva – coluna "D" – cujo montante é superior – coluna "E" – ao próprio resultado patrimonial.

Isso significa que, ainda que pudesse constituir reservas até os montantes que estão apresentados pela coluna "D", o BC não poderia assim proceder, uma vez que, por evidente, não há como formar reservas além do montante apurado para o próprio resultado patrimonial – coluna "A". Tal situação não ocorreria se a operação de equalização não tivesse sido instituída, pois, nessa hipótese, os ganhos – coluna "B" – oriundos de oscilações na taxa de câmbio estariam sendo computados na apuração do resultado patrimonial do semestre.

Os parágrafos acima parecem ter mostrado que, em que pese o objetivo de reduzir a volatilidade dos resultados patrimoniais do BC ter sido alcançado pela introdução da operação equalização cambial, as alterações promovidas pela MP nº 435, de 2008, convertida posteriormente para a lei nº 11.803, de 2008, acabaram por gerar distorções na sistemática de apuração do resultado da autoridade monetária, bem como na transferência e cobertura desse resultado junto ao TN.

A cobertura dos resultados negativos do Banco Central do Brasil

A Tabela 6.2 mostrou os dois tipos de resultado que podem ser obtidos pelo BC: o resultado patrimonial (coluna A) e o resultado da equalização cambial (coluna B). Como cediço, a partir de 2008 o resultado patrimonial do Banco Central não contempla os efeitos da variação da taxa de câmbio sobre suas receitas e despesas. Isso porque, por força do disposto pela lei nº 11.803, de 2008, ao final de um determinado dia, todos os ganhos ou as perdas observados pelo BC ao longo desse período devem ser "zerados" pelo registro, respectivamente, de um passivo ou de um ativo junto ao Tesouro Nacional, em igual monta.

Quanto ao resultado patrimonial do BC, portanto, tem-se que, se positivo, deve ser transferido ao Tesouro e, caso seja negativo, precisa ser coberto pelo TN. É o que determinam o *caput* e o § 1º do art. 7º da LRF, *in verbis*:

> Art. 7º O resultado do Banco Central do Brasil, apurado após a constituição ou reversão de reservas, constitui receita do Tesouro Nacional, e será transferido até o décimo dia útil subsequente à aprovação dos balanços semestrais.
>
> § 1º O resultado negativo constituirá obrigação do Tesouro para com o Banco Central do Brasil *e será consignado em dotação específica no orçamento*. (Grifou-se)

Quanto ao resultado da equalização cambial, a sistemática é semelhante. É o que se pode depreender da leitura dos dispositivos trazidos pela lei 11.803, de 2008:

> Art. 6º O resultado financeiro das operações com reservas cambiais depositadas no Banco Central do Brasil e das operações com derivativos cambiais por ele realizadas no mercado interno, conforme apurado em seu balanço, será considerado:

I. se positivo, obrigação do Banco Central do Brasil com a União, devendo ser objeto de pagamento até o décimo dia útil subsequente ao da aprovação do balanço pelo Conselho Monetário Nacional; e

II. se negativo, obrigação da União com o Banco Central do Brasil, devendo ser objeto de pagamento até o décimo dia útil do exercício subsequente ao da aprovação do balanço pelo Conselho Monetário Nacional.

Isso posto, fixemo-nos apenas na cobertura dos resultados negativos patrimoniais e da equalização cambial. Em ambos os casos, o pagamento dos respectivos montantes pelo TN ao BC deve ser efetuado por intermédio de dotações consignadas no orçamento da União, conforme estabelece o art. 7º, § 1º, da LRF. A Tabela 6.4 mostra as dotações que foram consignadas nas Leis Orçamentárias da União – tanto em sua via original quanto por intermédio de créditos adicionais – referentes aos exercícios financeiros de 2008 a 2015.

Tabela 6.4
Cobertura do resultado negativo do BC – Dotações orçamentárias – em R$ 1,00

Órgão: 71.000 – Encargos Financeiros da União
Unidade Orçamentária: 71.101 – Recursos sob Supervisão do Ministério da Fazenda
Programática: 0909.0669.0001 – Cobertura do Resultado Negativo Apurado no Banco Central do Brasil (Lei Complementar nº 101, de 2000) – Nacional
Função: 28.846 – Encargos Especiais – Outros Encargos Especiais

(continua)

Exercício	Orçamento	Natureza da despesa	Fonte de recursos	Valor em R$
2008	Fiscal	2 – Juros da Dívida	144	4.229.109.756
	Fiscal	6 – Amortização da Dívida	144	30.994.140.433
2008 (adicional)	Fiscal	2 – Juros da Dívida	144	0,00
	Fiscal	6 – Amortização da Dívida	144	31.353.000.000
2009	Fiscal	2 – Juros da Dívida	144	2.490.469.610
	Fiscal	6 – Amortização da Dívida	144	21.810.000.000
2009 (adicional)	Fiscal	2 – Juros da Dívida	144	2.050.000.000
	Fiscal	6 – Amortização da Dívida	144	73.000.000.000
2010	Fiscal	2 – Juros da Dívida	144	6.510.000.000
	Fiscal	6 – Amortização da Dívida	144	93.800.000.000
2010	Fiscal	2 – Juros da Dívida	144	6.510.000.000
	Fiscal	6 – Amortização da Dívida	144	93.800.000.000
2011	Fiscal	2 – Juros da Dívida	144	1.320.000.000
	Fiscal	6 – Amortização da Dívida	144	23.500.000.000

(continuação)

Exercício	Orçamento	Natureza da despesa	Fonte de recursos	Valor em R$
2012	Fiscal	2 – Juros da Dívida	144	11.000.000.000
	Fiscal	6 – Amortização da Dívida	144	92.850.000.000
2013	Fiscal	2 – Juros da Dívida	–	0
	Fiscal	6 – Amortização da Dívida	–	0
2014	Fiscal	2 – Juros da Dívida	144	1.090.000.000
	Fiscal	6 – Amortização da Dívida	144	9.901.000.000
2014 (adicional)	Fiscal	2 – Juros da Dívida	144	5.000.000.000
	Fiscal	6 – Amortização da Dívida	144	51.500.000.000
2015	Fiscal	2 – Juros da Dívida	144	5.000.000.000
	Fiscal	6 – Amortização da Dívida	144	51.500.000.000

Fonte: Casa Civil da Presidência da República – Imprensa Nacional – www.imprensanacional.gov.br

Como se pode ver, as autorizações para o pagamento do resultado negativo do BC (GND - 6 - Amortização da dívida) e dos respectivos juros (GND - 2 - Juros da dívida) estão sendo financiadas pela fonte de recursos número 144.[14] Significa dizer que, para a cobertura do resultado patrimonial e daquele decorrente de variações cambiais, o Tesouro Nacional se vale da emissão direta de títulos públicos à carteira da autoridade monetária. Para alguns estudiosos do assunto – com os quais concordamos –, a emissão desses títulos estaria enquadrada no conceito de operação de crédito de que trata o art. 29, III, da Lei de Responsabilidade Fiscal, posto que representaria a assunção de um compromisso financeiro junto ao BC. Representaria, portanto, operação vedada pelo art. 164 da Constituição da República, dado que seria uma espécie de financiamento do BC ao Tesouro Nacional.

Notas

1. Art. 69. As leis complementares serão aprovadas por maioria absoluta.
2. ADI 2.436-MC, Rel. Min. Moreira Alves, julgamento em 30-5-2001, Plenário, DJ de 9-5-2003., 2001, p. 369.
3. ADC 1, voto do Rel. Min. Moreira Alves, julgamento em 1º-12-1993, Plenário, DJ de 16-6-1995.
4. Art. 167, III: é vedada a realização de operações de crédito em montante superior ao das despesas de capital, ressalvadas as operações de crédito que forem autorizadas no corpo de projetos de lei ordinária de créditos adicionais aprovados por maioria absoluta do Congresso Nacional.
5. Art. 155, § 2º, IV e V, a: determinam que resolução que estabelece alíquotas aplicáveis a operações no âmbito do ICMS deverá ser aprovada por maioria absoluta do Senado Federal.

6. Constituição da República: Art. 62. Em caso de relevância e urgência, o presidente da República poderá adotar medidas provisórias, com força de lei, devendo submetê-las de imediato ao Congresso Nacional.
7. ADI 1.516-MC, Rel. Min. Sydney Sanches, julgamento em 6-3-1997, Plenário, DJ de 13-8-1999.
8. Art. 62, § 1º. É vedada a edição de medidas provisórias sobre matéria: [...] III - reservada à lei complementar.
9. Art. 36. É proibida a operação de crédito entre uma instituição financeira estatal e o ente da Federação que a controle, na qualidade de beneficiário do empréstimo.
10. Art. 7º O resultado do Banco Central do Brasil, apurado após a constituição ou reversão de reservas, constitui receita do Tesouro Nacional, e será transferido até o décimo dia útil subsequente à aprovação dos balanços semestrais.
    § 1º O resultado negativo constituirá obrigação do Tesouro para com o Banco Central do Brasil e será consignado em dotação específica no orçamento.
11. Art. 1º, § 2º As disposições desta lei complementar obrigam a União, os estados, o Distrito Federal e os municípios.
    § 3º Nas referências:
    I - à União, aos estados, ao Distrito Federal e aos municípios, estão compreendidos:
    a) o Poder Executivo, o Poder Legislativo, neste abrangidos os Tribunais de Contas, o Poder Judiciário e o Ministério Público;
    b) as respectivas administrações diretas, fundos, autarquias, fundações e empresas estatais dependentes.
12. Emenda 32/2001 - Art. 2º As medidas provisórias editadas em data anterior à da publicação desta emenda continuam em vigor até que medida provisória ulterior as revogue explicitamente ou até deliberação definitiva do Congresso Nacional.
13. A compatibilização dos conceitos desta tabela com os da Fonte 52 do orçamento da União, denominada de "Resultado do Banco Central", exige alguma atenção. Até a operação de equalização cambial ocorrida em 2008, o resultado que aparece naquela fonte equivale ao resultado patrimonial – coluna A da tabela –, desde que este seja positivo (o valor numérico pode diferir pela eventual formação de reservas, por defasagens do processo de transferência do resultado, por incidência de juros, entre outras causas). A partir da equalização cambial de 2008, a Fonte 52 estaria representada na Tabela 6.2 pelo valor da coluna A (se positivo e com o desconto de eventual formação de reservas etc.), mais o valor da coluna B (também se positivo).
14. De acordo com o *Manual técnico de orçamento* (Brasil, 2016: 164), o código 144 da "fonte de recursos" significa que se trata de "Títulos de Responsabilidade do Tesouro Nacional – Outras Aplicações" emitidos no ano corrente.

Referências bibliográficas

ATALIBA, Geraldo (1971). *Lei complementar na Constituição*. São Paulo: Revista dos Tribunais.
BACHA, Sérgio Reginaldo (2004). *Constituição Federal: leis complementares e leis ordinárias. Hierarquia?* Belo Horizonte: Fórum, 2004.

BASTOS, Celso Ribeiro (1999). *Lei complementar: teoria e comentários.* 2. ed. rev. e ampl. São Paulo: Instituto Brasileiro de Direito Constitucional.

_____. (2001).*Curso de Direito Constitucional.* 22. ed. atual. São Paulo: Saraiva.

BASTOS, Celso Ribeiro e MARTINS, Ives Gandra (1991). *Comentários à Constituição do Brasil: promulgada em 05 de outubro de 1988.* Vol. 6, t. II. São Paulo: Saraiva.

BIJOS, Paulo Roberto Simão (2010). *Direito Orçamentário na Constituição Federal de 1988 – Comentários aos arts. 165 a 169.* Brasília: Editora Gran Cursos.

BORGES, José Souto Maior (1975). *Lei Complementar Tributária.* São Paulo: Revista dos Tribunais, EDUC.

BRASIL, Constituição (1988). Constituição da República Federativa do Brasil. Disponível em: http://www.planalto.gov.br/ccivil_03/constituicao/ConstituicaoCompilado.htm.

BRASIL (2016). Ministério do Planejamento, Orçamento e Gestão. Secretaria de Orçamento Federal. Manual Técnico de Orçamento. Disponível em: http://www.orcamentofederal.gov.br/informacoes-orcamentarias/manual-tecnico/mto_2016_1aedicao-200515.pdf.

CARVALHO Jr., Antonio Carlos Costa d'Ávila e MOREIRA, Tito Belchior Silva (2012). "Coordenação entre políticas fiscal, monetária e cambial: a sistemática de repasse de resultados entre o BC e o Tesouro Nacional." *Revista de Direito Público da Economia*, Belo Horizonte, vol. 10, n. 40, out/dez, p. 67-9.

CRETELLA Jr., José (1993). *Comentários à Constituição 1988: Artigos 145 a 169.* 2. ed. rev. Rio de Janeiro: Forense Universitária.

FERREIRA FILHO, Manoel Gonçalves (1997). *Curso de Direito Constitucional.* 24. ed. rev. São Paulo: Saraiva.

FERREIRA, Pinto (1997). *Curso de Direito Constitucional.* 24a. ed. rev. São Paulo: Saraiva.

KOHAMA, Helio. (2008). *Contabilidade Pública: teoria e prática.* 10. ed. São Paulo: Atlas.

MALUF, Sahid (1988). *Direito Constitucional.* 19. ed. rev. e atual. São Paulo: Sugestões Literárias.

MENDES, Gilmar F., COELHO, Inocencio M. e BRANCO Paulo G.G. (2007). *Curso de Direito Constitucional.* São Paulo: Saraiva, 2007.

OLIVEIRA, Weder de (2013). *Curso de Lei de Responsabilidade Fiscal – Direito, Orçamento Finanças Públicas.* Belo Horizonte: Fórum.

SARASATE, Paulo (1967). *A Constituição do Brasil ao alcance de todos.* 2. ed. Rio de Janeiro: Freitas Bastos.

SILVA, José Afonso da (1998). *Aplicabilidade das normas constitucionais.* 3. ed. rev., ampl. e atual. São Paulo: Malheiros.

TEIXEIRA, José Horácio Meirelles (1991). *Curso de Direito Constitucional.* rev., atual. e org. por Maria Garcia. Rio de Janeiro: Forense Universitária.

TEMER, Michel (2002). *Elementos de Direito Constitucional.* 18. ed. São Paulo: Malheiros.

Tribunal de Contas da União (TCU) – Acórdão 1259/2011 – TCU – PLENÁRIO.

_____ – Acórdão 2731/2014 – TCU - PLENÁRIO.

7

O QUE EXATAMENTE ESTÁ VEDADO PELO ART. 164, § 3º, DA CONSTITUIÇÃO?

Carlos Eduardo da Silva Monteiro

O Banco Central do Brasil, a partir da edição da MP nº 435/08, passou a transferir para o Tesouro Nacional o lucro contábil resultante da apreciação da sua carteira de moeda estrangeira.

Como se lê em vários capítulos neste livro, diversos economistas têm criticado essa prática, por múltiplas razões. Alguns, inclusive, supõem a existência de vedação constitucional.

E esse é o ponto que cuidarei, se há, à luz da Constituição vigente, há algum óbice a tal proceder.

De início, advirto que nem de longe abordarei as justificativas de cunho econômico que embasam as críticas. Como um artesão do direito, limitar-me-ei ao meu ofício, buscando tentar firmar uma interpretação que me parece correta. Afinal, *ne sutor ultra crepidam*.[1]

A crítica mais constante à referida transferência de resultados se situa no entendimento de que, ao distribuir ao Tesouro Nacional lucro relativo ao ganho contábil decorrente da desvalorização cambial, o Banco Central estaria financiando o Tesouro Nacional, o que seria desaconselhável (por ser inflacionário), e, também, vedado pela Constituição.

Como já disse antes, não me atreverei a me manifestar sobre se o Banco Central *deve* fazer tal distribuição de resultado. É análise que cabe ao mundo econômico, com o qual, embora tenha tido muito contato ao longo da vida, mantenho distância respeitosa.

Questão diversa, no entanto, é se o Banco Central *pode* transferir o resultado cambial ao Tesouro Nacional. Aí, está-se diante de matéria eminentemente jurídica, meu campo de trabalho.

Os críticos encontram a vedação constitucional no art. 164 da Carta Magna, *in verbis*:

> Art. 164. A competência da União para emitir moeda será exercida exclusivamente pelo Banco Central.
>
> § 1º É vedado ao Banco Central conceder, direta ou indiretamente, empréstimos ao Tesouro Nacional e a qualquer órgão ou entidade que não seja instituição financeira.

§ 2º *O Banco Central poderá comprar e vender títulos de emissão do Tesouro Nacional, com o objetivo de regular a oferta de moeda ou a taxa de juros.*

§ 3º As disponibilidades de caixa da União serão depositadas no Banco Central; as dos Estados, do Distrito Federal, dos Municípios e dos órgãos ou entidades do poder público e das empresas por ele controladas, em instituições financeiras oficiais, ressalvados os casos previstos em lei [grifos nossos].

Não se aproveitam, para o que se pretende aqui, nem a cabeça do artigo nem seu § 3º. O que interessa são a vedação contida no § 1º e a exceção introduzida pelo § 2º. Como se verá a seguir, tanto pela interpretação histórica quanto pela integradora, a exceção se transforma em excelente instrumento para a melhor exegese dos comandos constitucionais.

O § 1º do art. 164, antes transcrito, veda ao Banco Central conceder *empréstimo* ao Tesouro Nacional. O § 2º, imediatamente a seguir, excetua da proibição a compra de títulos do Tesouro Nacional, desde que a finalidade seja a regulação da oferta de moeda ou da taxa de juros.

Empréstimo é "o contrato onde uma das partes recebe, para usar ou utilizar, algo, que deve ser restituído, ou dado outro em mesmo gênero, quantidade e qualidade, após um determinado tempo" (Gomes, 2008: 384). No primeiro caso, em que o bem é infungível, tem-se o *comodato*, que tem por natureza ser gratuito (caso fosse remunerado, seria outra figura jurídica, a locação). Na outra espécie, em que o bem é fungível, trata-se de *mútuo*.

O dispositivo constitucional se refere, sem dúvida, apenas ao *mútuo em dinheiro*. Não haveria sentido algum ou finalidade em o legislador constitucional proibir o Banco Central de emprestar ao Tesouro Nacional quaisquer outros bens fungíveis que não dinheiro. Ou seja, embora usando o vocábulo *empréstimo*, que designa um gênero, quis o legislador se referir ao *mútuo em dinheiro*, espécie.

O ponto mais importante aqui, porém, é uma característica fundamental do empréstimo, seja como comodato, seja como mútuo: *a obrigação do tomador do empréstimo de*, decorrido algum tempo, *restituir* a coisa ou bem de mesmo gênero, qualidade e quantidade do mutuado.

Quando o Banco Central transfere ao Tesouro Nacional lucro contábil decorrente da valorização, em reais, de parte do seu ativo, não está sujeita tal transferência a nenhuma restituição. Em consequência, não se caracteriza, sob a ótica jurídica, o empréstimo vedado pela Constituição.

Interpretação integradora, juntando os dois primeiros parágrafos do artigo constitucional, leva ao mesmo entendimento.

Com efeito, a autorização constante do §2º do art. 164, para que o Banco Central possa comprar ou vender títulos da dívida pública federal, em determinadas condições, ou seja, emprestar dinheiro ao Tesouro Nacional de forma direta[2] – quando a compra e venda se efetuar entre Tesouro Nacional e Banco Central – ou indireta – quando o Banco Central compra ou vende, no mercado, títulos de emissão do Tesouro –, é óbvia exceção à regra geral. Dito de outra forma, o Banco Central pode emprestar dinheiro ao governo central se, e somente se, a operação tiver como finalidade regular a oferta de moeda ou a taxa de juros. Ademais, limita-se ao mútuo com a utilização de título público.

Leitura histórica traz o mesmo resultado.

No primeiro anteprojeto apresentado na Assembleia Constituinte, pela Subcomissão de Orçamento e Fiscalização Financeira, sendo relator o deputado Fernando Gasparian, constava, a propósito, dispositivo singelo:[3]

> Art. 6º É vedado ao Banco Central do Brasil financiar direta ou indiretamente o Tesouro Nacional, Distrito Federal, Estados, territórios e Municípios, bem como efetuar operações de crédito que não sejam destinadas a promoção da liquidez bancária.

Na Comissão do Sistema Tributário, Orçamento e Finanças, o relator, deputado José Serra, apresentou substitutivo[4] que trazia a redação hoje vigente, com a seguinte justificativa:

> O Anteprojeto impede que o Banco Central adquira títulos do Tesouro Nacional no mercado e efetue operações de crédito que não sejam destinadas à promoção da liquidez bancária. Quanto ao primeiro aspecto, imagine-se a ocorrência de calamidade pública de largas proporções, em combinação com uma situação de liquidez apertada na economia. O governo federal ver-se-ia obrigado a colocar uma grande quantidade de papéis no mercado [...]. Além disso, não podendo adquirir títulos do Tesouro, o Banco Central, para injetar liquidez na economia, teria que adquirir exclusivamente papéis privados. Na verdade, o art. 6º do Anteprojeto da Subcomissão, na forma como ficou, terminou sendo de uma ortodoxia muito além das aspirações dos mais próximos discípulos dos professores F. Hayek e M. Friedman..."

Assim, quanto à intenção do legislador, a *mens legislatoris*, resta claro que tanto a vedação quanto sua exceção, para o que aqui interessa, se referiam exclusivamente à compra e venda de títulos públicos federais pelo Banco Central.

Nem se diga que a transferência do resultado da variação cambial é, de fato, um empréstimo.

Não. É elemento fundamental do empréstimo a obrigação de devolver. Isso não ocorre na transferência de resultado, que tem definitividade.

Se, do ponto de vista de caixa da União, os efeitos financeiros são semelhantes, sob a ótica jurídica são institutos bem distintos.

Talvez seja bom, nesse passo, recorrer a uma analogia que, no meu entender, guarda grande identidade com a situação que aqui se analisa. Imagine-se uma empresa que tem em carteira, resultado de suas operações comerciais, uma série de duplicatas contra seus clientes. A empresa pode descontar as duplicatas em instituição financeira ou vender os direitos constantes das duplicatas a uma empresa de *factoring*. Se todos os clientes pagarem, os efeitos serão idênticos. No primeiro caso, no entanto, houve uma operação de crédito, privativa de instituição financeira. No segundo, uma cessão de crédito, que qualquer pessoa pode contratar.

Jamais se entendeu que a vedação da realização sistemática de operação de crédito por quem não é instituição financeira, constante da lei nº 4.595, de 31/12/64, se aplicava às cessões de crédito realizadas com empresas de *factoring*. E o motivo é que, neste caso, há definitividade.

Não se sustenta também, a meu ver, o argumento de que, pela natural oscilação do preço da moeda estrangeira, se estaria diante de um vaivém constante, como se as partes estivessem indefinidamente numa gangorra.

Em primeiro lugar, porque a ausência de certeza se os resultados serão positivos ou negativos, em qualquer atividade, é diretamente vinculada ao risco. Portanto, razoável que, numa economia que é, ou tenta ser, de mercado, a volatilidade seja componente dos preços. Não desnatura a condição de resultado, contabilmente falando, a variação dos preços, mesmo que diária.

Em segundo, porque, de ordinário, distribuições são feitas decorrido algum tempo, obedecendo alguma periodicidade, não apenas refletindo o lucro do dia anterior.

Há que lembrar, aqui, que a marcação a mercado, determinada pela Comissão de Valores Mobiliários no começo dos anos 2000, nada mais é do que a incorporação, aos registros contábeis, dos valores de mercado dos ativos, permitindo que os cotistas, se o quiserem, retirem seus lucros em bases diárias.

Aliás, numa visão contábil, qualquer aumento de valor dos ativos à qual não corresponda nova obrigação é lucro. Assim, a variação cambial aumenta o valor, em reais, do ativo do Banco Central, gerando resultado, passível de distribuição.

Finalmente, ainda em um prisma jurídico, o vocábulo *financiamento* não significa fonte de *funding*. Financiamento é modalidade de empréstimo, com destinação determinada para os recursos. Ou, como diz o Banco Central:

> Assim como o empréstimo bancário, o financiamento também é um contrato entre o cliente e a instituição financeira, mas com destinação específica dos recursos tomados, como por exemplo a aquisição de veículo ou de bem imóvel.[5]

O controle dos efeitos que se entendem deletérios por uma distribuição que possa gerar, no momento seguinte, a obrigação de o acionista, controlador ou dono repor o capital, ou, referindo-se às operações entre o Banco Central e o Tesouro Nacional, trazer nocivas consequências às políticas monetária e fiscal, há que ser enfrentado por legislação prudencial puramente privada, no primeiro caso, ou administrativa.

Quem conviveu com inflação elevada e economia inteiramente indexada há de se lembrar de que nos planos de contas das empresas havia uma conta denominada Correção Monetária do Ativo Imobilizado, em que se registrava, no ativo, a variação positiva do valor nominal do bem. A contrapartida era em conta de resultado. Mesmo após o controle da inflação, há permanentes discussões sobre a reavaliação dos ativos, com as regras frequentemente sendo alteradas.

Em conclusão, não se pode tentar entender o alcance do art. 164 da Constituição como os observadores a que se refere Alberto Caeiro (heterônimo de Fernando Pessoa), *"aqueles que veem em tudo o que lá não está"*.

Ou, em linguajar mais estéril, tenho que não fere o dispositivo constitucional a distribuição, pelo Banco Central ao Tesouro Nacional, dos resultados decorrentes da variação cambial, mesmo que seja resultado meramente contábil.

Se se entende que tal prática deve ser restringida ou coibida, que se edite norma a respeito. No primeiro caso, por exemplo, expurgando-se a antinomia hoje existente de o Banco Central transferir o resultado em moeda corrente enquanto, na mão contrária, o Tesouro Nacional cobre a perda com títulos públicos. No segundo, simplesmente proibindo.

Notas

1. Sapateiro, não vá além do calçado.
2. Observada a finalidade e condições constantes da lei complementar nº 101, de 04/05/00 (a Lei de Responsabilidade Fiscal):
"Art. 39
[...]
§ 2º O Banco Central somente poderá comprar diretamente títulos emitidos pela União para refinanciar a dívida mobiliária federal que estiver vencendo em sua carteira.
§ 3º A operação mencionada no § 2º deverá ser realizada à taxa média e condições alcançadas no dia, em leilão público."
3. Diário da Assembleia Nacional Constituinte (Suplemento), p. 384, 22/08/87, <www.camara.gov.br>.
4. Substitutivo do Relator, Comissão do Sistema Tributário, Orçamento e Finanças, p. 27, <www.camara.gov.br>.
5. FAQ – Empréstimo e Financiamentos, < www.bcb.gov.br>.

8

Sobre a relação entre os regimes fiscal e monetário no Brasil

Arminio Fraga Neto

Introdução[1]

Neste momento de imensas dificuldades econômicas, vêm gerando polêmica o tamanho e o crescimento da Conta Única do Tesouro e das operações compromissadas, ambas contas do passivo do Banco Central. Chama atenção também o acúmulo de reservas e *swaps* cambiais, que geram resultados fiscais relevantes para o Banco Central e, portanto, para o governo. Essa importante discussão inspirou este livro em homenagem a Fabio Barbosa, para o qual preparei estas notas.

Contexto

Segundo Milton Friedman, a inflação é sempre e em toda parte um fenômeno monetário. Nada mais razoável posto que num sistema de moeda fiduciária o nível geral de preços depende em médio e longo prazo da maior ou menor escassez de moeda na economia. Não foi por outra razão que a lei 4.595 que em 31/12/1964 criou o Banco Central do Brasil incluiu em seu artigo 3º o bem desenhado comando de que o BC deve "regular o valor interno da moeda, para tanto prevenindo ou corrigindo os surtos inflacionários ou deflacionários de origem interna ou externa, as depressões econômicas e outros desequilíbrios oriundos de fenômenos conjunturais".

Como os trinta anos que se seguiram à criação do BC exibiram inflação instável e crescente, parece claro que algo deu errado. Já à época, sabia-se que a política monetária foi administrada de forma passiva durante boa parte desse período, acomodando as mais variadas fontes de pressão inflacionária, seja de demanda, seja de oferta. Tal comportamento foi em grande parte espelho da falta de independência do BC, reforçada pelas dificuldades inerentes ao controle da inflação em uma economia muito indexada.

Durante um bom tempo o tema foi tratado como uma questão prática de controle monetário. A existência de orçamentos múltiplos, em especial o monetário, e da famosa conta movimento (uma linha de financiamento quase automático do Banco do Brasil pelo Banco Central) dava amparo a essa visão. Mais adiante, as sucessivas crises e refinanciamentos das dívidas e dos bancos estaduais também contribuíram para essa sensação de descontrole, caracterizando o que Pedro Malan batizou de união monetária imatura.

No entanto, a partir do final dos anos 1970, foi se consolidando o entendimento de que na verdade não se tratava de um problema técnico de controle monetário, pois, salvo em circunstâncias extremas, o Banco Central sempre foi capaz de fixar diretamente a taxa de juros nominal de curto prazo (através de sua atuação na mesa do mercado aberto, a despeito de vazamentos como os mencionados acima). O problema tinha efetivamente uma natureza bem mais fiscal, representando um espaço de gastos extraorçamentários, algo indesejável tanto do ponto de vista econômico quanto político.

O diabo é que circunstâncias extremas ocorrem com relativa frequência no Brasil, e são sempre as mais complexas e interessantes do ponto de vista analítico, e as mais assustadoras na prática. Alguns exemplos recentes foram as crises de balanço de pagamentos e inflação dos anos 1980 e início dos 1990, a crise de confiança que precedeu a primeira posse do presidente Lula e a galopante evolução da relação dívida pública/PIB a partir da expansão fiscal e do colapso econômico do governo Dilma Rousseff, especialmente a partir do ano eleitoral de 2014.

O que fazer? Em tese, em um mundo ideal, seria possível desenhar os regimes fiscal e monetário/cambial de forma clara e robusta, cada qual cuidando de sua área e reforçando o outro. O regime fiscal garantiria a sustentabilidade da relação dívida pública/PIB, que deveria ser baixa o suficiente para permitir uma resposta adequada em casos emergenciais. A dívida pública deveria ser administrada de forma prudente, com prazo médio relativamente longo, para evitar problemas de refinanciamento em tempos difíceis. O regime monetário daria independência ao Banco Central e a clara missão de proteger a estabilidade de preços, buscando também suavizar os ciclos econômico e de crédito, assim como zelar pelo bom funcionamento do sistema de pagamentos e do mercado de câmbio.

Esses regimes evoluíram bastante no Brasil nas últimas décadas. No campo fiscal, destacam-se entre outras a organização do Tesouro Nacional, o fim da conta movimento, a restruturação das dívidas estaduais, o saneamento dos bancos públicos e a Lei de Responsabilidade Fiscal. No campo monetário, o Plano Real, a criação do Copom e a introdução do sistema de metas para a inflação.

Mas casos recentes, como as pedaladas e o crescimento das compromissadas e da Conta Única do Tesouro, têm implicações fiscais e monetárias potencialmente relevantes, assim como as têm as intervenções do BC no mercado de câmbio e sua eventual atuação como emprestador de última instância do sistema. Isso para não falar da impressionante deterioração do saldo primário do governo federal nos últimos dois anos. Tudo isso recomenda uma discussão mais aprofundada e sugere alguns caminhos de mudança nas regras que regem os regimes fiscal e monetário, assim como as relações entre eles.

Algumas sugestões para o caso brasileiro

Existe ainda amplo espaço para aprimoramentos dos regimes fiscal e monetário. Menciono aqui apenas de passagem alguns dos mais importantes, para a seguir me concentrar nas relações entre o Banco Central e o Tesouro Nacional.

No campo fiscal, tomar providências para que se possa estabilizar e até reduzir as relações gasto público/PIB e dívida bruta do governo federal/PIB (reformando o Estado, a previdência, desvinculando e desindexando o orçamento etc.).

No campo monetário, o passo essencial, e cada vez mais natural, seria formalizar a independência ao Banco Central, reforçando o sistema de metas para a inflação.

No que diz respeito ao relacionamento entre o Tesouro Nacional e o Banco Central, começo com o mais básico: seus balanços (omitindo-se o capital contábil ou implícito de cada um) e algumas definições (dados do balancete do BC de novembro de 2015, em bilhões de reais):

Tabela 8.1
Balanço do Banco Central (em bilhões de reais)

Reservas cambiais	1.400	Base monetária	205
Títulos TN/BC	1.200	Outros depósitos	365
Ativos privados	...	Compromissadas	975
		Conta Única	815

Fonte: Balancete do Banco Central de novembro de 2015.

Tabela 8.2
Balanço do Tesouro Nacional (em bilhões de reais)

Conta Única	815	Títulos TN/BC	1.200
Títulos estaduais	...	Títulos TN/P	2.529
Outros ativos	...		

Fonte: Balancete do Banco Central de novembro de 2015.

Num banco central simplificado de livro-texto, o BC tem no ativo apenas títulos do TN e no passivo, a base monetária (papel moeda + depósitos do sistema bancário). O resultado do BC (no sentido estrito da contabilidade, e ignorando-se os custos de funcionamento do BC e de impressão do meio circulante) equivale aproximadamente à senhoriagem, ou seja, ao aumento da base monetária necessário para atender à demanda por moeda em uma economia que cresça, de preferência com inflação baixa e estável. Em tese, me parece correto o governo gastar o ganho de senhoriagem, na prática um imposto "cobrado" de quem usa dinheiro, desde que se mantenha a inflação baixa e estável, isto é, que não se abuse do imposto.

No Brasil o regramento atual comanda que todo o resultado do BC seja destinado a amortizar a dívida pública. Trata-se de uma regra dura e compreensível dada a histórica tragédia da inflação em nosso país. Mas quiçá algo mais flexível como a proposta abaixo seria razoável:

> P1: o governo pode incluir o resultado do BC em sua receita primária, mas dele excluindo qualquer receita decorrente de inflação que ultrapasse a meta (excedente se destinaria a abater dívida pública).

Dessa forma o governo poderia legitimamente incluir em seu orçamento uma receita que corresponde a sua fração do imposto inflacionário, que extrai recursos da sociedade. No entanto, o uso desses recursos seria limitado de forma a evitar a tentação inflacionária. Por exemplo, se a meta de inflação for 4,5% e a inflação realizada for de 6%, apenas três quartos (4,5/6) da receita de senhoriagem seriam utilizados no cômputo do resultado operacional do BC a ser transferido para o Tesouro. O outro um quarto seria destinado a abater a dívida pública.

O resultado operacional do BC é relativamente pequeno, de forma que seria razoável a manutenção da regra atual, que diz que esse resultado deve ser integralmente utilizado para abater a dívida pública. De um jeito ou de outro, o resultado do BC afeta a dinâmica da dívida e isso é levado em conta por especialistas no assunto. Minha proposta apenas dá mais transparência ao tema, e introduz um mecanismo de defesa contra a tentação de inflacionar por razões fiscais.

Na realidade, o balanço do BC é mais complexo do que o caso simplificado discutido acima, em função seu papel de carregador e gestor das reservas cambiais, e de sua atuação como emprestador de última instância do sistema financeiro (quando o BC acumula ativos privados).

Para comprar reservas ou ativos privados sem emitir moeda, o BC tem que se financiar, vendendo títulos ou tomando emprestado do mercado com lastro em títulos de sua carteira. Se a necessidade de financiamento do aumento das reservas e ativos privados do BC for tal que se esgotem os títulos (tipicamente do Tesouro) que o BC tem em sua carteira, o TN deve, a critério do BC, aportar mais títulos ao BC, na forma de capital, e assim preservar a capacidade de ação do BC nesses campos.

O BC, como a maioria dos bancos centrais, pode atuar também através de derivativos como *swaps*, futuros e operações a termo (*forwards*, tipicamente liquidadas por diferença). Essas operações têm consequências econômicas semelhantes à atuação no mercado pronto, sendo duas as diferenças mais importantes: no mercado pronto, os resultados são realizados se e quando as posições são liquidadas, ao passo que com derivativos os resultados são em geral realizados diariamente. Ademais, o uso de derivativos preserva a opção de se introduzirem controles de câmbio (algo não necessariamente desejável, e tipicamente feito em circunstâncias desagradáveis, mas não vou me alongar sobre o tema aqui).

A acumulação desses ativos e posições em larga escala tem como consequência direta a assunção de riscos fiscais importantes pelo BC. Confundem-se, portanto, os regimes fiscal e monetário. Nesse contexto, cabe refletir sobre como financiar esses ativos, quem deve definir que e quanto risco correr e como alocar os resultados. Começo com as decisões de risco e a alocação de seus resultados.

No momento, o ativo mais relevante do balanço do BC são as reservas cambiais, que geram resultados com as rendas de seus investimentos, em geral, juros, e com ganhos e perdas referentes a flutuações da taxa de câmbio. Os ganhos e perdas são reais, ou seja, extraem ou injetam recursos na economia, e têm sido de grande magnitude. O tamanho e a falta de previsibilidade desses resultados sugerem que não é prático ou recomendável tratá-los como os outros itens das contas de despesas e receitas correntes, que exigem um horizonte mínimo de planejamento e execução para que possam ocorrer de maneira eficiente (por exemplo, compensar uma perda cambial relevante com cortes de gasto no meio de um exercício não faz sentido). O que fazer então?

Para dar transparência e robustez aos regimes fiscal e monetário, seria desejável que os resultados dos riscos de câmbio e de crédito incorridos pelo BC no exercício de suas funções de carregador das reservas cambiais e emprestador de última instância fossem repassados para o TN. Uma forma elegante e prática de se atingir esse objetivo seria que cada item do balanço do BC relativo a essas funções fosse precisamente protegido por uma transação de *hedge*, que teria como contraparte o TN. Esse *hedge* protegeria o BC tanto do ponto de vista de ganhos ou perdas de capital, quanto de seu fluxo de caixa. Uma alternativa inferior seria que os resultados dessas operações impactassem diretamente a dívida do TN, sem passar por conta de resultado do BC (uma certa tortura dos critérios tradicionais da contabilidade). Temos, portanto, uma segunda proposta:

> P2: o TN deve fornecer ao BC um *hedge* perfeito para os riscos cambiais e de crédito oriundos de suas funções de carregador das reservas cambiais e emprestador de última instância.

A sociedade acaba bancando de alguma forma esses resultados. Melhor, portanto, que apareçam explicitamente nas contas do governo federal. Este já é o caso desde 1998, e foi mantido na Lei de Responsabilidade Fiscal, exceto no que diz respeito à assimetria na transferência de resultados entre o BC e o TN em vigor desde 2008 e destacada por Marcos Mendes no Capítulo 9 deste livro. Um *hedge* perfeito levaria em conta o resultado econômico, por critério de competência, e também os impactos sobre o fluxo de caixa do BC, eliminando portando a assimetria.

Além de dar transparência ao processo, seria necessário definir quem teria o poder de correr esses riscos, algo necessário à condução de uma boa política macroeconômica. Minha proposta é que se dê ao BC uma alçada limitada de risco, e que decisões que impliquem riscos maiores do que esta alçada (por exemplo, que ponham em risco mais do que 0,2% do PIB) sejam submetidas ao Conselho Monetário Nacional, em que a área fazendária tem maioria.

> P3: operações do BC como emprestador de última instância e carregador das reservas cambiais, que cumulativamente ao longo de um ano ponham em risco (critérios a especificar) mais do que 0,2% do PIB, deverão ser submetidas à aprovação do Conselho Monetário Nacional, que deverá decidir com a urgência cabível.

Algumas considerações sobre as consequências das propostas apresentadas até aqui:

Em primeiro lugar, o balanço do BC ficará bem mais previsível. Seu resultado se aproximará da regra conceitual de inclusão do ganho de senhoriagem do BC como receita primária.

Em segundo lugar, esse desenho limita o espaço de atuação do BC. Do jeito que está hoje, o BC aparenta ter na prática mais poder. Mas ele não tem independência, de forma que não importa muito quem tem esse poder no dia a dia, em último caso o governo manda. A arquitetura aqui proposta é compatível com um regime como o atual, de flutuação um tanto administrada da taxa de câmbio, e BC focado na meta para a inflação. No arcabouço jurídico em vigor, o poder de definição do regime cambial do país está nas mãos do CMN, o que me parece razoável.

Em terceiro lugar, em uma situação de ameaça de crise financeira sistêmica, as decisões de financiamento ao mercado ou a instituições financeiras específicas serão tomadas por decisão majoritária de representantes da sociedade (o CMN tem como membros os ministros da Fazenda e do Planejamento e o presidente do Banco Central).

Finalmente, não discuto aqui os importantes e complexos temas do tamanho ideal para as reservas cambiais e para o endividamento do governo, e do prazo e da composição da dívida pública (i.e., nominal, indexada ou dolarizada).

O próximo tema a se considerar se refere a como o TN deve tratar do resultado das operações de *hedge* oferecidas ao BC. Argumentei acima que não caberia incluí-las na receita/despesa primária. Seria suficiente o seu direcionamento integral ao abatimento ou aumento da dívida pública? Me parece que não. Seria necessário ajustar o saldo primário de forma a promover uma convergência da relação dívida/PIB de volta ao patamar desejado, um número a se definir, possivelmente como parte de um planejamento orçamentário plurianual. O ajuste no primário poderia ser calibrado para uma convergência em dez anos e seria revisado anualmente.

Por exemplo, em caso de um prejuízo na operação de *hedge*, o ajuste para cima do saldo primário seria tal que cobrisse aproximadamente a conta de juros adicionais decorrentes da perda, mais 10% por ano de amortização da perda, fazendo-se, em ambos os casos, um ajuste que considere o crescimento esperado do PIB. Essa função de reação da política fiscal é crucial para que se tenha um regime macroeconômico estável e confiável.

Cabe notar aqui que seria de todo desejável que uma autoridade fiscal independente fizesse esses cálculos de maneira objetiva e transparente, e que revisões periódicas ocorressem de forma a se preservar a solvência intertemporal do governo e, por conseguinte, garantir ao BC a capacidade de atingir sua meta de inflação por meio da gestão da política monetária.

Temos, portanto, as propostas abaixo:

> P4: os resultados da conta de *hedge* do BC devem ser abatidos integralmente da dívida pública.

> P5: ajustes ao saldo primário do governo devem ocorrer anualmente de forma a trazer a relação dívida pública/PIB a seu nível desejado em dez anos.

Chegamos ao último ponto destas notas, que diz respeito ao financiamento do ativo do BC, em particular, ao avantajado tamanho e curto prazo dos saldos das compromissadas e da Conta Única do TN, que hoje totalizam cerca de 1,8 trilhão de reais (cerca de 30% do PIB).

O capítulo de Marcos Mendes neste livro demonstra como a assimetria na transferência entre o BC e o TN de resultados referentes ao impacto de variações cambiais sobre o valor das reservas representa uma máquina de aumento da Conta Única do TN, algo indesejável. Pela sistemática atual, quando há perda, o TN ressarce o BC com títulos de longo prazo de sua emissão, e, quando há ganho, o BC transfere caixa para o TN. As propostas apresentadas até aqui acabariam com esse problema. O TN teria que abastecer sua Conta Única de acordo com a proposta a seguir.

Cabe notar que a regra atualmente em vigor funciona como uma espécie de QE (*quantitative easing*) Tabajara, posto que o BC age como um intermediário financeiro, encurtando o prazo médio da dívida pública consolidada do setor público. Esse canal de QE desapareceria por inteiro. Não seria difícil desenhar uma regra de transição que deixasse a CUTN em nível adequado a partir da introdução das regras novas.

> P6: a Conta Única do Tesouro Nacional seria exclusivamente alimentada por receitas primárias do governo federal, captações pela venda de títulos ao mercado e vendas de ativos.

Outro ponto discutido por Mendes em seu capítulo e em outros escritos tem a ver com o uso de recursos da CUTN sem registro como despesa primária. Trata-se naturalmente de um atentado contra a saúde orçamentária do Brasil. Até onde sei, o Tribunal de Contas da União já deixou claro que tal procedimento é ilegal. Houve registro em 2015 dos subsídios associados às famosas pedaladas dos dois anos anteriores (registro esse ocorrido com atraso, o que distorce a série estatística do saldo primário, mas o BC produz uma série ajustada). Vale assinalar que o uso da CUTN por si só não caracteriza problema, pois todos os gastos do governo saem direta ou indiretamente desta conta.

Quanto às compromissadas, uma vez enxugada a CUTN, fica claro que ainda sobrariam títulos que poderiam ser vendidos de forma a reduzir o saldo das compromissadas, algo que seria na prática um "aperto quantitativo". Nesse caso, o que se observa é que o BC atua como um intermediário financeiro que dá liquidez à dívida pública. Não se trata de uma estrita monetização, o que seria ilegal, mas de algo próximo, na medida em que o prazo curto das compromissadas dá a essas operações um status de quase moeda. Esse encurtamento da dívida pública fica claro quando se consolida os balanços do BC e do TN, porque o prazo médio da dívida do TN em posse do BC é mais longo do que o prazo médio das compromissadas.

Tabela 8.3
Balanço consolidado BC + TN (em bilhões de reais)

Reservas	1.400	Base monetária	205
Ativos privados	...	Depósitos	365
Títulos estaduais	...	Títulos TN/P	2.529
Ativos públicos	...	Compromissadas	975

Fonte: Balancete do Banco Central de novembro de 2015.

O passivo monetário do BC espelha as necessidades da política monetária e pode ser separado do que seria uma boa definição de dívida bruta (interna) do governo federal: a soma dos títulos do TN em poder do público com as compromissadas do BC, estas também um financiamento com o público, no caso, por meio de intermediários financeiros.

O BC pode, em tempos difíceis, aumentar o volume de títulos do TN que carrega em seu balanço e financiá-los através das compromissadas, uma espécie de QE. Digo uma espécie, pois, na sua origem nas economias maduras, o QE foi uma resposta ao limite inferior para as taxas de juros nominais, à época considerado zero, hoje algo abaixo de zero. Essa prática deveria ocorrer de forma mais explícita, uma vez que representa uma quase monetização da dívida pública, algo que em geral indica fragilidade macroeconômica, devendo, portanto, ser de claro entendimento da sociedade.

Essa faculdade de o BC financiar indiretamente o TN merece discussão. Em tese seria possível fazer política monetária vendendo títulos do TN, em vez de financiá-los em prazo mais curto. O próprio TN pode, sob pressão, encurtar sua própria dívida. Mas remover a opção de quase monetizar me parece demais.

A TÍTULO DE CONCLUSÃO

A relação entre o TN e o BC evoluiu bastante nas últimas décadas. Nesta nota estou sugerindo alguns mecanismos adicionais para dar mais transparência e distribuir melhor as responsabilidades por certas decisões do BC que podem ter impacto fiscal relevante. Dessa forma o BC pode focar em suas missões clássicas sem comprometer sua eventual independência. Sugiro também que eventuais perdas e ganhos de natureza fiscal ligados à atuação do BC sejam explicitamente levados em conta na determinação do saldo primário do TN, de forma a garantir a solvência do Estado em médio e longo prazo. Essa função de reação é uma âncora crucial para qualquer regime fiscal (a outra âncora importante sendo um limite à relação gasto público/PIB).

Por fim, cabe enfatizar que no período recente o maior problema para a saúde das contas públicas brasileiras não está na relação entre o BC e o TN, mas, sim, na extraordinária deterioração do saldo primário do governo a partir de 2014, que precisa ser urgentemente revertida, de forma estrutural e permanente.

NOTA

1. Agradeço as sugestões de E. Bacha, T. Berriel, A. Bier, D. Gleizer e I. Goldfajn. Eles podem não concordar com as propostas apresentadas.

PARTE III
A LEI 11.803/08 E A EXPANSÃO DO BALANÇO DO BANCO CENTRAL

9

A LEI 11.803/2008 E A RELAÇÃO FINANCEIRA ENTRE TESOURO NACIONAL E BANCO CENTRAL[1]

Marcos Mendes

INTRODUÇÃO

Este capítulo tem por objetivo analisar o sistema de transferência de lucros e compensação de prejuízos entre o Banco Central do Brasil e o Tesouro Nacional. Essa relação financeira entre as duas entidades está regulada pela lei nº 11.803/2008. A principal conclusão é que o sistema vigente é inadequado e contraria as boas práticas contábeis internacionais. Seu principal efeito é criar um financiamento do Banco Central ao Tesouro, implícito nas operações de transferência de lucros e cobertura de prejuízos. O impacto econômico desse financiamento é a fragilização da restrição orçamentária do governo federal, que ganha maior espaço de manobra para fazer política fiscal expansionista. Também há impactos adversos sobre a autonomia do Banco Central para a tomada de decisões de política monetária.

A seção "O resultado do Banco Central" descreve as fontes de lucro dos bancos centrais, com ênfase no lucro (prejuízo) advindo de valorização (desvalorização) de ativos. Mostra-se que em bancos centrais cujos ativos têm grande participação de reservas internacionais ou outros instrumentos financeiros cujo valor é "marcado a mercado", os lucro e prejuízos podem ser grandes e voláteis.

A seção "A mudança no papel dos bancos centrais e na composição do resultado" mostra esse processo nos últimos anos. Nos países desenvolvidos, eles se envolveram em políticas de resgate financeiro de empresas privadas, enquanto nos emergentes, passaram a acumular reservas internacionais. Isso fez com que vários bancos centrais, em especial o brasileiro, tivessem grande aumento no valor total de seus balanços, que também passaram a ter resultados grandes e voláteis.

A seção "A decisão entre transferir o resultado ao Tesouro ou retê-lo como reservas" discute a destinação que deve ser dada ao lucro ou prejuízo do banco central. O dilema básico é entre mantê-lo numa reserva do próprio banco central, com vistas a cobrir prejuízos futuros, ou transferi-lo ao Tesouro. A recomendação da literatura é que bancos centrais com resultados voláteis e alto risco de prejuízo devem constituir reservas maiores e fazer transferências menores ao Tesouro. Já os bancos centrais tipicamente lucrativos podem fazer maiores transferências ao Tesouro e manter menores reservas. Atenção especial é dada à transferência de prejuízos/lucros não realizados (aqueles que decorrem de variação do valor de ativos e passivos que continuam no balanço da instituição e, portanto, não geram saída ou entrada de recursos no caixa). A recomendação da literatura é a não transferência imediata de resultados contábeis não realizados. A transferência de lucros dessa natureza ao Tesouro é tecnicamente considerada como um financiamento a ele concedido pelo banco central.

A seção "Assimetria ao contabilizar ganhos e perdas não realizados" ressalta o tratamento contábil assimétrico que a literatura recomenda para os ganhos e prejuízos não realizados. Os prejuízos devem ser imediatamente abatidos no cálculo do resultado, enquanto os ganhos devem ser colocados em conta de reserva.

A seção "A legislação brasileira" descreve em detalhes a lei nº 11.803/08 e mostra que ela contraria as recomendações listadas nas duas seções anteriores. O Banco Central do Brasil tem ganhos e perdas de alto valor absoluto e grande volatilidade. Além disso, a participação dos ganhos e perdas não realizados no resultado total é expressiva. Por isso, o governo deveria constituir grandes reservas no Banco Central e evitar transferir ao Tesouro Nacional resultados não realizados. O que ocorre na prática é o inverso: há grandes transferências ao Tesouro, irrisória formação de reservas e integral repasse dos ganhos não realizados. Ademais, os prejuízos do Banco Central são cobertos pelo Tesouro via emissão de títulos. Mostra-se que essa legislação leva a um financiamento do BC ao TN implícito nas operações de transferência de lucros e compensações de perdas.

A seção "A mudança na política de dívida pública e o financiamento de despesas primárias viabilizadas pela Lei 11.803/08" mostra que entre 2009 e 2014 o Tesouro usou as receitas de resultado do BC para resgatar dívida em mercado e para expandir despesas primárias. A seção "O pagamento das 'pedaladas fiscais'" apresenta o caso do final de 2015 como mais um do uso das receitas de resultado do BC para expandir despesa primária. A seção "Uma proposta de reforma da legislação" sugere mudanças na lei e a seção seguinte apresenta as conclusões.

O RESULTADO DO BANCO CENTRAL

Em todo o mundo, o Banco Central é uma entidade que recebe delegação do governo (e, portanto, do Tesouro Nacional) para exercer algumas funções. As mais típicas são: (a) emissor de moeda; (b) executor da política monetária; (c) depositário dos recursos do Tesouro Nacional; e (d) banco dos bancos. No exercício dessas funções, o Banco Central realiza operações ativas e passivas tanto com o Tesouro Nacional quanto com o mercado privado (aqui entendido como qualquer agente econômico que não o Tesouro Nacional). O BC é uma entidade que recebe juros sobre os seus ativos e paga juros sobre alguns passivos. Deve-se notar que o seu principal passivo, a base monetária, não paga juros e, portanto, tem custo praticamente zero para a autoridade monetária. O BC é a única entidade da economia que pode adquirir ativos pagando-os com um instrumento financeiro que ele mesmo cria, sobre o qual não incidem juros e cujo valor de face é maior que o custo de produção. Isso faz com que um banco central típico, cuja principal função é ofertar meios de pagamento e controlar a liquidez da economia, seja uma entidade altamente lucrativa. Emite passivo a custo zero e o utiliza para comprar ativos que rendem juros.

Ademais, o BC tem ganhos de valorização patrimonial quando há um aumento do preço de mercado de seus ativos ou uma queda do preço de mercado de seus passivos. Ao longo deste capítulo interessará enfatizar a valorização e desvalorização das reservas internacionais, uma vez que elas ganharam importância no balanço do BC brasileiro nos últimos anos. No caso dessas reservas, se o real se desvaloriza, elas têm seu valor em reais aumentado, gerando um ganho patrimonial para a autoridade monetária, com o inverso ocorrendo em caso de valorização do real. Outros ativos "marcados a mercado" (ou seja, contabilizados pela sua cotação em mercado) também podem gerar ganhos ou perdas contábeis. Por exemplo: um aumento da taxa de juros da economia reduz o preço de títulos públicos prefixados (desvalorizando um ativo do BC) ou o rebaixamento da nota de crédito de um banco que deve ao BC pode reduzir o valor desses créditos.

A parcela do lucro do BC decorrente da valorização ou desvalorização dos ativos tem uma importante diferença em relação aos demais componentes da conta de lucros e perdas: ela pode ou não ser realizada financeiramente. Digamos que haja um aumento no valor das reservas internacionais e o BC venda reservas. Nesse caso ele terá realizado o ganho: ao vender as reservas, ele receberá dinheiro em montante maior do que pagou, no passado, para adquiri-las. Por outro lado, se o BC não vender as reservas no momento em que elas se valorizaram, ele terá apenas um ganho patrimonial que não se refletirá em entrada de dinheiro no caixa do BC. No futuro, essas reservas podem perder valor, e o BC terá que registrar uma perda que diminuirá o lucro da instituição. Ou seja, o lucro inicialmente registrado terá sido apenas contábil, jamais realizado e revertido em momento posterior. Tudo se passa como no caso de uma empresa cuja sede fica localizada em um terreno que teve grande valorização no mercado imobiliário. O patrimônio da empresa cresce, mas se ela não vende o imóvel, esse aumento patrimonial não se traduz em entrada de dinheiro no caixa.

Esse tipo de procedimento contábil é adotado porque a contabilidade do Banco Central é feita no regime de competência, cuja regra básica é que ganhos e perdas devem ser registrados no momento em que ocorrem, independentemente de terem gerado impacto no caixa da instituição. Em contraposição ao regime de competência temos o regime de caixa, no qual são registrados apenas os eventos que implicam entrada ou saída de dinheiro do caixa da instituição. Em tal regime, variações do valor dos ativos e dos passivos são desconsideradas.

A MUDANÇA NO PAPEL DOS BANCOS CENTRAIS E NA COMPOSIÇÃO DO RESULTADO

Em um banco central típico (ou "à moda antiga"), as variações patrimoniais tendem a ter pouca importância na geração de lucro ou prejuízo, e a autoridade monetária costuma apresentar lucros. Isso porque as atividades tradicionais de um BC são a de prover meios de pagamento (passivo a custo zero, que se desvaloriza com a inflação), dar liquidez aos bancos a taxas punitivas (e, portanto, lucrativas), bem como controlar a liquidez da economia (o que o leva a manter títulos do Tesouro em seu ativo, que são papéis de baixo risco, baixa oscilação de valor de mercado e que rendem juros).

Assim, os BCs envolvidos tipicamente com essas atividades tradicionais não apenas são estruturalmente lucrativos, como também apresentam pouca divergência entre o resultado pelos critérios de caixa e os de competência: os lucros das atividades típicas são lucros realizados, e as variações patrimoniais têm pouca importância na composição do lucro total.

Todavia, ao longo da última década, os bancos centrais passaram por mudanças nos seus objetivos e formas de atuação. Nos países desenvolvidos, em especial nos EUA e na União Europeia, os bancos centrais se engajaram em políticas ativas de crédito para auxiliar a recuperação do setor privado financeiro e não financeiro. Isso os fez acumular volumosos créditos contra o setor privado. Alguns desses créditos são contabilizados por valor de mercado, cuja oscilação pode gerar grandes ganhos ou perdas patrimoniais. Isso muda a natureza do resultado do BC de um fluxo contínuo e pouco volátil de ganhos para algo mais impreciso, com grande peso das variações dos valores de mercado dos ativos e passivos no resultado final.

Já os emergentes exportadores de *commodities*, como o Brasil, receberam grandes fluxos de moedas estrangeiras e passaram a acumulá-las no balanço do BC. Isso também submete o resultado da autoridade monetária a maior incerteza e volatilidade, em função da variação da cotação da moeda internacional em um regime de câmbio flutuante.

Stella (2009) mostra a brusca mudança pela qual passou o balanço do Federal Reserve Bank (Fed) no curto espaço entre 2006 (antes da crise) e 2008 (durante a crise). Em 2006 o Fed era um "BC típico": 90% do seu passivo eram compostos por dólares em circulação (gerando imposto inflacionário e senhoriagem), ao mesmo tempo em que 90% do seu ativo consistiam nos seguros e pouco voláteis títulos do Tesouro norte-americano. Era mínimo o papel do Fed na intermediação financeira e eram pouco significativos os seus ativos em moeda estrangeira. Sua principal ação consistia em influenciar indiretamente a taxa de juros do mercado interbancário.

Em 2008 a situação já era muito distinta. O Fed havia se tornado praticamente um banco de investimentos e nada menos que 26% de seus ativos estavam denominados em moeda estrangeira, sujeitos à volatilidade cambial. A importância dos títulos públicos no ativo caiu de 90% para 22%. Por outro lado, os créditos concedidos a empresas, bancos e governos estrangeiros cresceram fortemente. Do lado do passivo, o meio circulante caiu de 90% para 38%. Cresceram os depósitos de instituições financeiras (que, em momento de incerteza, correram para depositar seus recursos no Fed), os depósitos do Tesouro (que em uma ação conjunta com o Fed, passou a colocar títulos em mercado e a depositar os recursos das vendas dos papéis no Fed, como uma forma de auxiliar na provisão de papéis seguros).

O tamanho do balanço (montante de ativos e passivos) cresceu nada menos que 156% em dois anos, indicando a postura ativa do Fed na compra de ativos privados e provisão de liquidez.

Passados sete anos da crise de 2008, o balanço do Fed mostra uma feição diferente:[2] boa parte dos empréstimos feitos a empresas privadas já foi quitado e diminuiu bastante o montante de ativos em moeda estrangeira. Os títulos públicos voltaram a ser o principal ativo. Do lado do passivo, os meios de pagamento não recobraram a importância que tinham e permanecem elevados os depósitos de instituições financeiras. O valor total de ativos e passivos continuou crescendo, tendo dobrado em relação a 2008, em função da manutenção de uma política ativa de garantia de liquidez à economia. Não obstante, houve um processo gradual de redução da influência das variações patrimoniais no balanço do Fed, visto que, conforme explicado em maior detalhe na seção "A decisão entre transferir o resultado ao Tesouro ou retê-lo como reservas", a maior parte do ativo (títulos públicos e privados) não é contabilizada com base na variação de preços de mercado (marcação a mercado).

As Tabelas 9.1 e 9.2 mostram as mutações ocorridas no balanço do BC brasileiro entre 2004 (início do *boom de commodities*) e 2014 (fim do *boom de commodities*). Nota-se mudança drástica na importância dos ativos em moedas estrangeiras, líquidos de obrigações nessas moedas. Em 2004 esses ativos representavam 33% do ativo do BC. Descontando-se obrigações nessas moedas do lado do passivo, tínhamos ativos externos líquidos equivalentes a 14% do ativo do BC. Em 2014 o passivo em moeda estrangeira estava quase zerado, levando os ativos externos líquidos a representarem quase metade do ativo do BC.

Obviamente, nessa nova realidade, os lucros e prejuízos passaram a ser fortemente influenciados pelas variações na cotação do real frente às demais moedas. Em outras palavras, o peso da variação patrimonial no lucro total aumentou, fazendo com que o lucro apurado pelo regime de competência se tornasse distinto do lucro apurado pelo regime de caixa. Ou, ainda, o lucro efetivamente realizado (com impacto de caixa) passou a ser muito distinto do lucro contábil. E, além disso, o resultado do BC passou a ser mais volátil, alternando grandes lucros e grandes prejuízos em função da flutuação da taxa de câmbio.

Tabela 9.1
Balanço do Banco Central do Brasil – 2004 (R$ bilhões)

Ativo			Passivo + Patrimônio líquido		
	R$ milhões	% do total		R$ milhões	% do total
Ativos em moedas estrangeiras	164.469	33,0	Base monetária	88.733	17,8
Título públicos federais	306.048	61,5	Meio circulante	61.936	12,4
Créditos a receber	19.834	4,0	Reservas bancárias	26.797	5,4
Outros	7.314	1,5	Outros depósitos de inst. financeiras	66.075	13,3
			Obrigações com o governo federal	158.819	31,9
			Saldo da Conta Única	158.232	31,8
			Equalização cambial	–	–
			Resultado de outras contas	–	–
			Outros	587	0,1
			Compromissos de recompra	63.050	12,7
			Passivo em moeda estrangeira	93.299	18,7
			Títulos de emissão própria	13.569	2,7
			Outros passivos	4.101	0,8
			PATRIMÔNIO LÍQUIDO	10.020	2,0
			Patrimônio	2.576	0,5
			Reserva de resultados	4.327	0,9
			Reserva de reavaliação	498	0,1
			Ganhos reconhecidos no patrimônio	2.610	0,5
TOTAL	497.665		TOTAL	497.665	100,0
Memo: Ativos líquidos em moeda estrangeira	71.170	14,3			

Fonte: Banco Central do Brasil. Elaborado pelo autor.

Tabela 9.2
Balanço do Banco Central do Brasil – 2014 (R$ bilhões)

Ativo			Passivo + Patrimônio líquido		
	R$ milhões	% do total		R$ milhões	% do total
Ativos em moedas estrangeiras	1.008.907	46,8	Base monetária	263.529	12,2
Títulos públicos federais	1.113.234	51,6	Meio circulante	220.854	10,2
Créditos a receber	25.476	1,2	Reservas bancárias	42.375	2,0
Outros	9.413	0,4	Outros depósitos de inst. financeiras	283.197	13,1
			Obrigações com o governo federal	697.896	32,4
			Saldo da Conta Única	605.920	28,1
			Equalização cambial	65.173	3,0
			Resultado de outras contas	25.156	1,2
			Outros	1.144	0,1
			Compromissos de recompra	837.124	38,8
			Passivo em moeda estrangeira	26.156	1,2
			Títulos de emissão própria	–	–
			Outros passivos	30.419	1,4
			PATRIMÔNIO LÍQUIDO	18.710	0,9
			Patrimônio	24.675	1,1
			Reserva de resultados	6.624	0,3
			Reserva de reavaliação	435	0,0
			Perdas reconhecidas no patrimônio	13.024	0,6
TOTAL	2.157.030	100,0	TOTAL	2.157.030	100,0
Memo					
Ativos líquidos em moeda estrangeira	982.751	45,6			

Fonte: Banco Central do Brasil. Elaborado pelo autor.

Assim como o balanço do FED, o balanço do BC brasileiro cresceu muito, com uma expansão, em termos reais, de 716%.[3] Mas ao contrário do FED, o BC brasileiro não transitou de volta para um perfil de ativos pouco sujeitos a variações de preços de mercado. A alta participação das reservas internacionais manteve a volatilidade do valor do ativo em moeda nacional.

A volatilidade no preço dos ativos afeta de forma significativa os lucros do BC brasileiro. De fato, a partir de meados da primeira década do século, quando as reservas passaram a ganhar importância no ativo do BC brasileiro, as variações da taxa de câmbio passaram a impactar fortemente o seu resultado, gerando resultados (positivos e negativos) com maior valor absoluto e mais voláteis. A Figura 9.1 ilustra essa realidade. Nele se observa a alternância entre lucros e prejuízos. A partir de 2007 aumenta a intensidade dessas oscilações. A média do valor absoluto dos resultados semestrais no período 2000-2006 foi de 0,38% do PIB, contra 1,38% do PIB para o período 2007-2015. O desvio padrão foi de 1,31 no segundo período, contra 0,37 no primeiro.

Figura 9.1
Resultados semestrais do Banco Central: 2000 – 1º semestre de 2015 (% do PIB anual)

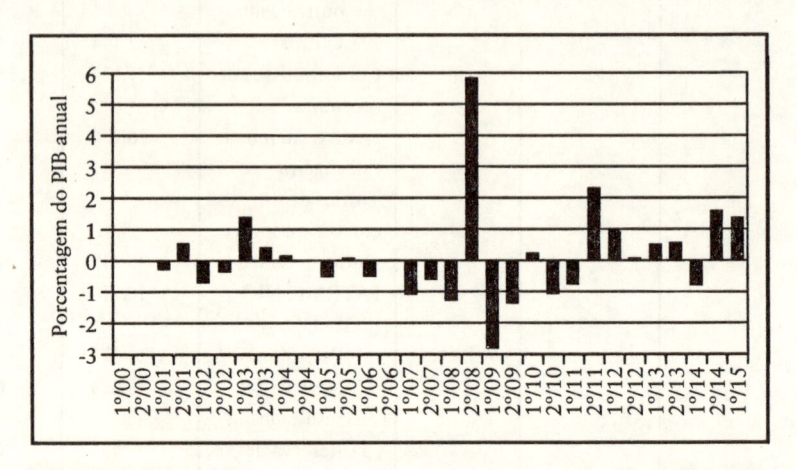

Fonte: Banco Central do Brasil. Balancetes e Demonstrações Financeiras – Contábeis e séries temporais. Elaborado pelo autor. A partir de 2008 as cifras correspondem à soma do resultado patrimonial com os valores de equalização cambial pagos ou recebidos pelo Banco Central. Tais valores, corrigidos pelos índices definidos em lei, correspondem ao montante recebido pelo Tesouro Nacional como receita na Fonte 52 – Resultado do Banco Central (em caso de resultado positivo). Nos casos de resultado negativo, os valores correspondem ao que é pago pelo Tesouro ao Banco Central nos termos legais.

Em contraposição a esse cenário de imprevisibilidade do valor e do sinal do resultado do BC brasileiro, o Fed apresentou apenas resultados positivos nos últimos anos. Mesmo assim, como proporção do PIB, os valores são inferiores aos dos resultados do

BC brasileiro, indicando que o impacto do resultado do BC na economia brasileira é mais relevante do que o de seu correspondente na economia dos EUA.

A DECISÃO ENTRE TRANSFERIR O RESULTADO AO TESOURO OU RETÊ-LO COMO RESERVAS

Uma vez apurado o resultado dos bancos centrais é preciso decidir o que fazer com o lucro ou o prejuízo. Dado que os BCs exercem suas atividades por uma delegação governamental, e que se constituem em instituição sem fins lucrativos, uma possibilidade é que os seus lucros sejam repassados ao Tesouro. De forma simétrica, faz sentido que os eventuais prejuízos dos BCs sejam cobertos pelo respectivo Tesouro. Outra possibilidade seria o BC, em vez de transferir o resultado para o Tesouro, constituir reservas patrimoniais em anos com lucros e utilizá-las para cobrir prejuízos quando estes ocorressem. Como mostra Stella (1997), as duas opções (transferência ou constituição de reservas) não substituem perfeitamente uma à outra e podem ter consequências relevantes sobre as políticas monetária e fiscal.

No caso de BCs que apresentam resultados quase sempre positivos e pouco voláteis (como o caso dos EUA), pode-se optar por transferir os lucros ao Tesouro, sem a preocupação de formação de reservas no BC. A baixa probabilidade de prejuízo do BC torna pouco relevante o risco de que a autoridade monetária fique descapitalizada. Na situação oposta, quando o BC está sujeito ao risco de grandes perdas (como no caso brasileiro), pode ocorrer a situação em que forte desvalorização do ativo ou forte ampliação do passivo venham a consumir o patrimônio do BC, fragilizando sua situação financeira. Um BC que sofra grande perda pode ser forçado a emitir moeda ou solicitar uma capitalização feita pelo Tesouro.

Se optar por emitir moeda o BC estará promovendo um desvio da política monetária previamente traçada. Ou seja, abrirá mão de sua função primordial, o controle da inflação, para lidar com um problema em seu balanço, o que não parece razoável. Assim, a opção de uma capitalização pelo Tesouro parece mais adequada. Essa, porém, se não for obrigatória por lei, pode sofrer resistência da autoridade fiscal, que não desejará ter uma piora nas suas contas em função do socorro ao BC. Por isso, é mais aconselhável que um banco central que esteja operando sob maior risco de perda utilize seus lucros para constituir reservas, que poderão cobrir perdas futuras. Isso o torna menos dependente da boa vontade do Tesouro em fazer capitalizações e o protege da necessidade de desviar-se das metas de política monetária previamente estabelecidas.

O estudo de Stella (1997) descreve os métodos de transferências de resultados adotados por vários bancos centrais à época em que o trabalho foi produzido. A regra geral era a de que países cujos BCs estavam mais sujeitos a variações nos seus lucros e a maior risco de perdas (Noruega, Islândia e Portugal foram os exemplos apresentados) optavam por uma política de menores transferências ao Tesouro e maior constituição de provisões. Já EUA e Canadá, que tinham BCs menos sujeitos a prejuízos, adotavam modelos de menos reservas e mais transferência de lucros.

De forma similar, Sullivan (2009) comenta o cuidado que se deve ter nos casos em que o lucro do BC é significativamente afetado por variações no valor dos seus ativos, devido à marcação a mercado, que gera ganhos e perdas não realizados. O autor sugere a criação de defesas apropriadas para permitir ao banco central compensar perdas futuras.

Schwarz *et al.* (2014: 11-12), descrevendo a apuração e distribuição de lucro pelo Banco Central Europeu, argumentam na mesma linha, em tradução livre, com ênfases adicionadas:

> [...] *ganhos de valorizações não realizadas não devem ser distribuídos*; contudo, em vez de serem ocultados por práticas contábeis, eles devem ser protegidos contra a distribuição de uma maneira transparente [...]. Para o BCE, 20% no máximo de seu lucro anual podem ser transferidos para um *fundo geral de reserva*, sujeito a um limite igual a 100% do capital pago. O resto deve ser distribuído para os acionistas do BCE [...]. *Se o BCE tem uma perda, o fundo geral de reserva pode ser usado para compensá--la.* Quando o fundo geral de reserva se exaure, o Conselho de Administração pode decidir compensar a perda remanescente com a renda monetária dos bancos centrais nacionais naquele ano.

No caso dos EUA, não há formação de reservas significativas antes da transferência do lucro ao Tesouro. Isso, contudo, não chega a ser um problema, pois a participação de ativos em moeda estrangeira no ativo total do Fed é baixa. Além disso, aquele Banco Central opera sob as regras contábeis estabelecidas pelo Financial Accounting Standards Board (Fasb), cuja norma faz clara distinção entre os ativos que a instituição pretende levar até o vencimento e os que estão disponíveis para negociação imediata. A obrigação de marcação a mercado vale apenas para esses últimos. Ou seja, marcam--se a mercado apenas os instrumentos financeiros em que há maior probabilidade de realização dos ganhos ou perdas no curto prazo.[4]

O Fed separa os seus ativos em dois grupos: o Soma (System Open Market Account), que contém os ativos usados para política monetária – principalmente títulos do Tesouro e os non-Soma (ativos comprados após a crise financeira: *commercial paper, mortgage-backed securities* etc.).

Os ativos do Soma têm seus valores contabilizados pelo valor histórico. Os juros que incidem sobre o papel durante a sua vida, bem como os descontos ou prêmios obtidos na compra, são contabilizados em separado. Ganhos e perdas são registrados apenas quando realizados. Não há, portanto, marcação a mercado.[5] Os ativos non-Soma são contabilizados seguindo a norma do Fasb, sendo em sua maioria considerados ativos *hold to maturity* ou *available for sale*. No primeiro caso, os ativos são contabilizados pelo valor histórico; no segundo caso, o valor varia conforme a cotação de mercado, mas os ganhos e perdas não são contabilizados como lucro ou prejuízo.[6]

Em função da baixa participação de ativos cuja variação patrimonial afeta o lucro, o Fed é tipicamente lucrativo. Por isso, não se faz necessária a formação de reservas com parte do lucro obtido por aquele banco central.

Outro aspecto relevante da diferença entre lucros efetivamente realizados e não realizados é que estes podem constituir um *financiamento implícito do banco central ao Tesouro*, afrouxando a restrição fiscal imposta ao Tesouro e estimulando a geração de deficit público. Afirma-se aqui que o financiamento é *implícito* porque não decorre de um processo de aquiescência do BC em relação ao expansionismo fiscal do Tesouro, cobrindo automaticamente tal expansão. Decorre, isto sim, de efeito colateral da regra de transferência de lucro do BC ao TN. Mais uma vez recorrendo a Sullivan (2009: 12), em tradução livre, com ênfases adicionadas:

> Para os bancos centrais, o tema de lucros realizados ou não realizados tem implicações importantes de política monetária. A realização de lucros do banco central representa uma *transferência de recursos reais* da economia para o banco central, resultando numa contração da base monetária. Lucros não realizados estão *ainda esperando essa transferência de recursos,* assim sua distribuição como dividendos provê o governo com uma expansão de recursos para a qual nenhuma correspondente contração terá ocorrido. Isso produz *um resultado expansionista*, que pode conflitar com os objetivos de política monetária do banco central. *De um ponto de vista econômico, lucros realizados representam a transferência de recursos reais e são um componente legítimo das receitas fiscais. A distribuição de lucros não realizados é equivalente a empréstimo não esterilizado para o governo, algo frequentemente proibido na legislação de bancos centrais.*

Stella (1997: 30) alerta que o manual de procedimentos fiscais do FMI considera a transferência de lucros não realizados do BC ao Tesouro como um financiamento (que neste texto estamos chamando de "financiamento implícito", por não se constituir em um mecanismo tradicional de o BC cobrir, passivamente, os saldos negativos na conta do Tesouro):

> As estatísticas financeiras do governo do FMI requerem que somente *lucros baseados em caixa* sejam incluídos nas receitas governamentais outras que não impostos. Essas estatísticas são muito claras ao afirmar que *a parcela do lucro do banco central resultante de fontes que não são caixa devam ser tratadas como financiamento do governo.* (tradução livre, com grifos nosso)

Assimetria ao contabilizar ganhos e perdas não realizados

No caso de bancos centrais em que as variações patrimoniais têm grande importância, e cuja transferência ao Tesouro representa os riscos descritos, a regra é ser conservador no trato dos ganhos contábeis não realizados. Estabelece-se uma *assimetria* em que as perdas não realizadas são imediatamente reconhecidas e deduzidas do resultado a transferir, enquanto os ganhos devem ser contabilizados apenas quando realizados. De acordo com Stella (1997: 30), em tradução livre com grifos adicionados:

> Os Princípios Contábeis Geralmente Aceitos [GAAP, em inglês] prescrevem que perdas com revalorizações devam ser registradas na conta de lucros e perdas quando ocorrerem, mas *ganhos creditados, somente quando realizados*.

Sullivan (2009: 10-11), novamente em tradução livre e com grifos adicionados, argumenta na mesma direção:

> Cuidados com a neutralidade da política monetária e a adequação do capital geram um *enfoque que exclui todos os elementos não realizados do cálculo de dividendos* [...] independentemente da fonte, inclusive "*accruals*" e movimentos de preços e taxas de câmbio. Complicando o tema está o desejo de evitar o acúmulo de reservas negativas pela retenção de perdas não realizadas. Os bancos evitam isso *compensando quaisquer perdas não realizadas contra lucros realizados* [...]. Cuidados com a adequação do capital justificam essa *assimetria de tratamento* entre ganhos e perdas não realizados.

Procedimento similar é adotado pelo Banco Central Europeu em sua contabilidade, como mostram Schwarz *et al.* (2014).

Em suma, bancos centrais sujeitos a fortes variações patrimoniais, como é o caso brasileiro, devem evitar transferir imediatamente os ganhos não realizados ao Tesouro. Devem, preferencialmente, constituir reservas para cobrir prejuízos futuros, fazendo a transferência do saldo entre ganhos e perdas após acumular, durante um período de tempo, este saldo em uma conta de reserva no BC. Por uma questão de prudência, as perdas podem ser transferidas ao TN mais rapidamente que os ganhos, para evitar a descapitalização do BC.

A legislação brasileira[7]

A presente seção procura mostrar que a legislação brasileira atual não está de acordo com as melhores práticas acima descritas.

A legislação antes do acúmulo de reservas

Antes de haver grande acúmulo de reservas internacionais no Banco Central, este operava "à moda antiga", conforme retratado na Tabela 9.1. Não havia grande preocupação em regular o tratamento contábil de ganhos e perdas patrimoniais não realizados decorrentes de oscilação da taxa de câmbio.

Nesse contexto, a medida provisória 2.179-36, de 2001 (originária da MP 1.789, de 1988) tratava a questão da seguinte maneira:

> Art. 2º O resultado apurado no balanço semestral do Banco Central do Brasil *após computadas eventuais constituições ou reversões de reservas* será considerado:
>
> I. se positivo, obrigação do Banco Central do Brasil para com a União, devendo ser objeto de pagamento até o décimo dia útil *subsequente ao da aprovação* do balanço pelo Conselho Monetário Nacional;
>
> II. se negativo, obrigação da União para com o Banco Central do Brasil, devendo ser objeto de pagamento até o décimo dia útil *do exercício subsequente* ao da aprovação do balanço pelo Conselho Monetário Nacional.
>
> § 1º Os valores pagos na forma do inciso I serão *destinados exclusivamente ao pagamento da dívida pública mobiliária federal, devendo ser amortizada, prioritariamente, aquela existente junto ao Banco Central do Brasil.*
>
> § 2º Durante o período compreendido entre a data da apuração do balanço semestral e a data do efetivo pagamento, as parcelas de que tratam os incisos I e II terão remuneração idêntica àquela aplicada às disponibilidades de caixa da União depositadas no Banco Central do Brasil.
>
> § 3º A *constituição de reservas* de que trata o *caput* não poderá ser superior a *vinte e cinco por cento* do resultado apurado no balanço do Banco Central do Brasil.
>
> (grifos nossos)

O que importa destacar nessa regra, em primeiro lugar, é que assistia ao Banco Central o direito de utilizar parte do seu resultado para formar reservas, a serem usadas para compensar prejuízos futuros, conforme trecho grifado no *caput* do artigo acima citado. Tal reserva ficava limitada a 25% do resultado apurado (§ 3º).

É uma regra adequada aos princípios de prudência descritos: antes de enviar o resultado positivo ao Tesouro, o BC poderia reter parte desses recursos para compensar perda futuras. Isso diminuía o risco de o BC se descapitalizar e, ao mesmo tempo, reduzia o montante de recursos postos à disposição do Tesouro, impondo-lhe uma restrição orçamentária mais forte.

O limite máximo para a composição de reservas também era oportuno, pois limitava o poder do BC de constituir reservas para gastar com sua própria administração.

Tivesse o BC poder ilimitado para reter seus lucros, ele poderia acumular recursos excessivos em reserva e, em vez de transferi-los ao TN, gastar com o aumento da remuneração de sua burocracia ou demais despesas correntes.

O segundo ponto relevante é que a legislação estabelecia um mecanismo simétrico para o tratamento de lucros e prejuízos do BC: em caso de lucro, o BC (depois de constituir reservas) transferia-o em dinheiro ao TN. Em caso de prejuízo, o Tesouro o cobria, fazendo o pagamento em dinheiro ao BC.

Na verdade, havia algum favorecimento ao TN nesse mecanismo, que, como se verá adiante, está mantido até o presente. O Tesouro tinha (e ainda tem) um prazo para cobrir o prejuízo que pode ser maior que o prazo dado ao BC para transferir o lucro. O lucro tem que ser transferido dez dias úteis *após à aprovação do balanço* (inciso I). Já o prejuízo pode ser coberto até o décimo dia útil do *exercício subsequente* ao de aprovação do balanço (inciso II). Assim, com a apuração semestral de balanços, um prejuízo apurado em junho do ano "t" poderá ser coberto pelo TN apenas em janeiro do ano "t+1".

O terceiro ponto a destacar nessa regra é a vinculação dos recursos recebidos pelo Tesouro ao pagamento da dívida mobiliária federal (§ 1º). Deve-se frisar que a regra era o uso para a *amortização* da dívida. Logo, não se podia usar para o pagamento de juros.

Além disso, devia ser dada *prioridade* à amortização de títulos que estivessem na carteira do Banco Central. "Prioridade" não significa "exclusividade", de modo que a lei não vedava expressamente o uso dos recursos para amortizar dívida mobiliária do Tesouro *em mercado*.

À exceção da injustificada vantagem dada ao Tesouro no que diz respeito ao prazo para cobrir resultados negativos, esse marco legal estava adequado para um contexto de banco central operando à moda antiga. Como o resultado era pouco influenciado por variações nos valores das reservas internacionais, a questão de transferência de lucros não realizados não era um ponto relevante. Além disso, os resultados (positivos e negativos) eram quase sempre modestos em valores absolutos, de modo que os fluxos financeiros entre BC e TN a título de transferência de lucro ou ressarcimento por perdas não eram expressivos.

A legislação depois do acúmulo de reservas

Em função da mudança na composição do balanço do Banco Central, que deixou de operar à moda antiga e ficou mais sujeito às variações da taxa de câmbio, o governo federal decidiu alterar a legislação acerca do cálculo e transferência do resultado do BC ao TN. Isso foi feito através da MP nº 435, de junho de 2008, posteriormente convertida na lei nº 11.803, de 2008. A mudança foi assim justificada pela Exposição de Motivos que acompanhou a MP 435/08:

8. [...] a política de reforço das reservas cambiais, somada aos impactos decorrentes das intervenções da autoridade monetária no mercado interno mediante o emprego de derivativos cambiais, tem implicado *volatilidade* no resultado do Banco Central do Brasil. Isso ocorre porque, em consonância com as práticas contábeis nacionais e internacionais, *a lei determina que as demonstrações do Banco Central do Brasil sigam o regime de competência* para o reconhecimento de receitas e despesas. Semelhante procedimento conduz a que a apuração, em moeda nacional, do estoque de reservas cambiais e derivativos cambiais detidos pelo Banco Central do Brasil sofra os *efeitos das oscilações na taxa de câmbio, a despeito da possibilidade de reversão, em data futura, de receitas e despesas com variações cambiais.*

9. *O crescente descasamento entre ativos e passivos cambiais tem tornado o resultado do Banco Central do Brasil excessivamente volátil*, o que prejudica a análise do resultado das operações de política monetária, função principal da autarquia [grifos nossos].

O governo federal constatou, corretamente, a mudança estrutural no balanço do BC e o risco de sua descapitalização. A alteração efetivada pela nova legislação, contudo, foi em direção oposta ao que sugerem as boas práticas e a literatura especializada, apresentadas anteriormente, conforme se analisa a seguir.

O que a lei nº 11.803, de 2008, fez foi separar o resultado do BC em duas partes. Uma parte, chamada de "equalização cambial", que passou a ser regulada por essa lei, e a outra, relativa às demais contas do balanço da autoridade monetária não relacionada a contas cambiais, que continuou a ser normatizada pela MP 2.179-36/2001, nos termos anteriormente descritos, com algumas poucas alterações que serão comentadas a seguir.

A principal inovação está no art. 6º da lei 11.803/08:

> Art. 6º O resultado financeiro das *operações com reservas cambiais* depositadas no Banco Central do Brasil e das *operações com derivativos cambiais* por ele realizadas no mercado interno, conforme apurado em seu balanço, será considerado:
> I. *se positivo*, obrigação do Banco Central do Brasil com a União, devendo ser objeto de pagamento até o décimo dia útil subsequente ao da aprovação do balanço pelo Conselho Monetário Nacional; e
> II. *se negativo*, obrigação da União com o Banco Central do Brasil, devendo ser objeto de pagamento até o décimo dia útil do exercício subsequente ao da aprovação do balanço pelo Conselho Monetário Nacional.
> § 1º Para os efeitos desta lei, considera-se:
> I. resultado financeiro das operações com reservas cambiais depositadas no Banco Central do Brasil: o produto entre o estoque de reservas cambiais, apurado em reais, e a diferença entre sua taxa média ponderada de rentabilidade, em reais, e a taxa média ponderada do passivo do Banco Central do Brasil, nele incluído seu patrimônio líquido; e

II. resultado financeiro das operações com derivativos cambiais realizadas pelo Banco Central do Brasil no mercado interno: a soma dos valores referentes aos ajustes periódicos dos contratos de derivativos cambiais firmados pelo Banco Central do Brasil no mercado interno, apurados por câmara ou prestador de serviços de compensação, liquidação e custódia.

§ 2º O resultado financeiro das operações referidas no *caput* deste artigo será apurado diariamente e acumulado para fins de compensação e liquidação entre as partes, equivalendo o período de apuração ao definido para o balanço do Banco Central do Brasil.

§ 3º Os valores pagos na forma do inciso I do *caput* deste artigo serão destinados exclusivamente ao *pagamento* da dívida pública mobiliária federal, devendo ser paga, prioritariamente, aquela existente junto ao Banco Central do Brasil.

§ 4º Durante o período compreendido entre a data da apuração do balanço do Banco Central do Brasil e a data do efetivo pagamento, os valores das obrigações referidas nos incisos I e II do *caput* deste artigo terão remuneração idêntica àquela aplicada às disponibilidades de caixa da União depositadas no Banco Central do Brasil [grifo nosso].

O dispositivo acima citado passou a normatizar a forma de apuração e transferência do resultado do BC relativa a variações de valor das reservas cambiais e decorrentes de operações de *swap* cambial.

Deve-se observar, inicialmente, que há uma distinção importante entre o resultado decorrente de variação de valor das reservas e o resultado de operações de *swap*. Os *swaps* geram efetivas entradas e saídas no caixa do BC. Quando o câmbio se valoriza, os agentes que contrataram o *swap* precisam depositar a diferença em relação ao valor contratado. Quando o câmbio se desvaloriza, o BC deve fazer tal pagamento. Assim, não há, no caso dos *swaps*, a ocorrência de resultados não realizados, com efeito apenas patrimonial: a contabilidade no regime de competência fica muito próxima ao que seria contabilizado no regime de caixa. Já no caso das reservas, como argumentado anteriormente, a variação da taxa de câmbio afeta seu valor sem que elas tenham sido negociadas, gerando resultados não realizados que, conforme argumentado nas seções anteriores, NÃO deveriam ser transferidos automática e integralmente ao Tesouro.

O BC contabiliza integralmente as variações patrimoniais do valor das reservas pelo regime de competência (marcação a mercado). Isso está correto e faz parte das boas práticas contábeis internacionais. Contudo, a marcação a mercado gera as previsíveis oscilações nos lucros e perdas, o que deveria ser acomodado pela formação de reservas no BC. Mas a nova legislação não prevê a possibilidade de o BC retirar parte do resultado positivo das operações cambiais para constituir reservas. Deve-se notar que o art. 6º, inciso I, acima citado, não contém a possibilidade de constituição de reservas antes da transferência ao TN, ao contrário do que estabelece a MP 2.179-36/2001. Por isso, a partir da lei 11.803/2001, a constituição de reservas só pode ser feita em relação ao resultado das outras contas (não cambiais) do BC. Ou seja, justamente a parte do balanço do BC mais afetada por voláteis resultados não realizados (que deveriam ser provisionados pela autoridade monetária e não transferidos ao Tesouro), tem que ser integralmente transferida, em posição diametralmente oposta às boas práticas.

O art. 4º da lei 11.803/08 criou nova regra para a constituição de reservas pelo BC, revogando aquela contida no § 3º da MP 2.179-36/01:

> Art. 4º A constituição de reservas prevista no *caput* do art. 2º da Medida Provisória nº 2.179-36, de 2001 [ocorrência de resultado positivo do BC], não poderá ser superior a vinte e cinco por cento *da soma entre o resultado apurado no balanço do Banco Central do Brasil e o resultado do cálculo definido no art. 6o desta Lei* [grifo e inserção nossos].

O que essa nova regra estabelece é que o limite para a constituição de reservas (reservas que, enfatizamos, só poderão ser constituídas a partir do resultado das contas não cambiais) será de 25% do resultado total (contas não cambiais + equalização cambial). Essa regra parece inadequada pois, em alguns casos, gera limites excessivamente altos para a constituição de reservas e, em outros, gera um valor negativo, inviabilizando a formação de reservas. Dado que os resultados da equalização cambial têm valores absolutos muito superiores aos das outras contas, quando ele é negativo, o resultado total também será negativo. Nesse caso, o cálculo do limite para a reserva torna-se negativo, impedindo que se destine parte do resultado para tal fim. No caso oposto, em que o resultado da equalização cambial é positivo, o limite de 25% pode gerar valor muito superior ao total do resultado das contas não cambiais, possibilitando que todo o resultado não cambial seja provisionado. A regra, portanto, parece despida de lógica.

Outra alteração feita pela lei 11.803/08 foi a possibilidade de o Tesouro usar os recursos recebidos do BC não apenas para amortizar o *principal* da dívida mobiliária, mas também para pagar os *juros* dessa dívida. A alteração está contida no § 3º do art. 6º acima citado (para o caso do resultado decorrente da equalização cambial) e no art. 3º da lei (para o caso do resultado das demais contas). Nos dois dispositivos substitui-se a expressão "devendo ser amortizada" por "devendo ser paga". Isso aumenta a margem de manobra do Tesouro para utilizar os recursos do resultado do BC para custear suas despesas financeiras e primárias, fragilizando a restrição orçamentária do TN e estimulando a expansão dos gastos.

Inovação extremamente relevante, e também contrária às boas práticas contábeis, foi introduzida pelo art. 5º da lei 11.803/08. Esse artigo abriu a possibilidade de que os pagamentos do Tesouro ao BC, em caso de resultado negativo (tanto da equalização cambial quanto das outras contas), seja feito mediante entrega de títulos públicos, e não em dinheiro:

> Art. 5º Para pagamento dos valores a que se referem os *arts. 2º, inciso II* [Resultado NEGATIVO do BC exceto equalização cambial], 4º, 7º, § 1º, e 9º da Medida Provisória no 2.179-36, de 2001 [acertos de contas entre as duas instituições, sem relevância para

a análise], e *o inciso II do art. 6º* [Resultado NEGATIVO da equalização cambial] desta Lei, *poderão ser emitidos títulos* da dívida pública mobiliária federal interna adequados aos fins de política monetária, com características definidas pelo Ministro de Estado da Fazenda. (grifo e inserções nossos)

Criou-se, com isso, uma situação em que os resultados positivos (de equalização cambial e de outras contas) vão do BC para o TN em dinheiro, e os resultados negativos provocam um fluxo de títulos do Tesouro para o BC. Dada a alternância de resultados positivos e negativos, ilustrada no Gráfico 9.1, em longo prazo a tendência é um grande fluxo de dinheiro para o Tesouro e um grande fluxo de títulos para o BC.

Considerando que parte significativa do resultado transferido advém de ganhos e perdas não realizados, decorrentes de valorização e desvalorização das reservas; e dado que o Tesouro pode usar esse dinheiro para fazer despesas fora da relação com o BC (por exemplo, amortizando dívida e pagando juros ao mercado), surge a possibilidade de financiamento implícito do BC ao Tesouro.

A lei também criou um mecanismo que amplia os fluxos financeiros entre as duas instituições. Isso porque trata os dois resultados em separado. Assim, se há um lucro nas operações cambiais e um prejuízo nas demais operações, o BC envia o valor do lucro ao TN, em dinheiro, e o TN envia o valor da perda ao BC, em títulos. Se o ajuste de contas entre as duas instituições se desse pelo valor líquido dos resultados cambiais e não cambiais, certamente os fluxos financeiros entre TN e BC seriam menores.

A lei 11.803/08 promoveu, ainda, outra importante alteração nas relações entre BC e TN ao criar uma nova modalidade de colocação de títulos do TN na carteira do BC: sempre que a autoridade monetária ficar com poucos títulos em carteira, o TN é autorizado a entregar mais títulos ao BC, *sem contrapartida financeira*. Ou seja, trata-se de uma espécie de capitalização do BC pelo TN, que recebe títulos para o seu ativo e registra a contrapartida como aumento do patrimônio líquido.

De acordo com a Exposição de Motivos que acompanhou o envio da proposta ao Congresso, isso foi feito porque o BC, ao enfrentar a necessidade de compras crescentes de reservas internacionais (e ter que, depois dessa compra, esterilizar os reais entregues aos vendedores das divisas), precisava de quantidades crescentes de títulos em sua carteira: quanto mais divisas eram compradas, mais operações de enxugamento de liquidez precisavam ser feitas e, portanto, mais títulos eram necessários para lastreá-las. Ademais, o próprio fato de os títulos colocados em mercado pelo BC, nessas operações de *open market*, renderem juros elevados tornava crescente a necessidade de títulos para a simples rolagem das operações vincendas. Dado que o BC é proibido de emitir títulos próprios,[8] ele fica dependente da disponibilidade de títulos do Tesouro para conduzir suas operações de *open market*.

Essa mudança da legislação está no art. 1º da lei 11.803/08, que altera a lei nº 10.179, de 2001, para prever novas situações em que o Tesouro pode emitir títulos públicos.

Tal situação seria aquela em que se faz necessário *assegurar ao Banco Central do Brasil a manutenção de carteira de títulos da dívida pública em dimensões adequadas à execução da política monetária.* A forma de colocação desses títulos na carteira do BC é assim descrita: *direta, sem contrapartida financeira, mediante expressa autorização do Ministro de Estado da Fazenda.*

Um efeito colateral dessa medida foi o de dar poder político ao TN em relação ao BC. Tendo em vista que cabe ao ministro da Fazenda autorizar a entrega de títulos ao BC, pode vir a ocorrer uma situação em que o ministro resista a fazer tal colocação de títulos e, com isso, deixe o BC sem instrumentos para executar política monetária.

A nova legislação pode ser assim resumida:
- Integral transferência de ganhos cambiais não realizados ao Tesouro, *em dinheiro*, sem permitir a formação de reservas pelo BC;
- Regra incoerente para a formação de reservas pelo BC com recursos do resultado das contas não cambiais;
- Cobertura de perdas do BC com *títulos* do Tesouro, viabilizando o financiamento implícito do segundo pelo primeiro;
- Regras de transferências que maximizam o fluxo financeiro entre as partes;
- Possibilidade de colocação direta de títulos do TN no BC, sem contrapartida financeira, que confere poder político ao TN em relação ao BC.

Essas regras contrariam as boas práticas contábeis para bancos centrais com balanços voláteis, que recomendam: prudência na transferência ao Tesouro de ganhos não realizados e formação de reservas no BC para cobrir perdas futuras. A consequência foi a criação de um mecanismo de financiamento implícito do BC ao TN.

A MUDANÇA NA POLÍTICA DE DÍVIDA PÚBLICA E O FINANCIAMENTO DE DESPESA PRIMÁRIA VIABILIZADOS PELA LEI 11.803/08

A presente seção avalia se o TN utilizou, no passado recente, o expediente de resgatar dívida em mercado, pagando-a com recursos vindos do resultado do BC. Isso reduz o valor da dívida mobiliária em mercado, bem como permite a apresentação de um perfil de dívida mais benigno que a realidade. Buscam-se, também, evidências de que tenha havido a prática de substituição de fontes de financiamento, com vistas a liberar recursos para a expansão da despesa primária.

As estatísticas fiscais indicam que os dois fatos realmente aconteceram. Tão logo se aprovou a lei 11.803/08 houve uma guinada na política de rolagem da dívida pública federal. O Tesouro passou a usar os expressivos resultados transferidos pelo BC para o pagamento de amortização e juros da dívida junto ao mercado.

A Figura 9.2 mostra essa realidade. Nele, os valores positivos indicam resgate líquido de dívida pública e os saldos negativos indicam colocação líquida de títulos junto ao mercado. Os valores estão representados como percentual do valor total de títulos vincendos. Percebe-se que antes de 2008 havia pequenos saldos de resgate ou colocação líquida. Ou seja, a regra era a rolagem integral da dívida. A partir de 2008 passou a haver um forte movimento de resgate líquido. Naquele ano, nada menos que 34% dos títulos vincendos foram resgatados em dinheiro pelo TN. Nota-se, também, que, com a mudança da equipe econômica em 2015, houve brusca reversão nessa política: o TN passou a atuar na direção contrária, fazendo forte colocação líquida de títulos e retirando do BC a tarefa de ampliar as compromissadas. Portanto, houve um atípico resgate líquido de títulos pelo Tesouro no período 2008-2014.

Figura 9.2
Resgate (+) e colocação (-) líquida de dívida mobiliária pelo Tesouro Nacional em mercado: 2005 a 2015 (em % dos títulos vincendos)

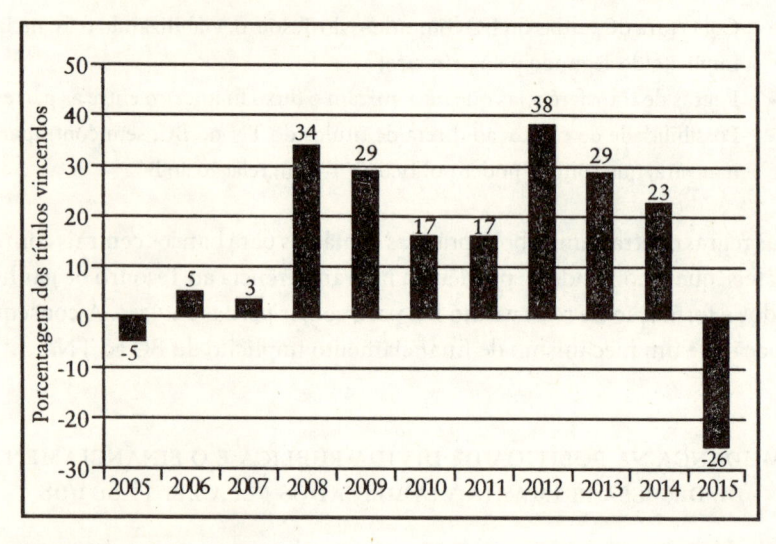

Ano	Porcentagem
2005	-5
2006	5
2007	3
2008	34
2009	29
2010	17
2011	17
2012	38
2013	29
2014	23
2015	-26

Fonte: STN – Relatório Mensal da Dívida Pública. Elaborado pelo autor.

De onde estaria vindo o dinheiro para fazer esses vultosos resgates líquidos de dívida mobiliária junto ao mercado?

A Figura 9.3 mostra que, antes de 2009, era desprezível o montante de despesas orçamentárias pagas com recursos da fonte orçamentária "Resultado do BC".[9] A partir de 2009 há um salto no volume desses recursos, o que coincide com o momento em que houve a mudança na regra de transferência de resultados ao TN, com a forte ampliação do fluxo de dinheiro do BC para a conta do TN.

Figura 9.3
Montante total da fonte de recursos "Resultado do BC" utilizado para pagamento de amortização e juros da dívida (R$ bilhões)

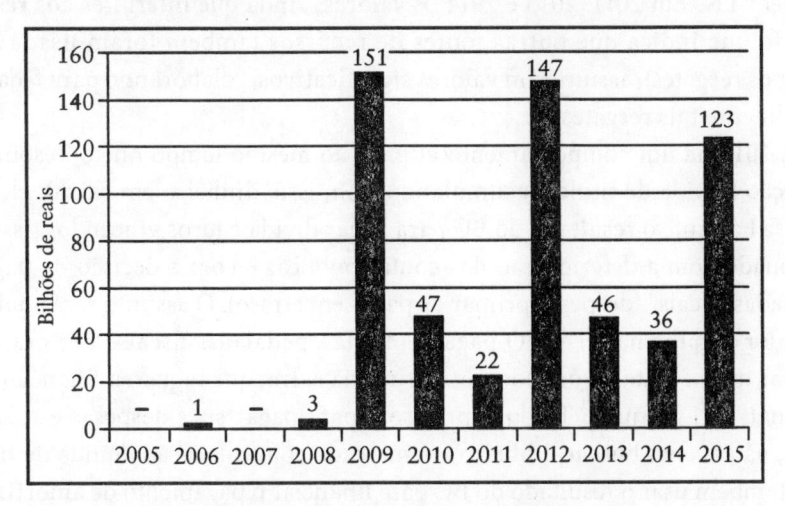

Fonte: STN – Relatório Mensal da Dívida Pública. Elaborado pelo autor.

Seriam esses valores suficientes para financiar os resgates líquidos de títulos feitos pelo Tesouro junto ao mercado no período 2008-2014? A Figura 9.4 indica que sim. Ele compara os valores de "resultado do BC" usados no orçamento para pagar juros e amortização da dívida com os valores dos resgates líquidos de títulos feitos pelo TN junto ao mercado.

Figura 9.4
Montante total da fonte de recursos "Resultado do BC" utilizado para pagamento de amortização e juros da dívida vs. resgate (+) e colocação (-) líquida de dívida mobiliária pelo Tesouro Nacional em mercado: 2005 a 2015 (R$ bilhões)

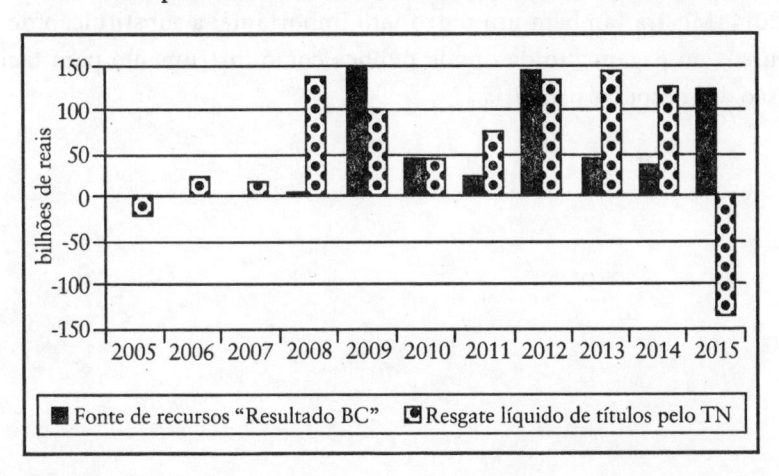

Fonte: STN – Relatório Mensal da Dívida Pública e Sistema Siga Brasil. Elaborado pelo autor.

Observa-se que em 2009, 2010 e 2012 a fonte de recursos "resultado do BC" assumiu valores mais que suficientes para bancar todo o resgate líquido de títulos feito pelo TN. Em 2011, 2013 e 2014 os valores, ainda que inferiores aos resgates totais (o que indica que outras fontes de recursos também foram usadas para bancar os resgates), assumiram valores significativos, colaborando para financiar parcialmente tais resgates.

Em 2015 há um comportamento atípico: ao mesmo tempo que o Tesouro faz colocação líquida de títulos (acumulando, com isso, dinheiro em caixa), ele também usa bastante o resultado do BC para pagar dívida e juros vincendos. Isso está relacionado com a deterioração das contas públicas e com a decisão de pagar as "pedaladas fiscais" (despesas primárias pagas em atraso). O assunto será analisado em maior detalhe na seção "O pagamento das 'pedaladas fiscais'. Por ora, basta registrar que se trata de uma despesa primária extra, que requereu financiamento adicional. Daí porque o Tesouro precisou, para pagar suas despesas e rolar sua dívida, não apenas buscar dinheiro em mercado com colocação líquida de títulos, como também usar o resultado do BC para financiar o pagamento de amortização, juros e despesas primárias.

Em 2008 não houve uso da fonte "resultado do Tesouro" para financiar amortização e juros da dívida. Como se verá a seguir, nesse ano foi usada principalmente uma receita de compensação financeira por exploração de petróleo para financiar os resgates.

A Tabela 9.3 apresenta a composição das fontes orçamentárias utilizadas para custear tais despesas, excluindo a rolagem da dívida por meio de emissão de novos títulos. Ela reforça a importância dos recursos do resultado do BC como fonte de financiamento para pagar juros e amortizar a dívida mobiliária no período 2009-2014. Mostra também um outro fato importante: a substituição de fontes de recursos no pagamento da dívida pública como instrumento para facilitar a expansão das despesas primárias.

Tabela 9.3
Fontes de financiamento para o pagamento de amortização e juros da dívida pública: 2005-2015 (% do total)

	2005	2006	2007	2008	2009	2010	2011	2012	2013	2014	2015
Recursos de refinanciamento de estado e município	44%	27%	44%	29%	16%	31%	46%	21%	39%	38%	32%
Remuneração das disponibilidades do TN	23%	26%	31%	20%	12%	14%	18%	12%	18%	15%	0%
Resultado do BC	0%	1%	0%	2%	63%	33%	16%	52%	28%	25%	64%
Dividendos União	5%	4%	8%	5%	4%	22%	18%	8%	14%	13%	4%
Recursos ordinários	24%	38%	16%	9%	4%	0%	2%	5%	0%	0%	0%
Outras	3%	4%	1%	34%	0%	1%	0%	2%	2%	9%	0%
TOTAL	100%	100%	100%	100%	100%	100%	100%	100%	100%	100%	100%

Fonte: Siafi – Sistema Siga Brasil. Elaborado pelo autor

São seis diferentes fontes de recursos apresentadas na Tabela 9.3. A primeira linha inclui as receitas da União decorrentes de pagamentos que lhe são feitos pelos estados e municípios, em decorrência dos diversos refinanciamentos de dívida interna e externa que a União fez para os entes subnacionais. À medida que esses entes vão quitando suas dívidas, a União utiliza os recursos para abater a sua própria dívida. Não houve mudança no padrão de uso desses recursos para pagamento da dívida.

A segunda linha mostra o "resultado do BC". Percebe-se que, conforme já refletido nos Gráficos 9.3 e 9.4, antes de 2009 essa fonte dava contribuição irrisória para o pagamento de amortização e juros da dívida, passando, então, a ter grande relevância, o que reforça o argumento de que o Tesouro passou a usar a receita vinda do BC para resgatar dívida em mercado.

A terceira fonte são os dividendos da União. Nota-se que eles ganham importância como fonte de recursos para pagamento da dívida a partir de 2010. Como é sabido, no período 2010-14, o governo federal passou a extrair elevados dividendos de suas empresas, muito acima da média histórica, com vistas a ter recursos adicionais para custear suas despesas (ver Mendes, 2014). Parte desses dividendos, como se vê, foi utilizada para resgate da dívida em mercado.[10] Isso liberava outros recursos fiscais para custear a expansão da despesa primária.

Nas duas linhas seguintes temos as fontes de recursos que deixaram de ser usadas para pagar amortizações e juros da dívida. Tanto os recursos ordinários, oriundos de tributação, quanto a remuneração da conta do Tesouro, fontes usualmente alocadas para o pagamento da dívida, deixaram de ser aplicados a tal finalidade.

Puderam, com isso, pagar outras despesas do Tesouro. Esse mecanismo de "substituição de fontes" mostra como a entrada dos recursos do resultado do BC no pagamento da dívida pôde ser usada para expandir a capacidade de gasto do Tesouro em outras despesas primárias.

Por fim, as "outras" fontes de recursos incluem receitas como taxas, receitas de concessões, entre outras. A grande importância desse item no exercício de 2008 reflete o uso de R$ 20 bilhões de receitas de compensação financeira pela exploração de petróleo e gás para quitação de dívida pública. Foi isso que permitiu que a política de fortes resgates líquidos de dívida começasse em 2008, antes de haver recursos de "resultado do BC" disponíveis para financiar tais resgates.

Em suma, o que a Tabela 9.3 mostra é uma mudança qualitativa na composição de fontes orçamentárias utilizadas para pagar juros e amortização da dívida: perdem importância os recursos tributários ordinários e a remuneração da Conta Única e ganham importância o resultado do BC e as receitas de dividendos pagos pelas estatais.

Há que se chamar atenção para um fato adicional. À medida que a Conta Única do Tesouro passa a ser irrigada por grande volume de recursos vindos da equalização cambial, tende a aumentar o saldo médio da conta: ainda que esses recursos sejam usados para amortizar dívida em mercado, eles podem permanecer por dias ou meses na conta, sendo remunerados. Isso eleva a disponibilidade de dinheiro para o Tesouro, que passa a ter maior saldo na fonte "remuneração das disponibilidades do Tesouro", podendo expandir suas despesas. Trata-se de um efeito secundário da legislação que ampliou o fluxo de recursos do BC para o TN, que também dá maior poder de gasto do erário.

A Tabela 9.4 mostra que, de fato, há um salto nas despesas financiadas pela fonte "remuneração das disponibilidades do Tesouro": a média do período 2011-2014 é 49% maior, em termos reais, do que a do período 2005-2010.

Outro fato relevante mostrado pela Tabela 9.4 é a mudança no tipo de despesas que é paga pela fonte remuneração da conta do TN. Até 2010 ela era usada exclusivamente para pagar amortização e juros. A partir de 2011 migrou para o pagamento de despesas primárias. Isso é decorrência do processo de troca de fontes de financiamento. Como a amortização e os juros passaram a ser pagos com o dinheiro do resultado do BC, liberaram-se os recursos da remuneração da conta do TN para gasto em despesas primárias.

A remuneração das disponibilidades do TN é uma fonte de recursos com uso flexível. Ao contrário do resultado do BC, que tem seu uso limitado ao pagamento de amortização e juros da dívida, a remuneração das disponibilidades é de livre alocação. Torna-se, com isso, um importante coringa no processo de troca de fontes: deixa-se de usar a remuneração da conta do TN no pagamento de amortização e juros, realocando-a para o pagamento de despesas primárias e, ao mesmo tempo, entra-se com os recursos do resultado do BC para pagar amortização e juros.

Tabela 9.4

Recursos de Remuneração da Conta Única do Tesouro no Banco Central: valores utilizados como fonte de despesa orçamentária (R$ milhões)

	2005	2006	2007	2008	2009	2010	2011	2012	2013	2014	2015
Amortização/Refinanciamento da dívida	540	11.079	99	7.364	–	6.465	4.633	3.403	12.245	22.076	–
Inversões financeiras	–	–	–	–	–	–	11	47	4.464	1.807	550
investimentos	–	–	–	–	–	–	272	743	826	1.802	386
Juros e encargos da dívida	15.075	25.418	25.000	19.146	29.382	13.336	19.831	29.611	17.351	–	–
Outras despesas correntes	–	–	–	–	–	–	12.048	6.305	17.092	23.002	35.461
Pessoal e encargos sociais	–	–	–	–	–	–	5.645	58	12	4.210	38.461
Total	15.615	36.496	25.099	26.511	29.382	19.801	42.439	40.167	51.990	52.898	74.964
Total em R$ de jun/2015	27.198	61.107	40.529	40.362	42.684	27.438	55.107	49.713	60.308	57.603	74.964
Média 2005-2010 (R$ de jun/2015)											39.887
Média 2011-2014 (R$ de jun/2015)											59.539
Diferença de médias											49%

Fonte: Siafi – Sistema Siga Brasil. Elaborado pelo autor.

Resta, ainda, averiguar se a expansão das operações compromissadas do Banco Central, observada ao longo dos últimos anos, está relacionada ao aumento de liquidez provocado pelos resgates líquidos de títulos pelo TN.

A versão corrente é que as operações compromissadas aumentaram em decorrência do acúmulo de reservas internacionais. Tendo que enxugar a liquidez resultante da compra de divisas, o BC seria forçado a fazer tais operações. No entanto, estudo do próprio Banco Central (2015) aponta a importância dos resgates líquidos do Tesouro na expansão das compromissadas. A Tabela 9.5, elaborada com base em dados do citado estudo, apresenta os fatores condicionantes do aumento do estoque de operações compromissadas no período 2007-2015. Observa-se que o estoque de compromissadas cresceu em valor equivalente a 12,5 pontos percentuais do PIB, passando de 3,2% do PIB em dezembro de 2006 para 15,7% em novembro de 2015. O resgate líquido de títulos do Tesouro foi o maior fator de expansão das compromissadas no período, tendo impacto de 16 pontos percentuais, superando até mesmo a aquisição de reservas internacionais e pagamento de *swaps* cambiais (10,6 p.p. e 1,8 p.p., respectivamente). Não resta dúvida, portanto, que o TN exerceu forte pressão sobre a liquidez ao fazer resgates líquidos de títulos em mercado.

Tabela 9.5
Fatores condicionantes da expansão das operações compromissadas do BC: fluxos acumulados de dezembro de 2006 a novembro de 2015 (em pontos percentuais do PIB)

Aquisição de reservas internacionais (A)	10,6
Resultado de swaps cambiais (B)	1,8
Resgate líquido de títulos do TN em mercado (C)	16,0
Juros sobre operações compromissadas (D)	10,1
Crescimento do PIB (E)	7,6
Outras operações (F)	18,4
Variação do estoque total de operações compromissadas (G) = (A) + ... + (F)	12,5
Memo:	
Relação compromissada/PIB em dez. 2006	3,2%
Relação compromissada/PIB em nov. 2015	15,7%

Fonte: BC (2015). Elaborado pelo autor.
Nota: as outras operações são constituídas por: recebimento pelo TN de dívidas renegociadas com estados e municípios, resultado primário do governo central, depósitos compulsórios de instituições financeiras no BC, desembolsos do TN para fundos e programas (FAT, Fundos Constitucionais etc.), outras operações financeiras do BC.

Fecha-se, assim, o ciclo da política em que o TN pagou dívida com recursos do resultado do BC e obteve meios de expandir sua despesa primária, bem como alterou artificialmente o perfil de sua dívida, ao se recusar a colocar títulos curtos ou a taxas flutuantes, forçando o Banco Central a colocar esse tipo de dívida em mercado, por meio das operações compromissadas.

Os gráficos no Capítulo 15 deste livro, de Carbone e Gazzano, dão a medida da distorção no perfil da dívida. Vemos num deles que a dívida mobiliária do TN tem prazo médio superior ao que se obtém quando, a essa dívida, se acrescentam as operações compromissadas. Ao final de 2015, último dado da série, o prazo médio da dívida mobiliária do Tesouro era de 55,7 meses. Porém, quando a ela acrescentamos as operações compromissadas, o prazo cai para 40,7 meses: uma expressiva diferença de 15 meses, equivalente a 27% do prazo original.

Outro gráfico de Carbone e Gazzano mostra que a participação dos títulos prefixados não foi tão favorável quanto o apresentado pelo Tesouro. Sem considerar as compromissadas, essa participação era de 41,1% em outubro de 2015, mas, ao acrescentarmos as compromissadas na conta, a participação cai para 29%. O inverso ocorre com a participação de títulos indexados à Selic: na estatística mostrada pelo Tesouro, esses títulos representavam, em outubro de 2015, 23,6% da dívida, mas com a inclusão das compromissadas a importância dos títulos "selicados" sobe para 33,3%.

Em suma, a expansão das transferências de resultado do BC ao TN, decorrente da lei 11.803/08, parece ter levado o TN ao resgate de dívida mobiliária em mercado e substituição de fontes no pagamento de amortização e juros da dívida. Isso amplia as possibilidades de expansão fiscal. A lei 11.803/08 tornou-se mais um instrumento da "caixa de ferramentas" das políticas expansionistas que levaram o país à grave crise fiscal revelada em 2014.

O PAGAMENTO DAS "PEDALADAS FISCAIS"[11]

Um dos procedimentos de contabilidade criativa utilizados no passado recente foi o atraso de pagamentos do Tesouro a bancos públicos, que ficou conhecido como "pedalada fiscal". Essas instituições, na qualidade de agentes pagadoras de programas públicos, usualmente adiantavam os recursos para tais pagamentos e eram, em seguida, ressarcidas pelo Tesouro. A partir de 2013, o Tesouro passou a atrasar os pagamentos de forma sistemática, acumulando um passivo não contabilizado.

Depois da rejeição das contas do governo pelo Tribunal de Contas da União, e consequente apresentação de pedidos de impeachment da presidente ao Congresso, com base nesses fatos, o governo federal decidiu pagar integralmente os atrasados ao final de 2015. Tais pagamentos constituem despesa primária (paga em atraso).

Há evidências de que os recursos do resultado do BC foram utilizados, mediante o mecanismo da troca de fontes de financiamento, para custear tais despesas primárias.

Trata-se, portanto, de mais um caso em que a disponibilidade do resultado do BC na conta do Tesouro deu margem à expansão de despesa primária.

Oficialmente, o Tesouro Nacional afirma que usou para o pagamento das pedaladas recursos do "colchão de liquidez" da dívida pública: uma reserva de recursos (obtida mediante emissões de títulos no passado) mantida para enfrentar momentos de turbulência no mercado. Na prática, o que se fez foi a tradicional troca de fontes: o colchão de liquidez e os recursos da remuneração da Conta Única do TN pagaram as pedaladas, em vez de pagar juros e amortizações da dívida; e os recursos do resultado do BC foram usados para pagar a dívida. Como dinheiro não tem carimbo, o resultado final foi que os recursos do resultado do BC viabilizaram o pagamento das pedaladas.

Ao final de 2015, faltavam recursos do orçamento não apenas para pagar as pedaladas, mas também despesas da previdência social, em decorrência do agravamento da crise fiscal. O Ministério do Planejamento, então, publicou as portarias da Secretaria de Orçamento Federal (SOF) nº 130, nº 138 e nº 143, remanejando R$ 54,6 bilhões de recursos que estavam inicialmente alocados para o pagamento de amortização e juros da dívida. A Tabela 9.6 ilustra o remanejamento efetuado: foram retirados da verba destinada ao pagamento de juros e amortizações da dívida R$ 42,9 bilhões de recursos obtidos mediante emissão de títulos em exercícios anteriores (o colchão de liquidez) e R$ 11,7 bilhões provenientes da remuneração da conta do TN no BC.

Com essa transferência de recursos, passou a faltar dinheiro para pagar a amortização e os juros da dívida mobiliária vincenda. Para cobrir essa lacuna, foram utilizados os recursos de resultado do BC. Isso fica claro ao se constatar que, no mesmo mês de dezembro de 2015, o governo pagou R$ 50 bilhões de encargos da dívida com recursos da fonte Resultado do Banco Central, conforme registrado na Tabela 9.6.

Tabela 9.6
Realocações de dotações orçamentárias relativos ao pagamento da dívida pública em dezembro de 2015 (R$ bilhões)

	Antes	Depois
Colchão de liquidez (emissão de títulos em exercícios anteriores)	42,9	0,0
Remuneração das disponibilidades do TN na Conta Única	11,7	0,0
Resultado do BC		50,0
TOTAL	54,4	50,0

Fonte: Siafi – Sistema Siga Brasil. Elaborado por Leonardo Ribeiro.

Para onde foram os recursos do colchão de liquidez e da remuneração da conta do TN? A Tabela 9.7 mostra que os R$ 42,9 bilhões retirados do colchão foram gastos no pagamento das pedaladas (R$ 21,1 bilhões) e de despesas da previdência (R$ 21,8 bilhões). Já o dinheiro da remuneração da conta do TN foi realocado para o pagamento de despesas da previdência (R$ 11,7 bilhões).

Tabela 9.7
Realocações de dotações orçamentárias para pagamento de pedaladas e despesas da previdência em dezembro de 2015 (R$ bilhões)

	Pedaladas	Previdência	TOTAL
Colchão de liquidez (emissão de títulos em exercícios anteriores)	21,1	21,8	42,9
Remuneração das disponibilidades do TN na Conta Única		11,7	11,7
Remuneração das disponibilidades do TN na Conta Única vinda de reserva de contingência	8,0		8,0
TOTAL	29,1	33,5	62,6

Fonte: Siafi – Sistema Siga Brasil. Elaborado por Leonardo Ribeiro.

Além desse dinheiro tirado da verba de amortização e juros da dívida, foram realocados outros R$ 8 bilhões de remuneração da conta do TN, que estavam alocados na reserva de contingência e que foram destinados ao pagamento das pedaladas.

Em resumo, as duas tabelas mostram a troca de fontes: em vez de se pagar dívida com o dinheiro do colchão e da remuneração da conta do TN, pagou-se a dívida com o dinheiro do resultado do BC. E o dinheiro do colchão e da remuneração, que foram liberados do pagamento da dívida, custearam a quitação das pedaladas e despesas da previdência. Efeito final: R$ 50 bilhões vindos do resultado do BC pagaram 80% das despesas primárias de R$ 62,6 bilhões com pedaladas e previdência.

Portanto, a disponibilidade de recursos do BC em caixa permitiu que o Tesouro, em vez de expandir a dívida mobiliária e assim sinalizar o custo fiscal do pagamento das pedaladas, usasse o resultado do BC para pagar despesa primária.

Há quem argumente que isso não é problema. Afinal de contas, como o BC atua em regime de meta de inflação, regulando a taxa de juros, sempre que o Tesouro injetar liquidez na economia o BC fará operações compromissadas para retirar tal liquidez. Com isso, haverá aumento na dívida bruta do governo-geral. Logo, o conceito de dívida pública do governo-geral adotado pelo Brasil e a estatística de resultado primário refletiram adequadamente o pagamento feito. Todavia, fica patente que dispor dos recursos do resultado do BC permitiu ao Tesouro fazer uma expansão fiscal adicional e, ao mesmo tempo, gerar uma estatística de dívida mobiliária do Tesouro incompatível com a realidade fiscal. O Tesouro teve espaço para pagar as pedaladas de uma só vez, sem precisar ir ao mercado colocar títulos ou, alternativamente, cortar outras despesas primárias.

Se estivéssemos em uma sociedade com informação perfeita, na qual todos os agentes econômicos soubessem que o conceito de dívida bruta é o mais relevante, então o Tesouro teria menor espaço para manobras contábeis. Mas em uma situação de informação imperfeita, o Tesouro pode usar as distorcidas estatísticas de dívida mobiliária para alegar que a situação fiscal está sob controle.

Ademais, com o BC não dispondo de autonomia formal, nada garante que ele não seja levado a acomodar a expansão monetária, optando por uma taxa de juros menor, de modo a não extrair totalmente a liquidez injetada pelo Tesouro.

O episódio demonstra, portanto, o argumento de que ter os recursos do resultado do BC disponíveis em caixa fragiliza a restrição orçamentária do Tesouro e permite manobras fiscais que resultam em expansão da despesa primária e potencial restrição à política monetária.

Uma proposta de reforma da legislação

As seções anteriores mostraram que a legislação que regula a transferência de resultado do BC para o TN não está de acordo com a boa prática contábil internacional. Bancos centrais, como o brasileiro, que têm forte oscilação do seu resultado contábil, em decorrência da marcação a mercado dos ativos em moeda estrangeira, devem constituir reservas antes de transferir o resultado ao Tesouro e minimizar as transferências de lucros não realizados. As elevadas transferências feitas no caso brasileiro têm efeitos adversos sobre a política fiscal, fragilizando a restrição orçamentária do governo, e também podem atrapalhar a política monetária.

A reforma da legislação deve ir, portanto, na direção de mudar as regras de transferência com vistas a minimizar os fluxos de transferências e, ao mesmo tempo, torná-los mais previsíveis e menos voláteis. Além disso, deve ser dado ao Banco Central o direito de fazer reservas em montante suficiente para cobrir eventuais prejuízos futuros.

O modelo utilizado pelo banco central da Noruega[12] parece adequado ao caso brasileiro, tendo em vista que aquele Banco Central está exposto a fortes oscilações nos valores de seus ativos, em decorrência da alta participação das reservas internacionais no ativo total. Tal modelo, ilustrado pelo Quadro 9.1, é composto de dois fundos criados no balanço do Banco Central: um "fundo de ajustamento", cujo objetivo é armazenar reservas para cobrir perdas do banco central; e um "fundo de transferência", de onde sairão os recursos a serem repassados ao Tesouro.

Quadro 9.1
Regra de formação de reserva e distribuição do lucro do BC ao Tesouro

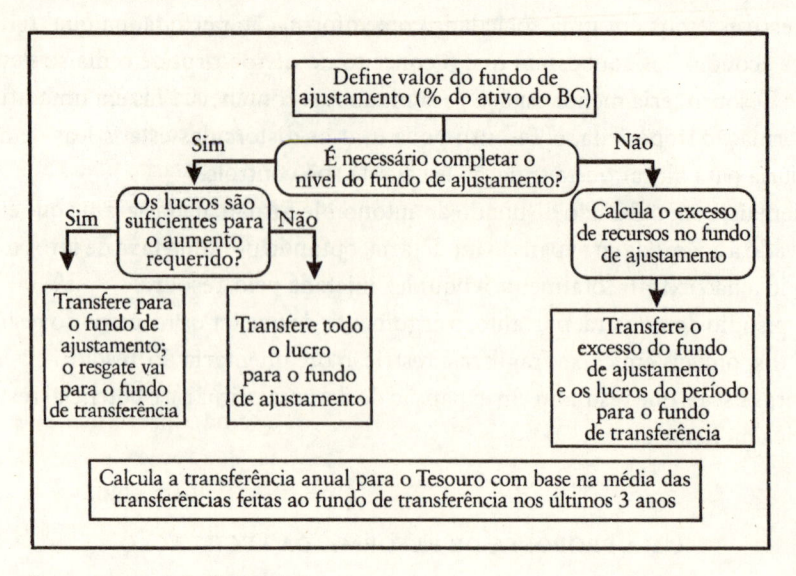

```
                    ┌─────────────────────────────┐
                    │ Define valor do fundo de    │
                    │ ajustamento (% do ativo do BC) │
                    └─────────────────────────────┘
                Sim           │            Não
             ┌──────── É necessário completar o ────────┐
             │         nível do fundo de ajustamento?    │
             ▼                                           ▼
    ┌─────────────────┐                      ┌─────────────────┐
Sim │ Os lucros são   │ Não                  │ Calcula o excesso│
◄───│ suficientes para│───►                  │ de recursos no fundo│
    │ o aumento       │                      │ de ajustamento  │
    │ requerido?      │                      └─────────────────┘
    └─────────────────┘
    ▼                ▼                                    ▼
┌──────────────┐ ┌──────────────┐              ┌──────────────────┐
│Transfere para│ │Transfere todo│              │Transfere o       │
│o fundo de    │ │o lucro       │              │excesso do fundo  │
│ajustamento;  │ │para o fundo  │              │de ajustamento    │
│o resgate vai │ │de ajustamento│              │e os lucros do período│
│para o fundo  │ │              │              │para o fundo      │
│de transferência│ │             │              │de transferência  │
└──────────────┘ └──────────────┘              └──────────────────┘

        ┌─────────────────────────────────────────────────────┐
        │ Calcula a transferência anual para o Tesouro com base na média das │
        │ transferências feitas ao fundo de transferência nos últimos 3 anos │
        └─────────────────────────────────────────────────────┘
```

Fonte: adaptado de Stella (1997).

O primeiro passo do modelo é definir o nível de recursos que o fundo de ajustamento deve conter. No caso norueguês, o fundo deve conter o equivalente a 40% do valor das reservas internacionais mais 5% do valor dos ativos domésticos (Norges Bank, 2014). No caso brasileiro, provavelmente deveria ser dado ao Conselho Monetário Nacional o poder de definir o tamanho dessa reserva.

Uma vez estabelecido o montante considerado adequado para proteger o BC de perdas, o lucro do banco central é todo canalizado para o fundo de ajustamento até que ele atinja aquele valor.

A cada ano, se o resultado apurado é um prejuízo, saca-se do fundo de ajustamento para cobrir a perda. Se o resultado é um lucro, verifica-se se o fundo de ajustamento está com o nível adequado de recursos. Se precisar ser completado, o lucro é direcionado para aquele fundo. Se houver sobra de recursos após a transferência ao fundo de ajustamento, ela é alocada para o fundo de transferência. Caso o fundo de ajustamento já esteja no nível adequado, o lucro é todo canalizado para o fundo de transferência, além de se enviar para esse fundo todo o eventual excesso de recursos que haja no fundo de ajustamento.

O valor que é efetivamente transferido ao Tesouro a cada ano não tem relação direta com o lucro do ano. Repassa-se ao Tesouro, no ano "t", o equivalente à média dos valores recebidos pelo fundo de transferência nos anos t-3, t-2 e t-1.

Esse modelo tem várias vantagens. Em primeiro lugar, mantém o capital do BC em nível adequado e evita que ele precise de uma capitalização do Tesouro, evitando constrangimento político que reduziria a autonomia da autoridade monetária. Em segundo lugar, a transferência ao Tesouro, ao ser calculada pela média dos valores recebidos pelo fundo de transferência nos últimos três anos, suaviza os valores transferidos e impede que a volatilidade do valor dos ativos resulte em volatilidade dos valores transferidos. Em terceiro lugar, tende a reduzir o montante total transferido ao Tesouro, diminuindo o poder desses recursos de fragilizar a restrição orçamentária da autoridade fiscal. Em quarto lugar, já se conhece de antemão, no ano t-1, o montante a ser transferido no ano t, gerando maior previsibilidade para a programação orçamentária e financeira do Tesouro.

Adotando-se esse modelo no caso brasileiro, poder-se-ia abandonar o esdrúxulo sistema ora em curso, em que os resultados cambiais são apurados e transferidos em separado do resultado das demais contas, e em que há a necessidade de o Tesouro fazer transferências ao BC em casos de perdas. A adoção da transferência com periodicidade anual, em substituição à semestral, também ajudaria a reduzir a volatilidade, dado que os ganhos de um semestre poderiam ser compensados por perdas em semestres subsequentes.

Alguns detalhes precisariam ser decididos. Por exemplo, em caso de perda que consuma todo o fundo de ajustamento, o BC poderia usar também o fundo de transferência para se ressarcir? Ou deveria o fundo de transferência ser isolado dessa cobertura e representar recursos garantidos para transferência ao Tesouro? A princípio nos parece que o melhor seria permitir que o fundo de transferência seja usado para cobrir prejuízos do BC em caso de esgotamento do fundo de ajustamento. Afinal, tal perda acabaria exigindo, cedo ou tarde, capitalização por parte do Tesouro.

Na direção oposta, também poderia ser previsto um mecanismo em que, em caso de crise fiscal e dificuldade do Tesouro para rolar sua dívida em mercado, houvesse um adiantamento da transferência dos recursos depositados no fundo de transferência. A autorização para que isso fosse feito teria que ser dada pelo Conselho Monetário Nacional, mediante uma carta aberta e expressa do ministro da Fazenda, solicitando a liberação dos recursos.[13] Com isso, substitui-se o atual modelo, em que os recursos do BC são usados à vontade e sem transparência, por outro, em que haveria transparência total e uso apenas em casos de emergência.

Se esse modelo conseguir reduzir as transferências ao Tesouro a valores modestos, não haveria a necessidade de impor restrições ao uso dessa verba apenas para pagamento de amortização e juros da dívida. Esse tipo de restrição é inócuo e pode ser contornado pelo mecanismo de substituição de fontes de financiamento. Assim, uma vez em poder do Tesouro, esses (diminutos) recursos de transferência do BC poderiam ser usados livremente para qualquer tipo de despesa.

Conclusões

Este capítulo mostrou que o sistema de transferência de lucros e prejuízos entre o Banco Central do Brasil e o Tesouro Nacional, regulado pela lei 11.803/08, é inadequado. Dado que o BC brasileiro está sujeito a resultados voláteis, alternando grandes lucros e grandes prejuízos, e que tais resultados são tipicamente "não realizados", a forma mais adequada de tratá-los seria o armazenamento de maior parte dos lucros em reserva do Banco Central. Isso permitiria a compensação de futuras perdas.

A lei, no entanto, determina a integral transferência dos resultados ao Tesouro. Além disso, estipula que o Tesouro cubra os prejuízos do BC mediante emissão de títulos. A integração entre a transferência dos ganhos do BC ao Tesouro, em dinheiro, e da cobertura dos prejuízos pelo Tesouro, em títulos, gera um mecanismo implícito de financiamento do Tesouro pelo BC.

Há um enfraquecimento da restrição orçamentária do Tesouro que, no contexto institucional brasileiro, encontra maior espaço para expandir gastos e distorcer as estatísticas da dívida pública. Ademais, a legislação atual cria alguns constrangimentos para a autonomia do Banco Central. Primeiro porque dá poder político ao ministro da Fazenda para influenciar decisões do BC. Segundo porque o BC pode ser pressionado politicamente a reduzir a taxa de juros de equilíbrio e, com isso, não enxugar totalmente a liquidez injetada pelo Tesouro nas operações de resgate da dívida mobiliária em mercado.

Para solucionar esses problemas, foi proposta uma alteração na legislação que consiste em criar, no Banco Central, dois fundos: um para compensar perdas futuras da autoridade monetária e outro para acumular recursos a serem paulatinamente transferidos ao Tesouro. Esse sistema, inspirado na prática do Banco Central da Noruega, reduziria os volumes e volatilidade das transferências ao Tesouro, acabaria com o financiamento implícito, removeria os estímulos expansionistas à política fiscal e daria maior autonomia ao Banco Central.

Notas

1. Este capítulo é uma versão abreviada de texto para discussão com o mesmo título publicado nos portais do Senado Federal e do Iepe/CdG. Seu tema foi explorado pioneiramente por Antônio Carlos d'Ávila Carvalho Jr., a cujo esforço este capítulo muito deve. O autor agradece os comentários e sugestões feitos a versões anteriores por Bernard Appy, Caio Carbone, Carlos Kawall, Edmar Bacha, Eduardo Guimarães, Felipe Salto, Felipe Tâmega, Gustavo Loyola, José Roberto Afonso, Leonardo Ribeiro, Marcos Kohler, Samuel Pessoa e William Lindquist. O texto também se beneficiou dos comentários feitos pelos participantes de seminário realizado na Casa das Garças em dezembro de 2015. Caio Carbone e Marcelo Gazzano gentilmente forneceram dados aqui utilizados.
2. Fonte: Fed http://www.federalreserve.gov/releases/h41/current/h41.htm#h41tab9.

3. Uma variação nominal de 1.280% diante de uma inflação do IPCA, entre dezembro de 2004 e dezembro de 2014, de 69,2%.
4. Ver Statement nº 115 do Financial Accounting Standards Board, <http://www.fasb.org/summary/stsum115.shtml>.
5. Ver Financial Accounting Manual for Federal Reserve Banks (fev. 2015), <http://www.federalreserve.gov/federal-reserve-banks/fam/chapter-4-system-open-market-account.htm#xsubsection-16-bdbfbf04>.
6. Ver Financial Accounting Manual for Federal Reserve Banks (fev. 2015), seção 83.02, <http://www.federalreserve.gov/federal-reserve-banks/fam/chapter-8-special-topics.htm#xsubsection-120-84ae4ce4>.
7. Esta seção está baseada no Capítulo 6 deste volume, de Antonio d'Ávila Carvalho Jr., o qual oferece minuciosa avaliação da evolução da legislação acerca da apuração e transferência do resultado do BC ao TN desde a promulgação da Constituição de 1988.
8. Lei complementar nº 101, de 2000, art. 34.
9. Os valores de recursos de resultado do BC referem-se às fontes orçamentárias 152 e 352 (receitas de resultado do Banco Central do exercício corrente – 152 – ou de exercícios anteriores – 352), que compreendem as transferências dos resultados patrimonial e de equalização cambial, efetivamente despendidas no pagamento de juros e amortização da dívida pública.
10. Sobre o aumento de pagamento de dividendos das estatais ao Tesouro, ver Mendes (2014).
11. Esta seção está baseada em Afonso et al. (2016).
12. Vide Stella (1997) e <http://www.norges-bank.no/en/Published/Press-releases/2015/Press-release-13-mars-NB-financial-statements/>.
13. Sobre este ponto, ver a proposta de *monetary backstop* feita por Carlos Kawall no capítulo 12 deste volume ("A dinâmica da dívida bruta e a relação Tesouro-Banco Central").

Referências bibliográficas

AFONSO, J.R.R.e Garcia, M. (2016) "Despedalar repedalando." *Valor Econômico*, 15 de janeiro.
AFONSO, J.R.R. et al. (2016) "Fontes (remanejadas) e usos (retardados) de recursos federais ao final de 2015." IBRE/FGV – Nota Técnica.
BANCO CENTRAL DO BRASIL (2015) "Fatores condicionantes da evolução das operações compromissadas e fatores correlatos." Nota Depec-BC.
MENDES, M. (2014) "O que é contabilidade criativa?" Brasil, Economia e Governo. Disponível em: http://www.brasil-economia-governo.org.br/2014/02/17/o-que-e-contabilidade-criativa/.
NORGE's Bank (2014) "Norge's Bank Supervisory Council report for 2014." Disponível em: http://www.norges-bank.no/Upload/Om%20Norges%20Bank/Organisasjon/Representantskapet/supervisory-council_report_2014.pdf.
SCHWARZ, C. et al. (2014) "Why Accounting Matters: a Central Bank Perspective." European Central Bank. Occasional Papers 153.
STELLA, P. (1997) "Do Central Banks Need Capital?" IMF Working Paper 97/83.
_____ (2009) "The Federal Reserve Balance Sheet: What Happened and Why It Matters." IMF Working Paper 09/120
SULLIVAN, K. (2002) "Profits, Dividends and Capital: Considerations for Central Banks." LEG Seminar for Central Bank Lawyers.

10

O JOGO DO PAPAGAIO[1]

Gustavo Franco

O país anda às voltas com supostas ilegalidades, cuja responsabilidade caberia (talvez) à presidente da República, e que têm sido lisonjeiramente designadas como "pedaladas". Parece que estamos tratando de uma manifestação de criatividade inofensiva, necessária, inclusive, para a continuidade das ações de governo, e não de uma agressão à legislação em vigor que interferiu relevantemente no processo eleitoral.

Aqui vamos adicionar mais um tema aos já identificados no famoso acórdão do TCU recomendando a rejeição das contas do governo federal em 2014. O assunto é muito sério, pois diz respeito ao relacionamento entre o Tesouro e o Banco Central, regulado pelo artigo 164 da Constituição.

Para que o leitor entenda bem a natureza do problema, proponho uma introdução ao assunto através de um joguinho simples de cara ou coroa, que funciona da seguinte maneira:

- se der cara, o leitor me paga R$ 10,00.
- se der coroa, eu entrego 10 balas de hortelã.

Agora vamos jogar 200 vezes e perguntar a quem sabe fazer contas, qual será a expectativa de resultado ao final. A resposta será que, de acordo com a lei das probabilidades, o leitor deverá terminar com 1.000 balas de hortelã, e este que lhes escreve com R$ 1.000,00 em dinheiro.

Como o preço da bala de hortelã é de R$ 1,00, e não há trapaça nesse tópico, o leitor estará certo ao concluir que o "jogo" não passa de um expediente para mascarar a venda de balas de hortelã. Algo como uma promoção.

Tenha-se claro, não há nenhuma proibição legal em vender balas por meio de sorteios e descontos. Muito bem, agora vamos imaginar uma variação mais elaborada do mesmo jogo, pelo qual, em vez de cara ou coroa, vamos brincar de taxa de câmbio, e vamos colocar R$ 1 milhão na parada.

Vamos considerar períodos de uma semana, ao cabo de cada qual uma parte deve à outra, em reais, a variação do câmbio no período multiplicada por R$ 1 milhão.

O esquema de pagamentos é simples: se o câmbio for para cima, ou seja, se o real desvalorizar, este cronista recebe seu ganho em dinheiro; se, por exemplo, subir 10% na semana, eu recebo R$ 100 mil.

Mas se o câmbio for na outra direção, ou seja, quando valorizar (ou apreciar), eu transfiro ao leitor um papagaio no valor equivalente à perda, em cada rodada perdida.

Se formos repetir esse jogo 200 vezes, como no caso das balas de hortelã, e novamente estimar o resultado provável, vamos enfrentar cálculos de probabilidades que podem ficar bem complexos. Para simplificar a conta, vamos imaginar que metade das vezes o câmbio subirá 10% e nas outras haverá 10% de queda.

Nessa hipótese, depois de 200 rodadas, a expectativa é que este cronista vá acumular R$ 10 milhões, enquanto o leitor terá em seu poder papagaios meus no valor dos mesmos R$ 10 milhões, dívida firme, boa e classificada só um pontinho abaixo do grau de investimento.

O leitor estará certo em concluir, tal como no caso das balas de hortelã, que esse segundo jogo não passa de um expediente para mascarar o fato de que o cronista está tomando dinheiro emprestado do leitor.

Só vale lembrar que o jogo do papagaio talvez não seja tão legítimo quanto o que simula uma venda de balas, dependendo de quem joga. Mais especificamente, se os jogadores forem órgãos públicos, os problemas podem ser imensos, como a seguir se demonstra:

O leitor, nesses exemplos, é o Banco Central (BC) e o cronista é o Tesouro Nacional (TN), essa é a chave para o problema.

O relacionamento entre BC e TN passou a ser regido pela lei 11.803/08 que determina que o resultado (lucro ou prejuízo) do BC é apurado semestralmente e:

- se positivo, é pago *em dinheiro*, direto na conta do Tesouro no BC, até 10 dias depois do balanço aprovado, a cada semestre;

- se negativo, pode ser pago *em títulos* do Tesouro "adequados para os fins da política monetária com características definidas pelo Ministro de Estado da Fazenda" (art. 5º), no mesmo prazo.

Pois bem, desde o início de 2008, os resultados semestrais do BC oscilaram bastante, como é de se esperar, em vista do tamanho das reservas internacionais. O resultado teve seu menor valor em 2009/I (*menos* R$ 94,7 bilhões) e seu valor máximo em 2008/II (R$ 181,6 bilhões). De janeiro de 2008 até julho de 2015, os resultados positivos *acumulados* somaram R$ 570 bilhões, e os negativos, R$ 305,4 bilhões. Com isso, é de se imaginar, como no exemplo do jogo do papagaio, que o BC tenha creditado o positivo, em dinheiro, na conta do Tesouro e recebido o negativo em títulos.

Na posição de 31/07/2015, o BC tinha R$ 1,1 trilhão em títulos em sua carteira e R$ 812 bilhões no caixa do Tesouro. É muito dinheiro em caixa, e os técnicos, com certo despudor e muita imprecisão, referem-se a esses valores como um "colchão de liquidez" necessário para a rolagem da dívida pública, e que agora cogitam gastar para liquidar as "pedaladas", e outros que tais.

Entretanto, se o leitor se lembra da conclusão sobre o jogo do papagaio, segundo a qual o brinquedo podia ser visto como uma forma indireta de o leitor (BC) emprestar dinheiro para o cronista (TN), temos aqui um problema, pois o artigo 164 (§1º) da nossa Constituição diz que "é vedado ao Banco Central conceder, direta ou indiretamente, empréstimos ao Tesouro Nacional".

Será que estamos diante de uma inconstitucionalidade? Ou seria apenas mais uma "pedalada"?

Dos R$570 bilhões de resultado acumulado nos semestres de resultado positivo desde 2008, R$ 437 bilhões resultaram do que a lei 11.803/08 chamou de "equalização cambial", ou seja, dos efeitos do câmbio sobre as reservas internacionais. Não há movimentação de caixa aqui, pois é mera "marcação a mercado" das reservas, mas o BC, assim mesmo, estranhamente, é obrigado a pagar ao TN em dinheiro, quando o real desvaloriza, e receber em títulos no caso oposto, exatamente como descrito no jogo do papagaio.

Não deve haver um pingo de dúvida que a sistemática da lei 11.803/08 para a apuração e transferência de resultado do BC tem o mesmo efeito de um empréstimo, embora um bom advogado possa sempre dizer que não há contrato de empréstimo, apenas um mecanismo, ainda que matreiro e questionável, de apuração de resultado.

Esse é o retrato desses tempos loucos que estamos vivendo: a coisa tem o efeito de uma inconstitucionalidade, parece uma inconstitucionalidade, mas o relativismo moral e o ativismo jurídico logo aparecem em companhia do medo das consequências.

No caso em tela, a dúvida sobe de patamar, pois, se formos adotar uma postura permissiva e aceitar interpretações reducionistas sobre o alcance do artigo 164 (§1º) acima transcrito, tudo o que se pensou de bom sobre a separação entre o BC e o TN depois de 1998 estava errado. Teríamos desistido de uma das melhores passagens da Constituição exclusivamente pelo medo de punir quem a violou.

Nota

1. Anteriormente publicado em *O Globo* e *O Estado de S. Paulo* em 27 de dezembro de 2015.

11

A LEI 11.803/08 E A INTEGRAÇÃO ENTRE OS BALANÇOS DO TESOURO E DO BANCO CENTRAL

Tiago Berriel e Eduardo Zilberman

INTRODUÇÃO

Este capítulo analisa as implicações para as políticas fiscal e monetária da lei nº 11.803/08 de novembro de 2008, que legisla sobre as relações institucionais entre o Tesouro Nacional (TN) e o Banco Central (BC).

Na seção "Política monetária sob integração perfeita dos balanços", argumentamos que a literatura acadêmica, ao considerar perfeitamente integrados os balanços do TN e do BC, permite que um BC independente conduza sua política indiferentemente às suas implicações para a composição e riscos de seu balanço. Mesmo em situações extremas, quando há descontrole ou indisciplina fiscal restringindo a plena condução da política monetária, a irrelevância do balanço do BC continua válida.

Na seção "As implicações da lei 11.803/08 para o balanço do BC", discutimos em que medida essa lei poderia levar a uma "integração imperfeita" dos balanços do TN e do BC. Ao estimular uma expansão contínua do balanço do BC, assim como o descasamento de *durations* entre ativos e passivos nesse balanço, a lei potencializa os lucros e prejuízos advindos da condução de política monetária. Prejuízos (e também lucros) expressivos podem se tornar recorrentes. Esse cenário eventualmente levaria o BC a considerar as implicações da condução da política monetária para o seu balanço. Na prática, é como se a integração dos balanços do BC e TN fosse imperfeita. Na seção "Política monetária sob integração imperfeita dos balanços", discutimos alguns artigos acadêmicos que estudaram a condução da política monetária quando os balanços do BC e do TN não estão integrados perfeitamente. Nesses casos, o balanço do BC não só influencia a condução de política monetária como pode impossibilitar sua implementação ótima e, em casos extremos, gerar dinâmicas inflacionárias explosivas.

Na seção "Algumas implicações da lei 11.803/08 para a política fiscal" argumentamos que a lei, ao viabilizar uma expansão contínua dos recursos líquidos disponíveis na Conta Única do TN no BC, permitiria que o governo aumentasse, se obtivesse autorização do Congresso, subitamente os gastos públicos sem a necessidade de emissões de dívida ao mercado privado. Isso tem implicações para a avaliação de solvência da dívida pública e, portanto, do prêmio de risco associado. Além disso, permitiria ao TN se financiar de forma mais barata, já que não teria que recorrer a emissões primárias, o que afeta negativamente os preços dos títulos. Mesmo uma eventual decisão explícita de reduzir o primário, o que dificultaria a solvência da dívida pública, não afetaria os recursos disponíveis para o TN na Conta Única, mas sim os preços dos títulos nas mãos do público e no balanço do BC. A seção "Uma consideração final" conclui o capítulo.

Política monetária sob integração perfeita dos balanços

Na literatura acadêmica, os detalhes das relações institucionais entre o TN e o BC são, em geral, relegados a um segundo plano. Implicitamente, supõe-se que quaisquer lucros ou prejuízos advindos da condução de política monetária são absorvidos pela restrição orçamentária do governo central. Em outras palavras, os balanços do BC e TN estão perfeitamente integrados. Nesse caso, ao conduzir a política monetária, o BC é indiferente às suas implicações para a composição e riscos de seu balanço. Já o TN, ao especificar uma determinada regra para a política fiscal – por exemplo, uma meta de superavit primário como proporção da dívida –, ajusta as variáveis fiscais de forma a absorver os eventuais lucros e prejuízos advindos da condução de política monetária pelo BC.

Uma simples equação ajuda a clarificar a natureza dessa relação entre TN e BC. Suponha, por simplicidade, que o TN apenas emita títulos com maturidade de um período.[1] Seja o lucro (potencialmente negativo) do BC após a condução da política monetária em t, instantaneamente transferido para o Tesouro. A restrição orçamentária do governo central pode ser escrita como:

$$B_t = (1 + i_t)B_{t-1} + G_t - T_t - \pi_t,$$

onde B_t é o total da dívida do governo em t, e i_t é a taxa de juros que incide no título do governo entre os períodos $t-1$ e t. Note que o deficit primário do governo é dado por $G_t - T_t - \pi_t$, onde G_t são os gastos de governo, enquanto T_t é o montante de impostos arrecadados. Portanto, se o governo estabeleceu uma determinada regra ou trajetória de política fiscal, π_t, pode ser interpretado como uma variável exógena ao TN, que ajustará endogenamente $G_t - T_t$ de forma a cumprir a regra ou trajetória fiscal preestabelecida.

Ao modelar a economia dessa maneira, supõe-se que o BC ignora as implicações da condução de política monetária para o seu balanço. A formulação teórica típica consiste em escolher alguma regra ou trajetória de política monetária que minimiza uma *função perda* para a sociedade,[2] sujeita às restrições impostas por algum conceito de equilíbrio, representado por uma lista de equações. Como os balanços do BC e do TN são perfeitamente integrados, não é preciso explicitar a equação do balanço do BC como uma das restrições. A política monetária ótima origina-se desse problema de minimização. Obviamente, a regra de política fiscal adotada pelo TN, porém percebida como exógena pelo BC, afeta a política monetária ótima e o equilíbrio da economia. Ainda em situações extremas de descontrole fiscal, a literatura relega os detalhes das relações institucionais entre BC e TN a um segundo plano. Em outras palavras, continua havendo perfeita integração entre os balanços do BC e do TN. Considere, por exemplo, o regime de dominância fiscal conforme prescrito pela teoria fiscal do nível de preços.[3] A principal diferença é que, ao entender as novas restrições impostas pela política fiscal, o BC conduziria a política monetária ótima de forma diferente, ainda ignorando as implicações para o seu balanço. Mesmo quando o BC é instado a uma política inflacionária pela indisciplina fiscal, como em Sargent e Wallace (1981),[4] não se leva em consideração as implicações de política monetária sobre o balanço do BC, apenas sobre a restrição orçamentária agregada do BC e do TN.

Em suma, grande parte da literatura acadêmica, ao considerar integradas as restrições orçamentárias do BC e do TN, ignora as peculiaridades do arranjo institucional que regula as relações entre BC e TN e, portanto, a regra de repasses de recursos entre essas instituições. Na próxima seção, discutiremos em que medida a lei 11.803/08 poderia, de uma maneira bastante peculiar, "desintegrar" os balanços do BC e do TN.

As implicações da lei 11.803/08 para o balanço do BC

A lei 11.803/08 criou uma certa especificidade na relação institucional entre o BC e o TN no que se refere à regra de apuração e pagamento de ganhos e perdas em ativos, incluindo os cambiais. Semestralmente, em caso de lucros, mesmo que advindos de variações cambiais, o BC transfere o montante equivalente para a Conta Única do TN no BC, que é remunerada à taxa Selic. Os recursos disponíveis nessa conta são líquidos, podendo ser sacados para uso imediato do TN. Já em caso de perdas, a Conta Única não é debitada, mas o TN recapitaliza o BC aportando títulos de indexação e maturidades variadas.

A lei deixa claro que quaisquer lucros ou prejuízos do BC serão plenamente absorvidos pela restrição orçamentária do governo, independentemente de suas magnitudes. É relevante apontar também a tradição histórica de que, pelo menos desde o Plano Real, prejuízos associados à condução de políticas monetária e parafiscal, como as oriundas de intervenções nas instituições financeiras, foram integralmente assumidos pelo governo central.

Entretanto, há duas implicações da lei para o balanço do BC que podem levar a lucros e prejuízos recorrentes bastante expressivos. Primeiro, na medida em que lucros e prejuízos se sucedem, esse arranjo implica uma expansão contínua do balanço do BC. Essa expansão já pode ser observada mesmo no curto período de vigência da lei, devido ao grande volume de reservas cambiais e à considerável volatilidade cambial. Os gráficos 9.1 e 9.2 do Capítulo 9, de Marcos Mendes, neste livro, mostram que o saldo da Conta Única triplicou em termos reais entre julho de 2008 e setembro de 2015, ao passo que a carteira total de títulos do TN no BC dobrou.

Segundo, essa expansão contínua do balanço é acompanhada de um descasamento de *durations* entre passivo e ativo. Em caso de prejuízos, o TN aporta títulos de diferentes maturidades no ativo do BC. Já em caso de lucros, expande-se a Conta Única que, por ser remunerada à taxa Selic, é de *duration* zero. Portanto, há um aumento da sensibilidade do resultado do BC a movimentos na taxa de juros. Uma elevação, por exemplo, da taxa básica de juros, que se transmita pela estrutura a termo, leva a uma redução do valor dos ativos do BC. Essa mesma elevação não afeta instantaneamente o montante de recursos na Conta Única, apenas seu retorno nos períodos seguintes. Esses efeitos, naturalmente, acarretam um prejuízo ao BC.

Somada à expansão contínua dos balanços o descasamento progressivo de *durations* pode levar a um resultado operacional do BC muito negativo. Um exemplo pode ser útil. A Tabela 11.1 mostra o efeito do aumento de 1 p.p. da taxa básica de juros no resultado do BC. Cada linha supõe três tamanhos diferentes para o saldo da Conta Única do TN no BC como proporção do PIB. Consideramos 5%, 15%, aproximadamente em linha com os balanços do BC de 2008 e 2015, e 45%, em linha com a hipótese de que o ritmo de expansão será o mesmo entre 2015 e 2022 por conta da lei 11.803/08, ou seja, o balanço triplicará como proporção do PIB. Suponha, por simplicidade, que essas expansões sejam acompanhadas de uma contrapartida de igual valor na carteira de títulos do TN nos ativos do BC. Cada coluna da tabela considera *durations* diferentes para essa carteira de ativos. Supusemos 1, 5 e 10 anos, respectivamente. Note que quanto maior o tamanho do balanço, assim como o *duration* da carteira de títulos do TN, maiores os prejuízos advindos da condução de política monetária. No cenário limite, com *duration* de 10 anos e saldo da Conta Única de 45% do PIB, um aumento de 1 p.p. da taxa básica de juros gera um prejuízo exorbitante de 5% do PIB para o BC.

Tabela 11.1
Efeito de um aumento de 1 p.p. da Selic no resultado do BC (% PIB)

Duration	Saldo da Conta Única (%PIB)		
	5%	15%	45%
1 ano	-0.1%	-0.3%	-0.9%
5 anos	-0.3%	-0.9%	-2.7%
10 anos	-0.6%	-1.7%	-5.0%

Fonte: Elaborado pelos autores.

Diante da possibilidade de prejuízos recorrentes e expressivos, a lei 11.803/08 eventualmente levaria o BC a considerar as implicações da condução da política monetária para seu balanço. Capitalizações sistemáticas e expressivas do BC podem se tornar proibitivas a despeito de estarem previstas em lei e na tradição histórica. Ainda que as promessas de capitalização continuem críveis, pode haver um certo constrangimento por parte do BC, ao conduzir a política monetária, em onerar recorrentemente o governo central. É como se o BC percebesse a integração entre seu balanço e do TN de forma imperfeita. Mesmo o cenário benéfico de lucros recorrentes requer atenção do BC. O TN poderia perceber as remessas do BC como uma fonte segura e constante de receitas. Na ausência delas, o TN pressionaria o BC por resultados positivos no balanço. Isso poderia levar o BC, preventivamente, a evitar uma sequência de lucros expressivos. Mais uma vez, a integração entre balanços é percebida como imperfeita. Na próxima seção, discutiremos a condução de política monetária sob essa hipótese.

Política monetária sob integração imperfeita dos balanços

A literatura acadêmica já examinou a situação em que o BC se importa com a evolução de seu balanço e com mudanças significativas em seu nível de capital. Motivados pela necessidade de aprovação política para gastos orçamentários, alguns autores defendem que o próprio BC se anteciparia, comprometendo seus objetivos de inflação na meta e produto próximo ao potencial, e levaria em consideração adicionalmente seu nível de capitalização.[5] Assim, o BC passaria a ser uma espécie de *flexible inflation targeter*, com preocupações sobre o próprio balanço. Mesmo lucros frequentes deveriam ser evitados, uma vez que poderiam originar pressões por receitas das autoridades fiscais e possíveis intervenções na condução da política monetária.

Alternativamente, outros artigos impõem ao BC uma restrição adicional, que limita suas transferências ao TN. Essas novas restrições podem se dar por meio de regras que impedem a adequação plena das transferências a possíveis perdas financeiras na condução da política monetária. Isso pode ocorrer, por exemplo, quando há limitação aos recursos disponíveis a uma eventual recapitalização do BC, ou quando há garantias incompletas do Tesouro em relação a eventuais prejuízos em atividades parafiscais empreendidas pela autoridade monetária.[6] A incorporação dessas restrições torna o BC sensível ao nível de capitalização e à composição de seu balanço, tornando-os componentes relevantes na condução da política monetária.

Em ambos os casos, há a necessidade de ampliar a formulação teórica discutida na seção "Política monetária sob integração perfeita dos balanços". Além das equações usuais que definem o equilíbrio, a maximização do critério de bem-estar da sociedade deve considerar a restrição orçamentária do BC, assim como as limitações nas transferências entre o BC e o TN. Naturalmente, a incorporação dessas novas restrições modifica consideravelmente a implementação usual da política monetária.

Especificamente, Berriel e Bhattarai (2009) mostram que a política monetária ótima oriunda do modelo com balanços integrados não pode ser implementada pelo BC quando há restrições a perdas em seu balanço. Zhu (2003) explora como determinados arranjos institucionais podem levar à severa instabilidade econômica. Park (2012) mostra as dificuldades na saída de políticas de *quantitative easing* sob integração imperfeita dos balanços. Quando medidas de solvência intertemporal são exploradas, Sims (2005) e Del Negro e Sims (2015) explicitam os riscos representados por regras simples de política monetária que podem gerar espirais inflacionárias ou deflacionárias.

Há ainda uma vertente da literatura que ressalta a possibilidade de efeitos positivos da integração imperfeita entre o TN e o BC. Em uma situação de falta de comprometimento do formulador de política, é comum que a política monetária seja inconsistente intertemporalmente. Nesses casos, a restrição adicional vinda do balanço do BC pode ser moldada para arrefecer os efeitos deletérios da inconsistência intertemporal. Berriel e Bhattarai (2009) discutem esse caso no modelo padrão de *inflation targeting*. No caso de armadilha de liquidez, o problema de inconsistência intertemporal é muito relevante e bem conhecido desde Krugman (1998). Nessas circunstâncias, Jeanne e Svensson (2007) mostram que preocupações com o balanço fazem com que perdas em reservas internacionais levem a depreciações críveis. O *pass-through* para a inflação garantiria a saída do *zero-lower bound*. Berriel e Mendes (2015) mostram que, em caso de restrições a elevadas perdas no balanço do BC, políticas de *quantitative easing* podem ser construídas para implementar a política de comprometimento, mesmo por um BC sujeito à inconsistência intertemporal.

Em suma, a literatura acadêmica ressalta que a integração imperfeita entre balanços do BC e do TN limita a condução da política monetária. Há, entretanto, situações nas quais a existência de uma restrição orçamentária própria do BC pode ser usada em desenhos que mitigam problemas de inconsistência intertemporal.

Algumas implicações da lei 11.803/08 para a política fiscal

Nesta seção, discutiremos algumas implicações da expansão contínua do balanço do BC, fruto da lei 11.803/08, para a política fiscal. No que se a refere à solvência da dívida pública, assim como ao prêmio de risco associado, apenas a dívida pública em poder dos agentes externos ao governo deveria ser relevante. Em outras palavras, a distribuição de ativos e passivos entre órgãos pertencentes ao mesmo governo central deveria ser irrelevante. Entretanto, é possível argumentar que alguns órgãos do governo estejam mais inclinados a gastar recursos líquidos quando esses estão disponíveis. Em tese, as atribuições de um BC técnico e independente, por exemplo, não seriam influenciadas por pressões oriundas do ciclo político. Já o TN estaria mais sujeito às pressões políticas para liberar recursos em anos eleitorais. Assim, quando viável a alteração da lei orçamentária vigente no Congresso, a existência *per se* de uma Conta Única no BC com recursos líquidos expressivos à disposição do TN poderia subitamente gerar gastos públicos, impactando os deficit primários do governo central. Isso aumentaria a dívida pública total nas mãos dos agentes não governamentais, refletindo-se na sua avaliação de solvência. Portanto, só o fato de esses recursos estarem disponíveis, mesmo que não venham a ser usados, deveria afetar os prêmios de risco associados aos títulos do TN, pois aumentaria a probabilidade de maiores deficit primários futuros. Obviamente, o Congresso Nacional poderia ser um obstáculo, impedindo eventuais afrouxamentos da lei orçamentária. Nesse cenário, esse canal perde força, já que o acesso súbito aos recursos na Conta Única seria ilegal.

Além disso, há um incentivo perverso que torna o uso dos recursos na Conta Única ainda mais tentador. Para gastá-los, o governo não precisaria vir a mercado para emitir novas quantidades de títulos, o que afetaria negativamente os seus respectivos preços. Mesmo o anúncio não implementado pelo governo central de aumentar o deficit primário afetaria o balanço do BC, mas não os recursos disponíveis para o TN. Esse anúncio prejudicaria a dinâmica de solvência do governo e aumentaria o prêmio de risco, deprimindo o valor dos títulos no ativo do BC. Entretanto, não há efeito sobre o valor dos recursos na Conta Única, uma vez que estes são de *duration* zero. Dessa forma, o TN se financiaria de forma mais barata do que a alternativa de se submeter ao mercado para a venda de títulos. Em outras palavras, com a lei 11.803/08, a sucessão de lucros e prejuízos semestrais do BC dilui a "venda" de títulos do TN ao BC ao longo do tempo, a preços que não estão sendo pressionados negativamente por emissões primárias.

Uma consequência de um eventual aumento de gastos usando recursos da Conta Única é a necessidade de uma esterilização posterior feita pelo BC, via operações compromissadas, para enxugar o excesso de liquidez. Nesse caso, ocorre o encurtamento do perfil da dívida pública em poder do público.

Uma consideração final

Neste capítulo, discutimos algumas implicações da lei 11.803/08 para a composição e o tamanho do balanço do BC, assim como alguns de seus possíveis impactos na condução das políticas monetária e fiscal. É importante ressaltar que, na medida em que o tamanho do balanço do BC cresce continuamente por conta dessa lei, os recursos da Conta Única no passivo do BC sempre podem ser usados para resgatar os títulos do TN no ativo. Uma ação desse tipo reduziria momentaneamente o tamanho do seu balanço. Se há percepção de que cancelamentos de passivos e ativos eventualmente ocorrerão, digamos, por conta da dinâmica explosiva do balanço, é natural esperar que os possíveis impactos da lei 11.803/08 na condução das políticas monetária e fiscal, analisados no capítulo, sejam mitigados.

Notas

1. O argumento é facilmente generalizável para acomodar títulos de indexação e maturidade variadas.

2. Geralmente, a função perda é a soma ponderada de desvios quadráticos da inflação em relação a uma determinada meta e do produto em relação ao seu potencial, a qual decorre da maximização de bem-estar do agente representativo da economia (ver Woodford, 2003, capítulo 6).
3. A teoria fiscal do nível de preços implica que, sob dominância fiscal, o nível de preços é a variável de ajuste que evita qualquer descompasso entre o valor real da dívida corrente e o valor esperado do fluxo descontado de superavit primários, relação esta que tem que ser satisfeita em equilíbrio em qualquer modelo com governo. Veja, por exemplo, os artigos seminais de Sims (1994) e Woodford (1994).
4. Sargent e Wallace (1981) mostram que, sob um limite de endividamento ativo para o governo, uma política monetária restritiva pode levar a uma maior inflação.
5. Ver, por exemplo, Zhu (2003), Jeanne e Svensson (2005), Berriel e Bhattarai (2009) e Park (2012).
6. Artigos que exploram essas possibilidades são Sims (2005), Berriel e Bhattarai (2009), Berriel e Mendes (2015) e Del Negro e Sims (2015).

Referências bibliográficas

BERRIEL, T.C. e BHATTARAI, S. (2009). "Monetary Policy and Central Bank Balance Sheet Concerns." *The B.E. Journal of Macroeconomics* 9, Issue 1 (Contributions), Article 1.
BERRIEL, T.C. e MENDES, A. (2015). "Central Bank Balance Sheet, Liquidity Trap, and Quantitative Easing" working paper.
DEL NEGRO, Marco e SIMS, Christopher A. (2015). "When Does a Central Bank Balance Sheet Require Fiscal Support?" Working paper.
JEANNE, O. e SVENSSON, L.E.O. (2007). "Credible Commitment to Optimal Escape from a Liquidity Trap: The Role of the Balance Sheet of an Independent Central Bank." *American Economic Review* 97(1): 474-90.
KRUGMAN, P. (1998). "It's Baaack: Japan's Slump and the Return of the Liquidity Trap." *Brookings Papers on Economic Activity*, 2: 137-187.
PARK, S.G (2012). "Central Banks Quasi-Fiscal Policies and Inflation", IMF working papers. https://www.imf.org/external/pubs/ft/wp/2012/wp1214.pdf
SARGENT, T. J. e WALLACE, N. (1981). "Some Unpleasant Monetary Arithmetic." *Federal Reserve Bank of Minneapolis Quarterly Review*, Fall, 1-17.
SIMS, C. A. (2005). "Limits to inflation targeting." *In:* BERNANKE, B. S. e WOODFORD, M. (orgs.) *The Inflation Target Debate*. Chicago, Il.: University of Chicago Press.
_____ (1994). "A Simple Model for the Study of the Determination of the Price Level and the Interaction of Monetary and Fiscal Policy." *Economic Theory*, 4, 381-399.
WOODFORD, M. (1994). "Monetary Policy and Price Level Determinacy in a Cash-in-Advance Economy." *Economic Theory*, 4, 345-380.
_____ (2003). "Interest and prices". Princeton University Press.
ZHU, Feng (2004). "Central Bank Balance Sheet Concerns, Monetary and Fiscal Rules, and Macroeconomic Stability." Working paper.

12

A DINÂMICA DA DÍVIDA BRUTA E A RELAÇÃO TESOURO-BANCO CENTRAL

Carlos Kawall Leal Ferreira

INTRODUÇÃO[1]

O ano de 2015 marcou uma profunda reversão quanto às expectativas de sustentabilidade da dívida pública brasileira. Até então, a deterioração evidente nos indicadores fiscais, com redução do superavit primário e baixo crescimento econômico, não havia gerado elevação significativa da dívida bruta do governo-geral (DBGG), que encerrou 2014 em 57,2% do PIB, mostrando tendência de relativa estabilidade diante dos anos anteriores, conforme se vê no Gráfico 12.1. A acentuada elevação verificada ao longo de 2015 esteve na base da elevação do risco Brasil, forte elevação do patamar de juro real de longo prazo e perda do grau de investimento do crédito soberano pelas três principais agências de *rating* internacionais.

Não é objetivo deste capítulo discutir os condicionantes, sobretudo estruturais, que explicam a falência da política fiscal e o baixo produto potencial da economia brasileira.[2] Cabe apenas esclarecer que não há outra alternativa, no cenário atual, a não ser enfrentar a inadiável agenda estrutural ligada à desconstrução do gasto obrigatório da União, de um lado, e às reformas que visem elevar o crescimento potencial, de outro. Sem isso, o Brasil claramente rumará para um quadro de insustentabilidade da dívida pública e insolvência.

Um *Working Paper* recente do FMI (Chudik, 2015), com base em estudo que utilizou metodologia de painel para quarenta países, conclui que não há limite (*threshold*) para o nível de endividamento bruto que comprometa o crescimento econômico, como, por exemplo, os 90% do PIB estimados por Reinhart e Rogoff (2010). Os autores concluem que "[...] a *trajetória da dívida* é provavelmente mais importante para o crescimento que o *nível* da dívida" (Chudik, 2015: 25, nossa tradução, grifo original). A trajetória ascendente da dívida torna-se prejudicial para o crescimento especialmente a partir do momento em que ela supere 50% do PIB, segundo o estudo citado, exatamente a situação hoje vivida pelo Brasil.

Cabe uma análise do processo recente de endividamento público da União nos últimos dez anos. Isso porque a dinâmica da dívida bruta foi fortemente impactada por duas políticas governamentais (conforme Figura 12.1): a acumulação de reservas internacionais, a partir de 2004, movimento verificado também em outros países emergentes, hoje equivalentes a 20% do PIB; e os aportes feitos pelo Tesouro Nacional aos bancos públicos (notadamente BNDES), da ordem de 9% do PIB, fortemente estimulados a expandir o crédito a partir da crise financeira global de 2008 (neste caso, sem paralelo relevante no cenário internacional). A acumulação de reservas internacionais gerou, como veremos, impacto relevante no balanço do Banco Central do Brasil.

Figura 12.1
Evolução da dívida bruta e acumulação de ativos

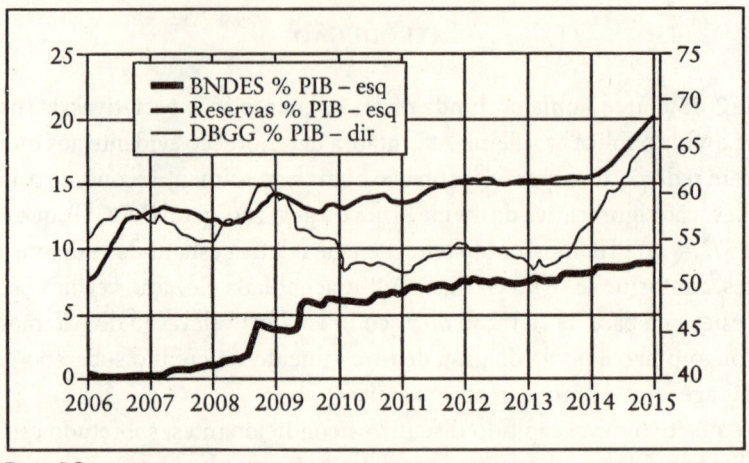

Fonte: BC

Busca-se assim analisar, sobretudo, a evolução recente da DBGG no Brasil diante das políticas que geraram forte expansão do balanço do BC. Tal análise tem como objetivo:

I. Avaliar se há espaço para reversão de tais políticas (potencialmente reduzindo a DBGG);
II. Refletir sobre os impactos patrimoniais da acumulação de reservas sobre o balanço do BC;
III. Sugerir mudanças no relacionamento institucional entre o Tesouro Nacional e o BC, de modo a preservar a autonomia operacional do BC, evitar o financiamento monetário sistemático do deficit público, e dar mais eficiência e transparência ao endividamento da União.

O contexto global: elevação estrutural da liquidez

Desde o início dos anos 2000, houve notável processo de expansão dos balanços dos Bancos Centrais (BCs). Em primeiro lugar, isso envolveu sobretudo os países emergentes, com crescimento dos superavit em transações correntes após a crise asiática e, posteriormente, elevação de relações de troca com o ciclo de alta de preços das *commodities*. Com a crise financeira de 2008, a expansão dos balanços atingiu também os principais BCs do mundo desenvolvido, como o Federal Reserve (Fed) e o Banco da Inglaterra e, mais recentemente, o Banco Central Europeu (BCE) e o Banco do Japão, em decorrência de políticas de compra de ativos (*quantitative easing* ou QE) ou empréstimos de longo prazo (Long Term Refinancing Operations – LTRO, na zona do Euro).

A expansão dos balanços tem como passo inicial o aumento da base monetária, com o BC adquirindo ativos (em geral, títulos públicos ou moeda estrangeira). Esse aumento é esterilizado basicamente de três formas: operações compromissadas (com lastro, em geral, de títulos públicos), depósitos remunerados ou não junto ao BC (compulsórios ou voluntários, sem lastro) ou emissão de títulos próprios, ou seja, títulos que são passivos da própria autoridade monetária.

De acordo com *Working Paper* do FMI (Gray e Pongsaparn, 2015), depois da crise de 2008, o excesso de liquidez (ou de reservas bancárias) gerado pelos BCs passou a ser *estrutural*, tornando-se *asset driven*, ou seja, impulsionado pelo crescimento do ativo:

> Nos anos recentes, vários sistemas bancários de economias avançadas moveram-se de um deficit estrutural de reservas bancárias para um superavit estrutural, como resultado da Crise Financeira Global (CFG) [...] Em adição, a forte elevação dos fluxos de capitais interfronteiras que se seguiu à CFG renovou os desafios para os Bancos Centrais de países emergentes na gestão efetiva das reservas bancárias (Gray e Pongsaparn, 2015: 4, tradução nossa).

Tal expansão foi em geral esterilizada via instrumentos como o excesso de reservas bancárias (depositadas no Banco Central voluntariamente) ou a emissão de títulos próprios (pelo próprio BC).[3] Os que não fizeram isso, usaram títulos públicos ou o depósito compulsório. O uso de instrumentos para absorver o excesso estrutural de liquidez não prescindiu da continuidade da sintonia fina do ajuste de liquidez de curtíssimo prazo, com base em *repos* (a nossa "operação compromissada"),[4] *swaps* ou depósitos *overnight*.

Ainda segundo o estudo do FMI, o manejo da liquidez estrutural por meio da emissão de títulos próprios pelo BC é desejável, uma vez que lhe confere mais autonomia, pois este não fica na dependência da emissão de títulos por parte do governo (no caso de uso do *repo*). A recusa por parte do governo em fornecer os títulos públicos ao BC poderia ameaçar a própria autonomia de condução da política monetária, caso impedisse ou restringisse a capacidade da autoridade monetária em executar as operações de esterilização monetária. Nesse caso, haveria instabilidade da taxa básica de juro, que tenderia a se situar abaixo da meta estabelecida. Na prática, poderia se inviabilizar a política monetária baseada em metas de inflação.

A partir de uma análise não exaustiva de quatro bancos centrais (dois de países desenvolvidos, Fed e BCE e dois de países em desenvolvimento, Banxico e Bank of Korea),[5] observamos que a esterilização dos QEs ou acúmulo de reservas internacionais se deu sobretudo via depósitos remunerados nos BCs (reservas bancárias excedentes, principalmente Fed e BCE) ou emissão de títulos próprios (notadamente o Bank of Korea); o uso de *reverse repos* (ou operações compromissadas) não foi relevante (Figura 12.2).

Figura 12.2
Composição dos passivos dos BCs (% do PIB)

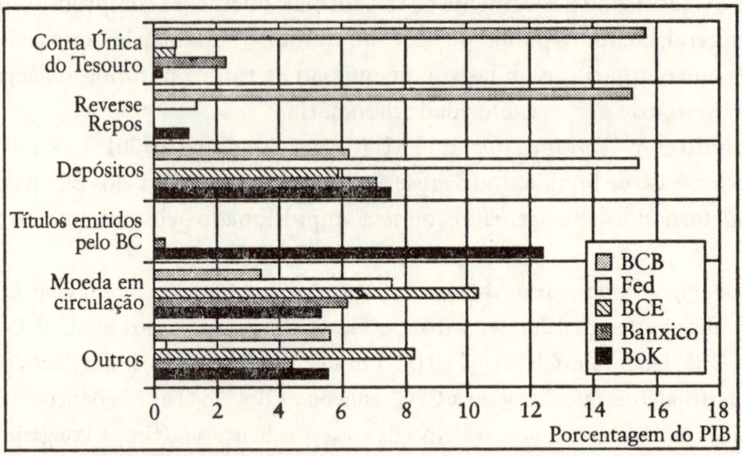

Fonte: Bancos Centrais nacionais

Para Bernanke (2015), a possibilidade de que o Federal Reserve pudesse receber depósitos remunerados voluntários (*excess reserves*) durante a crise financeira global foi decisiva, pois a esterilização tradicional (via *reverse repos*) ficou prejudicada pela expansão dos empréstimos de liquidez do Fed, dado o tamanho relativamente pequeno de sua carteira de *treasuries*:

> [...] em 2008, precisávamos da autoridade para resolver um problema cada vez mais sério: o risco que nossos empréstimos de emergência, que tinham o efeito colateral de elevar as reservas bancárias, levassem o juro de curto prazo a cair abaixo da meta do *fed funds*, gerando perda de controle da política monetária (Bernanke, 2015: 325, tradução nossa).

O Fed havia obtido autorização do Congresso para remunerar as reservas bancárias já em 2006, mas com vigência somente a partir de 2011 por motivos orçamentários, já que tal medida reduziria o lucro do BC norte-americano, que é regularmente transferido ao Tesouro. Tal possibilidade foi antecipada, na crise, pela mesma lei que criou o Troubled Asset Relief Program (Tarp) em 2008, depois da quebra do Lehman Brothers.

Isso permitiu ao Fed "indexar" o depósito remunerado à própria taxa do *fed-funds*, desincentivando a alocação da liquidez pelos bancos no mercado a taxas inferiores à meta de juros de curto prazo do Fed.

Antes disso, a falta de lastro para esterilização foi mitigada por uma linha de crédito do Tesouro (Suplementary Financing Program – SFP), que financiou alguns dos programas de empréstimos emergenciais do Fed. Tal expediente, no entanto, incomodava Bernanke:

> [...] o SFP variava em tamanho e tinha que ser reduzido quando o governo se aproximava do seu limite legal de endividamento [...] E, como dirigentes de um banco central independente, não gostávamos de depender da ajuda do Tesouro para executar a política monetária (tradução nossa, p. 237).

Em 2009, ainda segundo Bernanke, o Fed cogitou buscar autoridade para emissão de passivos próprios (*Fed bills*). No entanto, isso esbarrou na percepção de que o Congresso dificilmente apoiaria essa prerrogativa e também na relutância do Tesouro, que não se mostrou confortável com a criação de títulos que concorressem com os seus. Dessa forma, o Fed utilizou o mecanismo das reservas bancárias excedentes como principal mecanismo de esterilização do crescimento do balanço, com base na remuneração do Interest on Excess Reserves (Ioer), a qual se mantém desde então no nível da meta do *fed funds*. Em abril de 2012, o Fed criou o Term Deposit Facility, permitindo a constituição de depósitos a prazo remunerados pelo Ioer mais um pequeno *spread*, os quais têm sido utilizados esporadicamente.

No caso do Brasil, a esterilização da compra de reservas internacionais ficou a cargo da expansão das operações compromissadas do Banco Central (ou *reverse repos*). O BC, desde maio de 2002, foi impedido de emitir títulos próprios, por determinação da Lei de Responsabilidade Fiscal. Tal medida, que não constava do projeto de lei original do governo, fechou as portas para um importante instrumento para a esterilização da liquidez estrutural com vantagens para a autonomia operacional do BC.

Reservas internacionais, a dívida bruta e o crescimento da Conta Única do Tesouro Nacional

A leitura das Figuras 12.3 e 12.4 indica que o balanço do BC como proporção do PIB, próxima de 50%, é hoje consideravelmente maior que aqueles dos demais países analisados. A composição do ativo mostra que isso se deve a uma particular combinação: há um elevado peso das reservas internacionais, em linha com os países emergentes analisados (Coreia do Sul e México); mas também há uma grande concentração de títulos públicos, alinhada com os casos dos EUA e, em menor escala, da Zona do Euro, dadas as políticas de compras (QE) por estes implementadas (mas que não é o caso para Coreia do Sul e México).

Figura 12.3
Comparativo dos balanços (% do PIB)

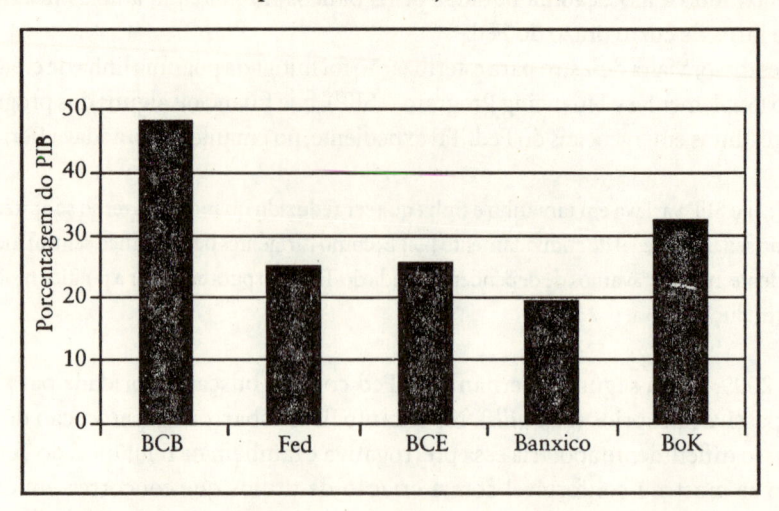

Fonte: Bancos Centrais nacionais

Figura 12.4
Composição dos ativos dos BCs (% do PIB)

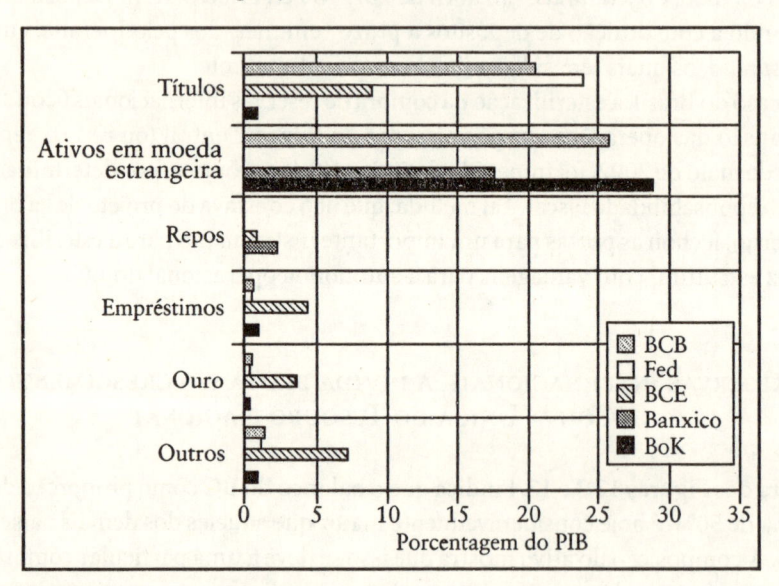

Fonte: Bancos Centrais nacionais

Evidencia-se, assim, uma situação particular do balanço do BC: a opção pela esterilização da compra de reservas internacionais implicou notável expansão adicional do ativo, já que foi necessário ampliar a carteira de títulos públicos de modo a "financiar" a compra de reservas internacionais. É como se, para cada unidade monetária de reserva internacional adquirida, fosse necessário constituir uma unidade monetária de título público no ativo do BC (para lastrear as operações compromissadas).

Na Figura 12.2 verificamos que há, ainda, outra diferença relevante diante dos países analisados. Não só a posição de *reverse repos* (as compromissadas) é muito elevada, pelos motivos já discutidos, como o caixa do Tesouro Nacional mostra uma magnitude igualmente expressiva.

Vale lembrar que, no Brasil, há determinação constitucional para que a Conta Única do Tesouro Nacional fique no Banco Central. Não houve investigação sobre como isso se dá nos demais países analisados, sendo possível que ao menos parte (ou até a maior parte) do caixa do governo não fique no BC.[6] Mas o importante aqui é entender o que levou a esse volume excepcionalmente alto no caso brasileiro (o que é contraintuitivo, já que estamos em crise fiscal) e quais suas implicações.

Reservas internacionais e transferência do lucro do BC

O elevado saldo das disponibilidades da Conta Única tem como explicação principal a transferência do lucro do BC ao Tesouro, feita semestralmente,[7] conforme sugerido pela Figura 12.5. Com o acúmulo de reservas internacionais a partir de 2005, o resultado do BC passou a ser em grande medida determinado pela apreciação ou depreciação do câmbio e seu consequente impacto sobre as reservas internacionais em reais. Adicionalmente, a Conta Única tem seu saldo remunerado pela taxa média de juros incidente sobre a carteira de títulos públicos do BC.

Figura 12.5
Acumulação de reservas versus Conta Única (% do PIB)

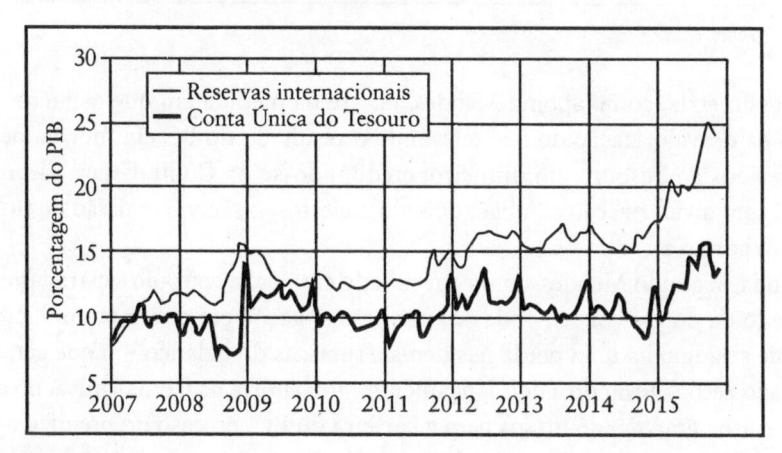

Fonte: BC

Contudo, conforme aponta Mendes ("A lei 11.803/08 e as relações financeiras entre Tesouro Nacional e Banco Central"), no capítulo 9 deste volume, a sistemática de apuração e transferência do lucro do BC ao Tesouro Nacional, a partir de 2008, acabou gerando uma distorção no montante do lucro transferido. Como pode ser observado na Figura 12.6, houve uma elevação expressiva do caixa único a partir dessa data. A lei 11.803/08 estabeleceu uma assimetria no tocante ao tratamento de lucros do BC *vis-à-vis* os prejuízos decorrentes da variação cambial. Ainda, passou-se a apurar o resultado da variação cambial separadamente do resultado relativo às demais contas ativas e passivas.

Figura 12.6
Passivos do BC (% do PIB)

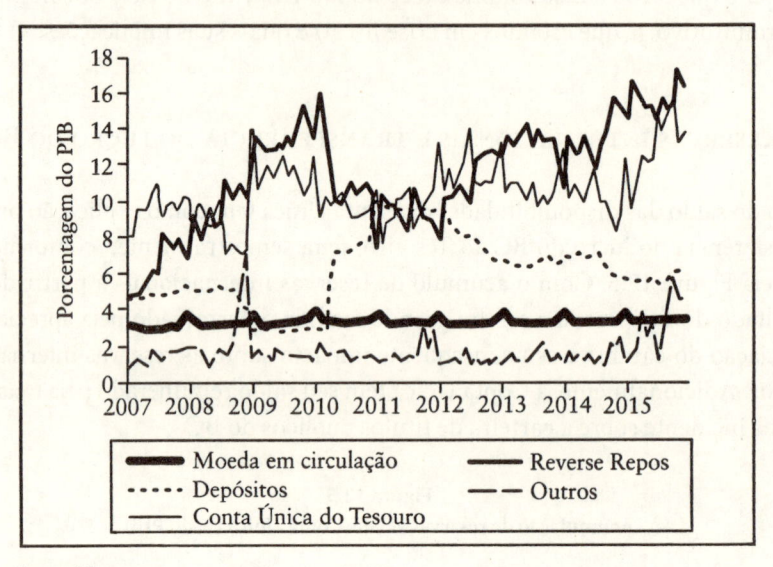

Fonte: BC

A assimetria, como aponta Mendes, ocorre na medida em que os lucros decorrentes da desvalorização do real (elevando o resultado do BC em moeda local) são transferidos ao Tesouro em dinheiro, creditando-se na Conta Única. Já prejuízos do BC com a valorização cambial, quando cobertos, o são via emissão de títulos do Tesouro para o ativo do BC.

Ainda, segundo Mendes, como o resultado cambial é apurado separadamente do resultado de outras contas, pode ocorrer uma situação em que haja um lucro cambial que seja igual a uma perda nas demais rubricas do balanço – o que geraria um resultado zero –, levando a dois lançamentos: um aporte na Conta Única, no caso do lucro, e uma emissão de títulos para a carteira do BC, no caso do prejuízo apurado nas demais contas (conforme Mendes, capítulo 9).

Em outras palavras, há uma assimetria que gera uma tendência de quase contínua elevação do caixa único, pois ele aumenta quando o câmbio se desvaloriza, sendo adicionalmente acrescido ao longo do tempo pela remuneração recebida sobre seu saldo. Por outro lado, o caixa único mantém-se inalterado quando há prejuízo, porque não há ressarcimento ao BC em dinheiro.

O ativo do BC, por sua vez, tende a mostrar crescimento ao longo do tempo, visto que ele sobe no caso de prejuízo com o câmbio, pois, quando isso ocorre, o Tesouro "capitaliza" o Banco via emissão de títulos. Por outro lado, o ativo do BC mantém-se em princípio constante quando há lucro (o lucro do BC não é usado pelo Tesouro para abater a carteira livre do BC). Como aponta Mendes, o balanço do BC tem notável expansão a partir de 2008, refletindo essa nova sistemática (Figura 12.7).

Figura 12.7
Expansão do balanço focado na carteira de títulos e na Conta Única

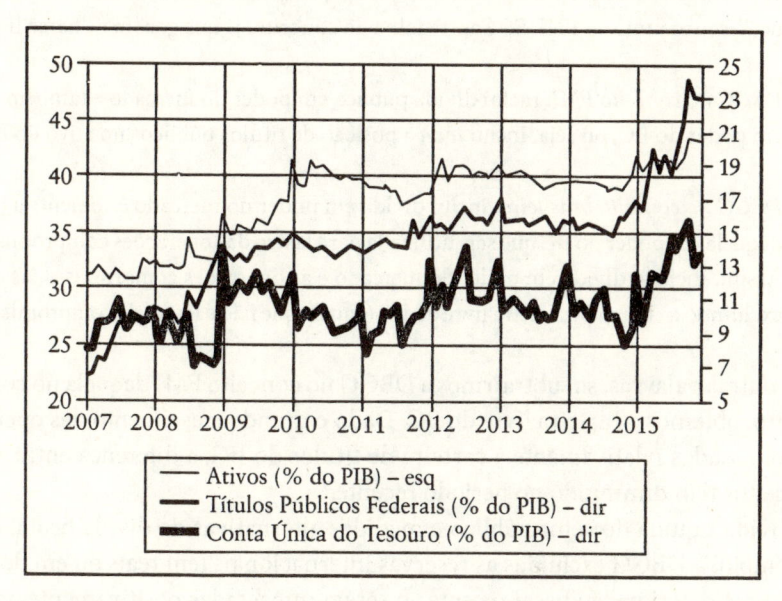

Fonte: BC

A COMPRA DE ATIVOS E A DINÂMICA DA DBGG

Uma vez analisados os determinantes da política de aquisição de reservas internacionais e seus impactos patrimoniais no balanço do BC, cabe avaliar quais as consequências na elevação recente da DBGG. Para isso, brevemente lembramos os conceitos relevantes de dívida pública:

Dívida bruta do governo-geral (DBGG): inclui o endividamento interno e externo da União e governos subnacionais, incluída a previdência social (o banco central e empresas estatais não fazem parte do conceito de governo-geral). É o conceito internacionalmente aceito, sendo acompanhado pelo FMI no monitoramento das contas públicas dos países membros. É, em geral, o conceito aceito pelas agências de *rating*.

Dívida líquida do setor público (DLSP): no Brasil, além dos entes do governo-geral, inclui o BC e as empresas estatais federais e subnacionais (exceto Petrobras e Eletrobrás). Deduzem-se os ativos desses entes, notadamente ativos do BNDES e reservas internacionais. Vale lembrar que o conceito de setor público consolidado, com a inclusão do BC e empresas estatais, remonta aos anos 1980, quando o deficit público se concentrava nas empresas estatais e no BC (e não no Tesouro), não sendo usual em outros países.[8] O conceito de setor público consolidado, assim, parece ser um anacronismo que não mais se justifica como métrica do deficit ou dívida pública. Ainda, o abatimento dos ativos do Tesouro junto ao BNDES é outra falha do conceito, já que gozam de baixa liquidez.

DBGG no conceito FMI: inclui dívida pública em poder do mercado e também aquela em poder do BC, ou seja, inclui *toda* a posição de títulos públicos no ativo do BC.

DBGG no conceito brasileiro: inclui dívida em poder do mercado e somente a parcela daquela em poder do BC que seja utilizada para lastro das operações compromissadas. Assim, inclui a dívida em poder do mercado e as operações compromissadas do BC, excluindo a chamada carteira livre do BC (aquela que não é lastro de compromissadas).

Em outras palavras, se subtrairmos a DBGG no conceito FMI daquela no conceito brasileiro, obtemos a carteira livre do BC. Dado o grande crescimento das operações compromissadas relativamente à carteira de títulos do BC, a diferença entre ambos os conceitos tem diminuído no período recente.[9]

A dívida líquida do setor público e medidas alternativas da dívida bruta, como, por exemplo, a DBGG excluídas as reservas internacionais (em reais ou em dólares), mascaram a deterioração fiscal recente ao serem impactadas positivamente pela depreciação cambial. Possuem, inclusive, correlação negativa com o risco-Brasil, pois este é estreitamente ligado à taxa de câmbio. Ainda, o *downgrade* do Brasil para grau especulativo mostrou claramente que tampouco tais conceitos são seguidos pelas agências de *rating*. Conceitualmente, ainda, adotam um conceito híbrido que não é nem o governo-geral, nem o setor público consolidado, carecendo de rigor contábil.

Entendemos que o conceito de DDBG, em linha com as boas práticas internacionais, possui correlação positiva com o CDS, como mostra o período recente de deterioração do quadro fiscal e aumento do risco-país. Vale apontar que não parece mais adequado o uso do conceito brasileiro da DBGG diante do conceito FMI, já que o elevado saldo das compromissadas e o tamanho diminuto da carteira livre do BC tornaram pouco relevante a diferença de valor entre elas.

A opção do governo brasileiro de esterilizar a liquidez estrutural advinda da expansão das reservas internacionais com compromissadas teve, portanto, relevantes impactos na DBGG, se comparada aos demais países analisados. O aumento do tamanho das operações compromissadas implicou a necessidade de expansão da carteira de títulos do BC, ou seja, ampliou a DBGG seja no conceito FMI, seja no conceito brasileiro.

Ressalta-se que, nos demais países analisados, isso não ocorreu. Nos países desenvolvidos, as políticas de QE implicaram elevar a carteira de títulos públicos dos BCs, mas com a concomitante redução da carteira de títulos em mercado. Como a expansão monetária foi esterilizada com depósitos remunerados voluntários nos BCs, não houve efeitos na DBGG, uma vez que a autoridade monetária (ou seus ativos ou passivos) não integra o conceito de governo-geral, como explicado acima.

Nos países emergentes analisados, o uso de outros mecanismos para a esterilização da compra de reservas internacionais, notadamente a emissão de títulos próprios por parte dos BCs, também não impactou a DBGG pelo mesmo motivo: não houve nova emissão de dívida pública do governo-geral, e sim se elevou um passivo do BC.[10]

No nosso entender, a discussão aqui não é "meramente contábil", pois envolve também questões conceituais. Em primeiro lugar, o excesso de liquidez gerado pelas políticas de expansão do balanço dos BCs não ocasionou um "financiamento inflacionário" em escala global, mesmo em países (como nos EUA) em que as reservas excedentes dos bancos têm liquidez diária. Pelo contrário, hoje se enfrenta um contexto mundial deflacionário. Há, assim, méritos do regime de metas de inflação, que gerou notável ancoragem das expectativas diante do intenso uso de políticas monetárias não convencionais. Ou seja, houve uma grande expansão da oferta monetária (e não da dívida pública no conceito DBGG) sem efeitos inflacionários.

O caso brasileiro, por outro lado, nos limites da comparação não exaustiva feita aqui, sugere que a forma de esterilização utilizada (operação compromissada) acabou gerando enorme expansão da dívida pública. Em que pese o reconhecimento de que o problema fiscal no Brasil é sobretudo um desajuste de fluxos (receitas crescendo abaixo do gasto obrigatório), parece provável que os patamares elevados do estoque da dívida pública também tenham contribuído para a piora na percepção de risco de solvência, elevando o risco-país e acelerando o processo de perda do grau de investimento, nas métricas comparativas com outros países.[11]

Se nos demais países analisados a expansão estrutural do balanço dos BCs não gerou efeitos diretos ou indiretos vultosos sobre o crescimento da DBGG, tendo tal crescimento sido "financiado" pela expansão dos passivos monetários dos BCs, sem desancoragem das expectativas inflacionárias, cabe considerar a hipótese de que uma parte da nossa DBGG poderia ser, de fato, mesmo que não formalmente, um passivo do BC e não dívida pública.

Se isso é verdade, a DBGG no Brasil estaria, em termos dos comparativos internacionais, superestimada, elevando o nível de superavit primário necessário para estabilizá-la.[12] Vale mais uma vez reprisar: o Brasil está muito longe de garantir o superavit primário necessário à estabilização da DBGG, o que só pode ser feito com as reformas estruturais. Isso não impede, no entanto, de buscarmos evoluir no aperfeiçoamento institucional da relação BC-Tesouro Nacional, beneficiando-nos das melhores práticas internacionais, aumentando sua eficiência e transparência.

A CONTA ÚNICA E O SUPORTE MONETÁRIO (*MONETARY BACKSTOP*)

Embora tenhamos criticado tanto o conceito de DBGG ex-reservas, como a forma de apropriação do resultado do BC com as reservas internacionais (a assimetria, como apontado por Mendes no Capítulo 9), consideramos legítimo que o lucro do BC seja transferido ao Tesouro Nacional, com crédito em dinheiro contra a Conta Única.[13] Cabe, contudo, discutir qual a destinação desses recursos.

Em trabalho voltado para a discussão da condução recente da política monetária na Zona do Euro, Corsetti (2015)[14] defende como positiva a possibilidade de existência de um *monetary backstop* (ou "suporte monetário") por parte dos BCs para amparar o endividamento soberano em situações de elevação do risco de insolvência, sem que isso agrave as expectativas inflacionárias ou eleve o risco percebido de monetização da dívida pública.

O caso analisado por Corsetti (2015) foi a criação pelo ECB do programa Outright Monetary Transactions (OMT) em 2012, para amparar o mercado de dívida soberana de países periféricos europeus. O autor mostra que há circunstâncias em que o *monetary backstop* pode se contrapor favoravelmente a um processo especulativo contra a dívida soberana de um país.

O autor busca mostrar que o *monetary backstop* pode se diferenciar do financiamento inflacionário que os BCs realizaram no passado nos países latino-americanos (como o Brasil), que acabaram vistos na prática como um repúdio da dívida, gerando elevação das taxas de juros nominais e aceleração da inflação. Corsetti (2015) atribui o possível êxito do *monetary backstop* ao "mistério da impressão de moeda" (*mistery of the printing press*), termo cunhado por Krugman para refletir que em determinadas circunstâncias os agentes econômicos preferem deter um passivo do BC a um título de dívida, via políticas de QE (aquisição de ativos por parte do BC).

Tal expansão monetária pode ser preferida por dois motivos: em primeiro lugar, o passivo do BC não tem risco de *default*, somente de desvalorização inflacionária. Segundo, recentemente os bancos centrais passaram a ter a faculdade de remunerar suas reservas, o que evita um quadro de excesso de liquidez no mercado monetário (e eventual fuga para ativos reais ou de risco), mesmo em um contexto de *zero bound*. De acordo com o autor, é fundamental, contudo, que se perceba que o *monetary backstop* não é a solução para o problema fiscal, ou seja, ele pode funcionar como uma reserva de contingência, mas não seria crível se não apoiado por um quadro de ajuste fiscal.[15]

Voltando para o caso brasileiro, é oportuno debater um aperfeiçoamento institucional que transforme o mecanismo de apropriação dos resultados positivos das reservas internacionais em "suporte monetário" que pudesse amparar o Tesouro Nacional em momentos de estresse de mercado. Uma vez rediscutida a forma de apropriação do resultado que atualmente tem hipertrofiado o balanço do BC, o "suporte monetário" poderia ter, em um ambiente de ajuste fiscal, um papel importante em momentos de instabilidade, em que o câmbio tende a se desvalorizar (elevando o lucro do BC e elevando a Conta Única), ajudando o Tesouro Nacional na administração da dívida pública, evitando, por exemplo, que ele tenha que refinanciá-la a custos excessivos por algum tempo.

Pensamos, assim, em criar um regramento que evite a situação atual, em que o crescimento vertiginoso do caixa único tem sistematicamente sido usado para amortizar dívida pública em mercado (conforme aponta Mendes, no capítulo 9), mas preservando a possibilidade de o Tesouro Nacional ter uma reserva de contingência em situações de estresse financeiro.

Considerações finais e recomendações de política

Criação de depósito remunerado no BC

O processo recente de alavancagem estrutural dos balanços dos BCs ensejou importante discussão em nível internacional sobre o controle de liquidez e seus efeitos sobre o endividamento do setor público. Um aperfeiçoamento importante foi a possibilidade de alguns BCs de países desenvolvidos (como o Fed) passarem a remunerar as reservas excedentes, para absorver o excesso de liquidez gerado pelas políticas de empréstimos emergenciais e QEs. Já nos países emergentes, elevou-se o uso de títulos de emissão da própria autoridade monetária.

Nesse sentido, entendemos ser válido que o Brasil crie um passivo monetário remunerado pelo BC que seja mais adequado à administração do excesso de liquidez estrutural gerado pelo acúmulo de reservas internacionais, seguindo os ensinamentos da experiência internacional recente. Dada a vedação da Lei de Responsabilidade Fiscal à emissão de títulos pelo BC, a alternativa mais viável parece ser a criação de um depósito remunerado (depósito no BC das reservas excedentes dos bancos).

Como já discutido, o uso das compromissadas não parece ideal. Em primeiro lugar, tende a distorcer comparativos internacionais com relação ao tamanho da DBGG, ao incluir passivos do Banco Central. Caso o BC pudesse esterilizar a liquidez com um depósito remunerado ou um título de emissão própria, haveria redução da posição de compromissadas, elevando a carteira livre do BC. Em um momento seguinte, o Tesouro Nacional poderia utilizar os recursos (hoje excessivos) da Conta Única para resgatar títulos da carteira do BC. A DBGG cairia tanto no conceito brasileiro (redução das compromissadas) quanto no conceito FMI (diminuição da carteira do BC).

A criação do passivo remunerado conferiria uma maior autonomia operacional ao BC, evitando a dependência das emissões de títulos por parte do Tesouro Nacional. Em tese, a relutância por parte do Tesouro em fornecer tempestivamente lastro para as operações de política monetária, dificultando a tarefa do BC em ajustar a taxa Selic à meta definida pelo Comitê de Política Monetária, poderia, inclusive, inviabilizar o regime de metas de inflação. À luz da experiência brasileira recente, julgamos que tal risco não é desprezível.

Na experiência norte-americana, a preocupação em poder remunerar as reservas também decorreu, como apontou Bernanke, das restrições que o Tesouro tinha em tempestivamente garantir lastro para o Fed, em função do teto de endividamento estabelecido pelo Congresso. No Brasil, o Projeto de Resolução do Senado (PRS 84) que visa, nos termos da Lei de Responsabilidade Fiscal, a estabelecer um teto para o endividamento da União, poderia gerar o mesmo tipo de problema. Como o objetivo do PRS 84 é eminentemente fiscal, e não de gestão da política monetária, vemos aqui mais um motivo para que o BC crie um depósito remunerado, garantindo sua autonomia operacional a partir das boas práticas internacionais.

Criação do suporte monetário (monetary backstop) *do Tesouro Nacional no Banco Central*

Na medida em que consideramos legítima a apropriação do lucro do BC pelo Tesouro Nacional, caberia disciplina-la e regrá-la para que funcionasse como um *monetary backstop* no sentido definido por Corsetti. Não se trata aqui de buscar uma solução esdrúxula de monetização da dívida, e sim de aperfeiçoar um mecanismo já existente.

O caixa único já é utilizado como *backstop* na gestão cotidiana da dívida pública. Por exemplo, é normal que haja grandes resgates líquidos de títulos públicos nos meses iniciais de cada trimestre (janeiro, abril, julho e outubro), quando há sempre o vencimento do título pré-fixado do trimestre respectivo. Nos meses que se seguem, há normalmente colocações líquidas, recompondo o caixa.

O problema, como apontado por Mendes (capítulo 9), é que tem havido o uso recorrente do caixa único, com resgate líquido de títulos públicos ao longo dos últimos anos (exceto 2015) e intensificação do uso das operações compromissadas, reduzindo na prática o prazo médio do endividamento público. Tal padrão parece ser estimulado pela sistemática acima descrita (assimetria no tratamento da transferência do lucro do BC), que tende a inflar a Conta Única.

Dessa forma, propomos que se chegue a um mecanismo eficaz para momentos de contingência (ao lado da administração regular da dívida pública ao longo do ano), sem que tal mecanismo seja utilizado em bases permanentes, o que em tese significa confundir a administração da liquidez com o financiamento do setor público.

Como visto no caso europeu, o *monetary backstop* tem como pressuposto a possibilidade de o BC aceitar depósitos remunerados, o que casa com a proposta anterior. O resultado do BC continuaria a ser utilizado exclusivamente para abater dívida pública "preferencialmente da carteira do BC", mas podendo abater dívida em mercado em situações de contingência, e não sistematicamente.

Divulgação pelo Banco Central do conceito de DBGG no conceito FMI

Como já mostrado, a diferença entre os dois conceitos de dívida bruta tem perdido relevância, dado o paulatino aumento de importância das operações compromissadas *vis-à-vis* a carteira de títulos do BC, a qual, inclusive, tem sido suplementada por emissões líquidas do Tesouro (em excesso diante da rolagem), de modo a elevar o tamanho da carteira.[16]

Ainda, na hipótese de criação de um depósito remunerado no BC, poderia haver uma redução expressiva no saldo das operações compromissadas, diminuindo em um primeiro momento a DBGG no conceito brasileiro. Para evitar que isso não fosse interpretado como uma manobra de contabilidade "criativa", seria oportuno que o BC passasse a divulgar regularmente a DBGG no conceito FMI. A DBGG neste conceito só se reduziria na medida em que houvesse redução da carteira livre de títulos do BC.

Como o objetivo das propostas não é uma redução da DBGG *per se*, e sim uma melhora na eficiência, autonomia e transparência das políticas monetária e de dívida pública, em linha com a experiência internacional recente, o uso do conceito FMI seria uma consequência natural. Seria tarefa simples, inclusive com a divulgação de séries retroativas, tendo em vista que a única diferença é a carteira livre de títulos públicos do BC.

Repagamento gradual da dívida do BNDES ao Tesouro Nacional

Embora se trate de um tema não aprofundado neste trabalho, apontou-se no início que um dos fatores que ocasionaram a expansão da DDBG desde a crise internacional de 2008 foi a política de aportes de recursos aos bancos públicos, notadamente para o BNDES.

No fim de 2015 e início de 2016, no intuito de compensar parcialmente o efeito do pagamento das "pedaladas fiscais" sobre a DBGG, o BNDES repagou R$ 29 bilhões ao Tesouro Nacional da dívida que tem com a União. Tal pagamento é receita financeira (e não primária) do Tesouro, sendo computada como redução de seu endividamento. Curiosamente, o pré-pagamento do BNDES mitigou a elevação do saldo das compromissadas resultante do pagamento das "pedaladas fiscais", gerando uma interseção da operação realizada com o tema principal deste artigo.

O movimento foi, contudo, bastante tímido. Vale lembrar que o estoque da dívida do BNDES com o Tesouro atingiu, em novembro de 2015, R$ 526,1 bilhões. Como em boa medida incide sobre ela o custo da TJLP, somente o serviço dos juros seria de cerca de R$ 35 bilhões anuais. No fim de 2014, boa parte dessa dívida foi refinanciada em prazos longos, prevendo inclusive capitalização parcial dos juros. A renegociação feita então abrangeu R$ 194,2 bilhões em dívidas do BNDES contra o Tesouro Nacional, com carência integral de juros até março de 2020 e de principal até março de 2040.

Se os aportes ao BNDES foram o grande "QE tupiniquim", urge agora tratar de sua reversão, mesmo que de forma gradual. Parece no todo inadequado que haja uma grande fartura de recursos à disposição do BNDES em contexto de crise fiscal aberta e elevação rápida da DBGG. O repagamento do BNDES ao Tesouro poderia, por exemplo, ser fonte de recursos para uma eventual capitalização da Petrobras, sem que isso impactasse a DBGG. Historicamente, o BNDES já participou de diversas operações de capitalização de grandes empresas em momentos de crise, mas nenhuma delas tão importante quanto a Petrobras.

Muitas vezes ocorre a ideia errônea de que tais pré-pagamentos "descapitalizariam" a instituição. Na verdade, a maior parte dos empréstimos foi feita para prover *funding* para o BNDES; as operações do Tesouro Nacional que ajudaram na elevação do capital foram por meio dos instrumentos híbridos de capital e dívida, em valor muito menor (no balanço patrimonial de junho de 2015, o BNDES reconhece dívida de R$ 36,1 bilhões em "Instrumentos de Dívida Elegíveis ao Capital Principal" contra o Tesouro Nacional).

O repagamento dos empréstimos permitiria atenuar a escalada da DBGG, ganhando tempo para a realização das reformas estruturais. Tenderia, ainda, a elevar a tração da política monetária, hoje menos potente em função do grande fluxo de recursos subsidiados, ajudando na redução da taxa neutra de juros, o que beneficiaria a economia como um todo, no lugar do benefício restrito aos atuais devedores do BNDES.

Notas

1. O autor agradece os comentários de Edmar Bacha e Marcos Mendes a versões preliminares e também o apoio de pesquisa de Marcos Bredda de Marchi e Gustavo de Paula Ribeiro. Os erros e omissões são de responsabilidade do autor.

2. Para discussão sobre o tema, ver Mansueto, Lisboa e Pessoa (2015).
3. Segundo o estudo do FMI, cerca de um terço dos BCs existentes no mundo tem a faculdade de emitir títulos próprios (Gray e Pongsaparn, 2015).
4. Na terminologia norte-americana, o mais adequado é o termo *reverse repo*, operação em que o BC contrai a liquidez em uma operação com compromisso de recompra, com lastro em título público. O *repo* seria o inverso, a injeção de liquidez.
5. Para o Fed, BCE e Banxico, os dados são referentes a set./15. Para o BoK, os dados são referentes a jul./15. Para o BC, os dados são de nov./15.
6. Leister e Medeiros, no capítulo 5 deste volume, analisam esta questão numa perspectiva internacional.
7. Para uma análise da evolução da legislação relativa à sistemática da transferência do lucro do BC ao Tesouro Nacional, ver D'Ávila ("BC e Tesouro"), capítulo 6 deste volume.
8. Exemplos de outros países que também incluem o banco central em suas demonstrações fiscais são a Bolívia, o Peru, o Uruguai e a Austrália. Veja-se Leister e Medeiros (capítulo 5) neste volume.
9. A legislação vigente permite ao Tesouro Nacional fazer emissões diretas de títulos para o Banco Central caso haja necessidade de recompor sua carteira de títulos, de modo a ter lastro para efetuar as operações compromissadas. Tais emissões não envolvem caixa (não há crédito na Conta Única), tendo como contrapartida o aumento do patrimônio do BC. Em 04/01/2016, por exemplo, o Tesouro fez uma emissão de R$ 40 bilhões com essa finalidade, especificamente refletindo a necessidade de garantir lastro para que fossem pagas as "pedaladas fiscais" no fim de 2015 com recursos do caixa único, que implicou concomitante necessidade de o BC realizar a esterilização do montante pago, com aumento de compromissadas. Essa emissão atesta, portanto, que a carteira livre do BC estaria então muito reduzida.
10. A título de curiosidade, se adicionássemos à DBGG da Coreia do Sul a posição de títulos próprios do BoK, ela saltaria de 36,9% do PIB para 49,3% do PIB, o que dá uma ideia do que teria ocorrido se a esterilização da compra de reservas tivesse sido feita com operações compromissadas.
11. Relembramos aqui também a parcela da expansão da dívida bruta feita para expandir o balanço do BNDES, o "QE tupiniquim", que não teve efeitos relevantes sobre a taxa de investimento e representa enorme ônus fiscal, certamente elevando o juro real neutro da economia.
12. Estimamos que, para cada 10% do PIB, há necessidade de um superavit primário de 0,4% do PIB para estabilizar a DBGG.
13. A propósito, o resultado cambial do BC é apurado pelo regime de competência, seguindo as melhores práticas contábeis internacionais aplicadas à contabilidade corporativa, que é feita pela ótica econômica, e não de caixa.
14. O autor agradece a Edmar Bacha pela sugestão da leitura deste trabalho.
15. No OMT, os países só seriam elegíveis se submetessem um programa de ajuste fiscal.
16. Tais emissões não têm como contrapartida uma elevação da Conta Única (dada a vedação a que o Banco Central realize empréstimos ao Tesouro) e sim o aumento do patrimônio líquido do BC. O objetivo, contudo, não é a elevação do patrimônio da autoridade monetária, mas o aumento de seu ativo, para adequá-lo às necessidades de lastro para as operações compromissadas.

Referências bibliográficas

BERNANKE, Ben S. (2015). *The Courage to Act: A Memoir of a Crisis and its Aftermath*. W.W. Norton & Company.

CHUDIK, Alexander *et al.* (2015). "Is There a Debt-threshold Effect on Output Growth?" IMF Working Paper 15/197, set.

CORSETTI, Giancarlo (2015). *The Mistery of the Printing Press: Monetary Policy and Self-fulfilling Debt Crisis*. Manheim: Schumpeter Lecture, EEA Meetings.

GRAY, S. e PONGSAPARN, R. (2015). "Issuance of Central Bank Securities: International Experiences and Guidelines." IMF Working Paper 15/106, mai.

MANSUETO, Almeida Jr; LISBOA, Marcos de B. e PESSOA, Samuel (2015). O ajuste inevitável. Disponível em: <https://mansueto.files.wordpress.com/2015/07/o-ajuste-inevitc3a1vel-vf_2.pdf>, acesso em dez/2015.

REINHART, Carmen M. e ROGOFF, Kenneth S. (2010). "Growth in a Time of Debt." *American Economic Review*, American Economic Association, vol. 100(2), pp. 573-78.

13

BANCO CENTRAL E TESOURO: CONJECTURAS SOBRE AS CONSEQUÊNCIAS PRÁTICAS DE UM RELACIONAMENTO ÍNTIMO

Ricardo Augusto Gallo

INTRODUÇÃO[1]

Muito se comentou ao longo dos últimos anos sobre os efeitos da "Nova Matriz Econômica". Uma definição dessa política foi oferecida pelo ex-secretário de Política Econômica do Ministério da Fazenda do então ministro Guido Mantega, Márcio Holland, durante o primeiro mandato do governo Dilma Rousseff. Em uma entrevista concedida ao jornal *Valor Econômico* em dezembro de 2012,[2] o secretário defendia a queda dos juros, um câmbio mais fraco e as políticas fiscais anticíclicas, financiadas pelo aumento da dívida pública bruta. O jornalista Cristiano Romero indagou, em determinado momento nessa entrevista, sobre a sustentabilidade das baixas taxas de juros. Ele afirmou que tais taxas causariam uma perda de renda (efeito riqueza) nas carteiras dos investidores que, dessa forma, seriam induzidos a alongar o prazo de seus ativos e a aumentar o risco de suas carteiras à procura dos retornos perdidos.

Este capítulo procura entender os impactos nos mercados de algumas dessas políticas, em particular nas questões práticas relativas ao balanço do Banco Central e sua relação com o Tesouro Nacional nos últimos anos, pois creio que a forte expansão de crédito defendida essas políticas foi viabilizada pelo uso criativo dos balanços do Tesouro e do BC. Tudo indica que os eventos de 2008 e as reações dos BCs das principais economias do globo à crise que então se instalava inspiraram nossas lideranças, que passaram a incentivar um relacionamento mais íntimo entre o BC e o Tesouro Nacional. O *quantitative easing* (QE) adotado no hemisfério Norte foi então adaptado, de forma imperfeita, à nossa realidade. Adotou-se aqui um QE tropicalizado, por assim dizer. O QE adotado pelo FED, ECB e BOJ visou evitar que a deflação, causada pela enorme contração do produto ocorrida na grande crise, viesse a prejudicar o necessário processo de desalavancagem em curso naquelas economias. No nosso caso, o QE Tropical serviu para aumentar ainda mais o endividamento público e privado, patrocinado pela forte expansão do balanço do setor público (Tesouro e BC), dos bancos públicos (CEF e BNDES) e das estatais (Petrobras e PAC).

O nosso QE teve três fases:

- Fase 1: expansão do balanço do BC via aquisição de reservas cambiais até 2012, com sua esterilização sendo feita por operações compromissadas de curto prazo;
- Fase 2: com a redução de oferta de divisas no mercado, o processo de acumulação de reservas se esgotou em 2012. Restava aos bancos públicos e às empresas estatais (PAC e Petrobras) assumirem o papel de promover a alavancagem, que terminou com a crise de crédito interno que nos atingiu em 2015.
- Fase 3: iniciou-se em 2015, com o BC absorvendo títulos da dívida pública para sua carteira visando impedir uma contração maior no crédito interno.

Centrarei aqui meu foco nas fases 1 e 3, que envolvem mais diretamente o BC e o Tesouro. Farei essa análise pela ótica de um observador do mercado, abusando de conjecturas, e deixando aos especialistas em econometria o ônus de comprová-las. Escapo, portanto, dos grilhões da rigidez acadêmica e da responsabilidade da prova, e fico apenas com o prazer de fazer digressões, prazer de quem tenta entender os mercados, sem muito sucesso muitas vezes...

Minha proposta é mostrar inicialmente uma fotografia das contas do Tesouro Nacional e dos balanços contábeis do BC, mostrando os desequilíbrios que ocorreram ao longo dos últimos anos. Em seguida, listo os impactos de tais distorções no mercado e na percepção de risco por parte de investidores, e finalizo com algumas sugestões sobre os ajustes que precisariam ser feitos na execução das políticas cambial e monetária atuais visando corrigir tais distorções no futuro.

UM BALANÇO COMPROMISSADO

Um dos eventos que me vêm intrigando desde meados da década passada é o expressivo aumento nos ativos do Banco Central do Brasil. Uma análise dos balancetes publicados no site do BC nos mostra que de 2007 a 2015 os ativos da autoridade monetária saltaram de 28,2% para 46,9% do PIB.

O período 2007 a 2011 foi caracterizado pelo forte acúmulo de reservas cambiais por parte do BC. O capital internacional foi atraído pelas taxas de retorno favoráveis dos ativos domésticos e pela queda do risco-país decorrente da manutenção dos sólidos fundamentos fiscais, cambiais e monetários durante o primeiro mandato do governo Lula. O aumento da demanda por *commodities* colocou países produtores, como o

Brasil e a Austrália, no radar do investimento direto internacional. Esse ambiente favoreceu a entrada de capitais em volume superior à nossa necessidade de financiamento externo, o que permitiu que o BC pudesse comprar divisas e acumular assim reservas internacionais.

O processo de acumulação de reservas internacionais por parte da autoridade monetária requer a esterilização dos reais emitidos quando da aquisição de divisas. Caso não seja feita tal esterilização, o excedente de reais assim injetados na economia provocaria uma queda dramática nas taxas de juros domésticas, expondo a economia ao risco de um surto inflacionário. Ou seja, foi necessário criar um mecanismo que retirasse a moeda de circulação. Nosso BC, como vários outros que enfrentam o mesmo problema, utilizou mecanismos compulsórios e voluntários para absorver tais excedentes monetários.

O instrumento mais comum de esterilização são os depósitos compulsórios, que tomam como base o passivo do sistema bancário (depósitos e outras formas de captações). Na medida em que os recursos gerados pelas compras de divisas circulam pelo sistema financeiro, a exigibilidade de depósito compulsório sobre os passivos bancários assim gerados absorve esse excesso de liquidez. A vantagem desse mecanismo é que ele de fato reduz a velocidade de circulação de moeda na economia, impedindo uma expansão muito acelerada do crédito interno. Porém, a calibragem dos depósitos é muito delicada e sujeita a enorme pressão política. Empresários e políticos, desejosos por uma taxa de crescimento acelerada, acabam pressionando a autoridade monetária a reduzir tais compulsórios.

Dessa forma, os BCs acabaram criando mecanismos voluntários para a absorção do excedente monetário gerado pela aquisição de reservas internacionais em larga escala. Os mecanismos se baseiam no conceito de emissão de passivos remunerados por parte da autoridade monetária. Ou seja, ela precisa atrair, através de remuneração adequada e baixo risco, recursos que estejam ociosos e depositados nas contas dos bancos junto ao BC sem receber nenhuma remuneração. Isso pode ser feito por meio da emissão de títulos de renda fixa pelo BC ou da oferta de depósitos remunerados aos bancos. Os primeiros são mais líquidos e podem ser negociados livremente no mercado. Já os depósitos, geralmente mais curtos, são menos líquidos, pois têm prazos fixos e são intransferíveis.

No caso brasileiro, o BC teve que lançar mão de operações compromissadas para absorver tal liquidez, em vez de depósitos ou títulos de emissão própria, pois estes são expressamente vedados pela Lei de Responsabilidade Fiscal. As operações compromissadas funcionam do ponto de vista financeiro como títulos de curtíssimo prazo emitidos pelo próprio BC e garantidos pelo Tesouro Nacional, que podem ser livremente negociáveis no mercado.

O BC possui em sua carteira títulos da dívida pública mobiliária do Tesouro Nacional, adquiridos no próprio Tesouro, que servem de lastro ou contrapartida para emissão de moeda, numerário e de depósitos compulsórios feitos pelos bancos. Apesar das restrições da LRF quanto ao financiamento do Tesouro pelo BC, este está autorizado a comprar títulos diretamente do Tesouro para garantir a adequada execução da política monetária, como estabelece a lei 11.803/2008, anteriormente mencionada.

Por exemplo, nos primeiros onze meses de 2015, o Tesouro efetuou aumentos de capital no BC no valor de R$ 75 bilhões por meio da emissão de títulos públicos sem contrapartida financeira, elevando o patrimônio da autoridade monetária de R$ 25 bilhões em dezembro de 2014, para R$ 100 bilhões em novembro de 2015.

Nas operações compromissadas, o BC vende títulos federais de sua carteira aos bancos, com compromisso de recomprá-los em alguma data futura ao preço de venda acrescido de juros pactuados nos leilões semanais. Esses juros são bem próximos à taxa fixada pelo BC nas reuniões do Conselho de Política Monetária, a taxa Selic alvo. As operações gozam de duas garantias para o investidor (bancos): (a) a obrigação de recompra dada pelo próprio BC; e (b) os títulos de emissão do Tesouro Nacional recebidos como lastro pelo investidor em tais operações.

As operações compromissadas são feitas em diversos prazos. Para o mês de dezembro de 2015, por exemplo, de um saldo de R$ 895 bilhões em operações compromissadas, o equivalente a R$ 258 bilhões, ou 29% do total era de operações prefixadas de prazos inferiores a 13 dias, e R$ 459 bilhões adicionais, correspondentes a pouco mais da metade do total, eram de operações de prazos entre duas semanas e três meses. O prazo médio a decorrer da carteira tem flutuado ao redor de vinte dias úteis (um mês) nos últimos anos. Um dos aspectos que diferenciam as compromissadas de depósitos remunerados é sua liquidez e negociabilidade. Os bancos podem, a qualquer momento, usar esses títulos para captar recursos nas outras instituições de mercado, como fundos de investimento, bancos e o próprio BC. Nesse caso, os bancos vendem os papéis recebidos do BC em garantia a tais investidores e se comprometem a recomprá-los em data futura por um preço determinado, que inclui os juros remuneratórios pelo período.

Além disso, dada a posição credora em reservas dos bancos contra o BC, o sistema financeiro gera caixa passivamente ao não rolar operações compromissadas vincendas. Ou seja, basta um banco não rolar uma operação compromissada com o BC para que sua conta de reservas seja creditada.

Portanto, os investimentos em operações compromissadas oferecem inúmeros atrativos aos bancos:

- Têm curto prazo, pois mais de 70% do volume é feito em operações até noventa dias e o prazo médio da carteira tem flutuado ao redor de vinte dias úteis (um mês);
- Têm baixo risco de duração, ou seja, embora suas taxas de remuneração sejam prefixadas, seu prazo médio é inferior ao do ciclo normal de revisão das taxas de juros pelo Copom (45 dias corridos);
- Pagam juros próximos aos juros fixados pelo Copom, pois o BC pretende que os juros básicos da economia fiquem ao redor da taxa fixada pelo Copom, o que não seria viável se as taxas remuneratórias das operações compromissadas feitas pelo BC ficassem abaixo dos juros alvo do BC;
- Têm enorme liquidez, pois o volume de operações compromissadas no mercado supera R$ 1 trilhão por dia e semanalmente há vencimentos dessas operações junto ao sistema, o que permite que os recursos assim investidos se transformem em caixa para os bancos rapidamente, sem penalidades ou custos elevados;
- Têm risco extremamente baixo, pois no seu vencimento o BC faz a sua recompra automaticamente, creditando assim a conta da instituição financeira junto ao BC.

Essas características as tornam o ativo líquido de preferência das instituições financeiras. Não é sem motivo que seu volume como proporção do PIB vem subindo já há algum tempo, como mostra a Figura 13.1.

Figura 13.1
Evolução do saldo líquido das operações compromissadas, 2007-2015, em % do PIB

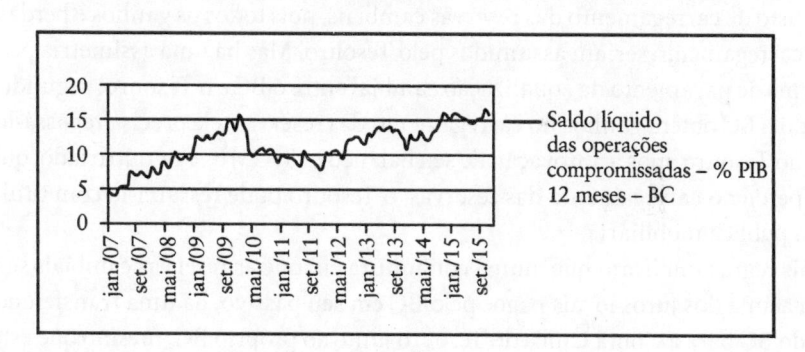

Fonte: BC

Uma relação perigosa

De 2005 a 2012 houve um aumento das reservas cambiais da ordem de US$ 300 bilhões entre 2006 e 2011, período em que, correspondentemente, o ativo do BC subiu da faixa de 20% para cerca de 35% do PIB. Em termos mais precisos, desde 2004, o BC comprou aproximadamente US$ 272 bilhões de divisas no mercado à vista de câmbio, à taxa média de R$ 1,90, estimada usando os volumes mensais de compras de reservas por parte do BC e a taxa média de venda de dólar no mesmo mês. Em dezembro de 2003 o BC tinha cerca de US$ 49 bilhões de reservas cambiais. Em novembro de 2015 tinha US$ 369 bilhões. Portanto, as reservas subiram em função de ganhos, juros e captações externas líquidas do Tesouro Nacional cerca de US$ 48 bilhões no período.

Em decorrência, a sensibilidade do balanço do BC às oscilações da taxa de câmbio se elevou consideravelmente. Dependendo da forma pela qual o BC e seu controlador, o Tesouro, tratam esses resultados, seus impactos sobre as contas públicas podem ser bastante relevantes. Em função da legislação em vigor, o mecanismo usado para contabilizar as reservas e distribuir os resultados de seu carregamento para o Tesouro causa distorções importantes no balanço da autoridade monetária e no próprio caixa do Tesouro.

Aqui entra a mão invisível. Não a referida por Adam Smith, mas a dos legisladores e contadores criativos. De acordo com as normas vigentes, o BC é obrigado a repassar os ganhos com a valorização cambial das reservas internacionais ao Tesouro Nacional, descontados de seu custo de carregamento, semestralmente, como dita o art. 6 da lei nº 11.803, de 2008. Contudo, a mesma lei, em seu artigo quinto, determina que as perdas com eventuais quedas do dólar podem ser pagas pelo Tesouro ao BC em títulos de sua emissão.

Ou seja, o resultado contábil do BC ficaria assim "protegido" de variações do câmbio e do custo de carregamento das reservas cambiais, pois todos os ganhos e perdas com o seu carregamento seriam assumidos pelo Tesouro. Mas há uma assimetria peculiar na forma de pagamento da equalização cambial entre o BC e o Tesouro. Segundo a lei, quando o BC obtém ganhos no carregamento das reservas, ele precisa repassá-los em caixa ao Tesouro após a aprovação de seu balanço pelo CMN. Por outro lado, quando o BC perde no carregamento das reservas, o Tesouro pode ressarci-lo com títulos da dívida pública mobiliária.

Tais regras implicam que, numa conjuntura em que as reservas cambiais se valorizem acima dos juros locais pagos pelo BC em seu passivo, há uma transferência de reais do BC para a Conta Única do Tesouro junto ao próprio BC, mesmo que este não tenha vendido suas reservas e realizado os ganhos.

Segundo a mesma regra, esses reais precisam, prioritariamente, ser usados no resgate da Dívida do Tesouro na carteira do BC. Contudo, dados recentes do balanço do

BC mostram que sua carteira de títulos não tem caído como seria de se esperar à luz dos ganhos recentes do Tesouro com a equalização cambial, como mostra a Figura 13.2.

Figura 13.2
Títulos do Tesouro na carteira do Banco Central, 2007-2015

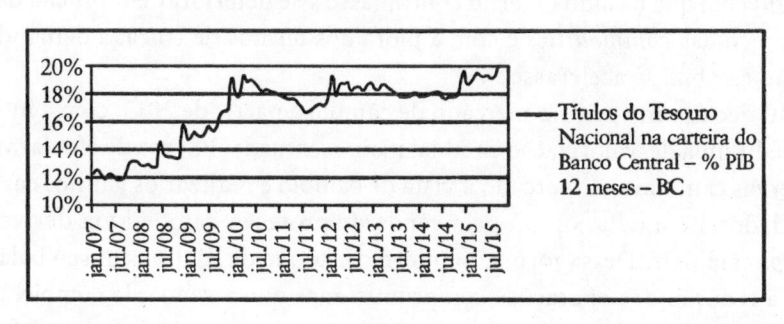

[Gráfico: Títulos do Tesouro Nacional na carteira do Banco Central – % PIB 12 meses – BC]

Fonte: BC

Conclusão: nessa sistemática, um câmbio em regime de volatilidade elevada gera "caixa" para o Tesouro Nacional, por meio de transferências líquidas para o caixa único do Tesouro feitas em decorrência de resultados do BC. O BC fica, portanto, obrigado a monetizar os ganhos de carregamento não realizados com a valorização, mesmo que temporária, das reservas, além de ter que pagar ao mercado os encargos com pagamento de juros das operações compromissadas de curto prazo que financiam a posição de reservas. Enquanto o Tesouro, por seu lado, pode acumular o caixa assim gerado para uso futuro no resgate de títulos da dívida com o mercado, a seu critério.

Mas como o BC arruma financiamento para efetuar tais pagamentos ao Tesouro? Caso o BC não venda ativos de sua carteira no mercado (títulos públicos ou reservas internacionais), ele precisa aumentar seus passivos para cumprir suas obrigações decorrentes das equalizações cambiais. O mecanismo da operação de equalização cambial garante que isso ocorra automaticamente, pois os pagamentos feitos ao Tesouro geram, no primeiro momento, um crédito na Conta Única do Tesouro junto ao BC no mesmo montante. Dessa forma, o ganho do BC com o carregamento das reservas sai contabilmente da conta resultado do BC e é creditado no seu passivo, mais precisamente, na Conta Única do Tesouro.

VENDENDO SEM ENTREGAR

Apesar de o BC ter acumulado um volume expressivo das reservas internacionais até 2012, o deficit em conta-corrente foi crescente, com isso ampliando o passivo externo do país. Se excluirmos as reservas cambiais dos ativos externos totais, uma vez que elas pertencem ao Estado, vemos que entre 2010 e 2014 o passivo externo líquido do setor privado ficou acima de US$ 1 trilhão, enquanto até 2007 ficava ao redor de US$ 400 bilhões. Ou seja, a exposição cambial da economia privada aumentou bastante depois de 2009. Seria, portanto, natural esperar que, na medida em que o saldo externo continuasse a se deteriorar em função da queda do preço das *commodities* e com a piora dos termos de troca, a demanda por proteção cambial se acelerasse.

O BC decidiu intervir no mercado de câmbio a partir de 2013, com a intenção de impedir uma desvalorização cambial mais acentuada. Em vez de efetuar vendas de reservas cambiais no mercado à vista de câmbio e realizar os ganhos cambiais acumulados até a data, optou pela venda de proteção cambial via derivativos, os *swaps* cambiais. Dessa forma, manteve o estoque de divisas em seu balanço e evitou a redução das operações compromissadas que a venda de câmbio à vista teria causado. Quando o mercado compra divisas do BC, seja de forma definitiva ou temporária através das operações de linha, há uma redução da liquidez disponível no mercado, que precisa, portanto, ser suprida por resgates de operações compromissadas junto ao BC.

Os *swaps* são derivativos nos quais o BC vende (ou compra) proteção cambial ao sistema. O BC, através de leilões periódicos, vende derivativos aos bancos, nos quais ele paga a variação cambial por um prazo especificado e recebe dos bancos, em troca, uma remuneração equivalente ao Selic (juros cobrados no financiamento de títulos públicos no mercado de operações compromissadas de um dia) acumulado pelo prazo da operação, descontada uma taxa conhecida como cupom cambial.

Os saldos dessas operações eram inexpressivos e se moviam nas duas direções (comprado ou vendido) até meados de 2013, quando seus valores cresceram acentuadamente até o patamar de R$ 100 bilhões no início de 2015.

Os derivativos têm seus preços em reais ajustados diariamente, de acordo com as flutuações da taxa de câmbio e da taxa de mercado de cupom cambial negociado na Bolsa de Futuros. Esses ajustes são pagos diariamente à contraparte credora. Dessa maneira, quando a cotação do dólar sobe e/ou a taxa do cupom cambial cai no mercado, o BC precisa pagar ajustes a suas contrapartes, e vice-versa. Os ajustes são pagos (ou recebidos) pelo BC e ressarcidos junto ao Tesouro, em concordância com a mesma lei 11.803/2008.

De janeiro de 2004 até novembro de 2015, os ajustes acumularam mais de R$ 100 bilhões de perdas ao BC, o que acabou reduzindo o resultado de equalização cambial transferido ao Tesouro.

Embora o resultado contábil do BC fique assim protegido das variações no valor do câmbio e de seu custo de carregamento, o banco, por outro lado, fica obrigado a monetizar os ganhos não realizados com a valorização líquida das reservas, seja creditando o Tesouro, seja creditando os detentores de *swaps* cambiais, em cenários de desvalorização cambial como o ocorrido em 2015.

Esvaziando o cofre para encher os bolsos

O período de maior volatilidade da taxa de câmbio, pelo exposto, haveria de provocar um inchaço nos resultados de equalização cambial, ainda que líquidos dos ajustes de *swaps* pagos ao mercado, e nos créditos efetuados na Conta Única do Tesouro. A Figura 13.3 mostra o impacto do relacionamento com o BC no caixa do Tesouro, como proporção do PIB.

Figura 13.3
Resultado do relacionamento do BC com o TN, 2007-2015 (% PIB)

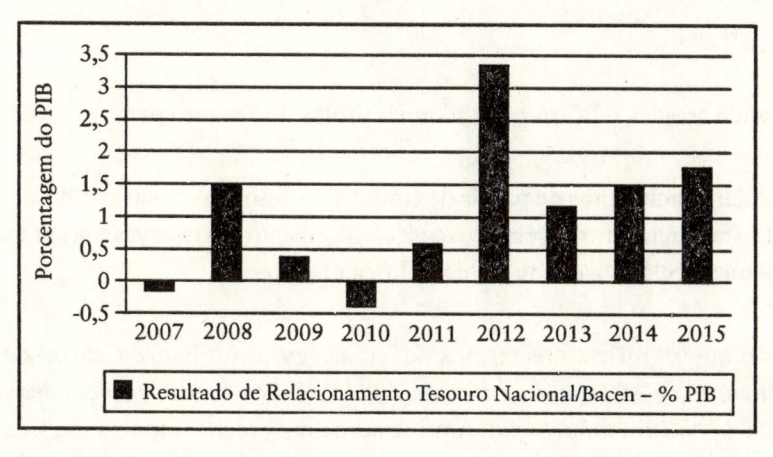

Fonte: STN

Como esperado, vemos na Figura 13.3 que o resultado do BC que é transferido ao Tesouro sobe nos anos em que o câmbio se valoriza mais, como em 2008, 2012 e 2015. Ou seja, a desvalorização acelerada do real ocorrida desde o final de 2014 foi responsável pelo aumento do resultado do BC que foi transferido ao Tesouro, o que explica parcialmente a forte elevação do caixa deste em 2015, além da remuneração paga pelo BC ao Tesouro pelo caixa lá depositado.

Vamos agora analisar o ativo do Banco Central, em particular seus haveres contra o governo federal, compostos em sua quase totalidade de títulos públicos. Vemos na Figura 13.4 que seu volume subiu bastante desde 2007. Esses ativos representam uma forma de financiamento do BC ao Tesouro, algo que na prática seria proibido pela Lei de Responsabilidade Fiscal, lei complementar 101/2000, expressando a vedação determinada pelo artigo 64 da Constituição Federal.

Figura 13.4
Ativos do BC contra o governo federal como % do PIB, 2007-2015

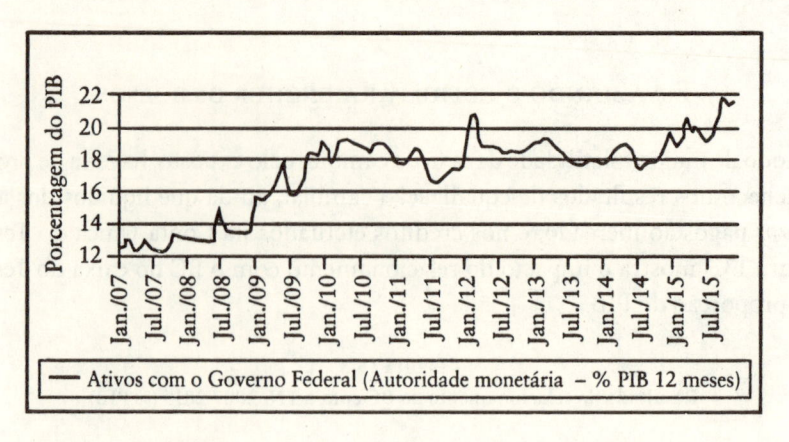

[Gráfico: Ativos com o Governo Federal (Autoridade monetária – % PIB 12 meses)]

Fonte: BC

Segundo essa lei, o BC só pode adquirir títulos do Tesouro para:

- Rolar vencimentos de papéis de emissão do Tesouro em sua carteira;
- Em ressarcimento de prejuízos com carregamento das reservas e *swaps* cambiais;
- Para viabilizar a condução da política monetária.

Mas o que significa, nos termos da lei, *assegurar ao Banco Central do Brasil a manutenção de carteira de títulos da dívida pública em dimensões adequadas à execução da política monetária?*. Aqui se abre uma brecha importante. Executar a política monetária significa na prática manter os juros de mercado próximos aos juros fixados pelo Comitê de Política Monetária. Para essa tarefa, o BC precisa manter um montante suficiente de Títulos do Tesouro em sua carteira que atenda a demanda por lastro nas operações compromissadas. Ou seja, sempre que a base monetária se expandir por razões fiscais ou cambiais (Tesouro sacando da Conta Única para pagar obrigações com o mercado ou BC comprando divisas e aumentando reservas cambiais), o BC precisará de mais títulos públicos para ser capaz de absorver essa liquidez, o que vai demandar mais emissões do Tesouro para a carteira do BC.

Para entender melhor o que está acontecendo com a carteira de títulos do Tesouro no BC, dividimo-la na Figura 13.5 em dois componentes: a parcela que está sendo usada como lastro das operações compromissadas na execução da política monetária e a parcela que está sendo bancada pelo próprio BC, que seria o estoque disponível ao BC para realizar novas operações compromissadas sem ter que recorrer ao Tesouro.

Figura 13.5
Carteira livre e compromissada de títulos do Tesouro no BC, 2007-2015

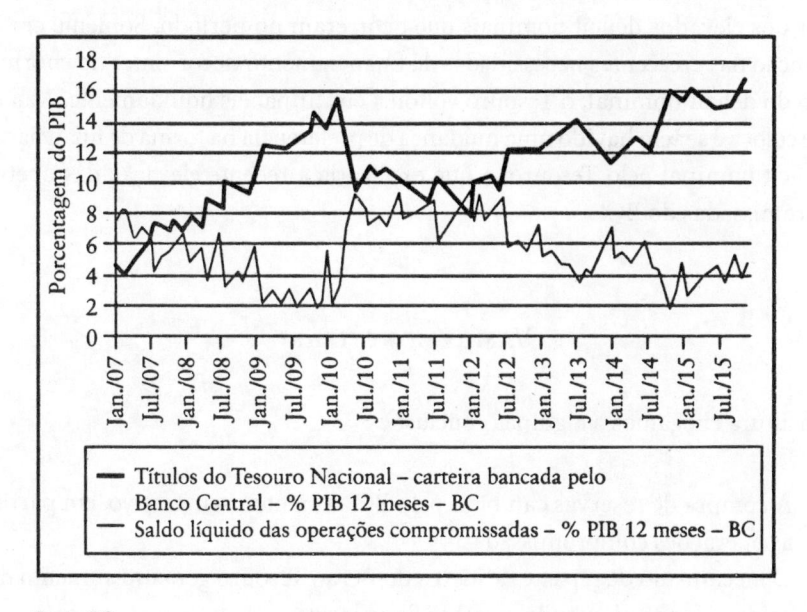

— Títulos do Tesouro Nacional – carteira bancada pelo Banco Central – % PIB 12 meses – BC
— Saldo líquido das operações compromissadas – % PIB 12 meses – BC

Fonte: BC

Vemos na Figura 13.5 que a parcela de títulos bancados pelo BC tem permanecido relativamente estável desde 2013, enquanto a parcela financiada por operações compromissadas voltou a subir desde meados de 2012, apesar de o BC não ter comprado reservas nesse período. Isso só faz sentido se:

a) O BC tivesse reduzido as alíquotas de exigibilidades compulsórias, algo que não ocorreu;
b) Ou o Tesouro estivesse resgatando liquidamente títulos da dívida pública com o mercado;
c) Ou se o Tesouro estivesse usando seu caixa para cobrir seu deficit fiscal.

Senão, seria razoável esperar que tal carteira tivesse seu volume reduzido no período recente, em função da elevada acumulação de caixa por parte do Tesouro, uma vez que a lei 11.803 dispõe que, *prioritariamente*, o Tesouro deveria utilizar os recursos gerados pela equalização cambial para quitar dívidas no BC.

Do ponto de vista de liquidez, a carteira de títulos públicos no BC apresenta uma distribuição de vencimentos similar à da carteira de títulos públicos federais nas mãos do mercado. Logo, deveria ser indiferente para o Tesouro usar seu caixa para resgatar a dívida que se encontra no BC ou no mercado. Porém, o Tesouro preferiu reduzir suas emissões líquidas de papéis públicos junto ao mercado de 2011 a 2014, apesar dos elevados déficit nominais que ocorreram no período. Somente em 2015, em função das crescentes necessidades de financiamento decorrentes do enorme aumento do déficit nominal, o Tesouro voltou a emitir papéis liquidamente. A questão que se coloca é se tem havido uma mudança de preferência na forma de financiamento do déficit nominal pelo Tesouro, o que explicaria a recente elevação das operações compromissadas do BC.

Vamos monetizar?

A esta altura chegamos a algumas conclusões:

a) A compra de reservas cambiais pelo BC aumentou seu passivo, em particular as operações compromissadas;
b) O mecanismo de repasse de lucros do BC ao Tesouro gera um aumento de seu caixa disponível quando o real se desvaloriza;
c) Houve um aumento no volume de caixa do Tesouro Nacional depositado no BC.

Vale a pena analisar agora a participação das operações compromissadas no financiamento do endividamento público.

As operações compromissadas representavam, em novembro de 2015, cerca de um quarto dos 65,1% do PIB relativos à dívida bruta do governo-geral. De 2007 a 2010 a relação entre o volume de financiamento da dívida do governo via compromissadas e o volume de financiamento feito por meio de dívida mobiliária do próprio Tesouro junto ao mercado subiu bastante, conforme se vê na Figura 13.6. Esse período coincide com a fase inicial de acumulação de reservas internacionais, quando se adotou o mecanismo das compromissadas para esterilizar as reservas, ou seja, para financiar a compra das reservas. Portanto, seria razoável esperar esse aumento.

Figura 13.6
Volume das compromissadas *versus* dívida mobiliária no mercado, 2007-2015

Saldo líquido das operações compromissadas/Títulos do Tesouro Nacional – posição em carteira – Total em mercado – BC

Fonte: BC

Contudo, nota-se uma queda depois de 2009. Isso se deve ao aumento dos depósitos compulsórios, que ocorreu em 2009 e 2010. Em 2010 houve um aumento das alíquotas de exigibilidades sobre depósitos à vista e a prazo. Nesse período, os bancos tiveram que reduzir seus investimentos em operações compromissadas, pois precisavam usar os reais aí investidos para cumprir o aumento das exigibilidades. E de fato, os depósitos compulsórios dos bancos no BC subiram bastante em 2010. Dessa forma, em 2010 houve uma mudança na forma de financiamento do BC: a parcela voluntária feita via operações compromissadas foi reduzida em função do aumento do financiamento compulsório mediante aumento do passivo monetário, que subiu bastante naquele ano.

Com o objetivo de ajustar as flutuações nos compulsórios, proponho o uso de um conceito ampliado de financiamento de dívida pública junto ao mercado pelo BC, que teria dois componentes: as obrigações do BC com outros bancos, que incluem as operações compromissadas, e o passivo monetário do BC. Segundo tal conceito, como mostra a Figura 13.7, o financiamento da dívida pública feito através do BC saiu de 12% do PIB em 2007 para mais de 26% do PIB em novembro de 2015.

Figura 13.7
Financiamento da dívida pública junto ao mercado através do BC, 2007-2015

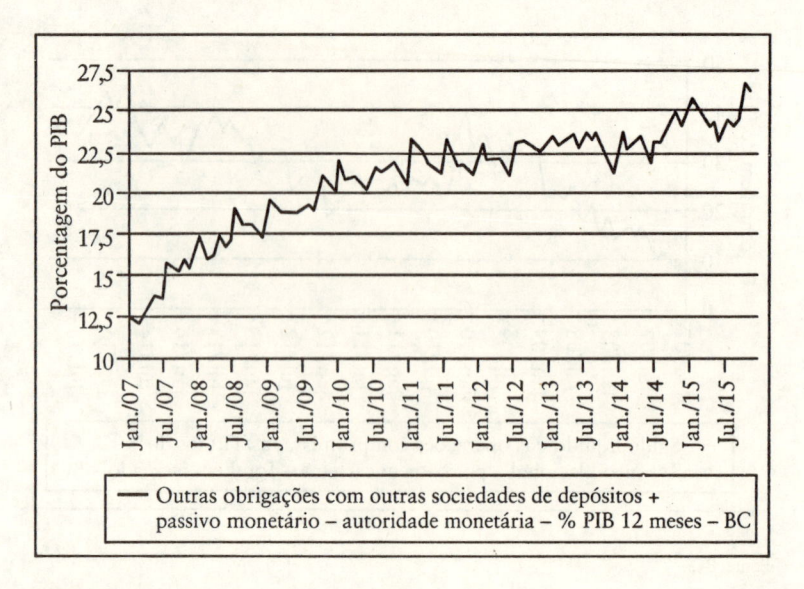

[Gráfico: Porcentagem do PIB, de Jan./07 a Jul./15, variando de cerca de 12,5% a 26%. Legenda: Outras obrigações com outras sociedades de depósitos + passivo monetário – autoridade monetária – % PIB 12 meses – BC]

Fonte: BC

Vê-se também na Figura 13.7 que, após um período de estabilidade entre 2011 e meados de 2014, o financiamento do governo por meio do BC vem se acelerando, ou seja, o papel do BC como financiador da dívida bruta do governo vem aumentando.

À mesma conclusão se chega analisando a evolução do percentual do endividamento geral do governo, que é financiado por títulos da dívida mobiliária do Tesouro Nacional junto ao mercado, na Figura 13.8. Vemos que desde 2011 esse percentual vem caindo, o que indica que o Tesouro vem recorrendo a outras formas de financiamento da dívida do governo, além da emissão de títulos da dívida mobiliária no mercado interno.

Figura 13.8
Parcela da dívida mobiliária em mercado na dívida bruta, 2007-2015

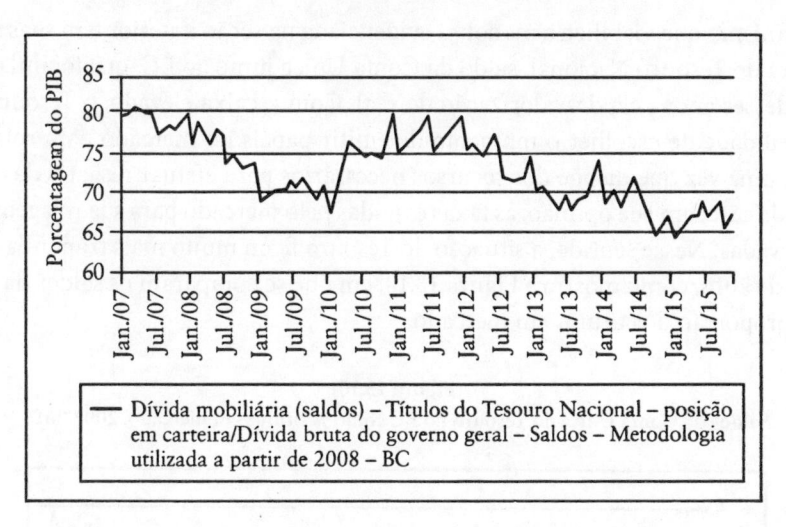

— Dívida mobiliária (saldos) – Títulos do Tesouro Nacional – posição em carteira/Dívida bruta do governo geral – Saldos – Metodologia utilizada a partir de 2008 – BC

Fonte: BC

A versão tropical de monetização da dívida interna via operações compromissadas pode ser vista mais claramente na forte expansão recente da carteira de títulos públicos nas mãos do BC, mostrada na Figura 13.9.

Figura 13.9
Dívida do Tesouro em poder do Banco Central, 2006-2015 (% PIB)

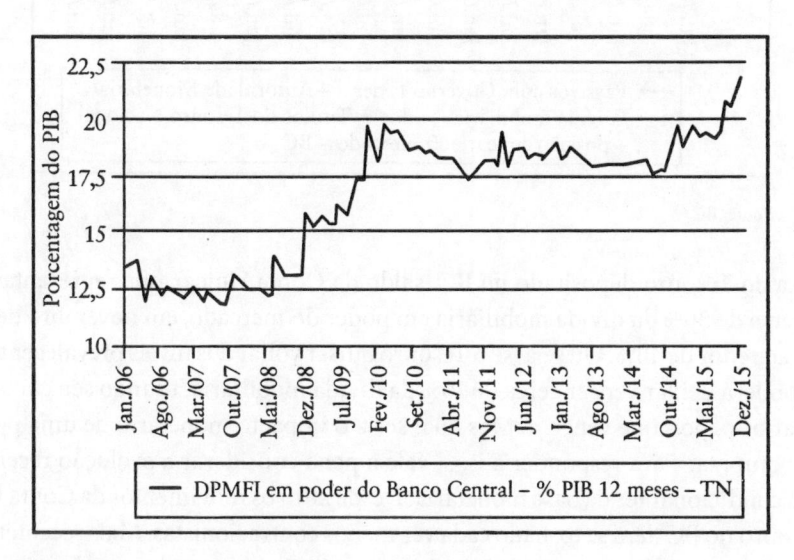

— DPMFI em poder do Banco Central – % PIB 12 meses – TN

Fonte: STN

Dinheiro na mão é vendaval

O mecanismo que viabiliza a manobra evidenciada na seção anterior tem suas raízes no caixa do Tesouro Nacional, saldo da Conta Única junto ao BC, que foi inflado ao longo desses anos pela desvalorização do real. Com o caixa elevado, o Tesouro tem a flexibilidade de escolher o momento de emitir papéis no mercado para rolar sua dívida, uma vez que dispõe dos recursos necessários para efetuar resgates da dívida vincenda caso, em sua opinião, as taxas exigidas pelo mercado para sua rolagem estejam elevadas. Nesse sentido, a situação do Tesouro ficou muito mais tranquila desde o final de 2014, como mostra a Figura 13.10, em que se comparam os saldos da conta como proporção dos títulos em mercado.

Figura 13.10
Saldos da Conta Única do Tesouro no BC como % títulos em mercado, 2007-2015

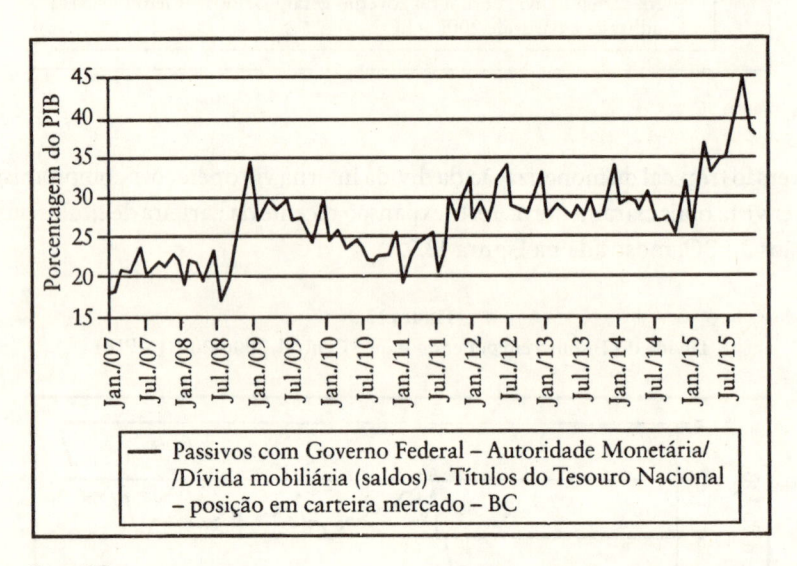

Fonte: BC

O caixa do Tesouro depositado no BC (saldo da Conta Única), que representava até 2014 cerca de 30% da dívida mobiliária em poder do mercado, em novembro de 2015 estava ao redor de 40%. Ou seja, se o Tesouro quiser voltar aos níveis prevalecentes em 2013, poderá deixar vencer cerca de 10% da dívida mobiliária, usando seu caixa para resgatar os papéis que vencem. Mas qual seria o impacto monetário de uma política dessa natureza? Para responder a isso, vale a pena considerar a evolução recente de fatores condicionantes da base monetária. Desde 2013 os movimentos da Conta Única do Tesouro no BC[3] têm se tornado cada vez menos contracionistas. Mais recentemente se tornaram expansionistas em função da profunda piora do quadro fiscal, assim como das perdas sofridas nas operações com derivativos cambiais junto ao mercado. Isso acontece ao mesmo tempo que o BC teve perdas em seus derivativos cambiais, o que expandiu ainda mais a base monetária.

Além da piora do deficit, caso o Tesouro resolva sacar recursos de sua Conta Única e promova o resgate da dívida pública vincenda em poder do mercado, haverá uma forte expansão monetária que precisará ser absorvida, o que forçará o BC a aumentar o volume de operações compromissadas na mesma medida. Nesse cenário, o financiamento da dívida do geral do governo por meio de papéis da dívida mobiliária interna perderá ainda mais espaço, enquanto a participação do financiamento via BC através de operações compromissadas aumentará.

Um fator limitante dessa estratégia é o saldo disponível de títulos públicos na carteira do BC, ou seja, títulos que ainda não foram usados como lastro em operações compromissadas. O saldo da posição disponível (posição bancada) tem ficado ao redor de 5% do PIB. Em janeiro de 2015 estava próximo ao mínimo da série, o que deve ter motivado o Tesouro a aumentar o capital do BC ao longo de 2015 pela emissão de títulos sem contrapartida financeira, como mencionei anteriormente. Ou seja, a possibilidade de o Tesouro emitir papéis para o BC para adequar sua carteira à gestão da política monetária acaba viabilizando o financiamento da dívida pública pelo BC.

Quais são as consequências?

O aumento nas operações compromissadas *vis-à-vis* a dívida mobiliária em poder do público representa uma tendência muito perigosa. Vamos analisar suas implicações.

Aumento da percepção de risco soberano

Em primeiro lugar, aumenta a exposição do BC ao Tesouro Nacional. Quer dizer, no caso de algum evento de crédito na dívida do Tesouro, o BC seria fortemente afetado, uma vez que seu patrimônio, de cerca de R$ 100 bilhões, seria insuficiente para suportar perdas numa carteira de títulos públicos que passa de R$ 1.200 bilhão. Com isso, a deterioração fiscal do governo acaba atingindo diretamente o agente emissor da moeda. E reforça ainda mais a questão da dominância fiscal, com os riscos que isso representa para a ancoragem das expectativas de inflação.

Na medida em que o BC trata tais obrigações como monetárias, o volume de dívida pública passível de reestruturação em cenário de crise fiscal extrema diminui com o aumento de participação das compromissadas (obrigações do BC) no endividamento geral do governo, o que aumenta o risco de deságios elevados nos papéis do Tesouro que estão no mercado. Isso acaba motivando ainda mais o encurtamento geral da dívida do governo e o encarecimento das captações mais longas. A Figura 13.11 mostra que o prazo médio da dívida pública, incluindo no seu cálculo as operações compromissadas, parou de subir desde 2014, o que é bastante preocupante, considerando o elevado e crescente volume de nossa dívida bruta de 65% do PIB.

Figura 13.11
Prazos médios da dívida pública, em meses, 2005-2015

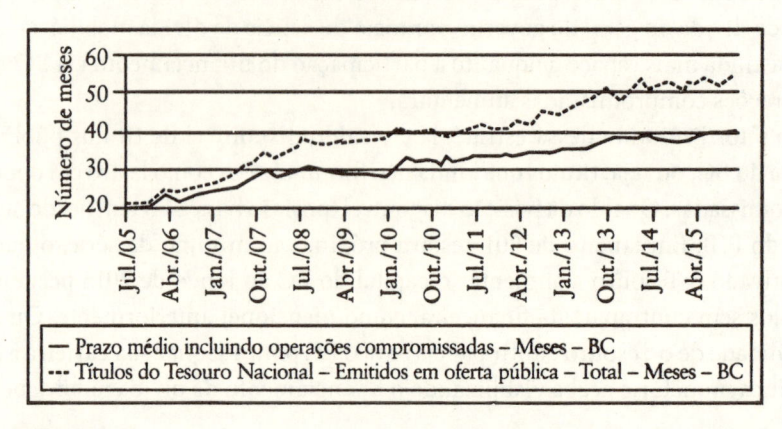

— Prazo médio incluindo operações compromissadas – Meses – BC
--- Títulos do Tesouro Nacional – Emitidos em oferta pública – Total – Meses – BC

Fonte: BC

Além de efetivamente reduzir o prazo médio da dívida pública, o custo de financiamento da dívida fica mais sensível a flutuações na taxa Selic, o que também reforça as preocupações com a dominância fiscal. Esse processo de encurtamento da dívida pública acaba distorcendo a estrutura de juros de longo prazo, pois, na medida em que o Tesouro aceita reduzir as emissões de títulos por não aceitar as taxas pedidas pelos mercados em seus leilões, ele sinaliza que há um teto para os juros longos, o que acaba colocando todo o ônus da política monetária nas taxas de curto prazo.

O que também gera um enorme descasamento entre ativos e passivos para o governo, uma vez que o BNDES financia grande parte de sua carteira de empréstimos com recursos tomados ao Tesouro (8,7% do PIB no fim de 2015). E o prazo médio das operações de crédito do BNDES vem subindo (60 meses no fim de 2015) e supera largamente o prazo médio de financiamento do governo no mercado interno (40 meses no fim de 2015).

Dessa forma, o governo está produzindo no balanço consolidado do BNDES, BC e Tesouro um enorme descasamento de prazos entre passivos e ativos, o que pressiona o custo de financiamento da dívida pública no mercado interno e piora seu deficit nominal. Ao utilizar seu balanço consolidado (Tesouro, Banco Central e BNDES) dessa maneira, o governo central realiza uma troca de ativos com o sistema financeiro: ele empresta recursos de longa duração a taxas de juros pouco sensíveis à variação dos juros do mercado (TJLP) através do BNDES e, em troca, emite títulos de dívida de prazo menor. A operação reduz a duração líquida dos ativos do sistema de forma artificial, o que estimula a oferta de crédito de longo prazo. Ou seja, tal operação se assemelha em muito à compra de títulos de renda fixa por parte do Fed no *quantitative easing*, que tem como objetivo reduzir o diferencial entre os juros de curto e longo prazo.

Custos da manutenção dos swaps cambiais

Como se sabe, o BC dá um desconto na taxa de remuneração cobrada dos compradores de proteção cambial via *swaps*. Tal desconto chama-se cupom cambial. O cupom varia em função de alguns fatores:

1. Rentabilidade dos títulos da dívida externa de curto prazo, que varia em função de:
a) Flutuação dos juros de curto prazo internacionais.
b) Risco-Brasil percebido no exterior, que flutua basicamente em função da percepção do risco fiscal e cambial do país.

2. Prêmio cobrado pelos arbitradores para:
a) Captar recursos de curto prazo no exterior.
b) Vendê-los no mercado de câmbio doméstico.
c) Aplicar os R$ gerados em instrumentos de renda fixa indexados à taxa Selic.
d) Comprar proteção cambial junto ao BC via *swaps*.

O prêmio cobrado pelos arbitradores varia em função de fatores técnicos, como a oferta de linhas de curto prazo no exterior, e fundamentais, como a percepção de risco de convertibilidade. O risco de convertibilidade existe na medida em que o *hedge* provido pelo BC garante apenas que o caixa investido no Brasil renda o equivalente à variação cambial determinada pela variação da taxa de câmbio que tem como base as operações interbancárias de câmbio no mercado à vista no Brasil, acrescida do cupom cambial. Ou seja, se um investidor aplicar em ativos no Brasil que tenham uma rentabilidade igual à taxa Selic e comprar proteção do BC via *swap*, seu ativo combinado (*swap* + aplicação financeira) irá render a variação da taxa de câmbio acrescida do cupom contratado quando da compra da proteção cambial junto ao BC.

Contudo, nada garante que, no vencimento do *swap*, os reais gerados pelo resgate de seu investimento acrescidos (ou subtraídos) dos ajustes acumulados do *swap* serão suficientes para comprar dólares no mercado de câmbio e efetuar a remessa ao exterior e cobrir a obrigação contraída lá fora, uma vez que possíveis mudanças regulatórias dentro de um cenário de controle de fluxos cambiais podem impedir essas transações.

Esse risco de convertibilidade é precificado no *swap*, quando comparamos a taxa de risco de um ativo soberano externo (como um Bond da dívida externa do Tesouro) com o cupom cambial de prazo similar – conforme se ilustra na Figura 13.12.

Figura 13.12
Cupom cambial e taxa de risco soberano, 2013-2015

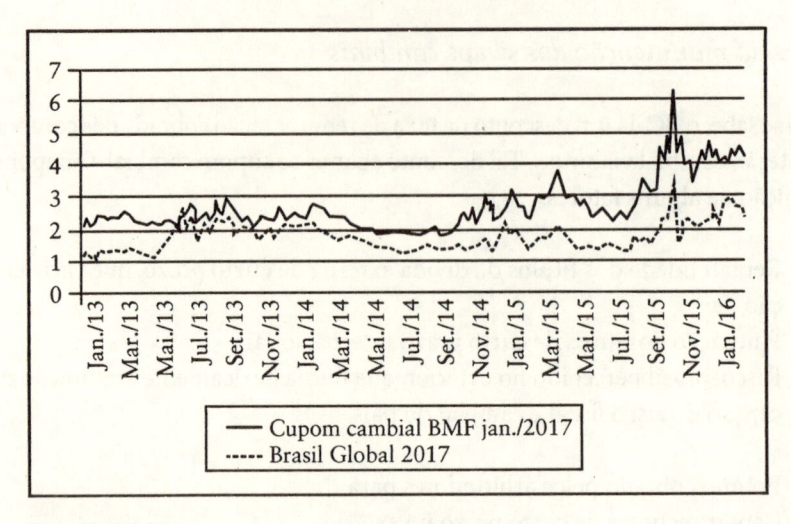

Fonte: Bloomberg

A Figura 13.12 mostra a evolução, desde 2013, do cupom cambial para vencimento em janeiro de 2017 *vis-à-vis* a rentabilidade de um título soberano com vencimento próximo. Embora o BC venda *swaps* com prazo não superior a um ano, sua atuação na parte mais curta da curva de juros afeta as taxas mais longas. Nota-se que, após o final de 2014, a diferença entre as duas curvas aumentou, refletindo o aumento do risco de convertibilidade percebido pelo mercado. No final de 2015 o BC precisava conceder mais de 4% a.a. de desconto para vender seus *swaps* no mercado. Como nossas reservas investidas no curto prazo rendem menos de 0,5% a.a. em dólares, o custo financeiro anual que o BC incorre ao manter as reservas e prover proteção cambial ao mercado via *swaps* cambiais pode ser estimado em aproximadamente 0,3% do PIB, o que amplia o deficit nominal.

Liquidez excessiva

O volume de obrigações de curto prazo do BC no mercado está se tornando cada vez mais excessivo. A Figura 13.13 mostra a relação entre tais obrigações sobre o total da carteira de crédito bancário, excluindo-se desse total os empréstimos do BNDES financiados pelo Tesouro e pelo FAT.

Figura 13.13
Obrigações de curto prazo do BC em relação ao total do crédito bancário exceto BNDES, 2011-2015

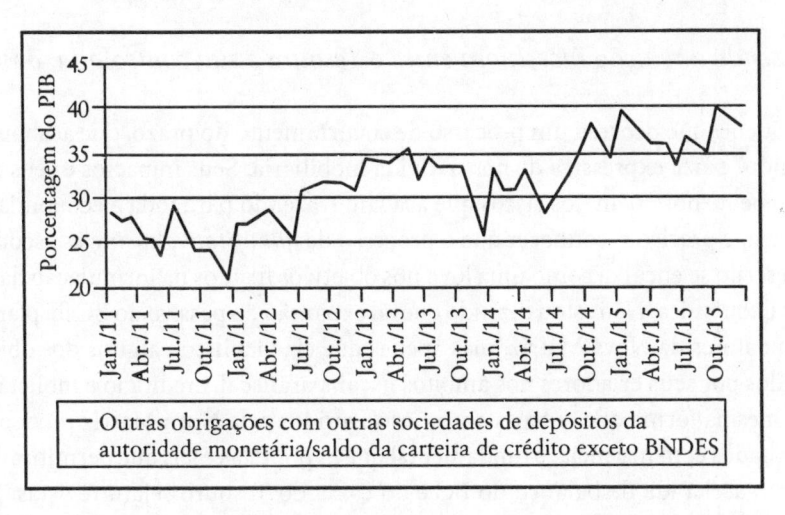

— Outras obrigações com outras sociedades de depósitos da autoridade monetária/saldo da carteira de crédito exceto BNDES

Fonte: BC

A liquidez disponível no sistema na forma dessa quase moeda indexada emitida pelo BC (operações compromissadas) cresce continuamente desde 2011. Ou seja, a velocidade de criação de moeda indexada supera a velocidade de crescimento de crédito na economia. Logo, há abundância de liquidez. E ela só cresce. Esse quadro favorece o alongamento excessivo das operações de crédito, algo que aconteceu de forma acentuada desde 2011 com as operações de crédito imobiliário, cujo prazo médio saiu de 20 para quase 30 meses, ao aumentar assim a liquidez disponível para os bancos.

Ou seja, o aumento na oferta de ativos de curto prazo e de risco baixo induziu, por um efeito de realocações de carteiras, a um aumento na duração dos ativos de crédito, o que pode ter causado um aumento exagerado no endividamento das famílias e empresas. Na prática tivemos outra forma *quantitative easing* às escondidas. Na fase de acumulação de reservas, ela ocorreu em função da esterilização feita via operações compromissadas, pois nesse momento trocaram-se reservas cambiais (ativos externos mantidos por longo prazo) por operações compromissadas de curto prazo. Mais recentemente, tal *quantitative easing* tem sido viabilizada pelo uso criativo dos balanços das entidades controladas pelo governo central, que assumem um risco de transformação de prazo acima daquele que seria assumido pelos intermediários financeiros privados.

Some-se a isso a expansão da carteira do BNDES que vem sendo feita com prazos cada vez mais dilatados. Há, ainda, o explosivo crescimento da carteira de crédito imobiliário com recursos dirigidos, cujo saldo está próximo a 90% do saldo total da caderneta de poupança, sua fonte básica de financiamento. Temos assim um quadro de forte elevação do endividamento, seja público ou privado, que exigirá um período prolongado de desalavancagem para ser digerido.

Desfazendo a relação incestuosa entre o Tesouro e sua controlada, o BC

Fica evidente que ocorreu um processo de encurtamento do prazo, que acabou "monetizando" parte expressiva de nossa dívida mobiliária. Seus impactos e seus custos não são pequenos, além dos riscos que acabam trazendo para toda a economia.

Porém, é preciso reconhecer que o processo de *quantitative easing* às escondidas aqui descrito se encaixa como uma luva nos objetivos fixados na formulação da Nova Matriz Econômica. Não estou dizendo que tal expansão do passivo do BC foi planejada pelos mentores da Nova Matriz, mas apenas que ela viabilizou alguns dos objetivos almejados por seus criadores nos âmbitos fiscal, parafiscal, creditício e monetário.

Da mesma forma que outros caminhos sugeridos pela Nova Matriz precisam ser abandonados com urgência, é fundamental que as políticas e leis que permitiram essa expansão acelerada de balanço do BC e do caixa do Tesouro sejam revistas. Precisamos repensar e disciplinar as relações entre o Tesouro e o BC, assegurando a este uma maior independência.

É imperativo rever a forma que as reservas cambiais são esterilizadas e como os custos de seu carregamento são ressarcidos ao BC. Na medida em que este não pretenda vender as reservas, não faz sentido que pague ao Tesouro em caixa no caso de ganhos com seu carregamento. Tais ganhos não realizados deveriam ficar mantidos no balanço do BC como lucros retidos até sua efetiva realização. Contudo, a autarquia deveria ser ressarcida em caixa do custo financeiro de carregar tais reservas, que precisa ser pago ao mercado nas operações compromissadas e em outros passivos remunerados. Já os ganhos ou perdas nominais com a variação cambial deveriam ficar em contas patrimoniais apenas, para futura equalização com o Tesouro no momento da venda das reservas.

O BC precisa sair da posição de tomador líquido de recursos no mercado por meio de operações compromissadas. É fundamental que se criem mecanismos, tais como depósitos voluntários de prazo fixo e inegociáveis, para se absorver a liquidez excedente no sistema decorrente da compra de reservas internacionais. E que o BC passe a usar as operações compromissadas apenas na qualidade de doador, ou seja, atuando como comprador de títulos com compromisso de revenda no mercado, visando injetar recursos no sistema em situações temporárias de falta de liquidez.

É preciso acabar com as operações de *swap* cambial e substituir as operações atuais por vendas de câmbio à vista ou a termo de divisas, com sua efetiva entrega no vencimento. Com isso, o montante total de operações compromissadas com o BC cairia, o que reduziria a necessidade de financiamento bruto do governo.

Finalizando, cabe uma discussão mais profunda sobre a necessidade de se acumular reservas cambiais em grandes montantes, pois vemos que tais reservas estão no cerne das questões aqui debatidas. Os efeitos colaterais monetários e fiscais da acumulação dessas reservas podem estar superando seus benefícios. Contudo, uma redução das reservas cambiais só seria sustentável com a melhoria dos indicadores fiscais e com o aumento da credibilidade na condução da política monetária. Assim estariam criadas as condições para a flexibilização das normas cambiais atuais, permitindo, dessa forma, a livre convertibilidade do real, o que viabilizaria uma maior estabilidade cambial sem a necessidade de se manter volumes tão grandes de reservas internacionais.

NOTAS

1. Agradeço a Edmar Bacha e Gustavo Franco pelas contribuições e ajuda na preparação deste capítulo.
2. Cf.: http://www.valor.com.br/brasil/2942014/transicao-para-nova-politica-economica--afetou-pib-diz-holland
3. Saques menos depósitos decorrentes dos gastos e receitas correntes, exceto os referentes às operações com títulos da dívida mobiliária e às operações entre o TN e a autoridade monetária, incluindo-se também as movimentações do Instituto Nacional do Seguro Social (INSS).

PARTE IV
USOS E ABUSOS DA CONTA ÚNICA, DAS COMPROMISSADAS E DAS RESERVAS CAMBIAIS

14

CONTA ÚNICA DO TESOURO: FLEXIBILIDADE NECESSÁRIA E SEUS BONS E MAUS USOS

Eduardo Refinetti Guardia

INTRODUÇÃO

A relação de causalidade entre regimes fiscais e os resultados da política fiscal, tanto em termos da qualidade do gasto público como de sua sustentabilidade intertemporal, foi fartamente explorada na literatura econômica. Como regra geral, pode-se afirmar que existe um amplo consenso sobre a existência dessa relação. O conjunto de regras, normas e procedimentos que condiciona a elaboração e execução da política fiscal – o regime fiscal – efetivamente exerce influência sobre seus resultados. Contudo, não existe consenso em torno de uma solução única que possa ser uniformemente aplicada para assegurar um desempenho fiscal adequado.

No caso brasileiro, verificou-se uma forte deterioração fiscal a partir de 2011. Observando o comportamento do gasto público entre 2011 e 2014 evidencia-se que o crescimento em percentagem do PIB foi superior a todo aquele verificado entre 1998 e 2010. Em quatro anos a despesa pública, em proporção ao PIB, cresceu mais do que em 12 anos. De 1998 a 2010 a despesa primária do governo federal passou de 15% do PIB para 17,4%, com acréscimo de 2,4 pontos, e nos quatro anos seguintes cresceu 2,7 pontos, atingindo 20,1% do PIB em 2014. Note-se que o valor de 2014 não contempla as despesas adiadas para 2015 pelas chamadas pedaladas fiscais, o que elevaria ainda mais as despesas primárias daquele ano.

Simultaneamente a esse forte crescimento da despesa primária, a partir de 2010 deu-se também início a um intenso processo de desoneração tributária, que resultou num crescimento dos gastos tributários da União da ordem de um ponto percentual do PIB, passando de 3,5% do PIB em 2010 para pouco mais de 4,5% do PIB em 2014 (Afonso e Lukic, 2015).

Esses movimentos, aliados ao impacto negativo da retração econômica do período sobre a receita de impostos e contribuições, explicam a forte deterioração do superavit primário, que passou de 2,6% do PIB em 2010 para um deficit de 1,9% do PIB em 2015, já considerando os efeitos do pagamento das pedaladas. Nesse mesmo período a dívida bruta do setor público consolidado passou de 53,4% para 64,6% do PIB e o deficit nominal acumulado em 12 meses atingiu mais de 10% do PIB em fevereiro de 2016.

Uma deterioração fiscal dessa magnitude, que resultou na perda do grau de investimento do Brasil pelas três principais agências de rating, remete-nos a uma discussão sobre a forma de financiamento da dívida e das despesas primárias do governo federal, uma vez que saímos de uma situação de superavit primário para um quadro de deficit primário estrutural. Nesse sentido, um tema que ganhou bastante destaque na (triste) evolução recente da política fiscal no Brasil foi o das chamadas pedaladas fiscais, o que nos leva à discussão sobre o grau de flexibilidade que deveria ser conferido ao Tesouro Nacional na execução do Orçamento Geral da União (OGU). Vale dizer, qual é o grau necessário de flexibilidade e quais são os bons e maus usos dessa flexibilidade?

A discussão sobre a flexibilidade do Tesouro Nacional será feita a partir dos seguintes temas: 1) o relacionamento entre o Branco Central e o Tesouro Nacional, dado que ele afeta diretamente as disponibilidades de caixa do Tesouro Nacional; 2) o grau de flexibilidade do governo para alteração das fontes de receita ao longo da execução financeira do OGU; e 3) o cumprimento ou não da Lei de Responsabilidade Fiscal.

Nosso ponto central é que a forte deterioração das contas públicas do governo federal não se deve a falhas de nosso regime fiscal, não obstante a possibilidade de aprimoramentos, mas sim a uma condução equivocada e pouco transparente da política fiscal aliada ao descumprimento das normas legais que permitiram uma desorganização sem precedentes das finanças públicas.

Superavit primário, vinculação de recursos e superavit financeiro

Uma importante característica do nosso arranjo institucional diz respeito à abrangência do OGU e dos recursos que transitam pela Conta Única. A reorganização do OGU decorrente da Constituição de 1988 ampliou significativamente a abrangência do orçamento federal, de forma que todas as despesas e receitas dos Orçamentos Fiscal e da Seguridade Social transitam pelo orçamento e também pela Conta Única, que contempla não apenas os recursos da administração direta (ministérios e secretarias) como também das autarquias, fundações, fundos e programas especiais e das empresas dependentes. Em outras palavras, a execução financeira do Tesouro Nacional vai muito além das receitas e despesas tradicionais do governo federal. O único orçamento relevante (excluídas as empresas não dependentes) que não transita pelo OGU e pela Conta Única é o do FGTS.

A abrangência do OGU e da Conta Única torna-se ainda mais relevante quando considerado o excessivo grau de vinculações existentes no orçamento federal. O ponto central a ser destacado é que o já bastante conhecido grau de vinculação orçamentária projeta-se também para a Conta Única, na medida em que o caixa do Tesouro Nacional é subdividido nas diversas fontes de recursos que compõem o OGU. Esse ponto é importante porque a maior abrangência do OGU e da Conta Única permite ao Tesouro Nacional fazer superavit com recursos vinculados e/ou diretamente arrecadados pela administração indireta.

A excessiva vinculação de recursos do OGU e o desequilíbrio dos sistemas de previdência são inequivocamente os temas estruturais mais complexos que deverão ser enfrentados para recolocar o país numa trajetória sustentável de política fiscal. Contudo, essa discussão foge do escopo deste capítulo.

A Tabela 14.1 apresenta a receita da União por fontes constante da proposta orçamentária para 2016. Como pode ser observado, existem algumas dezenas de fontes específicas, sendo que apenas duas fontes primárias (100, 129) não possuem destinação de recursos predeterminada. Ou seja, apenas 10% das receitas primárias não estão diretamente vinculadas a destinações (legais ou constitucionais) predeterminadas.

Tabela 14.1 (continua)

	Fonte de recursos	R$ Milhões	%	Destinação	Natureza
100	Recursos ordinários	271.847	9,20	livre	primária
101	Transferência do imposto sobre a renda e sobre produtos industrializados	201.240	6,81	vinculada	primária
102	Transferência de imposto territorial rural	1.178	0,04	vinculada	primária
106	Cont. Fundo de saúde policiais militares e bombeiros militares do DF	22	0,00	vinculada	primária
108	Fundo social – Parcela destinada à educação pública e à saúde	4.436	0,15	vinculada	primária
111	Contribuição de intervenção do domínio econômico – combustíveis	2.999	0,10	vinculada	primária
112	Recursos destinados à manutenção e desenvolvimento do ensino	53.814	1,82	vinculada	primária
113	Contribuição do salário-educação	19.717	0,67	vinculada	primária
115	Contribuição para programas especiais (PIN e PROTERRA)	31	0,00	vinculada	primária
116	Recursos de outorga de direitos de uso de recurso hídricos	54	0,00	vinculada	primária

(continua)

	Fonte de recursos	R$ Milhões	%	Destinação	Natureza
117	Recursos oriundos das contribuições voluntárias para o Montepio Civil	1	0,00	vinculada	primária
118	Contribuição sobre concurso de prognósticos	4.385	0,15	vinculada	primária
119	Imposto sobre operações financeiras - Ouro	7	0,00	vinculada	primária
123	Contribuição para custeio das pensões militares	1.886	0,06	vinculada	primária
127	Custas judiciais	463	0,02	vinculada	primária
129	Recursos de concessões e permissões	26.659	0,90	livre	primária
130	Contribuição para o desenvolvimento da indústria cinematográfica nacional	778	0,03	vinculada	primária
131	Selos de controle e lojas francas	15	0,00	vinculada	primária
132	Juros de mora da receita de impostos e contribuições administrados pela RFB/MF	6.930	0,23	vinculada	primária
133	Recursos do Programa de administração patrimonial imobiliário	25	0,00	vinculada	primária
134	Compensações financeiras para utilização de recursos hídricos	2.745	0,09	vinculada	primária
135	Cota-parte do adicional ao frete para renovação da marinha mercante	2.377	0,08	vinculada	primária
139	Alienação de bens apreendidos	239	0,01	vinculada	primária
140	Contribuição para os programas PIS/Pasep	41.387	1,40	vinculada	primária
141	Compensações financeiras pela exploração de recursos minerais	1.560	0,05	vinculada	primária
142	Compensações financeiras pela produção de petróleo, gás natural e outros hidrocarbonetos fluidos	24.081	0,82	vinculada	primária
143	Títulos de responsabilidade do Tesouro Nacional – Refinanciamento da dívida pública federal	885.000	29,96	vinculada	financeira

(continua)

	Fonte de recursos	R$ Milhões	%	Destinação	Natureza
144	Títulos de responsabilidade do Tesouro Nacional – Outras aplicações	332.851	11,27	vinculada	financeira
148	Operações de crédito externas – em moeda	210	0,01	vinculada	primária
149	Operações de crédito externas – em bens e/ou serviços	2.597	0,09	vinculada	primária
150	Recursos próprios não financeiros	4.027	0,14	vinculada	primária
151	Contribuição social sobre o lucro líquido das pessoas jurídicas	45.433	1,54	vinculada	primária
152	Resultado do Banco Central	81.591	2076	vinculada	primária
153	Contribuição para o financiamento da Seguridade Social - Cofins	157.972	5,35	vinculada	primária
154	Recursos do Regime Geral de Previdência Social	343.998	11,65	vinculada	primária
155	Contribuição sobre movimentação financeira	8.918	0,30	vinculada	primária
156	Contribuição do servidor para o plano de seguridade social do servidor público	13.471	0,46	vinculada	primária
157	Receitas de honorários de advogados	792	0,03	vinculada	primária
158	Multas incidentes sobre a receita de impostos e contribuições administradas pela RFB/MF	2.967	0,10	vinculada	primária
159	Recursos de operações oficiais de crédito – Retorno de refinanciamento de dívidas de médio e longo prazo.	27.634	0,94	vinculada	financeira
160	Recursos de operações oficiais de crédito	4.100	0,14	vinculada	financeira
162	Recursos primários para amortização da dívida pública	23	0,00	vinculada	financeira
163	Alienação de bens e direitos do patrimônio público	30.270	1,02	livre	financeira
164	Títulos da dívida agrária	468	0,02	vinculada	financeira
166	Recursos financeiros de aplicação vinculada	4	0,00	vinculada	financeira

(continua)

	Fonte de recursos	R$ Milhões	%	Destinação	Natureza
169	Contribuição patronal para o plano de seguridade social do servidor público	20.635	0,70	vinculada	primária
171	Recursos de operações oficiais de crédito – Retorno de operações de crédito – BEA/BIB	401	0,01	vinculada	financeira
172	Outras contribuições econômicas	4.816	0,16	vinculada	primária
173	Recursos das operações oficiais de crédito – Retorno de operações e crédito – Estados e Municípios	39.640	1,34	vinculada	financeira
174	Taxas e multas para exército do poder da polícia e multas provenientes de processos judiciais	6.321	0,21	vinculada	primária
175	Taxas por serviços públicos	14	0,00	vinculada	primária
176	Outras contribuições sociais	1.843	0,06	vinculada	primária
178	Fundo de fiscalização das telecomunicações	3.323	0,11	vinculada	primária
180	Recursos próprios financeiros	26.514	0,90	vinculada	financeira
181	Recursos de convênios	888	0,03	vinculada	primária
184	Contribuição para remuneração devida ao trabalhador e relativa à desp. de empregado sem justa causa	3.342	0,11	vinculada	primária
186	Outras receitas vinculadas	8.077	0,27	vinculada	primária
187	Alienação de títulos e valores mobiliários	2	0,00	vinculada	financeira
188	Remuneração das disponibilidades do Tesouro Nacional	72.994	2,47	livre	financeira
194	Doações para o combate à fome	0	0,00	vinculada	primária
195	Doações de entidades internacionais	26	0,00	vinculada	primária
196	Doações de pessoas físicas e instituições públicas e privadas nacionais	107	0,00	vinculada	primária
197	Dividendos da União	16.221	0,55	vinculada	primária
246	Operações de crédito internas – Em moedas	6	0,00	vinculada	financeira

(continuação)

	Fonte de recursos	R$ Milhões	%	Destinação	Natureza
250	Recursos próprios não financeiros	10.146	0,34	vinculada	primárias
263	Alienação de bens e direitos do patrimônio público	68	0,00	vinculada	financeira
266	Recursos financeiros de aplicação vinculada	11	0,00	vinculada	financeira
280	Recursos próprios financeiros	6.863	0,23	vinculada	financeira
281	Recursos de convênios	334	0,01	vinculada	primárias
293	Produto de aplicação dos recursos à conta do salário--educação	81	0,00	vinculada	primária
296	Doações de pessoas físicas e instituições públicas e privadas nacionais	199	0,01	vinculada	primária
900	Recursos ordinários (DRU)	19.474	4,05	vinculada	primária
	Total geral	2.953.546	100		

Fonte: Ploa 2016 – PL nº 7/2015

O superavit primário equivale à economia gerada pelo governo para o pagamento de sua dívida, correspondendo à diferença entre as receitas e despesas primárias do OGU. Caso ele seja composto por fontes vinculadas, apesar de contabilmente gerar-se superavit em termos práticos ele não pode ser integralmente destinado ao resgate da dívida bruta. Ou seja, dependendo da composição das fontes do superavit primário da União, ele não implicará capacidade de redução da dívida bruta na mesma magnitude. Explicando melhor, o superavit primário é calculado pelo Banco Central do Brasil "abaixo da linha", de forma que qualquer acúmulo de receita não financeira na Conta Única traduz-se em superavit primário. O ponto é que os recursos permanecem na Conta Única – abatendo portanto a dívida líquida –, mas, dependendo de sua composição, nunca poderão ser utilizados para o efetivo pagamento da dívida.

A parcela de cada fonte de recursos não empenhada e liquidada a cada exercício financeiro (deduzidos os restos a pagar) passa a compor o superavit financeiro do exercício seguinte. Mais precisamente, o superavit financeiro corresponde à diferença entre o ativo e o passivo financeiro, podendo, de acordo com o art. 43 da lei 4.320, ser utilizado para a abertura de crédito suplementar ou especial no exercício seguinte. No entanto, sua utilização deve observar as restrições impostas pela Lei de Responsabilidade Fiscal (LRF). Em seu art. 8º, essa lei determina que "os recursos legalmente vinculados à finalidade específica serão utilizados exclusivamente para atender ao objeto de sua vinculação, ainda que em exercício diverso daquele em que ocorrer o ingresso". Adicionalmente, o art. 50 determina que "a disponibilidade de caixa constará de registro próprio, de modo que os recursos vinculados a órgão, fundo ou despesa obrigatória fiquem identificados e escriturados de forma individualizada".

Dessa forma, por ocasião da apuração do resultado financeiro deve-se levar em conta a respectiva fonte de recurso. Caso se verifique que houve superavit financeiro em determinada fonte, tal saldo poderá ser utilizado como fonte para a abertura de créditos suplementares ou especiais, nos termos da lei. Em suma, as fontes vinculadas que compõem o superavit financeiro só podem ser utilizadas para cobertura das despesas que atendam as respectivas vinculações legais. Como veremos, a cada ano as fontes vinculadas não gastas têm aumentado o saldo da Conta Única, deixando o Tesouro Nacional sem autorização legal para utilização desses recursos na cobertura de despesas obrigatórias

O excesso de vinculações representa um sério obstáculo não apenas para a elaboração e execução do orçamento, como também para a utilização do saldo de caixa transferido de um ano para o outro. Esse problema é tanto maior quanto menor é a capacidade de geração de superavit primário pelas fontes não vinculadas. Esse reduzido grau de flexibilidade do Tesouro Nacional na gestão do "caixa vinculado" levou o governo no passado a (corretamente) flexibilizar essa restrição, permitindo o recurso ao superavit financeiro para o pagamento da dívida.[1]

A título de exemplo, a lei 10.595 de 11/12/2002 autorizou a destinação "à amortização da dívida pública federal as disponibilidades das fontes de recursos existentes no Tesouro Nacional no encerramento do exercício financeiro de 2001, não comprometidas com os restos a pagar, excetuadas aquelas decorrentes de vinculações constitucionais e as pertencentes ao Fundo da Marinha Mercante".[2] Dado o elevado grau de vinculação, essa é uma importante flexibilidade que deve ser conferida ao Tesouro Nacional.

Contudo, a partir de 2007 ocorreu uma mudança relevante na forma de utilização do superavit financeiro, que passou a ser destinado à cobertura de despesas primárias e para o financiamento de operações de crédito da Caixa Econômica Federal (CEF) e do BNDES. A lei 11.485, de 13/06/2007, destinou o superavit financeiro para cobertura de despesas do Orçamento da Seguridade Social – OSS[3] e a lei 12.306, de 06/08/2010, destinou o superavit financeiro de 2009 para cobertura de despesas primárias obrigatórias.

O mesmo expediente foi repetido em 2014 e 2015. Na exposição de motivos da MP nº 661, de 2 de dezembro de 2014 – que autorizou a União a conceder crédito em favor do BNDES e destinar superavit financeiro das fontes existentes no Tesouro Nacional para a cobertura de despesas primárias obrigatórias – o governo afirmou que "a cada ano a arrecadação de fontes vinculadas tem contribuído para a geração de superavit financeiro, o que tem gerado constrangimento à execução de uma administração financeira eficiente do ponto de visa alocativo, posto que há recursos disponíveis na

Conta Única e, antagonicamente, o Tesouro Nacional não possui autorização para sua utilização no atendimento de despesas primárias obrigatórias". Diferentemente dos episódios anteriores, nos quais a autorização era específica para utilização do superavit financeiro existente em uma determinada data, por meio da MP 661 o governo pretendia obter uma autorização permanente para que o superavit financeiro pudesse ser sempre destinado à cobertura de despesas primárias obrigatórias. Felizmente a proposta não foi aprovada na conversão da medida provisória.

Mais uma vez, por intermédio da MP 704, de 23 de dezembro de 2015, o governo autorizou a destinação do superavit financeiro de todas as fontes de recursos decorrentes de vinculação legal existentes no Tesouro Nacional em 31/12/2014 para a cobertura de despesas primárias obrigatórias. Com isso, mediante três portarias da Secretaria de Orçamento e Finanças, foram alocados na última semana do ano R$ 115,5 bilhões – o equivalente a aproximadamente 2% do PIB! – para cobertura de despesas primárias. Esse desequilíbrio decorreu tanto da obrigação imposta ao governo pelo TCU para quitar as pedaladas fiscais de 2014, que resultaram em pagamento da ordem de R$ 57 bilhões em 2015, como da frustração de receitas que não foram compensadas com a redução de despesas tal como determina a LRF. Em verdade, tal manobra não poderia ter sido concretizada se o Congresso Nacional não tivesse sancionado a redução do superavit primário aprovado na LDO para o exercício financeiro de 2015.

O superavit primário do setor público consolidado fixado na LDO de 2014 para o exercício seguinte foi de R$ 68 bilhões. Já no primeiro semestre do ano o governo sinalizou que essa meta não seria factível e ela deveria ser reduzida para 0,15% do PIB, sem contudo obter tal autorização legislativa. Mesmo estando absolutamente claro que a meta fiscal não seria cumprida, o governo continuou a executar o orçamento sem promover os ajustes impostos pela LRF e mantendo em aberto o saldo das pedaladas de 2014. Somente em dezembro de 2015 o Congresso Nacional aprovou a redução da meta fiscal, que passou de um superavit de R$ 68 bilhões para um deficit de aproximadamente R$ 120 bilhões. Foi essa autorização que permitiu o recurso ao superavit financeiro para cobertura de despesas primárias obrigatórias e resultou num deficit primário recorde de R$ 111,2 bilhões em 2015.

A insuficiência de fontes orçamentárias para cobertura de despesas obrigatórias no final de 2015 era da ordem de R$ 115,5 bilhões, sendo relacionada aos seguintes pagamentos: 1) Complemento de Atualização Monetária do FGTS (R$ 10,9 bilhões); 2) Benefícios Previdenciários (R$ 80,5 bilhões); e 3) Projetos de Interesse Social em Área Rural e Urbana (R$ 24,1 bilhões). Ou seja, despesas de caráter obrigatório cuja execução deveria ser assegurada com fontes próprias ou não vinculadas do OGU.

Pelas portarias SOF 130, 138 e 143 de dezembro de 2015, o governo remanejou fontes, recorrendo à remuneração das disponibilidades do Tesouro Nacional e ao superavit financeiro das fontes vinculadas indicadas na Tabela 14.2.

Tabela 14.2
OGU 2015 – Fontes destinadas a despesas obrigatórias

Descritor	Fonte	RS Bilhões
I. Remuneração disponibilidade do TN	188	
II. Superavit financeiro		95,8
Dívida mobiliária federal	344	42,9
Compensação financeira Petróleo/Gás	342	31,4
Fundo fiscalização Telecomunicações	378	13,8
Contribuição, demissão justa causa	384	6,0
Juros mora, impostos e contribuições	332	1,5
Contribuição, concurso de prognóstico	318	0,2
Total		**115,5**

Fonte: Portarias SOF 130, 138 e 143

Importante frisar que a fonte "superavit financeiro" não constitui receita primária do exercício em que foi utilizada, uma vez que já foi necessariamente registrada como receita (primária ou financeira) em exercícios anteriores. Dessa forma, sua utilização para pagamento de despesas primárias implica, consequentemente, deficit primário no mesmo montante. O exemplo de 2015 é bastante ilustrativo. O governo não fez o ajuste ao longo do ano, tal como determinado pela LRF, e utilizou uma flexibilidade excessiva conferida pela MP 704 para transferir R$ 115 bilhões, até então alocados para pagamento da dívida, para o pagamento de despesas primárias obrigatórias.

Vale destacar que, dos R$ 115,5 bilhões, aproximadamente R$ 20 bilhões decorriam da remuneração das disponibilidades do Tesouro Nacional e R$ 43 bilhões do superavit financeiro da dívida pública, que nada mais é do que o excesso de títulos emitidos em exercícios anteriores. Não é razoável que a necessária flexibilidade requerida pelo Tesouro para a gestão da dívida mobiliária seja convertida em recursos para cobertura de despesas obrigatórias. Essa é uma flexibilidade que o Tesouro Nacional não deveria ter.

O uso do superavit financeiro da fonte dívida mobiliária para pagamento de despesas primárias suscita outra questão importante. A Constituição Federal (CF) é clara ao vedar a utilização de dívida pública para o financiamento de despesas correntes – a chamada Regra de Ouro. O art. 167 III da CF dispõe que "é vedada a realização de operações de crédito que excedam as despesas de capital, ressalvadas as autorizadas mediante créditos suplementares ou especiais com finalidade precisa, aprovadas pelo Poder Legislativo por maioria absoluta".

Já o art. 12, parágrafo 2º, da LRF havia dado uma redação ainda mais restritiva à Regra de Ouro, dispondo que "o montante previsto para as receitas de operações de crédito não poderá ser superior ao das despesas de capital constantes do projeto de lei orçamentária". Contudo, esse dispositivo foi suspenso pelo STF a partir de ação direta de inconstitucionalidade impetrada pelo PT, PC do B e PSB sob o argumento de que a LRF havia sido mais restritiva do que a própria Constituição Federal, que admite exceções à Regra de Ouro.

A questão central a ser destacada é com relação ao objetivo da Regra de Ouro, que visa impedir o recurso ao endividamento público para custear despesas correntes que não contribuem para aquisição ou formação de um bem de capital.

A aplicação da Regra de Ouro não veda diretamente a cobertura de despesa corrente com dívida, já que, se parcela da despesa de capital foi coberta por recursos de outras fontes que não o da dívida, abre-se espaço para utilização de dívida para cobertura de despesa corrente até esse montante. Foi isso o que permitiu o recurso ao superavit da dívida em 2015 sem caracterizar descumprimento à Constituição Federal. Adicionalmente, a lei 10.179, de 2001, autoriza explicitamente o recurso à emissão de dívida mobiliária para a cobertura de deficit orçamentário, respeitados a autorização concedida e os limites fixados na Lei Orçamentária ou em seus créditos adicionais. O ponto é que o Tesouro Nacional está emitindo títulos para pagamento de despesas obrigatórias sem uma discussão clara sobre o tema, já que tudo aparece como uma "simples troca de fonte orçamentária". Essa é outra flexibilidade que o Tesouro Nacional não deveria ter.

Note-se que a questão fica ainda mais relevante quando lembramos que a partir de 2007 o superavit financeiro, inclusive o da fonte dívida mobiliária federal, foi destinado não apenas à cobertura de despesas primárias como também para o financiamento de operações de crédito da CEF e do BNDES.

Não questionamos a legalidade dos atos em questão, mas sim o fato de que por trás de uma "mera troca de fontes", viabilizadas por portarias da Secretaria de Orçamento e Finanças na última semana do ano, o governo pôde recorrer a R$ 43 bilhões de dívida mobiliária e R$ 72 bilhões[4] de fontes financeiras para cobertura de despesas correntes.

Em síntese, três fatores permitiram esse excesso de flexibilidade. Em primeiro lugar, o próprio Congresso Nacional, que autorizou a redução da meta de superavit primário. Sem essa autorização, independentemente da disponibilidade de fonte do superavit financeiro ou da remuneração das disponibilidades do Tesouro Nacional, esses recursos não poderiam ter sido utilizados sem implicar flagrante descumprimento da LDO e da LRF.

Em segundo lugar, como a alteração da meta de superavit primário só foi aprovada em dezembro de 2015, o governo claramente desrespeitou o art. 9º da LRF, que determina que, ao final de cada bimestre, o Poder Executivo deve projetar o total da receita prevista para o exercício para atestar sua compatibilidade com os objetivos fiscais do exercício financeiro. Assim, caso a receita não seja suficiente para assegurar o cumprimento das metas de resultado primário e nominal, o governo deve apresentar num prazo de até 30 dias medidas de ajuste visando assegurar seu cumprimento.

Por fim, a troca de fontes só foi possível graças ao excesso de caixa na Conta Única do Tesouro Nacional. Só foi possível destinar o superavit financeiro e a remuneração das disponibilidades do Tesouro Nacional para cobertura de despesas primárias porque o Tesouro possuía disponibilidade de caixa ou limite para emissão de nova dívida para fazer frente ao serviço da dívida vincendo no ano. Como a troca de fontes foi realizada em dezembro, o governo já havia rolado sua dívida ao longo de 2015 sem utilizar as fontes primárias que implicariam geração de superavit.

A alteração, em dezembro, da meta de superavit primário pelo Congresso Nacional, independentemente de seu mérito ou de sua base legal, foge do escopo deste capítulo, já que diz respeito a atos de competência do Poder Legislativo, que não cabem aqui discutir. Assim, focaremos em três outras questões, quais sejam: 1) o superavit financeiro deveria ser usado para a cobertura de qualquer despesa?; 2) a LRF confere flexibilidade para o Poder Executivo executar o orçamento com o pressuposto de que a meta fiscal será alterada?; e 3) qual a flexibilidade desejável para o Tesouro Nacional no uso de suas disponibilidades de caixa e do resultado do Banco Central?[5]

No nosso entendimento, permitir a utilização da parcela do superavit financeiro decorrente de fontes de recursos vinculadas, para fins diversos das suas previsões legais ou constitucionais, é uma flexibilidade excessiva conferida ao Poder Executivo e que em nada contribui para uma maior disciplina fiscal. Explicando melhor, dado que um orçamento equilibrado requer um montante de receitas primárias superior ao das despesas primárias, o recurso ao superavit financeiro para a cobertura de despesas primárias obrigatórias implica necessariamente uma deterioração da situação fiscal. Esse recurso tem efeito semelhante ao uso de endividamento para cobertura de despesas correntes. A diferença é que no primeiro caso o impacto dá-se somente na dívida líquida.

Isso posto, entendemos que a flexibilidade desejável e justificável para a execução financeira do Tesouro Nacional seria limitar o uso da parcela do superavit financeiro relacionada a fontes oriundas de vinculações legais ou constitucionais para o pagamento de dívida do Tesouro Nacional.[6] Em outros termos, tal medida não acabaria com as vinculações legais e constitucionais, mas permitiria ao governo ajustar o tamanho das despesas primárias à necessidade de geração de superavit primário, assegurando que ele seja, efetivamente, um indicador de redução da dívida bruta da União.

Como o superavit financeiro equivale ao excesso de receitas de uma determinada fonte sobre o montante liquidado e inscrito em restos a pagar, sua utilização para o pagamento da dívida não implica, por definição, geração de atrasados. Assim esse grau de flexibilidade conferido ao Tesouro Nacional permite minimizar o impacto negativo decorrente do excesso de vinculações sem comprometer a disciplina fiscal.

Um aspecto delicado associado ao tema diz respeito às vinculações constitucionais à saúde e educação. A destinação do superavit financeiro dessas fontes para pagamento da dívida só poderia ser aprovada por emenda constitucional. Como a vinculação nessas áreas é um tema de enorme delicadeza política, cujo abandono dificilmente seria aprovado no Congresso Nacional, parece-nos que o enfrentamento da questão a partir da flexibilização do uso do superavit financeiro poderia ser um caminho a ser percorrido.

Importante frisar que essa flexibilização não poderia abranger as vinculações decorrentes de transferências constitucionais de receitas a estados e municípios, já que, em nome do equilíbrio federativo, elas devem ser feitas de forma automática e não discricionária.

No que diz respeito ao descumprimento da LRF, a experiência recente é repleta de exemplos. Inicialmente, no que concerne aos gastos tributários, cujo crescimento, como já mencionado, foi significativo a partir de 2010, o art. 14 da LRF determina que "a concessão ou ampliação de incentivo ou benefício de natureza tributária da qual decorra renúncia de receita deverá estar acompanhada da estimativa do impacto orçamentário-financeiro no exercício em que deva iniciar sua vigência e nos dois subsequentes", além de "demonstração pelo proponente de que a renúncia foi considerada na estimativa de receita da lei orçamentária e de que não afetará as metas de resultados fiscais previstas na Lei de Diretrizes Orçamentárias". Confrontando a deterioração do resultado primário a partir de 2010 com a trajetória de crescimento dos gastos tributários, parece-nos difícil admitir que essa determinação legal tenha sido observada.

Quanto às despesas, o descumprimento da LRF é flagrante. Conforme já mencionado, a lei determina que os ajustes sejam realizados na medida em que o encerramento do bimestre indique a incompatibilidade entre a projeção de execução das receitas e despesas com o superavit primário e nominal fixado na Lei de Diretrizes Orçamentárias. Quanto a esse tema, o descumprimento do ordenamento legal vigente já foi amplamente relatado pelo Tribunal de Contas da União e acatado pelo Poder Legislativo, inclusive com base para o processo de impeachment da presidente da República. Não resta dúvida, portanto, que se trata de ilegalidade, o que vai muito além de uma injustificável flexibilidade na execução do orçamento.

O sistemático descumprimento da Lei de Responsabilidade Fiscal, aliado às complexidades da gestão orçamentária e financeira do governo, bem como do relacionamento entre o Banco Central e o Tesouro Nacional, revela a urgência da criação do Comitê de Gestão Fiscal previsto na Lei de Responsabilidade Fiscal. O art. 67 da LRF determina que o acompanhamento e a avaliação, de forma permanente, da política e da operacionalidade da gestão fiscal serão realizados pelo Conselho de Gestão Fiscal, constituído por representantes de todos os poderes e esferas de governo, do Ministério Público e de entidades técnicas representativas da sociedade.

O Conselho de Gestão Fiscal foi idealizado com o objetivo de coordenar as práticas que resultem em maior eficiência na alocação e execução do gasto público, na arrecadação de receitas, no controle do endividamento e na transparência da gestão fiscal entre os entes da federação. A LRF também prevê que o Conselho proponha a adoção de normas de consolidação das contas públicas, padronização da prestação de contas e dos demonstrativos de gestão fiscal.

A experiência recente é bastante clara no sentido de evidenciar a urgência desse Conselho, que seria um importante passo para dar maior transparência e aprofundar a qualidade da discussão em torno da política fiscal, mitigando assim as chances de reprodução das práticas recentes.

LUCRO DO BANCO CENTRAL DO BRASIL, REMUNERAÇÃO DAS DISPONIBILIDADES DO TESOURO NACIONAL E LIMITES PARA A DÍVIDA BRUTA

O recurso ao superavit financeiro para a cobertura de despesas de R$ 115,5 bilhões em 2015 só foi possível porque o Tesouro Nacional possuía recursos em caixa em montante equivalente para fazer o pagamento da dívida. Essa flexibilidade decorreu, em grande medida, de modificações no relacionamento entre o Tesouro Nacional e o Banco Central a partir de 2008.

A questão central, como amplamente discutido no capítulo de Marcos Mendes ("A lei 11.803/08 e as relações financeiras entre Tesouro Nacional e Banco Central") neste livro, é que as alterações promovidas pela lei 11.803 permitiram um brutal acúmulo de caixa na Conta Única, na medida em que o lucro do Banco Central passou a ser transferido em dinheiro e a cobertura dos resultados negativos mediante colocação de títulos do Tesouro Nacional. Quando o lucro transferido ao Tesouro permanece na Conta Única, remunerada por taxa de juros de mercado, isso resulta também num significativo acúmulo da remuneração das disponibilidades do Tesouro Nacional.

Dado que a receita com a remuneração das disponibilidades pode ser destinada à cobertura de qualquer despesa, esse arranjo conferiu ao Tesouro Nacional uma indesejável flexibilidade na execução do caixa. Neste sentido, não resta dúvida que deve ser revisto.

Não obstante, é fundamental frisar que a existência de um "colchão de liquidez" para o Tesouro Nacional é não só desejável como recomendável. O que se discute é seu montante e o excesso de flexibilidade que permitiu sua utilização para além do pagamento da dívida.

A existência de saldos elevados de caixa na Conta Única confere ao Tesouro Nacional a necessária flexibilidade para a gestão da dívida mobiliária federal em momentos de alta volatilidade.[7] O problema aparece quando essa desejável flexibilidade é usada, direta ou indiretamente, para a expansão das despesas correntes do governo, tal como observado no encerramento do exercício financeiro de 2015. Ou seja, o problema central não está no colchão de liquidez, mas sim na autorização de despesa primária além do montante compatível com a meta. Soma-se a isso o fato de que a execução financeira de 2015 foi fortemente comprometida pelo impacto das pedaladas fiscais, que constituíram outro flagrante desrespeito às regras fiscais.

Assim sendo, que restrições deveriam ser impostas à utilização do lucro do Banco Central e da remuneração das disponibilidades do Tesouro Nacional? Com relação ao primeiro,[8] entendemos que as regras em vigor são adequadas, vale dizer, não devem ser feitas restrições para seu uso para pagamento da dívida em mercado ou na carteira do Banco Central. A transferência do Lucro do Banco Central, independentemente de sua origem, não configura financiamento ao Tesouro Nacional e portanto não há por que impedir sua utilização para resgate de dívida em mercado. Dizer que ele deve "prioritariamente" ser usado para pagamento de dívida no ativo do Banco Central não implica dizer que não poderia sê-lo para resgatar dívida em mercado. Esta é outra flexibilidade que o Tesouro Nacional deveria manter.

É evidente que a utilização do lucro do Banco Central para resgate de dívida em mercado implica expansão da base monetária exigindo, portanto, tudo mais constante, realização de operações compromissadas por parte do Banco Central em montante equivalente. Considerando o critério atual para o cálculo da dívida bruta do governo (que exclui a dívida do Tesouro Nacional na carteira do Banco Central), essa operação seria neutra do ponto de vista da dívida consolidada. Contudo, caso nossa dívida fosse contabilizada como na maioria dos países desenvolvidos – ou seja, computando também os títulos do Tesouro Nacional na carteira do Banco Central –, tal operação implicaria redução da dívida bruta do setor público.[9] Este seria, no nosso entendimento, o resultado correto, corroborando mais uma vez a afirmação que a utilização do lucro do Banco Central não configura financiamento direto ou indireto ao Tesouro Nacional. Trata-se portanto de receita legítima que pode ser utilizada para o resgate da dívida em mercado, tal como é hoje feita.

A remuneração das disponibilidades do Tesouro Nacional pode, simplificadamente, ser entendida como uma antecipação do lucro do Banco Central. Vale dizer, se a Conta Única não fosse remunerada, o lucro do Banco Central e, consequentemente, a transferência de recursos ao Tesouro Nacional seriam maiores. Analogamente, pois, não caberia proibir sua utilização para pagamento de dívida do Tesouro em mercado.

O raciocínio anterior decorre do fato de as disponibilidades do Tesouro Nacional estarem depositadas no Banco Central. Suponhamos, contudo, que elas estivessem depositadas em bancos privados, como ocorre em diversos países. Nesse caso, a remuneração das disponibilidades representaria uma receita financeira legítima. Por ser receita financeira, sua utilização para cobertura de despesas primárias implica sempre deficit primário. Isto não seria problema se tal utilização já estivesse prevista na Lei Orçamentária. Em outros termos, caso essa receita venha a ser destinada para a cobertura de despesas primárias no Projeto de Lei de Orçamento, ela já estaria necessariamente refletida na meta de superavit para o ano. Assim, não nos parece razoável eliminar essa flexibilidade na gestão de caixa do Tesouro Nacional colocando qualquer tipo de restrição para sua utilização. O problema está na baixa capacidade de geração de superavit primário e não no uso dessa fonte.

Nosso último ponto é que a deterioração fiscal observada nos últimos anos foi, em última instância, viabilizada porque, além do descumprimento das metas de superavit primário e do excesso de flexibilidade conferido ao Tesouro Nacional no emprego do superavit financeiro, não existia nenhuma restrição para o crescimento da dívida bruta do governo federal.

Importante lembrar que a LRF de 2001 prevê explicitamente a imposição de um limite para a dívida bruta da União, limite este que ainda não foi aprovado.[10] Segundo o disposto no art. 30 da LRF, "No prazo de noventa dias após a publicação desta Lei Complementar o Presidente da República submeterá ao Congresso Nacional projeto de Lei que estabeleça limites para o montante da dívida mobiliária federal".

Essa falta de regulamentação é a peça que falta para completar o conjunto de regras fiscais construído ao longo de muitos anos e que resultou na aprovação da LRF. A ausência de limites para o crescimento da dívida bruta permitiu, entre outros problemas, que o governo tivesse a excessiva flexibilidade para emitir títulos da dívida mobiliária federal para aportar R$ 500 bilhões no BNDES, bem como para financiar operações de crédito da CEF.

A existência de limites para a dívida mobiliária também teria o mérito de retirar do superavit primário e da dívida líquida do setor público o foco da discussão da política fiscal para – à semelhança das principais economias desenvolvidas – focá-la nas necessidades de financiamento do setor público (resultado nominal) e na evolução da dívida bruta.

Considerações Finais

O desarranjo sem precedente das finanças públicas observado nos últimos anos não decorreu de falhas de nosso arranjo institucional. A situação de deficit primário estrutural hoje verificada reflete basicamente os impactos negativos da retração econômica aliados à manutenção de práticas ilegais que levaram ao sistemático descumprimento da Lei de Responsabilidade Fiscal pelo governo federal. Além da falta de compromisso com as necessárias reformas estruturais – notadamente dos regimes de Previdência e a urgente revisão das vinculações legais e constitucionais –, a gestão fiscal do período recente foi marcada pelo aumento sistemático dos gastos tributários e das despesas primárias, sobretudo aquelas com equalização de taxa de juros dos programas de concessão de crédito subsidiados.

Não obstante, identificamos as seguintes medidas que poderiam contribuir para o aprimoramento de nossas regras fiscais:

1. imposição de limites para a emissão de dívida mobiliária federal, cumprindo o que determina a Lei de Responsabilidade Fiscal;
2. destinação do superavit financeiro das vinculações legais exclusivamente para o abatimento da dívida da União, mediante proibição expressa para utilização do superavit financeiro para cobertura de despesas primárias (exceto aquelas para as quais a vinculação foi estabelecida); e
3. implantação do Conselho de Gestão Fiscal, também previsto na Lei de Responsabilidade Fiscal.

Essas medidas, além de assegurar um maior controle e transparência da gestão orçamentária e financeira, também destacariam a trajetória da dívida bruta e do deficit nominal como as variáveis centrais para assegurar a solvência fiscal.

Notas

1. Lei 9.530 de 10/12/1997, Lei 10.762 de 11/11/2003, Lei 11.688 de 04/06/2008, Lei 11.803 de 05/11/2008, Lei 11.948 de 16/06/2009 e Lei 11.943 de 28/05/2009.
2. A desvinculação do superavit financeiro de receitas com vinculações constitucionais só pode ser feita por emenda constitucional.
3. Além de despesas do OSS, a lei 11.485 também autorizou a destinação do superavit financeiro para abertura de crédito de até R$ 5,2 bilhões para a CEF, para concessão de crédito nas áreas de saneamento, habitação popular rural e urbana, além de outras operações previstas no estatuto social da Caixa.
4. Sendo R$ 21 bilhões da remuneração das disponibilidades do Tesouro Nacional e R$ 51 bilhões do superavit financeiro de fontes vinculadas.
5. Nas portaria 130, 138 e 143 de 2015, o resultado do Banco Central não foi utilizado como fonte para cobertura das despesas primárias, mas seu efeito seria rigorosamente o mesmo do emprego da remuneração das disponibilidades do TN.
6. Exceto, evidentemente, quando relacionado à vinculação original.
7. O segundo semestre de 2002 foi um exemplo claro do importante papel desempenhado pelo "colchão de liquidez" do Tesouro Nacional.
8. Cuja utilização é restrita ao pagamento de dívida da União.
9. Ou seja, após a neutralização dos resgates por meio da operação compromissada, o TN efetivamente reduziria sua dívida em mercado e na carteira do Banco Central. Contudo, essa última redução seria neutralizada pela ampliação da dívida do Banco Central em mercado (operações compromissadas). Em síntese, a redução da dívida bruta seria no montante utilizado do lucro do Banco Central para resgatar a dívida em mercado.
10. Na transição de governo em 2002 foi apresentada uma proposta de fixação de limites da dívida bruta da União para a equipe de transição. Essa proposta nunca foi encaminhada para o Congresso Nacional.

Referência bibliográfica

AFONSO, Jose Roberto e LUKIC, Melina. 2015. Estudo técnico sobre a tributação da renda das pessoas jurídicas no Brasil e o tratamento dispensado aos juros sobre capital próprio. Set. Disponível em: http://www.joserobertoafonso.com.br.

15
Relação entre Operações Compromissadas, Reservas Cambiais e a Conta Única[1]

Caio Carbone e Marcelo Gazzano

Introdução

O Brasil progrediu muito não somente na execução das políticas monetária e fiscal, como também no arranjo institucional que rege as relações entre a autoridade fiscal e a autoridade monetária. A exemplo do que ocorre na maioria dos países, o Banco Central tem plena autonomia no uso do instrumento voltado ao controle da inflação -- a taxa de juros – e está proibido de comprar títulos públicos nos leilões primários do Tesouro, o que fecha a porta para o financiamento dos deficit com a emissão de base monetária. Há, também, um enorme grau de clareza nas estatísticas relativas à dívida mobiliária do governo central.

Contudo, restam ainda brechas legais que abrem a porta para a ocorrência de práticas fiscais com resultados questionáveis, não necessariamente capturadas pelas estatísticas hoje publicadas.

Em particular, há três casos nos quais as interseções entre as ações do Banco Central e do Tesouro causam problemas que dificultam avaliar os resultados das suas ações nos campos da política fiscal e da política monetária. Referimo-nos: a) à Conta Única do Tesouro, que fica sob a administração do Banco Central e na qual são depositados os recursos do Tesouro; b) aos resultados (ganhos ou perdas) relativos ao estoque de reservas internacionais devido à flutuação cambial; e, finalmente, c) às operações de mercado aberto realizadas pelo Banco Central.

Procuramos neste capítulo apontar possíveis falhas e sugerir alternativas para uma relação mais saudável e transparente entre Tesouro e Banco Central.

Conta Única, operações compromissadas e reservas internacionais

À primeira vista, não haveria razões para nos preocuparmos com a Conta Única. Em vez de o Tesouro depositar seus recursos na rede bancária, da qual receberia uma remuneração, é obrigado a depositá-los no Banco Central, que os remunera. Mas, como veremos adiante, há casos nos quais surgem problemas. Isso não teria grande importância caso os recursos da Conta Única fossem pequenos. Porém o que se constata é um significativo crescimento dos saldos dessa conta, que passaram de 6% do PIB em 2001 para 15% do PIB em 2015.

Passando às compromissadas, no Brasil a condução da política monetária é feita pelo Banco Central, que não atua controlando a base monetária ou qualquer outro agregado monetário, e sim fixando a taxa de juros de curto prazo. Para mantê-la em torno da meta estabelecida pelo Comitê de Política Monetária (Copom), o Banco Central injeta ou reduz liquidez na economia por intermédio de operações de mercado aberto. No passado, tais operações eram realizadas com títulos de emissão do Banco Central, mas a Lei de Responsabilidade Fiscal (LRF), de 4 de maio de 2000, definiu que após dois anos de sua publicação o Banco Central ficaria impedido de emitir tais títulos próprios. A partir de então, o instrumento de controle de liquidez passou a ser as operações compromissadas, que são emitidas ou recompradas no mercado e lastreadas em títulos públicos de emissão do Tesouro depositados na carteira própria da autoridade monetária. A Figura 15.1 ilustra a evolução das operações compromissadas ao longo do tempo, bem como o processo de extinção dos títulos de emissão do Banco Central.

Figura 15.1
Operações de Política Monetária

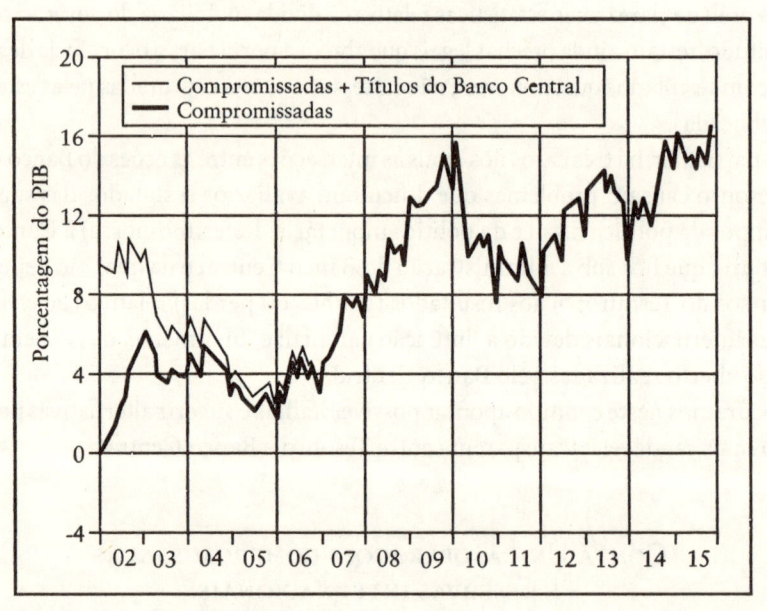

Fonte: nota à imprensa de política fiscal do Banco Central

Sempre que houver uma operação que impacte a liquidez do sistema, o Banco Central coloca ou recompra compromissadas em mercado, esterilizando o efeito sobre a base monetária e mantendo a taxa de juros em torno da meta. É evidente que, para o bom funcionamento desse mecanismo, o Banco Central precisa contar com uma carteira suficientemente grande de títulos do Tesouro. A lei 11.803/2008 determina que isso seja assegurado, sendo a matéria regulamentada pela portaria 241 de 2009 do Ministério da Fazenda, que rege que o limite mínimo para os títulos livres[2] na carteira do BC seja de R$ 20 bilhões – sempre que cair abaixo desse montante o Tesouro tem dez dias para, no mínimo, cobrir a diferença.

A partir de 2006 o Banco Central iniciou uma forte acumulação de reservas internacionais, que atualmente somam em torno de US$ 360 bilhões. Essa ação tem efeito expansionista sobre a base monetária, exigindo intervenção do próprio Banco Central. Operacionalmente, o Banco Central compra dólares no mercado à vista, com os quais compra títulos de baixo risco no exterior (como títulos do Tesouro norte-americano ou de outros países com risco equivalente). A resultante é um aumento de liquidez que precisa ser esterilizada, o que é feito com a emissão de compromissadas, cujo crescimento até 2010 foi quase totalmente explicado por esse mecanismo (Figura 15.2). É claro que se não dispusesse de amplo estoque de títulos públicos em carteira, o Banco Central não poderia ter promovido toda essa esterilização, ocorrendo uma queda indesejável da taxa de juros e uma expansão exagerada da base monetária e dos demais agregados monetários. É o tamanho da carteira própria do Banco Central que lhe dá o instrumento necessário para manter a taxa de juros em torno da meta estabelecida pelo Copom quando ocorrem grandes injeções de liquidez.

Figura 15.2
Estoque de Operações Compromissadas

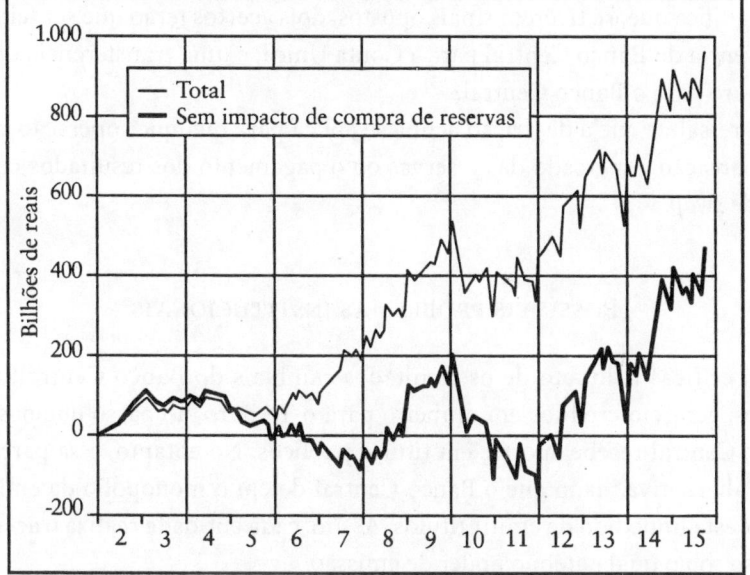

Fonte: nota à imprensa de política monetária e dados de fluxo cambial do Banco Central; elaborado pelos autores.

As reservas internacionais ficam sob responsabilidade do Banco Central, mas o resultado decorrente das flutuações cambiais é transferido para a União a fim de evitar oscilações muito grandes no seu balanço. O mecanismo dessa transferência gera ruído na relação do Banco Central com o Tesouro, que é agravado pela assimetria no tratamento de resultados positivos e negativos.

O resultado das operações cambiais é apurado semestralmente pelo Banco Central. No caso de uma depreciação cambial, há um aumento do valor das reservas em reais, que deve ser transferido ao Tesouro em dinheiro por meio de um depósito na Conta Única. Já em caso de perda com as reservas internacionais, o Tesouro transfere títulos públicos para a carteira do Banco Central. Dessa maneira, o impacto do resultado obtido com operações cambiais no volume de recursos na Conta Única somente pode ser positivo ou neutro, o mesmo ocorrendo com a carteira de títulos do Banco Central.

Uma segunda assimetria diz respeito aos prazos. Em caso de uma valorização do estoque das reservas em reais (uma depreciação cambial), o Banco Central deve realizar o pagamento até o décimo dia útil subsequente ao da aprovação do balanço pelo Conselho Monetário Nacional (CMN). Se ocorrer uma perda, contudo, o Tesouro deve transferir os títulos para o Banco Central até o décimo dia útil do *exercício subsequente* ao da aprovação do balanço pelo CMN.[3]

Outra peculiaridade é que o mecanismo também vale para o resultado operacional do Banco Central, mas os dois resultados são computados separadamente, o que significa que, se tiverem sinais opostos, dois acertos terão que ser feitos: uma transferência do Banco Central para a Conta Única; e uma transferência de títulos do Tesouro para o Banco Central.

Vale ressaltar que a descrição acima se aplica para qualquer operação cambial, seja a marcação a mercado das reservas ou o pagamento dos resultados com operações de *swap*.

Possíveis problemas institucionais

Existem críticas pelo fato de os resultados cambiais do Banco Central, quando positivos, gerarem créditos em dinheiro para o Tesouro, ao passo que nas perdas o Banco Central recebe aportes em títulos públicos. No entanto, essa parece ser a melhor alternativa, dado que o Banco Central detém o monopólio da emissão de moeda e está impedido de emitir títulos. Assim, cada entidade realiza o acerto com o recurso sob o qual detém o poder de emissão.

Um problema mais grave é o fato de as transferências do Banco Central para a Conta Única deverem ser utilizadas para abater títulos da Dívida Pública Mobiliária Federal (DPMF), mas apenas *preferencialmente* aqueles depositados na carteira do Banco Central. Ocorre que não há nenhuma determinação que impeça o Tesouro de usar os recursos para abater dívida em mercado, e focaremos nossa análise, nesta seção, quase que exclusivamente nesse aspecto do ambiente institucional.

Comecemos com a destinação dos ganhos com reservas para a redução da DPMF. Nos últimos cinco anos, a desvalorização do real frente ao dólar, aliada ao mecanismo de transferência descrito mais acima, fez com que até 2015 os acertos cambias do Banco Central com o Tesouro na Conta Única somassem R$ 450 bilhões. A Figura 15.3 ilustra os repasses acumulados tanto do resultado com operações cambiais como do resultado operacional do Banco Central.

Figura 15.3
Repasses Acumulados do BC à Conta Única

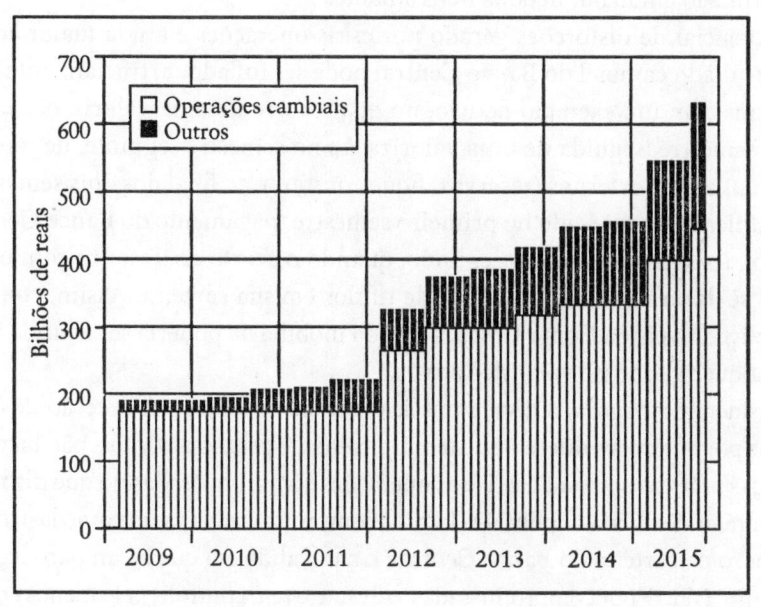

Fonte: balanços semestrais do Banco Central

Pela legislação vigente (lei 11.803/2008) esses recursos podem, uma vez depositados na Conta Única do Tesouro, ser usados para abater a DPMF em mercado. Caso isso ocorresse, a liquidez da economia se elevaria, o que pressionaria a taxa de juros para baixo, forçando o BC a emitir compromissadas a fim de enxugar o excesso de liquidez e manter a taxa de juros próxima da meta definida pelo Copom.

Essa movimentação não gera impacto algum quer sobre a dívida líquida do setor público quer sobre a dívida bruta do governo geral, uma vez que todo o abatimento de DPMF tem como contrapartida o aumento das operações compromissadas, que atua na direção de elevá-la. Em outras palavras, só houve uma troca de DPMF por operações compromissadas.

Uma variante mais sutil dessa dinâmica ocorre caso as transferências do Banco Central ao Tesouro fiquem depositadas na Conta Única, mas sua remuneração seja usada com a mesma finalidade de reduzir a DPMF em mercado, causando o mesmo impacto sobre o estoque de compromissadas e igualmente mantendo as dívidas líquida e bruta inalteradas

Há, porém, mudanças importantes não só no tamanho da dívida pública mobiliária federal como também no seu perfil e prazo médio, que provavelmente serão significativamente alterados com essa triangulação. Num caso como esse, ao analisarmos a DPMF provavelmente estaremos olhando para uma fotografia distorcida da realidade, o que é tratado em maior detalhe mais adiante.

O potencial de distorções gerado por essas operações é ainda maior ao notar que o resultado cambial do Banco Central pode ser inflado "artificialmente", o que ilustramos com um exemplo fictício, no qual ocorre uma desvalorização cambial em um semestre, seguida de uma valorização no semestre seguinte, de modo que o valor dos ativos externos (reservas) fique constante ao final dos dois semestres. A Conta Única terá se elevado no primeiro semestre (pagamento do Banco Central ao Tesouro), mas não recuará no segundo, quando o acerto do Tesouro com o Banco Central se daria na forma de aporte de títulos em sua carteira. Assim, com os recursos disponíveis na Conta Única, a dívida mobiliária poderia ser abatida mesmo sem qualquer ganho no valor dos ativos.

Consideremos, agora, a dívida pública mobiliária federal. À exceção de que são emitidas por entidades diferentes e têm tipicamente prazos distintos, não há maiores diferenças práticas entre a DPMF e as operações compromissadas no que diz respeito ao seu caráter de dívida pública. De fato: as compromissadas usam como lastro títulos do Tesouro na carteira do Banco Central; e na medida em que há amparo legal para "substituir" DPMF por compromissadas, o Tesouro tem controle, pelo menos em parte, sobre a emissão de compromissadas. É razoável, portanto, que se avalie também o montante total de dívida mobiliária quando somamos as operações compromissadas do Banco Central (Figura 15.4).

Figura 15.4
Dívida pública mobiliária federal interna (com e sem compromissadas)

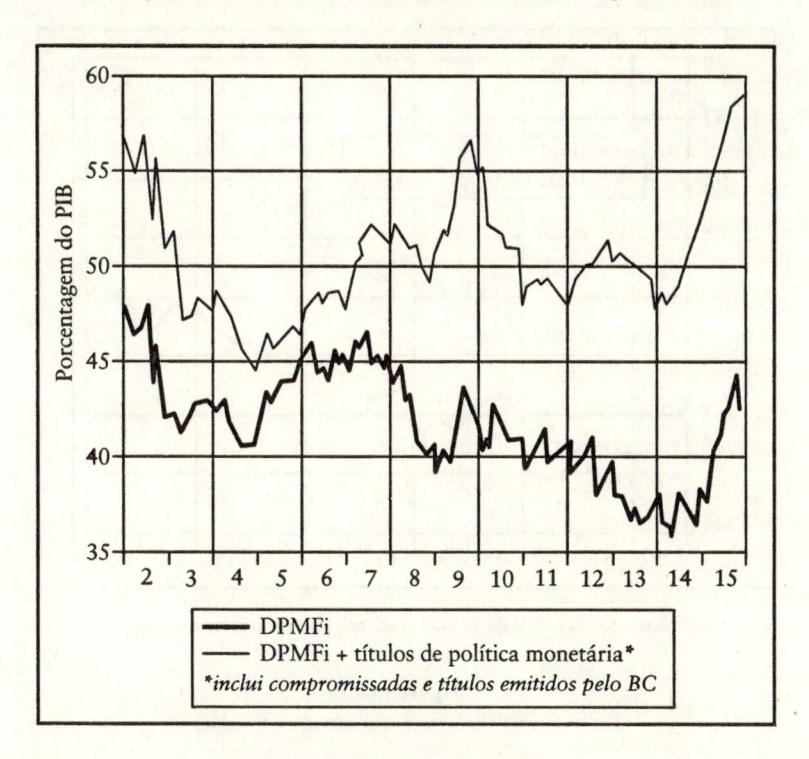

Fonte: nota à imprensa de mercado aberto do Banco Central

Nas Figuras 15.5 e 15.6 mostramos como, além de elevar o montante total, a inclusão das compromissadas reduz o prazo médio e "piora" a composição da dívida mobiliária. Isso ocorre porque as compromissadas têm o prazo tipicamente mais curto, que varia de 1 a 180 dias, e remuneram seus detentores à taxa Selic.[4]

Figura 15.5
Prazo médio da DPMFi (com e sem compromissadas)

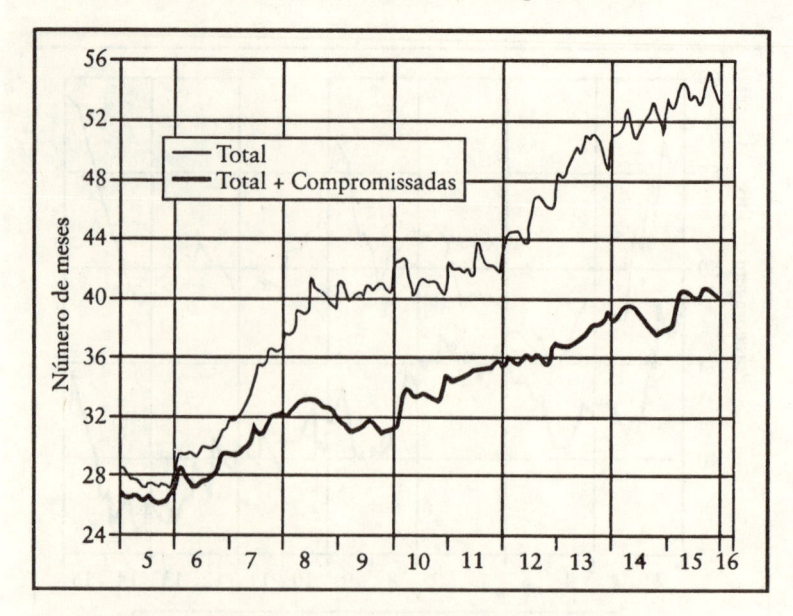

Fonte: relatório mensal da dívida do Tesouro Nacional; elaborado pelos autores

Figura 15.6
Perfil da DPMFi (com e sem compromissadas)

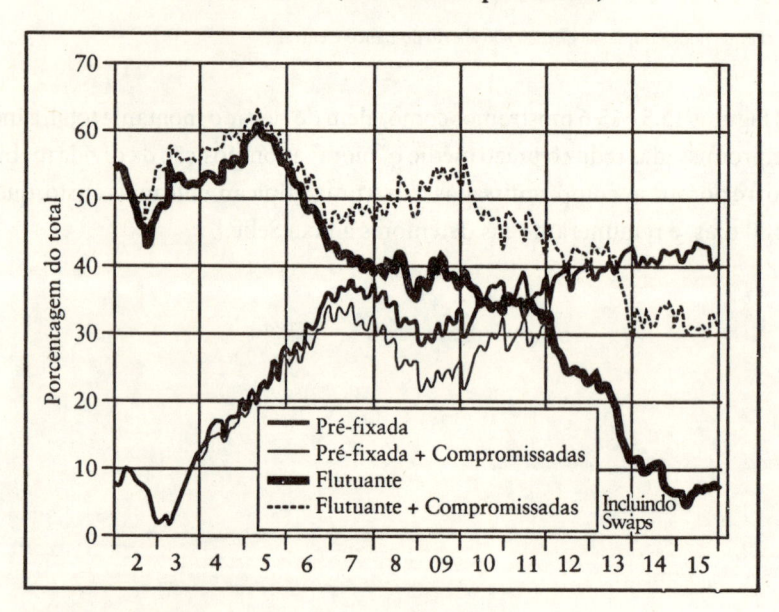

Fonte: relatório mensal da dívida do Tesouro Nacional

De acordo com o PAF (Plano Anual de Financiamento), duas importantes diretrizes da gestão da dívida pública federal são: "substituição gradual dos títulos remunerados por taxas de juros flutuantes por títulos com rentabilidade prefixada ou vinculada a índices de preços" e "aumento do prazo médio do estoque". A triangulação Banco Central-Tesouro-Banco Central tratada na seção anterior se apresenta como uma maneira "fácil" de o Tesouro alcançar esses objetivos, bastando-lhe optar por utilizar os ganhos com reservas para abater títulos curtos e pós-fixados.

Nesse sentido, o mecanismo de transferência de resultados do Banco Central ao Tesouro permite, dada a atual legislação, uma grave distorção nas estatísticas da dívida mobiliária.

UMA SUGESTÃO DE MELHORIA INSTITUCIONAL

Todos os problemas expostos acima têm em sua raiz a possibilidade de o Tesouro abater dívida em mercado com resultados contábeis advindos de operações cambiais. É natural, portanto, que a solução passe pelo fim dessa prática. Caso o Tesouro só possa utilizar as transferências de resultado do Banco Central para abater títulos livres na carteira do Banco Central, essas distorções seriam estancadas.

Uma possível limitação a essa prática seria a quantidade de títulos livres disponíveis na carteira do Banco Central: caso seja menor que o resultado positivo do Banco Central num dado semestre, não comportaria tal abatimento, inflando a Conta Única.[5] Contudo, o arcabouço legal atual já estabelece que o Tesouro deve aportar títulos na carteira do Banco Central sempre que esses atingirem um patamar mínimo. Assim, os ganhos com reservas que excederem o estoque disponível de títulos livres abateriam novos títulos aportados pelo Tesouro, que nem chegariam a compor a carteira do Banco Central.

Essa dinâmica pode causar estranheza, uma vez que resultados cambiais positivos "sumiriam", já que seriam usados para abater títulos do Tesouro emitidos ao Banco Central com a exclusiva finalidade de serem imediatamente quitados. Mas é exatamente esse o objetivo da nossa proposta: fazer com que um resultado meramente contábil, criado apenas para estabilizar o balanço do Banco Central, não tenha qualquer impacto sobre outras variáveis.

Os ganhos oriundos de reservas cambiais só seriam realizados no momento de sua venda, por intermédio da consequente redução das operações compromissadas e, portanto, da dívida bruta do governo geral. Caso tenha havido ganhos cambiais desde o período de sua acumulação, essa redução será maior que o aumento da dívida bruta no momento da aquisição das reservas.

Nossa proposta de abater títulos livres do Banco Central reconhece dois problemas: a acumulação de resultados decorrentes das reservas e sua volatilidade. A solução para a volatilidade do resultado pode ser sua retenção em uma conta reserva, como propõe Marcos Mendes no Capítulo 9. Contudo, no caso de resultados recorrentemente positivos (como ocorreu nos últimos anos), a "alternativa norueguesa", sugerida por Mendes, continuaria regando a Conta Única com recursos, deixando sem solução essa parte do problema. Ainda, os recursos do fundo de transferência, que nesse modelo são transferidos gradualmente ao Tesouro, possivelmente teriam que ser remunerados, aumentando significativamente o volume de transferências "virtuais" dada nossa taxa elevada de juros.

Em contraposição, o risco de nossa proposta seria o Tesouro não querer realizar aportes ao Banco Central. Como coloca Mendes em seu capítulo, "[...] se não for obrigatória por lei, pode sofrer resistência da autoridade fiscal, que não desejará ter uma piora nas suas contas em função do socorro ao BC". Ocorre, entretanto, que no Brasil a transferência já é obrigatória por lei, exigindo apenas revisões relativas aos prazos de transferência citados anteriormente caso se julgue necessário.

Uma agenda de transparência

Dado o exposto acima, cabe perguntar: o Tesouro de fato utilizou os recursos de transferências do Banco Central com o ganho contábil das reservas para reduzir o estoque de dívida mobiliária em poder do público? Se sim, em que montante? Se não, será que usou para essa ou outras finalidades os juros incidentes sobre esse estoque na Conta Única? Ainda, a existência desses recursos na Conta Única pode ter estimulado o uso indevido do "colchão de liquidez" no pagamento das pedaladas fiscais?

Não é possível encontrar respostas definitivas a essas perguntas com dados de uso público. Há evidências de que isso ocorreu: os saques da Conta Única coincidem com as transferências de resultado do Banco Central até 2014 e com as variações mensais do estoque de dívida mobiliária (Figuras 15.7 e 15.8); Mendes (*ibid.*) apresenta uma série de outras evidências nesse sentido, inclusive utilizando dados mais restritos e detalhados do Siafi.[6] Por outro lado, em dados apresentados pelo Banco Central (2015) percebe-se ser possível que os recursos oriundos de repasses cambiais não utilizados para abater títulos livres ainda estejam parados na Conta Única – ou tenham sido utilizados para abater títulos livres na carteira do Banco Central –, assim como os juros incidentes sobre eles.[7]

Figura 15.7
Variação acumulada da Conta Única

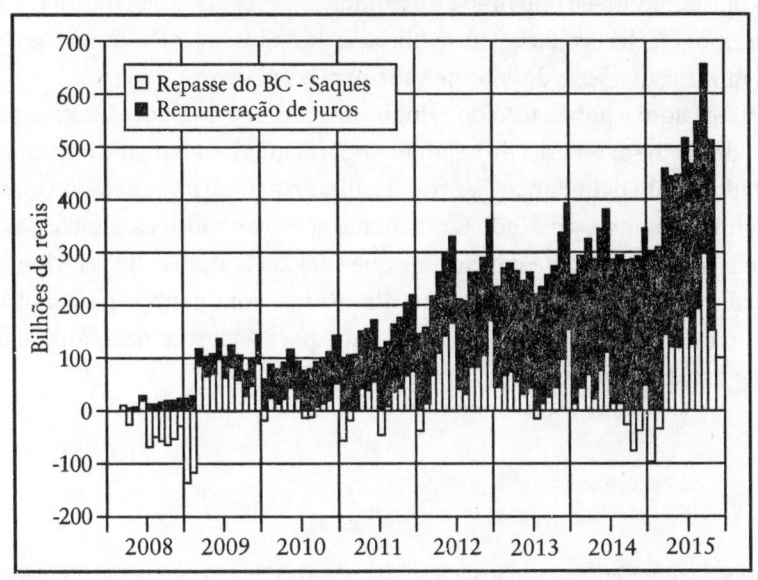

Legenda: □ Repasse do BC - Saques ■ Remuneração de juros

Fonte: balanços semestrais e nota à imprensa de política fiscal do Banco Central; elaborado pelos autores

Figura 15.8
Saques e depósitos da Conta Única e variação da DPMFi

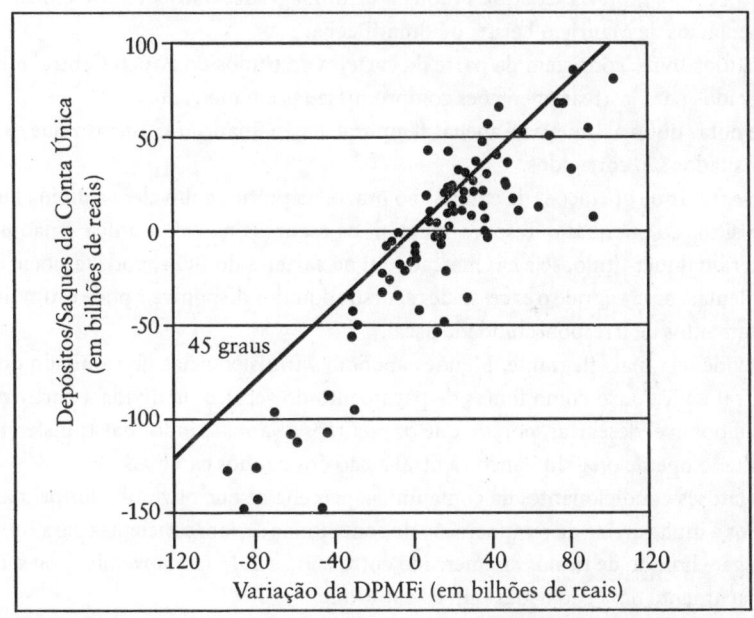

45 graus

Fonte: balanços semestrais e nota à imprensa de política fiscal do Banco Central; elaborado pelos autores

A realidade é que a falta de transparência em torno da Conta Única é notável, em especial considerando seu tamanho e a quantidade de recursos que transitam por ela. Reconhecemos que há limitações na publicação de dados orçamentários, mas há uma abertura mínima que seria de enorme valia para o público.

Sugerimos aqui a publicação do estoque de recursos na Conta Única separados por fonte de recurso: repasse de resultado operacional do Banco Central; repasse de resultado cambial do Banco Central; resultado primário; superavit financeiro; e juros sobre o estoque, separado também nas mesmas rubricas. Com essas informações em mãos, boa parte das nuvens que turvam a análise do relacionamento entre Tesouro e Banco Central seriam dissipadas, com ganhos para a avaliação do respeito à Lei de Responsabilidade Fiscal e para a clareza na análise das estatísticas de dívida pública.

Notas

1. Contamos com a enérgica contribuição de Luis Alvarez na compilação dos dados e discussões sobre o tema. Agradecemos a todos os participantes do Seminário sobre relacionamento do TN com BC em homenagem a Fabio Barbosa no Iepe/CdG, em especial às contribuições de Marcos Mendes. Agradecemos também o valioso suporte de Affonso Celso Pastore e Maria Cristina Pinotti. Por fim, agradecemos a leitura cuidadosa e os comentários de Mauricio Leister e Edmar Bacha.
2. Os títulos livres consistem da parte da carteira de títulos do Banco Central ainda não utilizados para lastrear operações compromissadas em mercado.
3. Vale notar que a assimetria é apenas temporal, e não financeira, uma vez que os valores depositados são corrigidos.
4. Por se tratar de operações de curtíssimo prazo, na prática equivalem a dívida flutuante.
5. Essa situação, na qual o Tesouro mantém os recursos na conta única – não usa para abater qualquer título, seja em mercado ou na carteira do BC –, pode também suscitar problemas, uma vez que o excesso de recursos líquidos disponíveis pode estimular comportamentos de irresponsabilidade fiscal.
6. Na evidência mais flagrante, Mendes aponta as transferências de resultado do Banco Central ao Tesouro como fontes de pagamento do serviço da dívida a partir de 2009. Não é possível descartar, porém, que os recursos sejam advindos das transferências de resultado operacional do Banco Central e não dos ganhos cambiais.
7. Nos fatores condicionantes da conta única, percebe-se que os resultados primários somados a uma parcela da remuneração da conta única seriam suficientes para cobrir todo o resgate líquido de títulos em mercado entre 2007 e 2015 (até novembro, ou seja, antes do pagamento das "pedaladas" em dezembro).

Referência bibliográfica

BANCO CENTRAL (2015) "Fatores condicionantes da evolução das operações compromissadas e eventos correlatos." Mimeo.

16
REGRAS FISCAIS E VOLATILIDADE CAMBIAL

Márcio Garcia
José Roberto Afonso

INTRODUÇÃO

Grandes mudanças nas instituições monetárias e fiscais foram fundamentais para o sucesso do Plano Real. A partir de 1999, a política econômica foi alicerçada em um tripé constituído por regimes de metas de inflação, câmbio flutuante e gestão fiscal responsável. Dada a enorme crise econômica que acomete o Brasil, a continuidade do sucesso da estabilização requer aprimoramentos no arcabouço subjacente ao funcionamento harmonioso do tripé macroeconômico.

Um aspecto estrutural da atual crise das instituições e regras fiscais está relacionado ao momento histórico de sua concepção. Essas instituições e regras fiscais foram, em grande parte, desenhadas antes da adoção do tripé da política econômica, em um ambiente de câmbio controlado, com baixa volatilidade cambial, e reduzidas reservas cambiais. Foram adotadas por atos legais em tempos diversos, os quais não resultaram de uma estratégia planejada e única. Foram, sim, criadas ao sabor das circunstâncias, muitas vezes durante crises.

Do lado das instituições fiscais, a normatização básica do orçamento e da contabilidade pública remonta a 1964. Poucos anos depois veio a estruturação geral das administrações públicas.[1] Até então, o acompanhamento da política fiscal era baseado, em grande parte, na conta das administrações públicas integrante das contas nacionais brasileiras. A mudança radical nesse processo, até hoje vigente, deu-se no início dos anos 1980, com a metodologia para medir e acompanhar metas de resultado fiscal (necessidades de financiamento) e de dívida (líquida) do setor público, adotada a partir do acordo com o FMI.[2]

A separação das instituições monetárias e fiscais e de suas contas se deu em meados dessa mesma década e foi consolidada pela reforma constitucional de 1988.[3] Desestatização e refinanciamento de dívidas dos governos subnacionais foram promovidos durante a segunda metade da década de 1990. A consolidação das reformas veio com a promulgação, em 2000, da chamada Lei de Responsabilidade Fiscal (LRF),[4] cuja proposta foi concebida em 1998, quando ainda se seguia um regime de câmbio controlado, que precedeu o regime monetário atual de metas para inflação, adotado a partir do ano seguinte. Não houve qualquer outra mudança substancial de regras fiscais no país desde a LRF.

Pelo lado das instituições monetárias e cambiais, a sistemática vigente de metas para inflação foi instituída em 1999,[5] após a mudança de regime de câmbio controlado para o ora vigente câmbio flutuante.

Curiosamente, foi a experiência da Nova Zelândia que inspirou tanto a LFR como o regime de metas brasileiro.[6] Porém, esses instrumentos não foram transcritos dos atos daquele país e muito menos foram analisados pelas autoridades e técnicos federais que trabalharam na construção das propostas de regimes aplicados ao Brasil.

Além de os instrumentos orçamentários e fiscais terem sido concebidos muito antes da adoção dos regimes de câmbio flutuante e de metas de inflação, o contexto também era muito diferente. As reservas internacionais só assumiriam dimensões expressivas a partir de meados da década passada, quando também o câmbio se tornou demasiadamente volátil e as operações de *swaps* cambiais alcançaram volumes significativos.

A mesma observação quanto às diferenças entre o momento em que os instrumentos foram criados e a atualidade vale para destinação de recursos fiscais para concessão de crédito, pois historicamente sempre se usaram para isso recursos de origem primária e fiscal. Só a partir da crise global do final da década passada foi que o Tesouro passou a se endividar para conceder empréstimos extraordinários aos bancos oficiais, com juros subsidiados e prazos alargados.

Se as taxas de juros reais já foram mantidas em patamares muito elevados desde o início da década de 1990, por outro lado nunca tiveram impacto fiscal tão expressivo em função das diferenças que passaram a ter em relação à rentabilidade das reservas e dos créditos concedidos.

Mudaram, e muito, os condicionantes e os contextos, do histórico ao institucional, e os instrumentos fiscais não foram aperfeiçoados ou repensados. Não se trata de um fenômeno só brasileiro porque as principais lições das teorias fiscais e mesmo das experiências internacionais foram aprendidas antes de se generalizar a aplicação dos regimes de câmbio flutuante e de metas de inflação, especialmente em economias emergentes.[7] As instituições e regras fiscais sequer foram discutidas, muito menos repensadas e revisadas.

Hoje, se formou um relativo consenso no país de se precisar fazer um esforço para modernizar esses instrumentos de política econômica. Dentre eles, um aspecto que deve merecer atenção especial são as relações entre o Tesouro Nacional e o Banco Central. As existentes se tornaram inadequadas, não por erro intencional, mas por força de continuarem sendo seguidas regras desatualizadas e instituições pouco adaptadas às novas realidades.

Se as mudanças da cena e da política econômica ensejam uma revisão necessária das instituições fiscais, por outro lado, é preciso muita cautela com algumas ideias que surgiram recentemente. Diante da gravidade da recessão e da deterioração fiscal, sempre há uma tentação de se partir para soluções simplistas, que aparentemente poderiam permitir uma melhoria do cenário sem muitos custos associados. Esse é o caso da proposta de venda de parcela das elevadas reservas internacionais. Também analisaremos a proposta de troca de operações compromissadas por depósitos remunerados com o Banco Central do Brasil, bem como a forma que o governo passou a liquidar seus compromissos atrasados.

O objetivo deste capítulo é apresentar algumas sugestões e comentar alternativas que surgiram recentemente no debate econômico para mudar as relações entre o Tesouro e Banco Central. Não há dúvida de que muito se precisa discutir e que, em um momento tão adverso da economia, lidar com questões tão complexas e intrincadas requer um debate o mais amplo, técnico e sereno possível.

Na próxima seção listamos uma série de sugestões para adequar o relacionamento entre o TN e as condições contemporâneas do regime de metas inflacionárias, câmbio flutuante e elevada acumulação de reservas internacionais. Na seção "Reservas: Não é hora de mexer com elas" discutimos analiticamente as propostas de uso das reservas internacionais para resgatar a dívida interna, expandir o crédito público ou aumentar os gastos do governo. A seção "Depósitos no BC no lugar de operações compromissadas?" trata da proposta da substituição das operações compromissadas por depósitos voluntários remunerados no BC. A seção "Lições das 'despedaladas'" mostra como os procedimentos atuais de alimentação da Conta Única do Tesouro no BC permitiram as tortuosas operações de pagamento das pedaladas fiscais no final de 2015. Conclusões são sumariadas na seção "Observações finais e resumo das propostas".

Adequando o relacionamento entre o Tesouro e o Banco Central

Nesta seção apresentamos algumas sugestões sobre o tratamento dos resultados do BC e sobre como o TN deve aplicar as receitas que recebe do BC. Por lei, essa receita é vinculada ao serviço da dívida, "preferencialmente" ao daquela na carteira do BC.

Nossa sugestão inicial é voltar à vinculação original das receitas do Tesouro provenientes dos resultados do BC e estender a mesma regra à remuneração das disponibilidades financeiras: aplicar tais recursos apenas e tão somente na amortização da dívida pública, inicial e obrigatoriamente daquela que está na carteira do próprio BC; somente após esta se esgotar se passaria a resgatar títulos em mercado.

Há uma diferença no impacto sobre o estoque da dívida entre amortização e juros: quando se resgatam títulos, a dívida é reduzida de modo efetivo e duradouro (deixa de demandar gastos com juros no futuro). Restringir o uso dos recursos somente à amortização da dívida (e não a seu serviço de modo geral, como atualmente) exigirá uma postura mais austera das autoridades fiscais porque reforçará a obrigação de gerar superavit primário para atender ao que for devido de juros e encargos.

Ideal seria também evitar a prática recorrente de receitas oriundas do BC serem entesouradas e acumuladas no caixa único do Tesouro. Isso se tornou um problema porque, como explicaremos na seção "Lições das 'despedaladas'", tanto no final de 2014 como de 2015, repetiu-se o expediente de baixar medidas provisórias tornando de livre uso o chamado superavit financeiro (que retrata o saldo de caixa, líquido de compromissos eminentes). Dessa forma, criou-se a possibilidade de que receitas oriundas do BC venham a custear despesas fiscais e primárias, uma vez que as remunerações do caixa não são vinculadas, enquanto que o resultado do BC o é, ao serviço da dívida, ainda que somente por força de uma lei ordinária. Uma alternativa seria firmar a vinculação das receitas do BC em lei complementar de modo que não pudesse ser alterada por lei ordinária (aquele status legal é justificado por ser o mesmo exigido para tratar de matérias relativas ao Banco Central e de administração financeira).

Outra sugestão seria aproveitar um processo de aperfeiçoamento da LRF para acrescentar duas regras ao já previsto acerto semestral entre BC e Tesouro em torno do resultado do banco.

A primeira regra envolve a geração de recursos ou obrigações no BC. A LRF já prevê a formação ou a reversão de reserva, mas nunca foi aplicada até porque tal previsão foi "esquecida" em lei ordinária posterior. A proposta é que a formação de reservas passe a ser obrigatória no caso da parcela do resultado do BC decorrente de equalização cambial. A definição de quanto reservar do resultado de cada período é que pode seguir regras diferentes. Uma hipótese (mais austera) é temporal: que todo o ganho de um semestre seja mantido no fundo de reserva por um prazo mínimo (por exemplo, até o sétimo semestre seguinte). Outra hipótese (mais flexível) é proporcional: uma parcela mínima dos ganhos já seria pré-reservada (como no caso da regra passada que abrangia ao menos 25% dos ganhos) e o CMN decidiria a cada semestre a proporção a reservar (poderia até ser 100%). Nos dois casos, caberia ainda prever o repasse automático do resultado cambial do BC ao Tesouro do saldo líquido das reservas não utilizadas. Uma hipótese seria prever que as reservas fossem acumuladas ao menos por três anos, o que implicaria que os ganhos que não tiverem sido usados nos cinco semestres seguintes àquele em que foram apurados seriam transferidos ao Tesouro.

A segunda regra proposta seria aplicada à outra parcela do resultado do BC, que envolve a senhoriagem e outras operações internas. Aí não há razão para se formar reserva e deveria ser mantida a obrigação atual: ganhos devem ser repassados ao Tesouro e este deve cobrir eventuais perdas (embora, em tese, não haveria porque o BC apurar prejuízo no balanço de suas operações em moeda doméstica).

Não misturar as transações externas e internas torna-se ainda mais crucial se vierem a ser criados depósitos voluntários e remunerados das instituições financeiras com o BC, como novo instrumento para gestão da liquidez. Discutimos essa proposta em mais detalhe na seção "Depósitos no lugar de operações compromissadas?". Aqui, queremos apenas apontar que na hipótese (estranha, mas não descartada) de que o BC tenha que suportar tais encargos, o ideal seria que esses gastos fossem apurados totalmente em separado dos demais resultados do banco, inclusive internos (e não apenas da equalização cambial). Para não se queimar o patrimônio líquido do BC, a alternativa seria cobrar do Tesouro Nacional o suporte para tais despesas, o que exigirá dotação orçamentária específica e repasse regular (semestral) dos recursos em espécie (afinal, não caberia fazê-lo em títulos porque isso elevaria a carteira do BC, repetindo os problemas da situação atual). Mesmo que houvesse ganhos nas demais operações internas do BC, eles não deveriam compensar os gastos com os depósitos remunerados sob pena de se perder seu exato e necessário dimensionamento. Principalmente, a correspondente despesa financeira do BC a ser coberta pelo Tesouro deveria ser lançada no orçamento e na contabilidade da União como parte de suas despesas com juros e encargos da dívida pública.

A transparência e a credibilidade das instituições, tanto fiscais quanto monetárias e cambiais, exigem uma mudança abrangente e cuidadosa nas relações entre o Banco Central e o Tesouro. É por isso que é fundamental separar os resultados do BC em moeda estrangeira dos apurados em moeda doméstica. No caso dos primeiros, o ganho cambial deve constituir reserva que seja revertida no caso de eventuais prejuízos no futuro, e só depois de um período razoável e pré-definido o saldo seria repassado ao Tesouro. O resultado da equalização não deve ser misturado com o resultado das demais transações do BC. Se por acaso o BC criar um novo instrumento de política monetária, os depósitos voluntários e remunerados, seus encargos devem ser apurados também em separado, e nesse caso imputados ao Tesouro, que os deve computar em seus gastos com juros.

Outra mudança estrutural que propomos envolve a outra ponta dessas relações, qual seja, a utilização a ser dada pelo Tesouro Nacional às receitas que receba do BC. O ideal seria haver uma compensação em títulos daquilo que o BC tiver que transferir ao Tesouro, seja pelo saldo de reservas de ganhos cambiais não utilizados, seja pelos resultados positivos nas operações internas. Em vez de o BC fazer um depósito em espécie na Conta Única do Tesouro, como é a prática corrente, efetuaria a transferência com a entrega de títulos que tenha em sua carteira, devidamente marcados ao valor de mercado. Esse encontro de contas é uma forma mais simples, justa e eficiente de aplicar o princípio já vigente na LRF: quando o BC tem prejuízo, este cabe ao Tesouro, que o cobre contra emissão e entrega de títulos. Logo, faz muito mais sentido que, quando o BC tenha lucro, restitua ao Tesouro os títulos que recebeu no passado. A prática atual, de efetuar depósito à vista na Conta Única, cria uma situação obviamente assimétrica.[8]

A mesma compensação em títulos deveria ser aplicada no caso da remuneração das disponibilidades financeiras do Tesouro – neste caso, há sempre uma obrigação para o BC (enquanto no caso do resultado, a nova regra valeria só quando houvesse resultado positivo e, no caso da equalização, só depois da formação da reserva).

Na prática, a regra proposta produziria o mesmo efeito da vinculação antes defendida de as receitas do TN oriundas do BC serem usadas para resgatar títulos e sempre atendendo primeiro aqueles na carteira do BC. Se porventura esta fosse zerada, aí, sim, caberia ao BC repassar ao TN em espécie (como o faz hoje) as receitas oriundas do seu resultado e da remuneração do caixa único.

O regramento aqui proposto é mais apropriado para um cenário macroeconômico de estabilidade. Ou seja, quando inflação, taxa de juros reais e variação cambial são pequenas, as receitas oriundas do BC para o TN também devem ter pequena dimensão, e pouco importar para a geração e acúmulo de caixa do TN.

Para resgatar a estabilidade monetária, entendemos que em muito ajudaria adotar as regras aqui sugeridas, exigindo em particular que os ganhos cambiais do BC formem uma reserva (ao menos 25% do ganho semestral, que lá permanecerão por no mínimo quatro anos) e que todas as suas rendas devidas ao TN (seja por resultado, seja por remuneração do caixa) sejam pagas com a devolução de títulos da carteira do banco (isso na prática assegura que as receitas do TN oriundas do BC serão vinculadas à amortização da dívida junto ao próprio BC).

Essas sugestões têm em vista a nova realidade das contas cambiais do país, assim como abrangem outras facetas das demais políticas geridas pelo BC. As mudanças podem envolver tanto a LRF como outra lei complementar, para atender aos preceitos constitucionais e assegurar sua maior estabilidade. Matérias como esta não devem ser objeto de medidas provisórias e não podem mudar conforme se alterem os humores e interesses políticos de plantão.

RESERVAS: NÃO É HORA DE MEXER COM ELAS

Recentemente, foram veiculadas notícias sobre o desejo de se usarem as reservas internacionais para reduzir a dívida pública, para financiar gastos governamentais, ou ainda para fomentar novos programas de financiamento via bancos públicos.[9] Esta seção analisa a viabilidade e a pertinência dessas propostas.

Inicialmente, cabe relembrar alguns conceitos de dívida pública. A Figura 16.1 mostra que o conceito de setor público inclui não só o governo geral (Tesouro Nacional, Regime Geral da Previdência, estados e municípios), como também o BC e as estatais (exceto Petrobras e Eletrobras a partir de 2008). Há três conceitos de dívida mais usados no Brasil: dívida líquida do setor público (DLSP), dívida bruta do governo geral (DBGG) (conceito FMI) e dívida bruta do governo geral (conceito BC). A diferença entre os dois conceitos de DBGG (vide Quadro 16.1) é que o FMI considera como dívida do governo geral todos os títulos emitidos pelo Tesouro, enquanto o BC exclui a parcela desses títulos não utilizada como garantia das operações compromissadas.

Figura 16.1
Conceito de setor público

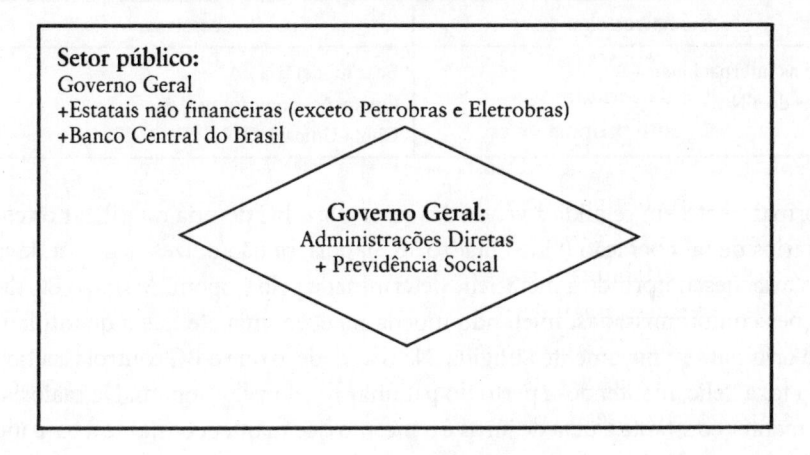

Setor público:
Governo Geral
+Estatais não financeiras (exceto Petrobras e Eletrobras)
+Banco Central do Brasil

Governo Geral:
Administrações Diretas
+ Previdência Social

Quadro 16.1
Definições de dívida pública

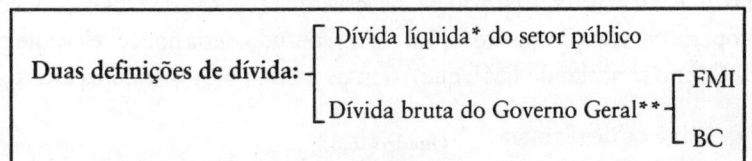

Duas definições de dívida:
- Dívida líquida* do setor público
- Dívida bruta do Governo Geral**
  - FMI
  - BC

*A DLSP é definida como o balanceamento entre as dívidas e os créditos do setor público não financeiro e do Banco Central.

**A DBGG é apurada a partir de dois créditos que se distinguem pelo seguinte: O crédito utilizado pelo FMI considera como parte da dívida todos os títulos emitidos pelo Tesouro Nacional.

O crédito do BCB considera como parte da dívida, dentre os títulos presentes na carteira do BCB, apenas aqueles que são utilizados como colaterais nas operações compromissadas.

As reservas internacionais constituem ativo do BC e não do TN. Portanto, quando vendidas, de imediato ocorre no balanço do BC (vide Quadro 16.2) uma diminuição de um ativo em moeda estrangeira (reservas internacionais) concomitante à redução de um passivo em moeda local (base monetária). Tal operação constituiria uma venda não esterilizada de reservas cambiais, pois diminuiria a base monetária (vide Diagrama 16.3). Tal operação não alteraria a DLSP, pois reduziria, simultaneamente, um ativo e um passivo pelo mesmo montante. Tampouco afetaria os conceitos da DBGG, uma vez que o BC está fora do governo geral, e a carteira de títulos no BC utilizada para lastrear as compromissadas não se alterou.

Quadro 16.2
Balanço simplificado do Banco Central

Ativos	Passivos
Reservas internacionais - Δ Títulos do TN	Base monetária - Δ Operações compromissadas Conta Única do TN

Normalmente, em seguida à venda das reservas, o BC deveria esterilizar os efeitos monetários de tal operação (vide Quadro 16.3), pois, se não o fizesse, a taxa de juros aumentaria, descumprindo a meta Selic determinada pelo Copom. Assim, o BC desfaz operações compromissadas, injetando moeda na economia até que a quantidade de moeda original seja novamente atingida. Na realidade, o que o BC controla é a taxa de juros, a taxa Selic, mantendo-a perto do patamar fixado pelo Copom. Na maioria dos casos, manter constante a taxa de juros é o mesmo que manter constante a base monetária.[10] Assim, ao final das duas operações — venda de reservas cambiais e esterilização do efeito monetário da venda — o resultado é a diminuição de um ativo (reservas) e a de um passivo (compromissadas). Portanto, o efeito é nulo para a DLSP e para a DBGG no conceito do FMI. Já no conceito do BC haveria uma redução da DBGG, por conta da queda nas operações compromissadas. Tal efeito, contudo, seria pouco relevante por não afetar a DBGG no conceito do FMI, que é o mais usado por investidores estrangeiros.

Quadro 16.3
Impacto da venda de reservas no balanço do BC

Ativos	Passivos
Reservas internacionais - Δ Títulos do TN	Base monetária - Δ + Δ Operações compromissadas - Δ Conta Única do TN

Dado que o relevante é reduzir a dívida no conceito do FMI, duas são as opções mais óbvias. A primeira opção é o TN resgatar seus títulos da carteira do BC sacando contra seu caixa. Isso produziria efeito neutro na DLSP, mas reduziria a DBGG no conceito do FMI, pois diminuiria a quantidade de títulos do TN. Outra opção, que nunca foi usada, seria o BC reverter títulos para o TN contra uma redução do seu capital (uma operação inversa à prática recorrente quando o TN aporta títulos ao BC). Nesse caso, não haveria efeito na DBGG no conceito do BC, mas haveria uma redução na DBGG no conceito do FMI. Entretanto, técnicos do BC por nós consultados manifestaram-se no sentido de que tal operação não seria factível.

Outro ângulo de visão sobre tais operações envolve os fluxos de recursos, em especial os da relação entre TN e BC (vide Quadro 16.4). Ao realizar venda de reservas internacionais, não há impacto na receita e muito menos no resultado porque as reservas já foram marcadas a mercado, e sua eventual valorização, decorrente de depreciação cambial, já apurada no passado. Tais fluxos já integraram o resultado do BC, que, ao final de cada semestre, é apurado e transferido ao TN (em até três meses). Assim, após uma grande depreciação, como a ocorrida em 2015, não haveria ganhos adicionais a serem repassados ao TN. Por exemplo, a taxa de câmbio do último dia de 2015 foi R$ 3,90/US$. Assim, no momento em que escrevemos, com a taxa de câmbio abaixo de R$ 3,90/US$, haveria, sim, um prejuízo a ser repassado pelo BC ao TN – ou seja, a venda de reservas hoje exigiria aporte de recursos do TN ao BC, não o contrário, porque ocorreu valorização do real desde o último acerto de contas deles ao final de dezembro passado.

De qualquer forma, mesmo na hipótese inversa, de avanço na desvalorização e apuração de lucros cambiais, os recursos que fossem transferidos pelo BC para a Conta Única do TN não poderiam ser usados para outros fins que não o abatimento da dívida pública, preferencialmente os títulos em poder do BC. Como isso também poderia ser feito sem a venda das reservas, a decisão de vendê-las não está vinculada à redução de dívida, mas a outros efeitos macroeconômicos – como o impacto sobre a taxa de câmbio, o custo de manutenção das reservas e o seguro por elas provido.

Quadro 16.4
Uso da Conta Única para abater títulos na carteira do BC

Ativos	Passivos
Reservas internacionais	Base monetária
Títulos do TN - Δ	Operações compromissadas
	Conta Única do TN - Δ

Uma alternativa que também foi veiculada na imprensa seria o uso das reservas para, indiretamente, prover crédito a empresas brasileiras. Isso poderia, por exemplo, ser feito via alocação de parte das reservas para a compra de títulos externos do BNDES ou da Petrobras. Aparentemente, tal operação seria possível, mas, por serem títulos brasileiros, as normas de contabilização das reservas exigiriam que delas fossem deduzidos os montantes investidos nos títulos externos de empresas brasileiras.

É preciso ter muito cuidado com a ideia da venda de reservas para seu uso em contas públicas ou na concessão de crédito. Cabe reiterar que não se pode gerar duas vezes a mesma receita, pois a valorização das reservas (ou seja, a conversão pela taxa cambial) já foi realizada, uma vez que são marcadas a mercado e, a cada semestre, é fechada sua posição, apesar de não haver venda da divisa: se no período houve ganho, ele já foi repassado pelo BC ao TN; e em caso de prejuízo, o TN já ressarciu, em títulos, o BC. Logo, quando for efetivada a venda de uma reserva internacional, uma parcela importante (se não toda ela) da receita em reais então recebida apenas equivale à realização de uma valorização antes apurada e já distribuída ao Tesouro. Na prática, haveria o repasse apenas da diferença entre o montante recebido na venda e aquele que a mesma reserva valia ao final do semestre anterior; se o real tiver se apreciado, a venda realizaria um prejuízo e não caberia transferência do BC ao TN, mas, sim, obrigação de o TN devolver, em títulos, o que antes recebeu ao BC. Enfim, no caso da venda das reservas, não se pode repassar mais de uma vez uma valorização já precificada e paga anteriormente.

Cabe ainda lembrar que as reservas internacionais constituem um dos únicos pontos positivos da política econômica. A principal razão pela qual a crise atual não agregou um episódio de fuga de capitais é, precisamente, a manutenção de volume elevado de reservas. Começar a vendê-las no atual ambiente de crise constituiria sério risco. Reduzir o volume das caras reservas é uma proposta a ser colocada em pauta somente quando o país sair da crise fiscal e recessiva em que hoje se encontra. Não se cancela seguro-saúde, por mais caro que seja, quando se está seriamente doente.

Depósitos no BC no lugar de operações compromissadas?

Outra proposta recentemente divulgada envolve a substituição das operações compromissadas do BC por depósitos remunerados no BC. A intenção seria reduzir a dívida bruta, nos dois conceitos anteriormente expostos. Porém, algumas questões ainda precisam ser respondidas.

A começar por saber qual a remuneração a ser paga pelo BC por tais depósitos. Em princípio, seria exatamente a mesma das operações compromissadas, afinal seu objetivo é manter a taxa de juros no mercado em torno da taxa pré-fixada pelo Copom, ou seja, a Selic. Ou seja, a troca do passivo do BC em nada modificaria a remuneração por ele paga e logo ficaria a dúvida sobre qual seria a contrapartida desses novos depósitos – ou melhor, a questão-chave é saber qual será a fonte de recursos da qual o BC lançará mão para pagar a Selic a seus novos depositantes? Se eles provierem da carteira de títulos do TN, em nada mudará a DBGG no conceito internacional, ainda que haja sua redução no conceito nacional, pelo desaparecimento das operações compromissadas. Porém, é provável que tal transação seja vista como mais uma medida de engenharia fiscal, a qual não ajudará a recuperar, e talvez até piore ainda mais, a credibilidade da política fiscal. Afinal, se for mantida a atual carteira de títulos no BC, em nada mudará o tamanho dos gastos com juros e da dívida pública em seu conceito tradicional.

Há a hipótese de que a contrapartida dos depósitos não seja a carteira de títulos do BC, mas nesse caso surgem outras questões. A começar, como o TN resgatará tal carteira? Hoje é utilizada uma interpretação legal para que o Tesouro emita títulos e os entregue ao BC, que então os usa para aumentar seu patrimônio sem que isso passe pelo orçamento fiscal. Porém, a mesma norma não autoriza uma transação em sentido inverso – além disso, o patrimônio do BC é muito inferior ao tamanho de sua carteira de títulos. Parece que a única hipótese seria o TN sacar de seu caixa único e resgatar os títulos da carteira do BC, mas o problema é que esta era 50% superior ao saldo do caixa no final de 2015 (apesar de o caixa estar nos níveis mais altos de sua história). Parece ser uma missão impossível reduzir a carteira do BC pelos mecanismos tradicionais e num período curto (no médio e longo prazo, uma boa hipótese seria vincular as receitas do BC ao resgate de sua carteira, como anteriormente defendido, mas é sabido que o efeito será lento).

Mesmo que a carteira do TN desaparecesse por uma operação atípica e ainda não vislumbrada, restaria ainda sem resposta a questão central: de onde o BC tiraria os recursos para remunerar os depósitos? Em outros países é possível equacionar facilmente tal questão porque a taxa de inflação e, sobretudo, a taxa de juros reais são muito baixas – chegam a ser negativas nas maiores economias do mundo. Não parece ser esse um cenário provável para o Brasil nem em médio prazo, por mais desejável que seja.

No limite, caberia ao TN arcar com tal custo. Indiretamente, isso poderia se dar no caso de o BC usar a base monetária como lastro para os depósitos e, logo, tirar da receita de senhoriagem os recursos necessários para honrar os juros de tais depósitos. Essa opção não ficaria explícita nem mesmo nas demonstrações do BC, porque seu resultado normal diminuiria ou desapareceria, uma vez que sumiria a receita de juros da carteira dos títulos, mas seria mantido o gasto com juros que remunerariam os depósitos voluntários remunerados. O eventual prejuízo que aparecesse no resultado em moedas internas do BC, apurado a cada semestre, teria que ser coberto pelo TN, com a emissão de títulos. Entretanto, em seguida seria preciso resgatar tais títulos para que não houvesse efeito sobre a dívida bruta.

Surge aí outra hipótese, de um acerto de contas dentro do próprio BC, que seria usar o eventual resultado positivo nas contas cambiais para fazer tal resgate ou compensação. Em outras palavras, o ganho cambial do BC é que passaria a financiar a perda em reais com os novos depósitos. Na prática, seria cancelar a mudança feita em 2008 e passar a apurar de forma conjunta os registros do BC com suas operações externas e internas, para gerar um único resultado agregado ao final de cada semestre. Inegavelmente é uma possibilidade, mas que supõe que haja depreciação cambial num ritmo tão intenso que não só cubra o custo de carregamento das reservas (aplicadas no exterior a taxas muito inferiores às pagas pelo BC no Brasil) como também gere ganho adicional suficiente para cobrir adicionalmente o custo de remuneração dos depósitos voluntários remunerados. Se tal saldo não for suficiente, ou ainda se houver apreciação do real, necessariamente o BC terá prejuízo, que deve ser coberto pelo TN, e se repetirá o problema de acúmulo de títulos no seu ativo, a menos que se adote a proposta que apresentamos na seção "Adequando o relacionamento entre o Tesouro e o Banco Central", de esses prejuízos serem cobertos em espécie e não em títulos.

Uma opção nessa direção exige rever normas sobre o registro e a divulgação das contas do BC e também de seu relacionamento com o TN, sob pena de se agravar ainda mais a perda de credibilidade das autoridades fazendárias e monetárias. Será preciso mudar muitas regras para reforçar a transparência não apenas das contas fiscais como também das financeiras.

Esse processo deverá levar também a uma cobrança por um mínimo de controle dos limites para criação e expansão de dívidas. É inevitável cumprir-se o comando constitucional e adotar um limite legal para a dívida do Tesouro Nacional, ainda que esse limite contemple uma longa transição, até com uma elevação imediata e posterior ajuste gradual. Contudo, a eventual opção por transformar compromissadas em depósitos remunerados pode tornar inevitável a imposição de um limite específico para o endividamento pelo BC. Por certo, não se deve restringir o espaço de manobra das políticas monetária e cambial, mas será preciso explicitar melhor o custo dessas políticas para as contas públicas, e isso só ocorrerá de uma forma eficiente e plena quando for preciso demonstrar não se ter descumprido um limite institucional para o endividamento próprio do BC.

Por fim, cabe mencionar que seria desejável continuar o processo de separação da administração da dívida pública, de competência do TN, da gerência da liquidez da economia, a cargo do BC. Aquela seria conduzida via títulos públicos e esta via compromissadas ou depósitos remunerados. Em qualquer dos casos, seja com compromissadas ou com depósitos voluntários remunerados, é mister reduzir o enorme passivo do BC. Grande parte das compromissadas hoje deveria compor a dívida do TN.

LIÇÕES DAS "DESPEDALADAS"

A restrição legal para que receitas oriundas do BC não sejam utilizadas pelo Tesouro para financiar despesas primárias pode ser na prática atenuada ou mesmo contornada pelo acúmulo de tais recursos no caixa único. Esse acúmulo permite liberar recursos de origem fiscal depositados no caixa único para custear gastos primários.

Há uma forte suspeita que isso tenha ocorrido no final de 2015 com o pagamento das pedaladas (fraudes) fiscais – compromissos que o governo assumiu até 2014, mas não incluiu no respectivo orçamento, nem contabilizou como despesa e muito menos dívida.[11] Em dezembro de 2015, o TN liquidou de uma vez o saldo remanescente das chamadas pedaladas, base para vários dos pedidos de impeachment da presidente da República. Simplesmente lançou-se mão de recursos do caixa do Tesouro Nacional, depositados no Banco Central, para quitar as dívidas que tinha assumido e não contabilizado no FGTS e nos bancos públicos por conta de pagamentos e subsídios que eles haviam pago no passado sem a devida provisão de recursos pelo TN.

Para tanto, foi fundamental o recurso ao chamado superavit financeiro, uma estranha terminologia do mundo do orçamento, por ser uma expressão algo inadequada (a começar porque, em 2014 e em 2015, arrecadou-se menos do que se gastou e ainda assim foram gerados "superavit financeiros" nos dois anos). Na verdade, o que se fez foi aproveitar sobras de caixa. Para isso houve um malabarismo institucional. Foram editadas três medidas provisórias (MPs 702, 704 e 709) e várias portarias para alterar o orçamento de 2015. Formalmente, o TN pagou os subsídios usando o que arrecadara no passado para outras finalidades e não gastara – royalties de petróleo, taxa de telecomunicações, loterias e emissão de títulos.

Não faltam dúvidas sobre a legalidade dos procedimentos adotados. MPs poderiam dispor sobre orçamento não sendo para guerra e calamidade? MPs poderiam alterar a Lei de Responsabilidade Fiscal que carimba recursos depositados no caixa para os fins originais? A regra de ouro (endividar-se só para investir) teria sido cumprida? Mas deixemos esses debates aos juristas e aos auditores.

As pedaladas foram artifícios para evitar que gastos fossem devidamente computados nas contas públicas quando assumidos, com objetivo de mascarar o resultado fiscal. Por exemplo, a Caixa Econômica Federal continuou a pagar benefícios do Bolsa Família sem que o TN lhe tivesse repassado o dinheiro. Com o adiantamento desses recursos ao TN pela CEF, o deficit fiscal ficou menor do que deveria ter sido se o gasto com o Bolsa Família fosse devidamente contabilizado.

Não se tratou de falta de caixa do TN, que fechou 2014 com R$ 607 bilhões. As pedaladas, recorrentes desde 2011, ocorreram para esconder gasto e deficit, assim evitando explicitar que se descumpria a meta fiscal do ano. Se as pedaladas foram gastos excessivos no passado, o correto seria que as "despedaladas" constituíssem redução de gastos ou aumento de receita no futuro. Assim, evitar-se-ia que a dívida bruta saísse de controle. Mas tal compensação não ocorreu. Foram quitados R$ 72,4 bilhões das pedaladas sem cortar um só centavo de gastos ou criar um só centavo de receita. Apesar disso, ainda se fechou o ano de 2015 com um caixa acima de R$ 800 bilhões!

Duas fontes principais explicam o aumento do caixa do TN apesar do pagamento das pedaladas. O TN endividou-se muito (mais R$ 493 bilhões em títulos emitidos até novembro de 2015) e o BC lhe repassou recursos monumentais (R$ 250 bilhões entre resultado e remuneração de caixa). Veio tanto dinheiro desta fonte que o TN pôde se dar ao luxo de pagar as pedaladas queimando sobras de caixa acumuladas por anos e anos, quando arrecadou e não gastou recursos oriundos de royalties de petróleo, taxa de telefonia e até loterias. Tais recursos originalmente deveriam ser aplicados em educação, saúde, inclusão digital, dentre outros gastos sociais, mas foram desvinculados e acabaram pagando os subsídios para quem conseguiu tomar empréstimos baratos e fartos nos bancos federais.

A maior fonte individual de receita do TN em 2015 foi a proveniente dos ganhos cambiais repassados pelo BC. Como já explicado anteriormente, com mais de US$ 370 bilhões de reservas internacionais, quando o real se deprecia frente ao dólar, como ocorreu em 2015, o valor delas aumenta em reais, e o BC repassa essa valorização ao TN mesmo sem a realizar. Por conta da valorização das reservas internacionais, o BC depositou R$ 176 bilhões nos cofres do TN. Como aqui defendido, na seção "Adequando o relacionamento entre o Tesouro e o Banco Central", o ganho cambial de um ano, por princípio e pela experiência de outros bancos centrais, deveria ser destinado para uma reserva – inclusive para absorver o efeito inverso quando o real se apreciar. É possível especular que as "despedaladas" não poderiam ter sido feitas da forma que o foram, se esse preceito prudencial houvesse sido observado no passado.

OBSERVAÇÕES FINAIS E RESUMO DAS PROPOSTAS

Há um relativo consenso entre analistas da macroeconomia brasileira de que novos arranjos institucionais para as contas públicas são necessários. Este livro é a prova disso. O sistema tributário, bem como os sistemas do orçamento e da contabilidade pública, tiveram alicerces plantados há mais de meio século e atualmente não há a menor perspectiva de aprovação (sequer de debate parlamentar) para reformar profundamente ou para reconstruir tais sistemas. Em particular, rever radicalmente o processo orçamentário[12] é uma condição imprescindível e premente para se resgatar a credibilidade da política fiscal.

Muito do que aqui se sugeriu para modernizar as relações entre Tesouro e BC poderia constar em lei complementar de reforma do orçamento público que, como tal, também atende ao status exigido constitucionalmente para disciplinar o sistema financeiro.

Aperfeiçoar e aprofundar a austeridade da própria LRF é fundamental. Regras ainda não foram inteiramente implantadas e reguladas (caso da limitação da dívida federal e da criação do conselho de gestão fiscal), outras não funcionaram bem (como a limitação para criação de gastos e renúncia de receitas permanentes), sem falar em matérias não abordadas (como a concessão de créditos e subsídios sem previsão de específica e prévia dotação orçamentária).

Analisamos o efeito da alta volatilidade cambial aliada ao volume elevado de reservas internacionais sobre o relacionamento entre o TN e o BC. Mostramos que o atual regramento é inadequado. Fizemos algumas sugestões para que se evite o risco maior, o de que os elevados fluxos entre BC e TN oriundos da valorização das reservas internacionais possam comprometer o equilíbrio orçamentário. Adicionalmente, mostramos ser inadequada, neste momento de crise, qualquer proposta que envolva venda das reservas internacionais. Levantamos vários problemas envolvidos na eventual troca das operações compromissadas por depósitos remunerados no BC. Por fim, sugerimos que as tortuosas e obscuras manobras legais e contábeis adotadas no final de 2015 para o pagamento das pedaladas fiscais não poderiam ter sido feitas caso estivessem em vigor nossas propostas para alterar as normas de relacionamento entre o TN e o BC.

Em resumo, são as seguintes as nossas propostas:

1. Reservas internacionais:

É inadequado vender reservas internacionais no atual contexto de crise econômica, seja para reduzir a dívida pública, para financiar gastos do governo ou para expansão do crédito. Reduzir o volume das caras reservas, tão somente para reduzir a dívida pública, é uma proposta a ser colocada em pauta somente quando o país sair da crise fiscal e recessiva em que hoje se encontra.

2. Relação entre o Banco Central e o Tesouro Nacional:

(i) O Tesouro Nacional deve utilizar a mesma regra que regula o uso dos lucros advindos de operações cambiais para reger as receitas provenientes da remuneração das disponibilidades financeiras, qual seja: aplicar tais recursos apenas e tão somente na amortização da dívida pública, inicial e obrigatoriamente daquela que está na carteira do próprio BC; quando esta se esgotasse, se passaria a resgatar títulos do mercado.

(ii) Firmar a vinculação das receitas do BC ao TN para resgate do principal da dívida via lei complementar, de modo que não possa ser alterada por lei ordinária.

(iii) Quanto ao aperfeiçoamento do acerto periódico do BC com o TN em relação ao repasse do resultado, sugere-se: formar uma reserva (obrigatória caso seja receita advinda de equalização cambial) de "resultados acumulados do BC" que não poderia ser utilizada livremente. Tal reserva poderia ser de 100% do resultado, tendo que ser mantida por um período preestabelecido; ou de uma fração do resultado, tendo que ser mantida indefinidamente. Ganhos advindos de senhoriagem e outras operações internas poderiam continuar seguindo a regra atual. No cenário em que o BC tem lucro, sugere-se que primeiro ele devolva ao TN os títulos recebidos no passado (quando teve prejuízo) e só depois transfira lucro em espécie. Ademais, sugere-se a contabilização em separado das transações internas e externas do BC.

3. Substituição de operações compromissadas por depósitos remunerados.

Em princípio, tal iniciativa deve ser deixada para período futuro. De qualquer forma, é imperioso cumprir-se o comando constitucional e adotar um limite legal para a dívida do Tesouro Nacional, ainda que esse limite contemple uma longa transição, até com uma elevação imediata e posterior ajuste gradual. A eventual opção por transformar as operações compromissadas em depósitos remunerados pode tornar inevitável a imposição de um limite específico para o endividamento pelo BC. Não se deve restringir o espaço de manobra das políticas monetária e cambial, mas será preciso explicitar melhor o custo dessas políticas para as contas públicas, e isso só ocorrerá de uma forma eficiente e plena quando for preciso demonstrar não se ter descumprido um limite institucional para o endividamento próprio do BC.

É fundamental separar a administração da dívida pública, de competência do TN, da gerência da liquidez da economia, a cargo do BC. Aquela seria conduzida via títulos públicos e esta, via compromissadas ou depósitos remunerados. Em qualquer dos casos, seja com compromissadas ou com depósitos voluntários remunerados, é mister reduzir o enorme passivo do BC. Grande parte das compromissadas hoje deveria compor a dívida do TN.

Notas

1. Para um histórico detalhado da evolução dos indicadores fiscais, ver Jaloretto (2009).
2. Alves (1987) descreve e analisa a mensuração e a evolução das contas públicas antes e depois do acordo com o FMI, cujas metas iniciais foram impostas ao biênio 1983/1984. O Banco Central mantém um Manual de Estatísticas Fiscais, em que descreve conceitos e procedimentos de apuração das contas públicas, disponível em: http://bit.ly/1UAttNs.
3. Para uma análise detalhada sobre o processo decisório desse reordenamento fiscal, ver Leite (2006).
4. Conhecida como LRF, trata-se da lei complementar n. 101, de 4/5/2000; íntegra disponível em: http://bit.ly/1MIYFZI.
5. O decreto n. 3.088, de 21/6/1999, estabeleceu a sistemática de "metas para a inflação" como diretriz para fixação do regime de política monetária; íntegra em: http://bit.ly/1S0FQQL.
6. Ver, respectivamente, Afonso (2010) e BC (2011), ou, especificamente sobre a Nova Zelândia, Siqueira (2006).
7. Para reflexões sobre regras fiscais e bibliografia para antigas reformas fiscais em todo o mundo (e também as da nova geração), ver Schaechter, Kinda, Budina e Weber (2012). Para a política monetária, a anterior e a nova, em economias emergentes (com metas de inflação e câmbio flutuante), ver BC (2011) e Brito e Bystedt (2010).
8. Não é preciso envolver disponibilidades financeiras de nenhuma das partes; na contabilidade do TN a transferência dos ganhos do BC pode ser registrada em duas operações – a entrada de receita e a correspondente redução da dívida. Assim, no orçamento e na contabilidade pública caberia um registro simultâneo de dois lançamentos: a entrada de uma receita contra a imediata e simultânea realização de uma despesa (com a amortização da dívida).
9. Ver: *Valor Econômico*, 16/3/2016, página C2, "Proposta de usar reservas preocupa o mercado".

10. Garcia (2013) analisa um caso no qual os dois conceitos de intervenções esterilizadas não se equivalem.
11. Ver Afonso e Garcia (2016) e Afonso, Mendes, Ribeiro, Salto e Kohler (2016).
12. Afonso e Barroso (2006) traçam um roteiro para reforma orçamentária e justificam as mudanças à luz de uma modernização da economia.

Referências bibliográficas

AFONSO, J. R. (2010). "Responsabilidade fiscal no Brasil: uma memória da lei." *Rio de Janeiro: FGV Projetos*, 2010. Disponível em: http://bit.ly/dOC5cL

AFONSO, J. R. e BARROSO, R. (2006). "Novos passos na construção do arcabouço institucional fiscal no Brasil: a premência da reforma da lei 4.320/64." *Revista de Controle e Administração*, vol. II, n. 2, jul/dez. Disponível em: http://bit.ly/1QPEnwt

AFONSO, J.R. e GARCIA, M. (2016). "Despedalar repedalando." *Valor Econômico*, edição 15/01, p. A11. Disponível em: http://bit.ly/1Jajo7w

AFONSO, J. R.; MENDES, M. J.; RIBEIRO, L. C.; SALTO, F. S. e KOHLER, M. A. (2016). "Fontes (remanejadas) e usos (retardados) de recursos federais ao final de 2015." *IBRE/FGV*. Nota Técnica. Fev. Disponível em: http://bit.ly/1WKVqBb

ALVES, S.R. (1987). "O desafio do deficit público." In: LOZARDO, E. (Org.), *Deficit público brasileiro*. Rio de Janeiro: Paz e Terra, pp.55-68.

BACEN (2011). "Dez anos de metas para a inflação – 1999-2009." Banco Central do Brasil. Disponível em: http://bit.ly/1S0IDcP

BRITO, R. D. e BYSTEDT, B. (2010). "Inflation Targeting in Emerging Economies: Panel Evidence." *Journal of Development Economics*, vol. 91, pp. 198-210.

GARCIA, M. (2013)."Can Sterilized FX Purchases under Inflation Targeting Be Expansionary?" Working Paper No. 442. Stanford Center For International Development. http://www.economia.pucrio.br/mgarcia/Artigos/130903%20Expansionary%20Sterilized%20FX%20Purchases%20v48.pdf

JALORETTO, C. (2009). "Seis décadas de deficit público no Brasil." Finanças Públicas – 2009. Política Fiscal e Dívida Pública. Disponível em: http://bit.ly/1f0H92D

LEITE, C.K.S. (2006). "O processo de ordenamento fiscal no Brasil na década de 1990 e a Lei de Responsabilidade Fiscal." Tese de doutorado. São Paulo: FFLCH, Universidade de São Paulo. Disponível em: http://bit.ly/1Jmu7GV

SCHAECHTER, A.; KINDA, T.; BUDINA, N. e WEBER, A. (2012) "Fiscal Rules in Response to the Crisis – Toward the Next-Generation Rules. A New Dataset." *IMF Working Paper WP/12/187*. Washington: IMF, jul. Disponível em: http://bit.ly/1QPAzvh

SIQUEIRA, M. P. de (org.) (2006). *Reforma do Estado, responsabilidade fiscal e metas de inflação: Lições da experiência da Nova Zelândia*. Brasília, Ipea.

17

RESERVAS INTERNACIONAIS: SEGURO OU AMEAÇA?

Solange Srour Chachamovitz

INTRODUÇÃO

Nos últimos anos, vários países emergentes acumularam um enorme volume de reservas internacionais, entre os quais se destaca o Brasil. As reservas proveem um seguro contra choques negativos que desestabilizam os fluxos de capitais e podem levar a uma grave crise de balanço de pagamentos e, consequentemente, a uma instabilidade financeira. A literatura econômica é repleta de estudos sobre qual seria o nível ótimo de reservas, o que depende fundamentalmente da tolerância do país aos riscos externos, do custo de carregar tal seguro e dos efeitos secundários que o acúmulo de reservas possa gerar na economia. Para países com histórico de vulnerabilidade fiscal, as reservas trazem uma defesa relevante, mas elas podem significar uma ameaça para países que não conseguem controlar o gasto público.

Entre 2006 e 2008, o Banco Central do Brasil comprou no mercado à vista cerca de US$ 120 bilhões e entre 2010 e 2011 cerca de US$ 90 bilhões. Obviamente, durante todo esse processo, discutiu-se bastante, principalmente a partir de 2010, se estávamos mesmo adquirindo um seguro ou se estávamos tentando frear o movimento de apreciação cambial gerado pelo enorme influxo de capitais do momento. A literatura não traz nenhum tipo de certeza em relação à eficácia das intervenções esterilizadas na determinação do nível da taxa de câmbio, quando o Banco Central se endivida para comprar reservas, impedindo que a sobra de dinheiro na economia acabe reduzindo a taxa de juros e gerando inflação, mas o fato é que, mesmo com um nível elevado de reservas, continuamos adquirindo seguro por um bom tempo.

Durante a recente crise financeira de 2008, a posição patrimonial do setor público brasileiro, credor líquido em moeda estrangeira, foi fundamental para evitar que a dívida pública entrasse em uma espiral negativa alimentada pela desvalorização cambial, como em outras conjunturas. Isso permitiu ao governo maior liberdade para realizar políticas anticíclicas com o objetivo de estimular a absorção doméstica e superar a recessão. A guinada na política econômica, com o abandono total do tripé (meta de inflação, política fiscal crível e câmbio flutuante) começou justamente após passarmos pelo pior momento da crise, quando já havia sinais claros de recuperação da atividade. Embalado por uma liquidez internacional abundante, o governo foi abandonando a disciplina fiscal gradualmente e diminuindo a transparência dos indicadores fiscais. Sempre utilizando a desculpa de realizar "ações contracíclicas", chegamos ao desarranjo atual e perdemos o grau de investimento.

Após 2010, quando já possuíamos mais de US$ 300 bilhões em ativos externos, a análise de custo-benefício da retomada da acumulação de reservas já não parecia tão trivial, tendo em vista o elevado custo de carregamento das reservas resultante da diferença ainda muito elevada dos juros do Brasil em relação aos dos EUA, conforme se vê na Figura 17.1. Da mesma forma, tanto a política fiscal quanto a parafiscal extremamente expansionistas não pareciam mais adequadas a um país que passava a apresentar uma recuperação rápida em um contexto de crise fiscal nos principais países do mundo, em especial na periferia da Europa. A política cambial desse período adequou-se completamente à "Nova Matriz de Política Econômica", assim como a política fiscal e monetária, todas voltadas ao estímulo à demanda agregada e a retirar o Brasil do suposto equilíbrio perverso em que se encontrava, com taxas de juros reais muito elevadas comparadas ao resto do mundo. O pós-crise brasileiro (2009 em diante) se caracterizou pelo abandono de reformas estruturais e dos esforços em aumentar nosso PIB potencial. A crença do governo de que estimulando a demanda agregada geraria uma resposta da oferta agregada foi implantada a todo vapor, sendo o câmbio depreciado uma forma de estimular a indústria, o consumo e por fim o investimento.

O objetivo deste capítulo é chamar atenção a um debate que será apropriado após a superação da grave crise de confiança que vivemos atualmente: qual o nível ótimo de reservas e qual a política cambial adequada para um país com uma taxa de câmbio ajustada e com um custo elevado de carregamento da dívida pública? Além disso, iremos abordar a eficácia da atuação do Banco Central, que aumentou significativamente o estoque de *swaps* cambiais no mercado, a problemática da relação Banco Central e Tesouro na contabilização dos ganhos e perdas com a desvalorização/valorização das reservas e a ameaça que se coloca nesse momento: usarmos o nosso "seguro contra crises" para aumentar ainda mais as incertezas e a volatilidade da taxa de câmbio.

Figura 17.1
Diferença de juros Brasil *versus* EUA (juros de 2 anos)

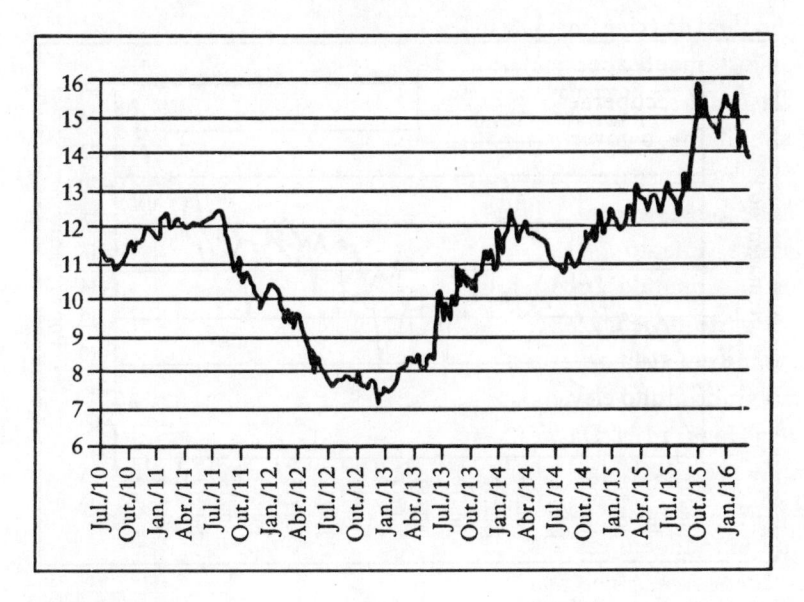

Fonte: Bloomberg

CUSTO DAS RESERVAS E DOS *SWAPS* CAMBIAIS

Um aspecto bem conhecido das intervenções cambiais é que elas têm como contrapartida um forte aumento do estoque de operações compromissadas. Nessas operações, o Banco Central vende títulos do Tesouro que estão na sua carteira ao mercado, com compromisso de recompra em prazo relativamente curto, pagando juros muito próximos à taxa Selic.[1] Conforme se vê na Figura 17.2, o estoque das operações compromissadas aumentou 12,5 p.p. do PIB de dezembro de 2006 a dezembro de 2015, quando totalizou 15,1% do PIB, sendo que o impacto acumulado da aquisição de reservas internacionais foi responsável por 10,5 p.p. desse aumento. Trata-se de uma situação absolutamente única no mundo. A participação da dívida curta na dívida total, tomando um grupo representativo de países, é da ordem de 10% a 15%. No Brasil, superamos 40% (inclui-se, aqui, a fatia de compromissadas mais a dívida vincenda em 12 meses).

Figura 17.2
Compromissadas *versus* reservas

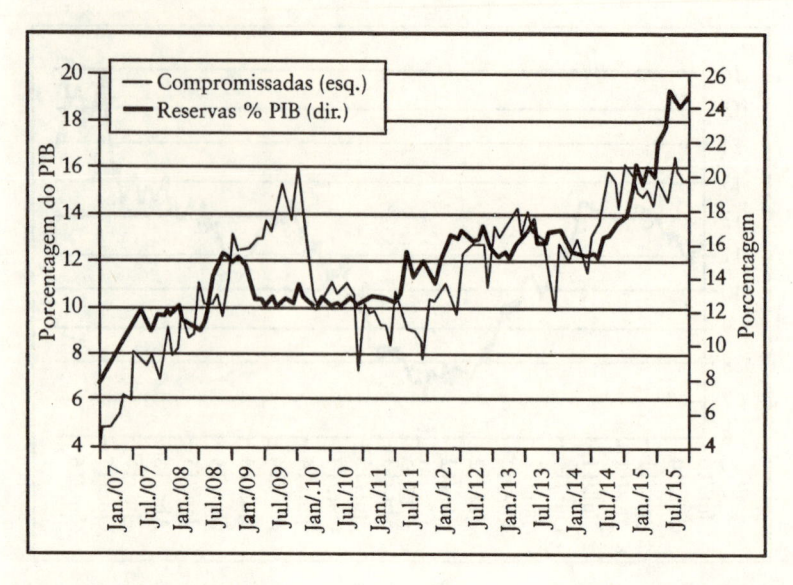

Fonte: Banco Central do Brasil

As operações compromissadas, que são contraparte do acúmulo de reservas, elevam a dívida bruta e deixam a dívida líquida intacta uma vez que esta desconta o ativo adquirido. No entanto, como o custo das compromissadas é muito maior do que a remuneração das reservas, a taxa implícita da dívida líquida sobe. Esta é calculada pela diferença entre o pagamento de juros e a receita de juros que incide sobre o estoque da dívida líquida. No final de dezembro de 2015, a taxa implícita acumulada em 12 meses atingiu 29,7%, mais do que o dobro da taxa Selic, 14,25% no final do ano, como se pode ver na Figura 17.3. Isso se explica pelo fato de o setor público ter acumulado ativos, financiando-se a uma taxa bem maior do que o rendimento desses ativos.[2] Ainda que em termos estatísticos o endividamento líquido permaneça constante com o acúmulo de reservas, a trajetória do endividamento e a dinâmica da dívida líquida são bastante impactadas pela diferença entre a remuneração de ativos e passivos. Apesar de este capítulo focar especificamente o acúmulo de reservas, o acúmulo de ativos domésticos, em grande parte empréstimos ao BNDES, também constituiu parte relevante do aumento da taxa implícita da dívida líquida. As estimativas do custo de carregamento das reservas são da ordem de US$ 40/50 bilhões ou R$ 160/200 bilhões, valor extremamente alto para um país sem capacidade de gerar resultados primários positivos.

Figura 17.3
Taxa implícita efetiva vs ex-*swaps* (acumulado de 12 meses)

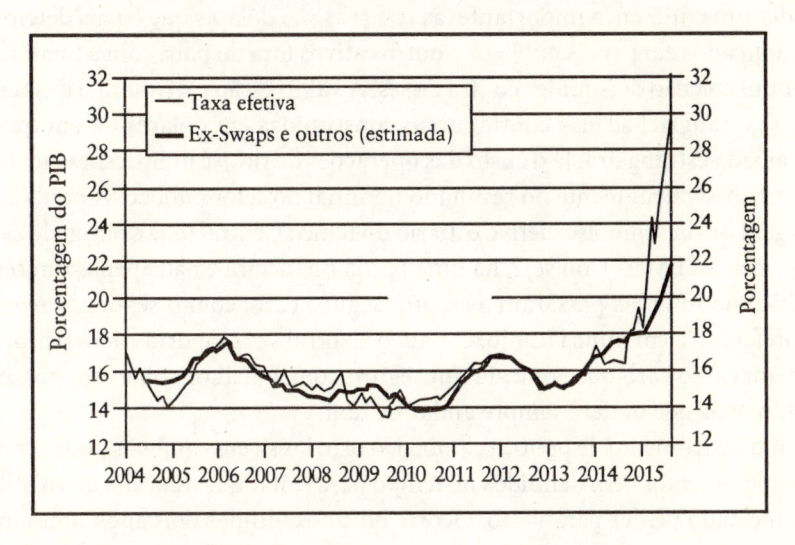

Fontes: Banco Central do Brasil e ARX Research

O custo elevado das reservas gerou um aumento relevante da taxa de juros implícita da dívida líquida, mas, mesmo dispondo de um seguro caríssimo, a Autoridade Monetária revelou nos últimos anos uma acentuada rejeição à venda de reservas nos momentos de turbulência no mercado. O Banco Central preferiu vender contratos de *swap* cambial. Nessas operações, o BC oferece ao mercado um contrato em que a autoridade monetária ganha a variação da Selic e o mercado afere o ganho decorrente da variação da taxa de câmbio. A argumentação do Banco Central para atuar no mercado futuro de dólares foi a de dar *hedge* (proteção) aos importadores e empresas brasileiras endividadas em dólares. No entanto, os números do estoque desse derivativo parecem revelar que a própria oferta de *swaps* gerou uma demanda para outros fins, como o de arbitragem.

Como se vê na Figura 17.3, a taxa implícita começou a subir mais fortemente na segunda metade de 2013. Em maio desse ano, quando os Estados Unidos iniciaram a redução das injeções de dólares na economia mundial, o BC voltou a oferecer *swaps* ao mercado esporadicamente. Em agosto, o programa tornou-se permanente, com o BC ofertando diariamente contratos de *swap*. Tal programa durou até março de 2015, quando o Banco Central passou apenas a rolar os vencimentos.

Em 2015, a exposição do setor público em *swaps* cambiais superou US$ 100 bilhões. A perda com essas operações acumulada no ano foi de cerca de R$ 90 bilhões, dada a alta do dólar em relação ao real. Os ganhos e perdas com os *swaps* aparecem nos gastos com juros do setor público. É verdade que a desvalorização e a valorização do câmbio afetam também o valor das reservas em reais, mas é preciso entender uma diferença importante: as reservas são dólares que o país detém e que ficam aplicados em papéis públicos e outros ativos fora do país, com a finalidade de prover um colchão de liquidez contra crises. A valorização patrimonial das reservas não é algo tangível se elas continuarem constituídas em dólares ou em qualquer outra moeda estrangeira. Já o custo das operações de *swap* é uma despesa incorrida, aparecendo explicitamente no resultado nominal do setor público. A perda com os *swaps* gera um desembolso efetivo e diário do Banco Central (que é obrigado a cobrir sua posição na BM&F), ou seja, há uma perda financeira e não apenas um registro contábil.[3] As reservas passaram a ser um seguro caro, com o segurado revelando uma preferência em nunca usá-lo. O Banco Central se comporta como o proprietário de um carro caro que contrata um seguro com a melhor cobertura possível no mercado, mas que prefere sempre andar de táxi.

Como instrumento de política cambial, o uso dos *swaps* cambiais pode ser justificado em momentos bem definidos no tempo para evitar que uma alta da volatilidade faça o mercado perder parâmetro. Ocorre que, nos últimos dois anos, abusamos do uso desse instrumento enquanto passávamos por uma mudança estrutural na taxa de câmbio de equilíbrio. Os preços das commodities inverteram de tendência de alta para baixa desde o início de 2011, mas, ao impedir a depreciação da taxa de câmbio no momento em que a política fiscal também passava por uma profunda deterioração, geramos uma taxa de câmbio extremamente apreciada, que aprofundou o deficit da conta-corrente.

Existe outro aspecto muito importante do acúmulo de reservas, além da piora do perfil da dívida, do custo de se manter um elevado nível de reservas em um país com câmbio flutuante e da pouca disposição em se utilizar esse seguro nos momentos de volatilidade. A legislação atual trata de maneira assimétrica os repasses do lucros ou prejuízos do Banco Central ao Tesouro resultantes da variação cambial das reservas. De acordo com a regra em vigor, os ganhos do Banco Central são depositados na Conta Única do Tesouro em moeda corrente, já as perdas são compensadas com aportes de títulos do Tesouro na carteira do Banco Central. Essa prática levou a Conta Única do Tesouro a deter quase R$ 1 trilhão (15% PIB), valor muito acima do que se encontra em outros países.

Financiamento das pedaladas e a volta da heterodoxia

Como explicamos, pela metodologia fiscal vigente no caso de valorização do dólar é apurado um lucro resultante da conversão em reais do montante em moeda estrangeira das reservas, apesar de tal ganho não ter sido efetivamente realizado. O Banco

Central não precisa vender reservas para transformar o ganho contábil em financeiro e repassá-lo, em espécie, ao Tesouro Nacional. Se em algum momento futuro as reservas gerarem grandes perdas ao Banco Central, o caixa do Tesouro não terá que ser usado. Este emitirá títulos para o Banco Central diretamente, sem afetar as taxas de mercado. Esse caixa inflado pela valorização das reservas cambiais foi usado no final de 2015 para o pagamento das chamadas "pedaladas". Ao invés de o governo pagar gastos atrasados emitindo dívida no mercado, preferiu usar um caixa construído em grande parte pela valorização das reservas.

Afonso, Mendes Ribeiro, Salto e Khöler (2016) mostram que o dinheiro para o pagamento das pedaladas não saiu diretamente da fonte 152 – Resultado do Banco Central, mas essa fonte financiou o pagamento de encargos da dívida. Isso ocorreu justamente porque o Tesouro pagou as pedaladas com o dinheiro que seria usado para saldar juros e dívida vincenda.

O uso da Conta Única do Tesouro e a emissão de compromissadas, em substituição à emissão de dívida para o mercado diretamente, mascara o perfil da dívida pública. As compromissadas não entram na estatística da Dívida Pública Mobiliária Federal interna (DPMFi), cujo perfil é divulgado mensalmente pelo Tesouro. Na Figura 17.4, vemos a diferença entre as porcentagens atreladas à Selic da DPMFi e da dívida pública bruta (que inclui as compromissadas).

Figura 17.4
Dívida bruta e DPMFi: parcelas indexadas à taxa Selic

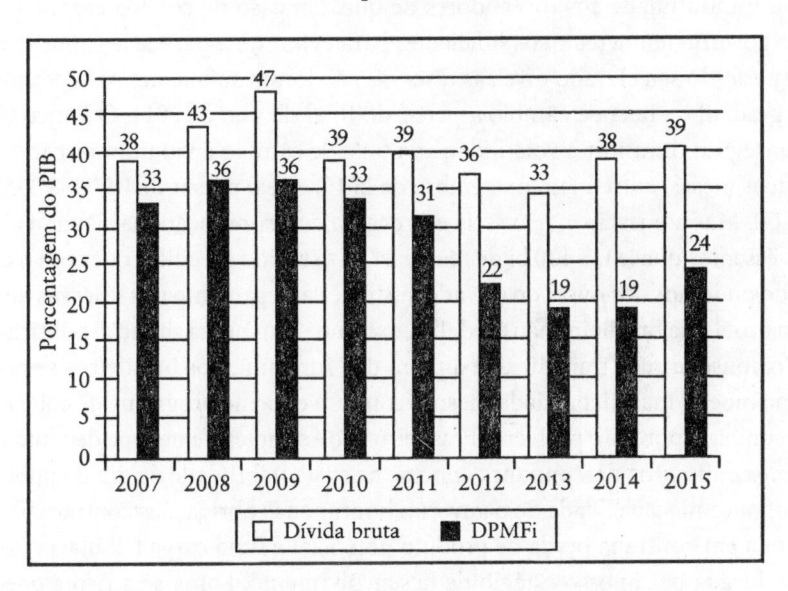

Ano	Dívida bruta (% PIB)	DPMFi (% PIB)
2007	38	33
2008	43	36
2009	47	36
2010	39	33
2011	39	31
2012	36	22
2013	33	19
2014	38	19
2015	39	24

Fonte: Banco Central do Brasil

Afonso, Mendes Ribeiro, Salto e Khöler (2016) detalham minuciosamente a operação de pagar pedaladas usando um caixa inflado pela valorização contábil das reservas. Não é procedimento ilegal do ponto de vista jurídico, mas extremamente inconveniente, abrindo espaço para o Tesouro gastar sem explicitar seu verdadeiro custo de financiamento e ganhando um grau de liberdade significativo para operar sem uma restrição orçamentária efetiva. Como discutir limites de gastos e de dívida pública com uma legislação que tira a transparência das contas públicas e viabiliza de uma forma indireta o financiamento do Tesouro pelo BC?

O pagamento de gastos atrasados abre um precedente relevante para algumas outras ideias que prejudicam a recuperação da confiança de nossa economia. Surgem propostas de usar as reservas para dar crédito a determinados setores ou para custear nosso enorme deficit da Previdência. Há sugestões também de usar a "sobra" de reservas para a compra da nossa dívida externa, evitando que seu preço fique tão depreciado, ou para capitalizar a Petrobras, impedindo que esta acabe contaminando o risco Brasil. Parece que chegamos ao ponto em que as reservas deixaram de ser um seguro e passaram a ser uma ameaça.

Conclusões

As reservas internacionais são hoje o único ativo de que dispomos para garantir alguma tranquilidade aos investidores de que, em caso de corrida contra a moeda local, o governo tenha recursos suficientes para evitar uma parada abrupta na economia. Apesar do seu elevado nível, as reservas não foram suficientes para permitir um ajuste gradual da taxa de câmbio a partir do final do ano de 2014. O Banco Central não conseguiu diminuir a volatilidade da taxa de câmbio e viu num piscar de olhos de poucos meses, entre maio e setembro de 2015, o real passar de R$/US$ 3,00 a R$/US$ 4,00. Mas a questão é: não seria o processo de depreciação mais agudo ainda se não tivéssemos quase U$ 400 bi de reservas? Faz sentido acreditar que com o câmbio ajustado podemos nos livrar do elevado custo de carregamento das reservas quando a raiz do problema brasileiro não é o deficit externo e sim nossa situação política-fiscal?

Não conseguimos impedir que a piora dos fundamentos brasileiros se revelasse em uma moeda mais depreciada mesmo com um enorme programa de colocação de *swaps* cambiais porque o problema brasileiro não é simplesmente uma demanda maior por *hedge* e sim uma desconfiança enorme na sustentabilidade da dívida pública. Há desconfiança na capacidade de o governo honrar suas obrigações contratuais, com a economia em contínua perda de produto potencial e uma carga tributária extremamente elevada para nosso estágio de desenvolvimento. Soma-se a isso a queda dos preços das commodities e a estagnação da nossa produtividade. Uma política ativa de intervenção no mercado à vista concomitante ou em substituição ao programa de *swaps* poderia ter diminuído o custo implícito da dívida pública, mas não impediria a perda da confiança na nossa economia, do grau de investimento e muito dificilmente impediria que a taxa de câmbio estivesse onde está nesse momento.

O Brasil vive uma crise fiscal de uma dimensão com poucos precedentes na nossa história, mesmo sendo ela bastante rica nesse aspecto. Pensar em reduzir as despesas financeiras geradas pela atual política cambial é crucial. Mas precisamos respeitar um cronograma de ajuste da política econômica. Precisamos nos livrar completamente da "Nova Matriz Econômica", que ronda o governo incansavelmente. Só com segurança na política fiscal será prudente pensar em reduzir nosso seguro de reservas internacionais gradualmente.

A análise do custo-benefício de mantermos o atual nível de reservas piora por estas estarem de alguma forma financiando o pagamento do gasto público e sendo fonte de inspiração para ideias inoportunas que aprofundam cada vez mais a crise de confiança atual. Agora, por exemplo, com os pagamentos das pedaladas resolvido, o governo espera que o dinheiro injetado nos bancos públicos continue gerando crédito subsidiado em um país praticamente sem demanda por crédito e com as contas fiscais completamente desajustadas.

Não temos uma crise de balanço de pagamentos e sim uma crise fiscal de difícil solução. A única forma de as reservas contribuírem nesse quadro é oferecendo um seguro contra corridas cambiais. Se estivéssemos num processo de ajuste do gasto público, poderíamos tentar diminuir os custos financeiros da dívida concomitantemente, vendendo reservas e abatendo a dívida pública.

É importante entender que gastar nossas reservas para diminuir o estoque da dívida pública não evita que ela continue crescendo de forma acelerada. A venda de ativos só deve ser feita junto a um programa de ajuste fiscal crível, a fim de potencializar os efeitos positivos de curto prazo do ajuste. Ao abater a dívida, as reservas podem gerar uma valorização do câmbio, o que em algum grau seria bastante bem-vinda, já que não vemos nossa inflação desacelerar para patamares mais próximos à meta, mesmo vivendo a maior recessão de nossa história. Com menos dívida e menos inflação poderemos ver as taxas de juros reais finalmente recuarem, sem precisarmos recorrer a voluntarismos como no passado. Mas não custa repetir, tudo isso só será sustentável se for apenas uma ponte para a reforma fiscal.

Notas

1. Atualmente, cerca de 80% das operações compromissadas têm um prazo inferior a três meses. Cf.: Nota para a Imprensa, Política Fiscal, dez./15.
2. É verdade que as perdas com os *swaps* cambiais decorrentes da desvalorização do real em 2015 explicam parte do aumento desta taxa. Entretanto, mesmo descontando essas

perdas, estimamos que a taxa líquida implícita acumulada em 12 meses tenha alcançado 23,4% em dez./15, conforme se vê na Figura 17.3.

3. No caso de perdas do Banco Central com os *swaps* cambiais, ele é obrigado a aumentar as operações compromissadas de forma a enxugar a liquidez adicional e evitar uma expansão da base monetária, o que por sua vez se reverte em uma expansão da dívida bruta do setor público.

REFERÊNCIAS BIBLIOGRÁFICAS

AFONSO, J.R.R. e GARCIA, M. (2016) "Despedalar repedalando." *Valor Econômico*, 15 de janeiro.

AFONSO, J.R.R; MENDES, M.; RIBEIRO, L.C.; SALTO, F.S. e KÖHLER, M.A. (2016) "Fontes (remanejadas) e usos (retardados) de recursos federais ao final de 2015." IBRE/FGV – Nota Técnica, Portal IBRE.

MENDES, M. e RIBEIRO, L. (2016). "O pagamento das pedaladas fiscais." *O Estado de São Paulo*, 6 de janeiro.

18
Comitê de Política Cambial para as reservas do Banco Central: uma proposta

Ilan Goldfajn

Introdução[1]

A grande acumulação de reservas internacionais associada à elevada flutuação cambial tem desafiado a administração das contas públicas. Os montantes acumulados de reservas cambiais foram substanciais, hoje quase 25% do PIB (U$ 370 bilhões), e as mudanças no seu valor em reais foram também muito significativas, por causa da volatilidade da taxa de câmbio. Essa combinação de muitas reservas e alta volatilidade cambial tem também tornado extremamente complexo o relacionamento entre o Tesouro Nacional (TN) e o Banco Central do Brasil (BC).

De seu valor mínimo ao máximo, o câmbio quase triplicou em termos nominais (170% de depreciação). O câmbio atingiu o mínimo de 1,55 real por dólar em junho de 2011 e o máximo de 4,20 reais por dólar em setembro de 2015. Em termos reais, a amplitude foi de aproximadamente 115%. Uma variação dessa magnitude aplicada a um montante elevado de divisas torna complexa a administração das contas públicas, caso sua regulação não esteja adequada para lidar com tal flutuação. As realocações de riqueza entre o governo e o setor privado e entre o Banco Central e o Tesouro são substanciais, pois uma depreciação de 200% aplicada a reservas cambiais equivalentes a 15% do PIB (média do período recente) comanda ganhos ou perdas da ordem de 30% do PIB.

Problemas gerados pelo acúmulo de reservas e variações do câmbio

Vários dos problemas discutidos neste livro seriam menores (ou até negligenciáveis) na ausência desse fenômeno. O elevado estoque de operações compromissadas na carteira do BC, atualmente em quase 1 trilhão de reais, teve seu impulso principal (certamente até 2009) na necessidade de esterilizar a grande acumulação de reservas. Ao mesmo tempo, a relação dívida pública bruta sobre o PIB não teria a magnitude atual se uma parte importante da emissão de títulos públicos não tivesse sido feita como contrapartida da elevada acumulação de divisas. Na ausência de superavit do governo, o acúmulo de reservas cambiais (que são ativos do governo) é financiado pelo aumento de sua dívida. A Figura 18.1 ilustra essas relações.

Figura 18.1
Compromissadas (e dívida bruta) subiram para acumular reservas

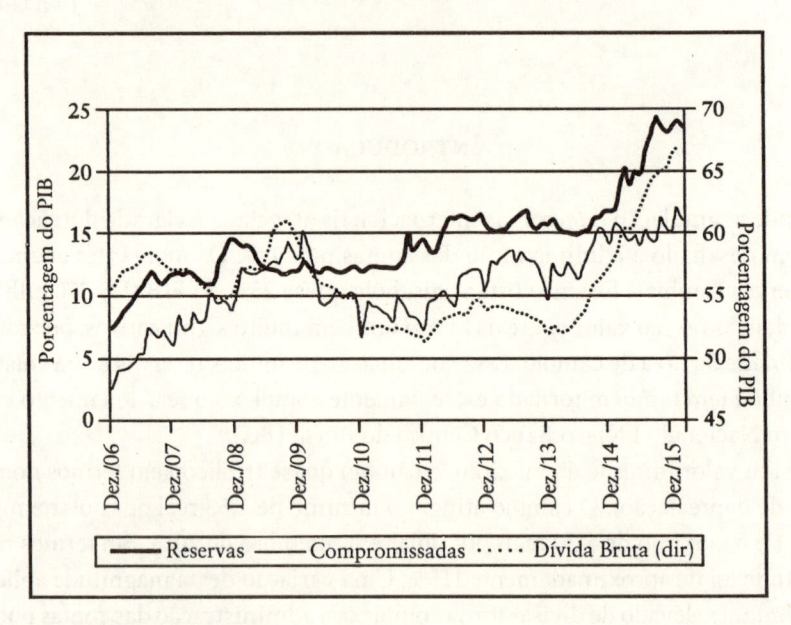

Fonte: Banco Central do Brasil

Até 2009, a acumulação de reservas é acompanhada de perto pelo aumento das compromissadas e da dívida bruta. A partir de 2013, os ganhos cambiais dominam a correlação: a depreciação cambial aumenta o valor das reservas em relação ao PIB, gerando ganhos cambiais que, quando gastos, têm de ser esterilizados pelo aumento das compromissadas emitidas pelo BC. Nesse contexto, os efeitos da assimetria no tratamento dos ganhos e perdas no balanço do BC – os ganhos alimentam a Conta Única do Tesouro (CUT), as perdas são compensadas com aportes de títulos públicos – não seriam tão impactantes sem os ganhos e perdas cambiais. Provavelmente, não estaríamos discutindo essa assimetria, que gera ao longo do tempo um aumento da CUT (pela acumulação dos ganhos) e dos títulos na carteira do BC (pela acumulação das perdas), se a oscilação de ganhos/perdas cambiais (que são os principais componentes dos resultados do BC) não fosse tão elevada. As Figuras 18.2 e 18.3 ilustram os aumentos significativos da CUT e dos títulos na carteira do BC. Quando ocorre a grande depreciação do câmbio a partir de meados de 2014, a CUT aumenta significativamente: os ganhos cambiais são tão elevados que inflam a conta do Tesouro no BC.

Figura 18.2
Conta Única subiu com depreciação cambial

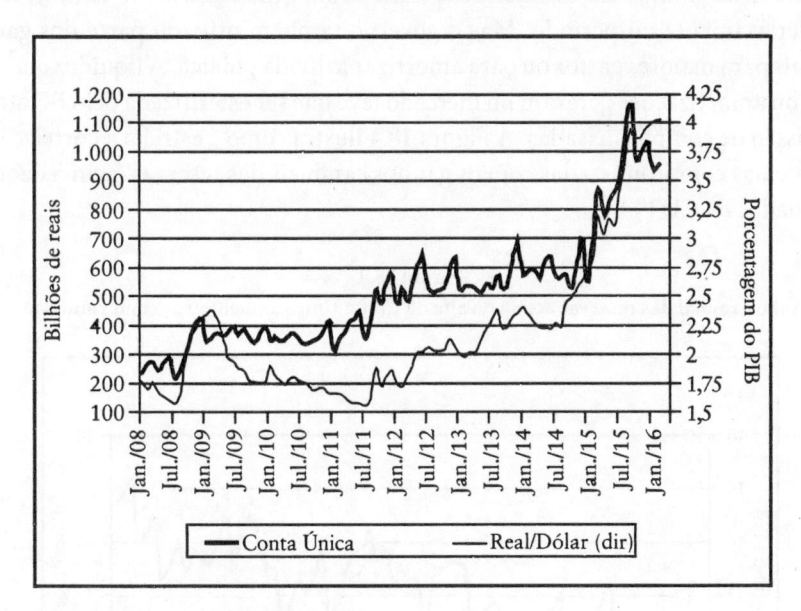

Fonte: Banco Central do Brasil

Figura 18.3
Títulos subiram constantemente desde 2008 (mesmo no período de desvalorização cambial após 2013)

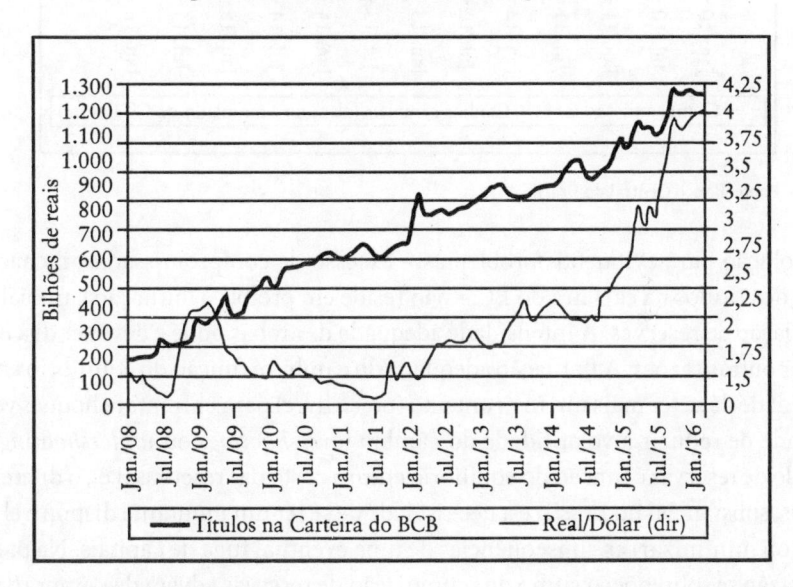

Fonte: Banco Central do Brasil

Desde 2014, as compromissadas também subiram devido aos ganhos cambiais das reservas. Esses ganhos são transferidos para a Conta Única que, como vimos, cresceu consideravelmente no período. Mas o governo também utilizou parte dos ganhos cambiais para maiores gastos ou para amortizar a dívida pública. A liquidez que esses gastos ou amortizações geraram no mercado teve que ser esterilizada pelo BC através da emissão de compromissadas. A Figura 18.4 ilustra como é estreita a correlação do aumento das compromissadas com os ganhos cambiais das reservas (acima daqueles acumulados na CUT).

Figura 18.4
Ganho cambial das reservas acima da alta da Conta Única aumentou as compromissadas

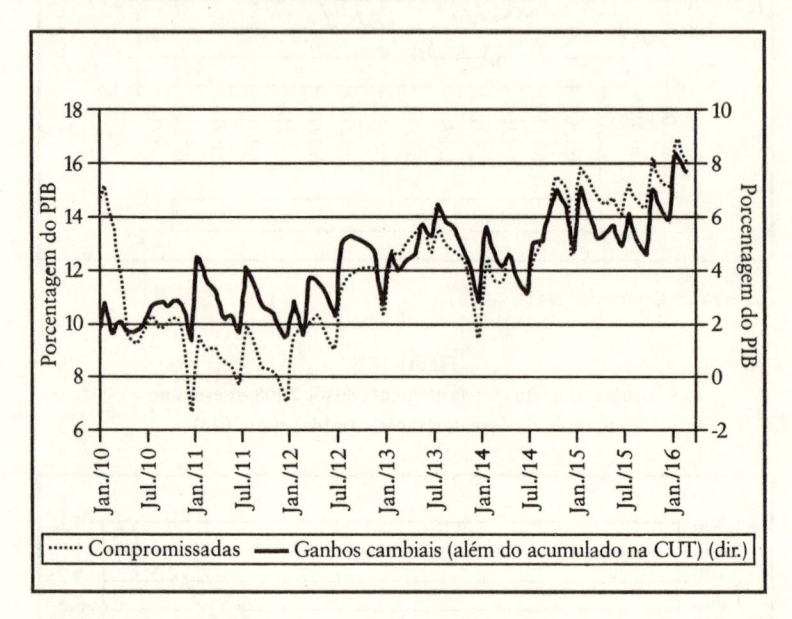

Fonte: Banco Central do Brasil

A solução para evitar tais problemas – excesso de compromissadas, inchaço da CUT e dos títulos na carteira do BC – não reside em proibir a flutuação cambial ou a acumulação de reservas. A intensidade adequada de ambas pode e deve ser discutida, mas por outras razões. A flutuação adequada do câmbio é função do equilíbrio entre a necessidade de se ter mais um instrumento (preço livre) para enfrentar choques versus a vontade de reduzir a volatilidade do câmbio (*overshootings* ou *undershootings*). O acúmulo de reservas é função do equilíbrio entre o custo das reservas (i.e., o diferencial de juros, substancial no Brasil) e a necessidade de se ter um montante disponível para evitar (ou minimizar) as consequências de uma eventual fuga de capitais. Na prática, outra razão se sobrepõe: o ritmo de acumulação de reservas advém da compra/venda de reservas para evitar a apreciação/depreciação excessiva em momentos de grandes entradas/saídas de capital.

A solução para que as flutuações cambiais no preço (taxa de câmbio) e na quantidade (reservas) não distorçam as contas do BC e do TN é adequá-las a essas circunstâncias. A acumulação significativa das reservas e a depreciação que se seguiu transformaram as distorções existentes – a assimetria no tratamento dos resultados do BC, o uso de compromissadas, o tamanho da Conta Única – em grandes problemas. Isolando-se o balanço do BC das grandes variações que ele hoje apresenta – em função de flutuações cambiais significativas incidindo sobre montantes elevados de reservas –, a discussão das demais questões se tornará mais simples. Com resultados menos extremos no balanço do BC, a transferência de resultados e a assimetria ficarão mais fáceis de lidar. Na próxima seção, sugerimos algumas medidas com esse propósito.

Como reduzir o valor e a volatilidade dos resultados do BC

Pode parecer contraditório uma economia ter que conviver simultaneamente com as consequências de grandes acúmulos de reservas cambiais e de elevadas flutuações do câmbio. Afinal, em teoria, um regime puro de câmbio flutuante prescinde de intervenção e, portanto, da necessidade de acumular reservas. Um regime de câmbio fixo, em contraste, requer intervenções seguidas e, consequentemente, acumulação (ou quedas) de reservas, mas sem flutuações na taxa de câmbio. Na prática, é difícil observar em economias emergentes regimes de câmbio fixos ou flexíveis puros: normalmente, observa-se o convívio de flutuações cambiais com acúmulos de reservas, como no Brasil nas últimas décadas.

As flutuações cambiais e o acúmulo de reservas no Brasil foram intensos. Houve alternâncias de períodos de grandes pressões para apreciação e acumulação de reservas com períodos de pressões para depreciar e saída de capitais. Isso foi fruto das oscilações das condições internacionais associadas às das políticas domésticas. Houve o apogeu do crescimento global com o *boom* das *commodities*, seguido da crise internacional e, depois, da queda das *commodities*. Domesticamente, o Brasil alternou políticas consistentes – que angariaram grande confiança e obtenção do grau de investimento – com políticas insustentáveis, perda da confiança e também do grau de investimento.

O resultado foi que, mesmo diante de intervenções e acumulações de reservas consideráveis, houve também flutuações relevantes na taxa de câmbio que geraram ganhos/perdas consideráveis.[2] Foram essas flutuações de riqueza e transferências de renda entre os entes públicos e entre o setor privado e o público que geraram um estresse nas contas públicas. Pode-se argumentar que o futuro pode ser mais estável que o passado, e as propostas que se seguem tornarem-se desnecessárias. Temo, entretanto, que no futuro próximo ainda tenhamos oscilações relevantes, tanto no Brasil quanto no contexto internacional.

Seguem-se algumas propostas para dirimir as distorções citadas e tornar o impacto dos resultados cambiais mais transparentes.

A política cambial seria atribuição conjunta do BC e do Ministério da Fazenda (MF) – Criação do Copoc do CMN

Parto da proposta de um arranjo institucional que permita prover os incentivos corretos para tornar a política cambial mais eficiente. O Conselho Monetário Nacional (CMN) definiria as diretrizes gerais da política cambial (ex.: câmbio flutuante). O CMN delegaria as decisões de política cambial para o Comitê de Política Cambial (Copoc), que seria formado pelos dois ministros (Fazenda e BC) e dois outros membros (um diretor do BC e um secretário da Fazenda). Ao Copoc caberia decidir sobre a política cambial (acumular, carregar e intervir com reservas), respeitando as diretrizes do CMN. As decisões do Copoc seriam implementadas pelo BC, como órgão executor das políticas cambiais no mercado de divisas.

As decisões de política cambial, por terem consequências fiscais, deveriam ser decididas também pelo Ministério da Fazenda. A combinação de uma acumulação grande de reservas com volatilidade de câmbio gera uma exposição relevante para o governo, levando a ganhos e perdas importantes, sem contar o custo relevante de seu carregamento (diferencial entre os juros externos e internos). Esses ganhos geram grandes transferências de recursos entre o BC e o TN. A exposição cambial do governo não se limita ao montante de reservas cambiais, mas inclui todos os derivativos cambiais – *swaps*, opções e outros. Todos os instrumentos cambiais seriam de responsabilidade do Copoc, executados pelo BC.

Há outras decisões do BC que também geram custos fiscais (ex.: empréstimos de última instância, liquidações etc.). Essas decisões também seriam autorizadas pelo CMN acima de certo valor, mas de alçada do BC nos demais casos.

A definição da taxa de juros básica (pelo Comitê de Política Monetária, Copom, do BC) tem também custos fiscais, mas é inerente a seu objetivo principal, qual seja, o controle da inflação, cuja meta é definida pelo CMN. O BC precisa utilizar seu instrumento principal (a taxa de juros) para atingir seu objetivo principal (a meta da inflação). Quando o CMN define uma meta de inflação para o BC cumprir, está simultaneamente autorizando-o a usar seu instrumento principal, com os custos fiscais que comanda. De fato, não há como limitar o uso da taxa de juros (por questões fiscais) pela política monetária. Na prática seria a institucionalização da "dominância fiscal", que ocorre quando aspectos fiscais não permitem ao BC perseguir a meta de inflação. A existência dessa dominância fiscal afetaria decididamente a capacidade do

BC de atingir seu objetivo de manter a inflação na meta. É pratica comum nos bancos centrais no mundo ter a liberdade de usar o instrumento da taxa de juros para atingir a(s) meta(s) definida(s) pela sociedade. É uma delegação essencial.

As preocupações quanto ao impacto fiscal de outras políticas (que não a política monetária) do banco central não são exclusividade do Brasil. O Federal Reserve (Fed, o banco central dos EUA) se deparou com questões desse tipo durante a crise financeira, à medida que começou a comprar títulos privados. Relatos de discussão entre os membros do Fed mostram preocupações em ser o mais breve possível nessas intervenções de cunho essencialmente fiscal e em buscar amparo do Tesouro e do Congresso americano para os riscos fiscais incorridos.

A definição da política cambial pelo Copoc do CMN gera os incentivos corretos para o BC. Deixa claro e transparente que a taxa de câmbio não é um instrumento direto de controle da inflação. A meta de inflação deve ser atingida com o uso da taxa de juros básica (Selic), que inclusive afeta a taxa de câmbio, assim como muitas outras variáveis da economia. A definição da política cambial deve levar em consideração outros aspectos para além da inflação, como o custo e risco de acumulação de reservas e a necessidade de evitar distorções na determinação da taxa de câmbio, que é um preço essencial para incentivar a economia a alocar eficientemente os recursos.

Isolar o balanço do BC das flutuações cambiais – Criação do Fundo de Reservas Cambiais (Fundo Cambial)

É essencial isolar o resultado do BC das flutuações cambiais e seu balanço do impacto da acumulação das reservas e dos *swaps* e outros derivativos cambiais para evitar as distorções atuais (excesso de compromissadas, de títulos públicos e de transferências excessivas para a CUT). Dado o tamanho elevado das reservas (em torno de 20% – 25% do PIB), seria adequado tirar as reservas do balanço do BC, criando um fundo de reservas cambiais (Fundo Cambial), a exemplo do que existe em vários outros países. Esse fundo estaria a cargo do Copoc, sendo o BC o seu operador.

O "dono" das reservas não seria mais o BC, mas sim um fundo cujo resultado impactaria diretamente o TN. Com isso se evitaria a complexa contabilidade de como transferir os elevados ganhos e perdas cambiais. O BC não mais teria de explicar os elevados ganhos (e, principalmente, as perdas) no seu balanço, que refletiriam as operações típicas de política monetária. O tamanho e a oscilação dos resultados seriam bem menores e deixariam mais claros os custos reais do BC.

Os resultados cambiais ficariam bem transparentes, pois bastaria ver o resultado do Fundo Cambial. Nesse Fundo estariam incluídas todas as operações de *swaps* (e outros derivativos), que seriam decididas pelo Copoc e operacionalizadas pelo BC (não para seu balanço, mas para o do Fundo Cambial). O balanço do BC não teria mais as reservas cambiais.

O Fundo Cambial teria reservas cambiais no seu ativo e precisaria ser capitalizado com títulos públicos, caso precisasse (para acumular ainda mais reservas ou absorver perdas nos derivativos, se não tiver recursos líquidos no fundo). Inversamente, caso haja excesso de ganhos líquidos no fundo acumulados ao longo do tempo (provenientes da venda de reservas cambiais ou ganhos nos derivativos), o fundo poderia transferir os recursos líquidos para o TN (por meio de uma decisão *ad hoc* do Copoc), que seria obrigado a usar para abater títulos públicos.

Normalmente os resultados dos ganhos/perdas cambiais ficariam no Fundo Cambial, aumentando ou diminuindo seu valor ao longo do tempo.

A operacionalização do Fundo Cambial deixaria transparente que, para acumular reservas cambiais, o governo tem que se endividar pela emissão de títulos (a não ser que haja superavit fiscais nominais, o que não tem sido o caso no Brasil).

A transferência das reservas cambiais para o Fundo Cambial teria de envolver mudanças contábeis. A criação do Fundo Cambial ocorreria com a capitalização do fundo pelo Tesouro, que se tornaria seu único cotista, via emissão de títulos públicos (no valor atual das reservas cambiais). Em seguida o Fundo Cambial trocaria os títulos públicos pelas reservas cambiais do BC. Nesse momento o Fundo Cambial passaria a deter todas as reservas cambiais no seu ativo e nas cotas detidas pelo Tesouro no passivo. Ao mesmo tempo, aumentaria a quantidade de títulos do Tesouro no ativo do BC. Para diminuir de volta a quantidade de títulos no seu balanço, o BC poderia utilizar a Conta Única para abater parte desse aumento. Ou poderia também vender títulos do TN no mercado e ajustar a liquidez reduzindo o montante de compromissadas no seu balanço.

Na contabilidade de dívida pública, o Fundo Cambial passaria a ser consolidado no balanço geral do setor público (mas não no governo geral). Assim, haveria realocação de ativos e passivos dentro do governo, mas a criação do Fundo Cambial não afetaria nem a dívida bruta, nem a dívida líquida, no conceito utilizado pelo BC. Veja na Figura 18.5 um exercício para mostrar as fases contábeis da criação do FC.

Alguns países, por diferentes motivos, já têm parte de reservas fora do balanço do banco central. No Chile, cerca de US$ 14 bilhões estão em um fundo soberano para estabilização dos ciclos de cobre e de crescimento, enquanto US$ 40 bilhões ficam no BC. Até a crise financeira global de 2008/09, alguns países estavam migrando parte de suas reservas para fundos com a intenção de ter uma administração mais ativa de investimentos. O Korea Investment Corp., na Coreia do Sul, e o GIC, fundo soberano de Cingapura, são dois exemplos. Na China, o China Investment Corp. (CIC), cujo capital foi inicialmente formado com US$ 200 bilhões das reservas, também detém ativos que não estão consolidados no Banco do Povo da China (PBoC, o banco central chinês).

Swaps e reservas teriam contabilidade simétrica no Fundo Cambial

A transferência das reservas e dos *swaps* cambiais para o Fundo Cambial traria simetria ao tratamento contábil dos resultados cambiais dos *swaps* e das reservas. Atualmente, o resultado dos *swaps* cambiais afeta o fluxo (o deficit nominal), o que não acontece com a valorização das reservas (que afeta apenas o valor da dívida líquida, mas não o deficit). No Fundo, os resultados da variação cambial e das reservas afetariam simetricamente o *bottom line*. As contas públicas seriam afetadas simetricamente (por *swaps* e reservas) tanto no fluxo (deficit) quanto na dívida.

Manter compromissadas apenas para fins de liquidez (e no limite de encurtamento em crises)

Atualmente, a principal implicação do mecanismo de "equalização cambial" (ganhos cambiais aumentando a Conta Única) é um encurtamento e indexação da dívida pública à Selic via aumento de compromissadas. O Tesouro usa os ganhos cambiais para abater dívida fora do BC, e os recursos são esterilizados via aumento das compromissadas no balanço do BC.

No caso de serem adotadas nossas propostas, que retiram a volatilidade cambial e a acumulação das reservas do balanço do BC, o montante de compromissadas seria bem menor. O debate sobre o uso das compromissadas ficaria mais focado no essencial: é um mecanismo de enxugamento da liquidez e permite que haja algum mecanismo de encurtamento de prazo da dívida em casos extremos (de crise).

Manter transferências entre BC/TN (mas menores), acabar com a assimetria

Sem as oscilações cambias no resultado do BC, o debate sobre a relação entre o TN e o BC ficaria mais simples. A volatilidade dos resultados do BC seria bem menor. As transferências entre o BC/TN (seriam montantes menores, administráveis) poderiam ser mantidas, mas desde que eliminada a assimetria entre o tratamento dos ganhos e prejuízos do BC.

Atualmente, quando há ganhos, o BC os transfere para a Conta Única do Tesouro, o que permite gastos maiores do governo. A grande quantidade de reservas permite que ganhos da desvalorização cambial exacerbem esse problema. É necessário mudar a regra e requerer que os ganhos sejam usados exclusivamente para abater títulos do governo na carteira do BC (tornando ganhos e perdas simétricos). Se em função dessa regra houver escassez de títulos na carteira do BC para performar sua função monetária (adequar a liquidez do mercado aos objetivos de política monetária), o BC poderá requerer ao CMN autorização especial para o TN emitir títulos para a carteira do BC.

Consideração final

Este capítulo focou na institucionalidade da política cambial e os mecanismos de apropriação dos ganhos cambiais, não no montante ótimo de reservas no Brasil (temas de outros capítulos deste volume). A criação do Fundo Cambial e do Copoc tem como objetivo contribuir para isolar o balanço do BC das flutuações cambiais e institucionalizar as decisões de política cambial.

Tabela 18.1
A criação do Fundo Cambial

Tabela 18.1A
Condição inicial – BC e governo geral de fev/16:

Balanço Banco Central (%PIB)			
Reservas	24%	Compromissadas	16%
Títulos TN	21%	Conta Única	16%
		Outros	13%

Balanço governo geral – não inclui BC (%PIB)			
Conta Única	16%	Dívida interna no mercado (1)	47%
		Compromissadas (2)	16%
Não líquidos	16%	Dívida externa (3)	4%
		Dívida bruta gov. geral (4=1+2+3)	**68%**
		Títulos TN livres BC (5)	5%
Ativo total	**32%**	**Dívida bruta gov. geral (FMI) (4+5+6)**	**73%**
Dívida líquida setor público (inclui BC)			**37%**

Tabela 18.1B
Criação do Fundo Cambial (FC) com capitalização de títulos do TN (contrapartida cotas no FC)

Balanço Banco Central (PIB)			
Reservas	24%	Compromissadas	16%
Títulos TN	21%	Conta Única	16%
		Outros	13%

Fundo Cambial (%PIB)			
Títulos TN	24%	Cotas	24%

Balanço governo geral – não inclui BC (%PIB)			
Conta Única	16%	Dívida interna no mercado (1)	47%
Cotas no FC	24%	Compromissadas (2)	16%
Não líquidos	16%	Dívida externa (3)	4%
		Dívida bruta gov. geral (4=1+2+3)	**68%**
		Títulos TN livres BC (5)	5%
		Títulos TN no FC (6)	24%
Ativo total	**56%**	**Dívida bruta gov. geral (FMI) (4+5+6)**	**97%**
Dívida líquida setor público (inclui BC)			37%

Tabela 18.1C
BC transfere reservas para FC e recebe Títulos TN do FC

Balanço Banco Central (PIB)			
Reservas	0%	Compromissadas	16%
Títulos TN	45%	Conta Única	16%
		Outros	13%

Fundo Cambial (%PIB)			
Títulos TN	0%	Cotas	24%
Reservas	24%		

Balanço governo geral – não inclui BC (%PIB)			
Conta Única	16%	Dívida interna no mercado (1)	47%
Cotas no FC	24%	Compromissadas (2)	16%
Não líquidos	16%	Dívida externa (3)	4%
		Dívida bruta gov. geral (4=1+2+3)	**68%**
		Títulos TN livres BC (5)	29%
		Títulos TN no FC (6)	0%
Ativo total	**56%**	**Dívida bruta gov. geral (FMI) (4+5+6)**	**97%**
Dívida líquida setor público (inclui BC)			37%

Tabela 18.1D
Conta Única utilizada para reduzir Títulos TN no BC

Balanço Banco Central (PIB)			
Reservas	0%	Compromissadas	16%
Títulos TN	37%	Conta Única	8%
		Outros	13%

Fundo Cambial (%PIB)			
Títulos TN	0%	Cotas	24%
Reservas	24%		

Balanço governo geral – não inclui BC (%PIB)			
Conta Única	8%	Dívida interna no mercado (1)	47%
Cotas no FC	24%	Compromissadas (2)	8%
Não líquidos	16%	Dívida externa (3)	4%
		Dívida bruta gov. geral (4=1+2+3)	**68%**
		Títulos TN livres BC (5)	21%
		Títulos TN no FC (6)	0%
Ativo total	**48%**	**Dívida bruta gov. geral (FMI) (4+5+6)**	**89%**

Dívida líquida setor público (inclui BC)	**37%**

Tabela 18.1E
BC vende títulos TN no mercado e reduz compromissadas

Balanço Banco Central (PIB)			
Reservas	0%	Compromissadas	8%
Títulos TN	29%	Conta Única	8%
		Outros	13%

Fundo Cambial (%PIB)			
Títulos TN	0%	Cotas	24%
Reservas	24%		

Balanço governo geral – não inclui BC (%PIB)			
Conta Única	8%	Dívida interna no mercado (1)	55%
Cotas no FC	24%	Compromissadas (2)	8%
Não líquidos	16%	Dívida externa (3)	4%
		Dívida bruta gov. geral (4=1+2+3)	**68%**
		Títulos TN livres BC (5)	21%

Balanço governo geral – não inclui BC (%PIB)			
Ativo total	48%	Títulos TN no FC (6)	0%
		Dívida bruta gov. geral (FMI) (4+5+6)	89%
Dívida líquida setor público (inclui BC)			37%

Notas

1. Agradeço a Guilherme Martins pela discussão e ajuda com os dados.
2. No debate público convive-se simultaneamente com a argumentação de que houve intervenção "demais" e a tese de que o câmbio oscilou demasiadamente.

PARTE V
Mudança de regime fiscal no Plano Real

19
Política fiscal na primeira fase do Plano Real, 1993-1997

Murilo Portugal

Introdução[1]

Após cinco planos econômicos malsucedidos, começando com o Plano Cruzado em 1986, o Plano Real teve êxito em reduzir de forma permanente a elevada inflação no Brasil. As circunstâncias que fizeram do Real um plano bem-sucedido são até hoje objeto de inconcluso debate, que certamente continuará. Tais circunstâncias incluem, no campo político: a coragem do presidente Itamar Franco de, no curto período de um mandato-tampão, fazer mais uma tentativa de estabilização após sucessivos fracassos; a inteligência, credibilidade pessoal e habilidade de articulação do então ministro da Fazenda, Fernando Henrique Cardoso, que conseguiu reunir no Ministério da Fazenda uma equipe notável de economistas, convenceu o presidente Itamar a lançar o Plano Real, e negociou sua aprovação no Congresso; e o cálculo político dos principais partidos, que após a experiência traumática do *impeachment* de Collor, considerando a impossibilidade de reeleição e a esperança de vencer as eleições de 1994, decidiram cooperar ou, pelo menos, não inviabilizar o governo Itamar.

Apesar da elevada inflação e do descrédito generalizado com planos de estabilização, o real pôde beneficiar-se de uma conjuntura favorável na economia internacional, inclusive dos US$ 23,8 bilhões de reservas internacionais, acumuladas até 1992 na gestão de Armínio Fraga como diretor da área externa do BC e da reabertura do mercado internacional de capitais em razão da renegociação da dívida externa concluída em março de 1994 por Pedro Malan, de dívida pública baixa resultante do bloqueio de ativos financeiros do Plano Collor e de importantes reformas estruturais lançadas no governo Collor, como a privatização, a desregulamentação e a abertura da economia.

Graças a uma equipe de economistas brilhantes, como Pedro Malan, Edmar Bacha, Persio Arida, André Lara Resende, Gustavo Franco e Winston Fritsch, muitos com experiência na formulação e execução de políticas macroeconômicas, o Plano Real foi mais bem formulado e implementado do que todos os anteriores, evitando alguns erros do passado. Os planos anteriores foram uma combinação de políticas fiscal e monetária com algum componente heterodoxo para lidar com a inflação inercial, o qual acabava por dominar toda a implementação, com controle de preços, política de rendas, bloqueio de depósitos bancários, conversão forçada de contratos etc.

No real, o componente heterodoxo, a URV, foi uma ideia melhor concebida e mais bem executada para guiar expectativas e propiciar a conversão voluntária de contratos para um regime de baixa inflação. Sendo um índice contemporâneo que acompanhava a taxa de câmbio, pré-anunciado como a nova moeda e convivendo com a moeda antiga por quatro meses, a URV foi voluntariamente utilizada pelos agentes econômicos para a renegociação de contratos, preços e salários, facilitando o alinhamento de preços relativos e evitando as conversões forçadas, tablitas e congelamentos dos planos anteriores, que até hoje geram um passivo de milhões de ações judiciais

Além disso, o componente heterodoxo do Plano Real, embora fundamental para o sucesso inicial, não foi seu único instrumento. Os instrumentos tradicionais de política econômica – as políticas monetária, cambial e fiscal e reformas estruturais – foram utilizados de forma mais ativa e permanente do que nos planos anteriores, o que deve ter contribuído para gerar expectativas positivas entre os agentes econômicos. A política monetária foi usada de forma ativa, mantendo a taxa real de juros elevada durante todo o período de implantação.

Na área fiscal, uma inovação importante foi a tentativa de fazer um ajuste antes do lançamento do Plano, o que permitiu que algumas medidas já estivessem, não só aprovadas, mas gerando efeitos desde o dia D do Plano. A política fiscal conseguiu gerar forte consolidação orçamentária no ano de introdução do Plano que, entretanto, se demonstrou efêmera, principalmente em razão de erros na política de reajuste do funcionalismo e do salário-mínimo. Além da consolidação fiscal temporária, foram introduzidas algumas reformas fiscais estruturais importantes que perduram até hoje, como o melhor controle das finanças dos governos subnacionais e a forte redução do número e da importância dos bancos estaduais. Todavia, outras reformas estruturais fundamentais propostas nas áreas da desvinculação de receitas, administração pública, previdência social e tributação não lograram aprovação no Congresso, ou foram aprovadas em forma temporária ou diluída, com estes temas continuando a figurar na agenda do país até hoje.

POLÍTICAS E RESULTADOS FISCAIS DE CURTO PRAZO ENTRE 1993-1997

A primeira metade da década de 1990 representou um período de consolidação fiscal, com o aumento do superavit primário e a redução das despesas de juros em razão do Plano Collor. O resultado primário do governo central saiu de um deficit médio de 0,3% do PIB em 1985-89 para um superavit médio de 1,1% do PIB em 1991-1993.

O Ministério da Fazenda perseguia a consolidação fiscal mesmo antes da posse de Fernando Henrique Cardoso como ministro da Fazenda, com a adoção de importantes medidas. Aproveitando o processo de aprovação simplificada de emendas constitucionais de revisão após cinco anos de vigência da Constituição Federal,[2] o Ministério da Fazenda havia conseguido incluir importantes mudanças na emenda constitucional nº 3, promulgada em 17/3/93: a criação do Imposto Provisório sobre Movimentações Financeiras (IPMF); a possibilidade de os estados e municípios darem à União em garantia suas próprias receitas e as transferências constitucionais; a possibilidade de cobrança de contribuições dos servidores para custeio das aposentadorias e pensões; a proibição de concessão de subsídios, isenções ou redução de base de cálculo de tributos, exceto por lei específica; e a criação da figura da substituição tributária.

Com o ingresso da nova equipe econômica, o esforço de consolidação fiscal e a ênfase em reformas estruturais ganharam maior prioridade, refletidas no lançamento, em 14 de junho de 1993, do Programa de Ação Imediata (PAI), que pode ser considerado uma etapa de preparação para o Plano Real. O programa previa medidas de redução de gastos e aumento da receita, tratamento da dívida dos estados e municípios, controle sobre os bancos estaduais, saneamento dos bancos federais, e aceleração do programa de privatização.

Na área fiscal, o PAI previa um corte de despesas orçamentárias da ordem de US$ 6 bilhões em 1993, diversas medidas de combate à sonegação e de recuperação da receita tributária, a aprovação da lei complementar instituindo o IPMF, a aprovação da Lei Camata que tramitava no Congresso desde 1989 e estabelecia limite para despesas de pessoal em 60% da receita corrente líquida, e o equacionamento das dívidas dos estados e municípios.

Essas medidas foram implantadas com sucesso, embora algumas com atraso. A lei complementar n. 77, regulamentando o IPMF, foi sancionada em 13/07/1993, mas, em razão de contestações judiciais no STF, o imposto só foi arrecadado de 1/1/1994 até 31/12/94. A Lei Camata só foi promulgada em março de 1995. A lei 8.727, que estabelecia as diretrizes para o refinanciamento das dívidas estaduais e municipais com a União, tema que será tratado em maior detalhe na seção "Renegociação das dívidas de estados e municípios", foi sancionada em 05/11/1993. A Resolução CMN 1966, de julho de 1993, proibiu empréstimos dos bancos estaduais aos seus controladores.

Diversas medidas de ampliação da receita tributária anunciadas no final de 1993, como a criação de uma terceira alíquota de 35% para o IRPF e o aumento para 26,6% da alíquota de 25%, a elevação das alíquotas do IOF e do ITR e o encurtamento para um decêndio do prazo para a apuração do IPI, só foram aprovadas durante o ano de 1994.[3]

No final de 1993, a União obteve importante vitória no STF com a confirmação da constitucionalidade da Cofins, cujo recolhimento havia sido suspenso por um grande número de contribuintes. Essa decisão provocou forte aumento na arrecadação do tributo durante o primeiro semestre de 1994, de 78% em termos reais em relação a igual período de 1993. A Tabela 19.1 apresenta a evolução das receitas no período.

As despesas de pessoal já vinham crescendo em razão da regulamentação do Regime Jurídico Único (RJU), instituído pela Constituição de 1988 e regulamentado em 1991, para o funcionalismo federal. A alteração constitucional permitiu que servidores de diversas autarquias e fundações federais, que antes teriam que se aposentar pelo regime geral da previdência, passassem a ter direito à aposentadoria integral custeada pela União, levando a uma onda de aposentadorias e aumento das despesas com inativos. A esse evento se somaram fortes pressões por recomposição salarial de servidores civis e militares, após a grande compressão real dos salários do funcionalismo ocorrida no período de 1990-1992. Em janeiro de 1993, a lei 8.622 concedeu aumento de 100% para os vencimentos, soldos e retribuições dos servidores civis e militares. Em fevereiro do mesmo ano, a lei 8.627 elevou os soldos dos servidores militares em 28,86%, índice que posteriormente foi estendido pelo STF aos servidores civis. A despesa de pessoal em 1993 se elevou em 10,3% em termos reais comparada com 1992.

Tabela 19.1
Receitas federais (% do PIB)

Composição	1991	1992	1993	1994	1995	1996	1997
Imposto importação	0,42	0,39	0,45	0,47	0,69	0,49	0,54
IPI	2,16	2,34	2,47	2,08	1,92	1,81	1,76
Imposto de Renda	3,39	3,80	3,94	3,76	4,09	3,93	3,82
IPMF/CPMF	0,00	0,00	0,07	0,99	0,02	0,00	0,72
IOF	0,59	0,62	0,81	0,73	0,45	0,33	0,40
Cofins	1,31	1,00	1,38	2,14	2,15	2,09	2,00
PIS/Pasep	1,06	1,08	1,16	1,05	0,86	0,86	0,79
Contr. s/lucro líquido	0,28	0,74	0,79	0,90	0,82	0,77	0,81
Outras receitas	0,86	2,08	1,19	0,91	0,84	0,81	0,95
Total	10,07	12,05	12,26	13,03	11,84	11,09	11,79

Fonte: Secretaria da Receita Federal. Dados cedidos por Fabio Giambiagi

Os resultados fiscais de 1993 foram positivos, com o setor público consolidado fazendo um superavit primário de 2,19% do PIB, um aumento de cerca de 1 ponto percentual sobre 1992, tendo o governo central apresentado um superavit de 0,84% do PIB e as empresas estatais de 0,76% do PIB.

Após disputa entre a Secretaria do Tesouro e a Secretaria de Orçamento do Ministério do Planejamento, que havia preparado uma proposta orçamentária considerada pela STN como inadequada para as exigências da estabilização,[4] a proposta orçamentária para 1994 foi retirada do Congresso no final de 1993 e submetida a severa reformulação por equipe sob a supervisão dos economistas Raul Veloso e Edmar Bacha. A reformulação visava adequar às disposições do Fundo Social de Emergência, proposto pelo governo e aprovado pela emenda constitucional de revisão n. 1 em 1/3/1994, que permitia reduzir em até 20% as vinculações setoriais de receita, tema que será tratado em mais detalhe na seção "Desvinculação das receitas tributárias", adiante.

A reformulação da proposta orçamentária foi fundamental para a forte contenção das despesas de custeio e investimento em 1994, não só por ter propiciado um orçamento mais realista beneficiando-se da desvinculação parcial de receitas, como também por ter contribuído para atrasar a aprovação do orçamento pelo Congresso, o que só ocorreu em novembro de 1994. Isso permitiu que a STN, durante praticamente todo o ano, executasse o orçamento na proporção máxima de 1/12 por mês apenas para verbas de custeio, sem liberação para empenho de despesas de investimento. Após a aprovação do orçamento, foram cancelados pela STN os empenhos cujas despesas não haviam sido contratadas ou executadas, o que evitou a formação de restos a pagar, mas gerou uma convocação do secretário do Tesouro para prestar explicações em audiência pública na Câmara dos Deputados.

Além do forte aumento da arrecadação e da contenção de despesas permitida pela desvinculação e pela aprovação tardia do orçamento, o Tesouro continuou contando, no primeiro semestre de 1994, com a alta inflação, que permitia, através do chamado controle na boca do caixa, a erosão do valor real da despesa pelo mero atraso no pagamento. Como no Brasil as receitas tributárias eram mais bem indexadas do que as despesas, ocorria aqui o reverso do efeito Olivera-Tanzi: ao invés de corrosão das receitas, a alta inflação ajudava a erodir as despesas.

Em razão dessas circunstâncias, os resultados fiscais de 1994 foram extraordinários. O setor público consolidado apresentou um superavit primário recorde de 5,21% do PIB, com o governo central realizando um superavit primário de 3,25% do PIB e as empresas estatais 1,19% do PIB. O superavit primário foi superior à conta de juros reais em 1994, gerando um superavit operacional de 1,68% do PIB, reduzindo a dívida do setor público a cerca de 30% do PIB no final de 1994. A Tabela 19.2 apresenta os resultados fiscais do período 1992-1997, medidos abaixo da linha.

Tabela 19.2
Necessidades de financiamento do setor público 1992-1997 (% do PIB)

Nominal	Total	Governo federal e BC	Estados e municípios	Empresas estatais
1992	45,75%	16,31%	16,90%	12,54%
1993	64,83%	23,96%	27,12%	13,75%
1994	26,97%	10,15%	12,08%	4,74%
1995	6,6%	2,18%	3,27%	1,21%
1996	5,35%	2,33%	2,47%	0,55%
1997	5,59%	2,41%	2,77%	0,41%

Operacional	Total	Governo federal e BC	Estados e municípios	Empresas estatais
1992	1,74%	0,59%	0,65%	0,51%
1993	0,80%	0,68%	0,08%	0,03%
1994	-1,57%	-2,00%	0,80%	-0,37%
1995	4,57%	1,60%	2,17%	0,81%
1996	3,10%	1,16%	1,65%	0,29%
1997	3,94%	1,61%	2,07%	0,26%

Primário	Total	Governo federal e BC	Estados e municípios	Empresas estatais
1992	-1,57%	-1,10%	-0,06%	-0,41%
1993	-2,19%	-0,81%	-0,62%	-0,76%
1994	-5,21%	-3,25%	-0,77%	-1.19%
1995	0,24%	-0,47%	0,16%	0.07%
1996	0,09%	-0,34%	0,50%	-0.07%
1997	0,87%	0,25%	0,68%	-0,06%

Fonte: Banco Central do Brasil (-) Superavit, (+) Deficit

Entretanto, já durante 1994 e no início de 1995 as sementes da deterioração fiscal que se seguiu estavam sendo plantadas. No segundo semestre de 1994, num procedimento usual para governos em fim de mandato, que mais tarde veio a ser proibido pela Lei de Responsabilidade Fiscal, o governo Itamar concedeu novos reajustes salariais a diversas categorias de servidores públicos. Embora com efeito menor em 1994, tais aumentos pesaram nas 13 folhas salariais de 1995. A Secretaria do Tesouro, que participava das negociações com servidores civis e militares e ministérios correspondentes, se opunha fortemente aos aumentos, mas acabou sendo voto vencido.

A lei do real previa o reajuste pelo IPC dos salários do funcionalismo federal em 1995, o que representou um aumento nominal de 26% face uma inflação de 22%. A STN também tentou sem sucesso alterar esse dispositivo da lei até o final de 1994. Conforme indicado na Tabela 19.3, em 1995 as despesas de pessoal apresentaram aumento real de 29,9% em relação ao ano anterior. Segundo estimativa realizada à época, o dispêndio de pessoal elevou-se de 5,12% do PIB em 1994 para 5,73% do PIB em 1995 (vide Piancastelli e Pereira, 1996).

Comportamento semelhante, de concessão de aumentos salariais no último ano de mandato, também tiveram diversos governos estaduais no ano eleitoral de 1994. Juntamente com a queda abrupta da inflação, esta foi uma das principais causas da crise fiscal ocorrida nos estados em 1995.[5]

Outro fator para o forte aumento das despesas em 1995 foi a elevação do salário mínimo em 42,9%, quando a inflação acumulada desde o último reajuste, concedido em setembro de 1994, era de 16,5%. Em maio de 1995, o mesmo reajuste de 42,9% foi aprovado para todas as aposentadorias e pensões e não apenas para as de valor equivalente ao salário mínimo. Como indicado na Tabela 19.3, as despesas com benefícios previdenciários apresentaram um aumento real de 19,9% em 1995. O aumento do gasto previdenciário foi estimado à época em 0,7% do PIB (Giambiagi, 1997: 17).

O aumento das despesas com benefícios previdenciários acabou se refletindo também em aumento das despesas de custeio. Até 1994 as despesas com benefícios representavam cerca de 80% da arrecadação da previdência social, com os 20% restantes da receita sendo transferidos diretamente pelo Ministério da Previdência para custear as despesas com saúde. Com o aumento do salário mínimo, a receita previdenciária foi toda consumida em benefícios. O então ministro da Previdência, Antônio Brito, informou ao Tesouro que não mais poderia arcar com as despesas de saúde, tendo o Tesouro que assumir tais gastos. Com isso, a partir de 1995 os dispêndios com pessoal e os gastos de custeio do Ministério da Saúde passaram a ser custeados pelo Tesouro, com as despesas com saúde apresentando forte expansão (Piancastelli e Pereira, 1996: 28-29; 47-48).

Ocorreu também em 1995 a perda da receita do IPMF, cuja vigência se limitou ao ano de 1994, quando sua arrecadação representou quase 1% do PIB.

O superavit primário do setor público apresentou queda drástica em 1995, sendo de apenas 0,24% do PIB. O governo central registrou superavit primário de 0,47% do PIB, parcialmente anulado pelo deficit dos estados e municípios e das empresas estatais.

O início da deterioração do resultado primário coincidiu com o início do pagamento do aumento dos benefícios previdenciários, ocorrendo a partir de junho de 1995, quando o superavit primário acumulado em 12 meses ainda alcançava 3,6% do PIB (Pereira, 1998: 24-26). A Figura 19.1 mostra a evolução mensal acumulada em 12 meses do resultado primário.

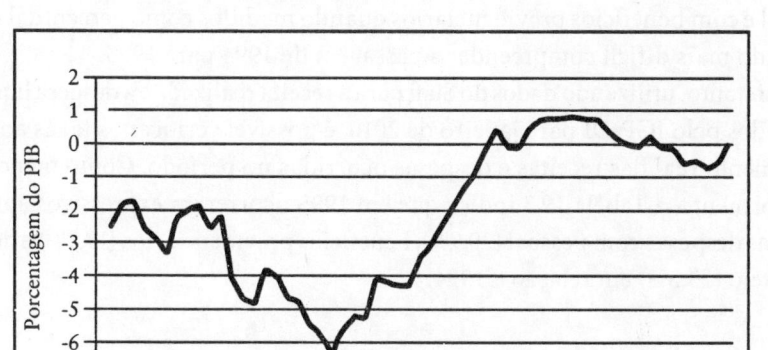

Figura 19.1
NFSP – Resultado primário (em % do PIB, acumulado em 12 meses)

Fonte: Banco Central do Brasil. Superavit: (-), Deficit (+)

Já a partir de março de 1995 diversas medidas foram adotadas para minorar a deterioração fiscal esperada: a data de pagamento do funcionalismo federal foi postergada para o 5º dia útil do mês seguinte; foram suspensas contratações temporárias e renegociados contratos; uma proposta de emenda constitucional restabelecendo a tributação sobre movimentações financeiras, desta feita sob a forma de uma contribuição social, a CPMF, foi enviada ao Congresso, sendo aprovada em agosto de 1996 para cobrança a partir de 1997; no IRPJ foi extinta a correção monetária dos balanços e demonstrações financeiras e reduzido de trimestral para mensal o período de apuração do lucro real.

Além de forte mudança no resultado fiscal entre 1993 e 1994, elevaram-se também nesses anos as discrepâncias estatísticas entre os resultados acima da linha, calculados a partir dos dados de receitas e despesas, e os resultados abaixo da linha, calculados pelo Banco Central a partir das variações dos estoques de dívida do setor público com o setor financeiro. Segundo estimativa de Giambiagi, essa discrepância representou uma mudança fiscal de 1,48% do PIB entre os dois anos. Essas circunstâncias levaram alguns analistas a questionar os números de 1994 e mesmo a excluir o ano das análises do período (vide Velloso, 1998: 14; Giambiagi, 1997: 19-20).

Outra dificuldade nas comparações entre 1994 e 1995 é que o IBGE revisou a série histórica do PIB a partir de 1995. O PIB de 1995, ano inicial da nova série, ficou cerca de 10% acima do número anterior, o que diminuiu *ex post* a participação relativa no PIB de alguns números fiscais, inclusive o impacto dos aumentos das despesas com pessoal e com benefícios previdenciários quando medidos como percentual do PIB, tornando mais difícil compreender a passagem de 1994 para 1995.

Entretanto, utilizando dados do Siafi para a receita realizada e a despesa liquidada, corrigidos pelo IGP-DI para janeiro de 2016, é possível verificar as taxas anuais de crescimento real das receitas e despesas ocorridas no período. Como mencionado anteriormente, a Tabela 19.3 indica que em 1995 ocorreram expressivos aumentos reais nas despesas com pessoal (29,9%), benefícios previdenciários (19,9%) e despesas de custeio (15,5%) em relação a 1994.

Tabela 19.3
Receitas e despesas da União 1991-1997 (Em mil reais de jan 2016)

DEMONSTRATIVO DAS RECEITAS DA UNIÃO

Receitas correntes realizadas (Em R$ mil de 2016[1])	Receita tributária	Receita de contribuições	Outras receitas	TOTAL
1991	149.600.137	179.859.137	29.650.610	359.110.577
1992	157.383.133	180.473.900	18.215.040	356.072.073
◄	5,2%	0,3%	-38,6%	-0,8%
1993	170.273.650	206.217.083	363.962.273	740.453.007
◄	8,2%	14,3%	1.989,1%	108,0%
1994	205.597.279	230.832.086	354.589.503	791.018.868
◄	20,7%	11,9%	-2,6%	6,8%
1995	221.213.643	264.615.595	102.456.100	5.588.285.339
◄	7,6%	14,6%	-71,1%	-25,6%
1996	223.176.958	330.510.053	99.829.040	653.516.050
◄	0,9%	24,9%	-2,6%	11,1%
1997	226.380.351	358.543.292	91.888.404	676.812.047
◄	1,4%	8,5%	-8,0%	3,6%

DESPESA DA UNIÃO POR GRUPO

Despesa corrente liquidada (Em R$ mil de 2016[1])	Pessoal e encargos sociais	Transf. estados e minicípios	Benefícios previdenciários[2]	Demais despesas correntes	TOTAL	RESULTADO
1991	109.440.148	64.378.371		157.242.210	331.060.729	28.049.848
1992	102.763.054	67.670.444		153.672.377	324.105.875	31.966.198

POLÍTICA FISCAL NA PRIMEIRA FASE DO PLANO REAL, 1993-1997

(continuação)

DESPESA DA UNIÃO POR GRUPO

Despesa corrente liquidada (Em R$ mil de 2016[1])	Pessoal e encargos sociais	Transf. estados e minicípios	Benefícios previdenciários[2]	Demais despesas correntes	TOTAL	RESULTADO
▲	-6,1%	5,1%		-2,3%	-2,1%	14,0%
1993	113.374.740	79.053.402	119.144.012	97.560.451	409.132.604	331.320.402
▲	10,3%	16,8%		-36,5%	26,2%	936,5%
1994	134.981.139	88.683.300	125.682.643	96.617.154	445.964.636	345.054.232
▲	19,1%	12,2%	5,5%	-1,0%	9,0%	4,1%
1995	175.379.796	100.631.477	150.720.100	111.607.154	537.870.920	50.414.419
▲	29,9%	12,9%	19,9%	15,5%	20,6%	-85,4%
1996	170.435.369	107.028.248	172.877.580	107.859.329	558.200.526	95.315.524
▲	-2,8%	6,9%	14,7%	-3,4%	3,8%	89,1%
1997	171.953.505	115.595.983	179.350.628	113.464.559	580.364.674	96.447.373
	0,9%	8,0%	3,7%	5,2%	4,0%	1,25%

Fonte: Siafi – STN/CCONT/Geinc
[1] Valores atualizados com base no OGP-DI do ano em referência até janeiro 2016

Apesar das medidas adotadas em 1995 e 1996, a situação fiscal continuou a se deteriorar em 1996, embora mais lentamente do que em 1995. O superavit primário do governo central voltou a cair em 1996, fechando o ano em 0,34% do PIB, e o setor público consolidado apresentou deficit primário de 0,09%.

Em outubro de 1996, o governo anunciou novo conjunto de medidas fiscais com mais de 40 itens, com um ganho esperado de R$ 6,5 bilhões em 1997. Foram adotadas diversas medidas de contenção de gastos na administração federal e na previdência social, incluindo: a extinção de 100 mil cargos de atividades que poderiam ser terceirizadas; a proibição de acumulação de aposentadoria com outro cargo efetivo; a proibição do pagamento de horas extras; o aumento do período aquisitivo para adicional de tempo de serviço de 1 para 5 anos; o fim do direito de aposentar-se com um nível salarial superior ao ocupado pelo funcionário; a revisão de critérios para concessão de aposentadorias especiais e de auxílio de doença no INSS.

Embora a maior parte das medidas anunciadas em outubro de 1996 tenha sido implantada, a situação fiscal continuou a se deteriorar em 1997. O setor público consolidado apresentou deficit primário de 0,87% do PIB, com o governo central contribuindo com um deficit primário de 0,25% do PIB.

O ano de 1997 iniciou com expectativas fiscais favoráveis, com o estabelecimento de uma meta de 1,5% do PIB de superavit primário, cabendo ao governo central 1% do PIB e às empresas estatais 0,5%. A CPMF voltou a ser cobrada a partir de janeiro de 1997 e o funcionalismo federal não teve aumento, com redução real dos gastos com a folha de salários.

O ano evoluiu favoravelmente, com superavit primários em praticamente todos os meses até setembro, tendo ocorrido a partir de então deterioração dos resultados, principalmente em dezembro, atribuída aos gastos pelos estados de receitas de privatização (vide Pereira, 1998: 39-40).

Com o início da crise asiática em outubro de 1997, reagindo a uma substancial perda de reservas internacionais da ordem de US$ 10 bilhões o BC elevou fortemente os juros e o governo anunciou um pacote de 51 medidas fiscais de aumento de receitas e corte de despesas. O programa objetivava gerar um ajuste de 2,2% do PIB, cerca de R$ 20 bilhões. As medidas incluíam corte de 15% das despesas de custeio, redução dos gastos de pessoal, com demissão de 33 mil servidores não estáveis, extinção de 70 mil cargos federais vagos, provimento de novos cargos em apenas 1/3 das aposentadorias, majoração da alíquota máxima do IRPF para 27,5% e redução das deduções, aumento das alíquotas do IPI e elevação dos preços dos combustíveis, dentre outras medidas. Tais medidas, que em grande parte foram implementadas, entretanto só viriam a produzir resultados em 1998.

A reversão da situação de deterioração fiscal somente ocorreu a partir de 1999 com o programa então implantado, que veio a possibilitar um longo período de consolidação fiscal, só interrompido a partir de 2012.

Reformas fiscais estruturais iniciadas entre 1993-1997

Reformas fiscais estruturais foram introduzidas no período de 1993-1997, sendo três bem-sucedidas, com efeitos que subsistiram por longo período: a renegociação das dívidas dos governos subnacionais, a redução do número de bancos estaduais e a desvinculação de receitas tributárias. Foram também apresentadas propostas de emendas constitucionais para a administração pública, previdência social e sistema tributário, das quais as duas primeiras foram aprovadas, mas em forma diluída e com resultados diminuídos.

Renegociação das dívidas de estados e municípios

O Brasil é uma república federativa bastante descentralizada. Os estados e municípios são considerados entes federativos autônomos, com poderes de tributar, tomar empréstimos e definir suas próprias despesas, respondendo por cerca de 40% de todo o gasto público. Isso significa que, sem um efetivo controle das finanças subnacionais, a manutenção da disciplina fiscal é virtualmente impossível.

Durante as décadas de 1980 e 1990 ocorreu deterioração contínua da situação fiscal dos governos subnacionais. O deficit dos estados e municípios, que em meados dos anos 1980 representava 25% do deficit do setor público consolidado, em meados da década de 1990 significava mais da metade do deficit público. As dívidas dos governos subnacionais alcançaram em meados desta década 11% do PIB, representando mais de 200% da receita tributária desses governos.

Na década de 1980 ocorreram três tentativas frustradas de equacionamento das dívidas estaduais. Em 1987 foram refinanciadas dívidas de dez bancos estaduais (lei 7.614/87 e voto CMN 548/87) e, em 1989, a dívida externa dos estados foi refinanciada em vinte anos (lei 7.976/89).

Em 1991, foi aprovada a lei 8.388/91, autorizando a renegociação da dívida interna dos estados, a qual, todavia, não foi implementada em razão da resistência passiva da equipe técnica do Tesouro Nacional, tendo em vista o fracasso das tentativas anteriores, pois os estados não honravam os compromissos assumidos.

O problema principal era como evitar a inadimplência após cada renegociação. Para resolver esse problema, surgiu em 1993 a ideia de realizar um refinanciamento, apresentando como garantias tanto as transferências constitucionais que a União deve fazer decendialmente aos estados e municípios, como as receitas próprias arrecadadas por esses entes federativos. A questão central era como fazer com que essa garantia, extremamente líquida e de alta qualidade, fosse efetivamente exequível.

Tendo em vista o caráter constitucional das transferências aos estados e municípios e a proibição constitucional de vincular receitas, exceto para os casos que a Constituição especificava, a adoção dessas receitas como garantia demandava reforma constitucional.

Por proposta do Executivo, o Congresso Nacional aprovou em 18 de março de 1993 a emenda constitucional n. 3, que alterava os artigos 160 e 167 da Constituição Federal, permitindo que estados e municípios concedessem à União em garantia as transferências constitucionais e suas próprias receitas.

Após a aprovação da emenda, o Tesouro entrou em negociações com os secretários estaduais de Fazenda para definir os termos do refinanciamento, o qual abrangeria todas as dívidas dos estados e suas autarquias com a União, bancos federais e autarquias federais existentes na data de corte de 30/09/1991. A negociação se restringia à concessão de prazo adicional de vinte anos para pagamento. A taxa de juros seria a média ponderada das taxas de juros incidentes sobre cada uma das dívidas renegociadas.

Deveriam ser vinculadas em garantia do contrato de refinanciamento as receitas próprias dos estados e municípios e as transferências constitucionais, com o Tesouro podendo executar tais garantias sacando diretamente das contas bancárias de depósito as receitas próprias e retendo as transferências constitucionais em caso de atraso superior a dez dias.

O principal ponto de discórdia entre a União e os estados no processo de negociação era um teto para as prestações mensais decorrentes do refinanciamento, proposto pelos estados. O Tesouro aceitaria esse teto desde que fosse equivalente a 15% da receita líquida real dos governos estaduais e municipais, enquanto estes defendiam um teto entre 5% e 8% das receitas correntes líquidas. Ao final, o teto foi estabelecido em 11%. Caso o total refinanciado não fosse totalmente pago no prazo de vinte anos, em razão do teto de 11%, o saldo residual seria refinanciado em mais dez anos, durante os quais nenhum teto se aplicaria às prestações.

Em princípio, os governadores não tinham interesse em renegociar dívidas que não estavam sendo pagas. Desejavam, porém, obter novos financiamentos, e o Tesouro passou a condicionar a concessão de novos avais à situação de adimplência dos estados. Por outro lado, em geral governos tendem a ter uma visão míope de curto prazo, limitada a seu período no poder, sem preocupação maior com os sucessores. Têm também grande interesse em realizar gastos em anos eleitorais. Para compatibilizar esse conjunto de incentivos e desincentivos, o segredo estava em conceder alguma folga no curto prazo, que estimulasse os governadores a aderirem à rolagem, estabelecendo todavia um arcabouço de grande segurança jurídica que impedisse os futuros governadores de voltarem a inadimplir.

Por isso, além da mudança na Constituição Federal e da lei 8.727, para aumentar a segurança jurídica dos contratos de refinanciamento o Tesouro exigiu que os estados aprovassem leis em suas assembleias legislativas autorizando a assinatura dos contratos nos termos da lei federal, bem como obtivessem um parecer jurídico do procurador-geral de cada estado afirmando que os contratos eram constitucionais e legais segundo as Constituições e as leis federais e estaduais. Esse cuidado jurídico foi fundamental para que a União vencesse as diversas ações posteriormente propostas no STF para anular ou alterar os contratos de refinanciamento. Até Itamar Franco, que havia proposto e sancionado, como presidente da República, a lei 8.727, posteriormente, como governador de Minas Gerais ingressou no STF contestando a execução das garantias.

Dívidas num total de US$ 28 bilhões, equivalentes a 7,2% do PIB, foram renegociadas ao amparo da lei 8.727/93. A renegociação de 1993 funcionou perfeitamente para manter a adimplência das dívidas renegociadas. Sempre que um estado ou município atrasava no pagamento, o Tesouro bloqueava as transferências constitucionais ou sacava receitas próprias dos estados para realizar o pagamento.

Entretanto, o Tesouro cometeu o grave erro de não utilizar o refinanciamento de 1993 como um instrumento para influenciar a gestão fiscal dos estados e municípios. O objetivo era tão somente recuperar os créditos da União. Disso resultou que os estados passaram a se manter adimplentes com a União, mas continuaram a se endividar com seus próprios bancos e mercados financeiros.

Apesar de aumentos reais de 15% nas transferências constitucionais e de 28% na arrecadação do ICMS entre julho de 1994 e setembro de 1995, comparado com igual período de 1993/94, alguns estados entraram em severa crise financeira em 1995 em razão da forte queda das receitas inflacionárias e dos aumentos salariais concedidos em 1994. Nos primeiros três trimestres de 1995, período no qual o governo federal ainda acumulava superavit primário, os estados e municípios apresentaram deficit primário de 0,3% do PIB e deficit operacional equivalente a 2,7% do PIB (vide Giambiagi, 1997). Alguns estados atrasaram o pagamento de salários e transferências para os serviços de saúde e segurança, que realizaram greves e paralisações.

Os governadores solicitaram audiência ao presidente Fernando Henrique reivindicando a suspensão do pagamento das dívidas com a União. O presidente e o ministro Malan rejeitaram o pedido, mas se comprometeram a propor uma solução para a crise.

A solução foi o Programa de Apoio à Reestruturação e Ajuste Fiscal dos Estados, lançado em dezembro de 1995 pelo voto CMN 162/95, posteriormente complementado pelos votos CMN 175/95 e 122/96. O programa consistia em três linhas de crédito de curto prazo (até 24 meses) para pagamento de dívidas em atraso em 30/11/95, que eram principalmente salários, para financiar programas de demissão voluntária e o pagamento de operações ARO (antecipação de receita orçamentária), feitas com bancos privados, e que tinham condições mais onerosas.

Para se beneficiar do Programa, os estados deveriam assumir compromissos com o Tesouro, entre outros: de reduzir as despesas de pessoal até o máximo legal de 60% da receita corrente líquida, cumprir os limites de remuneração dos servidores estabelecidos na Constituição federal, reduzir os quadros de funcionários, não conceder reajustes de salário em periodicidade menor ou valor maior do que os aumentos concedidos pelo Poder Executivo federal, adotar sistemas de previdência com equilíbrio atuarial, estabelecer programas de privatização e concessão de serviços públicos, aumentar a arrecadação e estabelecer compromisso de resultado primário mínimo com o Tesouro. A STN criou uma subsecretaria encarregada de finanças subnacionais, chefiada por João do Carmo Oliveira. Missões foram enviadas aos estados para estudar em detalhe a situação fiscal e propor medidas de ajuste, sendo seus resultados usados como base para negociar os programas de ajuste fiscal com os estados.

No final de 1996 mais um passo fundamental foi dado no equacionamento das dívidas subnacionais com a edição da MP 1.560, convertida na lei n. 9.496/97, que autorizou o financiamento pela União da dívida mobiliária dos estados, de dívidas dos estados com seus bancos estaduais e dos empréstimos concedidos pela Caixa Econômica Federal ao amparo do voto CMN 162/95. O financiamento pela União da dívida mobiliária dos estados foi essencial para resolver o problema dos bancos estaduais, já que cerca de 40% da dívida mobiliária dos estados eram detidos pelos respectivos bancos estaduais, percentual que se elevava a 89% no caso de São Paulo.

Nesse refinanciamento os estados deveriam fazer um pagamento inicial de 20% do total da dívida. Caso esse pagamento não pudesse ser feito em espécie, os estados poderiam transferir à União o controle de suas empresas de eletricidade, gás, água e esgoto, que seriam privatizadas, com os recursos destinados ao pagamento da dívida refinanciada. Caso o pagamento inicial fosse inferior a 20% da dívida, a taxa de juros seria mais elevada.

O prazo de refinanciamento foi de trinta anos, com os saldos devedores sendo atualizados pelo IGP-DI mais juros que variavam de 6% a 9% ao ano, conforme o valor do pagamento inicial. Como no caso da lei 8.27, os estados e municípios deveriam dar em garantia do refinanciamento suas receitas próprias e as transferências constitucionais do FPE e FPM. O teto para as prestações mensais foi elevado de 11% para 13 a 17% das receitas correntes líquidas. Os estados e municípios que aderissem ao refinanciamento ficariam impedidos de contrair novas dívidas mobiliárias e bancárias enquanto a dívida com a União não fosse quitada.

Mantendo a sistemática iniciada com o voto 162/95, os estados deveriam assumir compromissos formais de melhoria do resultado primário, redução das despesas de pessoal, aumento da arrecadação, adoção de programas de privatização e concessão de serviços públicos. Os estados deveriam também assumir compromisso de redução gradual de seu endividamento total para no máximo 100% da receita líquida anual.[6] Esses compromissos deveriam constar de programas fiscais trienais firmados entre o estado e o Ministério da Fazenda, os quais passariam a ser regularmente monitorados pelo Tesouro. A lei n. 9.496/97 estabeleceu que, enquanto a dívida financeira fosse superior à receita líquida real anual, o estado não poderia emitir novos títulos no mercado interno. Novos empréstimos externos somente poderiam ser contratados se o estado estivesse cumprindo as metas de redução da dívida financeira segundo trajetória acordada com o Tesouro.

A combinação de um fluxo de pagamentos para a União, com a proibição e controle efetivo da tomada de novos empréstimos ou emissão de dívida pelos governos subnacionais, gerou um superavit primário estrutural. Considerando o piso dos pagamentos de 13% da receita corrente líquida e uma receita corrente equivalente a 8% do PIB, esse fluxo seria da ordem de 1% do PIB anualmente.

Como consequência dos refinanciamentos de dívidas estaduais em 1993 e 1997, a situação fiscal dos governos subnacionais voltou a melhorar gradativamente a partir de 1997, passando de um deficit primário de 0,68% naquele ano para um superavit de 0,50% do PIB em 2000. Como indica a Figura 19.2, essa melhora ocorreu antes da aprovação da LRF no ano 2000 (lei complementar n. 101/00), que também representou importante reforma fiscal estrutural, ajudando a perenizar os resultados obtidos com os programas de refinanciamento de dívidas com ajuste fiscal. Como era de esperar, a queda da dívida, entretanto, só se verificou após alguns anos de resultados primários positivos, como indicado na Figura 19.3. Em ambos os casos, essa evolução favorável se manteve pelo menos até 2010.

Figura 19.2
Resultado primário de estados e municípios (% do PIB)

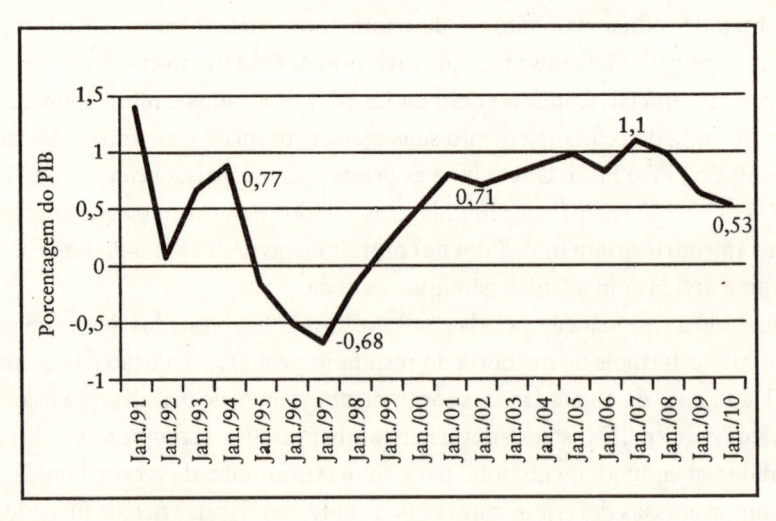

Fonte: Banco Central do Brasil

Figura 19.3
Dívida/PIB de estados e municípios (%)

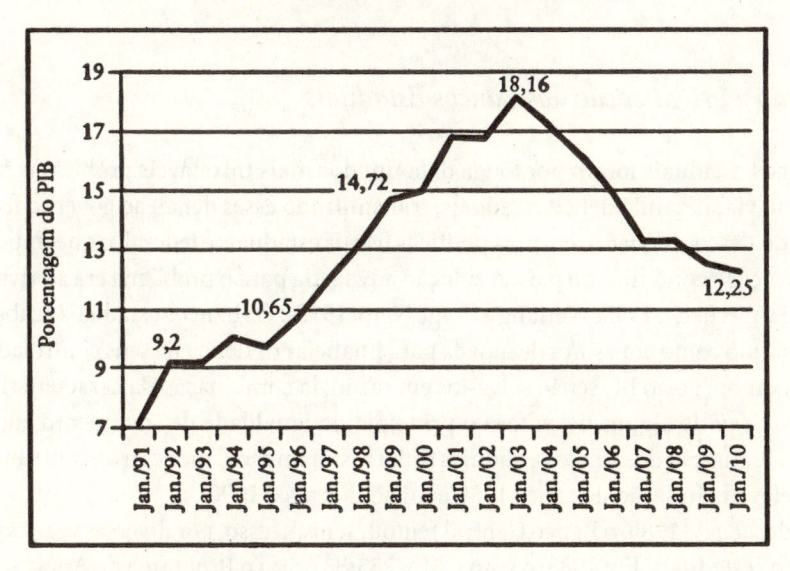

Fonte: Banco Central do Brasil

No período 2000-2010, o superavit primário médio dos governos subnacionais foi de 0.79% do PIB. A dívida dos governos nacionais continuou subindo até 2003, quando atingiu 18,2% do PIB, caindo a partir daí, representando em 2010 12,25% do PIB e 111% da receita corrente líquida. A receita tributária dos estados e municípios se elevou de 10,89% do PIB em 1993 para 14,16% do PIB em 2000.

Um ponto de intenso debate foi o uso do IGP-DI como indexador dessas dívidas, tendo em vista o caráter mais volátil desse índice, que é afetado pela variação cambial. Embora a variação acumulada do IGP-DI no longo prazo tenha superado a do IPCA, é importante notar que o uso do IGP ainda assim consistiu em concessão de subsídio acumulado pela União ao conjunto dos estados, quando comparado com a Selic, que é a taxa que a União usa para se financiar. A discussão a respeito do indexador surgiu antes mesmo de ser levantada pelos estados. Em 1996, a equipe do Banco Mundial expressava dúvidas de que a dívida seria sustentável com IGP mais 6% e de que os estados honrariam os pagamentos, propondo uma redução geral da dívida usando um enfoque semelhante aos bônus Brady. A STN discordou argumentando que, com maior folga fiscal, os estados assumiriam novas dívidas. Recentemente, por proposta do Executivo, o Congresso alterou o indexador para a variação do IPCA mais 4% ou a Selic, a que for menor.

Apesar das dúvidas e inúmeras dificuldades de implementação, as modificações introduzidas pela emenda constitucional n. 3/93, pelas leis 8727/93 e 9496/97 e voto

CMN 162/95 constituíram a base de importante reforma fiscal estrutural nas finanças subnacionais no Brasil, gerando efeitos de longo prazo.

Extinção e Privatização dos Bancos Estaduais

Os bancos estaduais foram por longa data um dos mais intratáveis problemas fiscais do Brasil, viabilizando deficit estaduais, transmitindo esses deficit ao governo federal e gerando descoordenação entre as políticas fiscais estaduais e federal, o que impedia a estabilização econômica do país. A solução advogada para o problema era a privatização (vide Werneck, 1995; Werlang e Fraga Neto, 1995). Os bancos estaduais acabavam funcionando como emissores de moeda para financiar os deficit de seus controladores, sem deixar opção ao BC senão salvá-los em razão da combinação da característica de *too-big-to-fail* de alguns deles com o princípio da igualdade de tratamento entre os estados. A atuação dos bancos estaduais tinha assim impacto monetário, contribuindo para a elevada inflação dos anos 1980 e início dos anos 1990.

Na década de 1980, o Banco Central tentou, sem sucesso, por diversas vezes sanear os bancos estaduais. Em 1983, o voto CMN 233/83 criou o Programa de Apoio Creditício para resolver problemas nos bancos estaduais do Rio de Janeiro, Ceará, de Santa Catarina, Goiás, do Pará, Amazonas e de Alagoas. Em 1984, outro programa, o Proef, foi instituído pelo voto CMN 446/84. Em 1987, novo programa de apoio financeiro aos bancos estaduais foi lançado pelo voto CMN 548/87, sendo também criadas pelo decreto-lei 2.321/87 as figuras do Regime de Administração Especial Temporária (Raet) e da liquidação extrajudicial. Tais institutos foram aplicados entre 1987 e 1991 a 17 bancos estaduais, mas não produziram os resultados esperados. No início do Plano Real, existiam em operação 36 bancos estaduais, incluídas as caixas econômicas e os bancos de desenvolvimento.

Já no primeiro ano de implementação do Plano Real, paralelamente à renegociação das dívidas dos estados, foi iniciada reforma estrutural de ainda maior importância, que foi a extinção ou privatização dos bancos estaduais.

Em 30/12/94, último dia de mandato dos governadores Leonel Brizola e Luiz Antônio Fleury, o BC, sob a presidência de Pedro Malan, suspendeu os empréstimos de liquidez ao Banespa e Banerj e colocou ambos os bancos em Regime Especial de Administração Temporária. Nos primeiros meses de 1995, já sob a presidência de Persio Arida, foram decretados Raets de mais três bancos estaduais (Produban, Bemat e Beron). Essas drásticas medidas marcaram uma profunda ruptura com décadas de medidas malsucedidas em relação aos bancos estaduais, iniciando uma das mais importantes reformas estruturais no sistema financeiro e no regime fiscal brasileiros.[7]

Em agosto de 1996, foi editada a MP 1.514/96, criando o Proes (Programa de Incentivo à Redução da Presença do Estado na Atividade Bancária), com o objetivo de reduzir o número de bancos estaduais. O Programa oferecia cinco alternativas aos estados: extinção, privatização, transformação do banco em agência de fomento, transferência do banco ao governo federal para privatização ou extinção, e saneamento. Como estímulo à escolha de uma das quatro primeiras alternativas, a União financiaria 100% dos recursos necessários a sua implementação. No caso de saneamento da instituição, a União financiaria 50% dos recursos necessários, cabendo ao estado aportar os outros 50%. Esses financiamentos teriam prazo de trinta anos e juros equivalentes ao IGP-DI mais 6% ao ano e seriam garantidos por vinculação de receitas próprias dos estados e transferências constitucionais.

O financiamento do Tesouro se daria sob a forma de emissão de LTFs com 15 anos de prazo, em duas séries: Série A, com resgate mensal com rendimento da Selic mais 0,25% ao mês e LFTs-Série B, com resgate apenas no final do período e rendimento equivalente à Selic. Esses papéis seriam usados pelos estados para pagar dívidas com os respectivos bancos ou capitalizá-los, e, a critério do BC, poderiam ser trocados por LBCs (Letras do Banco Central) de curto prazo para prover liquidez aos bancos saneados.

O processo de negociação com os estados, capitaneado pelo secretário executivo do Ministério da Fazenda, Pedro Parente, foi lento e complexo. Fábio Barbosa, secretário adjunto do Tesouro responsável pela dívida pública federal e posteriormente secretário do Tesouro, cuja memória homenageamos neste livro, teve papel destacado nas negociações com os estados de São Paulo, Rio de Janeiro, Minas Gerais e Rio Grande do Sul, que representavam o cerne do problema.

Embora a queda abrupta da inflação fizesse com que muitos bancos estaduais perdessem parte de sua funcionalidade para os governos estaduais e passassem a ser fonte de problemas financeiros e o Proes representasse um alívio imediato de caixa para os estados, a maioria dos governadores tentou inicialmente manter seus bancos.

Em janeiro de 1996, foi assinado convênio com o governo do estado do Rio de Janeiro transferindo a execução do Raet para administração profissional do Banco Bozano Simonsen, escolhido em licitação pública. No final do ano, toda a rede de agências e a atividade bancária do Banerj foram transferidas para uma nova instituição então criada para assumir o chamado *good bank*, o Banco Banerj S.A., ficando os ativos podres com o Banco do Estado do Rio de Janeiro S.A. (*bad bank*), que foi liquidado. Após duas tentativas frustradas de privatizar o Banerj em 1996, o banco foi finalmente vendido ao Itaú em junho de 1997.

As negociações com São Paulo foram mais difíceis. Inicialmente o governador Mario Covas propôs manter o Banespa sob controle compartilhado da União e do estado, o que foi rejeitado pelo governo federal. Posteriormente, o estado propôs capitalizar o banco com ativos ilíquidos, como a Fepasa e o aeroporto de Congonhas, ou transferir tais ativos para a União, que capitalizaria o banco, mas mantendo-o sob controle estadual. Finalmente, em novembro de 1996, a União e o estado de

São Paulo firmaram protocolo pelo qual a União financiaria a totalidade da dívida mobiliária do estado e este transferiria à União 51% do capital votante do Banespa. O estado, porém, mantinha opção de recompra do controle, que nunca foi exercida. Um elemento-chave para o fechamento do acordo foi a manutenção da Nossa Caixa sob o controle do governo estadual e o financiamento federal para o seu saneamento. Após muitas idas e vindas, o Banespa foi incluído no programa de privatização em 1998, sendo posteriormente vendido ao Santander.

A solução do problema do Banespa, um banco *too-big-to-fail*, foi essencial para destravar o Proes, pois vários estados aguardavam o desfecho do processo com São Paulo para também se beneficiar de concessões eventualmente feitas pelo governo federal àquele estado. Foi emblemática a mensagem enviada aos demais governadores pelo fato de São Paulo, o maior estado da Federação, governado por um importante aliado político do partido do presidente, não ter conseguido manter seu banco estadual.

Minas Gerais firmou protocolo de intenções em setembro de 1996, aceitando privatizar o Credireal e o Bemge e a transformar o BDMG em agência de fomento. O Credireal foi comprado pelo BCN em agosto de 1997 e o Bemge pelo Itaú em setembro de 1998. O Rio Grande do Sul propôs sanear o Banrisul e converteu a Caixa Econômica Estadual em agência de fomento.[8] Pernambuco inicialmente também optou pelo saneamento do Bandepe, mas em 1998 concordou em vender o banco ao ABN-Amro. O protocolo com a Bahia, assinado em 1997, previa a privatização do Baneb, que foi vendido ao Bradesco em 1999, e a transformação do Desembanco em agência de fomento.

A bem-sucedida privatização e extinção da maioria dos bancos estaduais foi uma das mais importantes e profundas reformas fiscais estruturais realizadas no Brasil, solucionando um problema intratável que há décadas dificultava a disciplina fiscal. Dos 36 bancos estaduais existentes, hoje restam apenas cinco, que representam 2% do total de ativos do sistema bancário.

Desvinculação das receitas tributárias

Uma das causas da ineficiência e rigidez do gasto público no Brasil são as elevadas vinculações setoriais de receita, que à guisa de proteger setores prioritários beneficiam principalmente os funcionários e os fornecedores de bens e serviços dos setores favorecidos, sem se traduzir em melhorias dos serviços públicos, que são os resultados que realmente importam para a população. Há um foco exagerado nos insumos e em quanto se gasta em determinados setores sem igual atenção com os produtos e a qualidade dos serviços prestados, problemas que na verdade são correlacionados.

As vinculações setoriais de receita reduzem os incentivos para a melhoria dos serviços, já que os recursos vinculados têm que ser repassados ao setor de qualquer maneira, independentemente de resultado. Anulam a função clássica do orçamento de alocar recursos escassos para objetivos competitivos. As vinculações setoriais dificultam ajustes fiscais ao enrijecer a despesa. Contribuem para a prociclicalidade da despesa pública, gerando aumentos automáticos de despesa quando as receitas tributárias aumentam. Entretanto, quando as receitas caem, na fase de desaceleração do ciclo econômico, é impossível cortar as despesas de caráter continuado, que são tipicamente rígidas.

Além disso, as vinculações setoriais de receita geram ineficiência alocativa. O ensino superior, por exemplo, se apropria de aproximadamente 60% dos gastos federais em educação, embora os alunos das instituições federais de ensino representem apenas 3% do total de alunos no ensino superior. Seu gasto por aluno é de 100% do PIB per capita, duas vezes maior que o gasto por aluno do ensino básico. Todos os municípios são obrigados a gastar o mesmo percentual da receita em educação. Mas em alguns municípios, onde a população jovem migrou para os grandes centros, talvez faça mais sentido gastar menos em educação e mais em amparo à velhice, o que a vinculação dificulta. Municípios que recebem um grande volume de recursos em razão de royalties de recursos naturais, por força das vinculações acabam gastando recursos demais nos setores beneficiados. A regra que existia para a saúde, de corrigir a despesa do ano anterior pela inflação mais o crescimento do PIB, fazia com que uma despesa temporária, por exemplo, o gasto adicional para combater uma epidemia, depois de entrar na base de gastos ficasse sendo corrigido perpetuamente, ainda que a epidemia houvesse sido debelada.

A reforma das vinculações de receitas a setores e programas específicos é extremamente difícil em razão da resistência dos grupos de interesse e por exigir emendas constitucionais. Entretanto, constitui-se numa das reformas estruturais mais significativas para melhorar a qualidade da despesa pública no Brasil.

Em março de 1994 esse problema começou a ser atacado com a emenda constitucional de revisão n. 1, criando o Fundo Social de Emergência, com vigência para os anos de 1994 e 1995. Foram desvinculados 20% de receitas destinadas a setores e programas específicos, as chamadas vinculações setoriais de receita. Foram excluídas da medida as receitas vinculadas destinadas às transferências constitucionais aos estados e municípios. Em março de 1996 foi aprovada a emenda constitucional n. 10, prorrogando a vigência do FSE para 1996 e 1997.

A emenda foi sucessivamente prorrogada, adquirindo os nomes mais apropriados de Fundo de Estabilização Fiscal e, posteriormente, de Desvinculação de Receitas da União (DRU). Em 1997, a emenda constitucional n. 17 estendeu a vigência do FEF até dezembro de 1999.

Embora tenha sido importante para o lançamento e sucesso do Plano Real, o esforço para desvinculação de receitas foi apenas parcialmente bem-sucedido e o problema da vinculação setorial de receitas persiste não resolvido até os dias de hoje. Foram criadas novas vinculações, como a emenda constitucional n. 14, de setembro de 1996, que estabeleceu vinculações de receitas estaduais para o ensino fundamental e a emenda constitucional n. 29, em 2000, estabelecendo que o gasto em saúde deveria acompanhar a inflação e o ritmo de crescimento do PIB. Nas sucessivas prorrogações da DRU várias receitas passaram a ser revinculadas. A emenda constitucional n. 59, de 2009, reduziu gradualmente, até eliminar completamente, em 2011, a desvinculação dos recursos para educação.

Outras reformas constitucionais propostas entre 1994-1997

Além das reformas referidas nas seções anteriores, importantes reformas constitucionais foram propostas em 1995 nas áreas da previdência social (PEC 33), administração pública (PEC 41), e tributária (PEC 175).

A PEC sobre a Administração Pública visava suspender a estabilidade dos funcionários públicos, permitindo a demissão por excesso de quadros quando houvesse necessidade de se adequar aos limites da Lei Camata e por insuficiência de desempenho. Criava também um teto para os vencimentos dos servidores públicos e ampliava o período de estágio probatório.

A tramitação da matéria enfrentou forte resistência no Congresso, especialmente em função da proposta de quebra da estabilidade, que não foi aceita. A emenda, em forma substancialmente diluída, somente veio a ser aprovada na Câmara em 1997, na esteira das turbulências causadas pela crise asiática, e no Senado no primeiro semestre de 1998, promulgada como emenda constitucional n. 19, em junho de 1998.

As medidas com maior impacto em termos de gastos públicos foram: estabelecer a remuneração dos ministros do STF como limite para os subsídios dos ocupantes de cargos, funções e empregos públicos da administração direta, autárquica e fundacional, dos membros de qualquer dos Poderes da União, dos estados, do Distrito Federal e dos municípios, dos detentores de mandato eletivo e dos demais agentes políticos e os proventos, pensões ou outra espécie remuneratória, aí incluídas as vantagens pessoais ou de qualquer outra natureza; apartar do subsídio os acréscimos pecuniários percebidos pelo servidor, não sendo tais acréscimos computados para fins de concessão de aumentos posteriores; requerer lei específica para se criar autarquia e autorizar a instituição de empresa pública, de sociedade de economia mista e de fundação; vedar a vinculação ou equiparação de remuneração de pessoal do serviço público; e permitir colocar em disponibilidade com remuneração proporcional ao tempo de serviço o servidor estável, quando extinto o cargo ou declarada sua desnecessidade. Esse último dispositivo, que se constitui uma forma minorada de quebra de estabilidade, parece entretanto nunca ter sido utilizado.

A PEC da Previdência Social tinha como principais objetivos estabelecer idade mínima para a aposentadoria além do tempo de contribuição, eliminar a paridade obrigatória de remuneração entre ativos e inativos do serviço público e acabar com as aposentadorias proporcionais e especiais. Sua tramitação foi igualmente difícil e conturbada, sendo inicialmente suspensa em razão de ação no STF. A proposta foi aprovada na Câmara em 1996 em versão bastante diluída quando comparada com a proposta governamental. O governo conseguiu restabelecer alguns pontos no Senado, mas na volta à Câmara a reforma foi novamente diluída e focada no sistema de aposentadoria do servidor público, sendo aprovada em 1998.

A emenda constitucional n. 20, de 15/12/98 aprovou a idade mínima de 60 anos para homens e 55 anos para mulheres para aposentadoria para o funcionalismo. Entretanto, assegurou o direito a aposentadoria a quem já era funcionário na data da emenda desde que cumulativamente tivesse 53 anos se homem ou 48 anos se mulher e contasse com 35 anos de contribuição. Essa cláusula de escape só foi revogada em 2003 pela emenda constitucional n. 41, que então estabeleceu a plena abrangência à idade mínima no serviço público. A emenda constitucional n. 20 introduziu além disso outras restrições para as aposentadorias do servidor público, dentre elas a proibição de o valor da aposentadoria ser maior do que o do cargo em que se deu a aposentadoria e a proibição de acumular aposentadoria no setor público com remuneração de cargo público.

A emenda constitucional n. 20 estabeleceu também limite mínimo de idade 65 anos para homens e 60 para mulheres para aposentadorias no regime geral de previdência. O texto da emenda estabelece duas condições para a aposentadoria no regime geral: 35 anos de contribuição, se homem, e 30 anos se mulher; 65 anos de idade, se homem, e 60 anos se mulher, sem qualquer advérbio entre as duas condições. Em razão da ausência do aditivo e entre essas duas condições no texto, a emenda vem sendo interpretada como tendo estabelecido condições alternativas para a aposentadoria: tempo de contribuição ou idade mínima. Com isso, a emenda n. 20 melhorou o deficit previdenciário do regime do servidor público, mas não afetou o regime geral de previdência, com o problema de ausência de idade mínima subsistindo até os dias de hoje.

A PEC 175 sobre a reforma tributária, apresentada ao Congresso em agosto de 1995, tinha como principal objetivo simplificar o sistema tributário e aumentar a competitividade das exportações e não elevar a arrecadação. Visava extinguir o IPI e criar um ICMS federal; isentar do ICMS os produtos primários e semielaborados exportados; e transferir o ITR para os estados e municípios. Sua tramitação ficou paralisada até meados de 1996 e acabou sendo abandonada pelo governo, nunca tendo sido aprovada.

Conclusões

Em 1993 e 1994, anos de preparação e implantação do Plano Real, ocorreu significativa consolidação fiscal, com o superavit primário do setor público atingindo o recorde de 5,21% do PIB em 1994. Entretanto, em razão desses resultados se basearem em medidas temporárias de aumento de receita e de erros cometidos no controle das despesas em temas críticos para a disciplina fiscal (aumentos do salário mínimo e do funcionalismo), essa consolidação fiscal foi efêmera.

Essa circunstância levou alguns analistas a questionarem as razões de o Plano Real ter sido bem-sucedido em reduzir permanentemente a inflação sem promover um ajuste permanente das contas públicas. Giambiagi, por exemplo, um dos primeiros analistas do período, ao se referir à deterioração fiscal em 1995 e 1996 comenta: "Tais dados constituem uma violação do que até então se convencionara chamar como os *fundamentals fiscais* que todo plano de estabilização deveria atender para ter êxito. O fato de existir tal deficit e, ao mesmo tempo, de o Plano Real ter tido um sucesso incomparavelmente maior que os seus predecessores Cruzado, Bresser, Verão, Collor I e II revela que os três grupos anteriormente mencionados se mostraram errados e foram desmentidos pela realidade" (Giambiagi, 1997: 11).[9]

Em artigo mais recente, ainda inédito, Marcio Garcia, Diego Guillén e Patrick Kehoe voltam ao mesmo tema. Ao examinarem se a inflação brasileira pode ser explicada por políticas e resultados fiscais, concluem que os episódios de hiperinflação podem ser racionalizados como ligados à política fiscal, mas não o caso de sucesso do Plano Real, que, segundo o modelo usado pelos autores, deveria ter apresentado inflação maior do que a efetivamente ocorrida. Garcia *et al.* classificam como um quebra-cabeça o fato de o Plano Real ter tido sucesso, quando os planos anteriores falharam (Garcia, Guillén e Kehoe, 2015). Três pontos talvez possam ser aprofundados para contribuir para esclarecer a questão.

Primeiro, os resultados fiscais positivos de 1993 e 1994, embora efêmeros, devem ter afetado favoravelmente as expectativas dos agentes econômicos no período mais crítico de implementação do Plano Real. Por exemplo, Fabio Barbosa e Giambiagi, especialistas em política fiscal, numa das primeiras análises da situação fiscal do período, enfatizavam os resultados positivos obtidos entre 1990 e 1993, salientavam o caráter estrutural/permanente do resultado de 1993 e consideravam que o esforço adicional requerido seria modesto, refutando a necessidade de superavit primários da magnitude dos 5% do PIB alcançados em programas de estabilização como os do Chile e México. O estudo estimava em 1,4% o superavit primário necessário para estabilizar a relação dívida/PIB, embora concedendo que a meta de superavit primário de 4,4% do PIB estabelecida para o ano de 1994 era adequada, em razão do esperado forte aumento temporário de juros reais necessário para reduzir a inflação (Barbosa e Giambiagi, 1995: 522, 532, 536, 538, 540 e 541).[10] Se os resultados de 1993 e 1994 na época impressionavam especialistas fiscais, podem também ter afetado positivamente as expectativas dos agentes econômicos, ainda que posteriormente tenham se revelado efêmeros. O comprometimento do governo com o equilíbrio fiscal, indicado pelas diversas medidas de ajuste propostas e aprovadas nos anos de 1995, 1996 e 1997 descritas na seção "Políticas e resultados fiscais de curto prazo entre 1993-1997" embora com resultados modestos, deve também ter influenciado positivamente as expectativas de médio prazo dos agentes econômicos à época quanto à sustentabilidade fiscal, contribuindo para manter a inflação sob controle.

Segundo, além de medidas temporárias foram implementadas, no período 1993-1997, reformas estruturais que geraram importantes resultados de longo prazo, como descrito na seção "Reformas fiscais estruturais iniciadas entre 1993-1997". Incluem-se nessas reformas: o controle, via refinanciamento de dívidas, das finanças de governos subnacionais, a privatização dos bancos estaduais e alguns avanços na desvinculação de receitas tributárias, no controle dos gastos de pessoal e na reforma da previdência do setor público. Essas reformas devem igualmente ter afetado positivamente as expectativas dos agentes econômicos à época.

Terceiro, a inflação e os ciclos inflacionários são, de fato, eventos complexos demais para serem explicados exclusivamente por variáveis fiscais. Aspectos extremamente relevantes como os acontecimentos no setor real, na economia global e reformas estruturais não fiscais devem ter tido impactos na inflação, requerendo um modelo geral e dinâmico para sua análise. No caso do Plano Real, o cenário externo era favorável e a exitosa renegociação da dívida externa concluída em 1994 reabriu já em 1995 o mercado internacional para as captações do país. Além disso, durante a implantação do Plano Real ocorreram importantes reformas na economia real: a abertura da economia à competição externa, aumentando a contestabilidade nos mercados domésticos; a privatização de importantes setores da economia, aumentando a eficiência; e a abertura de setores anteriormente monopolizados pelo Estado à participação do setor privado. Tais aspectos não foram aqui abordados por irem além tanto do escopo do capítulo como da competência do autor, mas certamente tiveram impacto positivo para o sucesso do Plano Real.

As experiências da primeira metade da década de 1990 podem ter algum valor para as tentativas de solucionar os problemas fiscais que o país enfrenta na atualidade. Alguns dos desafios do passado continuam presentes, como os aumentos das despesas de pessoal e o tratamento justo a ser dado à correção de benefícios previdenciários. Aumentos para benefícios previdenciários maiores do que a inflação e do que o ganho de produtividade médio da economia para aposentados que, todavia, não mais contribuem para tais ganhos, se revelaram no passado uma fonte de problemas. Alguns dos temas que precisam ser tratados na atualidade também continuam a ser os mesmos de meados da década de 1990, como a reforma da previdência social, a redução das vinculações setoriais de receita, o aumento da eficiência e qualidade do gasto público e formas de socorro aos governos subnacionais em situações de emergência que não enfraqueçam a disciplina fiscal nos médio e longo prazos.

Notas

1. As opiniões expressas neste capítulo são de natureza estritamente pessoal e não devem ser atribuídas ou associadas a nenhuma instituição a qual o autor tenha sido ou a que esteja atualmente vinculado. O autor exerceu o cargo de secretário do Tesouro Nacional, de outubro de 1992 a novembro de 1996. Agradeço os comentários e os dados gentilmente cedidos por Fabio Giambiagi e os comentários de Pedro Malan, Edmar Bacha, Marcelo Portugal e Rubens Sardenberg, que, entretanto, não são responsáveis pelas deficiências e imperfeições que persistem no texto.
2. Maioria absoluta em lugar de 3/5 dos votos, e decisão unicameral conjunta do Congresso em vez de duas votações separadas em cada uma das casas do Congresso.
3. Leis 8.848/94, 8.847/94 e 8.850/94.
4. A proposta contemplava como receitas para a cobertura de despesas primárias a remuneração da conta do Tesouro (fonte 188) e o resultado do BC (fonte 152).
5. Segundo Giambiagi, 1997, p. 28: "os significativos aumentos salariais concedidos ao funcionalismo, principalmente em nível estadual, no final de 1994/início de 1995 – em alguns casos, por descaso em relação às administrações posteriores e, em outros, em função da expectativa de que a inflação seria maior –, acabaram por causar um grande aumento das remunerações reais. Isso explica a crise dos governos estaduais de 1995/96, quando diversos deles comprometeram mais de 80% ou 90% da receita apenas com o pagamento de pessoal."
6. Na época, as dívidas dos estados representavam entre 24% a 375% da receita corrente líquida anual, com dez estados com dívidas acima de 200% da receita corrente líquida anual.
7. Para uma descrição mais detalhada das idas e vindas do tema no período, ver Salviano Júnior, 2004.
8. As agências de fomento eram impedidas de captar depósitos junto ao público, limitando-se a emprestar o capital próprio ou recursos orçamentários e repasses de terceiros.
9. Os três grupos referidos no texto são economistas que, em 1994, achavam que a situação fiscal havia melhorado permanentemente, os que achavam que o ajuste de 1993-1994 era precário mas estabelecia uma ponte até que reformas estruturais fossem implementadas, e os que consideravam a melhora fiscal de 1993-94 como irrelevante por não ser permanente.
10. Em trabalho posterior, Giambiagi reconheceu como otimista aquela análise feita ainda com informações parciais em setembro de 1994 (Giambiagi, 1997: 11).

Referências bibliográficas

BARBOSA, F. e GIAMBIAGI, F. (1995). "O ajuste fiscal de 1990-93: uma análise retrospectiva." *Revista Brasileira de Economia*, vol. 49, n. 3, jul-set.

GARCIA, Marcio, GUILLÉN, Diego e KEHOE, Patrick (2015). "The Monetary and Fiscal History of Latin America: Brazil." Versão preliminar apresentada em seminário da PUC-Rio.

GIAMBIAGI, F. (1997). "Necessidades de financiamento do setor público: bases para discussão do ajuste fiscal no Brasil 1991/96." Textos para discussão BNDES n. 53.

PEREIRA, Simone Passini (1998). "Política fiscal no período 1993-1997." Prêmio Monografias do Tesouro Nacional.

PIANCASTELLI, Marcelo e PEREIRA, Francisco (1996). "Gasto público federal: análise da despesa não financeira." Texto para discussão Ipea n. 431.

SALVIANO Jr., Cleofas (2004). Bancos estaduais: dos problemas crônicos ao Proes. Brasília: Banco Central do Brasil.

VELLOSO, Raul (1998). "Balanço da situação das contas públicas no pós-real." *In*: VELLOSO, João Paulo dos Reis (Coord.) *O Brasil e o mundo no limiar do novo século*. vol. I. Fórum Nacional INAE/BNDES. Rio de Janeiro: J. Olympio.

WERLANG, Sergio R. C. e FRAGA NETO, Armínio (1995). "Os bancos estaduais e o descontrole fiscal." *Revista Brasileira de Economia*, vol. 49 nº 2, abr/jun.

WERNECK, Rogerio (1995). "Federalismo fiscal e política de estabilização no Brasil." *Revista Brasileira de Economia*, 49(2), abr/jun, pp. 375-90.

20
A SEGUNDA FASE DA REFORMA FISCAL PÓS-REAL, 1999-2002: ENTREVISTA COM FABIO DE OLIVEIRA BARBOSA

Alcides Ferreira e Renato Andrade

Entre junho e setembro de 2006, por conta da elaboração do livro *Um marco institucional na história econômica do Brasil*, editado naquele ano pela Secretaria do Tesouro Nacional (STN), entrevistamos todos os ex-secretários do Tesouro.[1]

A entrevista com Fabio de Oliveira Barbosa, na época, CFO da Vale, ocorreu em agosto, em várias datas. Falamos por telefone, algumas vezes, antes e depois de ele ter encaminhado, por escrito, as respostas às várias perguntas que fizemos. Fabio Barbosa foi secretário do Tesouro Nacional de julho de 1999 a abril de 2002

Mineiro de Uberaba, era muito reservado em seus comentários. Mesmo nessa retrospectiva, feita quatro anos após sua saída do cargo, evitou assuntos mais polêmicos, como a marcação a mercado dos títulos públicos adotada em 2002.

O espírito de equipe, que o tornou uma unanimidade entre seus colegas de STN e governo, pontuou também a conversa. Fez questão de citar de forma elogiosa, por exemplo, seu antecessor, Eduardo Augusto de Almeida Guimarães, e, nas conversas por telefone, Amaury Bier, secretário-executivo do Ministério da Fazenda quando ele estava na STN. A "mão de ferro" de Bier garantiu, em boa medida, a execução e o cumprimento das metas fixadas com o FMI, disse Barbosa

Para aquele livro, aproveitamos apenas parte do material. A íntegra da entrevista é divulgada aqui, pela primeira vez:

Inicialmente, gostaríamos que o senhor fizesse uma avaliação do papel da Secretaria do Tesouro Nacional para o Estado brasileiro e as consequências da criação da instituição para a economia brasileira nas duas últimas décadas.

A Secretaria do Tesouro Nacional foi criada no contexto de um amplo processo de redesenho da gestão das finanças públicas, que envolveu a consolidação do Orçamento Geral da União como peça central do processo orçamentário federal, a eliminação dos fundos e programas financiados com os "recursos" da programação monetária, a criação do Sistema Integrado de Administração Financeira (Siafi), o fim da "conta movimento", pela qual o Banco do Brasil financiava investimentos públicos com emissão de moeda, e a transferência da gestão da dívida pública para seu emissor, o Tesouro Nacional.

Esse processo de reestruturação das finanças públicas mudou a face do Estado brasileiro, permitindo que diversos avanços posteriores fossem atingidos, nos quais, em todos eles, sem exceção, é possível registrar a participação ou liderança da STN: dos avanços na gestão da dívida pública ao maior processo de privatização já realizado na economia mundial, do aperfeiçoamento dos mecanismos de controle interno à elaboração da Lei de Responsabilidade Fiscal (LRF), da negociação das dívidas estaduais ao suporte tecnológico e à gestão da total integração dos fluxos orçamentários, financeiros e contábeis do governo federal.

O período em que o senhor esteve à frente da STN foi especialmente conturbado. Quais foram os grandes desafios do período? Quais foram as principais conquistas?

Com efeito, foi um período muito rico em experiências e desafios. O primeiro deles foi tentar substituir Eduardo Guimarães, um grande secretário a quem o Brasil e a STN muito devem, pois, na sua gestão teve início o processo de renegociação das dívidas dos estados e municípios ao amparo da lei 9.497/97, que daria origem a uma das mais espetaculares mudanças estruturais da política fiscal no Brasil.

Na agenda da STN, os itens mais proeminentes eram:

a) a implementação da política fiscal estabelecida em acordo com o Fundo Monetário Internacional (FMI);
b) a renegociação das dívidas estaduais - principalmente Minas Gerais, Rio de Janeiro (estado e capital), São Paulo (estado e capital) e Rio Grande do Sul;
c) o desenho e a implementação da Lei de Responsabilidade Fiscal;
d) a reestruturação dos bancos federais;
e) a necessidade de avanços na gestão da dívida pública;
f) a implementação do Programa Nacional de Desestatização (PND), com ativa participação da STN sob a liderança do BNDES.

Acho que conseguimos avançar em todas essas frentes que, acredito eu, foram grandes êxitos do governo federal, a despeito do ambiente fortemente conturbado nos cenários doméstico e internacional

No primeiro caso, o ano de 1999 marcou a mudança do regime fiscal brasileiro no período recente, quando saímos de um deficit primário ao redor de 1% do PIB e passamos a registrar superavit primários da ordem de 3% do PIB e cumprimos integralmente os compromissos acertados com o FMI, fato inédito na história econômica brasileira

Em relação às dívidas estaduais, conseguimos negociar todas as pendências de julho de 1999 até 3 de maio de 2000, quando foi sancionada a Lei de Responsabilidade Fiscal, que, entre outros aspectos, vedaria a concessão de empréstimos/renegociação de dívidas entre entidades da federação (União, estados e municípios). O conjunto das renegociações das dívidas estaduais abrangeu o programa de privatização/ saneamento dos bancos estaduais (Proes) e de alienação de empresas estatais dos governos subnacionais, a eliminação da dívida mobiliária estadual e municipal e o controle total sobre fontes de financiamento aos entes da federação, entre outros aspectos, todos endossados pelo Senado Federal, por meio de resoluções específicas, aprovando os contratos assinados entre a União e os entes da Federação. Hoje (agosto de 2006), esses contratos geram um superavit primário estrutural superior a 1,0% do PIB ao ano, um forte contraste com outros países com regime federativo similar

Um outro item fundamental na agenda foi a reestruturação dos quatro bancos federais: Banco do Brasil (BB), Caixa Econômica Federal (Caixa), Banco do Nordeste do Brasil (BNB) e Banco da Amazônia (Basa). Com efeito, na condição de secretário da STN e representante do acionista controlador, em março de 2001, recebi comunicação do Banco Central para que, no prazo máximo de 90 dias, fossem capitalizadas as quatro instituições federais para o atendimento dos requisitos da Convenção da Basileia, estabelecida pelo Banco de Compensações Internacionais (BIS), que, de outra forma, sofreriam intervenção do BC. Em um trabalho coordenado por mim e que envolveu quase uma centena de pessoas da STN, da procuradoria-geral da Fazenda Nacional (instituição absolutamente fundamental para o Ministério da Fazenda e parceira siamesa da STN) e das quatro instituições financeiras, conseguimos montar uma engenharia financeira extremamente complexa, que envolvia medidas provisórias, vários decretos e portarias, além de decisões dos respectivos conselhos de administração. O "pacote" foi apresentado ao presidente Fernando Henrique Cardoso ao final de maio e, a 22 de junho, as medidas foram anunciadas, com excelente receptividade no país e no mercado internacional de capitais, tendo em vista os avanços implementados na governança corporativa e nos critérios de concessão de crédito daquelas instituições.

No caso da gestão da dívida pública, conseguimos realizar diversos avanços, como a restruturação da área e sua modernização, para que fosse possível a realização de um velho sonho de unificação da gestão da dívida pública federal sob o comando do Tesouro Nacional; a criação do Plano Anual de Financiamento e do calendário mensal de leilões, reduzindo as incertezas sobre a política de endividamento público; e, finalmente, uma marca que muito me orgulha: a criação do programa Tesouro Direto, implementado em janeiro de 2002 após mais de dois anos de estudos e trabalhos desenvolvidos pela STN. Além do indiscutível avanço do ponto de vista do mercado e de sua simplicidade, o Tesouro Direto pode também ser considerado um exemplo de democracia e cidadania, pois abre aos contribuintes mais humildes a chance de investir em um instrumento até então restrito somente aos detentores de grandes fortunas para aplicação no mercado financeiro. Desde seu início, o Tesouro Direto tem sido a melhor opção de aplicação para a pessoa física, a quem está restrito o programa.

Finalmente, com relação ao Programa Nacional de Desestatização, a participação da STN foi fundamental, desde o controle por meio de conselhos fiscais das empresas até a elaboração de sofisticadas engenharias financeiras para viabilizar a sua implementação, como nos casos das empresas de telefonia, siderúrgicas, distribuidoras de energia elétrica e bancos como o Banco do Estado de São Paulo (Banespa).

Podemos dizer que a renegociação das dívidas dos estados fortaleceu o Tesouro como instituição? De que maneira?

Creio que sim, pois a STN sempre foi considerada como o *locus* institucional lógico para a centralização do relacionamento financeiro entre a União, os estados e os municípios. Posteriormente à promulgação da LRF, a STN ainda assumiu funções remanescentes no Banco Central de controle do endividamento estadual e municipal e o relacionamento com o Senado Federal. Depois disso, a STN passou a ter o controle integral dos fluxos financeiros entre a União e os demais entes da federação, além da gestão dos contratos da dívida renegociada, dos avais concedidos e até mesmo dos ressarcimentos aos estados do ICMS sobre as exportações.

Nesse contexto, um episódio em especial é sempre lembrado como um dos destaques do ano de 1999, que foi a tão falada moratória de Minas Gerais, que nunca existiu. O senhor poderia dar mais detalhes de como foi todo aquele processo para o Tesouro? Tivemos ali apenas consequências para o cenário político ou houve efeitos para o dia a dia do Tesouro?

Foi um momento muito difícil para o País e para a STN em particular. Era o início de 1999, o cenário externo de grande volatilidade e incertezas quanto à possibilidade de manutenção do regime de câmbio virtualmente fixo que então prevalecia. A moratória decretada – que, de fato, nunca existiu junto ao Tesouro Nacional, pois a STN tinha garantias estaduais mais do que suficientes para honrar a dívida contratada – no pagamento de uma parcela de um bônus internacional de emissão do governo de Minas Gerais acentuou um processo de deterioração de expectativas que veio a culminar na flutuação do real e em um prolongado período de turbulência, que contou, inclusive, com mudanças sucessivas na condução do Banco Central. Nesse contexto, a STN foi chamada a honrar o pagamento do governo estadual no exterior, o que contou com a decisiva participação da infraestrutura externa do Banco do Brasil para sua operacionalização. Posteriormente, o valor foi ressarcido pelo governo de Minas, uma vez concluída a renegociação da dívida daquele estado, um processo que levou praticamente oito meses até sua bem-sucedida conclusão, em fevereiro de 2000.

E a criação da Lei de Responsabilidade Fiscal? Qual foi o papel do Tesouro na construção do instrumento? De que maneira a LRF mudou a administração do Tesouro Nacional?

A STN teve um papel ativo em todo o processo, que foi conduzido pelo Ministério do Planejamento e que contou com sua versão básica elaborada pelo economista José Roberto Afonso, do BNDES. Eu destacaria a discussão sobre dívida pública e o relacionamento com o Banco Central, que, a partir da LRF, perdeu a capacidade de emitir títulos próprios (LBC, BBC) e passou a executar a política monetária com títulos do Tesouro Nacional em sua carteira; as discussões com os estados e seus limites de endividamento e o artigo 35, que veda o refinanciamento de dívida entre diferentes entes da federação; os parâmetros para os indicadores de solvência fiscal (Lei Camata, limites de gastos dos poderes etc.). A STN participou ativamente do grupo interministerial que conduziu as discussões, liderando-o em vários itens fundamentais da LRF.

Qual foi o papel do Tesouro durante a vigência dos programas do Brasil com o FMI?

Creio que o papel da STN foi fundamental para assegurar a consistência e o cumprimento do programa, com o rigoroso acompanhamento da execução orçamentária de todas as esferas do setor público, além de significativas contribuições na sua própria concepção.

Como foi o trabalho do Tesouro, em suas diversas áreas, durante momentos críticos dos últimos dez anos, como as crises financeiras internacionais, o apagão, e, a mais específica, da marcação a mercado dos títulos públicos em carteira dos fundos de investimento?

A Secretaria do Tesouro Nacional foi – é e continuará a ser – participante ativo de todos os aspectos da política econômica do Brasil desde sua criação em 1986. Nas crises financeiras internacionais, a STN teve papel fulcral no desenho, implementação e controle das políticas fiscais requeridas. Quando do apagão, sob a coordenação da Casa Civil, teve participação fundamental na estruturação financeira do apoio ao setor elétrico. No caso da marcação a mercado, eu não gostaria de comentar, pois já estava afastado da direção da STN quando esse processo teve lugar.

Considerando o que foi feito até agora, quais são os grandes desafios que o Tesouro tem pela frente, tanto do ponto de vista de consolidação da instituição, quanto de administração da dívida pública e de guardião do equilíbrio das contas públicas?

Acho que a pergunta já contém boa parte da resposta. O futuro do país passa também pela correta atuação da STN nas dimensões citadas. Com efeito, creio que o maior desafio do Brasil é implementar uma política fiscal que permita e induza o crescimento e desenvolvimento do nosso país, em linha com as economias mais dinâmicas do cenário mundial.

Nota

1. Contamos com a ajuda também dos jornalistas Célia Regina Scherdien, Flavio Lobo e Raquel Massote.

21.

O AJUSTE FISCAL DE 1999: ANTECEDENTES E DESDOBRAMENTOS[1]

Fabio Giambiagi

Não há fatos; só interpretações

FRIEDRICH NIETZSCHE

INTRODUÇÃO

A redemocratização brasileira iniciada em 1985 pecou por não conseguir enquadrar as demandas sociais na restrição fiscal. Dados de Ricardo Varsano indicam que entre 1984, último ano do governo militar, e 1994, ano do Plano Real, a despesa primária do governo aumentou de 21,7% para 29,3% do PIB (ver Varsano, 1996). O período de 1998 a 2002, objeto deste capítulo, não é alheio a essa tendência. Nele, o gasto do governo continuou aumentando seu peso no PIB. A diferença é que, até 1994, as demandas sociais eram satisfeitas mediante financiamento inflacionário – ou por meio da colocação de dívida pública. Já a partir do ajuste de 1999, elas passaram a ser cobertas por um incremento da carga tributária, o qual, por sua dimensão, viabilizou um importante aumento do resultado primário do setor público.[2]

Este capítulo está dividido em oito seções, incluindo a introdução. Depois desta, apresenta-se inicialmente o contexto vigente em 1998, que deu origem às medidas adotadas em 1999, objeto principal do capítulo. A seção "O ajuste fiscal de 1999/2002" apresenta o ajuste implementado neste período, seguida de "As reformas estruturais". A seção "Os eventos externos ou inesperados" chama a atenção para a importância de situações que ocorreram concomitantemente à implantação do ajuste, prejudicando o sucesso da política econômica. Em seguida, tenta-se entender por que, na ocasião, a política econômica adotada não foi considerada um sucesso, o que explica em parte a derrota do candidato oficial, José Serra, nas eleições presidenciais de 2002. A seção "A melhora das estatísticas e o aprimoramento institucional da STN" destaca a importância da melhoria das estatísticas fiscais. A última seção faz um balanço das medidas de ajuste, dando-lhes uma interpretação mais positiva comparativamente à que fora feita contemporaneamente.

O CONTEXTO PRÉ-AJUSTE: 1998

Após a crise de diversas economias do Leste Asiático em 1997, o Brasil tentou se ajustar ao novo contexto, numa situação fiscalmente muito ruim – caracterizada pela existência de deficit primário e de um deficit público de mais de 5% do PIB –, mediante o anúncio de mais de cinquenta medidas de ajuste – o chamado "Pacote 51", combinadas com uma alta das taxas de juros.

Os resultados foram bastante tímidos.[3] Primeiro, porque a maior parte das medidas de ajuste se revelou inócua ou de escassa relevância. Segundo, porque pouco depois uma nova crise internacional – a da Rússia, em 1998, – acentuou a percepção de que havia algo de errado nos mercados emergentes e que o Brasil seria o próximo da fila a sofrer uma desvalorização da sua moeda.[4] Terceiro, porque nesse contexto o desempenho da economia tornou-se pífio, prejudicando a capacidade de arrecadação. E quarto, porque com o aumento da taxa Selic a despesa de juros em 1998 foi significativamente maior do que em 1997. O resultado foi um deficit público, em 1998, também maior do que em 1997, o que tornava pouco convincente o discurso para o resto do mundo de que o país estava em processo de ajustamento.

Nesse contexto, crescia a percepção de que havia um duplo ajuste esperando o país na "virada da esquina", após as eleições presidenciais de 1998. Embora o tema cambial fuja ao escopo deste capítulo, as implicações da questão com a realidade fiscal e com o debate acerca do que aconteceria com os preços se a cotação do dólar disparasse são óbvias. A resposta à questão de como foi que se chegou à situação de 1998, com deficit em conta corrente de 4% do PIB e uma crise externa em formação, é dada pelo próprio titular do Banco Central naquela época, Gustavo Franco, que, numa reflexão feita vários anos depois daqueles acontecimentos, manifestou-se com franqueza nos seguintes termos:

> Nenhum de nós tinha ideia do que seriam os efeitos inflacionários de uma desvalorização [...] Na verdade, foi pensando na questão fiscal, o começo de qualquer conversa responsável sobre 'mexer no câmbio', conversa inevitável depois da crise da Rússia, que procuramos o acordo com o FMI; simplesmente não tínhamos mais credibilidade para propor outro Pacote 51 e não houve ninguém na equipe econômica que quisesse flutuar o câmbio em meados de 1998, sob pressão e com deficit primário (Franco, 2010: 137-8).

O presidente Fernando Henrique Cardoso, a caminho da sua tentativa de reeleição, em condições muito difíceis, cuidou de preparar o terreno. No dia 9 de setembro de 1998, o governo criou por decreto a Comissão de Controle Fiscal, com amplos poderes, e definiu cortes importantes para sua implementação ainda naquele ano. No mesmo dia, anunciou a MP 1716, que estabelecia taxativamente que o Executivo "apresentará ao Congresso Nacional, até 15 de novembro de 1998, Programa de Ajuste Fiscal para o triênio 1999-2001, com vistas à obtenção de resultados primários positivos e crescentes a cada ano e de forma estabilizar a relação entre a dívida líquida do setor público consolidado e o PIB"[5]. Duas semanas depois, em discurso muito comentado na época, em 23 de setembro, poucos dias antes das eleições de 1998, aproveitando uma cerimônia no Itamaraty, disse o seguinte, sinalizando indiretamente o recurso a um programa do FMI, se isso se fizesse necessário, com os óbvios condicionantes de quem está disputando o voto dos eleitores:

> Quero reafirmar meu compromisso de estruturar uma proposta de ajuste fiscal para os próximos três anos. [...] Defini dois elementos indispensáveis: superavit primários crescentes ao longo dos próximos três anos e suficientes para impedir que a dívida pública cresça a um ritmo superior ao crescimento do PIB [...] e [...] que sejam rapidamente efetuados estudos para definir bases legais que consagrem o princípio do equilíbrio fiscal [...] Vamos cortar as despesas, mas poderá ser necessário também aumentar receitas [...] Não temos e não teremos medo de tratar de nossos ajustes com abertura em relação ao mundo: dialogar intensamente com parceiros e com as instituições internacionais como o Fundo Monetário, o Banco Mundial, o BID e o BIS, dos quais somos sócios e com os quais continuaremos mantendo um relacionamento maduro, aberto e soberano. Se for do interesse do país um entendimento com estas instituições, o faremos (Cardoso, 1998: 66-7).[6]

Cabe lembrar que naqueles anos falava-se muito da "consolidação fiscal" em curso numa série de países europeus, como parte do movimento de preparação para adoção do euro (FMI, 2001). Faltava, porém, que o país se dispusesse a fazer esse sacrifício fiscal. Foi o que se viu em 1999.

O AJUSTE FISCAL DE 1999/2002

As primeiras medidas tendentes a promover uma melhora importante do resultado primário de 1999 foram anunciadas ainda no final de 1998, pouco depois de Fernando Henrique Cardoso ter sido reeleito. Meses depois, entretanto, após a forte desvalorização cambial de janeiro de 1999, que causou uma elevação da dívida pública pelo impacto sobre a dívida externa e a dívida interna indexada ao dólar, as metas fiscais foram elevadas para produzir um superavit primário mais robusto, que compensasse a maior carga de juros. No conjunto, as principais medidas de ajuste foram:

I. definição de um novo arcabouço institucional, com a adoção de um sistema de metas fiscais bastante rígido, tendo o superavit primário como indicador

de desempenho chave da política fiscal, acompanhado com lupa por todos os analistas;
II. aumento da receita, com uma combinação de medidas;
III. apelo a receitas extraordinárias, declinantes a médio prazo, mas importantes para o ganho inicial de confiança no cumprimento das metas;
IV. corte de gastos discricionários;
V. reforma, ainda que modesta, da Previdência; e
VI. ajustamento efetivo dos governos subnacionais, através do instrumento da renegociação das dívidas estaduais e municipais.

Vejamos esses pontos com maiores detalhes. Cabe lembrar que o país vinha, em 1998, mesmo no contexto de um aumento da receita, de uma situação na qual, em que pesem os compromissos do "Pacote 51" de 1997, os valores de todas as grandes rubricas de gastos tinham aumentado relativamente ao PIB. Ter um desempenho adequado da política fiscal em 1999 era, portanto, chave para mostrar que "desta vez sim" o ajuste seria efetivamente implementado.[7]

O arcabouço institucional envolveu a adoção de metas fiscais móveis, sempre estabelecidas para os três anos seguintes e com o compromisso de serem rigorosamente obedecidas, como de fato ocorreu, com o elemento adicional que, em todos os anos do triênio posterior a 1998, o resultado primário expresso como proporção do PIB foi maior do que o do ano anterior.

No caso da receita, houve uma combinação de dois elementos. Por um lado, o aumento da alíquota da Cofins, na época aplicado sobre o faturamento e cuja taxa passou de 2% para 3%. Por outro, a majoração da alíquota da contribuição sobre movimentações financeiras (CPMF) de 0,20% para 0,38% do valor das transações. Embora em 1999, especificamente, isso não tenha evitado problemas – pelo fato de a contribuição ter deixado de ser cobrada por um semestre ao caducar a alíquota prévia e vigorar a carência de cobrança (quarentena) associada às novas contribuições –, o resultado foi um aumento importante da receita prospectiva para o ano 2000, chave para gerar confiança acerca do orçamento para esse ano apresentado em agosto de 1999, quando o governo jogava todas as suas fichas numa virada das expectativas.[8]

As receitas extraordinárias foram um componente importante para a evolução da receita. Além da CPMF, cuja cobrança era limitada a um período de tempo, cabem destacar: a eliminação, por alguns anos, da possibilidade de fazer certas deduções tributárias por parte das pessoas jurídicas;[9] a receita de concessões, em virtude das privatizações, importantes ainda durante parte do segundo governo Cardoso; a vigência da "Desvinculação de Receitas da União" (DRU), que permitia retirar da base de cálculo de uma série de gastos parte das receitas, aumentando a receita líquida pela redução do percentual de vinculação; e os recorrentes recursos ao perdão de multas, possibilitando a geração de uma receita não desprezível por conta do pagamento de impostos atrasados. Ao todo, depois de já ter aumentado em 1998, em todos os anos, de 1998 a 2002, a receita total do governo aumentou como proporção do PIB, de 18,2% em 1998 até 21,5% em 2002 – um salto substancial.

Pelo lado do gasto, embora a redução como fração do PIB do gasto primário total entre 1998 e 1999 tenha sido de escassos 0,2% do PIB, a rubrica das "outras despesas de custeio e capital-OCC" experimentou uma queda real de 2%. É essa rubrica que opera como "variável de ajuste" quando o governo precisa apertar as contas, o que se repetiu posteriormente, por ocasião do reforço do ajuste fiscal no começo do governo Lula, em 2003.

A reforma da Previdência será tratada na próxima seção. O que importa aqui é explicar que o governo mostrou estar consciente da gravidade representada pelo aumento drástico da quantidade física de aposentadorias por tempo de contribuição, cujo estoque total, nos quase vinte anos entre 1980 e 1999, tinha aumentado à espantosa taxa de 7,9% a.a., em média, como mostra a Figura 21.1. A percepção de que o governo estava disposto a enfrentar essa questão, com consequências fiscais tão sérias sobre a despesa do INSS, foi um ingrediente importante do contexto de mudanças da época.

Finalmente, no final da sua primeira gestão e no começo da segunda, o presidente Cardoso conduziu um processo de negociação das dívidas estaduais e municipais junto ao mercado, que vinham se acumulando na forma de uma "bola de neve" e foram na prática federalizadas, mediante compromisso das autoridades subnacionais de repagamento ao Tesouro ao longo de um período de trinta anos. Os estados e municípios passaram a dever ao Tesouro, tendo este o poder de bloquear a transferência de recursos em caso de inadimplência. Gerou-se, assim, um mecanismo de "ajuste automático" dessas unidades, uma vez que elas não teriam como deixar de honrar os compromissos, seja direta ou indiretamente, devido ao bloqueio das transferências. A consequência foi um aumento do resultado primário de estados e municípios de quase 1,5% do PIB entre 1997 – quando esse processo se iniciou – e 2001.

Apesar de a economia ter demorado a reagir (o que, conjuntamente com o *carry over* fraco de 1998, gerou um baixo crescimento em 1999, como mostra a Tabela 21.1), o governo começou a reconquistar a confiança do mercado no primeiro semestre de 1999 quando, mês após mês, entregou os resultados previstos, processo que se repetiu até 2002. Na sequência, a taxa Selic, que chegou a alcançar 45% a.a. em termos nominais em março de 1999, seis meses depois se encontrava em 19%, em um ambiente no qual, após os temores iniciais, a inflação dava nítidos sinais de estar em queda. Os motores do crescimento começavam a ser ligados.

Figura 21.1
Aposentadorias por tempo de contribuição: milhões de benefícios ativos

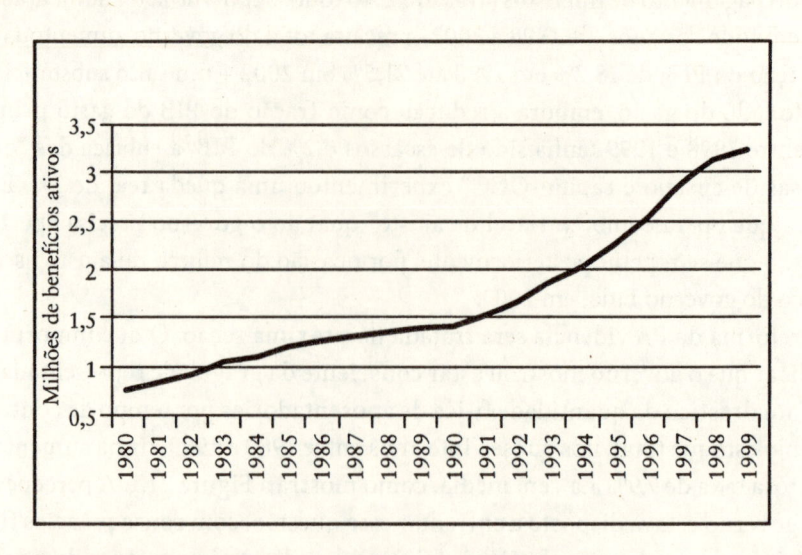

Fonte: Anuário Estatístico da Previdência Social vários números.

No conjunto, o ajuste observado entre 1998 e 2002 pode ser sintetizado pelos números da Tabela 21.2.[10] Nesse período de quatro anos, em que pese um aumento da ordem de 1% do PIB da despesa de juros, a melhora primária de 3% do PIB permitiu reduzir o deficit nominal em 2% do PIB, até perto de 4% do PIB em 2002. Cabe notar, porém, que depois do pequeno ajuste de 1999, o gasto público retomou sua trajetória ascendente, crescendo em proporção do PIB, ano a ano, entre 1999 e 2002, como pode ser visto na Tabela A1 do Apêndice.

Tabela 21.1
Indicadores macroeconômicos

Variável	1997	1998	1999	2000	2001	2002
Crescimento PIB (%)	3,4	0,4	0,5	4,4	1,4	3,1
Crescimento mundial (%)	4,1	2,6	3,6	4,8	2,5	3,0
Crescimento América Latina (%)	5,5	2,6	0,4	4,0	0,3	0,5
Inflação: IPCA (%)	5,2	1,7	8,9	6,0	7,7	12,5
Preços exportação (1997=100)	100	93	81	84	81	77
Termos de troca (1997=100)	100	98	85	88	88	87

Fontes: IBGE, FMI, Cepal, Funcex.

Tabela 21.2
Necessidades de financiamento do setor público – Conceito nominal (% PIB)

Composição	1997	1998	1999	2000	2001	2002
Superavit primário	-0,87	0,01	2,85	3,19	3,34	3,20
Governo central	-0,25	0,50	2,08	1,70	1,67	2,14
Estados e municípios	-0,67	-0,17	0,20	0,50	0,79	0,71
Empresas estatais	0,05	-0,32	0,57	0,99	0,88	0,35
Juros	4,54	6,79	7,99	6,51	6,60	7,61
Governo central	1,99	4,98	4,48	3,79	3,59	2,82
Estados e municípios	2,09	1,66	3,00	2,41	2,63	4,16
Empresas estatais	0,46	0,15	0,51	0,31	0,38	0,63
NFSP	5,41	6,78	5,14	3,32	3,26	4,41
Governo central	2,24	4,48	2,40	2,09	1,92	0,68
Estados e municípios	2,76	1,83	2,80	1,91	1,84	3,45
Empresas estatais	0,41	0,47	-0,06	-0,68	-0,50	0,28

Fonte: Banco Central.

As reformas estruturais[11]

O período de governo de Fernando Henrique Cardoso como um todo (1995/2002) foi marcado por uma série de reformas estruturais. Os primeiros anos do Plano Real estão contemplados no capítulo 19, de Murilo Portugal, neste livro. Nesse período, os destaques foram a estabilização da economia; a flexibilização da legislação gerando maior atratividade para o capital estrangeiro; e o fim do monopólio estatal nas áreas de petróleo e telecomunicações. Já no período abrangido pelos anos de 1998 a 2002, as principais transformações foram as seguintes:

- na macroeconomia, a adoção do chamado "tripé", constituído pela combinação de objetivos de superavit primário, metas de inflação e livre flutuação da taxa de câmbio;
- no tema previdenciário, a aprovação da emenda constitucional número 20, em 1998, "desconstitucionalizando" uma série de aspectos normativos nela detalhados, permitindo que eles passassem a ser objeto de legislação ordinária e abrindo caminho para a aprovação da lei 9.876/1999, conhecida como "Lei do fator previdenciário";
- na área fiscal, o expressivo aumento da receita, de nada menos que 5 pontos do PIB entre 1997 e 2002;
- no campo federativo, a aprovação da lei complementar 101, no ano 2000, denominada "Lei de Responsabilidade Fiscal" (LRF), e a já comentada renegociação das dívidas estaduais e municipais; e
- um expressivo programa de privatizações.

Detalhando um pouco mais cada um desses elementos, no primeiro caso foram ativados instrumentos para dar conta dos principais desequilíbrios macroeconômicos que em outras oportunidades, ao longo da história brasileira, tinham levado o país a mergulhar em crises: o ajuste do superavit primário reequilibraria a equação fiscal; a política monetária contribuiria para levar a inflação de volta à meta; e a flutuação cambial acomodaria eventuais desequilíbrios no balanço de pagamentos, inaugurando, assim, o que se poderia qualificar como a melhor política econômica adotada no país no pós-guerra.

Na Previdência Social, a aprovação do fator previdenciário foi um passo importante para evitar um dano ainda maior às contas da Previdência em decorrência da generosidade da legislação – e, até então, da própria Constituição.[12] Com a nova lei, a aposentadoria passou a ser o resultado da multiplicação de dois elementos: a média contributiva dos 80% maiores salários de contribuição; e o "fator previdenciário", que é um número que orbita em torno da unidade e depende de parâmetros individuais associados à idade da pessoa ao se aposentar e a seu tempo contributivo, sendo expressivamente inferior à unidade para aposentadorias precoces e podendo ser maior do que a unidade para aqueles que se aposentam por tempo de contribuição a uma idade avançada e/ou com anos de contribuição além daqueles exigidos pela legislação.[13]

Na receita, houve expressiva melhora da qualidade da gestão conjunta da Receita Federal e da Secretaria do Tesouro Nacional, em relação ao padrão que tinha vigorado anteriormente, quando o Tesouro chegou a ter perdas importantes pelo fato de o governo não estar atento às consequências da modificação de determinadas medidas por parte do Parlamento. A gestão do Secretário da Receita Federal, Everardo Maciel, que era um dos tributaristas mais conhecidos e respeitados do país e ficou no cargo ao longo das duas gestões do presidente Cardoso, foi um marco importante nesse processo de construção institucional.

A aprovação da LRF foi uma dessas mudanças institucionais *à la* Sargent, em alusão à análise do artigo clássico de Thomas Sargent (1983) sobre reformas estruturais que permite dividir um processo histórico em um "antes" e um "depois" de determinado evento. A lei, que tem mais de 70 artigos, foi um passo fundamental para o reordenamento das finanças estaduais por duas razões. A primeira, por incorporar tetos para a despesa com pessoal nos três níveis da Federação.[14] E a segunda, por seu artigo 35, cujo *caput* define que "é vedada a realização de operação de crédito entre um ente da Federação, diretamente ou por intermédio de fundo, autarquia, fundação ou empresa estatal dependente, e outro, inclusive suas entidades da administração indireta, ainda que sob a forma de novação, refinanciamento ou postergação de dívida contraída anteriormente". Isso significa que o velho mecanismo de "renegociar dívidas renegociadas" deixaria de ser legalmente viável a partir da aprovação da lei, reforçando os efeitos das renegociações feitas no período de 1997 a 1999 e sinalizando que dessa vez não seria mais possível postergar os pagamentos quando chegasse a hora de honrar os compromissos.[15]

Por último, houve a continuação de um intenso programa de privatização, com envolvimento direto do BNDES – coordenador do processo – e das autoridades do Tesouro, estas lidando com uma série de etapas burocrático-administrativas requeridas para que o Tesouro pudesse colocar suas ações à venda. Para se ter uma ideia da importância do programa, utilizamos como moeda de referência o dólar, que era o formato adotado pelo BNDES nos anos 1990 para divulgar suas estatísticas, permitindo uma melhor comparação entre os dados antes e depois da estabilização. Entre a receita direta de vendas e as dívidas transferidas na alienação acionária, a arrecadação total da privatização no período de 1991 a 2000 foi de pouco mais de US$100 bilhões. Desse montante, a receita do período 1991/1994 foi de US$12 bilhões, valor que aumentou para US$36 bilhões no triênio 1995/1997 e alcançou o clímax nos três anos finais, de 1998/2000, quando atingiu US$53 bilhões. Do total, fazendo o corte por unidade de governo, 65% corresponderam ao governo federal; e 35%, aos estados. Entre os setores, destacam-se as telecomunicações (pelo peso da Telebras) com 32% do total, seguida pelo de energia elétrica – pela venda das distribuidoras estatais estaduais – com 27% do total, ambos os casos estando essencialmente ligados ao período do qual este capítulo trata (1998/2002).

Os eventos externos ou inesperados

O presidente Fernando Henrique Cardoso tem uma frase que explica alguns dos problemas que teve que enfrentar, provavelmente dita em função de seu próprio aprendizado: "A gente pensa que vai vir o inevitável e ocorre o inesperado." Ela serve para entender os obstáculos que a condução das políticas teve que enfrentar no período.

Foi dito acima que a política adotada a partir de 1999 podia merecer o qualificativo de "melhor política econômica brasileira do pós-guerra", mas é preciso levar em consideração os seguintes elementos:

I. por melhor que seja uma política, seus efeitos não podem ser dissociados do que ocorre no mundo, e o contexto externo em que se desenvolveu a política econômica no período foi muito ruim, como iremos detalhar, e isso, pelo fato de o Brasil não ser uma ilha isolada do mundo, afetou seriamente o país;

II. o êxito de uma política depende em parte das condições iniciais, e estas, quando o chamado tripé macroeconômico foi adotado em 1999, eram muito negativas, marcadas por elevados deficit em conta-corrente e nas contas do governo; e

III. embora uma política econômica, particularmente a fiscal, possa assentar as bases para o crescimento futuro, na fase de ajustamento há custos envolvidos, e eles são, em geral, impopulares. O fato é que, se o consumo das famílias, nos três primeiros anos do governo Cardoso, de 1995 a 1997, cresceu a uma média anual de 4,9%, na média dos cinco anos seguintes essa taxa caiu para apenas 1,1%, o que, dado o crescimento populacional, correspondeu a uma redução do consumo *per capita* de 0,6% a.a. Nada mais natural, portanto, que houvesse resistências ao ajuste.

Os eventos externos ou inesperados que se seguiram à já citada crise russa de 1998 e que afetaram seriamente o Brasil foram quatro:

- a queda dos preços de exportação;
- a crise argentina;
- os atentados terroristas de 11 de setembro de 2001 nos EUA; e
- a crise energética de 2001.

Entre 1997 e 2002, os preços das exportações do Brasil sofreram uma queda de 23% em dólares, acarretando uma redução acumulada de 13% dos termos de troca. Disso decorreram três efeitos negativos. Primeiro, o fenômeno prejudicou a reação da balança comercial e do resultado em conta-corrente, em que pese o bom desempenho das exportações físicas no segundo governo Cardoso. Segundo, no contexto do câmbio flutuante, houve uma maior desvalorização da taxa de câmbio, trazendo danos à política de combate à inflação. E, por conta disso, em terceiro lugar, estabeleceu-se uma restrição à queda da taxa de juros, obstaculizando a retomada da economia.

A crise argentina de 1998/2001 impactou fortemente o Brasil por duas vias.[16] Primeiro, diretamente, pois em 1998 a Argentina respondia por 13% das exportações brasileiras, percentual que, em 2002, se reduziu para apenas 4%. Segundo, indiretamente, porque na época o mercado não fazia muitas diferenciações entre nações emergentes, ainda mais com a proximidade geográfica com os vizinhos, e os problemas argentinos contaminavam a avaliação do Mercosul, afetando negativamente o financiamento ao país.

Os ataques contra as Torres Gêmeas e o Pentágono em 2001 geraram uma paralisia temporária dos mercados financeiros internacionais, limitando seriamente a possibilidade de obtenção de recursos externos, algo particularmente danoso para economias, como a do Brasil, que tinham deficit externos ainda importantes.

Por último, a crise energética de 2001 fez o país tropeçar exatamente quando a economia, depois de ter crescido apenas 0,5% em 1999, aparentava começar a "decolar" com um crescimento de 4,4% em 2000. Houve a combinação de uma seca importante no verão de 2001 com a insuficiência de investimentos em geração – prejudicados tanto pelo fato de a privatização das empresas desse segmento não ter sido feita, como por restrições fiscais importantes da Eletrobras para a expansão dos seus investimentos. A consequência foi que no final do período de chuvas – março/abril – em 2001, os reservatórios de água da região Sudeste atingiram níveis críticos, gerando a necessidade de uma rígida restrição quantitativa no fornecimento de energia. Na esteira desse processo, privada de um insumo básico, a indústria teve uma queda de 0,6% em 2001.

O QUE DEU ERRADO?

Em que pesem os problemas observados no período, a economia brasileira estava capacitada em 2002 para superar as dificuldades e iniciar uma etapa positiva (Goldfajn, 2002). O resultado primário era suficiente para conservar ou até mesmo permitir uma queda da relação dívida pública/PIB uma vez que os juros cedessem; a inflação cairia quando o câmbio se estabilizasse; e a taxa de câmbio equacionaria o desequilíbrio do setor externo. Tendo deixado para trás o período mais crítico da desvalorização e os eventos negativos de 2001/2002, o caso brasileiro seria anos depois considerado um exemplo de sucesso de ajuste e estabilização da economia (vide Giavazzi, Goldfajn e Herrera, 2005).

Por que, porém, isso não foi percebido na época? O que fez com que uma política que, *a posteriori*, seria reconhecida pela maioria dos analistas como tendo sido uma das bases para o bom desempenho subsequente da economia brasileira não tenha sido bem avaliada na época nem gerado uma adesão das forças políticas que permitisse ao governo ter êxito na sua tentativa de respaldar sua continuidade nas eleições de 2002, vencidas pela oposição? Além dos elementos mencionados na seção anterior, há outras considerações importantes a fazer para entender esta questão.

O primeiro elemento, e provavelmente o mais importante de todos, tem a ver com a política. No final de seu governo, Fernando Henrique Cardoso enfrentava a inequívoca possibilidade de ter que entregar o comando do país a uma administração do Partido dos Trabalhadores (PT), comandada por Luiz Inácio Lula da Silva. Nada mais natural que os mercados se voltassem então para analisar o que este partido propunha. E, nesse sentido, a leitura dos documentos oficiais do partido era preocupante (PT, 2001). No documento partidário de 2001, conhecido como "Documento de Olinda", um ano antes das eleições, o PT propunha, com todas as letras, que o país deveria "articular aliados no processo de renegociação da dívida externa pública" (par. 64) e ter "uma estratégia para a política de juros internos que reduza sensivelmente o comprometimento do orçamento" (par. 65). A primeira medida conduziria ao esgotamento do financiamento externo, pois não há sentido em emprestar dinheiro novo a um país que de antemão admite que vai questionar as condições do empréstimo. E a segunda acarretaria uma fuga de detentores da dívida pública, que procurariam evitar o risco da adoção de um *corralito*, como tinha ocorrido na Argentina.

O Tesouro Nacional se viu então numa situação difícil, agindo em estreita cooperação com as autoridades do Banco Central para enfrentar as turbulências resultantes desse tipo de receio. As providências envolveram quatro frentes: i) negociação de um novo acordo com o FMI, para continuar a obter financiamento no período de maior fechamento dos mercados ao país; ii) reconhecimento da inevitabilidade da pressão cambial, aceitando a elevação do dólar com vistas ao reequilíbrio do balanço de pagamentos; iii) colocação de títulos com *hedge* cambial, para tentar evitar que o movimento de saída de capitais fosse muito violento; e iv) ação política, liderada pelo próprio presidente da República, para algum grau de entendimento com a liderança do PT, do qual veio a surgir meses depois o documento "Carta ao povo brasileiro". Este era, na verdade, uma "carta ao mercado", na qual, em linguagem própria, o PT emitia os sinais que o mercado queria sobre a continuidade da política econômica (PT, 2002).

Não obstante, a persistência das dúvidas acerca dos reais propósitos do PT fez com que a taxa de câmbio do dólar, que abrira 2001 em menos de R$ 2,00 e, já com alguma incerteza, fechara aquele ano pouco acima de R$ 2,30, alcançasse quase R$ 3,90 em setembro de 2002, poucos dias antes das eleições. Era o clímax do "risco Lula". Quando o mundo político emite sinais acerca de um futuro governo que o mercado de alguma forma associa à noção de moratória, é evidente que o espaço de manobra das autoridades fica bastante restrito.

O segundo ponto para entender por que o ajuste não foi bem percebido na época relaciona-se em parte com a reação das autoridades e, especificamente, do Tesouro, diante das circunstâncias citadas. Ela teve como um dos seus pontos-chave a colocação de papéis da dívida pública indexados à taxa de câmbio. O objetivo era evitar uma maior dolarização da economia, como a que tinha se verificado em outros países da região – com destaque para a Argentina –, e, ao mesmo tempo, mediante o fornecimento de um instrumento financeiro local, tentar mitigar as pressões sobre a taxa de câmbio. O problema é que a estratégia seria bastante custosa se não alcançasse seu objetivo de contribuir para esfriar a pressão cambial, pois o fato de os títulos oferecidos serem indexados ao dólar elevaria em muito o valor em R$ da dívida colocada. E foi exatamente isso o que aconteceu. Seja pela maior colocação desses instrumentos dolarizados, seja pela maior cotação R$/US$, a decomposição da dívida pública mobiliária federal em poder do público por indexador indica que a parcela associada ao câmbio, que era de apenas 5% do total no começo da estabilização em 1995, alcançou nada menos que 34% no final de 2002, conforme os dados do Banco Central.

O terceiro ponto importante está ligado à interpretação das estatísticas. Os dados da Tabela A2 do Apêndice são eloquentes a respeito. Eles mostram a abertura da dívida líquida do setor público – o indicador fiscal patrimonial mais importante na época – no seu componente de origem fiscal e nos chamados "ajustamentos", associados fundamentalmente ao efeito da taxa de câmbio sobre as dívidas públicas interna e externa expressas em R$. A dívida líquida total era de 38% do PIB em 1998, antes do ajustamento, e, quatro anos depois de um intenso ajuste fiscal, tinha alcançado 60% do PIB. Era natural, portanto, que os críticos do mundo político qualificassem o programa como um fracasso e apontassem para o aumento da dívida, que era um fato inegável. Quando se decompõem os números, porém, observa-se que nesse período a dívida fiscal aumentara apenas em 2 pontos de percentagem (p.p.) do PIB – aumento esse decorrente da combinação de taxas de juros elevadas e baixo crescimento – enquanto que os ajustamentos patrimoniais adicionaram nada menos que 20 p.p. do PIB à dívida nesse período, dos quais 18% do PIB por conta do câmbio.

O ajuste implementado no começo de 1999 tinha sido feito, declaradamente, para recuperar as condições para o crescimento econômico, equacionar as contas fiscais e evitar uma maior pressão inflacionária. No final de quatro anos, em 2002, entretanto, o que o governo podia exibir? Uma taxa de crescimento média em 4 anos de 2,3%, francamente decepcionante; um incremento da dívida pública de 22 p.p. do PIB; e uma inflação que, por causa do câmbio, atingiu 13% em 2002. É compreensível, então, que a avaliação da política por parte da população fosse bastante severa. Porém, por trás desse cenário, o ajustamento externo, a melhoria do resultado primário com um ajustamento de mais de 4 p.p. do PIB em cinco anos e a redução do custo dos produtos brasileiros pela desvalorização tinham criado as condições para o início de um novo ciclo de crescimento. A maioria dos brasileiros, porém, só perceberia os efeitos dessa mudança depois de 2003 – uma vez passadas as eleições.

A MELHORA DAS ESTATÍSTICAS E O APRIMORAMENTO INSTITUCIONAL DA STN

Concomitantemente com a melhoria dos indicadores fiscais, no período contemplado houve um aprimoramento da qualidade e da frequência das estatísticas fiscais, fato que deve ser ressaltado, com méritos compartilhados entre o Banco Central e a Secretaria do Tesouro Nacional.[17] Cabe citar, entre eles, os seguintes:

I. regularização da periodicidade da divulgação. Isso se deu, a rigor, nos primeiros anos do primeiro governo Cardoso quando, ao invés de as estatísticas serem divulgadas em bases irregulares, elas passaram a ser divulgadas mensalmente;
II. redução do intervalo de divulgação. Quando ocorreu a regularização da periodicidade, ela permitiu inicialmente a publicação dos resultados em até 60 dias a partir do encerramento do mês, defasagem depois reduzida para até 30 dias;
III. diminuição da importância das revisões. Até o começo da década de 1990, os resultados fiscais divulgados inicialmente estavam sujeitos a revisões importantes, o que deixou de acontecer nos anos seguintes, quando as mudanças

em relação aos dados divulgados a cada mês e ano passaram a ser pequenas ou inexistentes;

IV. detalhamento crescentemente desagregado das estatísticas "abaixo da linha", suprindo uma necessidade patente no começo dos anos 1990, quando essas estatísticas eram inexistentes ou limitadas apenas aos dados agregados. A excepcional riqueza de detalhes das atuais tabelas dos anexos da nota mensal da STN é fruto dos esforços pioneiros nos anos 1990;

V. redução da magnitude dos erros e omissões da "discrepância estatística" entre os resultados do governo central divulgados pelo Banco Central e pela STN. Em módulo, em média, essa discrepância foi de 0,43% do PIB em 1991/1995; 0,22% do PIB em 1996/2000; e apenas 0,02% do PIB em 2001/2005.[18] A importância disso não deve ser negligenciada, quando se leva em conta que, na primeira metade dos anos 1990, mudanças fiscais da ordem de 1% do PIB devido a alterações significativas entre um ano e outro do valor dos "erros e omissões" eram comuns, algo obviamente deletério para qualquer tentativa de maior controle fiscal;

VI. adoção do critério denominado de "pagamento efetivo" por parte dos órgãos, em substituição ao conceito de liberação da STN para os ministérios. Originalmente, o dado fiscal considerado era o desse último critério, mas, quando havia um descasamento entre a autorização da verba pela STN e o pagamento efetivo ao fornecedor do serviço pelo órgão, surgiam grandes discrepâncias entre o que as autoridades julgavam que estavam autorizando em termos fiscais e o movimento efetivo de caixa na relação entre o governo e o resto da economia. Ao captar a despesa no momento em que ela efetivamente sai dos cofres do governo, a estatística passou a refletir de forma muito mais fidedigna o que estava acontecendo em termos macroeconômicos;

VII. incorporação ao *modus operandi* oficial da prática do anúncio das reprogramações orçamentárias, permitindo aos analistas uma melhor visualização ao longo dos anos das mudanças do quadro fiscal;

VIII. utilização cada vez mais intensa dos mecanismos de busca de informações fiscais por parte de interessados através do Siafi, facilitando muito a consulta e as análises dos pesquisadores, consultores e analistas; e

IX. anúncio, no começo do ano, do cronograma de divulgação das estatísticas da STN e do Banco Central, contribuindo decisivamente para uma gestão fiscal transparente.

O corolário foi que o Brasil tornou-se um país com um dos mais confiáveis sistemas de acompanhamento estatístico da realidade fiscal do mundo, especialmente no nível federal. Nos anos posteriores, mesmo que algumas decisões possam ser questionadas, esse ganho de credibilidade referente ao rigor técnico das estatísticas nunca chegou a ser posto em cheque, em contraste com algumas outras experiências nacionais.[19]

Concomitantemente à melhora das estatísticas fiscais, houve um reforço na rota já estabelecida previamente de fortalecimento institucional da STN. Como parte desse processo, além de a Secretaria ter se tornado a instituição responsável pela emissão dos títulos soberanos no exterior, houve uma qualificação crescente de seu corpo funcional, mercê da realização de concursos, da valorização dos quadros internos no preenchimento dos cargos técnicos e melhorias salariais importantes, que se iniciaram justamente no período do qual este capítulo trata. Ainda que isso envolva certo grau de subjetividade, um indicativo desse processo tem sido a importância cada vez maior do Prêmio Tesouro Nacional, que, além de ter-se estabelecido como a principal premiação no país a trabalhos acadêmicos na área fiscal, tem tido uma participação importante dos quadros da casa.[20]

Um balanço, 15 anos depois

Em *Conversa no Catedral*, Mario Vargas Llosa usa o personagem Zavalita como seu *alter ego* e o faz dizer a pergunta que se tornou famosa: *En qué momento el Perú se jodió?*. Parodiando Zavalita, comparando o Brasil de 2016 com o de 2002 e sabendo o que aconteceu nos anos de ouro da década passada, a partir de 2002, e o que tem sido observado na realidade recente, cabe uma dúvida similar: quando foi que o Brasil se perdeu?

Ainda que o objeto do capítulo tenha sido o período concluído em 2002, revisitando aqueles anos nas circunstâncias de 2016 é impossível não se fazer a pergunta acima, bem como é igualmente inevitável raciocinar com alguma melancolia sobre o que poderia ter acontecido se o Brasil tivesse continuado na rota virtuosa de equilíbrio macroeconômico e superavit primário elevado que trilhou até meados da década passada.

Entre 1997 e 2002, o país passou de um deficit primário de 0,9% para um superavit de 3,2% do PIB, em que pese o crescimento do PIB no período de cinco anos ter sido de parcos 1,9% a.a., em média. Como se explica esse ajustamento? Um elemento-chave reside no binômio Liderança política + Equipe. O ex-presidente Fernando Henrique Cardoso foi obviamente peça central desse processo, conseguindo obter com maestria política concessões importantes do Congresso, que permitiram ao governo ganhar nada menos que quase 5 p.p. do PIB de carga tributária nesse período de cinco anos, aprovando uma série de medidas legislativas relevantes.

Ao mesmo tempo, deve se ressaltar o papel da equipe econômica, quando se leva em conta que o próprio presidente da República, no início do processo, tinha dúvidas acerca do rumo e da intensidade das medidas a serem tomadas, expostas pelo mesmo com singular sinceridade em seu livro de memórias publicado em 2015, com o relato das gravações feitas em 1995/1996 (Cardoso, 2015). No campo das reformas estruturais, tome-se, por exemplo, a reflexão do presidente acerca da privatização da Vale, quando ela começou a ser discutida internamente:

> Não tenho a mesma comichão em favor da privatização na Vale que vejo em vários outros setores e no próprio governo. Quero me convencer melhor, não que tenha alguma reação antiprivatista, mas porque ela é um instrumento muito grande de coordenação de políticas econômicas, se bem usado [...] Vamos ver com calma (Cardoso, 2015: 78).

Mesmo na área fiscal, a angústia do presidente nos primeiros anos do Plano Real, resistindo como político às tentativas da equipe econômica de um esforço fiscal maior, também transparece em diversas passagens das memórias, como a exposta a seguir e que explica, em parte, a fraca *performance* fiscal de 1995/1996:

> Estamos morrendo afogados na praia, por pouco dinheiro, e a equipe econômica não tem sensibilidade para isso [...] Vou insistir, vamos ter que liberar mais recursos para a administração, porque não dá para administrar na miséria e fazendo de conta que o desmando do Brasil é o gasto corrente. Não é. É pessoal e juros, como todo mundo sabe (*Ibid.*: 530).[21]

Numa conversa particular ocorrida no começo da década passada, um conhecido economista me fez um comentário instigante: "O governo Fernando Henrique foi brilhante nas crises e medíocre nas situações de normalidade." É uma fiel descrição do desempenho do governo naqueles anos. O Executivo soube reagir muito bem conseguindo manter o rumo do país em todas as grandes crises (a do México, as da Ásia e Rússia, mais tarde a da Argentina e a crise do setor elétrico de 2001) mas tendia a se acomodar quando o senso de urgência desaparecia. É um interessante exercício intelectual indagar o que teria acontecido com o governo do presidente Cardoso se tivesse encarado uma fase duradoura de bonança como a que o Brasil teve depois de 2003. É possível que a equipe que girava em torno do presidente e com tantas individualidades brilhantes defendendo a realização de reformas tão importantes para o país – como foram as privatizações, o ajuste fiscal, a Lei de Responsabilidade Fiscal e o regime de metas de inflação – não tivesse tido o mesmo espaço nem alcançasse tanto eco no Planalto e no Congresso.

O fato é que, no Brasil da segunda metade da década passada e da primeira metade da década atual, a liderança política deixou de apontar o rumo certo e de dar respaldo às ideias reformistas, no contexto de uma flagrante perda de qualidade média dos quadros gerenciais mais importantes da alta hierarquia do governo. As consequências não se fizeram esperar. Independentemente da influência negativa da mudança dos ventos da economia internacional associada à grande crise de 2008, é a combinação de liderança política omissa com falta de personalidade e fragilidade da equipe que explica por que o Brasil passou, gradualmente, de um superavit primário médio de 3,3% do PIB nos anos 1999/2008 para a situação de deficit primário de 2014 e 2015. Foi, de certa forma, um trabalho pacientemente construído.

Os males que se acentuaram em um contexto mais difícil, a rigor já estavam presentes no período analisado neste capítulo. Em que pese o esforço de ajustamento primário, o gasto primário total do governo central, incluindo as transferências a estados e municípios, que em 1997 tinha sido de 16,5% do PIB, foi significativamente maior em 2002, quando alcançou 19,4%. Em 2015, ele atingiu mais de 23%, ainda que a exclusão das chamadas "pedaladas" permita situar o gasto "normal" mais perto de 22% do PIB. As vinculações, por sua vez, já eram um problema claramente diagnosticado no começo da década passada (*vide* Velloso, 2002). E hoje, definitivamente, o problema da rigidez do gasto tornou-se muito maior.

Dar continuidade às políticas implantadas até 2002 envolveria uma agenda na qual se destacavam, na época, a necessidade de conter o ritmo do crescimento do gasto público; de reduzir paulatinamente a carga tributária, como forma de aumentar a competitividade do país; de convergir para um deficit público de menos de 3% do PIB; e de diminuir o grau de vinculação dos tributos, como forma de melhorar a eficácia das políticas públicas. Quase quinze anos depois, os desafios pela frente são muito maiores, pois o deficit público da ordem de 10% do PIB impossibilita qualquer redução da carga tributária, e, além disso, o deficit primário, a carga de juros, a despesa pública e o grau de vinculação do gasto são muito maiores do que no passado.

Temos desafios antigos, enormemente agravados, combinados com problemas novos, como um deficit de uma magnitude inédita na fase de estabilização pós-1994. Interpretações comparativas são exercícios livres, mas é difícil evitar a conclusão amarga de que o Brasil experimentou um enorme retrocesso fiscal ao longo dos últimos 15 anos da sua História.

Notas

1. Este capítulo deve ser lido como um complemento da excelente entrevista que Fabio Barbosa, homenageado com este livro, deu em 2006 e que está publicada no capítulo anterior, escrito por Alcides Ferreira e Renato Andrade. Ali, Fabio explica o papel-chave institucional que a Secretaria do Tesouro Nacional desempenhou numa série de episódios ao longo do período do qual este capítulo trata. Considerando a riqueza de detalhes da entrevista e o profundo conhecimento que seu autor tinha acerca das questões discutidas, qualquer outra incursão na mesma área seria redundante. Optou-se, assim, por uma abordagem mais panorâmica do período. A leitura conjunta da citada entrevista, do capítulo 19, de Murilo Portugal, sobre o período 1993/1997 e do presente texto

pretende oferecer uma abordagem integral dos diversos aspectos relevantes da política fiscal no período, indo dos elementos institucionais a uma avaliação mais abrangente da política econômica durante anos 1993/2002. Este capítulo tem a estrutura de um relato de época feito em moldes similares ao artigo conjunto do autor e do homenageado (Barbosa e Giambiagi, 1995) sobre as contas fiscais de 1990/1993, um pequeno tributo do autor para com o coautor e velho amigo.
2. No período que estamos analisando e nos anos posteriores, ocorreram importantes mudanças estatísticas que alteraram de forma não desprezível os números dos quais o capítulo trata. Para facilitar a comparação com os dados mais atuais, optamos por incorporar essas mudanças aos dados apresentados, mas o leitor deve lembrar que as variáveis com as quais as autoridades e os analistas lidavam no período podem ter sido diferentes das aqui apresentadas.
3. Para uma análise do contexto fiscal na época, ver Velloso (1998).
4. O autor teve uma evidência anedótica disso no dia seguinte à deflagração da crise da Rússia, em 1998, ao receber um conjunto de investidores estrangeiros. Cumprindo o script tradicional que se espera de um funcionário do governo, iniciei minha apresentação procurando passar confiança, dizendo que o Brasil iria se recuperar, que o governo iria reagir etc. Fui interrompido bruscamente por um dos participantes que, num dia tenso para todos, disse: "Me desculpe, você não está entendendo: ontem o mundo mudou e vocês serão o próximo país a ser atacado." Nesse contexto, o mercado externo secou para o país.
5. O autor agradece a Pedro Malan o esforço de memória para lembrar a exata cronologia dos fatos, 18 anos depois de terem acontecido.
6. A revista compila os discursos feitos em eventos organizados pela diplomacia.
7. As Tabelas A1 e A2 do Apêndice ao capítulo detalham a trajetória das contas fiscais do governo central e da dívida pública.
8. Entre 1998 e 2000, a arrecadação da Cofins passou de 1,9% para 3,3% do PIB e a da CPMF, de 0,8% para 1,2% do PIB, permitindo um desempenho muito favorável da receita total.
9. O Imposto de Renda sobre Pessoas Jurídicas passou de 1,2% para 1,5% do PIB entre 1998 e 2000.
10. Para uma avaliação exaustiva dos números fiscais do período, numa perspectiva mais ampla, ver Giambiagi (2008).
11. Sobre o conjunto destas questões, ver Giambiagi e Além (2016), que tratam os temas de forma detalhada, particularmente no capítulo sobre privatização. Os dados aqui citados foram extraídos daquele capítulo, tendo como fonte primária as estatísticas publicadas na época pelo BNDES.
12. Sobre este tema, ver o artigo de Ornelas e Vieira (1999).
13. Por exemplo, um indivíduo que se aposentasse aos 50 anos, tendo carteira assinada (por 35 anos) desde os 15, teria um fator previdenciário de 0,70, o que significa que, se a sua média de salários de contribuição fosse de R$ 2.000, por exemplo, sua aposentadoria seria de R$ 1.400.
14. Embora as regulamentações estaduais posteriores, em alguns casos, tenham adotado procedimentos que, na prática, burlam o denominado "espírito do legislador" associado à lei, sua existência permite que, em nome do rigor por ela prescrito, no futuro essas

liberalidades interpretativas desapareçam no processo de fortalecimento normativo dos tribunais de conta estaduais.
15. Na verdade, seria possível renegociar dívidas se fosse mudada a própria lei, mas, pelo fato de ela ser uma lei complementar, com elevados requisitos de quórum, entendeu-se na época que a mudança seria muito difícil de ocorrer.
16. Nos anos de 1998 a 2001, a economia argentina teve quedas contínuas do seu PIB, acarretando um encolhimento acumulado de notáveis 18%, culminando na deposição do presidente Fernando De la Rua em dezembro de 2001.
17. Quem está acostumado ao mundo da internet talvez não tenha a dimensão desses avanços, mas eles são imensos para quem, como o autor, foi deles testemunha. Quando comecei a trabalhar com temas fiscais, a fonte de informação mais importante era o documento denominado "Brasil-Programa Econômico" que as autoridades elaboravam sob a coordenação do Banco Central, inicialmente no contexto dos recorrentes acordos com o Fundo Monetário Internacional (FMI) dos anos 1980. A informação fiscal, porém, era apenas no conceito "abaixo da linha", divulgada com grande atraso, em bases irregulares e com dados sujeitos a revisões importantes, sem deixar de mencionar que os poucos exemplares físicos do documento eram muito disputados pelos interessados. Hoje, quando as informações são divulgadas massivamente pela internet, em intervalos regulares, com não mais do que um mês de atraso em relação ao fechamento do mês, sem maiores revisões e com profusão de detalhes do dado "abaixo da linha", aquele tempo parece pertencer à pré-história.
18. Até 1996, a rigor, as estatísticas fiscais eram divulgadas e acompanhadas pela Secretaria de Política Econômica (SPE). Cabe registrar que foi nesse lócus institucional, como Coordenador da Área Fiscal, que Fabio Barbosa começou sua brilhante carreira na temática fiscal da burocracia pública federal.
19. É interessante mencionar uma pequena anedota verificada com o autor. Anos atrás, ao encontrar com uma das principais autoridades do Banco Central nos anos 1970 e 1980, responsável pelas estatísticas primárias da época na área fiscal, perguntei-lhe: "Se hoje, com todos os dados no 'painel de controle' sendo conhecidos com apenas 25 a 30 dias de defasagem, já é tão difícil fazer política fiscal, como é que vocês faziam naqueles anos do Simonsen, nos anos 1970?" A resposta bem-humorada do antigo funcionário foi colocar o dedo na língua e posicioná-lo em seguida para o alto, no gesto característico de sentir a direção do vento, sinalizando o grau de precariedade no dia a dia da política econômica naqueles tempos.
20. Fui membro da banca do prêmio em duas ocasiões e tive oportunidade de testemunhar a excelente qualidade da maioria dos trabalhos apresentados.
21. A frase transcrita se refere a uma reflexão feita em meados de 1996.

Referências bibliográficas

BARBOSA, Fabio e GIAMBIAGI, Fabio (1995). "O ajuste fiscal de 1990-93: uma análise retrospectiva." *Revista Brasileira de Economia*, vol. 49, n. 3, jul/set.

CARDOSO, Fernando Henrique.(2015). *Diários da presidência – 1995/1996*. Companhia das Letras, São Paulo.

_____. (1998). Discurso no Palácio do Itamaraty, 23 de setembro. *Resenha de Política Exterior Brasileira*, ano 25, n. 83, segundo semestre.

FRANCO, Gustavo. (2010). *Cartas a um jovem economista – Conselhos para seus planos econômicos*. Campus, Rio de Janeiro.

Fundo Monetário Internacional-FMI. (2001). "Fiscal Improvement in Advanced Economies: How Long Will it Last?" *World Economic Outlook*, maio.

GIAMBIAGI, Fabio e ALÉM, Ana Cláudia. (2016). *Finanças Públicas – Teoria e prática no Brasil*. Rio de Janeiro: Campus, 5ª. edição.

GIAMBIAGI, Fabio. (2008). "18 anos de política fiscal no Brasil: 1991/2008". *Revista Economia Aplicada*, vol. 12, n. 4, out/dez.

GIAVAZZI, Francesco; GOLDFAJN, Ilan e HERRERA, Santiago. (2005). *Inflation Targeting, Debt and the Brazilian Experience, 1999 to 2003*. Cambridge, MA: The MIT Press.

GOLDFAJN, Ilan. (2002). "Are There Reasons to Doubt Fiscal Sustainability in Brazil?". Banco Central do Brasil, *Notas Técnicas*, número 25, jul.

ORNELAS, Waldeck e VIEIRA, Solange. (1999). *"As novas regras da Previdência Social"*. *Revista Conjuntura Econômica*, vol.53, n. 11, nov.

PARTIDO DOS TRABALHADORES-PT. 2001. *Documento apresentado no Encontro de Olinda*. Fundação Perseu Abramo. dez. http://novo.fpabramo.org.br/uploads/resolucoes-xii-encontro.pdf.,.

PARTIDO DOS TRABALHADORES-PT. 2002. "Carta ao povo brasileiro". Versão completa disponível na internet em *Folha On Line*. 24 de junho: www1.folha.uol.com.br/folha/brasil/ult96u33908.shtml.

SARGENT, Thomas J. (1983). "The Ends of Four Big Inflations." In: Robert E. Hall (org.), *Inflation: Causes and Effects*. University of Chicago Press, pp. 41–97.

VARSANO, Ricardo. (1996). "De ônus a bônus: política governamental e reformas fiscais na transformação do Estado brasileiro." In: Ipea, *A economia brasileira em perspectiva-1996*. Rio de Janeiro: Ipea.

VELLOSO, Raul. (2002). "Sem flexibilização do gasto não há sustentabilidade fiscal." In: Velloso, João Paulo dos R. (org.). *O Brasil e a economia do conhecimento*. XIV Fórum Nacional, segunda parte. Rio de Janeiro: José Olympio,

VELLOSO, Raul. (1998). "A situação das contas públicas após o real." In: Velloso, João Paulo dos R. (org.). *O Brasil e o mundo no limiar do novo século*. X Fórum Nacional. Rio de Janeiro: José Olympio.

Apêndice

Tabela A1
Resultado primário do governo central (% PIB)

Discriminação	1997	1998	1999	2000	2001	2002
Receita total	16,64	18,24	19,17	19,60	20,55	21,50
Despesa primária	16,45	17,49	17,32	17,85	18,90	19,38
Transfer. est. e mun.	2,54	2,70	2,80	3,06	3,27	3,49
Pessoal	4,48	4,70	4,50	4,64	4,89	4,92
Benefícios INSS	4,92	5,31	5,36	5,49	5,73	5,91
Outras desp. custeio e capital	4,51	4,78	4,66	4,66	5,01	5,06
Abono e seguro-desemprego	0,45	0,44	0,44	0,39	0,43	0,48
LOAS/RMV	0,08	0,11	0,13	0,17	0,20	0,23
Subsídios, subvenções e Proagro	0,15	0,13	0,07	0,14	0,13	0,07
FUNDEB	0,00	0,00	0,06	0,04	0,03	0,03
Lei Kandir	0,17	0,22	0,40	0,32	0,27	0,27
OCC restrito	3,66	3,88	3,56	3,60	3,95	3,98
Discrepância estatística	-0,44	-0,25	0,23	-0,05	0,02	0,02
Superavit primário	-0,25	0,50	2,08	1,70	1,67	2,14

n.d. Não disponível.
Fonte: Secretaria do Tesouro Nacional.

Tabela A2
Dívida líquida do setor público - 1997-2002 (% PIB) *(continua)*

Discriminação	1997	1998	1999	2000	2001	2002
Dívida interna	27,3	32,2	34,2	35,9	42,0	44,4
Governo central	15,2	18,8	19,5	21,2	23,4	24,4
Base monetária	3,3	3,8	4,1	3,8	4,0	4,9
Dívida mobiliária	25,6	31,3	34,4	38,2	45,9	40,4
Renegociação est./mun.	-4,9	-8,5	-11,0	-12,3	-13,3	-14,6
FAT	-2,4	-3,2	-3,5	-4,0	-4,6	-5,1
Operações compromissadas	0,0	0,0	0,0	0,5	-0,7	5,2
Outras	-6,4	-4,6	-4,5	-5,0	-7,9	-6,4
Estados e municípios	11,3	12,3	13,6	13,9	16,5	18,3
Dívida renegociada	4,9	8,5	11,0	12,3	13,3	14,6

(continuação)

Discriminação	1997	1998	1999	2000	2001	2002
Outras	6,4	3,8	2,6	1,6	3,2	3,7
Empresas estatais	0,8	1,1	1,1	0,8	2,1	1,7
Dívida externa	4,0	5,7	9,2	8,8	9,5	15,5
Dívida total	31,3	37,9	43,4	44,7	51,5	59,9
Dívida fiscal	31,2	36,9	36,3	37,3	39,2	39,0
Ajuste patrimonial	0,1	1,0	7,1	7,4	12,3	20,9
Privatização	-1,9	-2,9	-3,4	-4,7	-4,6	-4,3
Outros ajustes	2,0	3,9	10,5	12,1	16,9	25,2
Dívida interna	0,0	0,4	3,7	4,4	5,7	10,2
Dívida externa	0,2	0,5	2,9	2,9	4,2	8,3
Outros	1,8	3,0	3,9	4,8	7,0	6,7

n.d. Não disponível.
Fonte: Banco Central.

PARTE VI
Desajuste fiscal recente e política monetária

22

DESAJUSTE FISCAL E INFLAÇÃO: UMA PERSPECTIVA HISTÓRICA[1]

Affonso Celso Pastore

INTRODUÇÃO

Nos anos 1970 e 1980 o Banco Central emitia moeda para financiar os deficit públicos, mas não assistíamos a um crescimento explosivo da relação dívida/PIB, porque à custa de uma inflação elevada tal crescimento era impedido pela senhoriagem. Depois do Plano Real era impossível coletar senhoriagem. O regime fiscal foi alterado com o amparo da Lei de Responsabilidade Fiscal, e foram estabelecidas regras disciplinando as relações entre o Banco Central e o Tesouro. O objetivo de tais regras era a criação de uma camisa de força sobre a autoridade fiscal, impedindo-a de submeter a autoridade monetária às pressões vindas do lado fiscal. Por alguns anos acreditamos ter superado o problema da inflação causada pela indisciplina fiscal, mas, em 2014 e 2015, a relação dívida/PIB adquiriu um crescimento explosivo, dando sinais de que, embora ainda não tivéssemos chegado a esse ponto, corríamos o risco de assistir novamente a uma forma de dominância fiscal.

Neste capítulo esse problema é analisado de uma perspectiva histórica. A menos que sejam executadas reformas estruturais contendo o crescimento dos gastos, a relação dívida/PIB deve atingir entre 80% e 90% do PIB em 2018. São valores maiores do que qualquer um atingido no passado, e não são sustentáveis. Os sintomas da não sustentabilidade aparecem no comportamento das cotações do CDS brasileiro e da taxa cambial, e nos deslocamentos da curva de juros. Repete-se aproximadamente o mesmo comportamento dos prêmios de risco que ocorreu durante a crise na transição do governo FHC para Lula, em 2003, que somente foi superada quando o governo retomou o compromisso com superavit primários. Da mesma forma como naquele período, o aumento dos riscos levou à depreciação cambial e a mais inflação, trazendo à memória a forma de dominância fiscal exposta por Blanchard (2005) na sua tentativa de explicar o que se passou em 2003 e 2004.

O tema da dominância fiscal levou-me a uma incursão no que ocorreu nas décadas de 1970 e 1980. Atualmente não chegamos a ponto de repetir o mesmo padrão, emitindo moeda para financiar o deficit, mas há válvulas pelas quais o Banco Central pode financiar o Tesouro, o que leva à suspeita de que existe uma vulnerabilidade nas amarras existentes à execução da política fiscal. Embora não tenhamos ainda chegado a uma situação de dominância fiscal, quer na forma exposta por Sargent e Wallace, quer na forma admitida pela teoria fiscal do nível de preços, ou mesmo pela forma exposta por Blanchard, há riscos de que cheguemos a isso. A solução para esse problema é somente uma: o retorno à disciplina fiscal.

O CRESCIMENTO NÃO SUSTENTÁVEL DA DÍVIDA PÚBLICA

Qualquer que seja o conceito utilizado de dívida pública bruta, há um forte crescimento nos últimos dois anos. No conceito adotado pelo governo brasileiro – o único que será utilizado ao longo deste capítulo – ela cresceu 14 pontos de porcentagem do PIB entre dezembro de 2013 e dezembro de 2015, mas também cresceu no conceito usado pelo FMI, com a diferença de que nesse caso seu valor ao final de 2015 não chega a superar o pico atingido em 2002 (Figura 22.1).[2]

Figura 22.1
Dívida bruta em relação ao PIB – Definições brasileira e do FMI

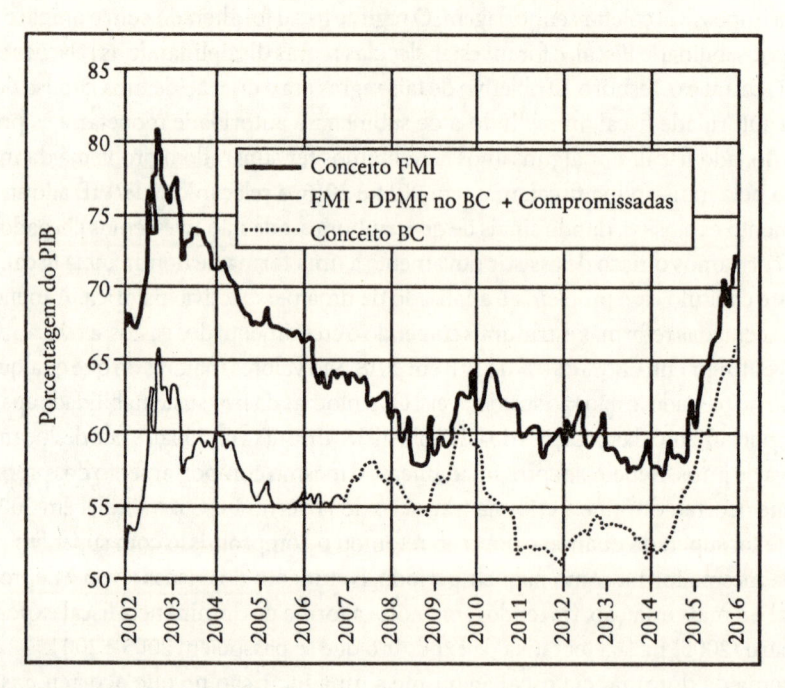

Fonte: Banco Central e cálculos do autor

Há diferenças muito grandes entre as causas dos elevados níveis de endividamento em torno de 2002 e agora. O pico atingido pela relação dívida/PIB em 2002 foi a consequência de um enorme salto para cima provocado pelo reconhecimento de passivos fiscais acumulados nos anos anteriores – os esqueletos[3] –, sucedido por um longo período de cumprimento do compromisso com a manutenção de superavit fiscais primários que eram dimensionados para reduzir a relação dívida/PIB. Tal compromisso foi cumprido tanto pelo governo FHC (depois de sua adesão ao tripé da política macroeconômica), quanto pelo governo Lula, durante seu primeiro mandato, permitindo que este governo superasse a crise que tinha um componente de profecia autorrealizável.[4] Já a trajetória explosiva da dívida a partir de 2014 está claramente associada ao intenso crescimento dos gastos (ainda que tenha sido acentuada pela recessão),[5] cujo controle requer um conjunto grande de reformas que, nas condições políticas atuais, tem uma probabilidade de ocorrência muito pequena. As perspectivas são de geração de superavit primários insuficientes, mantendo o crescimento acelerado da relação dívida/PIB.

Vivemos atualmente uma crise fiscal, mas, contrariamente ao que ocorreu no início dos anos 2000, esta não é uma crise que se resolva apenas com cortes de alguns gastos. Almeida, Lisboa e Pessoa (2015) mostram dados fundamentando a proposição de que a atual crise não decorre apenas do descontrole dos últimos anos. Ela é muito mais profunda e requer um ajuste mais severo e estrutural. Os dados por eles apresentados (Tabela 22.1) indicam que a despesa vem crescendo continuamente em relação ao PIB, e isso se deve a "diversas normas legais que regulam as políticas públicas, da concessão de benefícios, como no caso da previdência, aos recursos alocados a áreas específicas, como saúde e educação".

Tabela 22.1
Evolução dos gastos em proporção ao PIB

Tipo de gasto	Crescimento (em% do PIB) entre 1991 e 2014	Crescimento médio anual (em % do PIB)
Pessoal	0,48	0,02
INSS	4,28	0,19
Custeio administrativo	0,58	0,03
Subsídios	0,74	0,03
LOAS/BPC	0,75	0,03
Seguro-desemprego e abono salarial	0,54	0,02
Bolsa escola, vale gás, bolsa família	0,59	0,03
Custeio saúde e educação	0,67	0,03
Investimento	0,46	0,02
Total dos gastos sociais e INSS	6,82	0,30
Total geral	9,08	0,39

Fonte: Almeida, Lisboa e Pessoa (2015)

Por algum tempo foi possível atender a esse crescimento com o aumento das receitas não recorrentes vindas em parte do aumento da carga tributária e em parte de reformas que levaram a uma crescente formalização no mercado de trabalho. A criação da Cofins, por exemplo, gerou desde o ano 2000 um aumento permanente de receita de 3,5% do PIB, e a isso se soma o crescimento das receitas da previdência vindo do aumento da formalização no mercado de trabalho combinada com o aumento do emprego. Almeida, Lisboa e Pessoa (2015) apontam que, desde 2011, cessou o crescimento extraordinário da receita de tributos. "Nos últimos quatro anos a receita recorrente cresceu 1,5% ao ano, aproximadamente o crescimento do PIB", contra um crescimento muito mais acelerado dos gastos.

Se nos limitarmos apenas ao período iniciado em 1998, veremos que até 2013 as receitas recorrentes excedem por larga margem as despesas livres de manobras contábeis (Figura 22.2), e foi isso que levou aos altos superavit primários do período. Mais recentemente, contudo, o abuso de desonerações tributárias fez com que enfrentássemos não apenas a estagnação das receitas recorrentes, mas também uma queda. A redução de algumas desonerações tributárias produz uma melhora, mas, mesmo somada ao corte dos investimentos, é insuficiente para gerar uma trajetória de superavit primários que interrompa o crescimento não sustentável da relação dívida/PIB. Na ausência de reformas estruturais que limitem o aumento dos gastos, a elevação dos superavit primários somente seria possível com um contínuo aumento da carga tributária altamente prejudicial ao crescimento.

Figura 22.2
Governo central: Receitas recorrentes e despesas sem manobras em proporção ao PIB

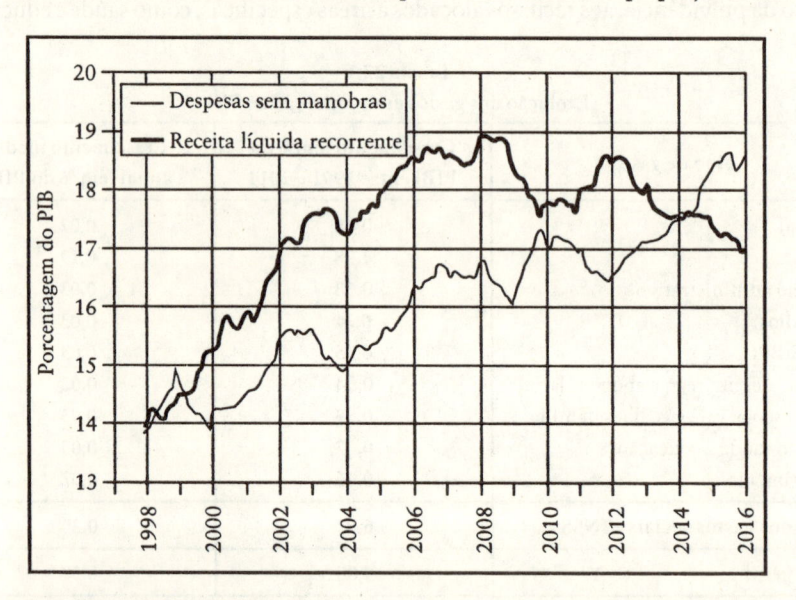

Fonte: Secretaria do Tesouro Nacional

O que esperar do comportamento da relação dívida/PIB? Desde 2014 o Brasil enfrenta uma recessão, que caminha para ser a mais profunda dos últimos 35 anos,[6] e, a menos que sejam realizadas reformas ao lado de profundas correções na política econômica, não há perspectivas de que quando encerrada a recessão tenhamos taxas mais elevadas de crescimento econômico. Nos próximos anos não poderemos contar com a retomada do crescimento para atenuar a elevação da relação dívida/PIB.

Diante disso foram elaborados três cenários para a evolução da dívida bruta, entre os quais há apenas pequenas diferenças quanto ao comportamento da taxa de juros,[7] mas há diferenças importantes quanto às trajetórias dos superavit primários e de crescimento do PIB (Tabela 22.2). O caso mais favorável é o do cenário 2, no qual o PIB tem um declínio de 4% em 2015 e de 3,5% em 2016, estabilizando-se em 2017 para crescer 1% em 2018, com o deficit primário de 2% em 2015 caindo para apenas 0,5% do PIB em 2016, sendo seguido de equilíbrio em 2017 e de um pequeno superavit em 2018. Como se vê no Gráfico 22.3, mesmo nesse caso a dívida chega a mais de 80% do PIB em 2018. O cenário 1 é mais realista, com uma queda de 4% do PIB tanto em 2015 quanto em 2016, um crescimento nulo em 2017 e uma recuperação de 1% em 2018, com deficit primários de 1% e 0,5% em 2016 e 2017, sendo o equilíbrio fiscal atingido apenas em 2018. Nesse caso a relação dívida/PIB atinge 90% em 2018. Em qualquer um dos três casos a relação dívida/PIB atinge em 2018 níveis superiores aos atingidos pela definição do FMI em 2002.

Tabela 22.2
Cenários para as projeções da relação dívida/PIB

Anos	Cenário 1		Cenário 2		Cenário 3	
	Primário	PIB	Primário	PIB	Primário	PIB
2015	-2,0%	-4,0%	-2,0%	-4,0%	-2,0%	-4,0%
2016	-1,0%	-4,0%	-0,5%	-3,5%	-1,5%	-4,5%
2017	-0,5%	0,0%	0.0%	0,0%	-1,0%	-1,0%
2018	0,0%	1,5%	1,0%	1,5%	-1,0%	0.0%

Figura 22.3
Projeções da relação dívida/PIB em três cenários

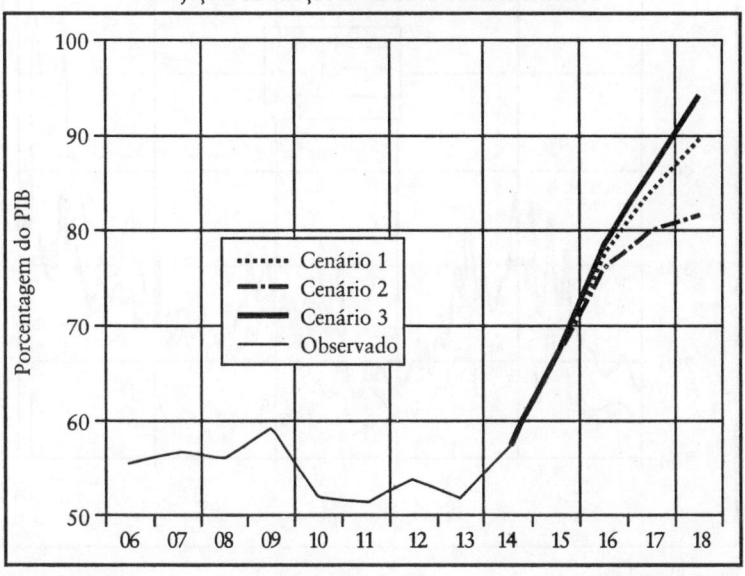

Fonte: Banco Central e projeções elaboradas pelo autor

Nesse exercício não foram levados em consideração os efeitos de uma possível capitalização da Petrobras, ou da pressão para o aumento do deficit primário consolidado vindo da precária situação dos estados, o que significa que os três cenários são otimistas. Também foi suposto que tenha sido completamente encerrado o ciclo de repasse de recursos aos bancos oficiais por fora do orçamento, que entre 2007 e 2015 adicionaram 10 pontos porcentuais do PIB à dívida bruta.

O CRESCIMENTO DO RISCO E A SUSPEITA DE DOMINÂNCIA FISCAL

O crescimento da relação dívida/PIB aliado à baixa probabilidade de ocorrência de reformas que mudem essa trajetória vem levando ao aumento das cotações do CDS brasileiro.[8] Entre 2011 e 2012 tais cotações se aproximavam das do CDS do México, mas começaram a se elevar ainda em 2013, quando já era evidente a piora na trajetória do superavit primário não recorrente,[9] aproximando-se das cotações do CDS da Turquia. De 2014 em diante, com a reeleição do governo que havia introduzido opacidade nas contas fiscais para escamotear sua deterioração, se intensifica a piora do quadro fiscal brasileiro, e tais cotações entram em forte crescimento, atingindo níveis completamente incompatíveis com a classificação brasileira como "grau de investimento" pelas agências de classificação de risco, culminando com o retorno do Brasil ao "grau especulativo".

Figura 22.4
Cotações dos CDS de Brasil, México e Turquia

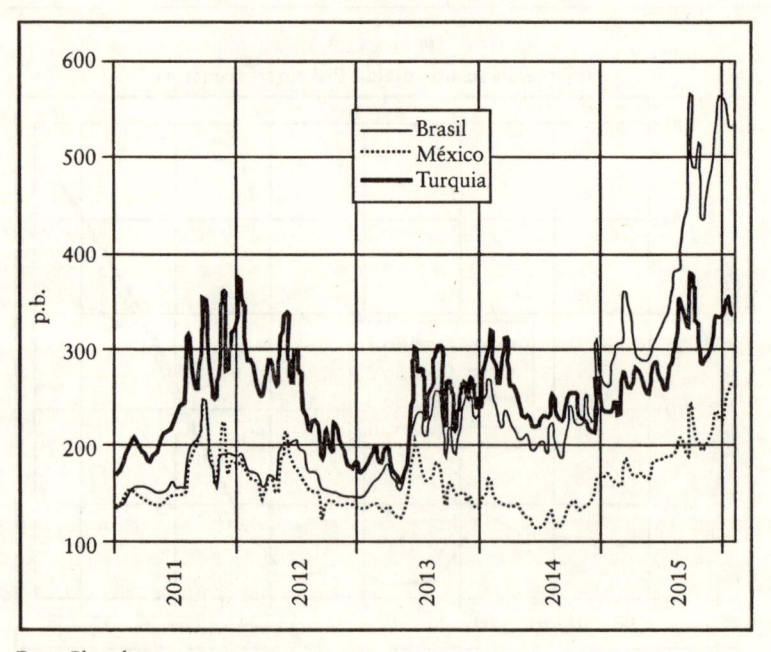

Fonte: Bloomberg

O crescimento dos riscos propagou-se pela taxa cambial (Figura 22.5) e, embora por trás da depreciação do real também existam outras causas, como a valorização do dólar e a queda dos preços de *commodities*, entre outras, grande parte do movimento deve-se ao aumento dos riscos.[10]

Figura 22.5
CDS de 10 anos do Brasil e taxa cambial em R$/US$

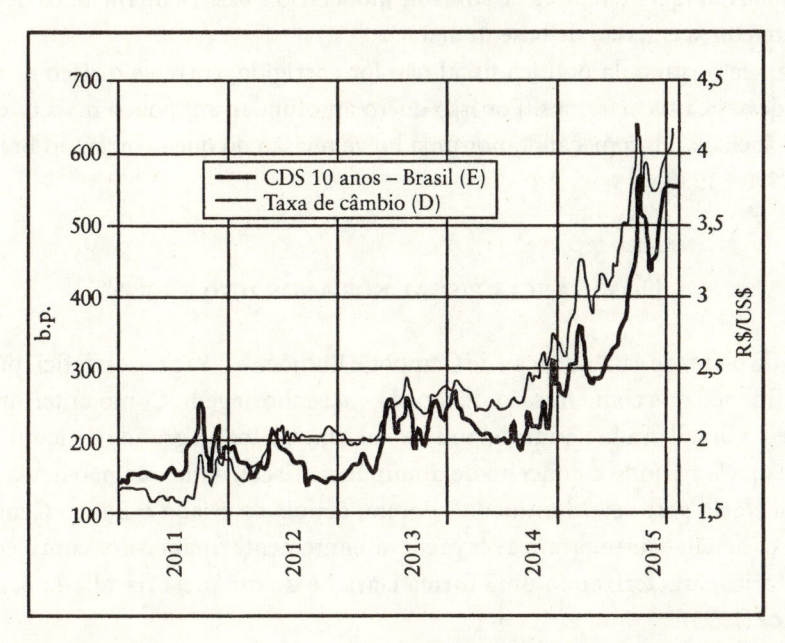

Fonte: Bloomberg

Esse comportamento traz à lembrança a hipótese de existência de uma forma de dominância fiscal, como a exposta por Blanchard (2005) quando avaliou os efeitos do crescimento acelerado dos prêmios de risco e da depreciação cambial provocados pela elevada probabilidade de default da dívida em 2003 e 2004. Em condições normais a elevação da taxa de juros atrai capitais e valoriza a taxa cambial, o que reduz a inflação. Mas no modelo exposto por Blanchard a elevação da taxa de juros acentuaria o crescimento da dívida, aumentando a probabilidade de um default, o que levaria ao crescimento dos prêmios de risco e à depreciação cambial, elevando a inflação. Da mesma forma como na Teoria Fiscal do Nível de Preços [(Woodford, 1998; e Loyo, 1999) para uma aplicação ao caso brasileiro nos anos 1980], ocorre (embora por meio de outros canais) uma inversão do efeito da política monetária: o aumento da taxa de juros eleva a inflação. Nesse caso o combate à inflação teria que ser realizado com uma correção no rumo da política fiscal, e não com o uso da política monetária.

Não tenho dúvidas de que atualmente o Brasil vive uma crise fiscal, com um crescimento não sustentável da relação dívida/PIB. Porém, como veremos mais adiante, ainda não há indicações de que já se esteja em uma situação de dominância fiscal, nem na forma exposta por Blanchard, nem na forma exposta na Teoria Fiscal do Nível de Preços, nem na forma mais conhecida, que é a exposta por Sargent e Wallace na sua "aritmética monetarista desagradável", na qual o Banco Central abandona qualquer tentativa de controle monetário e passa a financiar os deficit do Tesouro com a emissão de base monetária.

Mas, se o rumo da política fiscal não for corrigido, corre-se o risco de chegar a um desses casos extremos. Por isso quero aprofundar um pouco mais o tema da dominância fiscal, começando por uma breve revisão do que ocorreu no Brasil nos anos 1970 e 1980.

Dominância fiscal nos anos 1970 e 1980

Antes do plano de estabilização de Campos e Bulhões – o Paeg –, os deficit públicos eram financiados com emissão de moeda – a senhoriagem. Como anteriormente ao Paeg o Brasil ainda não tinha um banco central, tenho grande dificuldade em usar naquele período o conceito de dominância fiscal, dado que não havia política monetária para ser "dominada". Porém, depois de criado o Banco Central do Brasil os deficit continuaram a ser predominantemente financiados com a emissão monetária, caracterizando uma forma clara de dominância fiscal à *la* Sargent e Wallace (1993).

Contrariamente aos fatos estilizados expostos por Sargent e Wallace, contudo, no caso brasileiro não chegamos a assistir a um período no qual o Banco Central tivesse resistido, recusando-se a monetizar os deficit públicos, tendo desistido somente quando isso se tornou insustentável devido ao crescimento explosivo da relação dívida/PIB. Desde o início o Banco Central submeteu-se à autoridade fiscal, acomodando passivamente a oferta de moeda, o que gerou, como consequência, a senhoriagem, que impediu o crescimento não sustentável da relação dívida/PIB. Testes realizados por Pastore (1994) e por Issler e Lima (1997) mostram que nesse período não se rejeita a hipótese de que a restrição orçamentária intertemporal do governo era atendida, mas isso não ocorria devido a cortes de gastos e/ou elevações de impostos, e sim devido à magnitude da senhoriagem,[11] que, em virtude da passividade monetária e de vários mecanismos desenvolvidos no período, era gerada endogenamente.[12]

Os dados na Figura 22.6 mostram a estimativa da senhoriagem anual no período entre 1945 e 2005.[13] Tivemos senhoriagens muito elevadas nos anos 1960, seguindo-

-se um período de declínio nos anos imediatamente posteriores ao Paeg, mas elas permaneceram em torno de 2,5% do PIB até o início dos anos 1980, quando voltam novamente a crescer, mantendo-se em média em torno de 3,5% do PIB. Depois do Plano Real a senhoriagem desaba para menos de 1% do PIB.

Figura 22.6
Senhoriagens pela emissão de base monetária – Dados anuais em proporção ao PIB

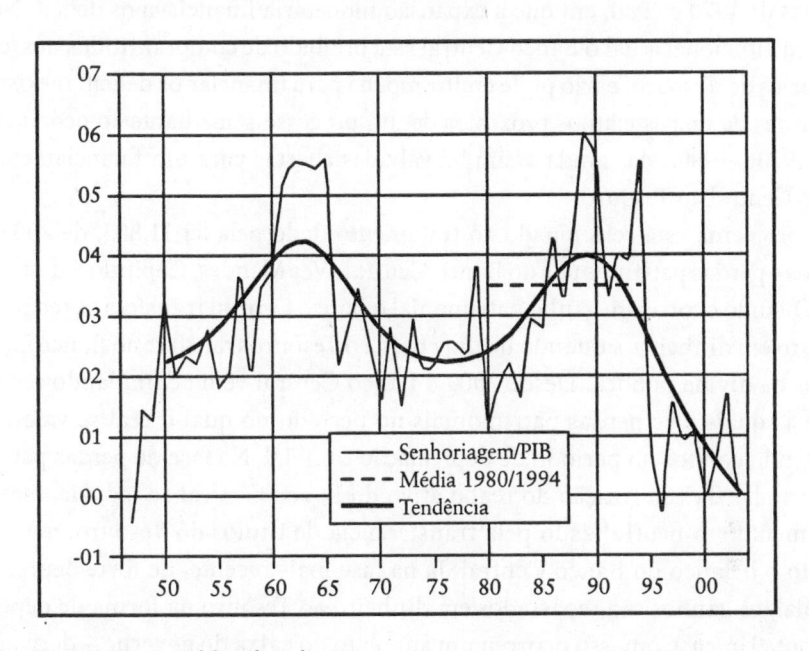

Fonte: Estimativas elaboradas pelo autor

Nas décadas de 1970 e 1980, a relação dívida/PIB era bem menor do que atualmente e o crescimento do PIB ocorria a taxas bem mais elevadas. Por isso era possível estabilizar a relação dívida/PIB com superavit primários (se eles fossem gerados) bem menores do que os necessários nas condições atuais. Antes da crise de 2008/2009, por alguns anos, foram mantidos superavit primários recorrentes entre 3,5% e 4% do PIB, o que contribuiu para a queda da relação dívida/PIB. Como nos anos 1970 e 1980 a relação dívida/PIB era menor do que no período anterior a 2008/2009, e o crescimento do PIB ocorria a taxas bem maiores, o governo teria facilmente obtido a estabilização (ou mesmo a queda) da relação dívida/PIB com superavit dessa magnitude. Não o fez, mas as senhoriagens geradas foram dessa magnitude, o que, do ponto de vista da dinâmica da dívida, teve o mesmo papel dos superavit primários. A conclusão é simples: o crescimento explosivo da dívida foi evitado à custa da inflação. Essa é a explicação para o atendimento da relação orçamentária intertemporal encontrada por Pastore (1994) e por Issler e Lima (1997).

Será que a história está se repetindo?

Atualmente estamos muito distantes de um problema com as características das décadas de 1970 e 1980, em que a expansão monetária financiava os deficit. No arranjo institucional atual o Banco Central está proibido de comprar títulos nos leilões primários do Tesouro, e não pode emitir moeda para financiar os deficit, inexistindo evidências de que estejamos próximos de um processo semelhante ao ocorrido nos anos 1970 e 1980. Mas ainda assim há válvulas abertas para um financiamento do Banco Central ao Tesouro.

O problema está relacionado ao tratamento dado pela lei 11.803, de 2008, aos ganhos e perdas patrimoniais do Banco Central (Ver Mendes, Capítulo 9 deste volume). Quando ocorre um ganho patrimonial o Banco Central transfere os recursos ao Tesouro em dinheiro, e quando há uma perda o Tesouro transfere ao Banco Central títulos da dívida pública. Desde 2003 o Banco Central vem acumulando reservas, sobre as quais teve perdas patrimoniais no período no qual o real se valorizava, ocorrendo ganhos no período de depreciação cambial. Na fase de perdas patrimoniais vindas da valorização do real o ativo do Banco Central se reduzia, mas esse movimento era neutralizado pela transferência de títulos do Tesouro, mantendo intacto o balanço do Banco Central. Já na fase mais recente, de forte depreciação cambial, os ganhos são repassados em dinheiro ao Tesouro na forma de depósitos na Conta Única. Com isso ocorreu um aumento do caixa do governo – derivado de um ganho patrimonial.

A lei 11.803 só permite a utilização desses recursos para o pagamento de dívida, seja em mercado ou em posse do Banco Central. Mas suponhamos que fosse possível desenvolver, por intermédio de algum artifício, um mecanismo para que tais recursos fossem usados para pagar gastos. Estaríamos diante de uma forma de financiamento do Tesouro por parte do Banco Central, mas ainda assim ela não seria uma forma indireta de emissão de moeda. Por quê? É claro que quando o Tesouro sacasse os recursos da Conta Única[14] e realizasse pagamentos, elevaria a liquidez da economia, e se não houvesse reação por parte do Banco Central, ocorreria uma queda da taxa de juros (e a expansão da base monetária), elevando a inflação. Mas o Banco Central opera em um regime monetário completamente diverso do que existia nos anos 1970 e 1980 – fixando a taxa Selic (aproximadamente) por uma curva de reação, mirando trazer a inflação para a meta, e não tentando controlar o estoque de moeda – e por isso é obrigado a evitar a queda da taxa de juros (e a expansão da base monetária) provocada pela ação do Tesouro. Ou seja, para manter a taxa de juros no nível desejado, quando ocorre a injeção de reais derivada do pagamento realizado pelo Tesouro, o Banco Central tem que emitir operações compromissadas, o que no conceito brasileiro de dívida eleva a dívida pública bruta. Como as operações compromissadas têm prazos de vencimento muito mais curtos do que os prazos médios da dívida do tesouro, há um grande encurtamento da dívida em poder do público (Carbone e Gazzano, Capítulo 15 deste volume), o que pode se transformar em um problema na administração da dívida pública. Mas não há uma emissão de base monetária nem um financiamento ao Tesouro na forma de senhoriagem.

Esse é um ponto bem entendido, mas recentemente surgiram dúvidas devido ao pagamento das "pedaladas", cujo aparecimento foi provocado – nada mais, nada menos – pela geração de uma dívida oculta (gastos do governo pagos por outras entidades, que não o Tesouro, como os bancos oficiais, por exemplo). Em artigos recentes, Mendes (2016) e Pessoa (2016) expõem o que se passou nesse caso, e embora não neguem que esteja havendo um financiamento por parte do Banco Central ao Tesouro, reafirmam que essa não é ainda uma forma explícita de dominância fiscal à *la* Sargent e Wallace, com o que eu concordo, embora apontem o crescimento dos riscos de que estejamos nos aproximando desse ponto.

Como ainda não há indicações claras de que o governo esteja disposto a se engajar em um ciclo de reformas que elimine os riscos do desequilíbrio fiscal, a relação dívida/PIB ainda deverá manter uma trajetória não sustentável. E, em um clima como esse, assistiremos certamente a uma elevada volatilidade nos preços dos ativos, podendo provocar uma nova rodada de depreciação cambial, o que pressiona a inflação.

E AS OUTRAS FORMAS DE DOMINÂNCIA FISCAL?

A emissão de moeda para financiar deficit não é a única forma de dominância fiscal. Se o governo obedecesse à sua restrição orçamentária intertemporal, e na sequência de um período de deficit primários gerasse uma sequência de superavit cujo valor presente fosse igual ao da sequência de deficit, estaríamos em um mundo ricardiano no qual, devido ao surgimento de um passivo fiscal futuro, o aumento do estoque da dívida não é percebido como riqueza pelos indivíduos. Mas num mundo "não ricardiano", em que não há cobertura intertemporal dos deficit, os indivíduos percebem a dívida pública como riqueza, e seu aumento amplia a demanda por bens, o que eleva o nível de preços.

Nesse caso, no qual não valha a teoria fiscal do nível de preços, o estoque real da dívida será igual ao valor presente dos superavit primários, com a diferença de que, na teoria fiscal do nível de preços, a igualdade entre os dois membros da equação é produzida pelo aumento do nível de preços, que reduz o estoque real da dívida, e não pela geração de superavit primários cujo valor presente se iguale ao valor presente dos deficit.[15] Nos dois casos o resultado é a inflação: em um deles ela vem da emissão de moeda, que gera a senhoriagem; no outro ela vem do aumento da riqueza dos indivíduos, que eleva a demanda agregada.

Na teoria fiscal do nível de preços o papel da alta dos preços é o de reduzir o valor da dívida pública em termos reais, e não o de gerar o imposto inflacionário. Assim sendo, contrariamente à ideia largamente difundida por Milton Friedman, de que a inflação "é sempre e em todos os lugares um fenômeno monetário", ela passa a ser um fenômeno no qual há "muita riqueza em busca de poucos bens" (Loyo, 1999), ocorrendo um "paradoxo sobre a taxa de juros": em vez da elevação da taxa de juros provocar a queda da inflação, ela a eleva. Isso porque dados os superavit primários, a elevação da taxa de juros aumenta o deficit e a dívida, conduzindo a um crescimento da riqueza dos indivíduos, o que amplia a demanda e eleva o nível de preços. Embora por outros canais, esse modelo reproduz uma previsão idêntica à do modelo exposto por Blanchard, que é a inversão dos efeitos da política monetária.

A história do ano de 2015 no Brasil fornece um conjunto interessante de evidências mostrando que ainda não atingimos esse ponto. Quando o ano se iniciou era claro que havia um descontrole fiscal conduzindo ao crescimento acelerado da dívida, provocado pela combinação de deficit primários com uma recessão, e que se acentuaria com o pagamento – ou mais gradual ou mais rápido – das "pedaladas". Mas havia, também, a esperança de que o governo havia mudado, admitindo a execução de um ajuste fiscal intenso, com os cortes de gastos combinados a um recuo em muitas desonerações, abrindo a possibilidade de que a meta de superavit primário fosse cumprida. Ao mesmo tempo, por outro lado, imediatamente após o término das eleições presidenciais o Banco Central iniciou um ciclo ininterrupto de elevação de 325 pontos na taxa Selic, o que sugeria que havia readquirido a sua independência no uso dos instrumentos e que buscaria chegar à meta de inflação. Tal mudança quase não alterou as expectativas de inflação para 2016, que eram fortemente afetadas pelos efeitos da correção de preços administrados e pela depreciação cambial, mas as expectativas para 2017 e anos seguintes caíram para próximo de 4,5% ao ano (Figura 22.7), numa reafirmação da confiança na política monetária e nas condições favoráveis criadas pela política fiscal.

Figura 22.7
Taxas de inflação esperadas – Pesquisa *Focus* do Banco Central

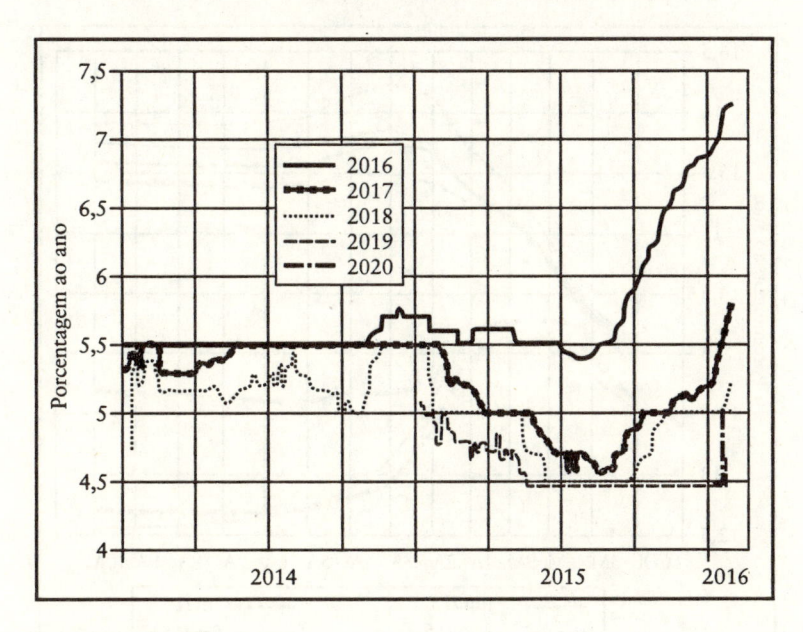

Fonte: Banco Central

Sinais semelhantes apareceram na curva de juros. Todas as curvas de juros dos primeiros sete meses do ano, e não apenas as de junho e julho mostradas na Figura 22.8, tinham uma clara inclinação negativa. As razões para isso eram claras. Primeiro, estávamos retornando (ainda que com solavancos) a uma política fiscal transparente, sem o uso de artifícios contábeis, levando à crença de que ainda que a meta de 1,2% do PIB para o superavit primário não fosse atingida em 2015, o governo buscaria superavit primários mais altos nos anos seguintes, indicando uma mudança de rumo. Segundo, porque havia sinais de que o Banco Central havia mudado, usando a elevação da taxa de juros para reduzir a inflação em vez de acreditar nos efeitos do controle de preços administrados. Terceiro, porque ainda que as projeções sobre a trajetória do PIB fossem bem mais otimistas do que de fato ocorreu, o mercado começava a reconhecer que a recessão – e o correspondente hiato negativo do PIB – traria a inflação para baixo, o que mais cedo ou mais tarde abriria a possibilidade de uma redução da taxa de juros, que estimularia o crescimento, favorecendo – direta e indiretamente – a dinâmica da dívida.

Figura 22.8
Inclinações das curvas de juros

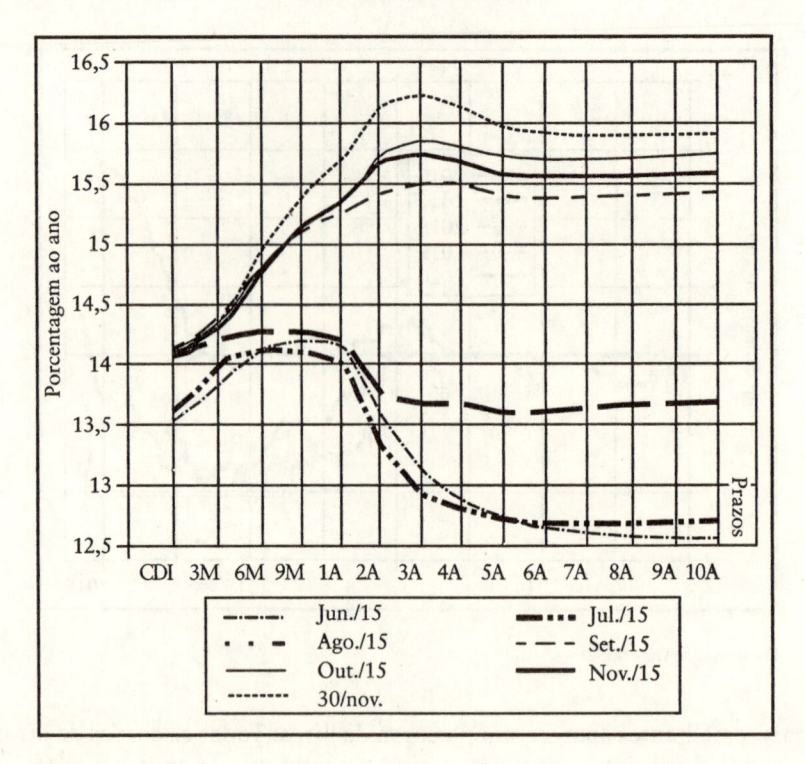

Fonte: Bloomberg

Esse quadro começou a mudar em agosto de 2015, quando ficou claro que a meta de superavit primário não seria atingida, o que provocou um primeiro deslocamento para cima da curva de juros, e se acentuou quando o governo desistiu de metas de superavit primários, enviando ao Congresso uma proposta de orçamento com um deficit primário. Desse ponto em diante as curvas de juros deslocaram-se vigorosamente para cima, e isso ocorreu ao lado da reversão do movimento das expectativas de inflação de acordo com a pesquisa *Focus* do Banco Central. O mesmo ocorreu também nas cotações do CDS de 10 anos, que saltaram de menos de 350 pontos em julho de 2015 para 550 pontos em setembro, sendo acompanhado de forte depreciação cambial.

Na origem de todos esses movimentos – das cotações do CDS, da taxa cambial e das curvas de juros – está a clara mudança de rumo da política fiscal, e não uma elevação da taxa de juros. Não há como caracterizá-los, pelo menos durante o ano de 2015, como uma evidência de dominância fiscal. Isso não significa, contudo, que, mantida a atual tendência de crescimento da relação dívida/PIB, não exista o risco de que ela surja.

O RISCO DA DOMINÂNCIA FISCAL

Admitamos que, sentindo-se limitado pela fraqueza política e diante da recessão que se aprofunda, o governo tomasse o caminho de permitir a expansão dos gastos públicos, gerando deficit primários ainda mais elevados. Na teoria fiscal do nível de preços, o abandono à obediência da restrição orçamentária intertemporal levaria a uma ampliação da demanda, elevando o nível geral de preços, mas, se continuássemos a assistir às mesmas reações da economia ocorridas nos dois últimos anos, o quadro mais provável, do ponto de vista da atividade econômica, é que a recessão se acentuasse, devido ao aumento dos riscos, derrubando ainda mais a formação bruta de capital fixo.[16] No mundo real há outros canais de transmissão além do efeito riqueza, que é o que tem posição predominante na teoria fiscal do nível de preços. O aprofundamento da recessão acentuaria ainda mais o crescimento da relação dívida/PIB, elevando as cotações do CDS brasileiro e acentuando a depreciação cambial. Nesse caso a inflação viria predominantemente da depreciação cambial e de seus efeitos sobre as expectativas, coexistindo com uma recessão que se aprofundaria, a exemplo do que ocorreu ao longo do ano de 2015.

Dado o estoque de reservas em poder do Banco Central, a depreciação cambial faria com que surgissem "novos recursos" na Conta Única – derivados do ganho patrimonial do Banco Central.[17] Impedir que o Tesouro utilize os recursos depositados na Conta Única vindos de "ganhos de capital" sobre o estoque de reservas é um passo na direção correta: ele evita que o governo seja tentado a gastar recursos que, em última instância, foram provocados pelo desequilíbrio fiscal, estabelecendo-se um círculo vicioso. Mas é um passo insuficiente para solucionar o problema acarretado pelo crescimento insustentável dos gastos. A solução, nesse caso, repousa em uma profunda alteração da política fiscal, que começa com a compreensão de que o aumento de gastos tem que ser submetido a claros limites, e que o governo tem que adquirir um compromisso firme em obedecer à sua restrição orçamentária intertemporal.

NOTAS

1. Contei com a contribuição das discussões de Edmar Bacha, Maria Cristina Pinotti, Marcelo Gazzano e Caio Carbone. Marcelo e Caio são também os responsáveis pela elaboração da parte empírica do capítulo.
2. Na definição do FMI (que é o conceito usado pelos demais países), o estoque da dívida inclui a carteira própria de títulos do Banco Central, mas exclui as operações compromissadas feitas por ele. Na definição usada pelo governo brasileiro, a carteira própria do Banco Central é excluída do estoque de dívida, sendo incluídas as operações compro-

missadas. Como o Banco Central somente publica dados da dívida no conceito oficial brasileiro a partir de dezembro de 2006, a estimativa para o período anterior foi feita por nós. A Lei de Responsabilidade Fiscal determinou que a partir de março de 2000 o Banco Central não mais poderia emitir títulos próprios (como as LBC, por exemplo) para fazer política monetária, devendo utilizar a partir de então as operações compromissadas com títulos do Tesouro. Ao longo dos anos seguintes o Banco Central substituiu seus títulos de emissão própria por operações compromissadas. Se admitirmos que naquele período os títulos de emissão própria do Banco Central integravam a dívida pública, o pico da relação dívida/PIB no conceito brasileiro atingido em 2002 superaria a marca de 70% do PIB.

3. Entre 2001 e 2002, por exemplo, ocorreu um salto de 10 pontos porcentuais do PIB na dívida bruta, quer no conceito do FMI, quer no conceito do governo brasileiro.
4. Na transição do governo FHC para o governo Lula, o temor de que a dívida pública tivesse um crescimento não sustentável gerou forte aumento dos prêmios de risco dos títulos de dívida soberana – o Embi-Brasil – acompanhado de forte depreciação cambial, que levou a inflação ao pico de 16% ao ano. A origem desses movimentos estava no risco de default da dívida derivado das dúvidas quanto à geração de superavit primários, e começou a desaparecer quando o governo Lula deu claras evidências de que manteria o compromisso com a responsabilidade fiscal, inclusive cortando gastos públicos. A esse respeito ver Pastore e Pinotti (2005).
5. Há outra duas fontes de crescimento da dívida bruta: a acumulação de reservas, cujos efeitos monetários são esterilizados pelas operações compromissadas; e as transferências de recursos aos bancos oficiais por fora do orçamento. No entanto, entre 2014 e 2015 não houve acumulação de reservas (o balanço de pagamentos tem gravitado em torno do equilíbrio, com a queda do deficit em contas-correntes sendo acompanhada de perto pela queda no total dos ingressos de capitais) e as transferências diretas do Tesouro aos bancos oficiais no período foram muito pequenas, sendo inferiores a 1% do PIB. Não se nega que essas duas fontes contribuíram para a elevação do estoque da dívida em anos anteriores, mas nenhuma delas é capaz de explicar o enorme salto da dívida bruta em relação ao PIB ocorrido em 2014 e 2015.
6. O Codace datou todos os ciclos econômicos desde 1980. Os mais profundos ocorreram em 1980 e 1989, com o PIB caindo em torno de 8 pontos porcentuais do PIB entre o pico e o vale, e se admitirmos quedas de 4% em 2015 e de mais 4% em 2016, o que é um cenário altamente provável, a distância do pico ao vale será superior a essas duas.
7. Nos cenários 1 e 3, a taxa Selic permanece em 14,25% ao ano entre 2016 e 2018, e no cenário 2 ela cai continuamente, chegando a 10% ao ano em 2018. Em todos os casos utilizamos as projeções de inflação disponíveis no boletim *Focus* do Banco Central de 22 de janeiro de 2016.
8. Na transição do governo FHC para o governo Lula o temor de um default da dívida também provocou uma forte elevação dos prêmios de risco, medidos pelo Embi-Brasil.
9. Nesse período já era claro que o governo abusava da contabilidade criativa, acumulando uma "dívida escondida" – as pedaladas – em flagrante violação à Lei de Responsabilidade Fiscal.
10. Aqui também se repetiu o ocorrido em torno da crise de 2002, quando foi muito elevada a correlação ente o Embi-Brasil e a taxa cambial.

11. Denominando por b_t a relação dívida/PIB, por g_t e τ_t os gastos primários e a arrecadação tributária – ambos medidos em relação ao PIB –, e por σ_t a senhoriagem pela emissão de base monetária, a restrição orçamentária intertemporal é dada por
$$b_t = -\sum_{j=t}^{\infty}[(1+r)/(1+\rho)]^{-j}[(g_j - \tau_j) - \sigma_j]$$
Admitindo nula a senhoriagem, se ocorrer uma sequência de deficit primários, $(g_t - \tau_t) > 0$, o governo em seguida terá que gerar uma sequência de superavit cujo valor presente (descontado à taxa $[(1+r)/(1+\rho)]$) seja igual ao valor presente da sequência de deficit. Mas ainda que o governo não se comporte desta forma a restrição orçamentária intertemporal pode ser atendida por uma criação suficientemente grande de senhoriagem (na equação acima $(g_t - \tau_t)$ e σ têm papel idêntico). Ou seja, em vez de cortar gastos e elevar tributos, mudando o sinal de $(g_t - \tau_t)$, simplesmente aumenta a sequência de σ.
12. A passividade monetária gerava endogenamente a senhoriagem. Sobre esse problema e para uma descrição dos mecanismos operacionais que levavam à geração endógena de senhoriagem, ver Pastore (2014, capítulo 3). A análise de Issler e Lima (1997) chega à conclusão de que a senhoriagem era endógena por outro caminho.
13. Ela foi computada calculando o quociente entre: o acréscimo da base monetária entre o final do ano t e o final do ano t – 1, e o PIB.
14. O saldo da conta única pode também ter se elevado devido à venda antecipada de títulos por parte do Tesouro, isto é, acima do que vence a cada período. Nesse caso aparece na conta única um "colchão de liquidez", cujos recursos podem ser sacados para realizar pagamentos. Quando isso ocorre, a dívida cresce antes da realização do pagamento.
15. Retornemos à restrição orçamentária intertemporal do governo vista anteriormente, na qual eliminamos a presença da senhoriagem. Ela é dada por
$$\left(\frac{B_t}{Py_t}\right) = -\sum_{j=t}^{\infty}[(1+r)/(1+\rho)]^{-j}[(g_j - \tau_j)]$$
na qual, para maior clareza do argumento, fizemos $b_t = (B_t / Py_t)$, onde B é o estoque nominal da dívida, y é a renda real e P é o nível de preços. Na teoria fiscal do nível de preços esta equação tem a mesma forma que havia sido utilizada anteriormente, mas não é mais interpretada como uma restrição orçamentária intertemporal, e sim como uma *condição de equilíbrio*. Da mesma forma como anteriormente ela será sempre atendida, ocorrendo a igualdade entre os dois membros da equação. Porém a igualdade não decorre de o governo gerar superavit primários cujo valor presente se iguale ao valor presente dos deficit, e sim do aumento de P – o nível de preços. É isto que reduz o valor real do estoque da dívida, igualando os dois lados da equação.
16. Crises como esta produzem uma elevação do risco – as cotações do CDS brasileiro –, provocando reações na taxa de câmbio e na taxa de juros. Mas esta não é a única forma de contágio aos preços dos vários ativos. Elas elevam também os prêmios de risco em *bonds* de empresas brasileiras no exterior. Os efeitos não são uniformes, com as empresas mais alavancadas sofrendo mais do que as demais, mas todas elas são afetadas. Não é uma elevação de custo de capital que dependa de cada empresa isoladamente, e sim da situação macroeconômica do país. Na perspectiva de que a política econômica não seja corrigida o custo do capital permanecerá elevado, obrigando as empresas a uma forte desalavancagem, que contrai ainda mais a formação bruta de capital fixo.
17. A lei atual não permite o uso dos ganhos com reservas para realizar gastos primários. No máximo eles podem ser usados para pagar o serviço da dívida, liberando recursos para

os gastos primários, mas isto teria um impacto na dívida bruta e no resultado primário, sendo apenas um "caixa a mais" que evitaria a emissão de dívida pública mobiliária.

Referências bibliográficas

ALMEIDA Jr, M., LISBOA, M. B. e PESSOA, S. (2015) "O ajuste inevitável: ou o país que ficou velho antes de se tornar desenvolvido." Disponível em http://bit.ly/1COJRo0.

BLANCHARD, O. (2005) "Fiscal Dominance and Inflation Targeting: Lessons from Brazil." *In*.: GIAVAZZI, F., GOLDFAJN, I. e HERRERA, S. *Inflation Targeting, Debt and the Brazilian Experience, 1999 to 2003*. Cambridge: The MIT Press, 2005. pp. 49-80.

BOHM, H. (1991). "Budget Balance Through Revenue or Spending Adjustments? Some Historical Evidence for the United States." *Journal of Monetary Economics*, vol. 27, pp. 333-359.

ISSLER, J. V. e LIMA, L. R. (1997). "Como se equilibra o orçamento do governo no Brasil: aumento de receitas ou corte de gastos?" *Ensaios Econômicos EPGE*. Disponível em http://bit.ly/1WmXnUe.

LOYO, E. (1999). "Tight Money Paradox on the Loose: a Fiscalist Hyperinflation." Harvard University. Disponível em http://bit.ly/214iYUP

MENDES, M. e RIBEIRO, L. (2016). "O pagamento das pedaladas fiscais." *O Estado de São Paulo*. 06/02.

PASTORE, A. C. (1994). "Deficit público, a sustentabilidade do crescimento das dívidas interna e externa, senhoriagem e inflação: uma análise do regime monetário brasileiro." *Revista de Econometria*, vol. 14, n. 2, pp.177-231.

_____ (2014). *Inflação e crises: o papel da moeda*. Rio de Janeiro: Elsevier.

PASTORE, A. C. e PINOTTI, M. C. (2005) "Fiscal Policy, Inflation and the Balance of Payments in Brazil". *In*.: GIAVAZZI, F.; GOLDFAJN, I. e HERRERA, S. *Inflation Targeting, Debt and the Brazilian Experience, 1999 to 2003*. Cambridge: The MIT Press, 2005. pp. 03-42.

PESSOA, S. (2016) "Problema é pedalar, e não que pedaladas sejam pagas pelo caixa do Tesouro." *Conjuntura Econômica*, vol. 70 n. 2.

SARGENT, T. J. e WALLACE, N. (1993). "Some Unpleasant Monetarist Arithmetic." *In*.: SARGENT, T. J. *Rational Expectations and Inflation*. Princeton: Princeton University Press.

WOODFORD, M. (1998). "Public Debt and the Price Level". Mimeo. Princeton University. Disponível em http://bit.ly/1PMgkf7.

23

Efeitos da política fiscal sobre a eficácia da política monetária em tempos de baixo crescimento

Fernando Roriz e Thomas Wu

Introdução[1]

Este capítulo analisa a relação entre o Banco Central do Brasil e o Tesouro Nacional do ponto de vista de suas respectivas políticas econômicas. Em particular, identificamos um conjunto de condições que fazem com que a política monetária e a política fiscal se retroalimentem de forma perversa, mesmo que a economia não se encontre em dominância fiscal. De um lado, a política monetária torna o ajuste fiscal mais demorado e mais incerto. De outro, a maior demora e incerteza a respeito do processo de consolidação fiscal afeta preços de ativos, contaminando as expectativas de forma negativa, o que por sua vez também torna o processo de convergência da inflação mais demorado e mais incerto. Ao longo do capítulo, apresentamos evidência empírica sugerindo que essas condições estão presentes na economia brasileira hoje.

Em geral, o caso limite da dominância fiscal costuma monopolizar o debate sobre uma potencial interação perversa entre o monetário e o fiscal. De forma simplificada, um país está em dominância fiscal quando um aumento na taxa básica de juros torna a dinâmica da dívida pública insustentável, o que por si faz com que a taxa de inflação se eleve, ao invés de se reduzir. Porém, essa é uma situação teórica tão extrema que ela raramente permite, no mundo real, um diagnóstico consensual. O terceiro trimestre de 2015 é um bom exemplo de como o tema é controverso. Naquele trimestre, textos como Sargent e Wallace (1981), Loyo (1999) e Blanchard (2005) voltaram a ser leituras obrigatórias entre economistas de mercado, que se dividiam entre aqueles que defendiam que o Copom não deveria retomar o ciclo de aperto de juros, mesmo diante da elevação das expectativas de inflação, pois isso apenas levaria a uma piora na dinâmica inflacionária, e aqueles que defendiam que o Copom deveria retomar o ciclo de aperto de juros justamente para demonstrar que não havia perdido a capacidade de levar a inflação de volta à meta.

Tal debate levou, inclusive, o então presidente do Banco Central, Alexandre Tombini, a se posicionar sobre o tema, em seu depoimento para a Comissão de Assuntos Econômicos do Senado, no dia 15 de dezembro de 2015:

Alguns alegam que o Brasil estaria vivenciando uma situação de "dominância fiscal", que tornaria a política monetária ineficaz, afetando, assim, as decisões do Banco Central. De acordo com essa visão, estaríamos numa situação extrema de insustentabilidade temporal da posição fiscal que anularia qualquer tentativa da autoridade monetária em usar a política de juros no controle da inflação.

[...] Nesse sentido, é importante ter claro que o Brasil não está numa situação de dominância fiscal.

O objetivo deste capítulo é explorar uma situação intermediária não tão fascinante quanto a de dominância fiscal do ponto de vista teórico, mas talvez mais útil do ponto de vista prático. Nessa situação intermediária, a condução da política monetária não necessariamente leva à explosão da dívida pública, mas é suficiente para pôr em xeque o sucesso do ajuste fiscal, o que por sua vez acarreta dúvidas sobre o cumprimento dos objetivos da política monetária. Aliás, no pronunciamento supracitado o Presidente Tombini parece concordar com a percepção de que a economia brasileira se encontrava nessa situação intermediária:

> Os resultados correntes na área fiscal não podem ser extrapolados mecanicamente como sendo aqueles a vigorar no médio e longo prazos, mesmo porque a receita tributária corrente tem sido bastante afetada pelas condições da atividade econômica.
>
> O processo de consolidação fiscal não é algo que se completa de forma rápida, mas um processo relativamente longo e complexo.
>
> Por outro lado, os atrasos e incertezas envolvidos nesse processo têm sido um elemento desafiador para a condução da política monetária no Brasil.
>
> Em particular, os efeitos da revisão das metas fiscais sobre os preços dos ativos no terceiro trimestre deste ano levaram a revisão para cima das expectativas de inflação.

Em nossa opinião, são três as condições que tornam essa situação intermediária possível:

I. Evolução da receita recorrente diretamente ligada à evolução do PIB nominal;
II. Despesas, em sua grande parte, rígidas (ou como obrigatórias ou como discricionárias não contingenciáveis) e indexadas formal ou informalmente à inflação passada;
III. Crescimento do PIB potencial suficientemente baixo.

A combinação das condições (i) e (ii) faz com que uma contração do PIB real torne o ajuste fiscal uma missão quase impossível. Como o PIB nominal é, de forma simplificada, a soma da taxa de inflação com a taxa de crescimento do PIB real, uma contração do PIB real implica que a receita recorrente crescerá a um ritmo inferior ao das despesas recorrentes. Ou seja, um país que vem de um deficit primário, o que costuma ser o caso quando há necessidade de consolidação fiscal, acaba contratando para o ano seguinte uma piora do resultado primário recorrente.

Em relação à condição (iii), ela se faz necessária porque nem todo ciclo de aperto monetário bem-sucedido causa uma contração do PIB. Um aumento na taxa de juros é desinflacionário porque leva o nível de atividade para abaixo de seu nível potencial. Uma economia com uma taxa de crescimento potencial suficientemente alta (de, por exemplo, 4% ao ano) pode levar o hiato do produto a um território desinflacionário apenas com uma desaceleração no ritmo de crescimento (para, por exemplo, 2% ao ano). Entretanto, se o país em questão possui um crescimento potencial suficientemente baixo, um ciclo de aperto monetário muito provavelmente resultará em uma contração do PIB. E, como vimos, na presença das condições (i) e (ii), a contração do PIB faz com que o ajuste fiscal seja mais demorado e incerto, o que por sua vez contamina os preços de ativos de forma a deixar o cumprimento dos objetivos da política monetária também mais distante.

Outros artigos já identificaram na economia brasileira momentos nos quais as políticas monetária e fiscal teriam interagido de forma perversa. Em particular, Blanchard (2005), Giavazzi e Favero (2004) e Carneiro e Wu (2005) o fizeram no contexto de dominância fiscal durante a crise de 2002. Nesses estudos, o foco é na dinâmica da dívida pública, que entra em uma espiral explosiva devido aos efeitos do ciclo de aperto monetário sobre o serviço da dívida, seja diretamente sobre a parcela indexada a juros domésticos, seja indiretamente sobre a parcela indexada à moeda estrangeira. Esse capítulo possui um foco distinto, que é na dinâmica do resultado primário. De fato, o efeito contábil sobre a dívida pública de um aumento de 1 p.p. no deficit primário é equivalente ao de um aumento de 1 p.p. nos gastos com juros. Porém, indo além dos efeitos contábeis, acreditamos que um aumento de 1 p.p. no resultado primário incorpore um efeito econômico adicional: ele sinaliza para o mercado que o resultado primário está caminhando para mais longe do valor necessário para se estabilizar a dívida pública. E, mesmo que a dinâmica da dívida ainda não tenha entrado em um círculo vicioso, a percepção de que o ajuste fiscal se tornou mais incerto e demorado é punida pelo mercado na forma de uma piora no preço de ativos essenciais para a dinâmica da inflação, tanto efetiva quanto esperada.

O restante deste capítulo está organizado da seguinte forma. Na seção "O desarranjo fiscal brasileiro", apresentamos uma breve descrição do atual desarranjo fiscal brasileiro, com especial atenção para os determinantes das receitas e despesas. Na seção "Aperto monetário e contração do PIB", combinamos estimativas conservadoras da taxa do crescimento do PIB potencial com estimativas implícitas nos modelos do Banco Central para a chamada 'taxa de sacrifício' e mostramos que um ciclo de aperto monetário que vise apenas levar o IPCA do teto para o centro da meta é suficiente para causar uma contração significativa do PIB real. Na seção "Resultado fiscal, preços de ativos e expectativa de inflação", estimamos o impacto dos resultados fiscais sobre a previsão inflacionária. A seção seguinte conclui o capítulo.

Figura 23.1
Receita nominal corrente e PIB nominal

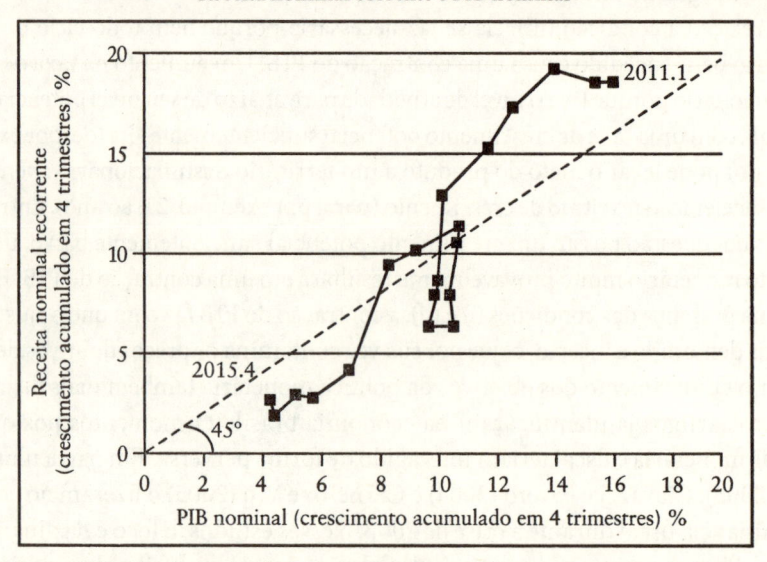

[Gráfico: Receita nominal recorrente (crescimento acumulado em 4 trimestres) % vs. PIB nominal (crescimento acumulado em 4 trimestres) %, com pontos marcados 2011.1 e 2015.4, e reta de 45°]

Fonte: IBGE e Tesouro Nacional

O DESARRANJO FISCAL BRASILEIRO

Começando pelo lado da receita, a Figura 23.1 associa, para cada trimestre desde 2011, a taxa de crescimento do PIB nominal (no eixo horizontal) com a taxa de crescimento da receita primária nominal recorrente do governo central (eixo vertical),[2] ambas acumuladas em 4 trimestres. A figura também inclui a reta de 45°, em que, para cada 1% de crescimento do PIB nominal, temos 1% de crescimento da receita nominal recorrente.

Primeiramente, podemos perceber que os pontos na figura se encontram próximos da reta de 45°, ou seja, a receita nominal cresce praticamente à mesma velocidade que o PIB nominal, o que não é surpreendente dado que grande parte da arrecadação vem da atividade econômica. Porém, se observarmos o gráfico com um pouco mais de atenção, notamos que a tendência pró-cíclica da receita é um pouco maior do que de um para um, crescendo mais do que o PIB nominal quanto este cresce acima de 10%, e menos do que ele quando sua expansão cai abaixo de 10%. Ao redor de 10%, a magnitude de ambas as taxas de crescimento tende a ser semelhante.

A relação direta das receitas com o PIB nominal se confronta com um comportamento diferente dos gastos. O patamar de indexação das despesas do setor público deixa o governo praticamente sem margem de manobra em tempos de crescimento baixo ou negativo, dificultando quaisquer ajustes para se adequar a uma receita pró-cíclica. O exemplo mais evidente são os benefícios da Previdência Social. Correspondendo a quase 40% dos gastos do governo geral, uma grande parte dos benefícios previdenciários é balizada pelo salário mínimo, que, por sua vez, possui uma regra assimétrica de reajuste dada pela inflação do ano anterior somada à taxa de crescimento do PIB de dois anos atrás desde que esta seja positiva. Com isso, os benefícios previdenciários terão sempre reajustes reais positivos ou iguais à zero.

Além disso, a benevolência na concessão de outros benefícios e a vinculação de uma série de outras despesas à inflação ou ao PIB nominal engessa ainda mais a dinâmica de gastos, tornando qualquer ajuste substancial bastante difícil no curto prazo.

Com esse arcabouço em mente, dividimos as despesas em quatro grupos para analisar a evolução dos gastos nos últimos anos: benefícios previdenciários, despesas de pessoal e encargos, outras despesas obrigatórias e despesas discricionárias.[3]

Como ressaltado, as despesas previdenciárias possuem regras de indexação bem definidas, e sua evolução, de forma simplificada, pode ser vista como função de uma média ponderada entre a regra de indexação do salário mínimo, valor recebido por cerca de 60% dos beneficiários, e o INPC. A Figura 23.2 mostra a relação entre a taxa de crescimento anual dos benefícios previdenciários de 1998 a 2015 e a taxa de crescimento anual deste índice composto por INPC (40%) e reajuste do salário mínimo (60%). Como podemos ver, a evolução dos gastos com a previdência social está, em sua grande parte, contratada para o ano seguinte assim que fechamos o reajuste do salário mínimo e a inflação do ano anterior, deixando pouca margem para ajustar a maior conta de despesas do governo federal. Além disso, outro destaque da Figura 23.2 é o fato de a reta de regressão cruzar o eixo das abscissas em torno de 5,5%, indicando que o crescimento vegetativo dessa despesa tende a ser alto, mesmo em tempos de inflação baixa, explicado pela evolução da pirâmide demográfica e benevolência na concessão de benefícios.

Figura 23.2
Benefícios previdenciários como função da inflação e salário mínimo

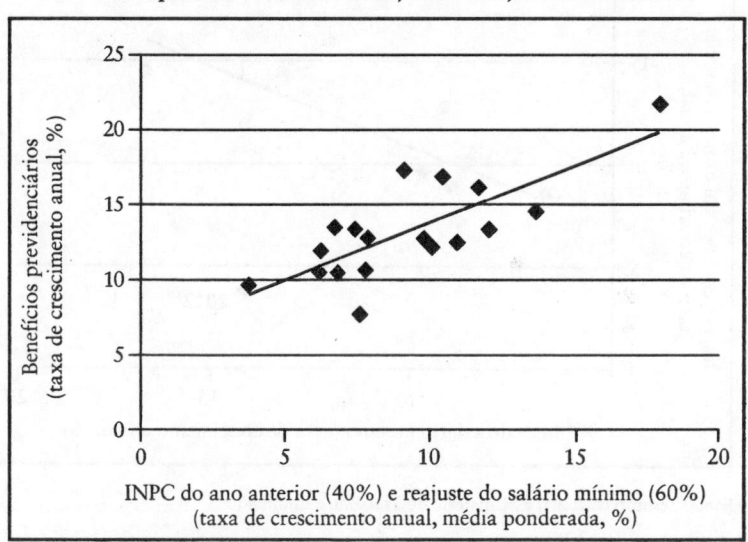

Fonte: IBGE, Tesouro Nacional e Ministério do Trabalho e Emprego

Outro grupo de despesas que também pode ser visto como função dos reajustes nominais do salário mínimo são as despesas com pessoal e encargos. Considerando o período entre 2006 e 2015, a Figura 23.3 mostra a relação entre a taxa de crescimento anual dessas despesas e o reajuste do salário mínimo. Apesar de não existir uma regra formal, a linha de tendência aponta para uma regra de indexação informal com custos políticos de não observância extremamente elevados. Tanto que, nos últimos 10 anos, apenas em 2012 o governo conseguiu conter o reajuste das despesas de pessoal. As despesas com pessoal e encargos somam hoje cerca de 22% do total dos gastos do governo federal. Portanto, adicionando a Previdência temos mais de 60% atrelados a alguma regra de indexação, reforçando uma estrutura difícil de ser ajustada a curto prazo.

As Outras Despesas Obrigatórias representam uma parcela menor dos gastos do setor público, mas grande parte do incremento das despesas nos últimos anos se deveu a essa conta, principalmente à política de subsídios adotada desde 2003. Na Figura 23.4, podemos ver que essa conta aumentou cerca de um ponto percentual do PIB durante o primeiro governo Lula, estabilizando-se em torno de 2,0% do PIB até o primeiro governo da presidente Dilma Rousseff, quando caminhou para 3,0% do PIB, mantendo-se nesse patamar em 2015.

Figura 23.3
Despesa com pessoal (encargos e salário mínimo)

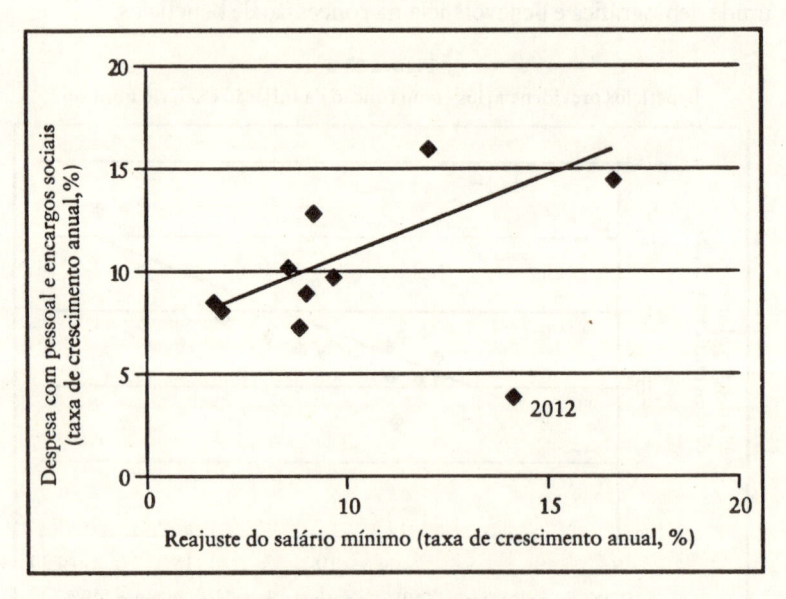

Fonte: Tesouro Nacional e Ministério do Trabalho e Emprego

Por último, fechando as despesas do governo geral, temos as despesas discricionárias. Apesar de este grupo compor a parcela de gastos em que o governo tem alguma margem de ajuste no curto prazo, cerca de 60% são não contingenciáveis. Isso ocorre porque algumas despesas discricionárias possuem previsão legal que não permite cortes, entre as quais os mínimos constitucionais para saúde e educação e o programa Bolsa Família. Como parte dessas despesas está ligada à evolução do PIB, indiretamente esses itens estão atrelados à evolução nominal da economia, gerando alguma forma de indexação também desses gastos. Eliminando toda a parcela obrigatória e não contingenciável, resta ao governo uma margem limitada de gastos passíveis de contingenciamento para cumprir o que é estabelecido na Lei de Diretrizes Orçamentária. No orçamento para 2016, por exemplo, as despesas contingenciáveis representam apenas 8,5% da programação,[4] dando pouca margem para qualquer ajuste.

Figura 23.4
Outras despesas obrigatórias do governo federal (% PIB)

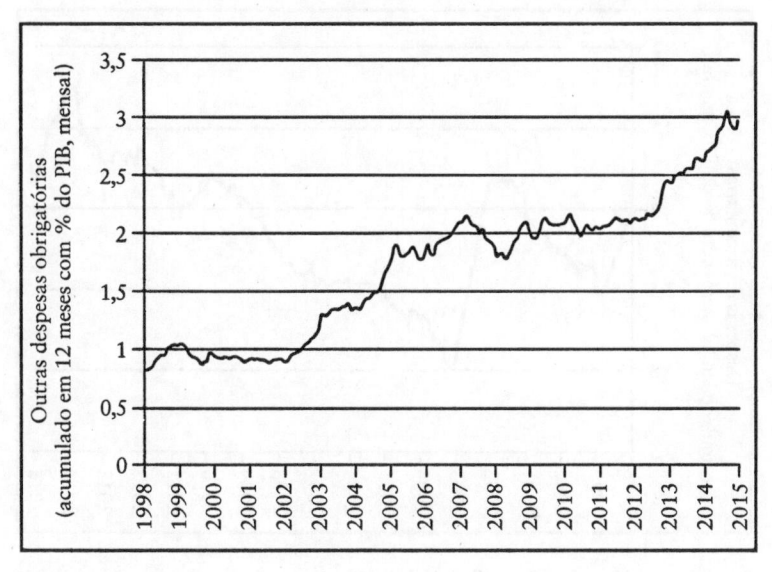

Fonte: Tesouro Nacional e Banco Central do Brasil

No curto prazo, os investimentos é que são efetivamente passíveis de cortes bruscos. Na Figura 23.5, temos dois períodos de quedas significativas das despesas discricionárias, feitas em grande parte pelo estancamento dos investimentos. Em 2003, o ajuste fiscal do início do governo Lula reduziu essa conta de forma expressiva, o que levou os gastos discricionários de 4,1% para 3,0% do PIB em apenas um ano e contribuiu para atingir um superavit primário acima de 4% do PIB naquele ano. Em 2015, também foi promovida uma redução considerável, contribuindo com cerca de 0,5 ponto percentual para a tentativa de ajuste fiscal daquele ano. Em 2011 também se realizou algum esforço fiscal do lado das despesas discricionárias, mas em uma magnitude menor do que em 2015 e principalmente em 2003.

Portanto, a abertura das principais despesas do governo central mostra as dificuldades para a promoção de um ajuste fiscal efetivo na economia brasileira sem mexer nas principais regras que determinam a evolução das despesas obrigatórias. As despesas discricionárias, apesar de serem passíveis de um forte corte como em 2003, representam uma pequena parcela do orçamento e não permitem cortes consecutivos. Como geralmente se cortam investimentos, os limites para a redução dos gastos se exaurem rapidamente.

Figura 23.5
Evolução das despesas discricionárias (% PIB)

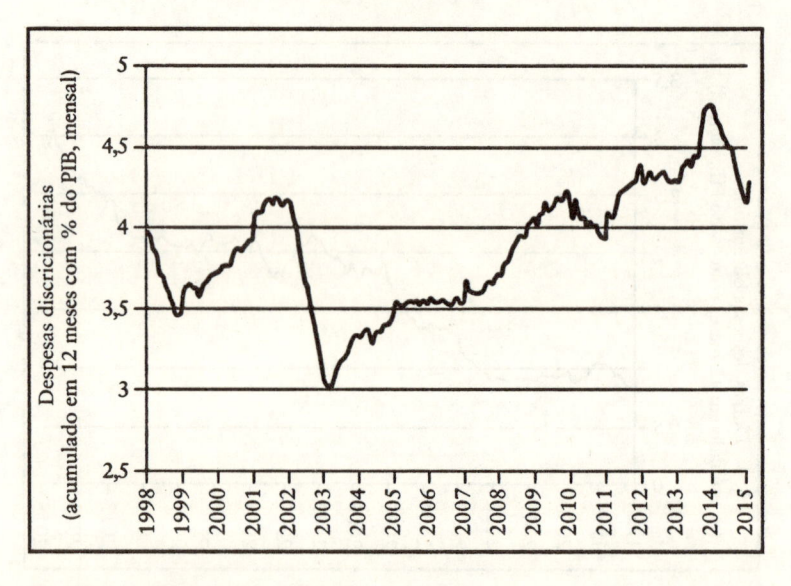

Fonte: Tesouro Nacional e Banco Central do Brasil

Nesse contexto, o momento atual da economia brasileira é o pior possível para um ajuste fiscal. Com os fortes reajustes de preços relativos – câmbio e administrados – ocorridos em 2015, as despesas do governo tendem a se expandir a uma taxa elevada em 2016 seguindo as regras de indexação que engessam os gastos públicos. Por outro lado, o crescimento do PIB nominal em 2016 tende a ser fraco por dois motivos. A inflação deve arrefecer em relação a 2015, expandindo menos a base de arrecadação do governo em termos nominais. E, além disso, a forte queda do PIB real prevista para 2016 deve trazer ainda mais para baixo a base de arrecadação. Cria-se, portanto, um cenário desastroso para uma tentativa de ajuste fiscal em que, simplesmente, não há muito que fazer.

Mesmo supondo que o crescimento das receitas seguirá o PIB nominal (inflado pelo IPCA) e que as despesas crescerão a uma taxa igual à da inflação passada, as perspectivas fiscais para 2016 são muito ruins. Do lado das receitas, desconsiderando o que pode vir de extraordinário, a forte recessão em que o país se encontra afeta diretamente a capacidade de gerar qualquer superavit fiscal. Já do lado das despesas, a forte inflação de 2015, acima de 10%, contrata um cenário perverso para o ano seguinte, numa análise que pode ser estendida à frente, enquanto estivermos passando por um período de crescimento baixo ou negativo e inflação em desaceleração.

Figura 23.6
Receitas e despesas, 2015 e 2016

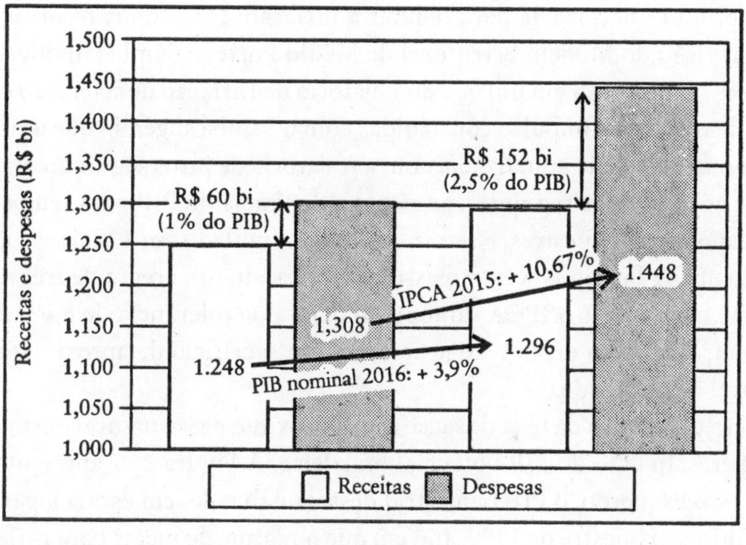

Fonte: Tesouro Nacional e cálculo dos autores

Na Figura 23.6,[5] consideramos como crescimento do PIB nominal a previsão de inflação (IPCA) para 2016, dada pelo boletim *Focus* do Banco Central[6], atualmente em 7,46%, somada à taxa prevista de variação do PIB real também para 2016, de -3,6%, o que leva a uma estimativa de crescimento do PIB nominal de 3,86%. Nesse arcabouço simplificado, o deficit primário recorrente do governo central deve fechar em torno de 2,5% do PIB em 2016 (R$ 152 bilhões). Cenário muito ruim e que somente será resolvido com reformas estruturais.

Aperto monetário e contração do PIB

Na seção anterior, explicamos como a relação entre receitas e PIB nominal e entre despesas e a taxa de inflação fazem com que um ajuste fiscal seja muito mais difícil em um ano de contração do PIB real. Nesta seção, vamos mostrar como a adição de um terceiro ingrediente – crescimento do PIB potencial suficiente baixo – completa o canal de transmissão perversa da política monetária para a política fiscal. Conforme comentamos na introdução, consideramos que o crescimento do PIB potencial é "suficientemente baixo" quando um ciclo de aperto monetário que vise apenas levar o IPCA do teto para o centro da meta é suficiente para causar uma contração significativa do PIB real.

Para passarmos da definição qualitativa para a quantitativa, precisamos de uma estimativa confiável da chamada taxa de sacrifício, isto é, da magnitude do hiato do produto necessária para reduzir a inflação. Decidimos recorrer, então, à última revisão do Modelo Estrutural de Médio Porte, o Samba, divulgada pelo Banco Central do Brasil em um *box* no Relatório de Inflação de setembro de 2015. Funções de resposta a impulso construídas com o Samba sugerem que um choque de 100 bps na taxa Selic anualizada, com a trajetória de juros seguindo uma regra de Taylor nos períodos seguintes, aumenta a distância do PIB para seu potencial em 0,5% após três trimestres, e reduz o IPCA acumulado em 12 meses em aproximadamente 33 bps após seis trimestres.[7] Aplicando uma regra de três simples, temos que, para trazer o IPCA do topo da banda de tolerância de 6,5% de volta para o centro da meta de 4,5%, é necessário um sacrifício de aproximadamente 3% do nível de atividade.

Obtida a estimativa da taxa de sacrifício, o próximo passo natural é estimarmos a taxa de crescimento do PIB potencial brasileiro. A Figura 23.7 apresenta, associado ao eixo esquerdo, o PIB trimestral dessazonalizado, em escala logarítmica, desde o último trimestre de 1999, ano em que o regime de metas para inflação foi adotado, e uma estimativa do PIB potencial utilizando-se o filtro HP. Na mesma figura, temos, associado ao eixo direito, a taxa de crescimento anual implícita da estimativa do PIB potencial. Vemos que, no ano de implantação do regime de metas de inflação, a taxa de crescimento do PIB potencial era próxima de 1,5% ao ano. Essa taxa cresce de forma monotônica, atingindo patamar superior a 3%

entre 2004 e 2009. A partir de então, ela cai vertiginosamente até atingir 0,1% ao ano no último trimestre de 2015.

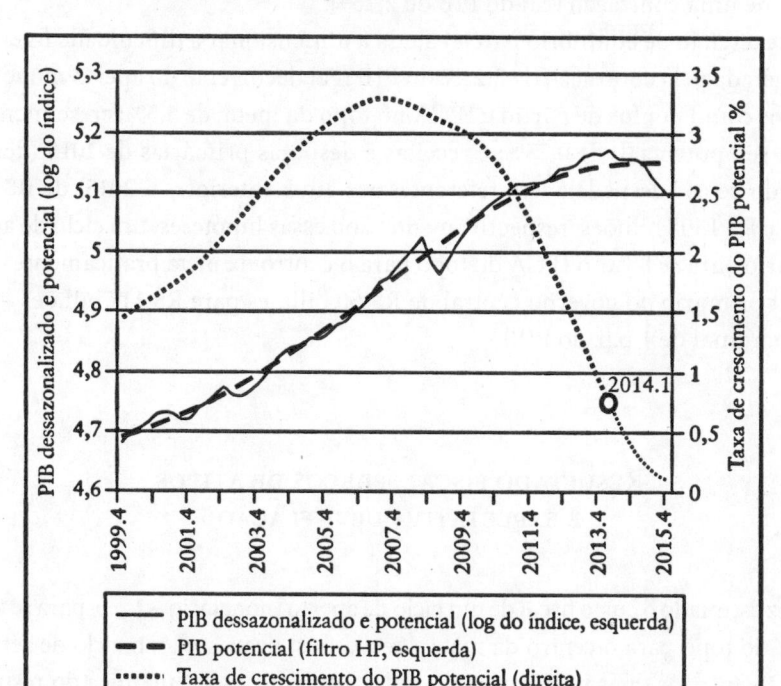

Figura 23.7
PIB observado, PIB potencial e sua taxa de crescimento

[Gráfico: PIB dessazonalizado e potencial (log do índice, esquerda); PIB potencial (filtro HP, esquerda); Taxa de crescimento do PIB potencial (direita). Eixo horizontal de 1999.4 a 2015.4, com marcação em 2014.1.]

Fonte: IBGE e cálculo dos autores

Um problema conhecido do filtro HP é o excesso de sensibilidade do fim da amostra à divulgação de dados subsequentes. Em termos práticos, isso quer dizer que a estimativa do PIB potencial do último ano da amostra pode variar muito dependendo do comportamento do PIB efetivo ao longo de 2016. Dessa forma, não tomamos a estimativa de crescimento potencial próxima de zero a valor de face. Preferimos usar a estimativa de crescimento potencial referente ao primeiro trimestre de 2014, que é o último trimestre antes do início oficial (de acordo com o Codace[8]) da recessão atual. Em outras palavras, aplicamos o filtro HP na série toda do PIB, e depois descartamos os resultados referentes ao ciclo econômico atual por serem ainda poucos confiáveis, e tomamos como melhor estimativa de crescimento potencial aquela associada ao último pico ocorrido no ciclo de negócios.

Na Figura 23.7, o primeiro trimestre de 2014, marcado por um círculo na linha pontilhada, está associado a uma taxa de crescimento do PIB potencial de 0,75%. Sem sombra de dúvida, uma taxa "baixa o suficiente": tendo em vista que o sacrifício estimado para se trazer a inflação do topo para o teto da meta é de 3%, estamos falando de uma contração real do PIB de 2,25%.

Um exercício de equilíbrio parcial ajuda a dimensionar a dificuldade fiscal adicional gerada pela contração de 2,25% do PIB real decorrente do aperto monetário. Supomos como pontos de partida: IPCA no topo da meta, de 6,5%; crescimento do PIB em seu potencial, de 0,75%; e receitas e despesas primárias de 2015 (desconsiderando-se as "despedaladas" referentes aos anos anteriores a 2015) de R$ 1248 bilhões e R$ 1308 bilhões, respectivamente. Sob essas hipóteses, um ciclo de aperto necessário para se levar o IPCA do topo para o centro da meta praticamente dobra o deficit primário do governo central de R$ 60 bilhões para R$ 117 bilhões – uma piora marginal de 1 p.p. do PIB!

Resultado fiscal, preços de ativos e expectativa de inflação

Uma vez estimado o custo fiscal de um ciclo de aperto monetário – 1 p.p. para se trazer o IPCA do topo para o centro da meta – fechamos, nesta seção, o ciclo de retroalimentação entre as duas políticas analisando a influência da dinâmica do resultado primário do governo central sobre as expectativas de inflação. Conforme o trecho do discurso do presidente Tombini citado na introdução, essa influência ocorre por via dos preços de ativos.

As barras verticais das Figuras 23.8 e 23.9 marcam algumas datas em que o governo anunciou relaxamentos significativos da meta fiscal, ao longo de 2015. O primeiro anúncio ("R1"), feito em 22 de julho, corresponde à redução da meta de superavit primário de 1,1% do PIB em 2015 para 0,15%, com redução também dos dois anos subsequentes.[9] O segundo anúncio, ("R2"), de 31 de agosto, traz a primeira proposta em que o governo admite a possibilidade de apresentar um deficit fiscal naquele ano de 0,5% do PIB.[10] E, por último, o terceiro anúncio ("R3"), em 2 de dezembro, diz respeito à contabilização das "pedaladas fiscais": o governo iria quitar os débitos contratados em anos anteriores que não haviam sido contabilizados, piorando o resultado fiscal em R$ 57 bilhões adicionais.[11]

Figura 23.8
Preços de ativos e surpresas fiscais

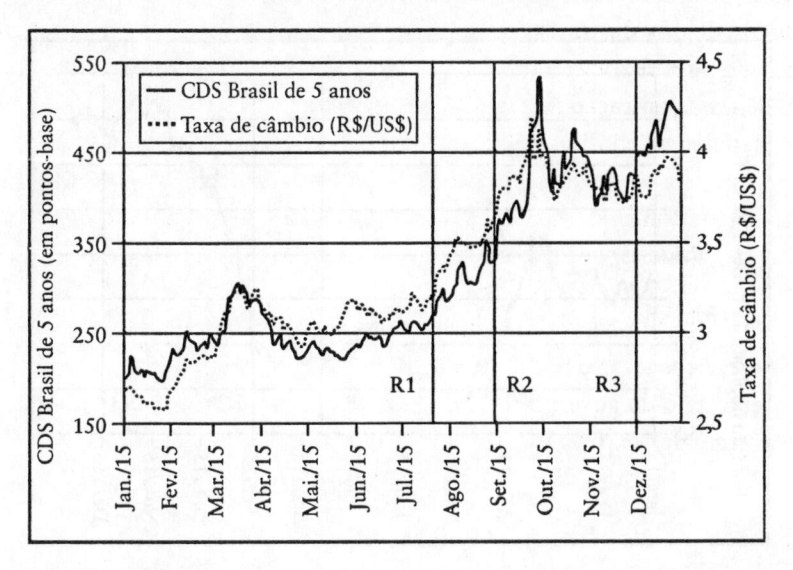

[Gráfico: CDS Brasil de 5 anos (em pontos-base) e Taxa de câmbio (R$/US$), de Jan./15 a Dez./15, com marcações R1, R2, R3]

Fonte: Bloomberg.

A Figura 23.8 mostra como essas revisões das metas fiscais para pior provocaram movimentos significativos em dois preços de ativos com forte influência sobre a dinâmica da inflação (tanto efetiva quanto esperada): o prêmio de risco-país medido pelo CDS Brasil de 5 anos e a taxa de câmbio nominal R$/US$. Ao longo do segundo semestre, período em que todos os três anúncios ocorreram, o prêmio de risco praticamente dobra (de 250 bps para 500 bps), concomitante a uma depreciação cambial de aproximadamente 30%.

A Figura 23.9 mostra como a piora nos preços desses dois ativos contribuiu para desancorar as expectativas de inflação. Optamos por utilizar como *proxy* da expectativa de inflação de 12 meses à frente a taxa implícita dada pela diferença entre o juro nominal e o juro real de maturidades de um ano. Por um lado, a inflação implícita é uma leitura mais "suja" da inflação esperada em comparação, por exemplo, com as expectativas coletadas pelo Banco Central e divulgadas em seu boletim Focus. Vicente e Graminho (2014) mostram que a inflação implícita, além do componente de expectativa de inflação, inclui também um termo de convexidade e prêmios de liquidez e de inflação. Mas, por outro lado, como qualquer preço de ativo ela incorpora, em tempo real, todo o conjunto de informações disponível para os agentes de mercado.[12] Como podemos ver, à medida que as revisões negativas da meta fiscal pioram a percepção de risco-Brasil, levando a uma depreciação na taxa de câmbio, a inflação implícita de 12 meses à frente vai de pouco abaixo do teto da meta para bem perto dos dois dígitos.

Figura 23.9
Expectativa de inflação e surpresas fiscais

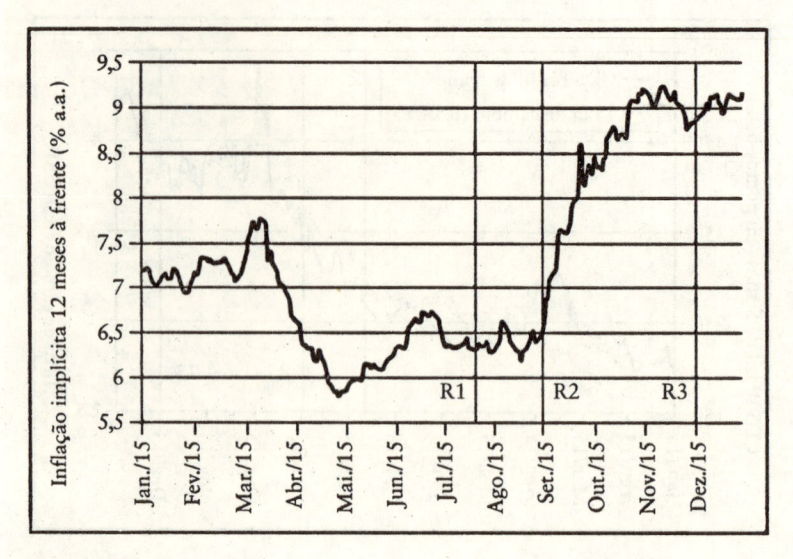

Fonte: Bloomberg

As dinâmicas descritas nas figuras anteriores podem ser documentadas de forma mais rigorosa em duas regressões. Na primeira, estimamos as semielasticidades do CDS Brasil de 5 anos com respeito ao deficit primário e à despesa de juros (ambos referentes ao governo central, acumulados em 12 meses como % do PIB), com dados em frequência mensal, de janeiro de 2010 a março de 2016.

$$\log(CDS^{5anos}_t) = 5{,}0 + 23{,}1 \cdot Deficit\_Primário_t + 7{,}9 \cdot Despesa\_Juros_t$$

$$R^2 = 71{,}5\%$$

As semielasticidades obtidas, ambas significativas a menos de 1%, mostram que uma piora de 1 p.p. no resultado primário aumenta o prêmio de risco Brasil em 23,1%, um efeito quase três vezes mais forte que o de uma piora também de 1 p.p. na despesa com juros, esta estimada em 7,9%. Esse resultado confirma nossa percepção de que, apesar do resultado primário e da despesa com juros possuírem efeitos contábeis equivalentes sobre a dívida pública, a primeira gera uma sinalização adicional mais grave: a de que a autoridade fiscal está sofrendo uma queda de arrecadação ou tem dificuldades de cortar gastos.

Na segunda regressão, estimamos o efeito da piora na percepção de prêmio de risco Brasil sobre as expectativas de inflação. Usando-se dados diários desde 2 de janeiro de 2015 a 31 de março de 2016, obtemos uma elasticidade da inflação implícita de 12 meses à frente com relação ao CDS Brasil de 5 anos de 0,4, estatisticamente significativa a menos de 1%.

$$\log(Inflação\_Implícita_t^{12meses}) = -4,9 + 0,4 \cdot \log(CDS_t^{5anos})$$

$$R^2 = 67,9\%$$

Combinando-se os coeficientes obtidos nas duas regressões, concluímos que a piora estimada de 1 p.p. no resultado primário, decorrente de um ciclo de aperto monetário necessário para se trazer o IPCA do topo ao centro da meta, geraria os seguintes efeitos: um aumento no CDS Brasil de 5 anos de 23,1% que, por sua vez, se traduziria em uma abertura da inflação implícita de 12 meses à frente de 9,1%. Em pontos percentuais, isso significaria uma piora de 60 bps, supondo-se que a inflação implícita de 12 meses à frente estivesse partindo de um patamar de 6,5%. No contexto de um ciclo que visa reduzir a taxa de inflação em 200 bps (de 6,5% para 4,5%), um aumento na inflação esperada de 60bps. representa uma perda de eficácia de 30%!

Conclusões

Este capítulo mostra que a combinação de receitas procíclicas, despesas rígidas e indexadas, e baixo crescimento potencial gera uma interação perversa entre as políticas monetária e fiscal. Sob essas condições, um ciclo de aperto monetário que vise apenas trazer o IPCA do teto para o centro da meta necessariamente piora o resultado primário. O aumento da distância entre o resultado fiscal e sua meta torna o ajuste fiscal mais demorado e mais incerto, influenciando de forma adversa preços de ativos relevantes para a dinâmica inflacionária. Como consequência, a inflação não converge para o centro da meta como esperado. Usando-se parâmetros estimados para a economia brasileira hoje, calculamos que a perda de eficiência na política monetária chega a 30%.

Sabemos que todo exercício de calibragem é sensível à escolha dos parâmetros, o que sempre embute um quê de arbitrariedade. Porém, apesar de 30% parecer um valor bastante elevado, acreditamos que essa estimativa seja compatível com as dificuldades enfrentadas pela autoridade monetária hoje. Uma perda de eficiência de 30% em um ciclo que visa trazer o IPCA de 10,67% para 4,5% significa ficar 185 bps aquém do seu objetivo. Ou seja, a promessa feita de inflação no centro da meta se transforma, com o passar de alguns trimestres, em uma torcida para que ela fique ao menos circunscrita aos limites de tolerância estabelecidos pelo CMN.

As implicações dos achados neste capítulo são óbvias: precisamos urgentemente de uma reforma fiscal que abra espaço para a cooperação entre as políticas monetária e fiscal. Mais especificamente, é preciso reduzir ao máximo os mecanismos de indexação presentes nas despesas primárias, assim como elevar significativamente a fração dos gastos públicos que sejam contingenciáveis. A ideia é abrir margem de manobra no orçamento para que seja sempre possível neutralizar os efeitos negativos de uma política de aperto monetário sobre o resultado fiscal.

Notas

1. Agradecemos comentários, críticas e sugestões de Edmar Bacha e Ricardo Marcondes Cordeiro.
2. Excluímos da receita nominal recorrente a receita com concessões, dividendos, cessão onerosa do petróleo, e o item "outros" das "demais receitas".
3. Excluímos da despesa nominal não recorrente a despesa com a capitalização da Petrobras em 2010 e as despesas de auxílio à CDE entre 2013 e 2015. Decidimos excluir também da despesa recorrente de 2015 os débitos da União junto ao BNDES, ao Banco do Brasil e ao FGTS referentes a passivos de anos anteriores a 2015 (as chamadas "pedaladas fiscais"): contabilizar em apenas um ano o somatório de despesas realizadas em anos anteriores atrapalha a análise da evolução da dinâmica das despesas.
4. Ver: http://www.fazenda.gov.br/noticias/2016/janeiro/integra-do-discurso-cdes
5. No cálculo do resultado para 2015, desconsideramos as chamadas 'pedaladas fiscais' por se tratarem de um gasto não recorrente.
6. Relatório de 11/03/2016: http://www.bcb.gov.br/pec/GCI/PORT/readout/R20160311.pdf
7. Valores implícitos nos gráficos 1 e 2 do *box* "Revisão do Modelo Estrutural de Médio Porte – Samba" do Relatório de Inflação de setembro de 2015.
8. Comitê de Datação de Ciclos Econômicos
9. Ver: http://www.planejamento.gov.br/assuntos/orcamento/noticias/governo-informa-revisao-da-meta-de-superavit-primario
10. Ver: http://www1.folha.uol.com.br/poder/2015/08/1675915-governo-apresenta-orcamento-de-2016-com-r-305-bi-de-deficit.shtml
11. Ver: http://g1.globo.com/economia/noticia/2015/12/aprovacao-de-nova-meta-fiscal-traz-alivio-para-gastos-da-maquina-publica.html
12. No caso da série de expectativas de inflação do Boletim Focus, agentes de mercado possuem o hábito de alterar suas projeções apenas uma vez por mês, em geral muito próximo da data crítica, i.e., a data de corte para que a projeção seja válida para a disputa do *ranking* Top 5.

Referências bibliográficas

BANCO CENTRAL DO BRASIL (2015). "Revisão do Modelo Estrutural de Médio Porte – Samba." *Relatório de Inflação* – set. http://www.bcb.gov.br/htms/relinf/port/2015/09/ri201509b8p.pdf

BLANCHARD, O. (2005). "Fiscal Dominance and Inflation Targeting: Lessons from Brazil". *NBER Working Paper Series* nº 10389.

CARNEIRO, D.D. e WU, T. (2005). "Dominância fiscal e desgaste do instrumento único de política monetária no Brasil." *Texto para discussão* nº 7, Iepe/CdG.

FAVERO, C. e GIAVAZZI, F. (2004). "Inflation Targeting and Debt: Lessons from Brazi." *NBER Working Paper Series* nº 10390.

LOYO, E. (1999). "Tight Money Paradox on the Loose: a Fiscalist Hyperinflation, Manuscript." Kennedy School of Government. http://sims.princeton.edu/yftp/Loyo/LoyoTightLoose.pdf

SARGENT, T.J. e WALLACE, N. (1981). "Some Unpleasant Monetary Arithmetic." *Federal Reserve Bank of Minneapolis Quarterly Review*, out, 1-17.

TOMBINI, Alexandre (2015.) "Pronunciamento do ministro Alexandre Tombini, presidente do Banco Central do Brasil, na Comissão de Assuntos Econômicos do Senado." – set. http://www.bcb.gov.br/pec/appron/apres/Discurso_Presidente_Alexandre_Tombini_na_CAE.pdf

24

AS DUAS DIMENSÕES DO AJUSTE FISCAL

Felipe Salto
José Roberto Afonso
Geraldo Biasoto
Marcos Köhler

INTRODUÇÃO

A decisão do governo federal de enviar ao Congresso uma proposta orçamentária para 2016 contendo um deficit primário e a ausência de propostas para atacar os problemas estruturais do fisco e da própria economia brasileira deflagraram o processo de sucessivas revisões do *rating* e de perda do grau de investimento conferido pelas principais agências. O caminho de volta será longo e custoso.

Quem elege a Constituição de 1988 como o grande obstáculo à recuperação de uma situação fiscal razoável se esquece de que, sob sua vigência, o País promoveu importantes reformas, inclusive adotando um regime de responsabilidade fiscal bem-sucedido e elogiado até no exterior, bem como experimentou períodos longos de estabilização de preços, equilíbrio fiscal e crescimento econômico. Ou seja, o mesmo arcabouço institucional permitiu comportamentos distintos em todos os indicadores econômicos. Na verdade, o agravamento da situação fiscal brasileira foi mais recente, data desta década. A Constituição promulgada há mais de duas décadas não poderia explicar essa deterioração – quando muito, pode-se dizer que preceitos passaram a ser descumpridos e levaram à perda de credibilidade.

A crise das finanças públicas não resultou apenas de uma insuficiente capacidade de geração de superavit primários, que é um dos sintomas da doença, como a febre no paciente com pneumonia. É preciso compreender e analisar a política fiscal como uma das componentes da política econômica, que se relaciona com as demais, afetando-as e sendo por elas influenciada.[1]

A política cambial, por exemplo, funcionou como instrumento importante de postergação do ajuste necessário na taxa de câmbio: a alta do dólar foi controlada pela venda excessiva de *swaps* cambiais, a custos elevados para os cofres públicos, mas nem sempre com a devida transparência.

No caso da política monetária, crescem as dúvidas sobre a eficácia da gestão da taxa Selic para o controle da inflação, ainda mais diante da correção dos preços administrados e dos mecanismos de indexação da economia. Em um cenário de dominância fiscal[2], não é trivial a decisão de manter o mesmo padrão de atuação por parte da autoridade monetária com vistas ao cumprimento das metas de inflação.

Em relação à política de crédito, é consenso que se precisa desmontar a estrutura de crédito oficial subsidiado indiscriminado, ineficiente, não transparente e não contabilizado integralmente no orçamento. Mal planejada e executada, a política creditícia sequer conseguiu elevar, ou mesmo sustentar, a taxa de investimento privado no País – o crédito estatal mais serviu para se trocarem as fontes de financiamento do que para estimular um aumento do investimento.

A opacidade virou uma tônica da política econômica. Os erros não se limitaram à criatividade com as contas públicas.[3] Mesmo nas políticas econômicas mais "cristalizadas", principalmente aquelas coordenadas pelo Banco Central, não havia muita preocupação em divulgar mais abertamente à sociedade quanto custa carregar reservas cambiais e apostar contra a desvalorização do câmbio por meio das operações de *swap*, muito menos indicar custos que daí decorrem para os cofres públicos e ganhos para investidores na outra ponta desse processo especulativo. A justa e correta cobrança por se conhecerem e se avaliarem benefícios e beneficiários de cada política – das renúncias tributárias aos subsídios creditícios – também deveria se estender às transações cambiais e mesmo monetárias menos usuais ou corriqueiras.

Há um enorme conjunto de desafios pela frente que não será equacionado isoladamente com a política fiscal. O objetivo deste capítulo é defender que a discussão das contas públicas e da política de ajuste fiscal não se deve limitar apenas à meta do resultado primário. Não se nega que o primário - resultado das receitas primárias menos as despesas primárias (sem contabilizar receitas e despesas financeiras) - seja imprescindível para se recuperar a estabilidade fiscal. Contudo, a análise da situação fiscal, e muito menos a árdua tarefa de resgate da credibilidade, não se resume a tal indicador[4] (até porque se tornaria uma missão realmente impossível no curto prazo).

Existem condições objetivas para gerar uma redução importante de despesas, das primárias às financeiras, numa trajetória de ajuste de médio e longo prazo. Há muito espaço para economia e ganhos de gestão, por exemplo. Basta ver o inchaço da máquina pública, a enorme diferença de salários entre setor público e privado e o sobrepreço observado nos contratos de compra de bens e serviços pelos governos estaduais, municipais e federal.[5] Isso para ficar no primário.

Quando partimos para o resultado nominal, que inclui os custos de financiamento da dívida e as receitas obtidas pelo Estado em razão dos ativos de que dispõe, como as reservas cambiais, o leque de análise se amplia. É preciso clarear o diagnóstico da situação presente para que se saiba apontar os sacrifícios necessários para se chegar a resultados mais consistentes. Delimitar a natureza dos impactos que se colocam sobre as contas públicas é crucial para desenhar as medidas saneadoras e, ainda mais, para viabilizar um ajuste que encontre eco no Congresso e na sociedade.

O CUSTO DAS POLÍTICAS MONETÁRIAS E CAMBIAIS

Os custos da política monetária e da política cambial já não passam mais despercebidos. O custo médio da dívida pública aumentou fortemente, e a explicação foi simples: o Banco Central adotou uma política de câmbio e juros cuja eficácia tem sido questionável. A piora do primário respondeu pela deterioração fiscal – isto é, do resultado nominal e da dívida bruta – ocorrida até dezembro de 2014, mas não pelo mergulho até o fundo do poço ocorrido daí em diante.

A taxa implícita de juros da dívida líquida do setor público é uma forma simples de ver os efeitos dessa política econômica. Os custos dos juros da dívida líquida das receitas com juros oriundos dos ativos do governo tornaram-se impeditivos. A taxa implícita é calculada pela razão entre as despesas menos receitas de juros e o estoque da dívida líquida.

Em janeiro de 2016, a taxa implícita[6] atingiu 31,9% ao ano, mais do que o dobro da taxa Selic (14,25% ao ano) – vide Figura 24.1. Apenas o aumento da taxa básica de juros não explica o aumento do custo médio da dívida líquida. A explicação complementar reside no custo de carregamento das reservas internacionais (aplicadas com taxas quase nulas no exterior e tendo por contrapartida interna as operações compromissadas) e nas perdas com as operações de *swap* cambial (que não impediram a maxidesvalorização do real). Um terceiro fator é o custo dos créditos concedidos pelo governo, desde aqueles constitucionais (como fundos regionais e FAT) até os extraordinários (que chegaram a render menos do que a TJLP).

Figura 24.1
Taxa implícita de juros da dívida líquida e taxa Selic – Percentuais acumulados em 12 meses

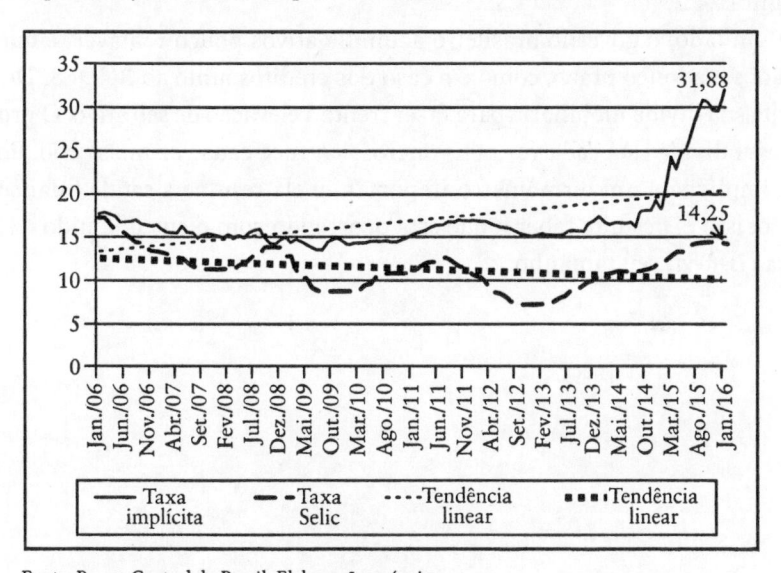

Fonte: Banco Central do Brasil. Elaboração própria.

Para ter claro o problema fiscal contido no descolamento da Selic e da taxa implícita, vamos supor que o governo tenha, de um lado, apenas um tipo de ativo: as reservas cambiais, que valiam R$ 1,4 trilhão ao final de 2015. De outro lado, está sua dívida bruta, superior a R$ 3,9 trilhões, já incluindo mais de R$ 900 bilhões das chamadas operações compromissadas. A dívida líquida seria igual à diferença desses dois montantes: R$ 2,5 trilhões. Enquanto as reservas estariam rendendo algo como R$ 3 bilhões por ano –, supondo por hipótese sua aplicação integral em títulos americanos – a dívida bruta estaria custando R$ 555 bilhões, se fosse remunerada à taxa da Selic. Logo, em termos líquidos, a despesa seria de R$ 552 bilhões, equivalente a 22% do saldo devedor (dívida menos reservas), e esse seria o percentual que denominamos de taxa implícita.

Esse exercício evidencia que, apesar de as reservas internacionais serem elevadas,[7] elas proporcionam uma receita muito pequena de juros – e, dessa forma, os gastos com juros[8] medidos em termos líquidos ficam próximos aos juros brutos. É verdade que o saldo da dívida líquida acaba sendo bem menor do que o da dívida bruta (36% e 66,2% do PIB, respectivamente, ao final de 2015).[9] Contudo, essa diferença esconde a brutal desigualdade entre custos e receitas dos ativos e passivos do setor público.

Nos últimos anos, a dívida líquida despencou, mas, paradoxalmente, não houve o que comemorar, uma vez que isso não decorreu da redução do endividamento bruto, mas sim de uma expansão dos ativos dele deduzidos. Em particular, as reservas e empréstimos concedidos a bancos públicos cresceram intensamente – ver Figura 24.2.

De um lado, o governo brasileiro acumula ativos pouco rentáveis e que serão realizados em longo prazo, como é o caso dos créditos junto ao BNDES. De outro, aumenta sua dívida mobiliária para fazer frente à elevação de seu ativo. O problema é que essa dívida está cada vez mais onerosa e vence cada vez mais cedo. Por isso, a taxa implícita é um termômetro importante: ela resume a saúde financeira do governo, isto é, permite saber o que está ocorrendo com o custo líquido da dívida pública *vis-à-vis* seu tamanho.

Figura 24.2
Reservas internacionais e créditos do Tesouro junto a bancos oficiais em %
do PIB (eixo da esquerda) e em bilhões de reais (eixo da direita)

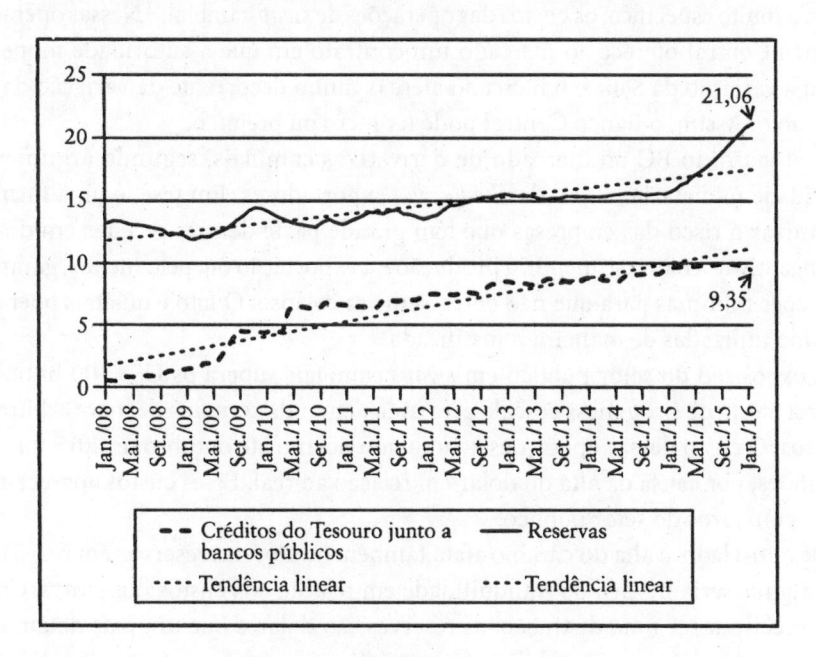

[Gráfico de linhas mostrando valores de Jan./08 a Jan./16, com destaque para 21,06 e 9,35. Legenda: Créditos do Tesouro junto a bancos públicos; Reservas; Tendência linear; Tendência linear.]

Fonte: Banco Central do Brasil. Elaboração própria.

Alguns analistas argumentam que a dívida pública brasileira ainda estaria em patamares baixos quando comparada ao resto do mundo. É o caso, por exemplo, de Gobetti e Orair (2016).[10] O endividamento público brasileiro ficou abaixo da média observada nas economias avançadas (105% do PIB ao final de 2015, segundo o FMI), mas não deveria ser esse o padrão de comparação. No caso das economias emergentes (média de 45% do PIB), a dívida bruta do Brasil superou, e por larga folga, a média observada, sustentando 72% do PIB de endividamento no conceito do FMI.[11] Não bastasse o elevado tamanho da dívida, o que mais preocupa é o nível dos juros brasileiros, enquanto nos países ricos observam-se juros reais negativos.

A piora das expectativas e os temores quanto aos indicadores de risco da economia brasileira exacerbam esse quadro. A taxa Selic foi elevada, a partir da reeleição da presidente Dilma, na tentativa de atingir as metas de inflação, o que acelerou o crescimento da dívida, especialmente com a economia em franca retração. A gestão da dívida pública é cada vez mais complexa, por suas vulnerabilidades ao câmbio e às taxas de juros, em um ambiente de descrédito quanto à política fiscal.

Reservas internacionais e custos cambiais

A taxa de juros implícita disparou nos últimos meses em grande parte devido a uma despesa muito específica: os custos das operações de *swap* cambial.[12] Nessas operações, o Banco Central oferece ao mercado um contrato em que a autoridade monetária ganha a variação da Selic e o mercado afere o ganho decorrente da variação da taxa de câmbio. Assim, o Banco Central pode ter lucro ou prejuízo.

A atuação do BC no mercado de derivativos cambiais, segundo argumenta a autoridade monetária, visa a dar *hedge* aos exportadores. Em tese, é uma forma de minimizar o risco das empresas que têm grande parte de suas receitas em dólar, o que incentivaria o investimento, a produção e a exportação ou, pelo menos, garantiria condições mínimas para que não entrassem em colapso. O fato é que tais operações têm sido utilizadas de maneira injustificada.

A exposição do setor público em *swaps* cambiais supera os US$ 100 bilhões. A própria oferta de *swaps* nessa escala gera uma demanda com fins de mera arbitragem de juros. O custo dessas operações acumulado no ano até outubro de 2015 foi de R$ 95 bilhões, por causa da alta do dólar em relação ao real. Esses custos aparecem nos gastos com juros do setor público.

De outro lado, a alta do câmbio afeta também o valor das reservas em reais, o que para alguns seria motivo de tranquilidade em relação aos custos dos *swaps*. Contudo, é preciso fazer uma distinção: as reservas são dólares que um país detém e que ficam aplicados em papéis públicos e outros ativos fora do país, com a finalidade de ter um colchão de liquidez contra crises. É um seguro bem-vindo, se feito em níveis adequados. Ultrapassado esse limite – algo incerto, deve-se admitir –, ele passa a ter um custo muito elevado, que não mais compensa o seguro.

Não cabem dúvidas quanto à importância da posição em reservas para domar crises cambiais e movimentos especulativos. Trata-se de um dilema: quanto mais reservas, maior o colchão, maior a possibilidade de o país reagir a crises e mais seguro ele fica. É verdade, mas a custos crescentes. A pergunta é: para que pagar um seguro tão caro se ele nunca é utilizado? É como o proprietário de um carro que contrata um seguro com a melhor cobertura possível no mercado, mas que nunca tira o carro de dentro da garagem.

O Banco Central poderia gerenciar essa política cambial de maneira mais eficiente. A compra de dólares, pelo BC, resulta em aumento de reais circulando na economia. Esse excesso de moeda precisa ser enxugado, para evitar que a taxa de juros caia abaixo daquela determinada pelo Copom. Isso é feito por meio das operações compromissadas. O BC, com os títulos que o Tesouro lhe fornece, faz operações de venda de papéis ao mercado com o compromisso de recomprá-los em um determinado prazo (hoje, esse prazo médio é inferior a um mês!). Assim, ele enxuga o excesso de dinheiro, mas a um altíssimo custo.

O custo em juros de manter as reservas é dado pela diferença entre as despesas (algo em torno de R$ 130 bilhões em 12 meses) associadas às operações compromissadas feitas para "financiar" as reservas e as receitas em dólares obtidas com a aplicação das reservas em títulos americanos – um volume bastante reduzido de dinheiro, como discutido anteriormente. Além disso, as reservas ganham valor em reais quando o câmbio aumenta. Por exemplo, um nível de reservas de US$ 370 bilhões representa R$ 740 bilhões se o câmbio estiver em R$ 2,00/US$. Esse mesmo nível de reservas representa R$ 1,5 trilhão com o câmbio a R$ 4,00/US$.

A autoridade monetária argumenta[13] que esse ganho compensaria os custos de manutenção das reservas e os das operações de *swap* cambial. O Banco Central também alega que a dívida líquida do setor público está sendo reduzida pelos ganhos com as reservas.[14] Muitos questionamentos podem ser feitos a tal tese.

A crítica básica é que o ganho das reservas não foi realizado, não é tangível, porque simplesmente nenhuma reserva foi vendida. Logo, não surgiram R$ 740 bilhões em dinheiro para o Banco Central repassar ao Tesouro Nacional. Se as reservas não foram vendidas quando o câmbio subiu de R$ 2,00/US$ para 4,00/US$, houve um ganho patrimonial, mas não de caixa.

O ganho patrimonial ocorrido, isto é, a mudança no valor das reservas, pode se desmanchar rapidamente se a taxa de câmbio inverter o sinal e começar a cair. A perda com os *swaps*, ao contrário, gera um desembolso efetivo e diário pelo Banco Central (obrigado a cobrir sua posição na BM&F). Ou seja, há uma perda de caixa e não apenas uma operação contábil. Há um gasto associado aos contratos de *swap* cambial que não se compensa pela mera valorização em reais das reservas internacionais.

Para deixar mais claro: no caso do ganho patrimonial com a valorização das reservas, como não há venda, não há uma efetiva entrada de recursos no cofre do Banco Central. Mesmo assim, a autoridade monetária repassa, semestralmente, os lucros oriundos dessa valorização das reservas para o Tesouro Nacional. Isso está previsto na lei nº 11.803, de 2008.

A intervenção com uso de *swaps* é usada em outros países para evitar a volatilidade do câmbio e não está pacificado o tratamento a ser dado à mensuração e apropriação dos resultados dessa intervenção no balanço dos bancos centrais. O padrão observado na maior parte dos países é a contabilização pelo Banco Central em separado, em conta segregada, a qual aumenta ou diminui conforme a apuração de lucro ou prejuízo nas operações cambiais (trata-se de uma *escrow account*). No Brasil, essa contabilização em separado é também realizada, mas os lucros apurados a cada semestre são efetivamente repassados para o Tesouro – prioritariamente, pagar dívida e juros.

O caso brasileiro é, na verdade, singular. A começar por um aspecto geral e metodológico das contas públicas: nenhum outro país inclui o Banco Central como parte integrante do setor público para fins de apurar sua dívida e seu resultado fiscal.[15] Ao contrário, ele está fora, justamente para ser tratado e vigiado em relação ao potencial papel de financiador do governo. No caso específico das reservas, é comum observar prazos extremamente alongados para sua avaliação e utilização.

O BC apura um balanço em separado das contas cambiais[16], cujo resultado líquido semestral, se superavitário, é repassado e depositado (em espécie) no caixa único do Tesouro Nacional; se deficitário, o Tesouro emite títulos e os transfere a para carteira da autoridade monetária. Enquanto o estoque de reservas superar o de *swaps*, esse resultado sempre será positivo no caso de uma desvalorização cambial, mas é comum ignorar que tal lucro seria muito maior não fossem os *swaps*.

Esse tratamento das contas cambiais produz inconvenientes, senão distorções. Não haveria problema se a receita com o resultado do Banco Central fosse usada pelo Tesouro tão somente para resgatar o principal da dívida mobiliária junto à carteira da autoridade monetária. Na prática, seria anulada a operação inversa realizada quando há prejuízo com as reservas e o Tesouro o cobre transferindo títulos para o BC.

Mas essa vinculação não está prevista em lei. A partir de 2008 (lei nº 11.803), permitiu-se o pagamento de juros com esses recursos, e assim se abriu a possibilidade para um indesejável financiamento indireto e velado do Tesouro pelo Banco Central. O governo federal pode gastar mais, e certamente desembolsa mais do que deveria, por conta do incomum tratamento dado aos resultados do BC com as operações de câmbio.

Afonso *et al.* (2016) mostram que por meio de uma troca de fontes orçamentárias o Tesouro utilizou os repasses do Banco Central, oriundos do lucro com as operações cambiais, para pagamento das chamadas pedaladas fiscais. Também foram pagas despesas com a previdência. Essa manobra somente poderá ser evitada no futuro com alteração da legislação, restringindo a uma conta segregada no próprio Banco Central a contabilização dos recursos cambiais ou os vinculando ao abatimento da própria carteira de títulos da autoridade monetária.

Essa peculiar forma de contabilização dos lucros com as reservas internacionais ajudou a amenizar, ao menos numa análise incipiente, o peso dos *swaps* cambiais no deficit público. Não raro, na imprensa, vimos analistas defendendo que a valorização das reservas "compensaria" os custos das operações de *swap* assumidos pelo BC.

Os *swaps* cambiais constituem um instrumento importante de política econômica, mas na magnitude e no ritmo em que foram utilizados perderam sua função original. Não servem mais para controlar a volatilidade e fornecer *hedge* a empresas expostas ao risco cambial, mas, sim, para controlar o câmbio com objetivos secundários, mormente, o controle temporário da inflação.

Como instrumento de política cambial, o uso dos *swaps* cambiais em 2014 e 2015 pode ser considerado um grande equívoco.[17] Seu uso se justifica em momentos bem definidos no tempo, para confrontar movimentos especulativos de curto prazo, mas não foi esse o caso brasileiro: a taxa de câmbio estava mudando de patamar por razões estruturais. O ciclo de alta dos preços de *commodities* estava se encerrando, o que iria gerar um rombo de 4,5% do PIB na conta de transações correntes.

Era o fim do "modelo" de crescimento com poupança externa. Bilhões de reais foram transferidos para o setor privado, boa parte em operações de arbitragem, para tentar, sem sucesso, postergar um ajuste na taxa de câmbio que estava inscrito em elementos estruturais da economia e que efetivamente ocorreu no início de 2015. Muito melhor teria sido administrar uma correção cambial paulatina, que teria evitado a desvalorização abrupta ocorrida em 2015, a qual colaborou para a queda do nível de atividade naquele ano. Essa suavização cambial, aliás, seria a prescrição de um regime adequado de taxa de câmbio flutuante.

Para melhor entender a questão dos *swaps*, devem ser consideraradas as posições patrimoniais de empresas financeiras e não financeiras em mercado. O *swap* é um instrumento para controlar o risco dos agentes expostos à variação do câmbio. Dessa forma, o Banco Central usa recursos fiscais para garantir que bancos e empresas endividadas em dólar não percam dinheiro, o que poderia resultar em quebras e até em risco sistêmico.

Entretanto, os dados do próprio BC mostram que o *hedge* cambial não foi dirigido apenas para empresas endividadas em dólares. O Relatório de Estabilidade Financeira divulgado pelo BC aponta que, em junho de 2015, a dívida em moeda estrangeira de empresas não exportadoras com *hedge* local era de 4,0% do PIB (ver Figura 24.3). Isso significava R$ 230 bilhões, cerca de 67% do volume de *swaps* cambiais naquele momento.

Figura 24.3
Dívida das empresas não financeiras por moeda

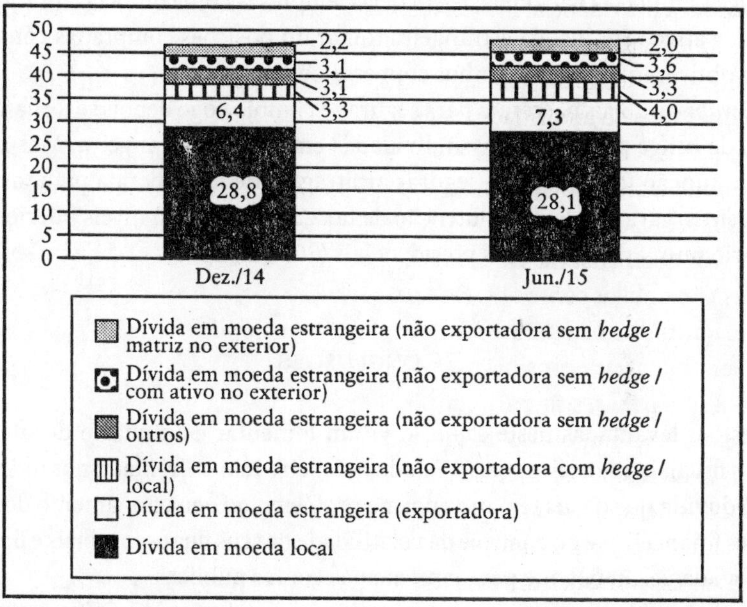

[Gráfico de barras:
Dez./14: 28,8 / 6,4 / 3,3 / 3,1 / 3,1 / 2,2
Jun./15: 28,1 / 7,3 / 4,0 / 3,3 / 3,6 / 2,0]

▨ Dívida em moeda estrangeira (não exportadora sem *hedge* / matriz no exterior)
⊙ Dívida em moeda estrangeira (não exportadora sem *hedge* / com ativo no exterior)
■ Dívida em moeda estrangeira (não exportadora sem *hedge* / outros)
▥ Dívida em moeda estrangeira (não exportadora com *hedge* / local)
☐ Dívida em moeda estrangeira (exportadora)
■ Dívida em moeda local

Fonte: Banco Central do Brasil.

A partir da diferença identificada no parágrafo anterior, conclui-se que em 2015 mais de R$ 100 bilhões dos *swaps* cambiais estavam em mãos de agentes que não têm passivos em dólares. Enquanto isso, segundo os dados da Figura 24.3, empresas que têm endividamento externo de 3,3% do PIB aparentemente não estão protegidas contra a variação cambial.

Outra parte da história tem relação com as posições de investidores estrangeiros na dívida pública. De junho de 2013 a dezembro de 2015, estes ampliaram sua posição em títulos do Tesouro Nacional de R$ 258 bilhões para R$ 470 bilhões, uma expansão de cerca de 57%.

No período considerado, os aumentos das posições dos dois grandes segmentos de detentores de títulos, carteira própria dos bancos e residentes (incluídos os fundos de investimentos), limitaram-se a 19% e 36%, respectivamente. Ao final de 2015, a fatia detida por estrangeiros aproximou-se de um quinto da dívida mobiliária em mercado (essa proporção seria menor se contabilizadas as operações compromissadas do Banco Central).[18] Seria muito difícil que esse movimento fosse realizado sem a oferta de *hedge* cambial.

A aplicação em renda fixa seguida da venda de dólar no mercado à vista e da aquisição concomitante de posições compradas em dólar em *swaps* cambiais – que o Banco Central ofereceu em abundância – é uma fórmula de ganho garantido do cupom cambial em operações estruturadas. A demanda por esse tipo de operação enfraquece o argumento da autoridade monetária de que as operações de *swap* visaram apenas a dar *hedge* a empresas nacionais. Além delas, empresas com confortável casamento de passivos e ativos em moeda estrangeira tomaram posições compradas consideráveis e assim obtiveram enormes ganhos com essa operação.

Os *swaps* cambiais nasceram para segurar o câmbio, logo depois se tornaram numa espécie de *hedge* para empresas endividadas em moeda estrangeira. Mas não foi só isso. Sua função foi também assegurar arbitragem de juros barata para investidores estrangeiros, garantindo a manutenção da taxa de câmbio em níveis inferiores aos de equilíbrio num ano de eleições presidenciais (2014).

Conclusões

As questões levantadas neste capítulo visam fomentar e ampliar o debate sobre os desafios fiscais e financeiros que o Estado brasileiro tem enfrentado nos últimos anos. Não há dúvida que o país tem um enorme problema no equacionamento dos grandes estoques financeiros e no controle da volatilidade de seus fluxos cambiais e financeiros. Isso, por sua vez, repercute pesadamente nas contas públicas.

Existem problemas conceituais antigos e nunca enfrentados. O Brasil segue como único país em que o banco central é tratado como parte integrante do setor público não financeiro para fins de apuração e acompanhamento da dívida pública e dos resultados fiscais. Por conseguinte, as reservas internacionais são igualadas ao caixa do Tesouro e ambas deduzidas da dívida bruta para se chegar ao cálculo da dívida líquida – esta, quando apurada no resto do mundo, comumente exclui apenas as disponibilidades financeiras e dos governos.

Cabe perguntar: se por acaso o Tesouro Nacional entrar em *default* e lhe faltarem reais para honrar o serviço da dívida vincenda ou mesmo a folha salarial ou ainda a conta de fornecedores, ele poderia lançar mão dos dólares, ouro e outras moedas do cofre do Banco Central para quitar aqueles compromissos? A resposta é não. Portanto, o ideal seria não inventar metodologias e seguir os padrões de registro e acompanhamento das contas públicas como aplicado no resto do mundo – ou seja, em que a autoridade monetária é uma instituição financeira (mantida fora do governo) e as dívidas e necessidades de financiamento se limitam às apuradas pelas administrações públicas, em seu conceito tradicional (incluindo governos subnacionais, mas excluindo instituições financeiras estatais).

As políticas macroeconômicas podem criar compromissos para o governo da mesma forma que suas compras de bens e serviços. Pagamentos de juros, ajustes patrimoniais, seguros cambiais, diferenciais de rentabilidade devem ser vistos como dimensões da despesa do governo. O Brasil jamais conseguirá ajustar suas contas fiscais sem que os custos orçamentários das políticas macroeconômicas também sejam conhecidos e considerados.

Sem recuperação da credibilidade e da confiança, o mínimo de otimismo necessário nas expectativas dos agentes econômicos não reaparecerá. Essa mudança no quadro geral da economia demandará uma revisão do arcabouço institucional e do modelo econômico que levou à expansão das reservas internacionais na base da entrada maciça de capitais, hoje aplicados em títulos públicos. Essa tarefa deveria envolver o aumento da transparência e uma limitação à imensa participação estatal nas operações de salvamento de devedores em moeda estrangeira e nas concessões de *hedge* cambial.

O custo de ignorar as dimensões financeiras da política fiscal pode ser imenso. Uma política (necessária e correta) de grande austeridade nos gastos primários, por exemplo, pode ter seu efeito reduzido ou mesmo desperdiçado pelo eventual descontrole dos ônus financeiros sobre as contas públicas decorrentes dos movimentos do câmbio e dos juros.

Notas

1. Sobre esse período, é possível conhecer mais da política do governo em Barbosa (2015). Sobre as relações entre Tesouro e Banco Central, ver Afonso (2011).

2. Sobre o conceito de dominância fiscal e sua aplicabilidade à conjuntura brasileira atual, além dos capítulos 22 e 23, respectivamente de Pastore e de Roriz e Wu , neste volume, ver Maciel (2015), Bolle (2015) e Salto e Bolle (2016).
3. Sobre a engenharia fiscal comandada pelo Tesouro Nacional, ver Afonso e Barros (2013), Mendes (2014) e Nóbrega e Salto (2009).
4. Para uma crítica à "ditadura do superavit primário", ver Afonso e Biasoto (2014), Biasoto (2015) e Macedo (2015).
5. Ver discussão sobre os efeitos da revisão de contratos públicos em Salto e Marconi (2015).
6. Para detalhes da série histórica da taxa implícita de juros da dívida líquida do setor público consolidado, consultar http://www.bcb.gov.br/?TAXADLSP
7. Ver, por exemplo, cálculo do nível ótimo e do excesso de reservas em Vonbun (2013).
8. Não custa recordar que no cálculo oficial (pelo Banco Central) do resultado fiscal os gastos com juros são medidos pelo regime de competência (ou seja, o que importa é aquilo que foi devido no período), enquanto os demais gastos primários são contabilizados pelo regime de caixa (ou seja, vale o que foi efetivamente desembolsado, isto é, pago).
9. A dívida bruta do governo geral fechou 2015 em 72,5% do PIB, no cálculo ainda feito pelo Banco Central pela metodologia que adotou até 2007, a mais próxima da aplicada no resto do mundo.
10. Gobetti e Orair (2015) reconhecem a deterioração da dívida bruta e do deficit nominal, mas alegam que os indicadores seguem a tendência mundial: *A dívida líquida no Brasil alcançou 33,2% do PIB em 2015, que é um valor inferior à média mundial. Porém, a dívida bruta é elevada em termos comparativos e se deteriorou nos últimos anos. A projeção de dívida bruta de 66% do PIB aproximará o Brasil dos 29% países mais endividados no mundo. Há uma tendência de aumento das dívidas brutas no mundo como um todo, mas isso ocorreu com maior velocidade no Brasil após 2013. O Brasil não dista muito das tendências mundiais em termos de resultado primário... Em parte, porque no resto do mundo também está prevalecendo uma deterioração nos resultados primários: em média, as projeções apontam para o aumento dos deficit de 0,7% do PIB em 2013 para 3% em 2015.*
11. A fonte mais atualizada de dados fiscais é o Monitor Fiscal do FMI, cuja base estatística detalhada e sempre revisada está disponível em http://bit.ly/1RO1W97.
12. O economista Fernando Montero assim calculou os determinantes do aumento de gastos com juros: *A despesa financeira das NFSP... alcançou 9,1% do PIB nos 12 meses encerrados em janeiro [de 2016]. Comparativamente aos 5,5% do PIB registrado em 2014, a conta escalou 3,6 pontos percentuais do PIB. Nesse avanço: 1) Os juros (Selic, Pré-Fixados, TJLP e TR) responderam por +1,2 ponto percentual do PIB (de 3,3% para 4,5%); 2) Índices de preços (IPCA, IGP-DI e IGP-M) responderam por +0,7 ponto percentual (de 1,8% para 2,5%); e 3) Swaps responderam por +1,7 ponto percentual (de 0,3% para 2,0%).*
13. Ver: http://exame.abril.com.br/economia/noticias/manter-reservas-custou-R$-71,5-bi-no-1o-semestre-diz-Tombini e https://www.bcb.gov.br/pec/appron/apres/Discurso_Alexandre_Tombini_na_CMO_09_12_2014.pdf, ambas no dia 09/12/2014.
14. A compra de reservas internacionais em montante desproporcional aos padrões internacionais colaborou para reduzir a credibilidade do conceito de dívida líquida do setor

público (DLSP), dado que, nela, as reservas entram como ativo, e em consequência a DLSP apresenta uma grande redução frente à dívida bruta.
15. Silva e Medeiros (2009) explicam que "... o Brasil não usa estritamente o conjunto internacional de elementos-padrão do setor público. Os dados brasileiros são diferentes, por consolidarem o Banco Central junto ao setor público não financeiro..." Isso não deve ser confundido com o tratamento contábil – alguns países até consolidam o balanço de todos os entes da administração indireta, mas isso não os leva a incluir Banco Central e empresas estatais nas estatísticas sobre dívida pública e resultados fiscais.
16. Na prática contábil, é como se existissem duas diferentes instituições e dois processos contábeis, uma que opera em moeda interna, e outra em moeda internacional.
17. O objetivo manifesto pelo Ministério da Fazenda era controlar a taxa de câmbio, exposta a pressões especulativas, diante das quais se imortalizou a frase do então ministro Guido Mantega: "*Rally* contra o câmbio vai quebrar a cara porque nós temos US$ 380 bilhões de reservas". O ministro talvez tenha se esquecido de que não importa apenas o volume das reservas, mas também as tendências do balanço de pagamentos.
18. Todos os dados acima foram retirados dos relatórios da dívida pública divulgados pela STN em http://bit.ly/1RO2jjO.

Referências bibliográficas

AFONSO, José Roberto R. (2011). "As intrincadas relações entre política fiscal e creditícia no Brasil pós-2008." *Revista Econômica da Universidade Federal Fluminense* (UFF). Vol. 13, n. 2, 2011. http://www.revistaeconomica.uff.br/index.php/revistaeconomica/article/view/31

AFONSO, José Roberto R. e BIASOTO JR, Geraldo (2014). "Política fiscal no pós-crise de 2008: a credibilidade perdida." *In*: NOVAIS, L. F.; CAGNIN, R. F.; BIASOTO JR, G. *A economia brasileira no contexto da crise global*. São Paulo: Fundap, 2014, pp. 251-280.

AFONSO, J.R.R.; RIBEIRO, L.C.; MENDES, M.J.; SALTO, F.S. e KÖHLER, M.A. (2016). "Fontes (remanejadas) e usos (retardados) de recursos federais ao final de 2015." *Nota técnica*. Instituto Brasileiro de Economia da Fundação Getulio Vargas (IBRE/FGV), fev. Disponível em: http://bit.ly/1Ratbw6.

BARBOSA FILHO, Nelson (2015). "O desafio macroeconômico de 2015-2018." *Revista de Economia Política*. Vol. 35, n. 3 (140), pp. 403-425, jul-set.

BARROS, Gabriel Leal e AFONSO, José Roberto R. (2013). "Sobre fazer o cumprimento da meta de superavit primário de 2012." *Texto para discussão* n. 30. Instituto Brasileiro de Economia da Fundação Getulio Vargas (IBRE/FGV), jun/2013. http://portalibre.fgv.br/main.jsp?lumPageId=8A7C82C53B9D2561013BB36110F5309F&lumItemId=8A7C82C53CAC196A013CF2AE9E443197

BIASOTO JR, Geraldo (2015). "Sustentabilidade da dívida e superavit primário: restrições fiscais e financeiras ao desenvolvimento." *Anais do IX Congresso da AKB*, Uberlândia, 2015.

BOLLE, M. Baumgarten de (2015). "Brazil Needs to Abandon Inflation Targeting and Yield to Fiscal Dominance." Peterson Institute - publicação eletrônica, set/2015. http://blogs.piie.com/realtime/?p=5172.

GOBETTI, Sérgio Wulff e ORAIR, Rodrigo Octávio (2015). "Fatos e versões sobre a política fiscal." *Revista Política Social e Desenvolvimento*, Ano 3, dezembro de 2015. http://plataformapoliticasocial.com.br/wp-content/uploads/2016/02/Revista_27.pdf

MACEDO, Roberto (2015). "Ajuste e desinformação fiscal." *O Estado de S. Paulo*, 5 de fevereiro de 2015. http://opiniao.estadao.com.br/noticias/geral,ajuste-e-desinformacao-fiscal-imp-,1629807

MACIEL, Pedro J. (2015). "O Copom e a dominância fiscal." Sítio eletrônico "Brasil, Economia e Governo", 2 de setembro. http://www.brasil-economia-governo.org.br/2015/09/02/o-copom-e-a--dominancia-fiscal/

MENDES, Marcos (2014). "O que é contabilidade criativa?" Sítio eletrônico "Brasil, Economia e Governo", 17 de fevereiro. http://www.brasil-economia-governo.org.br/2014/02/17/o-que-e-contabilidade--criativa/

NÓBREGA, Mailson e SALTO, Felipe S. (2009). "Contabilidade criativa turva meta fiscal." *O Estado de S. Paulo*, 30 de novembro. http://www.estadao.com.br/noticias/geral,contabilidade-criativa-turva--meta-fiscal,474130.

SALTO, Felipe S. e BOLLE, Mônica Baumgarten de (2016). "Os limites dos juros." *Valor Econômico*, 1º de fevereiro. http://www.valor.com.br/opiniao/4417502/os-limites-dos-juros

SALTO, Felipe S. e MARCONI, Nelson (2015). "Ajuste pode ser feito sem cortar conquistas sociais." *Folha de S. Paulo*, Caderno Ilustríssima, 30 de agosto. http://www1.folha.uol.com.br/ilustrissima/2015/08/1674874-ajuste-pode-ser-feito-sem-cortar-conquistas-sociais-importantes.shtml

SILVA, Aline e MEDEIROS, Otavio (2009). "Conceitos e estatísticas da dívida pública." *In*: CARVALHO, A. e MEDEIROS, Otavio (Org.). "Dívida Pública – a Experiência Brasileira", pp. 101-128. Brasília: STN. http://bit.ly/1NwAwVp

VONBUN, Christn. (2013). "Reservas internacionais revisitadas: novas estimativas de patamares ótimos." Texto para discussão n. 1.885, Instituto de Pesquisa Econômica Aplicada (Ipea), out. http://www.ipea.gov.br/portal/index.php?option=com_content&view=article&id=20299

PARTE VII
POLÍTICA MONETÁRIA APÓS A CRISE FINANCEIRA INTERNACIONAL

25
A TEORIA DA POLÍTICA MONETÁRIA: REFLEXÕES SOBRE UM PERCURSO SINUOSO E INCONCLUSIVO

André Lara Resende

INTRODUÇÃO[1]

A teoria da política monetária deu uma grande guinada no começo do século XXI. Os agregados monetários e a Teoria Quantitativa da Moeda (TQM) foram descartados e o modelo neokeynesiano tornou-se o seu referencial analítico. Ocorre que sem a oferta de moeda exógena, o nível de preços fica indeterminado. As políticas monetárias baseadas em regras para a taxa de juros deixam a inflação e a deflação desancoradas, exclusivamente ao sabor das expectativas. O mundo dos modelos neokeynesianos não tem moeda nem mercados financeiros, mas, assim como nos processos deflacionários, nas tentativas de estabilizar os processos inflacionários crônicos, a inflexibilidade nominal dos contratos financeiros pode levar a crises bancárias.

Ao contrário de seu uso como papel-moeda, que é dispensável, como referência nominal e unidade de conta, a moeda é indispensável nas economias contemporâneas. A inflexibilidade dos preços nominais dificulta o restabelecimento do equilíbrio nos mercados, mas é parte essencial das economias monetárias. A Teoria Quantitativa da Moeda desapareceu de cena, mas não foi adequadamente sepultada. Para que a teoria monetária possa evoluir, é preciso compreender onde e por que ela estava equivocada, em vez de sustentar que foram as circunstâncias que mudaram. Sugerem-se aqui alguns pontos de partida.

O PERCURSO DA TEORIA MONETÁRIA, DA DOMINÂNCIA PARA A IRRELEVÂNCIA

A crença em certa proporcionalidade entre o estoque de ouro e a renda nominal remonta ao século XVI, quando a entrada do ouro proveniente do Novo Mundo provocou uma alta de preços na Europa. No século XIX, a ideia ressurgiu nos escritos dos pensadores econômicos clássicos, como David Hume e outros, mas foi Irving Fischer, na década de 1920, quem introduziu a equação quantitativa da moeda, segundo a qual o estoque de moeda na economia é proporcional ao valor de todas as transações num determinado período de tempo. A tese chegou ao cerne do debate macroeconômico quando Keynes questionou a estabilidade da chamada velocidade da moeda em sua Teoria Geral. Como seu principal intuito era demonstrar que depois da depressão da década de 1930 a política monetária seria incapaz de estimular a economia, situação que ele denominou Armadilha da Liquidez, Keynes não questionou diretamente a relação proporcional entre moeda e preços em circunstâncias normais. Ao contrário, a controvérsia provavelmente contribuiu para a difusão da Teoria Quantitativa da Moeda. O modelo IS-LM de Hicks, que se tornou o referencial da macroeconomia na segunda metade do século XX, adotou uma versão revista da TQM, na qual a demanda por saldos monetários reais é também função da taxa de juros. A chamada velocidade-renda da moeda deixa assim de ser constante e passa a ser uma função estável da taxa de juros. Isso não só deixou incólume a crença numa certa proporção entre o estoque de moeda e a renda nominal, como também ajudou a transformar a identidade da equação quantitativa da moeda numa teoria da demanda por moeda.

Em seu trabalho clássico sobre a história monetária dos Estados Unidos, Friedman e Schwartz argumentaram que uma equivocada política de contração da oferta de moeda foi fator crucial para o agravamento da depressão da década de 1930 e que a política monetária seria, efetivamente, um instrumento poderoso para estabilizar a renda nominal. A controvérsia das décadas de 1960 e 1970 entre monetaristas e keynesianos esteve centrada na capacidade da política monetária afetar a renda real; não havia discordância sobre a influência da moeda na determinação do nível geral de preços e da inflação. O livro-texto de macroeconomia mais popular em fins da década de 1970, escrito por dois professores do MIT, portanto insuspeitos de serem monetaristas, afirma que "para manter a igualdade entre a oferta e a demanda de moeda, as mudanças na oferta nominal de moeda devem ser acompanhadas de mudanças correspondentes nos preços. O argumento de que 'a inflação é sempre e em qualquer lugar um fenômeno monetário' é, portanto, totalmente correto como descrição do equilíbrio de longo prazo" (Dornbusch e Fischer, 1978). A aceitação de que a inflação é resultado do excesso de moeda – mesmo por parte de keynesianos não monetaristas – demonstra quão preponderante era a Teoria Quantitativa.[2]

No livro-texto de macroeconomia escrito por outro egresso do MIT, Olivier Blanchard, duas décadas depois, essa preponderância só foi levemente questionada. Na segunda edição, o autor afirma que "no médio prazo, a inflação é igual à expansão monetária nominal menos o crescimento normal do produto". Para ser justo, o livro-texto de Blanchard, da virada do século, já aborda de maneira abrangente questões que se tinham tornado preeminentes nas duas últimas décadas do século XX, como as expectativas racionais e a crítica de Lucas; a rigidez de preços nominais; os modelos de salários escalonados de Stanley Fischer; os custos da desinflação; e o gradualismo de John Taylor. Contudo, no resumo do capítulo sobre inflação, nível de atividade e expansão monetária, Blanchard retorna à conclusão de que a expansão monetária determina a taxa de inflação, "um aumento de 1% na expansão monetária leva a um aumento de 1% na taxa de inflação", e não resiste à tentação de citar o adágio friedmaniano de que "a inflação é sempre e em qualquer lugar um fenômeno monetário" (Blanchard, 2000).

Essa preponderância prolongada – quase sete décadas – de uma teoria que, nunca e em nenhum lugar, correspondeu aos fatos é realmente inquietante. E torna-se ainda mais espantosa quando constatamos que nunca houve uma base teórica sólida para definir o que é moeda e por que há demanda por moeda. A moeda não tem papel a desempenhar no modelo de Equilíbrio Geral de Arrow-Debreu, que é a referência teórica da economia contemporânea. O modelo é inadequado para analisar preços nominais porque não tem a dimensão do tempo, é instantâneo e toda informação é perfeitamente conhecida, em consequência, não necessita de preços nominais, só de preços relativos. Dele resulta um equilíbrio de escambo, sem referência à moeda e ao crédito. As transações intertemporais são realizadas por meio dos chamados contratos contingentes, que dependem das circunstâncias que vierem a ocorrer. Uma vez determinados os preços relativos de equilíbrio através do modelo de Equilíbrio Geral de Walras-Arrow-Debreu, a moeda entra em cena, como um fator exógeno, apenas para determinar o nível geral de preços nominais. Essa é a origem da referência clássica à moeda como véu.

Como, diferentemente do modelo de Equilíbrio Geral, na realidade existem preços nominais e moedas, é preciso ter uma explicação para isso e compreender qual a sua função. É aqui que entra em cena a TQM. Ela supõe, corretamente, que a moeda é necessária para realizar transações. O mundo real não é instantâneo e sem fricção, é preciso tempo para produzir e comercializar; existem custos para obter informações e custos de transações. Essas são as razões pelas quais há necessidade dos preços nominais e da moeda. A TQM pressupõe que haja certa proporção entre o estoque de moeda e a renda nominal. Mesmo que nunca tenha tido alicerces teóricos sólidos, a hipótese de que as transações exigiriam um nível proporcional de saldos monetários deve ter tido um apelo intuitivo no passado. Ao chegar à Europa, o ouro proveniente do Novo Mundo exerceu pressão sobre os preços. Afinal, foi uma transferência de riqueza do exterior para uma economia estagnada. Um aumento de riqueza, sem aumento correspondente na capacidade de oferta da economia, não pode deixar de pressionar os preços. O fato de o estoque de ouro coincidir com o estoque de moeda à época explica por que esse aumento de riqueza foi percebido como um mero crescimento da oferta de moeda, o que levou à conclusão equivocada de que havia uma proporção entre moeda e preços. É muito mais difícil justificar essa intuição no mundo contemporâneo de unidades de conta fiduciárias e sistemas eletrônicos centralizados de liquidação e custódia. O fato de essa proporção "intuitiva" entre moeda e preços ter ido tão longe se explica provavelmente pela observação de Herbert Simon, citada por Daniel Kahneman (2011), de que a intuição é nada mais que o reconhecimento de informações armazenadas em nossa memória.

Vários expedientes casuísticos foram usados para justificar a demanda por moeda. A moeda foi diretamente incluída na função utilidade por Patinkin (1965); supôs-se a necessidade de pagamento antecipado de despesas, como em Lucas e Stackey (1987); mas nenhum desses artifícios, conforme demonstrado por Hahn (1965), é suficiente para explicar por que não prevalece um equilíbrio de escambo onde não há demanda por moeda (ver Calvo, 2012). O problema está em que o leiloeiro walrasiano é uma representação inadequada da realidade, ao supor a inexistência de custos de transações e para obter informações. Não é de se admirar que, nesse mundo instantâneo e sem atrito, tampouco haja lugar para a moeda e para os preços nominais.

Mesmo que se aceite, por qualquer razão, que na prática há demanda por um estoque real de moeda, M/P, isso não é suficiente para determinar o nível geral de preços. Como há combinações infinitas de M e P que satisfazem a demanda por um determinado estoque real de moeda M/P, a indeterminação do nível geral de preços continua a existir. A relação supostamente estável entre moeda e preços, que nunca passou no teste da realidade, é também, em termos lógicos, uma explicação insuficiente para a determinação do nível geral de preços.

Até muito recentemente,[3] a teoria monetária se livrava dessa indeterminação, ao supor que a oferta de moeda, M, era um instrumento exógeno de política monetária. A escolha de M determinaria assim o nível de preços. Considerando que a oferta de moeda era uma variável exógena de política monetária, o nível de preços e sua taxa de crescimento, a inflação, estavam sob o controle da autoridade monetária. Nunca houve uma base teórica coerente para a determinação dos preços nominais – em oposição à dos preços relativos – nem uma boa explicação de por que havia demanda por moeda, mas, em contrapartida, a presunção da oferta de moeda como instrumento exógeno de política monetária, sob controle do Banco Central, nunca foi questionada. Supunha-se que os bancos centrais eram capazes de imprimir moeda e criar reservas bancárias, os dois componentes da base monetária, e, portanto, controlar a oferta de moeda.

Taxas de juros, agregados monetários e indeterminação do nível de preços

Ao contrário do que se presumiu durante muito tempo, não é verdade, na prática, que os bancos centrais possam discricionariamente imprimir moeda e criar reservas bancárias. Mesmo quando tinham metas para a evolução dos agregados monetários, os bancos centrais sempre usaram a taxa de juros como variável de política monetária. Em fins da década de 1990, Bernanke e Mihov (1998) argumentaram que a taxa de juros de curto prazo, praticada no mercado de reservas bancárias, era, de fato, o instrumento de política monetária do Federal Reserve. Diante da constatação generalizada de que os bancos centrais usavam a taxa de juros de curto prazo como instrumento de política monetária, a premissa teórica de que a oferta de moeda era a variável exógena de política monetária foi finalmente abandonada. É normalmente a teoria que orienta a prática, mas, nesse caso, foi a prática que levou à revisão do arcabouço teórico.

No passado, sob o padrão-ouro e sem emprestador de última instância, era evidentemente verdade que os bancos precisassem manter reservas para enfrentar a volatilidade de seus depósitos. Mas num sistema de unidade de conta puramente fiduciária, com um mercado de reservas bancárias acessível a qualquer momento e com um emprestador de última instância, simplesmente não faz sentido para os bancos manter reservas acima do nível compulsório. Não há razão para mantê-las acima desse nível e renunciar aos juros recebidos pelas reservas quando cedidas ao mercado. Em caso de uma insuficiência de reservas é sempre possível ir ao mercado e tomá-las emprestadas. Os bancos vão diariamente ao mercado interbancário para descartar o excesso ou cobrir a insuficiência de reservas. No agregado, porém, os bancos não têm como criar ou destruir reservas. A única forma de o sistema bancário como um todo se desfazer de um excesso de reservas, ou suprir uma insuficiência de reservas, é através de operações com o Banco Central. É essa a razão pela qual os bancos centrais não podem controlar o nível das reservas bancárias. Para evitar oscilações violentas nas taxas de juros do *overnight* para reservas, os bancos centrais são obrigados a atender às demandas do sistema bancário, suprindo ou enxugando o excesso diário de reservas do sistema a uma determinada taxa de juros. Deixando de lado o papel-moeda, as reservas mantidas pelo sistema bancário no Banco Central correspondem à base monetária. Fatores exógenos, como, por exemplo, um influxo de moeda estrangeira comprada pelo Banco Central, criam base monetária e, portanto, excesso de reservas para o sistema. Se o Banco Central não esterilizasse esse excesso de reservas – normalmente por meio de operações compromissadas de revenda (*reverse repos*) –, ao fim do dia, a taxa de juros do *overnight* no mercado interbancário cairia a zero. De forma simétrica, quando um fator exógeno destrói reservas bancárias, como uma saída de moeda estrangeira, se o Banco Central não suprir a insuficiência de reservas, por meio de operações compromissadas de recompra (*repos*), no fim do dia, a taxa de juros sobre as reservas dispararia e forçaria os bancos a recorrer ao redesconto. De toda forma, a base monetária terminaria por se expandir.

O mercado de reservas bancárias – ou o mercado de *fed funds*, como é chamado nos Estados Unidos – é um tipo muito especial de mercado. Embora seja chamado de um mercado no qual durante o dia, os bancos têm de fato liberdade para comprar e vender reservas, no fim do dia só o Banco Central pode equilibrar o excesso de demanda ou de oferta. Essa é a razão pela qual esse mercado poderia ser substituído por um sistema de reservas remuneradas no Banco Central. Se o excesso ou a insuficiência de reservas pudesse ser depositado ou sacado, à taxa de juros básica diária do banco central, não haveria mais um "mercado" de reservas, mas tampouco ocorreria qualquer mudança no funcionamento do sistema. A substituição do mercado de reservas por um sistema de depósitos remunerados à taxa básica no Banco Central deixaria evidente que este não controla a base monetária, mas apenas a taxa de juros das reservas bancárias.[4]

Mesmo quando tinham metas para os agregados monetários, os bancos centrais sempre usaram os juros como a variável de política monetária. Agora que eles têm metas de taxas de juros, ao contrário do que às vezes se supõe, os bancos centrais não ajustam, nem poderiam ajustar, a oferta de moeda para cumprir a meta de juros.[5] Eles simplesmente definem a taxa de juros do mercado de reservas bancárias. A taxa de juros diária sobre as reservas é sempre a variável sob controle direto dos bancos centrais, mesmo quando eles optam por perseguir metas para os agregados monetários.

Foi só com o livro de Woodford, em 2003, que essa "curiosa disjunção entre a teoria e a prática", como ele a denominou, ou essa "infeliz dicotomia entre a teoria e a prática", de acordo com Goodhart (1989), chegou ao fim. Woodford retomou a abordagem de Knut Wicksell, economista sueco que, no final do século XIX, quando a TQM ainda não era dominante, discutia macroeconomia em termos de desvios da taxa de juros em relação a seu nível "natural". Wicksell (1898) sustentava que era "possível conceber o problema da política monetária como uma questão de política de taxa de juros". Assim, Woodford procurou desenvolver uma teoria da determinação do nível geral de preços baseada numa política de regras para a taxa de juros, que é a forma como operam os bancos centrais na prática. Segundo ele, para compreender as consequências dessas regras, não é preciso antes determinar suas implicações para a evolução da oferta de moeda e, só então, analisar as consequências da regra implícita da oferta de moeda. Ao contrário, Woodford sustenta que é possível analisar a determinação do nível de preços sob essas regras em termos de um arcabouço conceitual que não faça referência nem à oferta nem à demanda por moeda. Nesse arcabouço neowickselliano, os determinantes do nível geral de preços de equilíbrio não são a oferta e a demanda de moeda, não são fatores nominais, mas sim os fatores reais determinantes da taxa real de juros de equilíbrio e da relação entre as taxas de juros e os preços.

Tamanha era a predominância dos agregados monetários como variável de política monetária na profissão que Woodford se sentiu obrigado a explicar, primeiro, que esse era de fato o procedimento operacional do *Federal Reserve* e, segundo que, implícita na descrição da política monetária como regras para a taxa de juros, havia uma trajetória da oferta de moeda. Isso pode dar a impressão de que o uso da taxa de juros como a variável de política monetária é apenas uma questão de escolha prática, mas irrelevante do ponto de vista lógico. Haveria sempre uma trajetória implícita dos agregados monetários para uma dada evolução das taxas de juros nominais e vice-versa. Woodford opta por não comprar essa briga e deixa que tal interpretação corra livre, mas, em vários pontos de sua análise, fica claro que ele não acredita nessa relação biunívoca entre a trajetória da taxa de juros e a evolução do estoque de moeda. Logo no primeiro capítulo de seu livro, no qual ele se propõe a dar uma visão geral do seu argumento, Woodford afirma que "embora se discuta, às vezes, a evolução implícita da oferta de moeda, essa questão é, em geral, aqui ignorada. Em certas ocasiões, não me dou ao trabalho de especificar a política monetária (ou um modelo econômico) com detalhes suficientes para determinar as trajetórias correspondentes da oferta de moeda, *ou nem mesmo para dizer se, em princípio, é possível determinar uma única delas*".[6]

Contudo, sem uma trajetória definida para a oferta de moeda, retornamos à indeterminação do nível de preços. Mesmo que haja um determinado estoque real de moeda associado a uma determinada taxa de juros, infinitas são as combinações de M e P compatíveis com um dado estoque real de moeda M/P. Woodford volta de maneira mais explícita a essa indeterminação quando analisa as regras para as taxas de juros e a estabilidade do nível geral de preços: "No contexto do modelo neowickselliano básico, definido na Seção 1, suponha que a política monetária seja conduzida de modo a garantir que a taxa de juros nominal de curto prazo siga um processo (circunscrito) exogenamente especificado de metas. Nesse caso, o equilíbrio com expectativas racionais é indeterminado, qualquer que seja a natureza do processo de metas". E prossegue para concluir que "isso significa que há um número infinito de possíveis equilíbrios das variáveis endógenas em resposta aos distúrbios reais..."

Trata-se de um reconhecimento explícito de que, com expectativas racionais, o modelo não tem uma trajetória única de equilíbrio para o nível geral de preços. Esse é justamente o ponto de Sargent e Wallace (1975), de acordo com os quais, sob expectativas racionais, as regras da taxa de juros resultam em indeterminação e, mesmo entre soluções circunscritas, há um conjunto extremamente grande de equilíbrios possíveis. Isso os levou a concluir que a política monetária só poderia ser formulada em termos de regras para a oferta de moeda. Em meados da década de 1970, quando Sargent e Wallace chegaram a essa conclusão, ainda não se compreendia que, num sistema de moeda fiduciária, com liquidação e custódia consolidadas, nem a oferta de moeda é claramente definida, nem os bancos centrais são capazes de controlá-la.

Quase quatro décadas depois, John H. Cochrane (2011), da Universidade de Chicago, em resenha detalhada da agora já extensa literatura sobre a indeterminação do nível de preços no mundo pós-keynesiano, conclui que "a regra de Taylor, no contexto do modelo neokeynesiano, leva à mesma indeterminação da inflação que ocorre sob metas fixas de juros" (p. 566). Após examinar as alternativas propostas – no que é hoje uma longa literatura – para resolver a indeterminação do nível de preços, Cochrane é forçado a concluir que "a inflação é tão indeterminada nos modelos neokeynesianos microfundamentados, quando o banco central segue uma regra de Taylor com regime fiscal ricardiano, quanto sob metas fixas de taxas de juros" (p. 606). Cochrane diz que o seu artigo é integralmente negativo e longo demais, razão pela qual ele se abstém de expor e testar uma alternativa teórica. No século XXI, nem mesmo um economista da Universidade de Chicago se sente à vontade para propor o retorno às regras para a oferta de moeda e às metas monetárias.

O MUNDO NEOKEYNESIANO SEM MOEDA

As expectativas racionais são um pressuposto irrefutável do ponto de vista lógico para o agente racional maximizador da teoria econômica. Com expectativas racionais, porém, assim como no Modelo de Equilíbrio Geral de Arrow-Debreu, a economia real deixa de depender da moeda e da política monetária. O artigo de Sargent e Wallace de 1975 foi o ponto de partida da volta a essa dicotomia entre os equilíbrios macroeconômicos real e monetário. Como resultado, as questões monetárias saíram de moda e a teoria macroeconômica voltou sua atenção para os efeitos dos choques reais e para os ciclos macroeconômicos de produção.[7]

Mais de dez anos depois, em fins da década de 1980, uma série de trabalhos empíricos começou a demonstrar que a política monetária, de fato, tem efeito sobre o desempenho em curto prazo da economia real. Ficava claro que a forma de conduzir a política monetária tem impacto importante sobre o nível de atividade. Terminava assim o exílio – um véu que apenas determinaria a inflação e o nível de preços no logo prazo – em que a teoria havia confinado a moeda. As questões monetárias foram reintroduzidas ao arcabouço teórico da macroeconomia. Diante da evidência de que a política monetária importa na prática, a macroeconomia das expectativas racionais foi obrigada a ser revista e a se adaptar. Fricções e atritos de toda ordem, como as inflexibilidades keynesianas de salários e preços, foram reconsiderados para tentar compatibilizar o modelo com a realidade. O esforço para deduzir as relações macroeconômicas a partir de fundamentos microeconômicos levou aos novos modelos baseados na hipótese de preços escalonados, nos quais a rigidez dos preços pode ser reconciliada com agentes racionais maximizadores. Os modelos dinâmicos de equilíbrio geral estocásticos, conhecidos como DSGE, com preços escalonados, nos quais as equações comportamentais agregadas resultam explicitamente da otimização, substituíram o modelo IS-LM simples.[8] Os DSGE replicam a maioria dos resultados do modelo IS-LM, com a vantagem de que também são capazes de incorporar o caso limite de preços perfeitamente flexíveis. Com flexibilidade de preços, eles reproduzem a dinâmica do modelo do ciclo econômico real, em que a política monetária só afeta as variáveis nominais e não tem qualquer efeito sobre as variáveis reais.

A derivação do modelo DSGE de referência pode ser encontrada em qualquer trabalho sobre política monetária da década de 1990 (Ver Woodford, 1995; Kimball, 1995; Yun, 1996; Bernanke, Gertler e Gilchrist, 1998). Assim como o modelo IS-LM, ele pode ser representado por duas equações em forma reduzida: uma curva IS, que relaciona o hiato do produto inversamente à taxa de juros real, e uma curva de Phillips, que relaciona a inflação positivamente ao hiato do produto:

(1) $\quad x_t = -\varphi(i_t - E_t\pi_{t+1}) + E_t x_{t+1} + g_t$

(2) $\quad \pi_t = \lambda x_t + \beta E_t \pi_{t+1} + \mu_t$

onde x é o hiato do produto; i é a taxa de juros nominal; π é a taxa de inflação; e μ são perturbações aleatórias com médias zero.

A equação (1) difere da curva IS tradicional porque ela é derivada do processo de maximização intertemporal dos consumidores e das empresas. Em consequência, o consumo corrente passa a depender da renda futura esperada, assim como da taxa de juros. A elevação da renda futura esperada aumenta a renda corrente, pois as pessoas preferem suavizar o fluxo do consumo ao longo do tempo. Expectativas de renda e consumo mais elevadas no futuro levam ao aumento do consumo no presente, o que aumenta a renda corrente. No modelo básico, o efeito negativo da taxa de juros real sobre a renda corrente decorre exclusivamente da substituição intertemporal do consumo. A elasticidade da nova curva IS não depende, portanto, do efeito da taxa de juros real sobre o investimento nem de suas implicações para os mercados financeiros, mas somente das preferências intertemporais de consumo. A demanda agregada se relaciona inversamente com a taxa de juros real, mas não há função de investimento nem mercados financeiros.

A equação (1) pode ser reiterada para obter:

(1.1) $\quad x_t = E_t \sum_0^\infty [-\varphi(i_{t-1} - \pi_{t+1+i})] + g_{t+i}$

A curva de oferta agregada da equação (1.1) resulta da hipótese de preços nominais escalonados, como originalmente formulada por Stanley Fischer (1977) e John Taylor (1980). A decisão individual de formação de preços é resultado de um processo de otimização explícita, em que as empresas, em condições monopolísticas, escolhem preços nominais sujeitos a restrições quanto à frequência de futuros ajustes de preços. A equação se parece com uma tradicional Curva de Phillips ampliada pelas expectativas, mas é a expectativa de inflação futura, $E_t \pi_{t+1}$, que nela aparece, em oposição à inflação corrente esperada, $E_{t-1} \pi_t$. Isso significa que, em contraste com a curva de Phillips tradicional, não há dependência da inflação passada nem inércia na inflação. Fica claro que, no modelo neokeynesiano, são as expectativas sobre o futuro que afetam o nível de atividade hoje.

O mesmo se aplica à equação da inflação. Após algumas iterações, a equação (2) pode ser reescrita como:

(2) $\quad \pi_t = E_t \sum_{i=0}^\infty \beta^i [\lambda x_{t+1} + u_{t+1}]$

Fica claro que a inflação depende inteiramente dos hiatos de produto, corrente e esperado no futuro, ou seja, é totalmente independente das variáveis nominais. Ela depende exclusivamente de variáveis reais correntes e futuras. Essa é uma mudança significativa, não só em relação ao modelo IS-LM original, mas também e principalmente em relação à tradição monetária clássica da Teoria Quantitativa. Já não existe relação entre moeda e nível de preços, nem entre expansão monetária e inflação. A inflação depende exclusivamente das condições correntes e esperadas da economia real. A taxa de juros nominal fecha o modelo. Não há oferta nem demanda de moeda. A política monetária entra em cena através da taxa de juros. Supõe-se que o banco central controla a taxa de juros nominal de curto prazo e que, devido às inflexibilidades nominais, esta, por sua vez, afeta a taxa de juros real.

Com o desaparecimento da curva LM, perde-se um aspecto crucial do modelo keynesiano original: não mais existe ligação entre os lados real e monetário da economia por meio da taxa de juros. Até o modelo neokeynesiano, a taxa de juros era a variável que intervinha na determinação do equilíbrio, tanto do mercado monetário, quanto do mercado real. No modelo keynesiano original, a taxa de juros nominal aparece na demanda por moeda e a taxa de juros real, na função de demanda agregada – por via do investimento. No modelo dinâmico de equilíbrio geral neokeynesiano, a taxa de juros nominal está sob controle direto do Banco Central. O mercado monetário--financeiro sai completamente de cena.

Por mais precária que fosse a formulação original do mercado monetário, oriunda da Equação Quantitativa, o mercado financeiro era, pelo menos, introduzido na cena macroeconômica. A passagem do modelo IS-LM para o modelo DSGE, que caracterizou a mudança da perspectiva keynesiana para a neokeynesiana, eliminou a moeda e o mercado financeiro da análise. Até a representação mais simplista dos mercados financeiros e monetário deixa de existir. As únicas variáveis nominais do modelo são a taxa de juros nominal, determinada de maneira exógena pelo Banco Central, e a taxa de inflação. A relação entre elas já não se estabelece diretamente, por meio do mercado monetário, mas apenas indiretamente, através do hiato de produto e da curva de Phillips.

A solução woodfordiana para a gestão da demanda, através da taxa de juros, soluciona a "curiosa disjunção entre a teoria e a prática", mas reabre a questão da indeterminação do nível de preços. A demanda e a capacidade de oferta agregadas determinam a aceleração e a desaceleração da taxa de variação do nível geral de preços. O que determina, porém, a própria taxa de variação, ou seja, a inflação, se não existe um equilíbrio único?[9] Se o nível geral de preços e sua taxa de variação são, em última instância, funções da sua própria história e das expectativas, o que impede que haja espirais deflacionárias e inflacionárias autorrealizadas?

Woodford considera que inflações autorrealizadas são uma possibilidade mais realista do que deflações autorrealizadas. Ao analisá-las, porém, ele retoma, em termos vagos, as mesmas regras para a oferta de moeda que já havia descartado, ao afirmar que "condições sob as quais esse equilíbrio não existiria, para o caso de taxa de expansão monetária constante, já foram demonstradas". E prossegue, então, para reconhecer que, numa hiperinflação, o estoque monetário real se reduz a uma pequena fração de seu nível normal, e pode tender a zero. O que o leva a concluir que, "portanto, não está claro que se possa confiar nesse mecanismo [i.e., *regras de expansão monetária*] para evitar inflações autorrealizadas".[10] A última seção de seu capítulo 2, dedicada à questão da indeterminação do nível de preços, das inflações e das deflações autorrealizadas, é um exemplo dramático de como a dependência de uma análise formal para dedução das condições limites de um modelo pode obscurecer uma questão, ao invés de esclarecê-la e facilitar o seu entendimento.

A INFLEXIBILIDADE NOMINAL ESQUECIDA: A DOS CONTRATOS FINANCEIROS

A inflação no modelo neokeynesiano depende exclusivamente dos hiatos de produto, o corrente e os esperados para o futuro. Dado que o banco central controla o hiato do produto através da taxa de juros, isso significa que ele pode controlar e levar a zero até mesmo a inflação mais alta e persistente, exclusivamente por meio da política monetária. A velocidade com que isso poderia ser feito dependeria da função objetivo das autoridades monetárias, dado o custo em termos de produto e emprego, mas, em tese, poderia ser feito em um único período. Bastaria provocar o nível certo de folga na capacidade instalada hoje, assim como gerar a expectativa de uma trajetória não inflacionária para a renda no futuro, isto é, escolhendo $\sum_{i=0}^{\infty} x_{t+1}$ de modo que $\pi_t = 0$.

Essa possibilidade contradiz frontalmente a experiência dos países que enfrentaram inflações altas e persistentes. A tentativa de estabilizar os processos de inflação crônica pelas políticas monetárias restritivas, sem atentar para o componente inercial da inflação, pode provocar uma grave crise bancária, muito antes de conseguir debelar a inflação.

No mundo keynesiano, a inflexibilidade dos salários nominais explicava a persistência do desemprego. Salários nominais inflexíveis também explicam a dificuldade para reduzir a inflação, induzida pelos custos, mesmo quando há desemprego e capacidade ociosa. Na década de 1970, foram feitas várias tentativas de reconciliar a inflexibilidade dos salários com a racionalidade individual,[11] mas a hipótese de salários nominais inflexíveis nunca chegou a ser a rigidez nominal incorporada aos modelos neokeynesianos. Ela foi ofuscada pela hipótese dos preços escalonados, que teve mais sucesso, provavelmente pelo fato de ter sido mais elegantemente formalizada, de acordo com os princípios de maximização racional. Nos modelos de preços escalonados a inflação passada não aparece na formação das expectativas de inflação e a inércia do processo é derivada exclusivamente dos contratos escalonados.

A inflexibilidade dos salários nominais tem uma longa tradição na teoria macroeconômica, mas outra fonte importante de inflexibilidade nominal – os contratos financeiros – sempre foi totalmente negligenciada. Os mercados financeiros nunca fizeram parte da teoria macroeconômica convencional. Depois da crise financeira de 2008, o mercado financeiro e a armadilha da liquidez foram para o epicentro do debate macroeconômico, mas até muito recentemente a macroeconomia desconsiderava completamente a importância das questões financeiras.[12]

A maioria dos contratos financeiros é escrita em termos nominais e inegociáveis independentemente das contingências. Os contratos indexados – desde que em relação à inflação passada e com intervalos fixos entre os reajustes – também são fonte de inércia do processo inflacionário.[13] Grandes e inesperadas quedas da taxa de inflação têm impacto altamente negativo nos balanços dos bancos. Se, por vontade divina – ou do Banco Central –, a inflação se reduzisse a zero, o valor real dos contratos financeiros aumentaria, independentemente de as expectativas terem se ajustado à realidade. As quebras e a incapacidade de honrar os contratos de dívidas serão inevitáveis, seguidas de crises bancárias e de recessões prolongadas, como aquelas causadas pela deflação numa economia em que os agentes estão endividados. Numa economia com longa história de inflação, o impacto da inflação substancialmente mais baixa do que o antecipado é análogo ao caso do endividamento deflacionário de Irving Fisher. Na hipótese de endividamento deflacionário, é a redução do nível geral de preços que aumenta o valor real das dívidas,[14] mas a redução inesperada de uma alta taxa de inflação produz o mesmo efeito. Aumenta o valor real de todos os contratos financeiros, que estipulam a taxa de juros nominal com base numa taxa esperada de inflação muito mais alta. A situação inversa, quando a inflação acelera acima das expectativas, prejudica os credores, não os devedores. Como os credores que não são bancos não estão alavancados e os bancos não têm descasamentos entre ativos e passivos, a situação não leva à inadimplência generalizada nem a crises financeiras. A inflação mais alta do que a esperada transfere riqueza dos credores para os devedores,[15] o que, se for recorrente, pode aumentar a preferência dos credores pela liquidez e levá-los a reduzir os prazos de aplicação,[16] mas não tem impacto macroeconômico no curto prazo.

Em princípio, para evitar crises mais profundas, o Banco Central deve procurar influenciar as expectativas e adotar uma abordagem gradualista para controlar a inflação. Essa é a ideia subjacente ao regime de metas para a inflação e à regra de Taylor, derivada do modelo neokeynesiano de equações (1) e (2). Como vimos, o modelo neokeynesiano supõe que a inércia da inflação resulta exclusivamente dos contratos escalonados nos mercados de trabalho e de bens. Na equação (2), a inflação depende exclusivamente do hiato do produto, das expectativas de inflação futura e de choques aleatórios. Como o modelo ignora completamente o mercado financeiro, também é ignorada a questão dos impactos redistributivos de riqueza dos contratos financeiros quando há uma significativa mudança do regime de inflação. A hipótese de expectativas racionais pressupõe que os agentes compreendam e reajam de imediato à mudança de regime, o que evitaria as transferências de riqueza entre devedores e credores. Isso é não só irrealista, depois de um longo período de políticas acomodatícias, como também impossível do ponto de vista contratual, dada a existência de contratos financeiros de longo prazo.

Moeda e preços nominais

Nunca se chegou a uma definição precisa do que seja a oferta de uma moeda fiduciária, no entanto, a quantidade de moeda ofertada como variável de política monetária percorreu um longo caminho antes de ser rejeitada pelo neokeynesianismo. A suposta estabilidade da relação entre a oferta de moeda e o nível geral de preços nunca pôde ser comprovada na prática. Não importa a definição dos agregados monetários e as defasagens introduzidas, ou quantos epiciclos ptolomaicos sejam adicionados, a relação entre moeda e preços nunca foi estável, nem uma função estável de variáveis conhecidas. Tudo que foi possível comprovar na prática é que no longo prazo duas variáveis nominais têm correlação positiva, o que é um mero truísmo. Finalmente, diante da evidência irrefutável de que não há uma relação estável entre a oferta de moeda e o nível de preços, a partir do início do século os agregados monetários desapareceram tanto da teoria como da prática da política monetária.

Por mais correto que seja, diante da falta de sustentação tanto analítica como empírica, excluir a oferta de moeda do modelo macroeconômico de referência reabre a questão da indeterminação do nível de preços. Se não é a moeda, o que então determina o nível de preços e a inflação? A pergunta continua sem resposta. O atual modelo macroeconômico de referência, das equações (1) e (2), esquiva-se da questão. No modelo neokeynesiano, a variação da taxa de inflação, sua aceleração ou desaceleração, é função da pressão da demanda, medida pelo hiato do produto, e da inflação esperada. Não há, entretanto, uma explicação de por que há uma trajetória específica da inflação e não uma outra. O que ancora a inflação no hiato do produto? O que determina a inflação hoje associada a um determinado hiato de produto é sua história, mas o que determina a inflação na partida? Se não há uma única taxa de inflação possível associada à primeira pressão inflacionária da demanda, se a inflação não tem âncora, estamos de volta à indeterminação nominal. Se existem infinitas taxas de inflação possíveis, associadas a um determinado hiato do produto no ponto de partida do processo, a possibilidade de inflações e deflações autorrealizadas não pode ser descartada.

O que é moeda e por que existe a demanda por moeda? Sem uma resposta para essas perguntas, não há realmente uma teoria monetária. Com a Teoria Quantitativa, tinha-se respostas; respostas analiticamente questionáveis e empiricamente insustentáveis, mas respostas. A moeda mercadoria consistia num estoque físico de algo que tinha aceitação imediata e universal e que servia como referencial para a fixação dos preços. Com a introdução da moeda fiduciária, o estoque físico de moeda foi substituído na Teoria Quantitativa pelo valor real do estoque nominal de moeda fiduciária, os chamados saldos monetários reais. Como vimos, essa substituição leva a uma indeterminação, dado que há um número infinito de combinações de níveis de preços e saldos nominais de moeda compatíveis com um determinado saldo monetário real. Além da indeterminação do nível de preços, duas questões ainda mais fundamentais continuam sem respostas. Primeiro, por que existe demanda por algo que não tem valor intrínseco, como a moeda? E, segundo, o que é a oferta de moeda num sistema fiduciário puro, com registros, pagamentos e compensação centralizados?

Os livros-textos definem as propriedades intrínsecas da moeda, como servir de meio de pagamento, de reserva de valor e de unidade de conta. Existem uma infinidade de ativos bem mais eficazes que a moeda como reserva de valor, sobretudo num contexto inflacionário, e qualquer tipo de ativo pode ser usado como meio de pagamento, desde que se pague o preço de sua falta de liquidez. Num sistema centralizado de compensação e custódia, como no sistema bancário contemporâneo, que pode ser acessado de qualquer lugar, por meio de cartões e dispositivos móveis, a moeda como meio de pagamento é um anacronismo completo. De uns tempos para cá, a tese da perda da importância da moeda física se tornou preponderante, mas a discussão atual sobre o eventual fim da moeda refere-se ao fim do papel-moeda – tema que se tornou candente com o advento das taxas de juros nominais negativas – e não ao fim da moeda fiduciária.[17]

A propriedade essencial da moeda, aquela que continua válida mesmo nos atuais sistemas de pagamento eletrônico centralizados, é servir como unidade de conta, ou seja, funcionar como referência na qual os preços são cotados. É essa função de unidade de conta, ou seja, de referencial para os preços nominais ou absolutos, em contraposição aos relativos, que torna a moeda perfeitamente líquida. A liquidez da moeda é tautológica: a moeda não está sujeita a desconto em seu valor nominal porque seu valor nominal é a referência para a determinação de todos os preços, inclusive o dela própria.

O chamado enigma de Hahn (1965) é o fato de que haja demanda por moeda, apesar da constatação de que, de acordo com a lógica do modelo de Equilíbrio Geral, nada impede uma solução de equilíbrio em que seu preço é nulo. De acordo com Calvo (2012), a resposta a esse enigma está em que os preços e os salários são fixados em termos monetários e são mantidos estáveis durante um período de tempo. A estabilidade dos preços nominais, durante um período de tempo, é fundamental para que a moeda possa exercer o seu papel. Calvo sugere que a intuição original sobre esse papel da moeda é de Keynes. Na *Teoria Geral*, capítulo 17, Keynes sustenta que o fato de os salários serem cotados em termos monetários, e de serem relativamente estáveis em termos nominais, "inquestionavelmente, é parte importante da explicação de por que a moeda tem um prêmio de liquidez tão alto". O valor da moeda – ou seu prêmio de liquidez, dado que seu custo é praticamente nulo – decorre de ela ser a referência para a cotação dos preços, e de esses se manterem estáveis durante determinado período de tempo. É esse papel de unidade de conta – que só é possível se os preços forem cotados e ficarem estáveis durante um período relevante de tempo em relação ao valor unitário da moeda – que explica a demanda por moeda.

A estabilidade dos preços nominais durante um período de tempo é fundamental para a função econômica da moeda. No mundo walrasiano dos modelos de Equilíbrio Geral de Arrow-Debreu, não há função nem para a moeda, nem para os preços nominais. Em sintonia com a intuição original dos proponentes da TQM, a função da moeda está relacionada às transações, mas no mundo de equilíbrio instantâneo de Walras-Arrow-Debreu não há transações. Essas só fazem sentido num mundo onde existe tempo e as informações são imperfeitas. Preços relativos são, de fato, tudo de que precisamos para a tomada de decisão no contexto de informações perfeitas e instantâneas. Contudo, como a atividade econômica, a produção e a comercialização, exigem tempo, devemos ser capazes de comparar preços nominais em diferentes momentos do tempo, para só então obter os preços relativos. Os preços nominais – que se mantêm fixos durante um período de tempo relevante para a produção e a comercialização – são essenciais para nossa capacidade de computar preços relativos no mundo real.[18] Esse fato chama adicionalmente atenção para um ponto fundamental, obscurecido pela histórica obsessão da teoria com a moeda física: não é a moeda, ou mais precisamente a função da moeda, que é importante e precisa ser compreendida, mas, sim, a dos preços absolutos ou nominais. A moeda é somente a convenção com base na qual se definem os preços absolutos a serem praticados ao longo de um determinado período de tempo, em um mundo em que os preços relativos não podem ser instantaneamente conhecidos. O papel dos preços nominais é mais importante do que o do papel-moeda, razão pela qual – ao menos enquanto não houver informação perfeita e instantânea – pode haver um mundo sem papel-moeda, mas não um mundo sem unidade de conta e sem preços nominais. A fundamentação teórica dos preços nominais – em oposição à dos preços relativos, que é objeto do modelo de Equilíbrio Geral de Walras-Arrow-Debreu – é o que precisa ser desenvolvido analiticamente, e não os fundamentos microeconômicos da moeda.

Preços rígidos como âncora da moeda

O que Calvo chama de Price Theory of Money (PTM) inverte a relação clássica entre a moeda e os preços. Segundo a teoria monetária, a moeda é a âncora nominal dos preços, e a inflexibilidade dos preços é um problema que impede o equilíbrio e o pleno emprego. A PTM sustenta que preços – ou mais precisamente preços inalterados durante algum tempo – são o que justifica a existência da moeda, a existência de uma unidade nominal de conta. São os preços nominais estáveis, por um período relevante de tempo, que dão funcionalidade e razão de ser à moeda. Pode-se, portanto, afirmar que são os preços, temporariamente inflexíveis que "ancoram" a moeda.

Isso significa que há um *trade-off* entre a importância da moeda, do seu papel de transmissor de informações de preços no tempo, e a velocidade com que a economia é capaz de restaurar o equilíbrio de pleno emprego. Esse *trade-off* envolve a duração dos intervalos entre os reajustes de preços e a velocidade com que a economia retorna ao equilíbrio. Quanto mais curtos forem os intervalos entre os reajustes de preços, mais rápido será o retorno ao equilíbrio. Essa é a razão por que taxas de inflação cronicamente altas e relativamente estáveis são tão difíceis de controlar, enquanto as hiperinflações são comparativamente fáceis de estabilizar, com uma mudança de regime. Nas hiperinflações, já não existe inflexibilidade dos preços, pois os preços são revistos quase que instantaneamente, portanto, a moeda perde sua função e deixa de exercer o papel de unidade de conta. Apesar da inflexibilidade dos preços reduzir a velocidade do restabelecimento do equilíbrio, alguma estabilidade dos preços é fundamental para o processo de transmissão de informação na economia. A hiperinflação reduz a inflexibilidade dos preços, mas também o seu conteúdo de informação. A estabilidade dos preços nominais individuais, não necessariamente do nível geral de preços, é essencial, mesmo que o preço a ser pago por ela seja um período mais longo até o restabelecimento do equilíbrio. O valor da moeda deriva da estabilidade dos preços individuais, e quando a estabilidade dos preços – ou a sua previsibilidade – desaparece, como nas hiperinflações, a moeda perde sua razão de ser. É importante distinguir o argumento aqui, de perda do conteúdo de informação da moeda e dos preços, do tradicional argumento do custo elevado de reter um determinado estoque de moeda em ambientes de altas taxas de inflação.

Depois de uma longa e onerosa obsessão pelo padrão-ouro, a moeda fiduciária foi finalmente aceita, mas a fixação com a materialidade da moeda nunca foi completamente superada. Se a propriedade essencial da moeda é ser a unidade de conta, moeda é tudo aquilo que serve como referência para a cotação de preços nominais. Ela não precisa ter curso forçado, nem existência física. Os depósitos à vista são perfeitamente líquidos e, portanto, são considerados moeda, pois seu valor se mantém sempre estável em relação à unidade de conta. O ponto crucial aqui é a estabilidade em relação aos preços nominais, durante um intervalo de tempo relevante. Por isso é que, mesmo com inflação alta, quando seu valor real sofre erosão constante, a moeda preserva sua importância enquanto o intervalo de tempo em que ela mantiver uma relação nominal estável com os preços individuais e com os salários for suficiente para a transmissão de informação no tempo. A extensão do que seja um intervalo de tempo suficientemente longo, antes que a moeda seja substituída, depende das possíveis alternativas para servir como unidade de conta. Nas grandes economias fechadas, nas quais a presença de moedas estrangeiras é limitada, a tolerância a intervalos muito menores entre os reajustes de preços é maior do que nas pequenas economias abertas. Nos últimos estágios da hiperinflação, quando os preços passam a ser revisados quase instantaneamente, a moeda perde completamente sua funcionalidade.

No Brasil, a introdução do real ilustra bem o ponto de que a característica essencial da moeda é a previsibilidade dos preços nela cotados. O Brasil tinha taxas de inflação extraordinariamente altas, acima de 40% ao mês, nos últimos meses imediatamente anteriores ao anúncio do plano de estabilização. A nova moeda, o real, seria emitida num futuro próximo, sem data determinada. Até lá, uma unidade de conta virtual, a URV, foi introduzida. Seu valor em relação à velha moeda era reajustado diariamente, de acordo com a taxa de inflação vigente. A ideia da moeda indexada, subjacente à URV,[19] foi concebida para evitar os problemas provocados pela súbita redução de uma inflação crônica elevada.[20] Embora o governo e o Banco Central emissores da nova moeda indexada fossem os mesmos que emitiam a moeda devastada pela inflação, a URV teve aceitação imediata e não houve inflação em termos de URV. Quatro meses depois, o real foi emitido, com taxa de câmbio de um para um em relação à URV, e tornou-se a moeda oficial do país. A inflação havia sido derrotada. Uma referência estável, em que os preços possam ser cotados, como a URV, se torna "moeda", mesmo que não tenha existência física e, portanto, não haja quantidades ofertadas ou demandadas.

À época, as discussões sobre qual deveria ser a âncora nominal para a nova moeda foram acirradas.[21] Está claro que não poderia ser a base monetária nem qualquer outro agregado monetário. Quando a inflação é reduzida, de 40% ao mês para quase zero, o aumento da demanda da moeda – ou a queda de sua velocidade de circulação – é significativo e ainda mais difícil de ser quantificado do que em situações menos extremas. A taxa de câmbio era uma alternativa possível, mas o Brasil não havia se tornado uma economia dolarizada. Isso era visto como uma vantagem, pois abria espaço de manobra em relação à taxa real de câmbio. O uso do dólar como âncora nominal para o real traria risco de dolarização da economia. A *Price Theory of Money* permite compreender por que o debate, à época no Brasil, sobre a âncora monetária foi tão inconclusivo. Dado que são os preços que servem de âncora para a moeda, e não o inverso, a moeda e a liquidez são sempre endógenas. Não existe âncora monetária possível para os preços, uma vez que são os preços estáveis que servem de âncora para a moeda.

Nas páginas de abertura de seu *Interest and Prices*, Wicksell afirma que "Por outro lado, os preços absolutos – os preços nominais – são, em última análise, uma questão de pura convenção". Se o que ancora a moeda é pura convenção, a moeda é, ela mesma, pura convenção, e não pode haver oferta exógena de uma convenção. Os bancos centrais têm o monopólio da criação de reservas bancárias que, em regime de moeda fiduciária, são sempre perfeitamente líquidas, mas o grau de liquidez geral na economia é endogenamente determinado. Os bancos centrais podem sempre criar reservas bancárias – desde que sejam remuneradas à taxa de juros básica –, mas diferentemente do que prevê a TQM, elas não têm qualquer relação direta com os preços ou com a taxa de inflação.

Política monetária sob a *Price Theory of Money*

A PTM resolve o enigma da demanda por moeda, mas a questão da indeterminação do nível geral de preços continua em aberto. O corolário da PTM é que moeda e liquidez são fatores endógenos e que os preços não têm âncora objetiva. A teoria neokeynesiana, que hoje é preponderante, sustenta que é possível influenciar o nível de preços, ou inflação, por meio da taxa de juros e de um regime de metas inflacionárias. A taxa de juros influencia a inflação de maneira indireta, através do hiato do produto, enquanto as metas – se o banco central tiver credibilidade – pauta as expectativas. Aceita a PTM, quanto mais estáveis ou previsíveis forem os preços mais eficiente será o papel da moeda na economia e menos eficaz a política de taxa de juros para influenciar a inflação, ou seja, pior o *trade-off* da curva de Phillips. As evidências de vinte países, analisados recentemente por Blanchard, Cerutti e Summers (2015), parecem confirmar que, após 1990, quando o regime de metas se tornou predominante e as expectativas foram ancoradas, o impacto do desemprego sobre a inflação se tornou, efetivamente, muito pouco relevante.

Se moeda e liquidez são convenções endogenamente determinadas nos mercados financeiros, não pode haver teoria de política monetária sem referência ao sistema financeiro, à alavancagem e aos preços dos ativos financeiros.[22] A atual ortodoxia woodfordiana é, contudo, inequívoca: a inflação dos preços dos ativos financeiros não deve ser objeto da política dos bancos centrais. Na discussão sobre se os bancos centrais também devem mirar a inflação dos preços dos ativos, Woodford afirma que "a resposta fornecida pela teoria aqui desenvolvida é não. Os preços a serem estabilizados pela política monetária são os que têm reajustes infrequentes e que, portanto, têm maior probabilidade de ficarem desajustados". O problema desse raciocínio é pressupor que os preços mais frequentemente reajustados, como os dos ativos financeiros, não ficam muito desajustados em relação ao equilíbrio. Depois da grande crise financeira de 2007/2008, há hoje evidências irrefutáveis – se é que elas algum dia foram necessárias – de que não é bem assim. A nova ortodoxia parece ter chegado à conclusão de que os preços dos ativos devem ser monitorados e controlados, não pela política de taxa de juros, mas, sim, por meio das chamadas medidas macroprudenciais. Queira-se ou não, porém, a taxa de juros exerce impacto poderoso sobre os preços dos ativos, assim como sobre a liquidez e a alavancagem. Há um ciclo financeiro endógeno, que se autorreforça e que tende a produzir bolhas e crises, com consequências potencialmente funestas para a economia real. A liquidez alimenta a inflação dos preços dos ativos, que por sua vez realimenta a liquidez através de uma maior alavancagem.

A única variável de política monetária do Banco Central é a taxa básica de juros do mercado interbancário, pela qual ele influencia toda a estrutura a termo dos juros. Esta, por sua vez, através do hiato do produto, influencia a inflação. Se não houvesse inflexibilidade de preços, a reação seria instantânea e a inflação seguiria perfeitamente as metas, sem perda de produto e de emprego. A inflexibilidade dos preços, necessariamente sempre presente numa economia monetária, pois exerce um papel essencial na transmissão de informação, reduz o poder da taxa de juros de influenciar a inflação. Quanto mais inflexíveis forem os preços, mais líquida, ou monetizada, será a economia e menos poderosa será a taxa de juros para influenciar a inflação através do hiato de produto e do desemprego. O poder da taxa de juros para afetar os preços dos ativos também depende da estabilidade nominal dos preços, ou seja, da periodicidade com que são revistos. Os contratos longos são mais afetados, pois a taxa de juros tem maior impacto sobre o seus valores presentes descontados, mas a taxa de juros influencia os preços dos ativos tanto diretamente – por intermédio do seu valor presente – quanto indiretamente – através do efeito dos preços dos ativos sobre a alavancagem e a liquidez. Seu impacto integral, porém, não é instantâneo, porque o novo equilíbrio dos preços dos ativos alimenta a alavancagem e a liquidez, que realimentam os preços dos ativos.

Essa é a razão pela qual metas de inflação explícitas para os preços dos ativos, se adotadas pelo Banco Central, poderiam ser úteis. Elas orientariam as expectativas de inflação dos preços dos ativos, que são o principal determinante da expansão da alavancagem e da liquidez. Os otimistas inveterados – ou os pessimistas contumazes no caso de uma economia deflacionária – sempre poderiam apostar contra as metas do Banco Central, mas estas norteariam as expectativas consensuais. Caso metas de inflação dos preços de ativos fossem adotadas, para complementar as atuais metas de inflação, a política monetária talvez não se tornasse mais eficaz em relação ao controle da inflação corrente, mas poderia reduzir a volatilidade da economia real.

Conclusões

A teoria da política monetária passou por grandes transformações nos últimos vinte anos. Depois de mais de sete décadas de preponderância, a Teoria Quantitativa da Moeda, a suposta relação estável entre moeda e preços e a oferta de moeda exógena foram deixadas de lado. Em todas as disciplinas, teorias antigas acabam substituídas por outras mais recentes. Nas chamadas ciências duras, as novas teorias não só têm maior capacidade de explicação das evidências empíricas, como são também capazes de explicar onde e por que as teorias superadas estavam equivocadas. Nas ciências sociais, sob a desculpa de que a realidade em si pode mudar, justificam-se grandes reversões teóricas sem que se faça necessário explicar como e por que a antiga ortodoxia foi superada pela nova.

A velha teoria monetária resistiu por muito tempo às evidências contrárias, para ser simplesmente descartada como vítima da mudança das circunstâncias. O silêncio da profissão sobre a morte súbita da antiga Teoria Quantitativa revela o reconhecimento, a contragosto, de que durante muito tempo insistiu-se numa teoria flagrantemente equivocada. Por mais insatisfatória que seja, considerando sua influência e seu predomínio tão prolongados, a morte da Teoria Quantitativa da Moeda exige uma explicação apropriada. A constrangida recusa de dar a ela um enterro condizente deixou destroços por toda parte. Os estilhaços de uma teoria implodida aumentam a perplexidade diante da incapacidade da nova ortodoxia de explicar o nível de preços, a inflação e a deflação. Para poder evoluir, a teoria monetária precisa compreender onde e por que esteve equivocada durante tanto tempo. Não pode, simplesmente, continuar a culpar a mudança das circunstâncias.

Como contribuição, aqui estão alguns pontos de partida:

1. Os preços nominais desempenham papel fundamental em um mundo sem informações instantâneas e perfeitas.
2. A característica essencial da moeda é servir como unidade de conta, a referência na qual os preços nominais são cotados.
3. A moeda é uma convenção cuja função depende de certa estabilidade ou previsibilidade dos preços. Se os preços não são previsíveis, não há demanda por moeda.
4. A demanda por moeda não é a demanda por ativos físicos, líquidos, mas a demanda por uma unidade de conta. A demanda por ativos líquidos é diferente da demanda por uma referência nominal para os preços individuais. A liquidez absoluta da moeda é tautológica, dado que seu valor unitário serve de referência para a cotação dos preços.
5. A inflexibilidade dos preços reduz a velocidade de restabelecimento do equilíbrio, mas é essencial para a função de transmissão de informação da moeda. O excesso de volatilidade reduz o valor informativo dos preços. Mercados transitoriamente desequilibrados e desemprego temporário são os preços pagos pela estabilidade, ou pela previsibilidade, dos preços, sem a qual a moeda deixa de ser funcional.
6. O grau de liquidez é a melhor aproximação do conceito de oferta de moeda em um sistema fiduciário. A liquidez é endógena, pró-cíclica e não está sob o controle direto do Banco Central. A quantidade de ativos com prêmio de liquidez nulo – i.e. ativos monetários – é apenas um dos elementos do grau de liquidez da economia.

7. Pode haver uma oferta quantitativa de papel-moeda, uma vez que este tem existência física, mas não uma oferta quantitativa da moeda fiduciária, dado que a moeda é uma convenção.
8. O excesso de liquidez está positivamente correlacionado com a inflação dos preços dos ativos, mas não existe uma direção causal única, o processo é autorreforçante.
9. O excesso de liquidez nem sempre provoca inflação, mas altas taxas de juros reais – ou mais precisamente, aumentos súbitos na taxa de juros – reduzem a liquidez e podem provocar crises financeiras. Em outras palavras, o excesso de liquidez não causa necessariamente problema, mas a insuficiência de liquidez é sempre problemática quando existe alavancagem.
10. Grandes variações inesperadas da taxa de inflação têm sempre efeitos redistributivos, mas as reduções inesperadas da inflação aumentam o valor real das dívidas contratadas e provocam inadimplências. Com o sistema financeiro alavancado, uma súbita e significativa redução da taxa de inflação pode levar a crises bancárias.
11. Com a aposentadoria decretada da TQM, não há explicação coerente para o que determina nem o nível de preços nem a taxa de inflação. A inflação é resultado de expectativas essencialmente subjetivas.

Ao fim de sua longa análise da literatura sobre o problema da indeterminação do nível de preços na teoria monetária contemporânea, Cochrane (2011, p. 608) afirma que "se a inflação, efetivamente, se estabilizou nas economias contemporâneas, através da combinação das metas de taxas de juros com curvas IS e de Phillips retroativas, os economistas realmente não têm ideia de por que isso ocorreu". De fato, ao fim da sua exaustiva resenha da teoria monetária contemporânea, a única conclusão possível é que há uma desconcertante incapacidade de se chegar a uma conclusão.

Milton Friedman (1970), o defensor mais contundente e influente do monetarismo e da Teoria Quantitativa da Moeda, disse que:

> Na realidade, essa interpretação da depressão estava completamente equivocada. Hoje, após o reexame da questão, está claro que a depressão foi o atestado trágico da eficácia da política monetária; e não uma demonstração de sua impotência. O que importava, porém, para o mundo das ideias não era a verdade em si, mas, sim, o que se acreditava ser a verdade.

Friedman pode não ter tido razão em relação a inúmeras questões, mas estava certo quanto aos efeitos da política monetária equivocada, e tinha rigorosamente razão em relação ao que importa no mundo das ideias.

Notas

1. Agradeço os comentários e as sugestões de Edmar Bacha, Guillermo Calvo, Arminio Fraga, Affonso Celso Pastore, José A. Scheinkman e Carlos Viana. Traduzido de Lara Resende (2016) por Afonso Celso da Cunha Serra com revisão do autor.
2. É verdade que Dornbusch e Fischer acrescentaram ressalvas como esta: "O Gráfico 13.3 deixa claro que não há, no curto prazo, ligação estreita entre a taxa de expansão monetária e a taxa de inflação. A ausência de uma ligação estreita entre a taxa de expansão monetária e a taxa de inflação no curto prazo sugere que outros fatores são responsáveis pela inflação no curto prazo."
3. Mais exatamente, até 2003 quando Michael Woodford publicou seu livro, Woodford (2003)
4. A mecânica do controle das reservas bancárias e o uso alternativo de uma única taxa de juros paga sobre as reservas pelo Banco Central é analisada em detalhes em Woodford (2000).
5. Clarida, Gali e Gertler (1999), por exemplo, afirmam: "Com a taxa de juros como instrumento de política monetária, o Banco Central ajusta a oferta de moeda para alcançar a taxa de juros."
6. Itálicos acrescentados para salientar a inexistência de um equilíbrio único.
7. G. Corsetti (2015), ao analisar a possibilidade de múltiplos equilíbrios da inflação em Calvo (1998), afirma que, na década de 1980, a economia monetária estava tão fora de moda que era difícil publicar alguma coisa sobre esse tema na *American Economic Review*, razão por que Calvo teve de descrever seu modelo, primeiro, em termos reais, antes de poder contar sua história sobre a inflação.
8. Ver, por exemplo, Clarida, Gali e Gertler (1999).
9. Woodford (2003) afirma: "Está claro que existe um contínuo de equilíbrios com antevisão perfeita, cada um correspondendo a cada inflação inicial possível π_0. Esse resultado persiste mesmo que [...] o princípio de Taylor seja satisfeito, pelo menos em âmbito local." Capítulo 2, p. 125.
10. Woodford (2003), capítulo 2, pp. 135-6. A observação grifada entre parênteses foi acrescentada para auxiliar a compreensão.
11. Ver C. Azariadis (1975).
12. G. Calvo (2013) cita Kindleberger (1978): "O debate entre monetaristas e keynesianos ignora a instabilidade do crédito e a fragilidade do sistema bancário, assim como os impactos negativos sobre a produção e os preços, quando o sistema creditício fica paralisado, porque o declínio nos preços de muitas mercadorias e produtos leva muitos devedores à inadimplência..."
13. Os salários indexados à inflação passada foram objeto de ampla discussão no caso brasileiro, depois da contribuição original de Simonsen (1970). No entanto, a inflexibilidade nominal dos contratos financeiros e a inércia introduzida pelos contratos financeiros indexados à inflação passada também foram ignorados até muito mais tarde na discussão sobre o processo inflacionário.
14. Fischer, I. (1933).
15. Nesse caso, a simples redistribuição da riqueza dos credores para os devedores, supondo que não haja grandes diferenças na propensão para gastar, não tem impacto macroeco-

nômico. De acordo com B. Bernanke (1995), isso explica a tradicional desconsideração, nos círculos acadêmicos, da teoria da deflação da dívida de Irving Fisher.
16. Arida, Bacha e Lara Resende (2014).
17. Esse é o caso de Woodford (2000), assim como de inúmeros outros trabalhos, analisando os custos e vantagens das economias sem moeda.
18. A moderna economia comportamental demonstra que tudo o que de fato conseguimos compreender são valores relativos. Não só valores, mas qualquer coisa só pode ser avaliada em comparação com outra coisa. Ver Ariely (2008).
19. A ideia de uma moeda indexada foi proposta em Lara Resende (1985a) e Lara Resende (1985b); e depois desenvolvida em Arida e Lara Resende (1986).
20. Em face da existência de contratos com indexação generalizada à inflação passada, o repentino desaparecimento da inflação redundaria em crise bancária seguida de recessão profunda.
21. Arida e Lara Resende (1986) discutem possíveis alternativas para uma âncora nominal.
22. Depois da crise financeira de 2008, numerosos trabalhos tentaram apresentar os mercados financeiros como fonte endógena e amplificadora dos ciclos econômicos.

Referências bibliográficas

ARIDA, P.; Bacha, E. e Lara Resende, A. (2012). "Crédito, juros e incerteza jurisdicional: conjeturas sobre o caso do Brasil." *In*: BACHA, E. *Belíndia 2.0: Fábulas e ensaios sobre o país dos contrastes*. Rio de Janeiro: Civilização Brasileira, pp. 213-249.

ARIDA, Persio e LARA RESENDE, André (1986). "Inflação inercial e reforma monetária." *In*: ARIDA, P. (Org.) *Inflação Zero*. Rio de Janeiro: Paz e Terra.

ARIELY, D. (2008). *Predictably Irrational*. Nova York: HarperCollins.

AZARIADIS, C. (1975). "Implicit Contracts and Underemployment Equilibria." *Journal of Political Economy*, vol. 83.

BERNANKE, Ben S. (1995). "The Macroeconomics of Great Depression: A Comparative Approach." *Journal of Money Credit and Banking*, vol. 27 (1).

BERNANKE, Ben S., GERTLER, M e GILCHRIST, S. (1998) "The Financial Accelerator in a Quantitative Business Cycle." NBER working paper 6455.

BERNANKE, Ben S. & MIHOV, I. (1998). "Measuring Monetary Policy." *Quartely Journal of Economics* 113.

BLANCHARD, O. (2000). *Macroeconomics*. 2nd edition. Prentice Hall.

BLANCHARD, O., CERUTTI, E. e SUMMERS, L. (2015). "Inflation and Activity – Two Explorations on their Monetary Policy Implications." IMF working paper.

CALVO, G. (1998). "Capital Flows and Capital-Markets Crisis: The Simple Economics of Sudden Stops." *Journal of Applied Economics* 1, nov.: 35-54.

_____ (2012). "The Price Theory of Money, Prospero's Liquidity Trap and Sudden Stops." NBER working paper 18285.

_____ (2013). "The Mayekawa Lecture: Puzzling over the Anatomy of Crises." *Monetary and Economic Studies*. Nov.

CLARIDA, Gali e GERTLER, M. (1999). "The science of monetary policy: a new Keynesian perspective." *Journal of Economic Literature*. Vol. 37(4), dec.: 1661-1707..

CORSETTI, G. (2015). "The Mistery of the Printing Press." Manheim: European Economic Association Schumpeter Lecture.
COCHANE, John H. (2011). "Determinacy and Identification with Taylor Rule." *Journal of Political Economy*. Jun.
DORNBUSH, R. e FISCHER, S. (1978). *Macroeconomics*. 1st. Edition. McGraw-Hill.
FISCHER, I. (1933). "The Debt-Deflation Theory of Great Depressions." *Econometrica*, 1(4), oct.: 337-357.
FISCHER, Stanley (1977). "Long-term Contracts, Rational Expectations and the Optimal Money Supply Rule." *Journal of Political Economy*, 85(1), fev.:191-205.
FRIEDMAN, M. (1970). *The Counterrevolution in Monetary Theory*. I.E.M.
GOODHART, C. (1989). *Money, Information and Uncertainty*. MIT Press.
HAHN, F. H. (1965). "On Some Problems of Proving the Existence of an Equilibrium in a Monetary Economy." *In*: HAHN, F. e BRECHLING, F. (Orgs.) *The Theory of Interest Rates*. London: McMillan & Co.
KAHNEMANN, Daniel (2011). *Thinking Fast and Slow*. Farras, Strausand Giroux.
KIMBALL, Miles S. (1995). "The Quantitative Analytics of the Basic Neomonetarist Model." *Journal of Money, Credit and Banking* 27 (4), part 2: 1241-1289.
KINDLEBERGER, C. (1978). *Manias, Panics and Crashes: A History of Financial Crisis*. Hokoben: John Willey & Sons.
LARA RESENDE, André (1985). "A moeda indexada: Uma proposta para eliminar a inflação inercial." Abril. *Gazeta Mercantil*.
_____ (1985b). "A Moeda Indexada: Nem mágica nem panaceia." *Gazeta Mercantil*. Jun.
_____. (2016). "The Theory of Monetary Policy: Reflections on a Winding and Inconclusive Road". Rio de Janeiro: Instituto de Estudos de Política Econômica/Casa das Garças. Texto para Discussão n. 22, fev. Disponível em: www.iepecdg.com.br.
LUCAS, Robert E. e STOKEY, Nancy L. (1987). "Money and Interest in a Cash-in-Advance Economy." *Econometrica*, vol. 55, n. 3.
PATINKIN, D. (1965). *Money, Interest and Prices: An integration of monetary and value policy*. 2nd edition. Nova York: Harper and Row.
SARGENT, T. J. e WALLACE, W. (1975). "Rational Expectations, the Optimal Monetary Instrument and the Optimal Money Supply Rule." *Journal of Political Economy*, vol. 83, n. 2.
SIMONSEN. M. H. (1970). *Inflação: gradualismo versus tratamento de choque*. Rio de Janeiro: Editora Apec.
TAYLOR, John (1979). "Staggered Wage Setting in a Macro Model." *American Economic Review*, vol. 69, n. 2.
WICKSELL, Knut (1898). *Interest and Prices*. English translation by R. F. Hahn, London: MacMillan, 1936. Reprinted New York: Augustus M. Kelley, 1962.
WOODFORD, M. (1995). "Price-level Determinacy Without Control of a Monetary Aggregate." Carnegie-Rochester Conference Series on Public Policy 43: 1-46.
_____ (2000). "Monetary Policy in a World without Money." Elaborado para a conferência "The Future of Monetary Policy". Banco Mundial. Jun.
_____ (2003). *Interest & Prices: Foundations of a Theory of a Monetary Policy*. Princeton University Press.
YUN, Tack (1996). "Nominal Price Rigidity, Money Supply Endogeneity and Business Cycles." *Journal of Monetary Economics* 37.

26
ECONOMIAS MADURAS E A PRESCRIÇÃO DA IRRESPONSABILIDADE MONETÁRIA E FISCAL COMO MODO DE VIDA

José Carlos Carvalho

Não fomos nós [os economistas] que abandonamos os agregados monetários. Foram eles que nos abandonaram.

GERALD BOUEY, CITADO EM BLINDER (1999)

INTRODUÇÃO

O capítulo de André Lara Resende ("A teoria da política monetária") neste livro levanta uma série de questionamentos a respeito do papel da moeda e da eficácia da política monetária. Esses questionamentos se tornaram especialmente pertinentes diante da aparente falta de correlação entre moeda e inflação nas economias maduras nos últimos anos. Esses questionamentos me despertaram outras dúvidas, que procurarei abordar neste capítulo. Igualmente instigante, o artigo de Giancarlo Corsetti (2005) *The mystery of the printing press: monetary policy and self-fulfiling debt crisis* foi outro motivador das conjecturas deste capítulo. Assim surgiu esta nota que, devo dizer *a priori*, levanta mais dúvidas do que oferece respostas. Espero que sejam dúvidas relevantes e que inspirem novos e mais profundos estudos além do escopo limitado deste capítulo.

Para motivar a leitura, procuro encadear temas como suporte monetário para crises fiscais, armadilha da liquidez, economistas austríacos, demografia e operações compromissadas no Brasil. Com essa promessa, no mínimo exótica, espero ter alimentando a curiosidade para o desenrolar dessa história. Procuro fazer várias referências ao mundo real a fim de tornar a jornada menos árida.

Uma discussão dos textos de Corsetti e de Lara Resende

Os textos de Corsetti e Lara Resende vão, de certa forma, em direções opostas. Corsetti sugere novos superpoderes para a moeda: curar crises fiscais. Já Lara Resende questiona se de fato a moeda ainda tem os poderes que os economistas acreditam ter.

Corsetti conclama a comunidade acadêmica a estudar mais profundamente o recente fenômeno da crise da dívida de países europeus, em particular a forma como a atuação do Banco Central Europeu (BCE) logrou abrandá-la. O senso comum em economia diz que a emissão (excessiva) de moeda pode ser vista como expressão de um problema de desequilíbrio fiscal. Acelerar a emissão de moeda num contexto no qual não existe uma âncora fiscal acaba por gerar um agravamento da situação econômica. Calvo (1988), inspirado em parte pela experiência brasileira da década de 1980, é um exemplo desse tipo de análise. Corsetti, no entanto, chama a atenção para o fato de a crise da dívida europeia ter sido resolvida por um caminho distinto, para não dizer oposto ao sugerido pelo senso comum. Ao invés de adotar uma política monetária contracionista, o Banco Central Europeu optou por monetizar uma parcela da dívida mobiliária. E, ao invés de acelerar a crise, o BCE logrou abrandá-la. Mágica?

Para explicar como esse fenômeno pode ter acontecido, Corsetti se vale de uma pseudodinâmica associada à alocação de portfólio dos agentes econômicos. Na visão de Corsetti, a crise fiscal pode ser entendida como um desconforto do mercado com um excesso de exposição ao risco de um determinado país. Dessa forma, as compras de títulos dos países em crise fiscal pelo Banco Central Europeu (ênfase em Europeu, chave para entender o mistério) podem ser entendidas como uma forma de reduzir o *duration* das carteiras nas mãos dos agentes privados. Ao reduzir o *duration* – e consequentemente a exposição ao risco do país problemático – em algum momento o mercado encontra um ponto ótimo de exposição. Para países em situação próxima à armadilha da liquidez, essa redução de *duration* pode ser via emissão de moeda. Para países fora da armadilha da liquidez, a redução poderia ser via depósitos no Banco Central que paguem juros com liquidez imediata e sem penalidade no resgate. É esse mecanismo que Corsetti denomina de suporte monetário (*monetary backstop*) para a resolução de crises fiscais.

Uma vez que a exposição do mercado ao crédito ruim se reduz, a crise fiscal esmorece. Apesar de ser uma boa história, minha opinião é um pouco cética quanto a o que foi de fato essa pseudodinâmica que reduziu a crise fiscal dos países europeus. Abordo a seguir alguns pontos de discordância.

Risco do BCE não é o risco dos Pigs

Há um ponto fraco na narrativa de Corsetti no que se refere à solução da crise fiscal da periferia europeia. Existe uma diferença de percepção sobre de um lado a solidez do risco do BCE e de outro a qualidade duvidosa do crédito de alguns países em dificuldades fiscais. Portanto não se tratou apenas de uma questão de redução de *duration*, mas também de troca por um crédito de melhor qualidade. No caso europeu, que motiva grande parte do artigo de Corsetti, não existe mistério algum. Esse caso onde há troca na qualidade do ativo é trivial.

Corsetti torna ainda mais complexa a análise quando fala de equilíbrios múltiplos. Na sua visão, a intervenção do BCE quebra as profecias autorrealizáveis – de juros cada vez mais altos levando à insolvência. E a economia se move de um equilíbrio ruim para um equilíbrio bom. De novo a heterogeneidade dos países em volta do euro confunde a análise. Para Alemanha, Finlândia, Holanda e outros, nunca houve equilíbrio ruim. Na verdade esses países até se beneficiaram do *fligh to quality* para seus títulos durante a crise fiscal dos Pigs.[1] O que houve foi um problema de crédito de alguns países específicos que compõem a zona do euro. E como não havia uma crise fiscal sistemática na maioria da Europa, a troca de ativos dos Pigs por ativos europeus permitiu resolver o problema.

O paralelo da situação recente dos Estados Unidos em relação a Porto Rico pode ser esclarecedor. A crise fiscal foi específica de Porto Rico e os preços de seus *bonds* tiveram uma forte queda – ou seja, Porto Rico passou a pagar taxas de juros muito elevadas. Se o governo dos Estados Unidos, que tem uma situação fiscal equilibrada, comprasse títulos de Porto Rico com dólares americanos, os *bonds* de Porto Rico teriam subido de valor e a crise abrandaria. Como não fez isso, Porto Rico não honrou os *bonds*. Isso não é equilíbrio múltiplo. São resultados de mercado com e sem *bail-out*. Trata-se de um pequeno pedaço da federação ser ou não resgatado pela parcela maior que tem credibilidade. A diferença de resultado para o país pequeno depende de ter ou não um *bail-out*. O equilíbrio dos Estados Unidos não mudaria (como de fato não mudou) por causa de uma hipotética decisão do Fed de socorrer ou não Porto Rico.

Caso europeu não é novidade

Deixando de lado o caso trivial de troca na qualidade dos ativos, ainda temos o mistério de que a política monetária pôde ser usada de forma tão intensa sem que se seguissem as consequências negativas que poderíamos esperar.

O caso do Japão é bastante ilustrativo de que o *The mystery of the printing press* já está entre nós há mais de vinte anos. O Japão vive há décadas num quadro que, na macroeconomia do século passado, seria caracterizado como de irresponsabilidade fiscal e monetária. Mas ainda assim nenhuma das consequências nocivas que se poderiam esperar desses atos se manifestou até agora. Europa e Estados Unidos não prestaram atenção às lições do caso japonês porque havia forte convicção de que o Japão era um caso à parte. O Japão pode estar temporalmente à frente dos demais, mas não necessariamente é um caso diferente.

A Figura 26.1 mostra que o Japão já vem adotando a receita de Larry Summers (2014) contra a *secular stagnation* há anos – ou melhor, décadas. Desde os anos 1990 o governo japonês vem mantendo deficit fiscais nominais de tamanho significativo. E grande parte das despesas se deu em investimentos em infraestrutura, como pontes, aeroportos e trens-bala – mais uma vez, coincidindo com a receita contemporânea de Larry Summers.

Figura 26.1
Resultado fiscal do Japão, 1990-2014 (% do PIB)

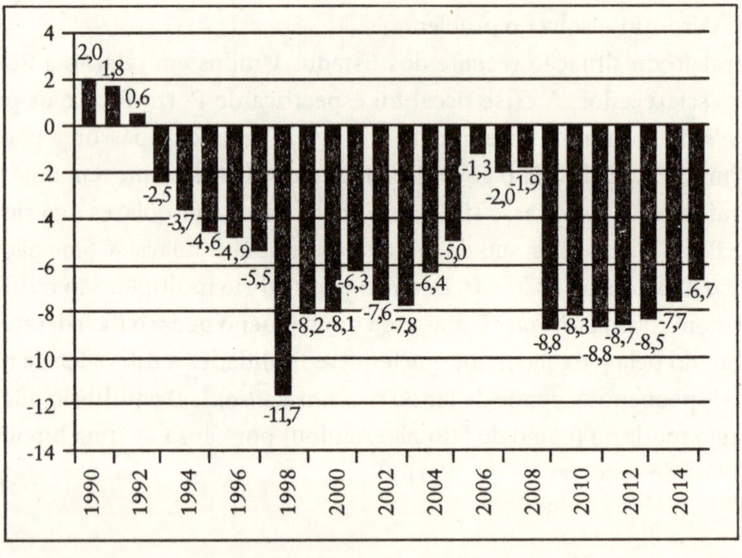

Fonte: Bloomberg

Esses deficit "excessivos" associados a um crescimento econômico débil e um ambiente deflacionário levaram a um aumento exponencial do estoque da dívida como proporção do PIB, conforme se vê na Figura 26.2. Recentemente esse indicador vem se aproximando de 250% do PIB. É interessante notar que sete anos depois do furo da bolha japonesa, a dívida pública daquele país representava aproximadamente 100% do PIB. Os Estados Unidos, sete anos depois do furo da bolha de 2008, têm também uma dívida ao redor de 100% do PIB. Serão casos diferentes?

Figura 26.2
Razão entre a dívida do governo/PIB no Japão, 1990-2014

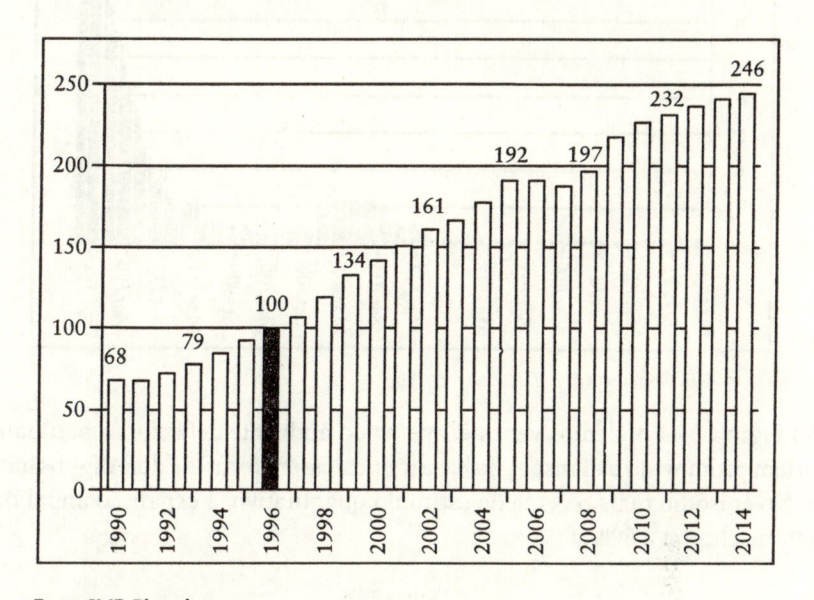

Fonte: IMF, Bloomberg

As figuras anteriores caracterizam o componente da "irresponsabilidade fiscal" no Japão. Vamos agora considerar a "irresponsabilidade monetária". O banco central japonês fez uma das maiores expansões monetárias dos países G7 desde o furo da bolha em 1990. Em percentual do PIB, podemos ver na Figura 26.3 que o Banco da Japão – BoJ vem expandindo o seu *balance sheet* desde o início da década passada com a *Zero Interest Rate Policy* (Zirp). Uma nova onda de expansão ocorreu nos últimos anos com o *Quantitative and Qualitative Easing* (QQE). Em resumo, o *balance sheet* do BoJ expandiu de perto de 1% do PIB, quando ocorreu o furo da bolha, para cerca de 48% do PIB no primeiro trimestre de 2016.

Figura 26.3
Ativos do Banco Central do Japão (% PIB), 1960-2016

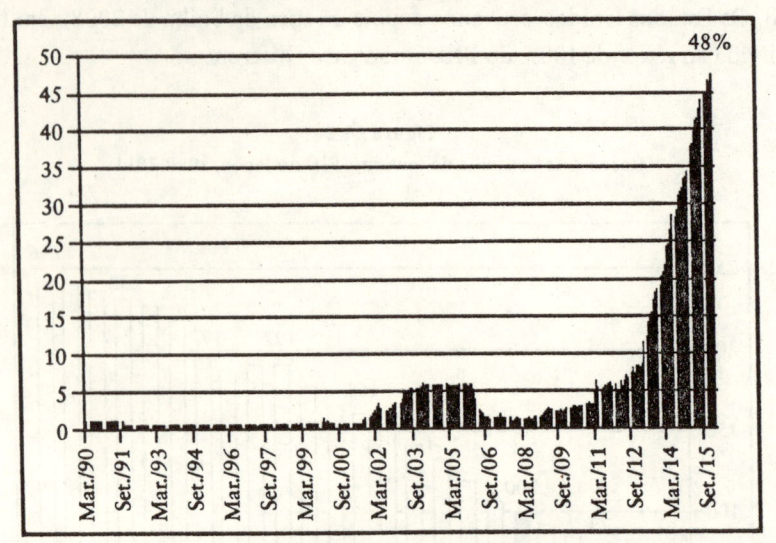

Fonte: BOJ, Bloomberg

Na Figura 26.4 podemos ver que, apesar do ambiente deflacionário, o Banco do Japão tem promovido expansões da base monetária em torno de dois dígitos há vários anos. No episódio mais recente de estímulo quantitativo, a expansão anual da base monetária chegou a 60%.

Figura 26.4
Taxa de crescimento da base monetária no Japão, 1995-2015

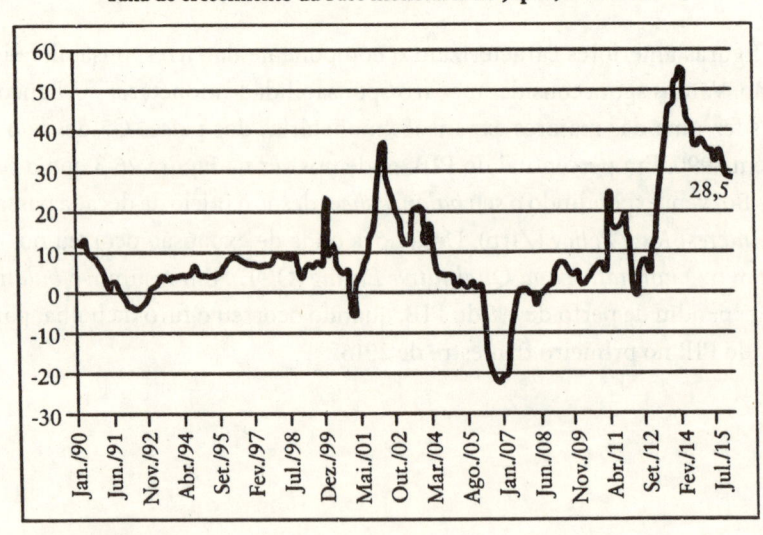

Fonte: BOJ, Bloomberg

Apesar dessa significativa expansão monetária, podemos ver na Figura 26.5 que as taxas de juros de curto prazo não param de cair e recentemente se tornaram negativas. O mesmo acontece com as taxas de juros dos títulos de dez anos do governo japonês, que também se tornaram negativas recentemente depois de uma longa tendência de queda. Isso mostra que não apenas a inflação corrente é baixa como também a expectativa de inflação futura não sobe apesar da significativa expansão monetária.

Figura 26.5
Taxas de juros de 3 meses e de 10 anos no Japão (% a.a.)

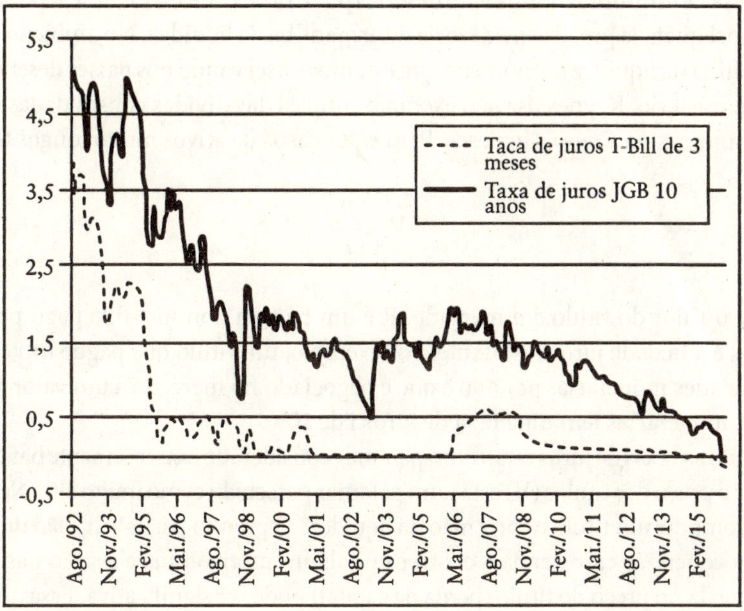

Fonte: Bloomberg

Portanto, o fenômeno da irresponsabilidade monetária financiando a irresponsabilidade fiscal com ausência de consequências inflacionárias já está entre nós há várias décadas. A novidade é que, no passado, os demais países tinham uma lista de motivos para acreditar que o caso do Japão era distinto e particular. Talvez hoje, as economias maduras estejam se convencendo progressivamente que o contexto que vem ditando a dinâmica macroeconômica do Japão está batendo às suas portas. Quais são alguns elementos desse contexto?

Armadilha da liquidez

Qual é a condição para que o suporte monetário funcione? Corsetti está certo em dizer que é a percepção de que o mercado está recebendo um *default-free liability*. Mas, nesse caso, a confiança ao receber moeda depende da percepção que esse ativo não vai ser corroído pela inflação. Portanto, uma das condições para que o suporte monetário funcione é o ambiente da armadilha da liquidez. Já mencionamos anteriormente que Corsetti acredita que mesmo fora da armadilha da liquidez o suporte monetário pode funcionar. Mas também sugerimos que o que causou o abrandamento da crise fiscal na Europa pode não ter sido necessariamente o efeito de reduzir *duration*. Como veremos na seção "Brasil: abaixo do Equador as linhas se invertem", quando tratarmos do caso brasileiro, o encurtamento da dívida pode ter efeitos nocivos para economias que não estão presas na armadilha da liquidez.

Nesta seção arguimos que o efeito descrito por Corsetti, de maior desejo por liquidez, é uma consequência prevista pela teoria da armadilha da liquidez. No ambiente clássico da armadilha da liquidez o fenômeno que estamos observando nos países desenvolvidos não é um mistério. Keynes usava o exemplo simples das dívidas consolidadas como as *Rentes* francesas ou *Consols* ingleses. Para esses casos de ativos muito longos temos:

$$V = \frac{R}{i}$$

onde V é o valor do título em mercado, R é um cupom nominal fixo pago periodicamente, e i é a taxa de juros resultante. Por exemplo, um título que pague um cupom R de 10 unidades monetárias por ano e que é negociado no mercado a um valor V de 100 unidades monetárias tem uma taxa de juros i de 10%.

Quando as taxas de juros estão num patamar considerado extremamente baixo, temos então que o preço dos títulos (V) está num patamar percebido como muito alto. Nesse caso, por que comprar um título e abrir mão da liquidez? O prêmio para abrir mão da liquidez (juros) é pequeno, e caso venha a ocorrer por algum motivo uma elevação nas taxas de juros, a queda no preço do título (perda de capital) pode ser significativa. Essa queda será tão maior quanto maior o *duration* do título. Por que correr esse risco de perda de capital quando o prêmio para abrir mão da liquidez (juros) é pequeno? Repare-se que todo esse argumento de preferência por liquidez independe da percepção fiscal. O contexto da armadilha da liquidez é mais um motivo que enfraquece a pseudodinâmica de Corsetti no caso europeu. A demanda especulativa por moeda é uma consequência desse contexto.

Por que a emissão de moeda não gera inflação nos países maduros? Excesso de capital?

Lara Resende explora a impotência da teoria quantitativa da moeda diante da instabilidade da velocidade de circulação da moeda. É interessante especular sobre os motivos por que isso vem ocorrendo recentemente. Os episódios recentes de políticas monetárias superacomodativas nas economias maduras não surgiram de maneira exógena, mas, sim como resposta a uma crescente sombra de depressão econômica. O que pode estar motivando essa estagnação nas economias maduras? Será que podemos estar num processo de queda permanente na velocidade-renda? Para uma primeira sugestão de resposta, vamos buscar inspiração nos economistas da escola austríaca.

Esses economistas veem a armadilha da liquidez (ou taxas de juros zero/negativas/muito baixas) como uma consequência da queda na taxa de retorno do capital em função dos erros de investimentos realizados no ciclo econômico anterior. Caso ocorresse uma liquidação do capital alocado erroneamente, a taxa de retorno do capital remanescente voltaria para níveis mais elevados. Mas, ao evitar a liquidação, a atuação dos bancos centrais adia a eliminação do capital mal alocado e prorroga o período de juros baixos e baixo crescimento. Vinte e cinco anos de taxas de juros próximas de zero no Japão, convivendo com uma total ausência de crescimento econômico, são um testemunho a favor desse diagnóstico.

O caso norte-americano também parece se encaixar bem nesse contexto. Depois do estouro da bolha no ano 2000, o Fed reduziu a taxa de juros para 1%, adiando a liquidação do capital. Em consequência, acabou provocando novas alocações erradas de capital (*sub-prime, commodities...*) que levaram a um novo estouro da bolha em 2008. É possível que, caso não houvesse uma intervenção maciça da política monetária e fiscal, a crise de 2008 levasse a um colapso semelhante ao da crise de 1929. Basta lembrar a lista de empresas e bancos que chegaram ao limiar da quebra: Citibank, FannieMae, FreddieMac, AIG, Goldman Sachs, General Motors... Uma ação *hands-off* por parte do governo naquele momento levaria a uma crise de proporções graves, que provavelmente incluiria ainda mais nomes dos que os citados. Podemos argumentar que houve um *trade-off* intertemporal: o que seria a "grande depressão" de 2008 foi evitada pela elevação do deficit fiscal americano de 2% para 10% do PIB, a redução da taxa de juros a zero, a multiplicação por três do *balance sheet* do Fed e ainda da consequente desvalorização do dólar.

Onde está o *trade-off* intertemporal? A "grande depressão" de 2008 se tornou "apenas" uma queda acentuada do PIB. Em contrapartida, a remoção dos estímulos nos anos seguintes ajuda a explicar o baixo crescimento (*new normal*) que vemos atualmente. O deficit fiscal já foi revertido de 10% do PIB de volta para o patamar de 2%. A perspectiva da remoção do estímulo monetário já causou uma redução significativa do estímulo cambial com a consequente apreciação do dólar americano. E finalmente, o Fed iniciou recentemente o processo de retirada do estímulo monetário de maneira direta. Essa normalização dos instrumentos de estímulo levou e deve continuar a levar a um crescimento moderado nos próximos anos, explicando o ambiente de baixas taxas de juros e possivelmente baixa inflação. Isso esclarece de forma endógena o ambiente que Larry Summers chama de *Great Stagnation*.

Ao permitir a sobrevivência de um capital de baixa produtividade, a política monetária acaba por criar um ambiente de excesso de capacidade, gerando uma pressão deflacionária permanente. Se esse for o diagnóstico correto, a receita de Larry Summers de adicionar ainda mais capital pode aliviar o problema apenas no curto prazo. O trem-bala de hoje é a falência e/ou deflação na indústria de aviação de amanhã. A experiência de política fiscal do Japão que mostramos anteriormente é um exemplo disso.

Por que a inflação não aparece? Problema demográfico

Na seção anterior exploramos a possibilidade de a inflação não aparecer devido a um excesso de capacidade crônico. O que mais pode causar esse ambiente de excesso de capacidade que leva ao ambiente deflacionário? A demografia pode ser um desses fatores.

A Figura 26.6, retirada de Andrew Cates (2014), mostra a correlação entre a taxa de inflação e o envelhecimento dos países. Na escala vertical temos a variação em 5 anos da taxa de dependência dos países. Quanto mais para o alto, mais rápido os países estão envelhecendo. Na escala horizontal temos a média da taxa de inflação de 5 anos para esses mesmos países. A figura 6 sugere que existe uma clara relação inversa entre envelhecimento populacional e taxa de inflação. Da teoria do ciclo de vida para o consumo podemos inferir que, na medida em que uma parcela maior da população entre num estágio de idade avançado, a demanda por bens e serviços se reduz. Isso pode ajudar a explicar em parte o excesso de oferta sistemático nos países maduros – uma vez que os bancos centrais tentam evitar a redução da oferta.

Figura 26.6
Demografia e inflação

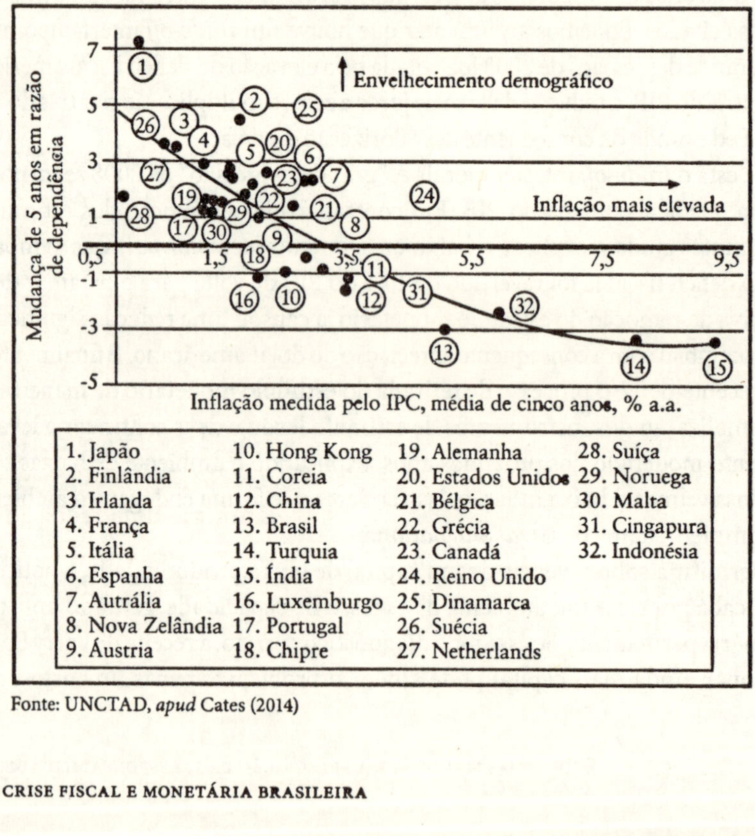

Envelhecimento demográfico
Inflação mais elevada
Mudança de 5 anos em razão de dependência
Inflação medida pelo IPC, média de cinco anos, % a.a.
1. Japão
2. Finlândia
3. Irlanda
4. França
5. Itália
6. Espanha
7. Autrália
8. Nova Zelândia
9. Áustria
10. Hong Kong
11. Coreia
12. China
13. Brasil
14. Turquia
15. Índia
16. Luxemburgo
17. Portugal
18. Chipre
19. Alemanha
20. Estados Unidos
21. Bélgica
22. Grécia
23. Canadá
24. Reino Unido
25. Dinamarca
26. Suécia
27. Netherlands
28. Suíça
29. Noruega
30. Malta
31. Cingapura
32. Indonésia

Fonte: UNCTAD, *apud* Cates (2014)

Uma conclusão importante que a Figura 26.6 sugere é que o debate relevante não é sobre se as economias maduras da Europa e dos Estados Unidos são ou não um caso completamente distinto do Japão. A pergunta pertinente deve ser em que grau de "japanização" as economias maduras estão. Japão não é um caso diferente; apenas está num estágio mais avançado do processo de envelhecimento populacional.

Associado à forma de atuação dos bancos centrais, esse problema demográfico pode levar a uma situação em que o sistema de preços deixe de funcionar satisfatoriamente. Um dos pressupostos fundamentais da otimização do consumidor na microeconomia é a não saciedade local. Com o envelhecimento (e encolhimento) da população, alguns setores de produtos *non-tradables* podem violar essa hipótese básica. Por exemplo, num ambiente em que a população está se reduzindo, qual seria a queda de preços (ou da taxa de juros das hipotecas) que faria com que a construção de novas casas se acelerasse no Japão? O índice de construção de novas residências no Japão é hoje a metade do que era no início da década de 1990. Suponhamos que exista uma queda de preços que estimule a maior demanda nesse setor. Essa queda pode ser tão acentuada que acabe por gerar problemas de estabilidade à la Minsky. Mas, caso isso acontecesse, teríamos uma reação inversa motivada pela intervenção dos bancos centrais para tentar evitar a queda nos preços dos ativos. Essas forças opostas explicam o ambiente de *boom-bust* de ativos nas economias maduras.

Uma solução para esse ambiente deflacionário poderia ser alocar mais fatores de produção para o setor de *tradables*. Mas, tomando mais uma vez o Japão como exemplo, isso também acaba gerando uma solução instável. O país passa a ter um superavit persistente em conta-corrente. E a taxa de câmbio fica oscilando em função das pressões contraditórias por equilíbrio doméstico e externo. A economia doméstica fraca pede uma desvalorização na taxa de câmbio. Mas os superavit persistentes em conta-corrente pressionam para a apreciação cambial. E a taxa de câmbio fica operando esquizofrenicamente, procurando atender às necessidades do equilíbrio doméstico e externo.

Nesse contexto de envelhecimento populacional, talvez ainda reste esperança para uma Teoria Quantitativa da Moeda Estendida. Podemos pensar a cesta do consumidor como sendo composta não apenas por bens e serviços, mas também por ativos financeiros que vão garantir uma renda adicional na velhice. Dessa forma, na medida em que a sociedade vai envelhecendo, os consumidores gastam progressivamente menos em hipotecas e educação para os filhos e progressivamente mais na compra de ativos financeiros, que lhes garantirão uma renda adicional. Pensando dessa maneira, podemos dizer que a correlação entre quantidade de moeda e ativos financeiros continua viva. A Figura 26.7 mostra a forte correlação entre as ondas de expansão de liquidez promovidas pelo Fed e a bolsa americana representada pelo índice S&P 500.

Figura 26.7
Bolsa americana (S&P 500) e *Balance Sheet* do *Fed*

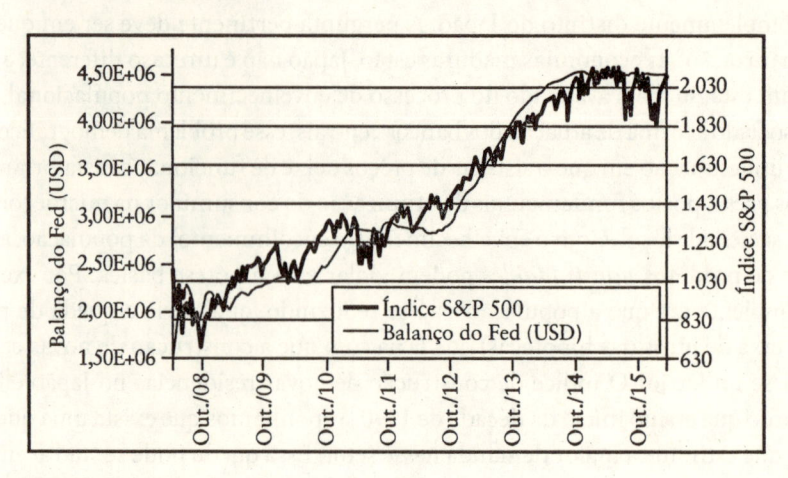

Fonte: Bloomberg

Essa correlação suscita uma dúvida: o que vai acontecer com o preço dos ativos quando o envelhecimento da população atingir um grau avançado e o mercado se tornar liquidamente vendedor desses ativos? Um *crash*? Ou, alternativamente, se tornará corriqueiro os bancos centrais também comprarem ativos privados para evitar as quedas nos preços dos ativos e garantir aos cidadãos de seus países a renda que eles anteciparam? O Japão na sua última versão do QE já começou a promover a compra de ativos privados, incluindo alguns títulos negociados em bolsa como os *Real Estate Investment Trusts* (Reits). O mesmo acontece com o QE promovido pelo BCE. Na última rodada se permitiu a compra de *corporate bonds* privados.

Em resumo, a emissão de moeda pode ter resolvido os problemas fiscais por diversos motivos muito específicos das economias maduras: (1) pela troca de qualidade entre ativos de pequenos países em crise por ativos da federação sem problemas fiscais; (2) pela desejabilidade de ativos líquidos em países que estão na armadilha da liquidez; (3) pela natureza estrutural – excesso de capital, demografia – do lastro deflacionário.

Será que a prescrição de Corsetti, como ele próprio sugere, pode ser estendida para economias num contexto de inflação e juros elevados?

Brasil: abaixo do Equador as linhas se invertem

O caso do Brasil, por suas diferenças com os países avançados, é um bom teste da aplicabilidade da hipótese de Corsetti abaixo do Equador. Estruturalmente, não temos excesso de capacidade, temos excesso de demanda – como sugerem os problemas crônicos de inflação e deficit em conta-corrente ao longo da história econômica brasileira. Não temos armadilha da liquidez. Não temos um problema demográfico de envelhecimento. Ainda assim, não deixamos de adotar os remédios prescritos para as economias maduras. Após a crise de 2008 o Brasil promoveu uma expansão significativa do crédito público – que as autoridades chamaram do QE brasileiro. Nas palavras de Nelson Barbosa (2013):

> ... nos últimos anos, a dívida bruta vem crescendo porque o governo usou empréstimos através de seus bancos para estimular a atividade econômica. Esta foi uma forma de afrouxamento quantitativo no Brasil. Aqui nos EUA, o próprio Federal Reserve comprou títulos privados e expandiu o crédito. No Brasil, isso foi feito pelo Tesouro com os bancos estatais. O Tesouro emitiu títulos, tomou os recursos, colocou-os principalmente no nosso banco de desenvolvimento nacional, e o banco de desenvolvimento nacional usou-os para expandir o crédito. Novamente, isso foi útil para combater a crise, mas, obviamente, em algum momento, tem que terminar, caso contrário o custo da dívida aumentaria muito. O governo já está reduzindo gradualmente os seus empréstimos ao BNDES.

Além do QE adaptado, veremos a seguir que o Brasil também já vem adotando a política do suporte monetário para o problema fiscal. Vimos anteriormente que os países maduros podem ser inconsequentes em função do contexto macroeconômico em que estão inseridos. Será que o mesmo se aplica aos países jovens e inconsequentes?

No capítulo 25, de Lara Resende, e também aqui, neste capítulo, falamos de situações em que a política monetária tenta gerar inflação, mas não consegue. O que dizer então do caso brasileiro, no qual os agregados monetários estão contraindo e ainda assim temos inflação elevada? A Figura 26.8 mostra a evolução da taxa de crescimento anual da base monetária desde 2001. Esse indicador vem oscilando em torno de zero nos últimos meses. Onde está, então, o suporte monetário brasileiro?

Figura 26.8
Taxa de crescimento anual da base monetária no Brasil

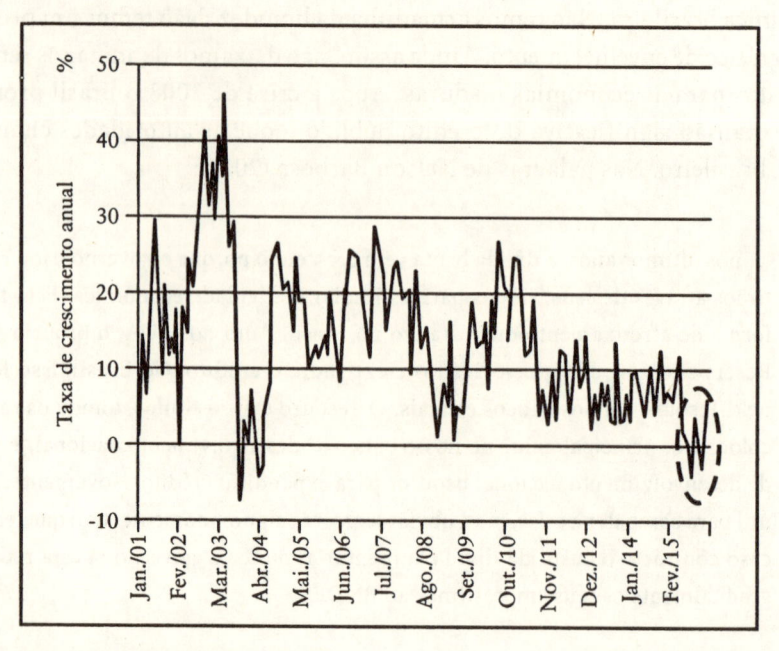

Fonte: Banco Central do Brasil

O aparente virtuosismo na pequena expansão da base monetária esconde uma composição perversa. A Figura 26.9 mostra os fatores condicionantes da base monetária, em valores nominais, na forma de uma soma-móvel de 12 meses. Essa figura mostra a fragilidade por trás da informação agregada de que a base monetária cresce perto de zero há algum tempo. Esse resultado é consequência de um forte fator expansionista por parte da Conta Única do Tesouro Nacional, compensado por uma colocação de operações compromissadas pelo Banco Central num montante semelhante. Podemos ver que a Conta Única do Tesouro vem sendo expansionista numa magnitude de cerca de R$ 300 bilhões a cada 12 meses. A título de referência, esse valor equivale a aproximadamente 5% do PIB brasileiro. As operações compromissadas do Banco Central vêm retirando de circulação um valor semelhante também a cada 12 meses. Diante da magnitude desses dois fatores, os demais condicionantes da base monetária têm uma importância secundária. Os dois vetores principais de magnitude semelhante e em direções opostas explicam a variação anual em torno de zero. Apesar de a resultante sugerir uma estabilidade quantitativa, argumentamos a seguir que existe uma significativa diferença qualitativa.

Figura 26.9
Fatores condicionantes da base monetária (fluxos em 12 meses)

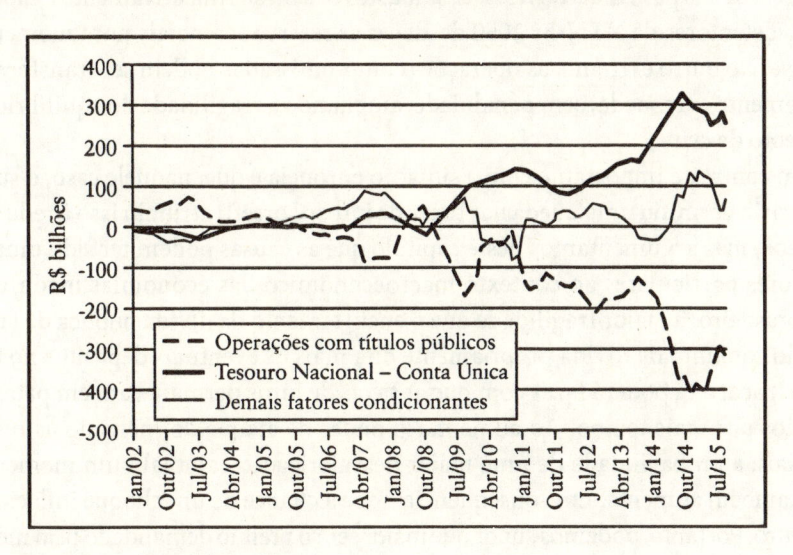

```
                        --- Operações com títulos públicos
                        ─── Tesouro Nacional – Conta Única
                        ─── Demais fatores condicionantes
```

Fonte: Banco Central do Brasil

As informações da Figura 26.9 sugerem que o Brasil já vem adotando o modelo de suporte monetário. Ao colocar compromissadas para enxugar a expansão monetária causada pelas operações da Conta Única do Tesouro, o Banco Central reduz o prazo médio da dívida pública. Isso ocorre devido ao curtíssimo prazo das operações compromissadas quando comparadas com o prazo médio da dívida pública do Tesouro. Esse tipo de operação aumenta a sensibilidade da economia brasileira a um possível choque, como uma parada repentina de fluxos de capital, por exemplo. Existem dois mecanismos de defesa para possíveis crises, caso todos desejem correr para a porta de saída ao mesmo tempo. O primeiro deles é a taxa de câmbio flexível. O segundo é o desconto em mercado nos preços dos ativos, caso haja uma corrida para a venda. Esse segundo mecanismo fica prejudicado na medida em que se reduz o *duration* da dívida. Num momento de crise, o poder de um ataque especulativo sobre as reservas cambiais aumenta quando uma parcela importante da dívida pública tem *duration* próximo de zero. Um caso extremo ocorreria se, como proposto pelo governo, o Banco Central passasse a aceitar depósitos que podem ser convertidos em liquidez a qualquer momento e sem penalidade.

Para ilustrar esse mecanismo de mercado, vamos tomar como exemplo a NTN-B 2050, um dos títulos com maior *duration* no Brasil. Nos últimos anos, na medida em que os investidores foram reavaliando o risco-Brasil e venderam esses títulos, a queda no preço de mercado chegou a 35%. Essa queda implicou uma elevação da taxa de juros real de 4% para mais de 7,5%. Esse ajuste reduziu significativamente a capacidade dos detentores de NTN-Bs 2050 de atacar as reservas cambiais num momento de estresse. No outro extremo, as operações compromissadas podem ser transformadas rapidamente em moeda, sem penalidade, ampliando a fragilidade do equilíbrio num momento de crise.

Um contraste importante com a situação europeia é que, naquele caso, o suporte monetário permitiu uma queda nas taxas de juros. Corsetti atribuiu isso à redução de *duration*, mas argumentamos neste capítulo que as causas podem ter sido uma série de fatores particulares ao contexto macroeconômico das economias maduras. No caso brasileiro, a maior fragilidade que o encurtamento da dívida pública de fato (ou seja, do conjunto da dívida propriamente dita mais os eventuais depósitos no banco central) acarreta poderá fazer com que as taxas de juros permaneçam em patamares elevados por mais tempo. Ao aumentar o poder de ataque do mercado às reservas cambiais, a probabilidade de uma maior desvalorização cambial num momento de crise também aumenta. Em consequência, sobe a chance de um choque inflacionário no futuro. Portanto, podemos supor que maior será o prêmio demandado pelo mercado para deter títulos brasileiros em reais.

Uma forma simples de resumir a fragilidade causada pela redução de *duration* da dívida, no contexto que estamos discutindo, é observar que, quanto mais livre estiver o investidor, maior deverá ser a taxa de juros a ser paga para evitar sua saída num momento de crise. Esse temor de fuga de capitais inexiste nas economias maduras centrais, que muitas vezes se beneficiam nos momentos de crise, uma que vez que são o destino final da fuga de capitais – o *flight to quality*.

Conclusões

Com o envelhecimento populacional nas economias maduras, uma nova série de "doenças" macroeconômicas emergiram nos países do G7. E a academia local, assim como os bancos centrais desses países, vem respondendo com novos remédios para esses novos problemas. Esses remédios, no entanto, funcionam no contexto específico das economias maduras – e não necessariamente no ambiente completamente distinto das economias emergentes.

Um exemplo recente da adoção inadequada de prescrições de política econômica foi o caso do afrouxamento quantitativo (QE) no Brasil depois da crise de 2008. Enquanto esse tipo de política pode fazer sentido em economias que tentam evitar deflação e têm elevado nível de capacidade ociosa, ela parece ser completamente equivocada para países, como o Brasil, que viviam naquele momento em pleno emprego, com inflação elevada e significativo deficit em conta-corrente. Estamos pagando até hoje o preço desse erro.

Corsetti sugere uma nova linha de tratamento – a emissão de moeda para abrandar crises fiscais. Sugere também que esse remédio pode ser usado em economias com inflação e taxas de juros positivas. Basta trocar a emissão de moeda por depósitos remunerados com liquidez no Banco Central. O princípio ativo dessa nova medicação seria, na visão de Corsetti, a redução de *duration* da dívida pública. Procuramos sugerir neste capítulo que talvez não tenha sido esse de fato o motivo por que o remédio tenha funcionado no caso da crise europeia. Diversos fatores podem estar por trás da dinâmica que amorteceu aquela crise. Primeiro, ela não foi da Europa como um todo, mas sim de um pequeno grupo de países europeus. O mecanismo de solução da crise foi simplesmente a troca de ativos dos países problemáticos por ativos da federação europeia. Outro fator determinante foi o ambiente de armadilha da liquidez em que os países maduros se encontram – o que por si só já garante uma demanda por encurtamento de ativos, independentemente do ambiente fiscal. Adicionalmente, podemos caracterizar as economias maduras como superdimensionadas, com excesso de capacidade, populações envelhecendo e se reduzindo, e bancos centrais que lutam para evitar que o excesso de capital mal alocado seja liquidado. Esses fatores intensificam ainda mais a pressão deflacionária. O contexto macroeconômico das economias maduras é muito distinto daquele em que estão inseridos os países emergentes, em especial o Brasil.

A adoção do suporte monetário no Brasil, com a consequente queda no *duration* da dívida pública, deve ter tornado o equilíbrio macroeconômico mais instável. Com depósitos remunerados no banco central, que podem ser transformados em liquidez imediatamente e sem penalidade, o ataque às reservas cambiais se tornará ainda mais forte em momentos de crise. Consequentemente, podemos esperar maiores picos inflacionários devido a uma maior volatilidade do câmbio. Essa maior volatilidade esperada pode levar o mercado a demandar um maior prêmio de risco para comprar a dívida pública brasileira. Esse seria um efeito inverso ao do suporte monetário no caso europeu.

O Brasil já cometeu o erro de adotar o afrouxamento quantitativo (QE) depois da crise de 2008 – e os efeitos nocivos ainda persistem. Vamos repetir o erro e adotar um novo remédio prescrito para economias maduras e inadequado para o nosso ambiente macroeconômico?

Nota

1. Pigs = Portugal, Irlanda, Grécia e Espanha (*Spain*).

Referências bibliográficas

BARBOSA, Nelson. (2013) "Brazil's Political Challenge: Building Consensus on an Economically Sustainable Strategy." Wilson Center, Brazil Institute, Special Report, Oct. Disponível em: https://www.wilsoncenter.org/publication/brazils-political-challenge-building-consensus-economically-sustainable-strategy

BLINDER, Alan. (1999) *Central Banking in Theory and Practice*. Cambridge: MIT Press.

CALVO, Guillermo A. (1988). "Servicing the Public Debt: The Role of Expectations." *The American Economic Review*, 78(4), 647–661.

CATES, Andrew. (2014). "Global Outlook: Cyclical Positives, Structural Negatives." UBS Research. Disponível em: file:///C:/Users/fast/Downloads/Andrew%20Cates%20UBS_Global%20for%20June%202014.pdf.

CORSETTI, Giancarlo (2015). "The Mystery of the Printing Press: Monetary Policy and Self-fulfilling Debt Crisis." Schumpeter Lecture, EEA Meetings, Manheim. Disponível em: https://sites.google.com/site/giancarlocorsetti/

SUMMERS, Lawrence (2014). "U.S. Economic Prospects: Secular Stagnation, Hysteresis, and the Zero Lower Bound." *Business Economics*, 49(2), abril, pp. 65-73.

27
BANCOS CENTRAIS E TESOUROS SOB POLÍTICAS MONETÁRIAS EXPERIMENTAIS

Felipe Tâmega Fernandes

INTRODUÇÃO[1]

A Crise de 2008/9 foi quase sem precedentes e a resposta dos países afetados também o foi. A crise se iniciou com o estouro da bolha imobiliária nos EUA, que contaminou o sistema bancário norte-americano e daí se transmitiu como um choque global financeiro e real para o resto do mundo. A fragilidade e a exposição de bancos internacionais, sobretudo os europeus, à economia americana ampliaram e aceleraram o choque em escala global.

A forma como os diversos países navegaram nesse ambiente foi bastante diversa, dependendo de cada arcabouço institucional, mas, sobretudo, da severidade com que os respectivos mercados domésticos foram (ou eram percebidos como tendo sido) impactados pela crise. Em geral, os países emergentes adotaram políticas fiscais expansionistas, aproveitando-se do espaço fiscal criado por anos de crescimento elevado (muitas vezes, na esteira de forte alta dos preços das *commodities*) que permitiram a geração de superavit primários robustos diminuindo o endividamento público como percentagem do PIB. A política monetária também foi afrouxada via queda das taxas de juros. Por fim, de forma a lidar com um aumento da liquidez global e o consequente fluxo de capitais internacionais, houve uma clara tentativa por parte de importantes bancos centrais emergentes de insular suas políticas monetárias através da acumulação de reservas.

Os países avançados também afrouxaram suas políticas monetária e fiscal, mas suas expansões fiscais duraram pouco, já que o alto nível de endividamento público de muitos deles fez com que logo surgissem dúvidas com relação à trajetória da dívida. A política monetária teve que ser ainda mais utilizada, só que o baixo nível das taxas de juros fez com que logo se atingisse o chamado *zero lower bound*, gerando uma discussão sobre como lidar com a armadilha da liquidez nessas economias. A saída foi mudar, mesmo que temporariamente, o arcabouço da política monetária e passar a fazer políticas de expansão quantitativa dos agregados monetários através da compra de títulos públicos e privados em mercados secundários. Essa política convencionou-se chamar de *quantitative easing* (doravante abreviada simplesmente como QE) e foi adotada por todos os principais bancos centrais mundiais. O Banco do Japão já lidava com um problema crônico de deflação e, em diversas ocasiões, ampliou tal programa. O Banco da Inglaterra cedo adotou uma política de QE, a qual foi seguida de perto pelo Federal Reserve nos EUA. O Banco Central Europeu relutou a princípio, mas, após a adoção de outras políticas de liquidez, acabou também por adotar o QE.

Os QEs, por sua vez, exacerbaram o problema dos países emergentes ao gerarem uma pressão por desvalorização das moedas dos países avançados, já que boa parte da liquidez gerada transbordava para as economias emergentes à procura de retornos financeiros num contexto em que as taxas de juros nas economias avançadas eram iguais a zero (ou, mesmo em alguns casos, negativas). O aumento de liquidez em escala global teve como contrapartida o aumento das reservas dos países emergentes, as quais foram reinvestidas inicialmente em ativos seguros dos países avançados.

Essas políticas tiveram efeitos muito fortes sobre os balanços dos bancos centrais. Nos países avançados, o carregamento de títulos públicos e privados em suas carteiras os expôs aos riscos de *duration* e de calote. Já os bancos centrais emergentes tiveram que lidar com a volatilidade cambial e com mudanças estruturais na paridade de suas moedas.

Este capítulo discute como os bancos centrais, avançados e emergentes, foram impactados do ponto de vista institucional pela Crise de 2008/9 e como ela mudou a percepção do arranjo institucional ótimo entre a autoridade monetária e o Tesouro. Para tanto, o capítulo encontra-se estruturado da seguinte forma. Na seção "Tipos de Banco Central e suas relações com o Tesouro" são analisados dois casos polares para mostrar que há uma miríade de casos intermediários. Na seção "Diferentes tipos de Banco Central: solvência técnica e independência operacional" há uma análise sob o prisma dos tipos polares de banco central. A seção "Bancos centrais em ritmo de acumulação de reservas e quantitative easing" trata dos efeitos da crise internacional sobre os balanços dos bancos centrais enquanto a seção "Bancos centrais e a Crise de 2008/9: algumas lições" resume as principais consequências da crise para as relações entre os bancos centrais e os respectivos Tesouros. A seção seguinte apresenta considerações finais.

TIPOS DE BANCO CENTRAL E SUAS RELAÇÕES COM O TESOURO

A atuação do Banco Central influencia e é influenciada pela do Tesouro e, portanto, a coerência entre as políticas monetária e fiscal é importante para determinar o sucesso da política macroeconômica como um todo. Por exemplo, o gerenciamento de caixa e de dívida do Tesouro interage diretamente com a política monetária. Além disso, tanto o Banco Central quanto o Tesouro se relacionam com o sistema financeiro, já que ambos são usuários de serviços de transações financeiras. O Banco Central também provê diretamente serviços para o Tesouro, tais como o gerenciamento de sua Conta Única e serviços de agente fiscal (por exemplo, levando a cabo leilões de títulos para o Tesouro ou efetuando o registro desses títulos etc.). O problema é que, nessa interação, o Banco Central e o Tesouro gerenciam diferentes partes do balanço do governo, com diferentes prioridades e percepções de risco. Sem uma governança adequada e mecanismos de planejamento haverá sempre riscos de decisões conflitantes com prejuízos à política macroeconômica (Pessoa e Williams, 2012: 1-2). É necessário, assim, entender os aspectos teóricos e práticos dessa relação para definir-se um bom arcabouço institucional.

Há dois arranjos institucionais polares no relacionamento entre o Banco Central e o Tesouro: 1) Modelo Agente/Principal; 2) Modelo *Corporate*. No modelo Agente/Principal o Banco Central é simplesmente um agente do governo e muitos riscos, incluindo os cambiais e de *duration* são absorvidos pelo Tesouro. O resultado financeiro da autoridade monetária é transferido para o Tesouro se for positivo e coberto por transferências do Tesouro, se for negativo. No modelo *Corporate*, o capital do Banco Central funciona como um colchão para absorver possíveis perdas financeiras e no limite não há qualquer obrigação financeira por parte do Tesouro de assumir essas perdas. Todos os ativos financeiros (tais como reservas cambiais) entram no balanço do Banco Central e a diretoria da instituição decide de forma autônoma sobre o seu próprio apetite de risco (Bakker, 2007: 217-223). Em ambos os modelos, pressupõe-se que não há financiamento do Banco Central ao Tesouro.

Através da legislação pertinente ao Banco Central pode-se determinar o tipo de arranjo institucional em diversos países. A análise aqui não é exaustiva, busca-se apenas exemplificar os modelos existentes. Os modelos polares referem-se quase sempre a bancos centrais de menor expressão, mas a sua compreensão nos ajuda a entender os casos intermediários e as diferenças teóricas e práticas da adoção de cada um dos tipos de bancos centrais. No modelo Agente/Principal, encontram-se regulamentações sugerindo que o Tesouro forneça apoio financeiro ao banco. Por exemplo a *Ley de Integración Monetária* de El Salvador estabelece que todas "as obrigações do Banco Central desse país serão assumidas pelo Estado por meio do Ministério da Fazenda, o qual poderá compensá-las por obrigações existentes em seu favor".[2] Outro exemplo seria o Reserve Bank of Malawi, cujos estatutos determinam que o capital do banco seria inicialmente de 3 milhões de *Kwacha* e que o governo tem que assegurar que o Banco Central seja sempre solvente através, se necessário, de recapitalizações.[3] Do modelo *Corporate*, há também alguns exemplos, porém menos frequentes. Por exemplo, nos estatutos dos bancos centrais da Armênia e da Lituânia determina-se que o Estado não assumirá qualquer responsabilidade pelas obrigações do Banco Central e vice-versa.[4]

Não há caracterização explícita em todos os estatutos de bancos centrais acerca do modelo adotado e, em geral, esses países se encontram no espectro intermediário entre os dois modelos polares discutidos anteriormente. O arranjo institucional pode assim ser inferido a partir da regulamentação de cobertura de capital. O Banco Central Europeu, por exemplo, é um banco central cujo arcabouço institucional se aproxima bastante do modelo *Corporate*. Por um lado, há a percepção de independência formal da instituição (art. 7º) e a criação de um fundo de reserva para cobrir eventuais perdas (art. 33-1). Na eventualidade de exaurirem-se esses recursos, o saldo negativo remanescente seria coberto pelas receitas monetárias do exercício financeiro correspondente, proporcionalmente e até os montantes repartidos entre os bancos centrais nacionais (art. 33-2). Por outro lado, há a possibilidade explícita de recapitalização da instituição.[5] O interessante aqui é que essa recapitalização é determinada pelo próprio conselho do Banco Central Europeu, o que lhe dá maior independência de fato em relação aos Tesouros nacionais europeus. Ademais, cabe ressaltar que o Banco Central Europeu é talvez o mais independente que existe, já que quaisquer modificações institucionais necessitam de unanimidade de seus acionistas (bancos centrais nacionais da zona do euro), o que lhe garante uma liberdade de ação plena frente a interesses de um determinado país (ou mesmo de um grupo majoritário de países) da zona do euro.

Há outros exemplos de bancos centrais ainda mais híbridos. O Banco Central do Qatar, por exemplo, possui uma legislação que estabelece que se houver qualquer deficit de capital, o Estado deverá cobri-lo com a emissão de títulos não transferíveis.[6] Há ainda o Banco Central do Quênia, cuja legislação determina que quaisquer perdas em excesso aos créditos no fundo de reserva serão pagas automaticamente pelo Fundo Consolidado do governo.[7] A legislação queniana determina que, em caso de insuficiência de capital, a recapitalização será automática, sem a necessidade de aprovação por parte do Parlamento. Portanto, esses exemplos acima configuram tipos de bancos centrais híbridos, porém mais próximos ao modelo *Corporate*, já que todas as instituições gozam de um grau de independência operacional em relação ao Tesouro (afinal, as recapitalizações, quando necessárias, são automáticas e não necessitam de aval do Tesouro ou do parlamento). Contudo, não são modelos puros, pois a possibilidade explícita de se capitalizarem com Tesouro de forma automática faz com que seu nível de capital não limite a tomada de riscos por parte dessas autoridades monetárias.

Há outros bancos centrais híbridos que estão mais próximos do modelo agente. Tome-se, por exemplo, o Banco Central da China (PBoC): ainda que seu estatuto lhe outorgue independência operacional (art. 38), ele também determina que o orçamento da instituição seja diretamente absorvido pelo orçamento do governo central. Quaisquer perdas ou ganhos vão diretamente para o orçamento anual do Estado (art. 39).[8] Outro exemplo aqui seria o Banco Central do Brasil. Para este os resultados positivos e negativos geram transferências entre o BC e o Tesouro Nacional (TN). De acordo com Mendes (neste volume: capítulo 9. "A lei 11.803/08 e as relações financeiras entre Tesouro Nacional e Banco Central"), há entretanto uma assimetria na transferência temporal entre essas instituições, já que os lucros revertem do BC para o TN dez dias úteis após a aprovação do balanço do Banco Central enquanto que seu prejuízo pode ser coberto até o décimo dia útil do exercício subsequente ao da aprovação do balanço. Além disso, a transferência do lucro do BC é feita em dinheiro, ao passo que a cobertura de seu prejuízo se dá através de títulos públicos. A assimetria na forma de pagamento e na sua efetivação temporal são idiossincrasias brasileiras. O mesmo não se verifica, por exemplo, no caso do Federal Reserve Bank dos EUA, o qual também pode ser considerado um modelo híbrido mais próximo do modelo agente. Seu estatuto define que há um dividendo de 6% a ser pago a seus acionistas[9] após a apuração do resultado. O montante restante compõe um fundo de reserva para equacionar o superavit ao capital integralizado e o excesso é convertido para o Tesouro.[10] Outro exemplo interessante é o do Banco Central da Coreia do Sul: seu estatuto determina que as perdas têm que ser cobertas pelo governo de acordo com o *State Finance Act* (orçamento), mas não há qualquer especificação que obrigue que essa recapitalização seja automática.[11]

Na maioria dos bancos centrais a recapitalização por parte do Tesouro ocorre em caso de insuficiência de capital, ou seja, após as reservas de capital se exaurirem. Em alguns poucos casos, porém, a transferência de fundos pode se dar independentemente do nível de capital. No caso da Nova Zelândia, o estatuto do Reserve Bank of New Zealand estabelece que ele deverá transferir para a conta do Tesouro quaisquer ganhos (realizados ou não realizados) provenientes de transações com moedas estrangeiras. De forma análoga, se houver perda líquida nessas transações o Tesouro deverá transferir fundos ao Banco Central, sem a necessidade de aprovação legislativa.[12] Dessa forma, o Reserve Bank of New Zealand pode estar bem capitalizado e ainda assim receberá aportes do Tesouro, basta que as operações com moedas estrangeiras registrem perdas. O Reserve Bank of New Zealand é simplesmente um agente do Tesouro no gerenciamento das reservas cambiais e toda volatilidade e risco das operações é assumida pelo Tesouro.

Há, portanto, uma miríade de arcabouços institucionais e, talvez, não há um que seja ótimo. É necessário, entretanto, que se crie um ambiente institucional no qual o Banco Central possua um balanço patrimonial saudável de forma a poder conduzir a política monetária de forma ótima (a qual pode ser entendida de forma simplista, como a obtenção de uma baixa taxa de inflação). No modelo *Corporate* puro, o Banco Central precisaria estar adequadamente capitalizado desde o início, já que não haveria a possibilidade de futuras recapitalizações. Todos os resultados positivos de seu balanço seriam acumulados num fundo de reserva de capital, do qual seriam deduzidas suas perdas. Mesmo que em algum momento o capital se torne negativo, essas perdas poderiam ser compensadas pela expectativa futura de receitas com senhoriagem. Assim, as receitas com senhoriagem imporiam limites aos riscos tomados pela autoridade monetária (Reis, 2013: 14-5). Segundo Berriel e Bhattarai (2009), não haveria equilíbrio estável nesse arcabouço a não ser que o Banco Central incorporasse em sua função de reação seu próprio nível real de capital. O Banco Central passaria, assim, a ser mais sensível a choques inflacionários, já que aumentos da inflação diminuiriam a quantidade real de capital em seu balanço. Ao reagir mais rapidamente e mais fortemente a choques inflacionários, a autoridade monetária geraria, então, uma volatilidade maior do produto.[13]

Em contraste, no modelo Agente/Principal é necessário dar suporte fiscal ao Banco Central. Uma forma seria a de garantir a transferência de recursos do Tesouro sem a necessidade de aprovação pelo Congresso. Outra alternativa seria a criação de um fundo de reserva que teria como garantia os ganhos futuros esperados de senhoriagem. Contudo, como não há qualquer limitante à atuação do Banco Central, esse arcabouço necessitaria de limites à tomada de riscos e, talvez, do estabelecimento de um percentual máximo de financiamento por parte do Tesouro. O problema é que tais definições não são fáceis de fazer sem constranger a atuação da política monetária ou sem criar limites que são pouco efetivos (Reis, 2013: 15).

Pelos estatutos dos bancos centrais percebe-se então que há alguns países que recorreram ao modelo *Corporate*, no qual não há qualquer possibilidade por lei de cobertura de capital do Banco Central por parte do Tesouro. Para esses países, as reservas de capital limitam a atuação da política monetária, na medida em que determinadas políticas influenciam o tamanho e a composição do balanço do Banco Central e podem levar a perdas significativas por parte da autoridade monetária. Para outros países, há uma garantia explícita do Tesouro e, portanto, nesses casos o capital do Banco Central não deveria constranger a política monetária, pois ele é simplesmente um agente do Tesouro. Há também casos intermediários, em que não há uma garantia explícita, mas, sim, regras de recapitalização do Banco Central em caso de perdas patrimoniais significativas. Argumentamos que talvez não haja um modelo ideal, mas que seria desejável no caso dos bancos centrais do tipo *Corporate* uma mudança em sua regra de política ótima, para torná-la menos vulnerável a choques inflacionários. Por outro lado, no caso dos bancos centrais tipo Agente seria necessária a imposição de limites à assunção de riscos.

Diferentes tipos de Banco Central: solvência técnica e independência operacional

Na seção anterior, discutiu-se o financiamento do Banco Central pelo Tesouro. No caso do Banco Central *Corporate*, a independência operacional e seu equilíbrio orçamentário são definidos quase que por construção. Já a solvência técnica[14] depende da boa administração da autoridade monetária [independente] ao medir corretamente os riscos das operações monetárias em relação à sua reserva de capital. Em contraste, no modelo Agente/Principal, é a solvência técnica da instituição que é uma realidade quase que por construção, pois o Banco Central depende inteiramente do suporte fiscal do Tesouro. Nesse modelo, a possibilidade de haver deficit recorrentes é mais palpável, principalmente se não houver limites à assunção de riscos por parte do Banco Central. Consequentemente, a necessidade de ter o suporte do Tesouro faz com que, no modelo Agente/Principal, a independência da instituição seja muitas vezes apenas uma miragem.

A solvência técnica da autoridade monetária é importante porque os resultados do Banco Central podem influenciar a política fiscal. Por outro lado, o resultado do Banco Central também influencia a política monetária. A saúde financeira do Banco Central, tal como medida pelo resultado de seu balanço, é determinante para o sucesso ou fracasso de sua política econômica e financeira. Grandes perdas patrimoniais implicam a necessidade de financiamento via senhoriagem que podem minar as políticas monetária e cambial. Há diversos exemplos disso, como a Argentina no segundo trimestre de 1989 quando a perda financeira do Banco Central de La Republica Argentina atingiu 23,5% do PIB. A necessidade de o Banco Central financiar esse deficit implicou o abandono de quaisquer outras políticas que com ela conflitassem (por exemplo, manter a estabilidade de preços).

Dessa forma, dificuldades com a solvência técnica do Banco Central acabam por minar sua independência operacional (entendida como a liberdade da instituição em perseguir os objetivos da política monetária), já que a autoridade monetária se vê impossibilitada de cumprir seu mandato.[15] Por sua vez, a independência operacional importa porque, como sugere a literatura acadêmica, ela está positivamente correlacionada com o sucesso da política monetária (de obter inflação baixa).[16]

Um banco central com balanço fragilizado pode enfrentar problemas ainda mais sérios, tais como não lograr servir como agente financeiro do Tesouro ou perder a credibilidade para manter íntegro o sistema de pagamentos. Mesmo em situações menos agudas, um banco central precisa ter um balanço relativamente forte para evitar problemas macroprudenciais, pois pode precisar usá-lo para oferecer fundos como emprestador de última instância. Ademais, o mercado pode duvidar da capacidade de o Banco Central enfrentar grandes perdas na execução de sua política monetária mesmo em situações em que ele tenha uma boa saúde financeira. Tal foi o caso do Japão no início de 2002, quando o mercado duvidou que o Banco do Japão fosse manter sua política de suporte à curva longa de juros porque se acreditava que um eventual aumento desses juros geraria fortes perdas para o banco, acabando por exaurir seu capital (Stella, 2002: 3-4).

O Chile, na década de 1990, aparentaria contradizer essa regra de que é necessário um balanço robusto para que se atinjam os objetivos do Banco Central (em especial o da estabilidade de preços). Ao longo daquela década, o Banco Central do Chile consistentemente registrou perdas da ordem de 1% do PIB e, em alguns anos, ultrapassou-se o nível de 2% de perdas. No entanto, a inflação caiu de 30% no início da década para baixo de 5% em 1999. O ano de 1999 foi um marco na história da política econômica chilena pelo fim da política de bandas cambiais e pela adoção de metas de inflação. No ano seguinte, adotou-se também uma regra fiscal. Ainda que os desenvolvimentos institucionais formais tenham acontecido somente no final da década, já havia uma melhora clara do arcabouço fiscal ao longo dela, com a adoção de uma política fiscal contracionista. Peter Stella (2002), por exemplo, argumenta que o Chile pode ter se beneficiado do que ele chamou de dominância fiscal benevolente, na qual a política fiscal contraiu a base monetária e apreciou a taxa de câmbio além dos níveis ótimos estabelecidos pelo objetivo de estabilidade de preços do Banco Central, permitindo-lhe injetar liquidez no sistema sem consequências inflacionárias (injeção de liquidez essa que teria ocorrido parcialmente via perdas no resultado do balanço do Banco Central).

A conclusão é que é improvável que um banco central do tipo *Corporate* gere resultados negativos em seu balanço de magnitudes tais que haja perda de credibilidade para levar a cabo a política monetária convencional.[17] Isso porque o capital do banco oferecerá um limite à tomada de riscos por parte da autoridade monetária. Contudo, quando há a necessidade de se utilizar o balanço do Banco Central de forma mais agressiva, por exemplo, durante uma crise financeira, o modelo *Corporate* se torna inadequado, já que uma grande reserva de capital se torna essencial exatamente quando é mais duvidoso que ela esteja disponível. Esse modelo também parece inadequado para o caso de bancos centrais que acumularam grandes reservas cambiais e enfrentam forte volatilidade do câmbio. Nesses cenários, o suporte fiscal do Tesouro torna-se indispensável para que o Banco Central possa assumir maiores riscos e suportar uma maior volatilidade em seu balanço, seja pelo efeito de *duration* (quando há a compra de títulos com maturidade mais longa do que seus ativos), de calote (no caso da compra de títulos públicos e privados) ou de variação cambial (quando se acumulam reservas internacionais).

Em contrapartida, no modelo Agente/Principal não basta apenas o suporte formal do Tesouro. É preciso que ele seja efetivo. Em alguns países, ainda que haja regras de recapitalização do Banco Central elas podem não ser efetivas ou eficientes. Isso pode acontecer, seja porque a forma de capitalização é inócua,[18] seja porque a recapitalização necessita de aprovação do Congresso, o que em determinados contextos pode ser difícil de se obter.

Bancos Centrais em ritmo de acumulação de reservas e *quantitative easing*

As seções anteriores deixam claro que o balanço dos bancos centrais é um importante indicador da qualidade da política monetária; bancos centrais que possuem um balanço sustentavelmente saudável têm maior probabilidade de atingir seus mandatos de estabilidade de preços. Contudo, argumentou-se também que os diferentes modelos de banco central possuem vantagens e desvantagens, com destaque para o grau de assunção de risco por parte da autoridade monetária. Por um lado, bancos centrais do tipo agente são mais dependentes do financiamento do Tesouro, o que faz com que seus balanços possam ser mais frágeis, explicando-se seu pior desempenho em atingir o mandato de estabilidade de preços. Por outro lado, o financiamento por parte do Tesouro fornece uma maior margem de manobra para a utilização do balanço do Banco Central na condução da política monetária. Esse aspecto foi especialmente importante durante a Crise de 2008/9, quando se adotaram políticas anticíclicas bastante agressivas, com destaque para as de acumulação de reservas e de *quantitative easing*. Discutimos o impacto dessas políticas sobre os balanços dos bancos centrais sucessivamente nas subseções que se seguem.

Acumulação excessiva de reservas internacionais e seus impactos sobre os balanços dos bancos centrais

As reservas cambiais são usualmente utilizadas para dar suporte à política macroeconômica e, mais especificamente, à política cambial. As reservas também podem ser vistas como um depósito para fazer frente ao serviço da dívida externa do país. Além disso, sob o regime de *currency board* as reservas são a contrapartida da base monetária doméstica. Antes mesmo da Crise de 2008/9 já havia alguma tendência de expansão das reservas internacionais, mas a crise mudou bastante o panorama geral. De forma a entender como a administração das reservas internacionais e seus custos e benefícios vêm evoluindo, fazemos uma breve digressão sobre os fatores geradores das reservas. Em seguida, ilustramos os efeitos da acumulação de reservas no caso do Banco Central do Brasil, que é do tipo agente.

Os custos da acumulação de reservas dependem da fonte de seu financiamento. Existem três casos: 1) reservas que são fruto de superavit fiscais; 2) reservas que são financiadas por empréstimos externos; e 3) reservas que têm como contrapartida o financiamento doméstico. Nem sempre é possível fazer a classificação de forma tão clara e por vezes as reservas são fruto de uma combinação dos três tipos. Mas, em geral, em dado momento histórico há a dominância de um determinado tipo.

Os casos mais raros de acumulação de reservas se dão como contrapartida de superavit fiscais. Exemplos são países produtores de petróleo (Abu Dhabi e Noruega) e do Sudeste Asiático (Hong Kong e Cingapura).

Há também alguns poucos casos de acumulação de reservas por meio de empréstimos externos. Destacam-se aqui a Nova Zelândia e as Filipinas. No caso da Nova Zelândia, houve emissões externas por parte do Tesouro em moeda estrangeira que foram repassadas para o Reserve Bank of New Zealand (RBNZ). O RBNZ, por sua vez, administra as reservas de forma a minimizar seu custo de carregamento para o Tesouro (lembre-se que o resultado cambial é um passivo do Tesouro e o RBNZ apenas administra as reservas internacionais). A diferença entre o custo de emissão e o retorno sobre o investimento em muitos anos foi praticamente zero, dada a excelente avaliação de risco-país da Nova Zelândia. Contudo, com o passar do tempo (a partir de 2005), o país começou a financiar as reservas cada vez mais com emissões domésticas por conta das baixas taxas internas de juros. Isso foi resultado de uma posição fiscal bastante sólida, que gerou uma demanda externa por títulos domésticos neozelandeses. O caso das Filipinas é bem distinto, já que o país jamais possuiu avaliação de risco tão positiva quanto à da Nova Zelândia. O financiamento de suas reservas se deu através de emissões externas tanto do Tesouro quanto do Banco Central filipino (McCauley, 2007: 25-8).

Por fim, o caso mais comum de acumulação de reservas é o do financiamento doméstico. Tal foi a realidade de diversos países do Sudeste Asiático, como Coreia, Taiwan, China, Malásia etc. À medida que os países latino-americanos conseguiram estabilizar suas economias, com muitos deles adotando o sistema de metas de inflação, o financiamento doméstico deixou de ser proibitivo e abriu as portas para a acumulação de reservas na região também, como se vê na Figura 27.1. Nesse ambiente, destaca-se o Brasil, cujas reservas no final de 2015 atingiram aproximadamente US$360 bilhões.

Figura 27.1
Reservas cambiais em países latino-americanos selecionados, 2000-2015

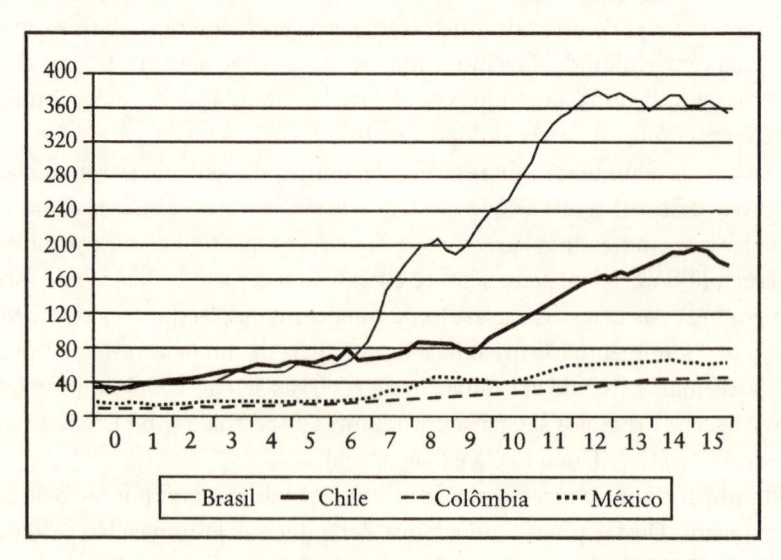

Fonte: Haver Analytics e Banco Central do Chile. No caso chileno somaram-se às reservas dois fundos soberanos.

O custo das reservas tem uma relação direta com sua origem: o custo será diferente se as reservas forem resultado de superavit fiscais, financiamento externo ou financiamento doméstico. No caso de superavit fiscais talvez a melhor medida de custo de carregamento das reservas seja seu custo de oportunidade. Se a alternativa à acumulação de ativos externos for a formação de capital doméstico, o produto marginal do capital deveria ser a medida de custo de oportunidade. Economias emergentes em geral possuem relações capital/trabalho relativamente baixas e, portanto, maiores retornos marginais ao capital. Assim, quanto maior o nível de desenvolvimento, menor deveria ser o custo das reservas oriundas de superavit fiscais (McCauley, 2007: 24).

Os custos nos casos do financiamento externo e/ou doméstico são mais diretos, já que os *spreads* de crédito soberano parecem ser uma boa medida. Em ambos os casos, calcula-se a diferença do custo de emissão *versus* o retorno sobre as reservas. Nem sempre é possível fazer tal cálculo de forma precisa, mas pode-se fazer uma aproximação. Por um lado, tem-se que o custo de emissão do governo no mercado doméstico pode ser aproximado pela diferença entre a taxa básica interna de juros e a taxa de juros internacional (em geral alguma medida de *libor* ou diretamente os *fed funds* americano). Por outro lado, o custo da emissão internacional pode ser aproximado por alguma medida de risco país. O problema de tais aproximações é que não se leva em consideração o custo de termo, ou seja, o descasamento que normalmente existe entre as maturidades do passivo e do ativo do Banco Central, já que invariavelmente ele se financia com papéis de médio prazo e investe em títulos com *duration* menor, seguindo o princípio da preservação da liquidez das reservas internacionais (*Ibid.*, 22-4).

Enquanto as reservas eram pouco representativas em relação aos PIBs dos países, seu custo de carregamento era baixo e não havia grandes discussões sobre essa matéria. À medida que as reservas cresceram, aumentaram-se as demandas para que os bancos centrais melhorassem a relação custo-benefício de seu carregamento. Uma das formas mais usuais de diminuir o custo do carregamento das reservas foi a de passar a investir em ativos com menor liquidez e/ou maior risco. O *duration* dos portfólios dos bancos centrais também foi aumentando com o passar do tempo. Essa tendência tomou formas variadas. Alguns bancos centrais simplesmente fizeram esse movimento no total de seu portfólio, enquanto outros fizeram cálculos de reservas ótimas e dividiram as reservas em duas partes: reservas de liquidez/intervenção e reservas de investimento. As reservas de liquidez/intervenção foram deixadas na forma líquida e continuaram tendo a função clássica das reservas internacionais, que era dar suporte às políticas macroeconômicas domésticas. Já as reservas de investimento foram apartadas num veículo independente de investimento com mandatos mais amplos e, portanto, com rentabilidade esperada maior. Tais foram os casos de Cingapura (GIC) e, mais recentemente, da Coreia do Sul (KIC). Nesse último caso, o Banco da Coreia acompanha o mercado de moedas estrangeiras e em bases trimestrais ajusta o tamanho relativo dos portfólios das reservas de liquidez e de investimento. As reservas de liquidez do Banco da Coreia estão em geral aplicadas em *Treasury Bills*, *commercial papers* e depósitos de curto prazo, enquanto o KIC possui um mandato mais amplo e investe em ativos de emissões de soberanos e de entes supranacionais, mas também em fundos que compram papéis de mercados emergentes e ações (Choo, 2007: 75-6). Essa tendência por buscar maiores retornos para as reservas internacionais foi, no entanto, revertida após a crise financeira mundial de 2008/9, quando houve um abrupto movimento de "fuga para a qualidade".

As reservas internacionais podem ser constituídas para diversos fins. Um dos benefícios mais citados é a diminuição da probabilidade de ocorrência de crises externas. A lógica é que uma quantidade grande de reservas permite a um país ganhar tempo quando os fundamentos macroeconômicos mudam: as reservas permitem que ele financie o balanço de pagamentos quando há uma reversão brusca das condições de financiamento externo (evento conhecido na literatura como um *sudden stop*). A utilização das reservas permitiria suavizar os movimentos cambiais, reduzindo os riscos à estabilidade financeira doméstica causados por empresas muito endividadas no mercado internacional. As reservas dariam também uma maior garantia para o pagamento das dívidas externas do país (soberana e privada), com impactos positivos sobre a taxa de captação dos agentes domésticos nos mercados internacionais. Além disso, as reservas também dão respaldo aos fluxos de comércio. Um colchão maior de reservas internacionais permite ainda diminuir a volatilidade cambial em momentos de estresse financeiro que sejam vistos como temporários. A maior estabilidade cambial permitida pelas reservas impediria que movimentos temporários de capitais de curto prazo tivessem efeitos adversos sobre a economia doméstica.

Em resumo, os benefícios de se acumularem reservas se relacionam à possibilidade de se evitar uma crise ou então diminuir seu impacto, caso ela ocorra. Já os custos são definidos pelo custo de oportunidade de sua aquisição. A definição do nível ótimo de reservas se dá então pela ponderação de custos *versus* benefícios. Tome-se o exemplo do Brasil. O custo das reservas é basicamente fiscal e é dado pela diferença entre o custo de carregamento das reservas e o retorno dos investimentos com elas feitos, uma vez que a acumulação das reservas teve como contrapartida um financiamento doméstico. Já os benefícios se medem em termos das perdas de produto, que são evitadas pelas reservas quando ocorrem crises de balanço de pagamentos. O nível ótimo de reservas ocorre naquele ponto em que os custos marginais da acumulação de reservas igualam seus benefícios marginais.

De acordo com o exercício apresentado no Apêndice, as reservas ótimas do Brasil estariam localizadas entre US$ 110 e US$ 170 bilhões. Entretanto, desde 2006, já havia uma política de acumulação de reservas que as elevaram para o patamar de US$ 200 bilhões em 2008, quando a crise se iniciou. A partir daí, como subproduto da política de *quantitative easing* nos países avançados, a acumulação de reservas ganhou tração atingindo cerca de US$ 350 bilhões em 2010, mantendo-se acima desse patamar desde então.

Embora os cálculos do nível ótimo das reservas não envolvam a volatilidade dos resultados do Banco Central, não se pode deixar de observar que as variações dos valores em reais das reservas fizeram com que a volatilidade das transferências do Banco Central para o Tesouro aumentasse sobremaneira, como pode ser visto na Figura 27.2. Constata-se, portanto, que ao acumular reservas de US$ 360 bilhões (muito superiores a seu nível ótimo), o Banco Central também gerou uma forte volatilidade em seu resultado patrimonial, sobretudo no período 2008-2009.[19] Mesmo considerando-se o período de 2010 a 2014, houve aumento do resultado médio (em termos absolutos) em relação ao período 1997-2007. Enquanto o resultado médio absoluto do Banco Central do Brasil foi de 0,9% do PIB no período de 1997-2007, ele passou para 1,7% do PIB no período de 2010-2014.

Figura 27.2
Resultado do balanço do Banco Central do Brasil (em % do PIB), base semestral 1997-2014[20]

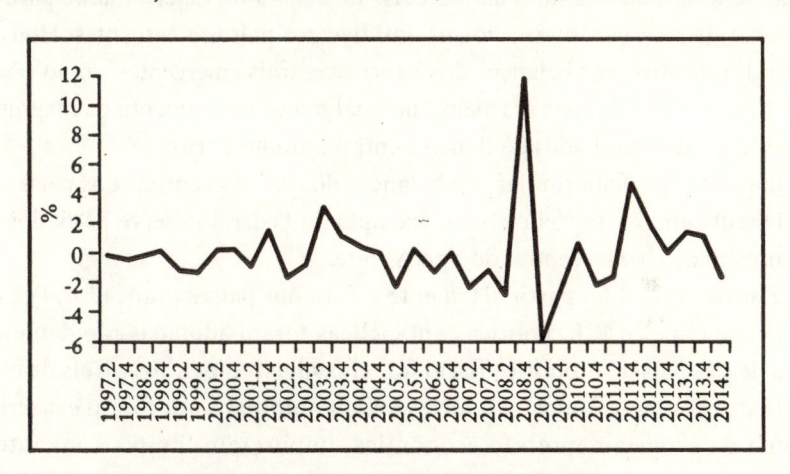

Fonte: Balanço Patrimonial, Banco Central do Brasil, vários anos e IBGE.

A volatilidade do resultado do Banco Central foi afetada pela adoção, a partir de 2013, de uma política agressiva de colocação de *swaps* cambiais, cujo estoque atingiu US$ 90 bilhões no início de 2014 e se encontrava em US$ 110 bilhões no final de 2015. A lógica inicial da política de *swaps* foi a de se diminuir a volatilidade cambial de forma a sustentar as políticas de estabilidade financeira e de preços, e seu efeito prático foi o de contrabalançar o custo de carregamento das reservas, já que a operação engendra uma troca de indexador desse custo: de Selic para variação cambial mais juros em dólar. Ainda que o fluxo proveniente das operações de *swaps* contrabalance o da variação do valor em reais das reservas, a marcação a mercado e os ajustes pagos dos *swaps* são feitos em bases diárias. Isso é importante porque engendra pagamentos ou recebimentos ao mercado por parte da autoridade monetária em bases diárias, afetando a liquidez do sistema. Já a valorização patrimonial das reservas, por possuir apuração semestral, só afeta a liquidez do sistema uma vez que os fluxos de pagamentos entre o Banco Central e o Tesouro se efetive. Além disso, por ser um passivo do Banco Central, pode-se entender a colocação de *swaps* como uma diminuição do nível de reservas para níveis mais próximos ao ótimo. Contudo, mesmo considerando-se a colocação dos *swaps* cambiais, o nível de reservas líquidas estaria significativamente acima do nível ótimo apurado anteriormente: cerca de US$ 260 bilhões.

Políticas de quantitative easing *e seus efeitos sobre os balanço dos bancos centrais*

Na seção anterior, mostramos como a Crise de 2008/9 foi determinante para gerar um excesso de reservas internacionais em diversos países emergentes. Houve um impacto significativo nos balanços dos bancos centrais emergentes, como pôde ser depreendido a partir do caso brasileiro, no qual houve um aumento da magnitude e da volatilidade dos resultados do Banco Central durante a crise.

O QE gerou um efeito similar nos balanços dos bancos centrais dos países avançados. Discutiremos esse efeito com o exemplo do Federal Reserve Bank dos EUA, que é também um banco central do tipo Agente.

A Crise de 2008/9 foi particularmente severa nos países avançados. Por conta da queda abrupta do PIB, políticas anticíclicas foram adotadas rapidamente na maioria desses países. A política fiscal foi relaxada, mas os altos níveis de endividamento dos governos somados a fortes deficit nominais, que foram exacerbados por conta da própria depressão econômica, impuseram limites à manutenção dessas políticas por um período mais prolongado. Assim, muitos países tiveram que se fiar ainda mais na política monetária para fugir do fantasma da deflação. O problema era que as taxas de juros nominais já eram relativamente baixas em termos nominais e rapidamente se aproximaram do chamado *zero lower bound* (ZLB). A partir daí seguiu-se uma série de experimentos de política monetária, que partiam da concepção de que, mesmo sob ZLB, mudanças na composição do balanço da autoridade monetária poderiam ser utilizadas para gerar afrouxamento monetário adicional. Essas mudanças na composição do balanço da autoridade monetária podem se dar de diversas maneiras: 1) compra de ativos de diferentes maturidades; 2) compra de ativos de diferentes níveis de risco (tais como ativos de emissores privados, paraestatais ou de agências governamentais); 3) troca de títulos com maturidades diferentes. O nível e a composição do balanço do Banco Central, com possíveis descasamentos entre ativos e passivos, poderiam ter efeitos significativos na economia como um todo, por afetarem o risco e a maturidade dos ativos financeiros.

De um ponto de vista teórico, essas políticas podem ter três justificativas. Primeiro, durante crises muito severas a transmissão da política monetária pode se enfraquecer, fazendo com que mudanças na taxa básica de juros tenham menor impacto sobre a remuneração dos ativos financeiros. Essa segmentação de mercados pode gerar uma oportunidade para o Banco Central influenciar diretamente o preço dos ativos financeiros, ao comprá-los e carregá-los em seu balanço. Segundo, se os mercados forem muito ilíquidos, mesmo pequenas intervenções por parte do Banco Central podem gerar mudanças nos preços de alguns ativos financeiros, fazendo variar seu rendimento. Terceiro, com mercados ilíquidos e segmentados, as intervenções do Banco Central podem ser justificadas para corrigir distorções de preços relativos. Porém, essa política de compra de ativos financeiros, sobretudo privados, não é livre de objeções. Primeiro, aumenta-se o risco de o Banco Central registrar perdas significativas. Segundo, o Banco Central passa a influenciar mais fortemente os preços relativos dos instrumentos financeiros, o que pressupõe uma capacidade no mínimo duvidosa de medir o nível ótimo desses preços corretamente. Finalmente, ao contrário da política monetária convencional, que não beneficia claramente nenhum agente ou setor da economia, o mesmo não pode ser dito quando há intervenções em mercados específicos (Reis, 2013: 15-7).

Como a política de *quantitative easing* afetou o balanço dos bancos centrais? Tome-se, por exemplo, o balanço do Federal Reserve Bank dos EUA (Fed). Antes da crise seu balanço era bastante simples, com cédulas em circulação em poder do público como o principal item do passivo, casado quase que perfeitamente com um portfólio de *Treasuries*. O banco possuía um capital muito baixo, impunha um compulsório também muito baixo sobre os bancos e não havia depósitos excedentes dos bancos, já que, por lei, eles não podiam ser remunerados. Não havia tampouco muitas operações temporárias no balanço (i.e., compromissadas). Essa composição de balanço, porém, mudou dramaticamente com as políticas de *quantitative easing*. Como se infere da Figura 27.3, a proporção dos títulos em carteira praticamente não mudou, mas tal fato mascara uma alteração substancial de sua composição. Antes da Crise de 2008/9, praticamente toda a carteira de títulos que o Fed carregava era composta por títulos de curto prazo emitidos pelo Tesouro americano. Com a política de *quantitative easing* houve um aumento significativo de títulos públicos de longo prazo, assim como o encarteiramento de títulos de agências governamentais e privados. Do lado do passivo, percebe-se um aumento importante das reservas bancárias e das operações compromissadas (*repos*) em relação ao dinheiro em circulação. As reservas bancárias foram a contrapartida das compras de títulos por parte do Fed, mas esse instrumento só se tornou eficaz depois que as reservas passaram a ser remuneradas em 2008, quando foi promulgada a lei que criou o Tarp (*Troubled Asset Relief Program*).

Figura 27.3
Composição do balanço do Federal Reserve Bank dos EUA, 2007 e 2015

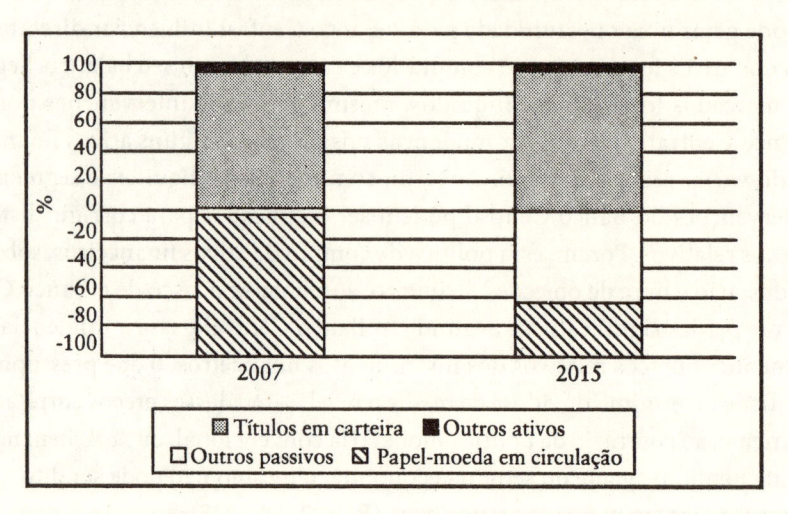

Fonte: Haver Analytics.

A histórica mudança da composição do balanço do Fed vem gerando um grande temor em relação ao custo fiscal que poderá aparecer por conta do risco de *duration* e de calote, à medida que a normalização da política monetária se intensifique. Até o momento, exatamente o contrário tem se verificado com um resultado positivo bastante significativo em termos de transferências do Fed para o Tesouro, como pode ser inferido da Figura 27.4. Antecipa-se, porém, que haja uma grande perda no portfólio de títulos (fruto da política de QE) trazido a preços de mercado. Por isso, já há tentativas por parte do Congresso norte-americano de limitar o escopo de atuação do Fed ou criar um arcabouço de vigilância institucional mais forte.[21]

Figura 27.4
Resultado do Fed (em % do PIB), 1947-2015

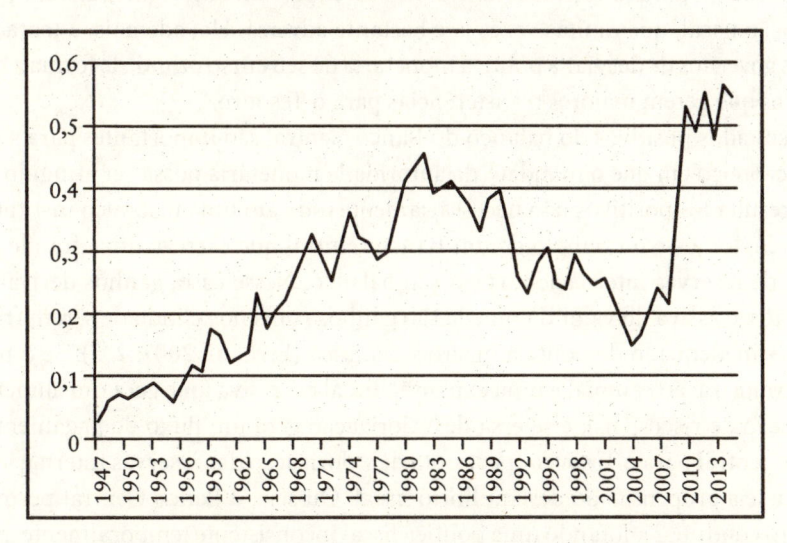

Fonte: *Federal Reserve Bank, Annual Report, Statistical Table 11.* Disponível em: http://www.federalreserve.gov/publications/annual-report/statistical-tables/2013-statistical-table-11.htm

Qualquer que seja o resultado financeiro do *Fed* daqui para frente, é inegável que a política de *quantitative easing* gerou um inchaço do balanço dessa instituição com o consequente registro de resultados mais vultosos do que no passado. Desde 1947, nunca houve resultados tão elevados quanto os de 2010 a 2015. De fato, como proporção do PIB os resultados deste último período são mais de duas vezes superiores aos registrados em média no período de 1947 a 2009.

Bancos centrais e a Crise de 2008/9: algumas lições

A crise de 2008/9 foi sem precedentes e as respostas dos bancos centrais também o foram. Em países avançados, as políticas de *quantitative easing* incharam os balanços dos bancos centrais com um numeroso volume de títulos públicos e privados. Por sua vez, os países emergentes acumularam grande quantidade de reservas internacionais. Ainda que os efeitos sobre a composição dos balanços dos bancos centrais de países avançados e emergentes sejam diferentes, o resultado final é que todos se viram mais expostos a riscos de *duration*, calote e variação cambial.

As consequentes magnitudes e volatilidades de seus resultados, por sua vez, deixaram os bancos vulneráveis a ataques do *establishment* político. Isso tanto porque as transferências positivas do Banco Central passam a ser vistas como financiamento ao Tesouro, como porque as transferências negativas passam a ser significativas e pioram a situação fiscal, que muitas vezes já é bastante adversa. Há, ademais, a tentação de alguns governos de desviar a política monetária de seu curso ótimo, de forma a buscar políticas que gerem maiores transferências para o Tesouro.

Resultados positivos do balanço do Banco Central são importantes para se gerar um arcabouço em que o mandato da autoridade monetária possa ser atingido. Contudo, resultados positivos não necessariamente indicam um arcabouço institucional saudável. Tome-se o exemplo de um Banco Central que carrega uma grande quantidade de reservas internacionais em seu balanço. Nesse caso, ganhos derivados de variação excessiva do valor da moeda são ganhos ruins no sentido de serem fruto de um *mix* inadequado de política macroeconômica (Ferhani, 2007: 235). Se o motivo da desvalorização cambial é uma expansão fiscal excessiva (que gera um aumento da percepção de risco-país), e se essa desvalorização gera um fluxo de pagamentos do Banco Central para o Tesouro (por conta da valorização das reservas internacionais), reforça-se a propensão ao desequilíbrio fiscal. Ou seja, o Banco Central permite ao Tesouro continuar adotando uma política fiscal inconsistente temporalmente. Assim, reservas internacionais em demasia podem ser um *blessing in disguise* já que podem gerar leniência em relação a políticas inadequadas do ponto de vista macroeconômico: mesmo na presença de políticas macroeconômicas inconsistentes, um país que possui grandes reservas internacionais poderia conseguir postergar uma perda de sua nota de crédito, gerando problemas macroeconômicos maiores no médio e longo prazos, já que não haveria qualquer mecanismo de correção automática de curso.

A magnitude e a volatilidade dos resultados dos bancos centrais geraram, por outro lado, uma demanda por maior transparência de suas operações. Vários países vêm adotando métodos internacionais de contabilidade. A adoção do sistema IFRS (*International Financial Reporting Standards*) vem ganhando corpo e hoje a maioria dos bancos centrais já divulga seus balanços, em alguma medida, de forma adequada a esse sistema de contabilidade. Isso é desejável primeiro porque a comparação de resultados de bancos centrais hoje é quase impossível. Também porque mudanças de caráter contábil geram grandes diferenças nos resultados oficiais dessas instituições e consequentemente nos fluxos de transferências entre o Tesouro e o Banco Central. Por exemplo, há diversos bancos centrais que contabilizam suas reservas de ouro pelo custo de aquisição e não pelo preço de mercado.

Da mesma forma, o aumento da exposição dos bancos centrais a riscos de perdas aumentou a demanda por um gerenciamento mais ativo desses riscos, de forma a justificar as políticas que levaram a um inchaço de seus balanços. Por exemplo, no caso das reservas desde 2000 houve uma busca por diversificação de ativos tanto em termos de risco quanto geográficos. Tal diversificação foi, no entanto, revertida de forma abrupta durante a Crise de 2008/9. Nessa ocasião, verificou-se um comportamento pró-cíclico dos administradores de reservas internacionais com muitos deles fugindo para a qualidade. Esse comportamento pró-cíclico aumentou a severidade da crise, já que os principais bancos comerciais internacionais, que já se encontravam expostos às perdas no mercado imobiliário, sofreram um aperto de liquidez por conta da retirada de depósitos dos administradores de reservas internacionais (Pihlman e Van der Hoorn, 2010).[22]

O estoque de ativos com classificação de risco "AAA" não cresceu no mesmo ritmo de sua demanda. Além da busca pela qualidade causada pela Crise de 2008/09, a concomitante adoção de políticas de *quantitative easing* também pressionou a demanda por esses títulos, fazendo com que eles ficassem ainda mais escassos. Se isso não bastasse, a piora fiscal dos países avançados, fruto das expansões fiscais adotadas na esteira da crise, fez com que muitos deles tivessem suas notas de crédito rebaixadas, diminuindo ainda mais o estoque de títulos de risco "AAA".[23] Esse movimento ajudou a intensificar o efeito do próprio QE, ao comprimir os *spreads* de crédito ao redor do globo: a escassez de títulos com risco elevado e a concentração das compras dos bancos centrais (sobretudo inicialmente) exatamente nesses títulos de menor risco geraram uma pressão forte de queda de suas taxas de juros. Esse efeito foi tão mais forte quanto mais segmentados fossem os mercados de títulos de diferentes graus de risco.

Considerações finais

Não existe a possibilidade de separação perfeita entre Tesouro e Banco Central. Na verdade nunca houve tal separação. O próprio gerenciamento de dívida e da liquidez do Tesouro interage diretamente com as operações de política monetária. Ademais, com o aumento da sofisticação das operações financeiras do governo (particularmente em relação ao gerenciamento de caixa), intensificam-se algumas dessas interações. Ambas instituições interagem também com o sistema bancário, seja como usuários dos serviços de transações bancárias, seja como contrapartes financeiras de determinadas operações. O Banco Central é ainda o banqueiro do Tesouro e fornece a ele uma série de serviços, tal como gerenciar a Conta Única (Pessoa e Williams, 2012: 1-2). O Tesouro Nacional e o Banco Central gerenciam diferentes partes do balanço patrimonial do governo como um todo, com diferentes prioridades e diferentes percepções de risco. Sem uma governança adequada e sem coordenação, sempre existirão riscos de que se adotem políticas conflitantes com potenciais perdas para a política macroeconômica (*Ibid.*: 2).

Não parece haver, contudo, um arcabouço institucional ótimo para o relacionamento entre o Banco Central e o Tesouro. Talvez seja ponto pacífico que um balanço saudável por parte do Banco Central seja uma condição necessária, mas não suficiente, para que a autoridade monetária tenha independência operacional. O caso chileno nos anos 1990 é a exceção que prova a regra. De qualquer maneira, o contrário não é verdadeiro: resultados positivos no balanço do Banco Central não necessariamente são prova de que há um arcabouço saudável. Inclusive, pode ocorrer que determinados resultados positivos no balanço da autoridade monetária sejam fruto de um *mix* ruim de política monetária, como seria o caso de um banco central que carrega uma grande quantidade de reservas internacionais em seu balanço e cujo resultado se beneficia de uma depreciação da moeda na esteira de um aumento do risco idiossincrático.

Discutimos arcabouços institucionais polares, mas a análise desses casos extremos permite tirar algumas conclusões. Primeiro, por construção, o modelo *Corporate* gera um bom balanço do Banco Central, já que o escopo de atuação da autoridade monetária é limitado por seu capital.[24] Não há nesse caso a possibilidade de cobertura de deficit por parte do Tesouro, o que faz com que o Banco Central tenha que restringir o risco assumido em suas operações ao capital disponível em seu balanço. Já o Banco Central do tipo Agente possui suporte fiscal do Tesouro de forma que a autoridade monetária pode registrar deficit recorrentes sem que haja insolvência. A solvência da instituição é gerada por construção institucional. Há contudo a necessidade de se imporem limites ao financiamento do Banco Central de forma que não se gere um problema fiscal que, por sua vez, pode influenciar negativamente a atuação da autoridade monetária. O problema é como estabelecer limites ao financiamento do Banco Central por parte do Tesouro.

Definir o limite ao financiamento do Banco Central Agente não é mais fácil do que definir o capital ótimo do Banco Central *Corporate*. Portanto, não é por aí que se define o tipo ótimo de Banco Central. Uma forma de se definir um melhor arcabouço talvez, então, passe pela escolha do grau de independência que se quer dar à autoridade monetária. Mencionaram-se aqui os aspectos positivos da independência operacional para atender ao mandato de estabilidade de preços do Banco Central. Por isso, até a Crise de 2008/09 o pêndulo parecia pender para a escolha de um modelo tipo *corporate* como ideal. Com a irrupção da Crise de 2008/9, percebeu-se que o Banco Central Agente podia responder mais prontamente às necessidades da política monetária. O modelo Agente permitiu que bancos centrais assumissem grandes riscos em seus balanços já que possuíam suporte pleno do Tesouro. De fato, os bancos centrais tiveram que aumentar o tamanho de seus balanços, expondo-se a diversos tipos de riscos. Mas a magnitude e a volatilidade das transferências entre o Banco Central e o Tesouro acabaram por gerar estresses institucionais.

Assim, a Crise de 2008/9 vem mudando paradigmas. Foi uma crise sem precedentes, e, portanto, há que se perguntar se arcabouços que foram melhores nesse período excepcional devem ser mantidos. A julgar pela experiência internacional recente, a melhor solução nos parece ser um modelo híbrido de Banco Central, mais próximo ao modelo *Corporate*, mas contando com amplo suporte fiscal em casos excepcionais. A dificuldade aqui é como evitar problemas de *moral hazard*, ou seja, como evitar que os administradores do Banco Central, ao saberem que, no limite, contariam com o suporte fiscal do Tesouro, tomassem mais riscos do que seu capital lhes permitiria em situações normais. Seria preciso desenharem-se instituições que tivessem *checks and balances*: uma proposta seria o estabelecimento de punições para administradores do Banco Central que fossem acusados de gestão temerária (cuja definição necessitaria ser feita de forma clara).

Notas

1. O autor agradece os comentários e sugestões de Edmar Bacha, Diogo Guillén e Mariano Steinert, além da ajuda de Guilherme Spilimbergo Costa, Terence Pagano e Luiz Paulo Felippo. Erros remanescentes são de sua exclusiva responsabilidade.
2. Ley de Integración Monetaria, decreto n. 201, capítulo 1, art. 11. Disponível em: http://www.ssf.gob.sv/index.php/normativa/leyes/36-leyes-financieras/67-ley-integracion--monetaria
3. Reserve Bank of Malawi Act, Laws of Malawi, Chapter 44:02, Part IV – Capital and Reserves. Disponível em: https://www.google.com.br/url?sa=t&rct=j&q=&esrc=s&source=web&cd=4&cad=rja&uact=8&ved=0ahUKEwjCzvq6htzLAhWFxpAKHRmMA_0QFggwMAM&url=https%3A%2F%2Fwww.rbm.mw%2FHome%2FGetContentFile%3FContentID%3D3776&usg=AFQjCNGwQX-ashSu2gkTc5r3VoMcRd3ZtA&bvm=bv.117868183,d.Y2I
4. The Republic of Armenia Law on the Central Bank of the Republic of Armenia, Chapter 1 – Central Provisions, Article 6. Disponível em: https://www.cba.am/EN/lalaws/central.pdf
The Republic of Lithuania Law on the Bank of Lithuania, Chapter 1 – General Provisions, Art. 2.
Disponível em: http://www.litlex.lt/litlex/eng/frames/laws/Documents/157.HTM
5. Protocolo (N. 4) Relativo aos Estatutos do Sistema Europeu de Bancos Centrais e do Banco Central Europeu. Disponível em: https://www.ecb.europa.eu/ecb/legal/pdf/c_32620121026pt_protocol_4.pdf
6. Law no. (33) of the Year 2006, Qatar Central Bank, Art. 6. Disponível em: http://www.qcb.gov.qa/English/Documents/QCB%20Law/QCB_Law_Eng.pdf
7. Central Bank of Kenya Act, Chapter 491, Part II – Establishment, Constitution and Objects, 9(3). Disponível em: http://www.bu.edu/bucflp/files/2012/01/Central-Bank-of--Kenya-Act.pdf
8. Law of the People's Republic of China on the People's Bank of China. Disponível em: http://www.pbc.gov.cn/english/130733/2941519/2015082610501049304.pdf
9. Os acionistas do Federal Reserve Bank são os Federal Reserve Banks regionais: Atlanta, Boston, Chicago, Cleveland, Dallas, Kansas City, Minneapolis, Nova York, Filadélfia, Richmond, São Francisco e St. Louis.
10. Ver Federal Reserve Act. Disponível em: http://www.federalreserve.gov/aboutthefed/fract.htm

11. Bank of Korea Act, Chapter VII – Accounting, etc., Art. 100. Disponível em: http://elaw.klri.re.kr/eng_mobile/viewer.do?hseq=28785&type=sogan&key=5
12. Reserve Bank of New Zealand Act 1989, Part 2 – Functions and Powers of Reserve Bank, Art. 21. Disponível em: http://www.legislation.govt.nz/act/public/1989/0157/latest/DLM199364.html
13. Del Negro e Sims (2015) mostram que a regra de política monetária do Banco Central (ou de forma equivalente, seu objetivo de estabilidade de preços) e a evolução da senhoriagem sob inflação elevada são cruciais para determinar se o Banco Central necessitará de injeção de capital por parte do Tesouro. Esses autores mostram que mesmo que a política fiscal determine um único nível de preços, se o balanço do banco central estiver suficientemente "furado" pode haver a necessidade de recapitalização, de forma a que ele consiga atingir o seu objetivo de preços. Por outro lado, a senhoriagem pode evitar a recapitalização mesmo num contexto de quase insolvência (patrimônio líquido negativo). Nesse caso, o Banco Central ainda assim poderia conseguir manter seu objetivo de estabilidade de preços, desde que não esteja muito insolvente. Existe, portanto, um nível de insolvência que acaba por determinar a habilidade de o Banco Central evitar uma recapitalização por parte do Tesouro. A diferença entre esse resultado e o de Berriel e Battharai (2009) é que esses últimos autores não levam em consideração o caso mais crível em que o Banco Central pode adquirir títulos de mais longo prazo quando a solvência se torna uma questão mais relevante. Assim, no exemplo de Del Negro e Sims (2015), um banco central que se mostre disposto a aumentar o grau de senhoriagem, consequentemente alterando seu objetivo de nível de preços, pode evitar uma recapitalização. Contudo, pode também perder o controle do nível de preços.
14. O capital pode ser negativo e mesmo assim a instituição ser considerada solvente do ponto de vista técnico, basta que os fluxos futuros esperados de senhoriagem sejam suficientes para cobrir o deficit corrente mais as perdas futuras esperadas.
15. Em geral, o Banco Central possui um (ou mais) dos seguintes mandatos: 1) estabilidade de preços; 2) estabilidade financeira; 3) controle cambial; e 4) atividade econômica (entendida aqui como sendo a estabilização do crescimento econômico em relação a seu potencial ou, alternativamente, da taxa de desemprego em relação à NAIRU).
16. Na literatura acadêmica, a independência é um conceito mais amplo do que simplesmente a relação institucional entre o Banco Central e o Tesouro. Muitos trabalhos construíram índices de independência do Banco Central, os quais foram correlacionados (econometricamente ou não) com a taxa de inflação, inferindo-se que, em geral, a independência do Banco Central gera uma menor taxa de inflação. Veja-se, por exemplo, Klomp e Haan (2010) e Parkin (2012).
17. Papadia e Würtz (2007) pp. 193-194. Para uma análise mais detalhada do balanço do Federal Reserve Bank dos EUA, vide Carpenter *et al* (2013).
18. Tome-se o exemplo do Banco Central de Honduras discutido por Stella & Lönnberg (2008, p. 19). Essa instituição foi recapitalizada diversas vezes através de títulos de longo prazo (50 anos) que não pagavam juros. O valor real de tais títulos era muito baixo e as recapitalizações foram feitas por seu valor de face. Ou seja, ainda que nominalmente zerassem o deficit de capital do banco e estivessem estritamente de acordo com os regulamentos do país, as recapitalizações eram inócuas para fortalecer o balanço do Banco Central.

19. Na Figura 27.2 estamos comparando resultados semestrais e não a apuração efetiva do resultado e sua consequente transferência para o Tesouro. Isso é importante porque a apuração do resultado era anual e passou a semestral com a medida provisória n. 2101 de 2001. Aqui não nos importa o fluxo efetivo para o Tesouro como função da acumulação de reservas, mas, sim, o impacto no balanço *per se*. Por isso, utilizamos o resultado total do balanço do Banco Central do Brasil e não simplesmente o resultado da equalização cambial, já que a política monetária deve ser vista no seu conjunto: por exemplo, a escala das intervenções certamente afetou o nível de juros praticado, influenciando outros resultados no balanço do BC.
20. Anualizaram-se os resultados semestrais, os quais foram divididos pelo PIB acumulado nos últimos 2 semestres.
21. Trabalhos acadêmicos recentes têm estudado a possível evolução do balanço do Fed sob diferentes cenários. Em geral, a conclusão tem sido que, ainda que o patrimônio do Fed possa se tornar negativo em alguns cenários mais adversos, tal situação seria transitória e não criaria maiores problemas. Por exemplo, vide Del Nero e Sims (2015) e Hall e Reis (2015).
22. Morahan e Mulder (2012) trazem alguns fatos relevantes adicionais sobre o comportamento dos principais administradores de reservas internacionais a partir de uma pesquisa feita pelo FMI.
23. Segundo estudo do Barclays (citado por Caballero e Farhi (2014), pp. 112-113), a oferta global de ativos de baixíssimo risco (*safe assets*) diminuiu de 37% do PIB mundial em 2007 para 18% em 2011.
24. Afinal, uma gestão temerária por parte do Banco Central geraria sua insolvência, engendrando algum tipo de resgate financeiro por parte do Tesouro. Nesse caso, por definição, esse banco central deixaria de ser considerado *corporate*.

Referências bibliográficas

BAKKER, Age F. P. (2007). "Governance Aspects of Central Bank Reserve Management." *In*: BAKKER, Age F. P. e VAN HERPT, Ingmar R. Y. (Orgs.). *Central Bank Reserve Management: New Trends, from Liquidity to Return*. Cheltenham: Edward Elgar, pp. 217-227.

BERRIEL, Tiago C. e BHATTARAI, Saroj (2014). "Monetary Policy and Central Bank Balance Sheet Concerns." *The B.E. Journal of Macroeconomics*, vol. 9, n. 1, Article 1, 2009.

CABALLERO, Ricardo J. e FARHI, Emmanuel (s.d.) "On the Role of Safe Asset Shortages in Secular Stagnation." *In*: TEULINGS, Coen e BALDWIN, Richard (Orgs.). *Secular Stagnation: Facts, Causes and Cures*. Londres: CEPR Press, pp. 111-122.

CARPENTER, Seth; IHRIG, Jane; KLEE, Elizabeth; QUINN, Daniel e BOOTE, Alexander (2013). "The Federal Reserve's Balance Sheet and Earnings: A primer and projections." Washington: Finance and Economics Discussion Series, Divisions of Research & Statistics and Monetary Affairs, Federal Reserve Board.

CHOO, Heung Sik (2007). "Dealing with Reserve Accumulation: The Case of Korea." *In*: BAKKER, Age F. P. e VAN HERPT, Ingmar R. Y. (Orgs.). *Central Bank Reserve Management: New Trends, from Liquidity to Return*. Cheltenham: Edward Elgar, pp. 75-82.

DEL NEGRO, Marco e SIMS, Christopher A. (2015). When Does a Central Bank's Balance Sheet Require Fiscal Support? Nova York: Federal Reserve Bank of New York, Staff Reports, mar.

FERHANI, Hervé (2007). "Too Much of a Good Thing: Reserve Accumulation and Volatility in Central Bank Balance Sheets." *In*: BAKKER, Age F. P. e VAN HERPT, Ingmar R. Y. (Orgs.). *Central Bank Reserve Management: New Trends, from Liquidity to Return*. Cheltenham: Edward Elgar, pp. 229-239.

HALL, Robert E. e REIS, Ricardo (2015). "Maintaining Central-Bank Financial Stability under New-Style Central Banking." Boston: NBER Working Paper No. 21173, mai.

KLOMP, Jeroen e HAAN, Jakob de (2010). "Inflation and Central Bank Independence: A Meta-regression Analysis." *Journal of Economic Surveys*, vol. 24, Issue 4, set., pp. 593-621.

McCAULEY, Robert N. (2007). Assessing the Benefits and Costs of Official Foreign Reserves. *In*: BAKKER, Age F. P. e VAN HERPT, Ingmar R. Y. (Orgs.). *Central Bank Reserve Management: New Trends, from Liquidity to Return*. Cheltenham: Edward Elgar, pp. 19-36.

MORAHAN, Aideen e MULDER, Christian (2013). "Survey of Reserve Managers: Lessons from the Crisis." Washington: IMF Working Paper, WP/13/99, mai.

PAPADIA, Francesco e WÜRTZ, Flemming (2007). Central Bank Balance Sheets: Comparisons, Trends and Some Thoughts. *In*: BAKKER, Age F. P. & VAN HERPT, Ingmar R. Y. (Orgs.). *Central Bank Reserve Management: New Trends, from Liquidity to Return*. Cheltenham: Edward Elgar, pp. 193-216.

PARKIN, Michael (20120. "Central Bank Laws and Monetary Policy Outcomes: A Three Decade Perspective." London, Western Ontario, University of Western Ontario, mimeo, dez.

PESSOA, Mario e WILLIAMS, Mike (2012). "Government Cash Management: Relationship between the Treasury and the Central Bank." Washington: IMF Technical Notes and Manual, nov.

PIHLMAN, Jukka e VAN SER HOORN, Han (2010). "Procyclicality in Central Bank Reserve Management: Evidence from the Crisis." Washington: IMF Working Paper, WP/10/150, jun.

REIS, Ricardo (2013). "Central Bank Design." Nova York: Columbia University, Department of Economics, Discussion Paper Series N. 1314-01, Jul.

SALOMÃO, Juliana T. (2008). Nível ótimo de reservas internacionais para economias emergentes. Rio de Janeiro: Departamento de Economia PUC-Rio, dissertação de mestrado.
http://www2.dbd.puc-rio.br/pergamum/biblioteca/php/mostrateses.php?open=1&arqtese=0610513_08_Indice.html

STELLA, Peter (2002). "Central Bank Financial Strength, Transparency, and Policy Credibility." Washington: IMF Working Paper, WP/02/137, ago.

STELLA, Peter e LÖNNBERG, Ake (2008). "Issues in Central Bank Finance and Independence." Washington: IMF Working Paper, WP/08/37, fev.

APÊNDICE

CÁLCULO DO NÍVEL ÓTIMO DE RESERVAS INTERNACIONAIS PARA O BRASIL

Para o cálculo do nível ótimo de reservas, o Banco Central minimizaria a função abaixo:

$$W_t = p_t C_t + (1 - p_t) r_{t-1} R_{t-1}$$

Onde:
p = probabilidade da ocorrência de uma crise;
C = custo da crise;
R = reservas internacionais;
r = custo das reservas internacionais.

Essa é a função objetivo do Banco Central, que determina o *trade-off* entre o custo e o benefício de acumular reservas. Quanto mais reservas acumular, maior será seu custo de carregamento, dado pelo segundo termo do lado direito da equação. Entretanto, como as reservas possibilitam suavizar os custos da crise, quanto mais reservas o Banco Central possuir, maior será o seguro contra crises que se comprará. Assim, o primeiro termo do lado direito da equação é função crescente das reservas. O objetivo da autoridade monetária então é equacionar o tamanho do seguro contra crises que se está adquirindo em relação ao custo desse seguro.

O primeiro passo é definir o que se entende por crise. Segue-se aqui a definição de Salomão (2008), em que a crise é dada por um índice de pressão cambial que leva em conta a variação do câmbio real e das reservas internacionais, ponderados pelo inverso da variância. Se o índice for superior à sua média mais um desvio padrão, haveria a indicação de uma crise. Dessa forma, a crise é entendida como uma variação excessivamente brusca do câmbio em relação ao seu padrão histórico. Além disso, impõe-se que a variação do câmbio ou das reservas internacionais tenha que ser maior do que 10% para ser identificada como crise. Variações superiores a 25% no câmbio real ou nas reservas internacionais são necessariamente períodos de crise cambial. A partir dessas definições, Salomão (2008) construiu uma variável *dummy* com o valor 1 (um) indicando períodos de crise cambial e 0 (zero) em caso contrário, para cada país do seguinte conjunto: Argentina, África do Sul, Bolívia, Brasil, Cazaquistão, Chile, Colômbia, Hong Kong, Hungria, Índia, Indonésia, Israel, Jordânia, Malásia, México, Paquistão, Paraguai, Peru, Filipinas, Polônia, Cingapura, República Checa, Rússia, Tailândia, Turquia, Uruguai e Venezuela.

Salomão (2008) regrediu em painel essa variável *dummy* contra uma série de indicadores macroeconômicos: desvio do câmbio real (hiato do câmbio real calculado pelo filtro HP), grau de abertura comercial, *dummy* para controle de câmbio, *dummy* para crise bancária, variação da taxa T-Bill americana, crescimento das exportações, relação dívida externa/PIB, reservas sobre dívida externa de curto prazo e, finalmente, reservas divididas por M2. A definição exata dessas variáveis pode ser encontrada em Salomão (2008), mas vale destacar aqui que se trata de variáveis padrão na literatura sobre o grau de vulnerabilidade externa de um país.

Seguindo a literatura, Salomão (2008) mede o custo da crise em termos de perda de produto – como a perda acumulada de crescimento do produto real no período entre o ano em que a crise começa até o ano em que o crescimento do produto retorna a sua tendência. Contudo, adota a seguinte regra: caso o país tenha uma recuperação mais rápida e retorne à tendência antes de um triênio, calcula-se a perda de produto até a retomada. Essa medida é adotada de forma a não se obterem custos negativos de crise (aumento do produto em relação à tendência), caso o país tenha uma recuperação mais rápida do que em três anos.

Regride-se esse indicador de custo de crise em painel em relação a algumas variáveis macroeconômicas, tais como: taxa de crescimento real pré-crise, *dummy* de crise bancária, taxa de crescimento econômico de parceiros comerciais, taxa de variação do câmbio real, relação dívida externa/PIB, reservas sobre dívida externa de curto prazo e, finalmente, reservas divididas por M2.

Com base nas duas equações acima descritas (a equação que determina a probabilidade da crise em relação a variáveis macroeconômicas e outra que relaciona o custo da crise) pode-se comparar custo e benefício das reservas cambiais:* resolvem-se essas duas equações para o nível de reservas, chegando-se a seu nível ótimo.

Atualizamos então os dados de Salomão (2008) (utilizando as mesmas fontes) com apenas uma pequena modificação: a autora utiliza como *proxy* da remuneração das reservas o retorno do T-Bill de maturidade de um ano. No presente exercício, utilizaram-se os dados efetivamente divulgados pelo Banco Central do Brasil da remuneração das reservas. Ainda que haja uma boa correlação entre as duas séries, a utilização do T-Bill pode, por vezes, subestimar bastante a remuneração efetiva das reservas internacionais brasileiras.

---

* Para o presente exercício, utilizamos a Equação 5 da Tabela 1 e a Equação 6 da Tabela 3 em Salomão (2008). Os resultados não mudariam em termos qualitativos se utilizássemos outras combinações das equações presentes no exercício de Salomão.

A Tabela A1 mostra os níveis de reservas internacionais ótimas em função do custo unitário das reservas (em centavos por dólar) e do custo da crise (em % do PIB). Utilizamos 6% como o valor central para o custo das reservas, que seria fruto de uma taxa de juros real neutra de 5% mais inflação de 4,5% (perfazendo uma taxa de juros nominal doméstica de 9,5%) e juros nominais externos de 3,5% (ou seja, 5,0%+4,5%-3,5%=6%). Se tivéssemos utilizado os níveis atuais de juros domésticos e externos, o custo de carregamento das reservas seria ainda mais elevado. Por outro lado, pelo indicador de crise anteriormente construído, a pior crise na série histórica brasileira seria a de 1998, quando teria atingido 6,1% do PIB. De forma a sermos mais conservadores e em vista da crise atual (a partir de 2014) poder ser ainda mais severa, utilizamos patamares de crise mais fortes, em torno de 50% acima da maior crise da série histórica. Mesmo com todo esse conservadorismo, por conta do alto custo de carregamento das reservas internacionais brasileiras (fruto essencialmente das altas taxas de juros no mercado doméstico), o nível de reservas ótimo seria significativamente mais baixo do que o atual. Pelos resultados, poderíamos estimar níveis ótimos entre US$ 110 bi e US$ 170 bi, ressaltando-se que o exercício é estático e não incorpora qualquer dinâmica entre as variáveis. Por exemplo, poderíamos incorporar uma dinâmica entre a taxa de juros e a própria probabilidade de crise e o nível de reservas.

Tabela A1: Reservas ótimas para o Brasil, em US$ bilhões

		Custo unitário das reservas (centavos por dólar)			
		4	5	6	7
Custo da crise (em % do PIB)	8	146	132	120	110
	9	152	1.137	125	115
	10	157	142	130	119
	11	162	147	134	124
	12	166	151	139	128

Fonte: Elaborado pelo autor

Sobre os autores

AFFONSO CELSO PASTORE Presidente da A.C. Pastore e Associados. Professor aposentado da Faculdade de Economia e Administração da Universidade de São Paulo. Ex-professor da Escola de Pós-Graduação em Economia da Fundação Getulio Vargas. Ex-presidente do Banco Central do Brasil. É doutor em Economia pela Universidade de São Paulo.

ALCIDES FERREIRA Diretor de Conteúdo e Relações com Investidores da FSB Comunicação. Foi diretor de Comunicação da BM&FBovespa, editor da Agência Estado e correspondente da *Folha de S.Paulo* em Washington. Fez graduação em Jornalismo na USP e mestrado profissional em mercado de capitais na Fipecafi.

ALKIMAR RIBEIRO MOURA Professor aposentado da Eaesp/FGV-SP e membro do CA e do Comitê de Auditoria da Cetip. Foi membro do Comitê de Auditoria do Itaú-Unibanco; vice-presidente de Finanças do Banco do Brasil; diretor de Dívida Pública, de Política Monetária, e de Normas do Banco Central. Professor visitante da UC/Berkeley. É economista pela Face/UFMG, M.A. por Berkeley e Ph.D. por Stanford.

ANDRÉ LARA RESENDE *Senior visiting fellow* da Universidade de Columbia. Sócio-diretor da Lanx Capital Investimentos. Foi diretor do Banco Garantia, do Unibanco e do Banco Matrix. Foi professor da PUC-Rio e pesquisador na Universidade de Oxford. Foi diretor do Banco Central, negociador-chefe para a dívida externa, assessor do presidente Fernando H. Cardoso e presidente do BNDES. É economista pela PUC-Rio e Ph.D. pelo MIT.

ANTONIO D'ÁVILA CARVALHO JR. Consultor da Câmara de Deputados em Brasília. Foi auditor federal de controle externo do TCU. No TCU, comandou um acórdão sobre relações TCU-BC e também chefiou o parecer sobre as pedaladas fiscais. Antes disso foi analista do Banco Central do Brasil e do Banco do Brasil. É graduado em Administração de Empresas pela Universidade Estadual de Londrina e especialista em Orçamento Público pelo Instituto Serzedello Corrêa.

ARMINIO FRAGA NETO Sócio-fundador da Gávea Investimentos. Membro do Group of Thirty e do Council on Foreign Relations. Foi presidente do Banco Central; diretor-gerente do Soros Fund; diretor do Banco Central; vice-presidente da Salomon Brothers; economista-chefe do Banco Garantia. Lecionou na PUC-Rio, EPGE, Universidade de Columbia e Wharton School. Tem bacharelado e mestrado pela PUC-Rio e Ph.D. por Princeton.

CAIO CARBONE Economista na AC Pastore & Associados, tendo trabalhado anteriormente com análise econômica na tesouraria do Banco Santander. Iniciou os estudos em Economia no Insper e obteve sua graduação na London School of Economics. É mestre em Economia também pela London School of Economics.

CARLOS EDUARDO DA SILVA MONTEIRO Advogado e membro do Conselho de Supervisão da Bovespa. Foi procurador-geral do BC, procurador-geral adjunto da Fazenda Nacional, presidente do Nossa Caixa, diretor jurídico do Banco Safra, membro dos CAs do Sebrae-SP, Nossa Caixa, Cosesp e Banespa, do Conselho Fiscal da BNDESPar e do Conselho Diretor da Febraban. É graduado pela UFRJ, com mestrado (MCJ) pela NYU.

CARLOS KAWALL LEAL FERREIRA Economista-chefe do Banco Safra. Professor do Programa de Mestrado Profissional da FGV/SP. Foi diretor-financeiro da BM&FBovespa, secretário do Tesouro Nacional, diretor financeiro do BNDES e economista-chefe do Citigroup para o Brasil. É economista pela FEA/USP, doutor em economia pela Unicamp.

CLAUDIO JALORETTO Chefe do Departamento de Processos Administrativos Punitivos do Banco Central, onde foi consultor do diretor de Liquidações e Desestatização, chefe do Departamento da Dívida Pública e da Divisão de Finanças Públicas do Departamento Econômico. Participou de negociações com o FMI e da Lei de Responsabilidade Fiscal. É economista pelo Instituto Toledo de Ensino em Bauru e mestre em Economia pela UnB.

EDMAR BACHA Sócio-fundador e diretor do Instituto de Estudos em Política Econômica/ Casa das Garças. Foi consultor sênior do Banco Itaú BBA; membro da equipe de governo responsável pelo Plano Real; presidente do BNDES, do IBGE e da Anbid; professor na PUC-Rio, na EPGE/FGV, na UnB, na UFRJ, em Columbia, em Yale, em Berkeley e em Stanford. Foi pesquisador no Ipea, no MIT e em Harvard. É economista pela UFMG e Ph.D. em Economia por Yale.

EDUARDO AUGUSTO GUIMARÃES Professor do Instituto de Economia da UFRJ. Foi secretário do Tesouro Nacional, presidente do Banco do Brasil e do Banco do Estado de São Paulo, presidente e diretor de Pesquisa do IBGE, professor da UFF e da PUC-Rio, economista do Ipea e da Finep. É engenheiro civil e economista pela UFF, mestre em Engenharia pela Coppe/UFRJ e Ph.D. em Economia pela Universidade de Londres.

EDUARDO REFINETTI GUARDIA Secretário executivo do Ministério da Fazenda. Foi diretor executivo da BM&FBovespa, secretário da Fazenda do estado de São Paulo, secretário do Tesouro Nacional, secretário-adjunto de Política Econômica do MF. Foi sócio gestor da Pragma, diretor da GP Investments e professor da PUC-SP. Foi presidente dos CA da Nossa Caixa e da Cosesp. Economista pela PUC-SP, com doutorado pela FEA/USP.

EDUARDO ZILBERMAN Professor do Departamento de Economia da PUC-Rio. Fez pesquisa nos campos de Macroeconomia e Economia do setor público. Autor de artigos acadêmicos publicados em revistas nacionais e internacionais, é bacharel e mestre em Economia pela PUC-Rio e Ph.D. em Economia pela New York University.

FABIO GIAMBIAGI Economista, funcionário do BNDES desde 1984. Ex-pesquisador cedido ao Ipea; ex-assessor do Ministério de Planejamento em Brasília; ex-membro do staff do BID em Washington; ex-professor da UFRJ e da PUC-Rio. Autor ou organizador de mais de 25 livros sobre economia brasileira e de dezenas de trabalhos acadêmicos. Tem graduação pela FEA/UFRJ e mestrado pelo Instituto de Economia da UFRJ.

FELIPE SALTO Professor dos cursos master da Escola de Economia de São Paulo (EESP/FGV) e assessor no Senado federal. Foi consultor na Tendências entre 2008 e 2014 na área de macroeconomia. Escreve sobre conjuntura para o *Valor Econômico*, *O Estado de São Paulo* e *Folha de S.Paulo*. Economista e especialista em contas públicas, com mestrado em Administração Pública e Governo pela Eaesp/FGV.

FELIPE TÂMEGA FERNANDES Economista-chefe da Itaú Asset Management. Trabalhou no Banco Banif Primus como economista e gestor de risco. Passou pela Pictet Modal Asset Management, pelo Iepe/CdG e pela Galanto Consultoria. Foi economista-chefe e sócio do Banco Modal. Graduado pela UFRJ, possui mestrado pela PUC-Rio, doutorado pela London School of Economics e pós-doutorado pela Harvard Business School.

FERNANDO HENRIQUE CARDOSO Comanda a Fundação Fernando Henrique Cardoso. Foi presidente do Brasil por dois mandatos consecutivos. Foi senador, ministro das Relações Exteriores e da Fazenda. Professor emérito da USP e fundador do Cebrap. Lecionou nas universidades de Santiago do Chile, Brown, Stanford e Berkeley, Cambridge, Paris-Nanterre, École des Hautes Études en Sciences Sociales e Collège de France. É sociólogo pela USP.

FERNANDO RORIZ. Sócio e economista da Ventor Investimentos desde 2014. Foi professor do Insper em 2013. É bacharel em Economia pelo Insper com intercâmbio na Universidade de Chicago e doutor em Economia pela PUC-Rio.

GERALDO BIASOTO Professor do Instituto de Economia da Unicamp. Foi coordenador de Política Fiscal do Ministério da Fazenda, secretário de Gestão de Investimentos do Ministério da Saúde, vice-presidente da Empresa Municipal de Urbanização de São Paulo e diretor executivo da Fundap. Doutor em Economia pela Unicamp.

GUSTAVO B. FRANCO Sócio e diretor executivo da Rio Bravo Investimentos e professor no Departamento de Economia da PUC-Rio. Foi presidente e diretor de Assuntos Internacionais do Banco Central do Brasil e secretário de política econômica (adjunto) do Ministério da Fazenda. Foi membro da equipe responsável pelo Plano Real. É bacharel e mestre em economia pela PUC-Rio e Ph.D. em Economia pela Universidade de Harvard.

ILAN GOLDFAJN Presidente do Banco Central do Brasil. Foi economista-chefe do Itaú Unibanco e sócio-fundador e diretor do Centro de Debates de Políticas Públicas. Foi sócio-fundador e gestor da Ciano Investimentos e sócio da Gávea Investimentos; diretor de Política Econômica do Banco Central; professor de Economia na PUC-Rio; economista do FMI; professor na Universidade de Brandeis. É mestre pela PUC-Rio e Ph.D. pelo MIT.

JOSÉ CARLOS CARVALHO Diretor do Instituto de Estudos de Política Econômica/ Casa das Garças desde 2014 e economista-chefe da Paineiras Investimentos desde 2009. Anteriormente, foi chefe de pesquisa macroeconômica no Banco Pactual e na gestora JGP, da qual foi sócio-fundador. É bacharel em Economia pela UFRJ, mestre em Economia pela PUC-Rio e Ph.D em Economia pela Universidade de Yale.

JOSÉ ROBERTO AFONSO Pesquisador do IBRE/FGV e professor do programa de mestrado do Instituto Brasiliense de Direito Público (IDP). Ex-superintendente do BNDES e ex-assessor do Congresso Nacional. É economista e contabilista, mestre em Economia pela UFRJ e doutor em Economia pela Unicamp.

MARCELO GAZZANO Economista da A.C. Pastore & Associados desde 2011. Anteriormente foi economista para a América Latina no RBS. É formado em Economia pelo Insper e tem mestrado pela UFRGS.

MARCOS KÖHLER Consultor legislativo no Senado Federal. Trabalhou no Ministério do Planejamento e no Banco Central. Publicou artigos na *Folha de S.Paulo*, no *Estado de São Paulo* e no *Valor Econômico*. É mestre em Economia pela UFMG.

MÁRCIO GARCIA Professor do Departamento de Economia da PUC-Rio, do qual já foi diretor, coordenador de pós-graduação e de graduação. Consultor de diversas instituições nacionais e estrangeiras. Escreve uma coluna mensal no *Valor Econômico*. É engenheiro de produção e mestre em Economia pela PUC-Rio, Ph.D. em Economia pela Universidade de Stanford.

MARCOS MENDES Chefe da assessoria do ministro da Fazenda Henrique Meirelles. Consultor legislativo do Senado, especializado em Economia do Setor Público. Trabalhou no Tesouro Nacional e no Banco Central. Publicou em 2014 *Por que o Brasil cresce pouco? Desigualdade, democracia e baixo crescimento no país do futuro*. Tem graduação e mestrado em Economia pela UnB e é doutor em Economia pela USP.

MAURICIO DIAS LEISTER Gerente de Pesquisa e Desenvolvimento em Dívida Pública do Tesouro Nacional. Trabalhou anteriormente no Itaú Unibanco, na BM&FBovespa e no Banco do Brasil. Tem graduação em Economia pela USP. É mestre em Economia pela Unicamp e doutor em Economia do Desenvolvimento pela USP.

MURILO PORTUGAL Foi vice-diretor geral do FMI, secretário executivo do Ministério da Fazenda e secretário do Tesouro Nacional. É formado em Direito pela Universidade Federal Fluminense, com pós-graduação em Desenvolvimento Econômico pela Universidade de Cambridge e mestrado em Economia pela Universidade de Manchester.

OTAVIO LADEIRA DE MEDEIROS Secretário adjunto do Tesouro Nacional. Foi secretário do Tesouro Nacional, subsecretário de Planejamento e Estatísticas Fiscais, coordenador de Planejamento da Dívida Pública. Presidiu o Conselho Fiscal do Banco do Brasil. Tem graduação em Economia pela UnB, MBA em Finanças pelo IBMEC/Brasília, mestrado em Economia pela UnB e curso de extensão na Universidade George Washington.

PEDRO SAMPAIO MALAN Presidente do Conselho Consultivo Internacional do Itaú Unibanco e professor do Departamento de Economia da PUC-Rio. Foi ministro da Fazenda, presidente do Banco Central e negociador-chefe para a Dívida Externa. Foi diretor executivo do Banco Mundial, do BID, do Centro de Empresas Transnacionais da ONU, e do Diesa da ONU. É engenheiro pela PUC-Rio e Ph.D. pela UC/Berkeley.

RENATO ANDRADE Secretário de redação da sucursal da *Folha de S.Paulo* em Brasília. Foi coordenador de Economia da sucursal de Brasília de *O Estado de São Paulo*, editor da Reuters (Brasil e Canadá) e repórter da Agência Estado e da Bloomberg. Fez graduação em Jornalismo pela PUC-Minas e pós-graduação em Políticas Públicas no Reino Unido (oferecida pela Hansard Society em parceria com a London School of Economics).

RICARDO AUGUSTO GALLO Sócio-fundador da Konscio Finanças Corporativas e da Ethica Asset Management. Foi vice-presidente executivo do BankBoston, membro do conselho da BM&F e responsável pela JSI, empresa encarregada da gestão dos investimentos da família de Joseph Safra. É engenheiro de produção pela Escola Politécnica da USP.

SOLANGE SROUR CHACHAMOVITZ Economista-chefe da ARX Investimentos. Trabalhou no Banco BBM e na Nobel Asset Management. Foi professora no Departamento de Economia da PUC-Rio. Bacharel e mestre em Economia pela PUC-Rio.

THOMAS WU Sócio e economista-chefe da Ventor Investimentos. Foi professor associado com *tenure* no Departamento de Economia da Universidade da Califórnia em Santa Cruz. Colaborou na Galanto Consultoria. É bacharel e mestre em Economia pela PUC-Rio e Ph.D. em Economia pela Universidade de Princeton.

TIAGO COUTO BERRIEL Diretor de Assuntos Internacionais do Banco Central do Brasil e professor do Departamento de Economia da PUC-Rio. Foi professor da EPGE/FGV. Tem interesse em Macroeconomia, Economia Monetária, Finanças Internacionais e Finanças. Bacharel e mestre em Economia pela PUC-Rio e Ph.D. em Economia pela Universidade de Princeton.

*Este livro foi composto na tipologia Minion
Pro Regular, em corpo 10,5/13,5, e impresso
em papel off-white no Sistema Cameron da
Divisão Gráfica da Distribuidora Record.*

Em homenagem ao economista Fabio de Oliveira Barbosa

(Uberaba/MG, 31/12/1960 – Rio de Janeiro/RJ, 29/11/2015)